간디자서전

간디자서전

나의 진리실험 이야기

함석헌 옮김

한길사

An Autobiography
The Story of My Experiments with Truth
by M. K. Gandhi

Published by Hangilsa Publishing Co., Ltd.,
Seoul, Korea, 2002

"진리를 찾아가는 자는 티끌보다도 겸손해져야 한다."
인도의 독립과 민족의 화합을 위해 매일 아침 기도를 올렸던 간디.

BIRTH PLACE OF MAHATMA GANDHIJI. A.D 2.10. 1869.

"간디가 있기 위해서 고통받는 20억의 유색 인종이 필요했습니다."
간디 생가. 모한다스 카람찬드 간디는 1869년 10월 2일, 구자라트주 포르반다르에서
태어났다. 그의 가문은 대대로 상인계급에 속했으며 할아버지 때부터 3대가 총리를 지냈다.
당시 인도는 '인도대폭동'(1857)을 계기로 영국의 직접적인 통치 아래 있었다.

"사람이란 자기에게 없는 재주를 남이 가지고 있는 것을 볼 때 언제나 현혹되는 법이다."
간디(왼쪽)와 그의 중학교 친구 셰이크 메타브(1883). 간디는 힘이 세고 두려움이 없고
모든 면에서 어른스러웠던 메타브를 부러워했으며, 그를 따라 육식과 여자를 경험했다.
훗날 간디는 이때 기억을 떠올리며 '내 생애의 한 비극'이었다고 말했다.

(위) "나는 언제나 수줍음이 많았고 남들과 어울리기를 싫어했다."
간디가 다닌 라지코트의 앨프레드 고등학교. 학창시절 자신의 약한 체질을 의식하여
친구 사귀기를 멀리했던 그에게 책과 학교만이 유일한 친구였다.

(아래) "영국 간다는 생각, 그때는 그것만이 최고였다."
런던의 채식주의자 클럽 회원들과 함께(1890). 맨 앞줄 오른쪽 끝이 간디다.
가문의 반대를 무릅쓰고 영국 유학길에 올랐던 간디는 단체활동을 하며 견문을 넓혔다.

"내가 머물러 있어야 한다면 하나의 심부름꾼으로 머물러 있겠습니다."
1903년 문을 연 요하네스버그의 법률사무소 앞에서 동료들과 함께(1905). 왼쪽에서 세 번째가
간디. 선거권 박탈과 과도한 세금으로 핍박받고 있는 남아프리카 인도인들의 실상을 목격한
간디는 22년 동안 그곳에 머물면서 동포를 위한 일에 앞장선다.

"나는 그들에게 노여워하지 않습니다. 다만 그들의 무지함과 편협함을
불쌍히 여길 뿐입니다."
간디의 입항을 저지하기 위해 시위를 벌이고 있는 더반 거주 백인들(1897).
그들은 간디가 인도에서 백인들을 비난했다는 이유로 그를 추방하려 했다.

(왼쪽) "나는 언제나 인도인 단체에 쏟아지는 비난을 씻어보려고 노력했다."
보어 전쟁에 참여할 당시의 간디(1899). 그가 영국을 위해 간호병으로 이 전쟁에 참여한 것은
의무감이 부족하고 위생에는 관심이 없으며 부의 축적에만 관심 있는 인도인들을 깨우치기 위한
것이기도 했다.

(오른쪽) "명백한 사실은 진리를 뜻한다. 우리가 일단 진리의 편에 서기만 하면
법은 자연히 우리를 돕는다."
변호사 시절의 간디(1900). 그는 남아프리카에서 비로소 법의 진정한 활용을
배웠으며 인간의 심정 속에 들어가는 길도 배웠다.

"노예의 쇠사슬을 끌고 정규 교육을 받느니
차라리 자유를 위하여 무지한 채로 돌을 깨는 편이 낫다."
아내 카스투르바이 간디와 조카, 그리고 세 아들(1898). 간디는 자식들에게
정규적인 학교 교육을 시킨 적이 없었다. 그러나 소박함과 봉사 정신을 가르쳐줄 수
있었던 자기식 교육을 한 번도 후회하지 않았다.

"개인의 선은 전체의 선 속에 포함되어 있다."
공동체 생활을 실험했던 피닉스 정착촌 사람들과 함께(1905). 세 번째 줄 중간이 간디다.
1904년, 러스킨의 『이 나중 온 자에게도』를 읽고 영감을 얻은 간디는 더반 교외에
피닉스 공동체를 조직했다. 처음 6가구로 정착한 피닉스는 점점 하나의 마을로 발전해나갔다.

(위) "내가 정욕에 사로잡혀 있는 한, 아내에 대한 나의 성실함은 아무런 가치도 없다."
아내 카스투르바이와 함께(1913). 1906년, 간디는 육체와 정신 두 가지를
모두 따르며 살 수 없다는 확고한 신념 아래 브라마차리아(금욕) 맹세에 돌입한다.

(아래) "신은 알 길이 없다. 다만 온몸을 바친 싸움은 언제나 어울리는 열매를 맺는다."
폴크스루스트 국경지대를 지나는 간디의 '평화의 군대'(1913). 인종차별적인 이민법
통과에 반대하며 사티아그라하 운동(수동적 저항)을 전개하지만 그들에게 비폭력으로
분출되는 진정한 사티아그라하는 아직 멀기만 했다.

"우리는 '힘사'(폭력)의 불길 속에 갇힌 무력한 인간들이다."
손에 라티(막대)를 들고 봉기를 일으킨 인도 시민들을 무자비하게 진압하는 영국 경찰.

(위) "인도인의 고난은 그 진리의 표현이다."
과도한 소금세에 반발해 맨몸으로 맞서는 사티아그라하들(1930).

(아래) "감옥을 두려워하지 않게 되면 압력이 거셀수록 씨을은 기운이 나는 법이다."
델리 감옥을 나서는 간디(1940). 감옥은 그에게 피난처인 동시에 새로운 저항을 위한
휴식처였다. 실제로 그는 독서를 대부분 감옥에서 했다.

"나는 민중을 알게 되었고 민중은 나를 알게 되었다."
카라치를 비롯해 인도 전역을 여행하고 있는 간디(1916). 마차의 오른쪽 끝에 앉은 이가 간디다.
1915년 1월, 22년 만에 인도로 돌아온 간디는 먼저 여행에서 인도를 관찰했으며
앞으로 일을 모색했다.

(위) "타고르는 시와 젊음을 사랑하는 사람이었고, 간디는 행동하는 사람이었다."
산티니케탄 아슈람에서 타고르와 함께(1940). 큰 키에 당당한 몸집, 거기에 백발과
흰 턱수염을 기른 타고르는 소박한 셔츠와 도티 차림의 여윈 간디와는 비교할 수 없을 만큼
위엄이 있었다. 그러나 타고르는 간디를 '위대한 영혼'이라 부르며 존경했다.

(아래) "고칼레는 누구든 들어와도 좋다고 가슴을 벌리는 갠지스강이다."
남아프리카를 방문한 고칼레와 함께(1912). 앞줄 중앙 흰 스카프를 두른 이가 고칼레다.
그는 젊은 간디에게 정치적 스승이자 지도자였으며 아버지 자리를 대신할 만한 인물이었다.

"관용과 사랑과 참이 있을 때는 서로 차이가 있어도 유익했다."
국민의회 임원들과 회의를 하고 있는 간디(1931). 앞줄 왼쪽부터 발라브바이 파텔,
마하데브 데사이, 수바스 찬드라 보세, 그리고 맨 오른쪽이 자와할랄 네루.
그들 각자의 신념과 독립의 방식은 달랐지만 모두 인도의 미래를 두고 고민했던
지도자들이었다.

(위) "내 실험의 궁극적인 결과는 미래라는 자궁 속에 있다."
인도에 세웠던 공동체 아슈람. 간디는 남아프리카에서 실험했던 방법을 더 널리 알리고
진리의 발판을 확고히 하기 위해 아슈람을 건립했다. 모든 사람이 직접 일을
해야만 했던 이곳은 바로 스와라지(자치)와 스와데시(경제적 자족)의 실험무대였다.

(아래) "어떻게 하면 모든 소유를 내버릴 수 있을까. 내 몸부터 훌륭한 소유가 아닌가."
아슈람에 있는 간디의 방. 브라마차리아 맹세와 진리탐구로 생활방식은
더한층 소박해졌다.

(위) "진정한 행복은 손과 발을 적절하게 사용할 때 가능하다."
자동차를 탄 간디(1919). 그는 기계문명의 무분별한 수용을 경고했다.
기계문명은 결국 수공업을 사라지게 할 것이며, 그로 인해 인도는 더 가난해질 것이라 보았다.

(아래) "물레가 내 방에서 윙윙 즐겁게 소리를 내기 시작했다."
물레는 간디의 경제적·사회적·정치적 이상의 상징이었다.

"진정한 단식은 굶고 있는 몸에 마음이 협력해야 한다."
단식을 마치고 회복 중인 간디(1924). 그는 미각을 조절하는 것이
브라마차리아 맹세를 지켜가는 데 무엇보다 중요하다고 보았다.

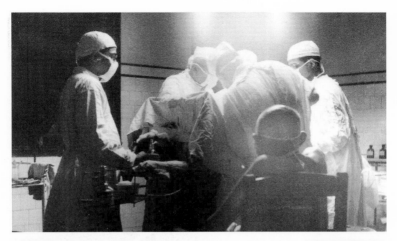

(위) "우리는 한 가지 낡은 병을 고치려다가 수백 가지 새 병을 만들고 있다."
손녀 마누의 맹장수술을 지켜보는 간디(1947). 그는 조금만 아프면 곧 양의니 한의니
할 것 없이 의사에게 달려가고 식물성, 동물성의 갖가지 약을 삼키는 것을 경계했다.

(아래) "신에게 건강한 신체를 내놓는 일은 경건한 사람의 의무다."
음식에 대한 간디의 실험은 끝없이 변화한다. 특히 그에게 채식주의는 단순히 건강을 위한
처방을 넘어서 하나의 세계관과 신조 문제로 발전한다.

"신문은 민중에게 내 사상과 끊임없이 접촉할 수 있게 한 매개체였다."
간디에게 신문 발행은 사업으로써가 아니라 정치적 무기로써 중요했다. 처음으로 발행한
『인디언 오피니언』에서 그는 인도인들의 권리를 주장하는 동시에 그들의 결점도 폭로했다.

(위) "한 사람이 할 수 있으면 모두가 할 수 있습니다."
대중연설을 하고 있는 간디(1938). 오직 진리를 전파하려 했던 그에게
지역이나 종교의 차이는 장애가 되지 않았다.

(아래) "침묵할 줄 아는 자는 생각 없는 말을 하지 않는다. 한마디 한마디를 측정할 뿐이다."
메모로 의사를 주고받고 있는 간디(1945). 그는 매주 월요일을 '침묵일'로 정해놓았다.

(위) "교육받은 사람일수록 3등차로 여행해야 한다. 민중의 무지함을 누가 고칠 수 있겠는가."
3등칸 열차 여행을 즐겼던 간디(1945). 철도 당국의 무관심과 승객 자신들의 불결하고 몰상식한
습관으로 형편없던 열차 환경, 그곳에서 그는 인도의 모습을 보았다.

(아래) "나는 늘 가난한 사람들 속에 뛰어들었고 그들과 하나가 될 수 있었다."
나병 환자를 돌보고 있는 간디(1940). 간디에게 봉사는 천성이었다.

"사람이 자기 동포를 천대하면서 자기가 높아진 듯이 여기는 것은 참 알 수 없는 일이다."
인도의 최하층계급인 불가촉천민(1929). 간디는 남아프리카에서 인도인 자신들은
'쿨리'(하인)라는 굴욕적인 말을 들으면서 어째서 자기 동포를 '불가촉천민'이라고 부르며
멸시하는지 이해할 수 없었다.

"아이들이 내 스승이다. 나는 그들을 위해서라도 반드시 선하고 올바르게 살아야 한다."
아이들과 함께(1931). 여러 명을 입양해 키울 정도로 간디는 아이들에게
각별한 정을 느꼈다. 또 그들에게 가장 바람직한 교육은 본보기가 되는 행동이라고 강조했다.

(위) "24시간 매분 신을 깨달아야 합니다."
편지를 읽고 있는 간디(1946). 그는 동지들이 일어나기 훨씬 전인 새벽 4시에 잠을 깨 일을
시작했다. 때로는 기름이 떨어진 작은 등잔을 옆으로 밀어두고 달빛에 의지해 편지를 썼다.

(아래) "내 필생의 사업은 끝난 것 같습니다. 신이 나에게 더 이상의 수모를 면하게 해주시기를."
바닷가에서(1944). 인도의 독립과 민족의 분할에 때로는 힘겨워했던 그는 바닷물에
발을 담그고 밀려오는 파도와 미풍에 신념을 얻곤 했다.

"구원을 얻고자 하는 자는 관리인처럼 행해야 한다. 그는 막대한 재산을 관리하면서도 동전 한 푼도 제 것이라는 생각을 하지 않는다."
간디가 남긴 유품. 아슈람에서 만든 샌들 두 켤레와 평생 손에서 놓지 않고 읽었던 힌두교 경전 『바가바드 기타』 등이 그가 남긴 유일한 재산이었다. 이것은 간디의 철저한 아파리그라하(무소유) 정신을 엿볼 수 있는 증거품들이다.

God is Truth
The way to Truth
lies through Ahimsa
(non violence)
sabarmati
13 ᄒ   M K Gandhi
'27

"나는 자서전을 쓰려는 것이 아니다.
오직 나의 수많은 진리실험 이야기를
해보자는 것뿐이다."

현대사의 조명탄 간디

• 함석헌

간디는 현대 역사에서 하나의 조명탄입니다. 캄캄한 밤에 적전 상륙을 하려는 군대가 강한 빛의 조명탄을 쏘아올리고 공중에서 타는 그 빛을 이용해 공격 목표를 확인하여 대적을 부수고 방향을 가려 행진할 수 있듯이, 20세기 인류는 자기네 속에서 간디라는 하나의 위대한 혼을 쏘아올렸고, 지금 그 타서 비추고 있는 빛 속에서 새 시대의 길을 더듬고 있습니다. 그의 탄생 100년을 기념하는 의미는 "그 빛 속을 걸어서 넘어짐을 면하자"는 데, "그 빛을 믿어 빛의 아들이 되자"는 데 있습니다.

그렇습니다. 그는 분명히 인류가 인류 속에서 쏘아올린 혼이었습니다. 그가 있기 위해서는 인도 5,000년의 종교 문명과 유럽 500년의 과학 발달과 아시아 · 아프리카의 짓눌려 고민하는 20억 넘는 유색 인종이 필요했습니다. 그러나 모든 위대하고 아름다운 혼이 그랬듯이, 그도 고통과 시련 없이는 되어 나올 수 없었습니다.

그를 다듬기 위해서는 대영제국의 가혹한 300년 식민지 정치가 있어야 했고, 인류 역사에서 가장 부끄러운 보어 전쟁과, 두 차례의 세계 대전이 있어야 했습니다. 그를 낳은 것도 인류지만 그를 못살게 학대한 것도 인류입니다. 어려서부터 숨을 거둘 때까지 그의 일생의 표어는 '참'이었는데, 이 참의 사람을 인간들은 얼마나 학대했나 보십시오. 어려서 동무와 같이 놀면 동무 아이들이 못살게 굴었지, 학교에 가면 선생이 괴롭혔지, 유학을 가겠다 할 때는 문중이 파문을 했지, 공부를 다 하고 변호사가 되었을 때는 영국 관리가 멸시를 했습니다. 인도에서 살 수 없어 남아프리카로 가면 거기서 백인이 학대했고, 인도 독립을 위해 돌아와 활동하면 영국 정부가 잡아 감옥으로 보냈습니다. 그 대영제국을 물리치고 나니 이슬람교도가 시기하고 미워하지, 이슬람교도를 또 감화시키고 나니, 이번은 남 아닌 힌두교도가 쏘아 죽였습니다.

그러나 그는 폭발하는 혼이었습니다. 누르면 누를수록 더 일어섰습니다. 그는 비겁을 가장 큰 죄로 알았습니다. 뺏으면 뺏을수록 커졌습니다. 그는 사랑을 모든 선의 근본으로 여겼습니다. 민족주의가 박해하면 민족을 초월해 인도주의에 오르고, 인종 차별의 업신여김을 당하면 인종을 초월해 세계로 올라갔으며, 종파주의의 설움을 당하면 모든 종교를 초월해 우주에 섰습니다. 크다 크다 못해 다시 더 용납될 수 없게 됐을 때 그는 폭발하는 조명탄이 되어 공중에서 타올라, 그 빛 속에 내 편과 대적을 다 비추게 했습니다.

재미있습니다. 어제까지 그를 못살게 굴다가 쏘아 죽인 인간들이 그가 한번 죽고 나니, 오늘은 그의 숭배자가 됐습니다. 그가 원탁회의하러 가는 것을 싫어해서 "그 한 절반 벌거벗은 몸의 중놈을 우리 폐하께 뵙게 한단 말이냐" 하고 반대했던 저 처칠조차도 부의를 보내지 않을 수 없었으니 놀랍지 않습니까? 그러나 놀라운 것은 그것만이 아닙니다. 지금은 피 흐르는 칼을 엇메고 발밑에 민중을 짓밟고 선 군국주의자들까지 간디 100년제라고 떠들게 됐으니 어찌합니까?

모순이람 모순이고, 익살이람 참 익살입니다. 그러니 그만큼 위대합니다. 진리이기 때문입니다. 조명탄은 양쪽에 다같이 빛이 되듯이, 참속에는 옳은 것 그른 것이 다 같이 서는 것이고, 사랑 안에는 선한 것 악한 것이 다 하나로 살 수 있습니다. 간디를 이해하기는 고사하고 그의 정신을 분명히 반대하는 무리조차도 그를 존경하(는 척하)지 않을 수 없는 것은 그가 비춰주는 길이 어쩔 수 없이 인류 역사가 나아가야 하는 필연의 방향이기 때문입니다.

그 길이 무슨 길입니까? 비폭력 반항의 길입니다. 평화의 길입니다. 간디는 자기 일생을 진리에 대한 실험이라고 했습니다. 그는 희생 봉사의 일생을 통해 이것을 인류 앞에 실제로 증명해 보였습니다. 남아프리카에서 자기 동족에게까지 의심을 받아가며 몇 번을 죽을 뻔하면서 20년 세월을 들여서 마침내 이겼고, 아프리카에서 얻은 것을 밑천으로 해서 인도 본토에서 30년에 가까운 세월을 싸워서 마침내 피 흐름이 없이 "이곳은 당신들이 있을 곳이 아닙니다"라는 한마디로 300년 해먹던 대영제국을 몰아내고 아직도 주리고 헐벗음을 벗어나지 못한 인도 민족을 인류 행진의 선봉으로 내세웠습니다. 정치는 반드시 문명의 전부도, 제일 중요한 부분도 아닙니다. 오늘 유럽과 미국에 가서 인도 젊은이들이 어떻게 자부심을 가지고 대보 활보하는가를 보십시오. 이것은 오로지 간디의 비폭력 반항에서 온 것입니다.

어째서 그렇게 됐습니까? 폭력으로 경쟁하는 정치의 시대가 지나갔기 때문입니다. 현대는 고민하는 시대입니다. 고민의 원인은 전쟁을 할 수도 아니할 수도 없는 데 있습니다. 이때까지 전쟁은 자연의 법칙으로 알았습니다. 그러나 그것은 자연의 법칙이 아니라 지배자들이 일부러 만들어내고 선전한 결과란 것이 밝혀졌습니다. 또 무기의 발달은 전쟁을 이기고 짐의 구별 없이 다 망해버리게 할 정도로 파괴적인 것으로 만들었습니다. 그리해서 이날까지의 습관으로 하면 전쟁을 해야만 될 듯하나 현실로는 할 수 없는 딜레마에 빠졌습니다. 이때에 있어서 비폭력 반항은 오직 하나의 길입니다. "싸움은 만물의 아버지"라는 말은 이제는 지나간 말입니다. 협동이야말로 생물 진화의 진리라는 것을 과학적으로 밝히고 있습니다. 물론 싸움이 부분으로 없는 것은 아닙니다. 생명은 관대한 것이어서 제 시대를 잃어버린 것도 쓸어버리지 않고 남겨둡니다.

오늘이 파충류의 시대는 아니지만 도마뱀 따위가 남아 있습니다. 인류의 문명이 더 높아진 후일에도, 군인이란 지나간 시대의 찌꺼기가 상당한 시간을 남아 있을지 모릅니다. 그러나 그들의 시대는 지나가고 있습니다. 지나가고 쓰레기통으로 들어갈 것을 알기 때문에 지금 단말마적인 발악을 해보는 것이 오늘의 현상입니다. 형장으로 나가는 사형수는 마구 처먹는 법입니다.

또 설혹 싸움이 없어질 수 없는 법칙이라 가정을 하더라도 도저히 폭력으로는 싸울 수 없어졌습니다. 싸운다면 정신의 힘으로 할 수밖에 없습니다. 그런데 정신의 힘이란 사랑과 참으로만 기를 수 있는 것입니다. 그렇기 때문에 비폭력이야말로 할 수 있는 단 하나의 길이라는 것입니다.

비폭력 반항은 하나의 조직적인 사랑입니다. 사랑이 생명의 원리인 것은 인간이 안 지 오래됩니다. 우리 나라 옛날 종교인 선도의 핵심은 평화주의입니다. 전쟁 정복 얘기 없이 나라의 시작을 말하는 단군부터 그렇고, 고구려에서 온달로, 백제에서 검도령으로, 신라에서 처용으로 대표되는 그 사상이 다 그것입니다. 중국에서 하면 황제, 노자, 장자, 공자, 맹자, 묵자의 근본 사상은 다 평화주의에 있습니다. 아힘사, 곧 생명을 해하지 않음을 핵심 원리로 삼는 인도 사상은 언제부터인지도 알 수 없으리만큼 오래되었습니다. 예수는 다시 말할 필요도 없고 그보다 거의 800년이나 앞서 살았던 이사야 때 벌써 높은 평화주의가 나타나 있습니다.

이렇듯이 사랑이야말로 살리는 원리인 것을 안 것은 퍽 오래되었습니다. 아마 원시적인 가족 사이에서 벌써 발달됐을 것입니다. 그러나 그것은 주로 개인적인 것이었지 단체적인 것이 아니었습니다. 생활이 비교적 단순하던 때는 인간 관계도 자연적으로 되는 정도였으므로 사회는 개인적인 도덕 활동만으로도 되어갈 수 있었습니다. 그러나 과학이 발달하고 그것을 실생활에 적용함에 따라 인간 사이의 교통이 굉장히 잦아졌고 사회는 거기에 따라 점점 더 동적인, 조직적인 것이 됐습니다. 이제 정치는 결코 공자, 예수가 있던 때의 유가 아닙니다. 한마디로 지배자는 아주 조직적인 악을 행하게 됐습니다. 그러므로 인심이 천심이라던 논법으로는 도저히 악의 세력을 물리칠 수가 없어졌습니다. 그렇기 때문에 사회악과 싸우는 것을 사명으로 하는 종교가조차도 개인으로는 살인하는 것이 죄요, 자기 희생을 하는 것이 최고의 선이나 단체적으로는 전쟁을 해도 살인이 아니요, 민족적으로 자기 희생은 어쩔 수 없는 것이라고 내놓고 가르치게까지 됐습니다. 그러나 아무도 거기 시원치 못한 것이 있는 것을 부인할 수는 없습니다. 여기에 현대 종교가 무력해진, 정치가 극도의 현실주의로 타락한 큰 원인이 있습니다.

그런데 여기서 큰 새 빛을 들어 비춰준 것이 간디입니다. 간디의 한 사랑이나 참은 새것이랄 것 없습니다. 해묵은 진리입니다. 그것을 실행하는 방법이 달라졌습니다. 위에서 조직적인 선이라고 한 것은 그 뜻입니다. 이 의미에서 간디는 역사상에 새 큰길을 열었습니다.

그는 조직적인 악에는 조직적인 사랑으로 대항할 것과 그렇게 하면 반드시 이기는 것을 증명했습니다. 개인과 마찬가지로 단체에서도 죽음으로써 사는 것이 진리라는 것을 보여주었습니다.

문명은 발달하는데, 하면 할수록 어디를 보아도 광명이 없습니다. 빠져나갈 길이 없습니다. 어느 철학도 어느 사상도 핵무기 앞에서 큰 말을 할 수 없어졌습니다. 말하는 이가 있다면 오직 하나 간디뿐입니다. 이리 가면 산다 합니다. 그 길은 곧 스스로 세상 죄의 값인 고난을 자기 등에 짐으로써 너와 나를 다 살리자는 비폭력 반항의 길입니다.

그것을 단체로 하자는 것입니다. 압박받는 대중이 아무런 무기가 없어도 이 조직된 사랑의 공세를 취할 때 무너지지 않을 악의 요새는 하나도 없다는 것입니다.

어떤 사람은 제2차 세계대전 이후의 세계 형편을 보고 간디 정신에 대해 비판하려고 합니다. 그러나 그것은 잘못입니다. 참나무는 빨리 자라지 않습니다. 단기로서는 역사적인 인간은 못 됩니다. 믿음이 우리를 구원할 것입니다. 인간은 인간입니다. 악하기도 하지만 선하기도 합니다. 문제를 스스로 제출한 것이 인간이면, 인간은 또 해결하고야 말 것입니다. 자멸할 수 없는 것이야말로 인간입니다. 정신은 물질을 이기고야 말 것입니다. 간디 정신은 이기고야 말 것입니다. 간디 정신은 간디의 것이 아닙니다. 우주의 정신이요, 하나님의 말씀이기 때문입니다. 그의 위대함은 어린애 같은 겸손한 믿음에 있었습니다.

간디자서전
나의 진리실험 이야기

1 성장의 시간

3 나의 일은 인도에 있다

4 사티아그라하, 끝없는 진리의 실험

5 구원과 투쟁, 다시 민중 속으로

옮긴이의 말

나는 내가 하지는 못하면서도 남을 나무라기는 잘한다. 칼릴 지브란의 『예언자』를 읽고는 왜 이날까지 이 『예언자』를 번역한 사람도 하나 없었느냐 하고, 『바가바드 기타』를 얻어 들고는, 이런 보배를 어째서 우리 나라에서는 일찍부터 알려주지 않았을까 했다. 내가 나무라는 것은 당연하다. 나는 재지(才智)가 없으니 나은 선배들에게 기대할 수밖에 없다. 이 간디의 자서전도 그렇다.

아마 우리 나라에서 외국 인물로서 일반 사람에게 가장 존경받는 이는 간디 아닐까? 그런데 3·1운동 이후 그렇게 좋아하는 간디인데 어째서 그 전기는 해방될 때까지 하나도 번역된 것이 없었는지 모른다. 나라가 씨올에게 있음을 알고, 씨올을 깨워주고 길러주는 것이 무엇보다 중요한 일이요, 무엇보다 먼저 할 일이라면, 글을 배운 책임을 하기 위해서라도 씨올들에게 간디를 스승으로, 친구로 소개해주었어야 할 것인데 아니했다.

생각해보자. 해방 전에 공산주의자들이 방방곡곡을 파고들어 쑤셨듯이, 간디의 사상과 투쟁방법을 그만큼 씨올에게 알려주었더라면 일이 어떻게 됐겠나? 붉은 군대가 북한 사람을 속이려고 할 때에 가장 먼저 한 일이 조만식 선생을 내세우며 '조선의 간디'라고 했던 것을 생각해보자. 그것이 무슨 뜻인가? 자기네와는 180도 반대 방향의 간디인데 왜 그 이름으로 조 선생을 내세웠을까? 지피지기면 백전백승이라, 조선놈을 잡으려면 조선놈의 심정을 알아야 할 것 아닌가? 우리는 도리어 그렇게 못했는데 우리 대적은 간디주의를 내세우면 조선놈은 다 속일 수 있는 것을 알았기 때문이었다. 간디의 길은 그만큼 우리에게 들어맞는 길이었다. 그런데 아까울손, 그것을 우리가 못했다는 말이다.

안타깝고 부끄러워서 하는 소리지 남을 나무랄 것 있겠는가, 나를 채찍질해야지.

겨우 1958년에 와서야 '간디연구회'란 것을 몇이서 시작했는데, 시작하자마자 7월 서리를 맞았다. 그러나 이상 기후를 탓해도 소용없고, 생명은 제 책임을 제가 만들어 지는 거다. 내가 했어야 할 것인데 약했다. 지금 와서야 솔직히 하는 고백이지만 모든 책임은 내게 있었다.

이번에 『간디 자서전』을 번역하면서 독자에게 도움이 되기 위해 될수록 주를 많이 달려 했으나 그래도 출처를 알 수 없어 못한 것이 많고, 혹시 잘못된 것이 있는지도 모른다. 그리고 고유명사의 발음은 어쩔 도리가 없었다. 도저히 인도인들이 하는 대로는 할 수가 없고, 부득이 보통 하는 로마자 발음대로 할 수밖에 없었다. 독자들의 양해를 빈다.

여러 군데서 눈시울이 뜨거워 그냥은 써내려갈 수가 없어서 손수건을 찾곤 했다. 특히 말하고 싶은 것은 간디의 인격적 매력이라 할까, 영어로 한다면 참말 스위트한 점이 있다. 어쩌면 그렇게 선배를 존경하는지 자기의 위대함은 전부 잊고 그저 어린애처럼 선배를 위한다. 자기의 위대함을 잊으니 정말 위대하지 않겠는가?

끝으로 부질없는 내 탄식이나 적자. 내가 10년 전에 이 태도로 간디를 읽었다면 내가 조금 다른 사람이 됐을 것이요, 우리 나라 역사도 조금 달라진 것이 있을지도 모른다. 아, 그러나 지나간 것이 문제랴, 앞이 문제지. 간디는 간디고 나는 나야 하지.

머리말

　나와 일을 같이하는 몇몇 분의 권고에 따라 나는 자서전을 쓰기로
했는데, 쓰기 시작하여 첫 장을 넘기자마자 뭄바이(봄베이)에 폭동이
일어나 일이 중단되어버렸다. 그 후 연달아서 사건들이 일어났고 나
는 결국 예라브다 감옥에 투옥되고 말았다. 나와 함께 감옥에 들어갔
던 사람 중 하나인 제람다스(Jeramdas) 씨는 나더러 만사를 제쳐놓고
그 자서전을 완성하라고 권하였다. 나는 이미 내 공부를 위하여 순서
를 짜놓았기 때문에 그 과정을 마칠 때까지는 다른 일을 생각할 수 없
다고 하였다. 내가 만일 예라브다에서 형기를 다 치렀더라면 자서전을
정말 끝낼 수도 있었을 것이다. 아직 한 해가 남아 있어서 일을 마치려
면 마칠 수 있었다. 그런데 그때에 나는 석방되었다.

　이제 와서 스와미 아난드(Swami Anand)가 다시 그 제안을 해왔는
데, 나는 남아프리카 진리파지(眞理把持)운동의 역사를 쓰던 것도 다
마쳤으므로 자서전에 손을 대서 『나바지반』(Navajivan) 지에다 내자
는 생각이 들었다. 스와미는 따로 단행본으로 내자고 하지만 내게 그
럴 시간 여유가 없다. 나는 매주 계속해서 한 장씩밖에 쓸 수가 없다.
『나바지반』에는 어차피 매주 무엇을 써야 하니, 그러면 자서전이라고
해서 안 될 것이 없지 않은가? 스와미도 내 제안에 동의하여 지금 나
는 이것을 부지런히 쓰고 있다.

　그런데 한 경건한 친구가 그것에 대해 의문을 품고 나의 침묵일[1]에

내게 "무엇 때문에 그런 모험할 생각이 들었습니까?" 하고 그는 물었다. "자서전을 쓴다는 것은 서양 사람만이 하는 짓입니다. 내가 알기로는 동양에서는 서양의 영향을 받은 사람을 제외하고는 자서전을 쓴 사람은 아무도 없습니다. 또 쓴다 합시다, 무엇을 쓰시렵니까? 생각해봅시다. 오늘 당신이 주의 주장으로 내세우시던 것을 내일 가서 버리시게 될 때, 오늘 당신이 세웠던 계획을 장차 고치시게 될 경우에 입으로거나 글로거나 당신이 하신 말씀을 표준으로 삼고 행동해오던 사람들이 방황할 것 같지 않습니까? 자서전 같은 것은 그만두시는 것이, 적어도 아직은 쓰시지 않는 것이 좋지 않습니까?"

그 주장을 듣고 나니 어느 정도 그렇기도 했다. 그러나 내가 뜻하는 것은 정말 자서전을 쓰려는 것은 아니다. 나는 다만 수많은 진리실험 이야기를 해보자는 것뿐이다. 그런데 내 생애는 그러한 실험들만으로 되어 있으니, 이야기는 자연히 자서전 형태를 띠게 될 것임은 사실이다. 그렇지만 정말 페이지마다 나의 실험 이야기밖에 쓴 것이 없다 하더라도 나는 걱정하지 않는다. 이 모든 실험을 앞뒤를 가려서 관련된 이야기로 하기만 한다면 나는 그것이 읽는 이에게 유익함이 없지 않으리라고 믿는다. 적어도 그렇게 스스로 믿는다고 자위하고 싶다.

정치적 분야에서 나의 실험은 인도뿐 아니라 어느 정도는 온 '문명화된' 세계에 널리 알려져 있다. 내게 그 일들은 큰 가치가 없다. 그 일들 때문에 내게 주어진 마하트마란 칭호는 더군다나 가치가 없다. 그 칭호는 내게 깊은 고통을 준 일이 많다. 그것이 내 마음을 흐뭇하게 해주었다고 생각되는 때는 한 번도 없다. 내가 정말 이야기하고 싶은 것은 나만이 알 수 있는 정신적 분야에서 나의 실험이요, 실상 내가 정치적 분야에서 활동할 수 있었던 그 힘은 여기서 얻은 것이었다. 그리

---

1) 간디는 매주 월요일 말을 하지 않고 지냈다.

고 그 실험들이 참으로 정신적인 것일진대 제 자랑할 여지는 있을 수가 없다. 그것은 다만 나의 겸손을 더할 뿐이다. 지난날들을 돌이켜보아 반성하면 할수록 나는 더욱 나의 부족함을 느낄 뿐이다.

내가 성취하려고 원하는 것, 지금껏 30년 동안 성취하려고 싸우고 애써온 것은 자아실현이다. 하나님의 얼굴과 얼굴을 마주 대고 봄이다. 모크샤[2])에 도달함이다. 나는 이 목적을 달성하려고 살며 움직이고 존재한다. 내가 말로나 글로 행하는 모든 것, 그리고 내가 정치 분야에서 한 모든 모험은 다 이 하나의 목표를 지향한 것이다. 그러나 나는 한 사람이 할 수 있는 것이라면 누구나 할 수 있다고 믿어온 사람이기 때문에, 나의 실험은 골방에서 행해진 것이 아니고 드러내놓고 한 것이었다. 그리고 나는 이 사실이 그 정신적 가치를 손상한다고 생각하지 않는다. 사람의 일에는 자기와 자기의 창조주만이 아는 것들이 있다. 그것은 꼬집어 말로는 할 수 없는 것이다. 내가 말하려는 실험은 그런 것들이 아니다. 그것은 정신적인 것들이다. 혹은 그보다도 도덕적이라고 하는 편이 나을지 모른다. 종교의 올짬은 도덕이기 때문이다.

종교적인 일 중에서도 나이 든 사람뿐 아니라 어린이까지도 이해할 수 있는 것만을 여기서 이야기하겠다. 내가 그 이야기를 냉정하고 겸손한 마음으로 할 수 있다면 많은 실험자가 정진하는 데 필요한 양식을 거기서 발견할 것이다. 나는 절대로 이 실험에서 조금이라도 완전했다는 생각을 할 수는 없다. 과학자가 자기 실험을 더할 수 없는 정확성과 신중함과 정밀함으로 행하면서도 자기가 얻은 결론에 대해서는 결코 완전함을 주장하지 않고 언제나 융통성 있는 태도를 지니는

---

2) 모크샤(moksha): 글자대로는 생사도(生死道)에서 해방됨. 가장 가까운 영어는 salvation(구원).

것처럼 나도 내 실험에 대해 과학자 이상의 것을 주장하지 않는다. 나는 엄밀한 자기 성찰을 했고, 나 자신을 샅샅이 뒤졌으며, 모든 심리적 상태를 조사하고 분석했다. 그렇지만 나는 결코 내 결론이 완전하다든지, 잘못이 없다든지 하는 말은 하지 않는다. 한 가지만은 분명히 주장할 수 있겠는데 그것은 즉 내게는 그것이 절대로 옳다고 생각됐으며, 그때 당시로는 그것이 완전하게 보였다는 것이다. 만일 그렇지 않았다면 내가 그것을 내 행동의 기초로 삼지 않았을 것이다. 나는 걸음마다 취사선택의 순서를 밟았고 그 결과에 따라서 행동하였다. 그러므로 내 행동이 이성과 양심에 어긋나지 않는 한 나는 당초 결론을 굳게 지키지 않으면 안 된다.

내가 만일 학문적 원리를 토론하는 것만을 목적으로 삼았다면 자서전은 아예 쓰려고 하지도 않았을 것이다. 하지만 내 목적은 이 원리들을 실제에 적용했던 여러 가지 이야기를 하자는 데 있었으므로 내가 쓰고자 하는 이 글의 제목을 『나의 진리실험 이야기』(*The Story of My Experiments with Truth*)라고 정했다. 물론 이 안에는 비폭력 실험, 독신생활 실험 등 진리와는 다르다고 생각되는 그밖의 여러 가지 행동의 원리도 포함되어 있다. 그러나 내게 진리는 최고 원리요, 다른 여러 가지 원리는 그 안에 포함되는 것이다. 이 진리는 말의 진실뿐만 아니라 행동의 진실이기도 하다. 또 우리 생각으로 하는 상대적 진리만이 아니라 절대적 진리, 영원한 진리, 곧 하나님 자신이기도 하다.

하나님의 정의는 무수하다. 하나님의 나타나심이 무한하기 때문이다. 그렇기 때문에 나는 놀라움과 두려움에 압도되어 대번에 어리둥절해진다. 그러나 그를 진리로 대할 때만 나는 그를 예배할 수 있다. 나는 아직 그를 발견하지 못했지만 그를 찾고 있다. 그를 찾기 위해서라면 내게 가장 소중한 것이라도 즐겨 희생할 것이다. 바쳐야 하는 그 희생이 비록 내 생명이라 할지라도 나는 즐겨 바쳤으면 한다. 그러나 내가 절대의 진리를 아직 깨닫지 못하는 한 내가 이해하고 있는 이 상대적 진리를 굳게 잡을 수밖에 없다. 이 상대적 진리가 그때까지는 나의 등대요, 작은 방패요, 큰 방패다. 이 길이 비록 험하고 좁고 면도날 같이 날카로울지라도 그것이 내게는 가장 가깝고도 쉬운 길이다. 나의 히말라야산맥 같은 실책조차도 내게 아무것도 아니었던 것은 내가 이 길을 엄격하게 지켜왔기 때문이다. 그 길은 나를 실패에 빠지지 않게 건져주었고, 나는 내 빛을 따라 앞으로 앞으로 나아갔다.

앞으로 나아가는 동안 나는 종종 '절대 진리', 곧 하나님의 희미한 모습을 볼 수 있었다. 따라서 그이만이 참이요 다른 모든 것은 다 참이 아니라는 확신이 날마다 자라났다. 누구나 원하거든 내게서 이 확신이 어떻게 자라났는가를 알아보기 바란다. 할 수 있거든 내 실험에도 참여하고 확신에도 참여하기 바란다. 내게 가능한 것이면 어린아이들에게도 가능하다는 확신이 가면 갈수록 내 속에서 자라났고, 또 내가 그렇게 말하는 데는 상당한 이유가 있다. 진리탐구 방법은 어렵다면 어렵지만 또 쉽다면 쉽다. 교만한 어른에게는 거의 불가능한 것으로 보이겠지만 순진한 어린이에게는 온전히 가능한 것으로 여겨질 것이다.

진리를 찾아가는 자는 티끌보다도 겸손해야 한다. 세상은 티끌을 그 발 밑에 짓밟지만 진리를 찾는 사람은 티끌에조차도 짓밟힐 수 있을 만큼 겸손해야 한다. 그런 다음에야만 비로소 진리의 한 별견(瞥見)을 얻을 수 있을 것이요, 그렇지 않는 한 아니 될 것이다. 바시슈다(Vasishtha)와 바슈바미트라(Vashvamitra)의 대화는 이것을 명백히 밝혀주고, 기독교와 이슬람교도 역시 이것을 충분히 증거하고 있다.

이 글 중에 조금이라도 내 자랑을 했다고 느껴지는 부분이 있다면 나의 진리탐구에 뭔가 잘못된 점이 있다고 생각해야 할 것이고, 내가 어렴풋이 봤다는 것도 신기루에 지나지 않았다고 해야 할 것이다. 나 같은 것은 천백이 망하더라도 진리는 왕성해야 한다. 나 같은 잘못 많은 인간들을 심판함에서 티끌만큼이라도 진리의 표준을 낮추어서는 아니 된다.

아무도 이 자서전 속 여기저기에 들어 있는 권고의 말을 명령으로 알지 않기를 믿고 또 바란다. 이 실험담은 하나의 실례로 알아야 할 것이요, 각자는 자기 의향과 능력에 따라 자기 실험을 해나가야 할 것이다. 이러한 한정된 범위 안에서 하면 이 실험담은 정말로 도움이 될 수 있으리라고 믿는다. 왜냐하면 꼭 이야기할 필요가 있는 것이라면 나는 아무리 창피스러운 일일지라도 숨기지도 줄여서 말하지도 않았기 때문이다. 나는 내 모든 실수와 잘못을 독자들에게 충분히 알리고 싶다. 내 목적은 내 실험을 진리파지의 과학에 따라 서술하자는 것이지 내가 어떻게 잘했느냐를 말하자는 것이 아니다. 나 자신을 판단함에서 나는 진리 자체같이 엄격해야 하는 것이며, 또 다른 사람들도 그렇기를 바란다. 이 같은 표준에 따라 나를 저울질할 때 나는 수르다스(Surdas)와 함께 이렇게 부르짖지 않을 수 없다.

나같이 불쌍한 그렇게 악하고 못난 것이
세상에 또 어디 있을 수 있느냐?
내 창조주를 내버렸었구나.
그토록 나는 믿음이 없었구나.

왜냐하면 그분께서 내 생명의 숨 마디마디를 다 주장하고 계시며 나를 낳으신 것이 그분임을 내가 분명히 알고 있는데, 그분에게서 내가 아직도 이렇게 멀리 떨어져 있다는 것이 내게는 끊임없는 고통이기 때문이다. 나를 붙들어 그분에게 못 가게 하고 그분으로부터 멀리 있게 하는 것이 내 속에 있는 저 나쁜 정욕인 것을 알고 있다. 그러면서도 나는 그것을 떼어버릴 수가 없다.

그러나 이만 그칠 수밖에 없고, 다음 장에서부터 사실 이야기를 시작해야 한다.

1925년 11월 26일
사바르마티 아슈람
M.K. 간디

1
성장의 시간

"진리는 나의 등대요, 작은 방패다.
이 길이 비록 험하고 좁고 면도날같이 날카로울지라도
그것이 내게는 가장 가깝고 쉬운 길이다."

태어남과 그 집안

우리 집안은 상인계급(bania caste)에 속했고, 본래는 식료품상이었던 것 같다. 그러나 나의 할아버지 때부터 3대 동안을 카티아와르주(州)의 이 나라 저 나라에서 총리직을 지내왔다. 나의 할아버지 우탐찬드 간디(Uttamchand Gandhi), 통칭 오타 간디(Ota Gandhi)는 지조 있는 사람이었던 듯하다. 그는 정치적 음모 때문에 총리로 있었던 포르반다르(Porbandar)에서 쫓겨나 주나가드(Junagadh)로 피난을 갔는데, 거기서 그는 나와브(Nawab: 태수)를 보고 왼손으로 인사를 하였다. 어떤 사람이 이 무례한 태도를 보고 그 까닭을 묻자, 그는 이렇게 대답했다는 것이다.

"오른손은 이미 포르반다르에 서약했습니다."

오타 간디는 첫 아내가 세상을 떠났기 때문에 다시 결혼했다. 그는 전처에게서 넷, 후처에게서 두 아들을 얻었는데, 나는 어릴 적에 이들이 모두 한 어머니에게서 나지 않았다는 것을 느끼지도 알지도 못했다. 이 6형제의 다섯째가 카람찬드 간디(Karamchand Gandhi), 통칭 카바 간디(Kaba Gandhi)였고, 여섯째가 툴시다스 간디(Tulsidas Gandhi)였는데, 이 두 형제는 차례로 포르반다르 총리를 지냈다. 카바 간디가 나의 아버지인데, 그는 라자스다니크 조정(朝廷)의 한 사람이었다. 그것은, 지금은 없어졌으나 그때는 족장들과 그 족인(族人)들 사이의 분쟁을 해결하는 유력한 기관이었다. 그는 한동안은 라지코트에서, 다음은 반카네르에서 총리로 있었고, 죽을 때에는 라지코트국의 은급 수령자(恩給受領者)였다.

카바 간디는 매번 상처하여 네 번이나 결혼했다. 첫 번째와 두 번째 결혼에서 두 딸을 얻었고, 마지막 아내인 푸틀리바이(Putlibai) 사이에서 딸 하나와 아들 셋을 낳았는데, 나는 그중 막내였다.

나의 아버지는 문중 사람을 사랑했고, 성실하고 용감하고 관대했으나 성미가 급했다. 그는 어느 정도 성적 쾌락에 기울어졌던 듯싶다. 왜냐하면 그가 네 번째로 결혼했을 때는 이미 40을 넘었기 때문이다. 그는 청렴했고 문중에서나 사회에서나 지극히 공평한 사람으로 이름이 높았다. 나라에 대한 그의 충성은 유명했다. 어떤 정치 보좌관이 자기 주군인 라지코트의 다코레 사헤브(Thakore Saheb)를 보고 모욕적인 말을 했을 때 그는 결연히 일어나 맞섰다. 보좌관이 크게 노하여 카바 간디에게 사과를 요구했지만 그는 거절했다. 그 때문에 몇 시간 동안 구금을 당했지만 카바 간디는 철석 같았다. 보좌관은 하는 수 없이 그를 놔주도록 명했다.

　나의 아버지는 축재에 욕심이 없었기 때문에 우리에게 남겨준 재산도 극히 적었다.

　그는 경험을 통한 것밖에는 교육받은 것이 없었다. 기껏해야 구자라트어 교본의 제5권까지나 읽었을까 하는 정도였다. 역사와 지리는 전혀 몰랐다. 그러나 그의 실무에 관한 풍부한 경험이 그가 실제로 복잡한 문제를 처결하고 수백 명을 통솔해나가게 하는 데 큰 힘이 되었다. 종교적 수련도 거의 없었다. 그러나 보통 힌두교도들이 자주 사원을 찾아가 설교를 들어서 얻는 그런 정도의 소양은 가지고 있었다. 말년에 그는 문중의 유식한 바라문교 친구 권고에 따라 『기타』[1]를 읽기 시작해서 매일 예배 시간엔 몇 구절씩 소리내어 읽곤 했다.

　어머니가 내 기억에 뚜렷이 남긴 인상은 성스럽다는 것이었다. 그는 깊은 종교심이 있었다. 날마다 드리는 기도를 하지 않고는 식사할 생각조차 하지 않았다. 하벨리[2] ── 바이슈나바파[3]의 사원 ── 에 다니는

---

1) 『기타』(Gita): 힌두교의 중요한 경전의 하나인 『바가바드 기타』(Bhagavad-Gita)의 약칭.

것은 그의 일과 중 하나였다. 내 기억을 더듬을 수 있는 한, 그는 한 번
도 차투르마스[4]를 빠진 일이 없었다. 언제나 가장 어려운 맹세를 해
놓고는 틀림없이 그것을 지켰다. 병이 났다고 그것을 늦추는 일이 없
었다. 나는 언젠가 어머니가 찬드라야나[5] 맹세를 지키는 동안 병을
앓았던 일을 기억하는데, 그래도 그는 병 때문에 그것을 중지하지는
않았다. 계속해서 두세 끼 단식하는 것은 그에게는 보통이었다. 차투
르마스 기간에는 하루 한 끼로 사는 것이 예사였다. 그것으로도 만족
하지 못하고 어느 차투르마스에는 하루 걸러씩 단식을 했다.

또 다음 차투르마스에는 해를 보기 전에는 음식을 들지 않겠다는 맹
세를 했다. 그런 때는 우리 아이들은 서서 하늘을 쳐다보며 어머니께
해가 나타났음을 알려드리려고 기다리곤 했다. 누구나 잘 아는 대로
장마철이 한창일 때는 해가 좀처럼 얼굴을 내놓지 않는 때가 흔하다.
그러다가 해가 갑자기 나타나면 우리는 달려가서 그것을 어머니께 알
리곤 했던 일이 기억난다. 그러면 어머니는 자기 눈으로 그것을 보려
고 달려나왔다. 그러나 숨바꼭질을 좋아하는 해는 그때는 벌써 숨어버
린다. 그렇게 해서 어머니는 그만 끼니를 놓쳐버리는 것이었다. 그러
면 어머니는 천연스럽게 말씀했다. "괜찮아, 하나님께서 오늘은 내가
밥 먹는 것을 원치 않으신다." 그러고는 다시 단식을 계속했다.

나의 어머니는 견실한 상식을 가지고 있었다. 나라의 모든 일을 잘
알았고, 조정의 부인들은 그의 지성을 높이 보았다. 나는 종종 어린이

2) 하벨리(Haveli): 비슈누 신을 섬기는 사원.
3) 바이슈나바(Vaishnavas): 비슈누 신을 섬기는 교회.
4) 차투르마스(Chaturmas): 글자 그대로는 '넉 달 동안'이라는 뜻. 우기(雨期) 넉 달 동
   안 단식 혹은 반 단식의 맹세를 한다.
5) 찬드라야나(Chandrayana): 일종의 단식. 이 기간에 달이 커지고 작아짐에 따라 날
   마다 음식의 양을 늘렸다 줄였다 한다.

의 특권으로 어머니를 따라가곤 했는데, 그때에 그가 다코레 사헤브의 홀어머니와 열심히 토론하던 일을 지금도 기억하고 있다.

이러한 부모 사이에서 나는 1869년 10월 2일 포르반다르(또는 수다 마푸리[Sudamapuri])에서 태어났다. 어린 시절을 나는 포르반다르에서 보냈다. 학교에 가던 생각이 난다. 구구단 외는 것이 좀 힘들었다. 그 시절의 일 중에서 기억에 남는 것이 다른 아이들과 몰려다니며 선생님을 갖가지 별명으로 부르기를 배웠다는 것뿐이라는 사실은 내 지능이 낮았고 내 기억력이 미숙했다는 것을 무엇보다도 잘 증명하는 것이다.

어린 시절

아버지가 라자스다니크 조정의 한 사람이 되어 포르반다르를 떠나 라지코트로 간 것은 아마 내 나이 일곱 살 때였을 것이다. 거기서 나는 초등학교에 들어갔다. 그리고 그때 일들과 나를 가르치던 선생님들의 이름과 특징을 나는 잘 기억하고 있다. 포르반다르에서와 마찬가지로 여기서도 나는 공부에 관해서는 이렇다 할 만한 것이 없었다. 그저 평범한 학생이었다고 할 수 있다. 그 다음에는 교외에 있는 학교로 갔고 거기서 또 고등학교로 갔다. 그때는 열두 살이었다. 나는 이 짧은 기간에 선생님들이나 교우들에게 한 번도 거짓말을 한 기억이 없다. 나는 언제나 수줍음이 많아서 늘 남들과 어울리기를 싫어했다. 책과 학과가 나의 유일한 친구였다. 시간이 되면 학교에 가고 학교가 끝나면 곧 집으로 달려오는 것, 그것이 나의 일과였다. 나는 글자 그대로 달음질을 해서 돌아왔다. 누구와도 이야기하기 싫어서였다. 누가 놀려댈까봐 겁이 나기까지 했다.

내가 고등학교 1학년 때 시험 치는 도중에 일어난 사건이 하나 있는데, 그것은 이야기할 만한 가치가 있다. 장학관 길스 씨가 교육 검열을 나왔는데, 그는 받아쓰기 문제로 다섯 낱말을 내놓았다. 그중 하나가 '솥'(kettle)이었는데, 나는 철자를 틀리게 썼다. 선생은 구두 끝으로 내게 암시를 주려고 했는데 나는 그것을 눈치채지 못했다. 선생은 나더러 옆사람의 석판을 보고 그 스펠링을 베끼라는 것이었지만 나는 미처 그 생각조차 할 수가 없었다. 나는 선생이 거기 서 있는 것은 베끼지 못하도록 감시하기 위한 것인 줄로만 알았기 때문이었다. 나중에 보니 나 말고는 모든 학생이 다 낱말의 철자를 똑바로 썼다. 나만이 바보짓을 했다. 그 뒤에 선생은 그것이 어리석은 짓이라는 것을 내게 알려주려고 했지만 소용이 없었다. 나는 끝내 베끼는 재주를 배울 수 없었다.

그렇지만 그 사건으로 해서 나의 선생님에 대한 존경심은 조금도 줄어들지 않았다. 나는 천성이 손윗사람의 잘못에 대해서는 눈이 어두웠다. 그 뒤 나는 그 선생의 다른 많은 잘못을 알게 됐지만, 그에 대한 나의 존경은 여전하였다. 나는 어른들에게는 그가 시키는 대로 복종하는 것이지, 그 행동을 책잡으려고 하는 것은 아니라고 배웠기 때문이었다.

같은 시절에 일어났던 다른 두 가지 일이 항상 내 기억에 남아 있다. 나는 대체로 교과서 이외의 것을 읽는 데는 취미가 없었다. 일과를 잘하려고 한 것은 선생의 꾸중이 듣기 싫어서도 그랬지만, 또 그를 속이고 싶지 않아서이기도 했다. 그렇기 때문에 학과를 하기는 했지만, 마음에 없이 했던 때도 많았다. 그래서 학과조차도 충분히 못했기 때문에 과외 독서는 물론 생각도 하지 않았다. 그런데 어쩌다가 아버지가 사신 책이 눈에 띄었다. 그것은 『슈라바나 피트리바그티 나타카』(*Shravana Pitribhakti Nataka*: 슈라바나의 효성에 대한 희곡)였다. 나는 그것을 매우 흥미 있게 읽었다. 그 무렵 우리 마을에 순회 흥행사가 왔다. 내가 본 장면 가운데 하나는 슈라바나가 눈먼 부모를 띠를 매어 등에다 업고 순례의 길을 떠나는 것이었다. 그 책과 그림은 내 마음에 지울 수 없는 인상을 남겨놓았다. "여기 네가 본떠야 하는 본보기가 있다"고 나는 나 자신에게 말했다. 슈라바나의 죽음을 애통해하는 그 부모의 슬픈 부르짖음이 아직도 내 기억에 새롭다. 그 감상적인 곡조가 나를 깊이 감동시켰다. 그래서 나는 아버지가 사주신 손풍금으로 그것을 탔다.

희곡에 관한 비슷한 사건이 또 하나 있다. 그즈음에 나는 아버지의 허락을 얻어 어느 극단의 연극을 본 일이 있다. 「하리슈찬드라」(Harishchandra)라는 그 연극은 내 마음을 사로잡았다. 아무리 봐도 싫증나지 않았다. 그러나 어떻게 늘 보라는 허락을 얻을 수 있을까? 그것이 내게 매달려서 떨어지지 않았으므로 나는 하리슈찬드라를 혼자서 수없이 연출해야만 했다.

"왜 모든 사람이 하리슈찬드라처럼 진실하지 못할까?" 하고 나는 밤낮 자신에게 물었다. 진리를 따라야 하고 하리슈찬드라가 겪은 모든 시련을 겪어야 한다는 것이 내 속에 불어넣어진 하나의 이상이었다. 나는 하리슈찬드라의 이야기를 글자 그대로 믿었다. 생각만 하면 자꾸 눈물이 났다. 지금 내 상식대로 한다면 하리슈찬드라는 역사적 인물은 아니다. 그러면서도 하리슈찬드라와 슈라바나는 내게 살아 있는 실재들이다. 그 희곡들을 지금 다시 읽는다 해도 나는 틀림없이 감동을 받을 것이다.

조혼

이 장은 쓰지 않을 수 있었으면 하고 바라는 마음이 많았다. 그러므로 이야기를 해가노라면 나는 몇 번이고 쓴 잔을 마셔야 할 것이다. 그러나 진리를 섬기는 자가 되자는 이상 쓰지 않을 수는 없다. 열세 살에 결혼했다는 이야기를 해야만 하는 것은 참 거북한 일이다. 내가 돌봐주고 있는 그 당시 나와 같은 또래의 소년들을 보며 내 결혼을 생각할 때마다 나 자신에게 불쌍한 생각이 드는 동시에, 나와 같은 운명을 피한 그들에게 축하하고 싶어진다. 어떤 도덕이론을 가지고도 그런 이치에 어그러진 조혼을 옳다할 수는 없다.

독자는 오해하지 말기를 바란다. 나는 약혼이 아니라 결혼을 했다. 카티아와르에는 아주 서로 다른 두 가지 의식이 있다. 곧 약혼과 결혼이다. 약혼은 부모들이 소년 소녀를 결혼시키려고 미리 약속을 하는 것인데, 그것은 깨뜨릴 수 없는 것은 아니다. 남자아이가 죽더라도 여자가 홀어미는 되지 않는다. 그것은 순전히 부모들 사이의 약속일 뿐 아이들은 알 바 아니다. 보통 아이들에게는 알리지도 않는다. 나는 모르고 있었지만, 아마 세 번은 약혼했던 듯하다. 나는 내 약혼자로 선택이 되었던 두 소녀가 차례로 죽었다는 말을 들었다. 그러므로 세 번 약혼했던 것으로 생각된다. 그러나 희미한 기억에 세 번째 약혼은 내가 일곱 살이 되던 때였던 듯싶다. 그렇지만 부모가 알려주었다는 기억은 없다. 이 장에서는 나의 결혼 이야기를 하자는 것인데, 거기에 대해서는 분명히 기억하고 있다.

우리 형제가 셋이라는 것은 이미 말했다. 맏형은 이미 결혼했고, 어른들은 나보다 두세 살 위인 내 둘째형과, 한 살 위인 사촌형과 나를 한꺼번에 모두 결혼시키기로 결정했다. 그렇게 하는 데는 우리 의견은 물론 우리의 행복은 고려되지도 않았고, 그런 결정은 순전히 그들 자신의 편의와 경제문제로 된 일이었다.

힌두교도들에게 결혼은 간단한 일이 아니다. 신랑 신부의 부모는 그 바람에 재산을 온통 터는 수가 많다. 그들은 물질과 시간을 낭비한다. 옷과 장식품을 만들고 잔치에 쓸 경비의 예산을 세우는 등 준비를 하는 데 여러 달이 걸린다. 양가에서 서로 저쪽을 누를 만한 여러 가지 다채로운 준비를 하려고 애쓴다. 여자들은 목청이야 좋건 나쁘건 목이 쉬도록 노래를 불렀고 심지어 앓기까지 했고, 이웃을 소란케 했다. 이웃은 또 이웃대로 잔치의 부산물인 온갖 소란, 쓰레기, 찌꺼기 같은 것들을 모두 조용히 참는다. 언젠가는 그들도 꼭 같은 짓을 하게 될 것임을 잘 알기 때문이다.

우리 집안 어른들은 이 모든 골칫거리를 한꺼번에 치러버리는 것이 좋겠다고 생각한 것이다. 비용은 덜 들고도 더 떠들썩하게 할 수 있다. 왜냐하면 세 번에 쓸 돈을 한 번에 쓰면 훨씬 더 마음대로 쓸 수 있기 때문이다. 아버지와 삼촌은 나이가 많았고 우리는 그들이 결혼시켜야 할 마지막 자식들이었다. 그들은 아마 생애의 가장 좋은 때를 마지막으로 보고 싶었던 듯하다. 이러한 여러 생각으로 세 쌍의 결혼식을 한꺼번에 하기로 결정한 것인데, 앞서 말한 대로 그 준비에는 여러 달이 걸렸다.

장차 다가올 일을 우리가 알아챈 것은 다만 이러한 준비를 통해서였다. 그 당시 내게는 앞으로 좋은 옷을 입게 되고, 북을 치며 결혼식을 올리고, 잘 차린 음식을 먹고, 함께 놀 초면의 처녀를 만나고 하는 것 이외엔 아무것도 아니었다. 성적 욕망은 뒤에야 왔다. 기록할 만한 가치가 있는 몇 가지를 빼고 나는 내 부끄러운 이야기에 그만 막을 내리고 싶다. 그 몇 가지는 다음에 적기로 하겠지만, 그것도 이 이야기를 쓰는 데 항상 마음속에 지니고 있는 중심사상과는 상관이 없는 것이다.

그래서 형과 나는 라지코트에서 포르반다르로 끌려왔다. 그런데 마지막에 있을 연극의 서막으로 좀 재미있는 몇 가지 일이 있었다. 예를 든다면, 온몸에 울금(鬱金) 풀칠을 하는 것 같은 일이다. 그러나 그 이야기는 그만두기로 하겠다.

아버지는 총리였지만 역시 종에 지나지 않았다. 더욱이 다코레 사헤브의 총애를 받고 있었던 만큼 더욱 그러했다. 그는 아버지를 마지막 순간까지 놓지 않으려 했다. 마침내 허락했을 때는 아버지를 위해 특별히 마차를 준비시켰지만 여행을 이틀 단축하도록 명령했다. 그러나 운명의 뜻은 그렇지 않았다. 포르반다르는 라지코트에서 193킬로미터이고 마차로 닷새 길이다. 아버지는 그 거리를 사흘에 달렸지만, 셋째 날에 마차가 뒤집혀서 중상을 입고 온몸에 붕대를 감은 채 도착하였다. 다가오는 일에 대한 아버지와 우리의 흥미는 반감되고 말았다. 그러나 잔치는 그대로 진행해야 했다. 혼인 날짜를 어떻게 변경할 수 있겠는가? 그러나 나는 결혼에 대한 어린애다운 재미 때문에 아버지의 부상에 대한 슬픔도 잊어버렸다.

나는 부모에게 효성을 다하려 했다. 그러나 또한 육(肉)이 따르는 정욕에도 이 못지않게 열중했다. 어버이를 효성으로 섬기려면 모든 행복과 쾌락을 희생하지 않으면 안 된다는 것을 나는 그때 알지 못했다. 그러나 내 쾌락욕에 대한 천벌이라도 되는 양 한 가지 사건이 터져서, 그 뒤로 오늘에 이르기까지 그것이 늘 내 마음에 걸려 있다. 그 이야기는 뒤에 하겠다. 니슈쿨라난드(Nishkulanand)는 이렇게 노래했다. "욕심의 대상을 버리면서도 욕심을 버리지 못한다면, 아무리 애를 써도 맥없이 사라진다." 이 노래를 부를 때마다, 부르는 것을 들을 때마다 이 쓰라리고 고약한 사건이 내 기억에 되살아나 부끄러움이 나를 덮어씌운다.

아버지는 상처가 났는데도 얼굴에 그런 티를 보이지 않고 혼례에 끝까지 참석했다. 그 생각을 하면 지금도 모든 것이 내 마음의 눈앞에 선하다. 그가 앉아 계시던 자리, 혼례의 가지가지 절차를 처리해나가시던 모습. 그때 나는 훗날 어린 나를 장가보낸 아버지를 신랄히 비판하게 될 줄은 꿈에도 생각지 못했다. 그때는 모든 것이 옳고 마땅하고 재미있게만 보였다. 나 자신 또한 장가가고 싶은 생각도 있었다. 그리고 그때 아버지가 하시는 모든 일이 비난할 여지가 없다고 느꼈기 때문에 그 일들이 생생하게 회상된다. 우리가 예식장의 윗자리에 앉아 있던 일, 사프타파디[6]를 행하던 일, 새로 만난 신랑 신부가 서로의 입에 단 칸사르[7]를 집어넣어주던 일, 그리고 함께 살아가기 시작하던 일, 이런 것들을 지금도 생생하게 그려낼 수 있다. 그리고 아! 그 첫날밤, 순진한 두 어린애가 철도 없이 인생의 바다에 몸을 던져 뛰어들었다. 형수는 첫날밤에 어떻게 할 것인지를 내게 세세히 가르쳐주었다. 아내에게는 누가 가르쳐주었는지 모른다. 나는 그것을 아내에게 물어본 일이 없고 지금도 그럴 생각은 없다.

이 글을 읽는 이들은 틀림없이 우리가 처음으로 얼굴을 맞대기가 몹시 거북했으리라고 생각할 것이다. 정말 우리는 너무 부끄러웠다. 내가 그녀에게 어떻게 말하며, 또 무슨 말을 할까? 가르쳐준 것이 소용이 없었다. 그런 일에는 사실 가르침은 필요치 않다. 전생(前生)에 받은 인상이 강하게 들어 있으므로 모든 가르침은 그 앞에서 무색하다. 우리는 차차 서로 알게 되었고 자유로이 이야기도 하기 시작했다. 우리는 동갑이었지만, 얼마 안 가서 나는 남편의 권위를 세울 줄 알게 되었다.

남편 노릇

내가 결혼할 무렵 부부애, 절약, 조혼 그런 따위의 문제를 다룬 1파

---

6) 사프타파디(Saptapadi): 신랑 신부가 함께 일곱 걸음을 걸어가는 의식. 이때 서로 정조와 헌신을 약속하는 것이요, 그후로 결혼은 깨뜨릴 수 없다.
7) 칸사르(Kansar): 예식 후 신랑 신부가 서로 나누는 밀가루로 만든 음식.

이스 또는 1파이(정확한 값은 잊었다)짜리의 조그만 팸플릿이 흔히 간행되었다. 이런 책이 눈에 띄는 대로 나는 첫 장부터 마지막 장까지 통독했고, 그러고는 싫은 것은 잊어버리고 좋다고 느낀 것은 실천에 옮기는 것이 버릇이었다. 아내에게 한평생 신의를 지키는 것이 남편의 의무란 것을 나는 그런 책자를 통해 배웠고, 그 감명은 내 가슴속에 깊이 새겨졌다. 게다가 진리를 향한 열성은 나의 타고난 바탕이므로 아내에 대해 거짓을 행한다는 것은 상상조차 할 수 없었다. 또 그 어린 시절에는 배신의 기회가 거의 없었다.

그러나 그 신의의 교훈이 아주 곤란한 결과를 가져온 일도 있다. 나는 '내가 만일 아내에게 성실을 맹세해야 한다면, 아내도 또한 나에 대해 성실을 맹세해야 할 것이다'라고 생각했다. 이 생각은 나를 질투하는 남편으로 만들어버렸다. 아내의 의무는, 아내에게 성실을 요구하는 내 권리로 쉽게 바뀌었다. 그리고 그것이 만일 강요되어야 할 것이라면 나는 쉴새없이 그 권리를 지켜야 한다. 내가 아내의 정절을 의심할 이유는 털끝만큼도 없었다. 그렇지만 질투심은 이유를 기다리지 않는다. 나는 어떻게 해서든지 아내의 거동을 살펴야 했다. 그렇기 때문에 아내는 내 허락 없이는 어디도 가서는 아니 되었다. 이것이 우리 둘 사이에 쓰라린 싸움의 씨를 뿌렸다.

간섭이란 실상 일종의 감금이다. 그런데 카스투르바이(Kasturbai)는 그런 것을 참고 있을 소녀가 아니었다. 그는 언제든지, 어디든지 제가 가고 싶기만 하면 가고야 말았다. 내 편에서 제재를 가하면 가할수록 그는 점점 더 제멋대로 행동했고, 나는 갈수록 점점 더 곤란해졌다. 그리하여 서로 말을 안 하는 것이 우리 어린 부부의 다반사가 되어버렸다. 나의 구속에 대하여 카스투르바이가 그러한 자유를 취한 것은 조금도 잘못이 아니라고 나는 생각한다. 어떻게 아무 속임도 없는 소녀가 사원에 가고 친구 집에 가는 것까지 구속받고 참고 있을 수가 있겠는가? 만일 내가 그를 구속할 권리가 있다면 그도 또한 내게 그렇게 할 권리가 있지 않은가? 이제 와서는 모든 것이 분명하다. 그러나 그 당시 나는 남편으로서 권위를 세우기에 급급했다.

그러나 독자들은 우리 생활이 돌이킬 수 없이 비참한 것이었다고 생각해서는 아니 된다. 나의 엄격함은 모두 사랑 때문이었다. 나는 아내를 이상적인 아내로 '만들려고' 했다. 내 욕심은 그가 순결한 생활을 하며 내가 배운 것을 그도 배우고, 그의 생활과 사상을 내 것과 일치하게 만들려는 것이었다.

카스투르바이가 그러한 욕심을 가졌었는지 나는 모른다. 그는 무식했다. 그는 천성이 단순했고 독립적이고 끈기 있으며, 적어도 나에 대해서는 말이 적었다. 그는 자기의 무식을 걱정하지도 않았고, 나의 공부가 한 번이라도 그의 내부에 자기도 나처럼 공부를 해보자는 자극을 일으켰다는 기억도 없다. 그러므로 내 욕심은 정말 일방적인 것이었던 듯싶다. 내 열정은 온전히 한 여자에게 쏠려 있었다. 그리고 그 열정이 서로 주고받는 것이기를 원했다. 그러나 비록 주고받지는 못했더라도 적어도 한쪽에는 아주 적극적인 사랑이 있었기 때문에 그것이 아주 견딜 수 없을 만큼 비참한 것은 아니었다.

나는 그를 열렬히 사랑했다고 할 수밖에 없다. 학교에서도 나는 그를 생각했고 밤이 오면 우리는 또다시 만난다는 생각이 항상 내게 붙어 있었다. 떨어져 있는 것이 견딜 수 없었다. 나는 잡담을 해가며 밤이 늦도록 그를 자지 못하게 붙들고 있기가 일쑤였다. 만일 이 열렬한 열정에다가, 의무에 대한 불타는 집념이 없었더라면 나는 질병과 조사(早死)의 밥이 됐거나 그렇지 않으면 남에게 짐이 되는 존재로 전락하고 말았을 것이다. 그러나 아침마다 주어진 일과를 마쳐야 했고, 남에게 거짓말을 하는 것은 생각도 못 할 일이었다. 이 나중 것이 나를 많은 함정에서 건져내주었다.

카스투르바이가 글을 모른다는 말은 이미 했다. 나는 그에게 가르쳐주고 싶었지만, 정욕적인 사랑이 내게 시간을 남겨주지 않았다. 첫째 그를 가르치려면 그의 뜻을 거스르며 해야 했고, 그나마 밤에 해야 했다. 어른들 앞에서는 감히 그를 만날 수가 없었다. 그와 말을 한다는 것은 더더구나 안 될 말이었다. 카티아와르에는, 지금도 어느 정도 그렇지만, 당시에는 그곳 특유의 쓸데없이 야만적인 푸르다(purdah: 가리는 휘장)가 있었다.

사정이 그와 같이 불리했으므로 어린 시절에 내가 카스투르바이를 가르치려던 노력은 거의 성취되지 못했다고 할 수밖에 없다. 그리고 내가 정욕의 잠에서 깨었을 때 벌써 공적 생활을 시작한 후이므로 시간적 여유가 없었다. 가정교사를 두어 그를 가르치려던 것도 역시 실패하고 말았다. 그 결과 카스투르바이는 지금 간단한 편지를 겨우 쓰고 쉬운 구자라트어를 겨우 이해할 뿐이다. 만일 그에 대한 내 사랑이 절대로 정욕에 물든 것이 아니었더라면, 그는 오늘날 학식 있는 숙녀가 됐을 것이라고 확신한다. 왜냐하면 그때 나는 그가 공부를 싫어하는 것도 능히 극복할 수 있었을 것이기 때문이다. 순수한 사랑에는 불가능한 것이 없다고 나는 믿는다.

나는 정욕적인 사랑의 불행에서 얼마쯤 나를 건져주었던 한 사실에 대해 말을 했다. 그밖에 또 하나 기록할 만한 것이 있다. 수많은 실례를 통해 나는 동기가 순수한 사람은 하나님께서 마침내 구원해주시고야 만다고 확신하게 되었다. 조혼이라는 잔인한 풍습과 함께 힌두 사회에는 그 해독을 어느 정도 덜어주는 또 다른 풍습 하나가 있다. 부모들은 어린 부부가 오래 같이 있는 것을 허락하지 않는다. 어린 아내는 세월의 반 이상을 친정에서 보낸다. 우리들의 경우도 그러했다. 다시 말하면, 우리들 결혼 생활의 처음 다섯 해 동안(열세 살에서 열여덟 살까지) 함께 지낸 것은 합해서 3년에 지나지 않았다. 우리가 함께 있은 지 여섯 달도 채 되지 않아서 내 아내에게는 친정으로 오라는 소식이 오곤 했다. 그를 데리러 오는 것이 그때에는 몹시 못마땅히 생각됐지만, 그 때문에 우리는 살아났다. 열여덟 살에 나는 영국으로 갔다. 그 때문에 오랫동안 건강한 별거생활을 했고, 영국에서 돌아온 후에도 우리는 여섯 달 이상을 같이 있어보지 못했다. 내가 라지코트와 뭄바이(Mumbai: 봄베이) 사이를 늘 바삐 왕래해야 했기 때문이다. 그후에는 남아프리카에서 초청이 왔는데, 그때 나는 이미 정욕에서 상당히 떠난 뒤였다.

중학교에서

나는 결혼했을 때 중학교에서 공부하고 있었다는 말을 이미 했다. 우리 3형제는 모두 같은 학교에 다니고 있었다. 맏형은 훨씬 높은 학년이었고, 나와 함께 결혼했던 형은 나보다 한 학년 위였다. 우리는 결혼 때문에 한 해를 허비했다. 그것은 우리 형에게는 정말 나쁜 결과가 돼버렸다. 그는 공부를 아주 그만둬버렸다. 얼마나 많은 젊은이가 그와 같은 처지에 있을까? 오늘날에는 우리 힌두 사회에서만 공부와 결혼이 병행되고 있다.

나는 공부를 계속했다. 중학교에서는 열등생으로 취급받지는 않았다. 언제나 선생님들의 귀여움을 받았다. 해마다 부모에게 학업성적과 품행 통지표가 오는데, 한 번도 나쁜 통지표를 받은 적은 없었다. 2학년 말에는 상까지 탔다. 5, 6학년에는 각각 4루피와 10루피의 장학금을 탔는데, 사실 그것은 운이 좋아서 탄 것이지 성적 때문은 아니었다. 왜냐하면 그 장학금은 모든 학생이 다 탈 수 있는 것이 아니라, 카티아와르의 소라드 구에서 온 학생 중 우수한 사람에게만 주는 것이기 때문이다. 그리고 당시 40 또는 50명 되는 한 학급생 중에 소라드에서 온 사람은 그리 많지 않았다.

내 기억으로는 나는 스스로 공부를 잘하노라는 생각은 없었다. 상이나 장학금을 탈 때마다 나는 늘 놀라곤 했다. 그러나 품행에 관해서는 아주 많이 조심했다. 지극히 조그만 잘못 때문에도 눈물을 흘리곤 했다. 꾸중들을 짓을 했거나 혹은 선생에게 그렇게 보였을 때는 견딜 수가 없었다. 한번은 체벌을 받았던 것으로 기억하는데, 벌 자체보다도 벌을 받아야만 했다는 사실로 인해 더욱 가슴이 아팠다. 나는 슬피 울었다. 그것은 내가 1학년인가 2학년 때의 일이었다.

7학년 때 또 한 번 그와 비슷한 일이 있었다. 도랍지 에둘지 기미 씨가 그때 교감이었는데, 그는 엄격하고 수완도 있고 좋은 선생이었기 때문에 학생들 사이에 신망이 높았다. 그는 체조와 크리켓을 상급학년의 필수과목으로 정했다. 나는 그 두 가지를 다 싫어했다. 필수 과목이 되기 전부터 나는 크리켓이나 축구, 그밖의 어떤 운동에도 끼여 놀지 않았다. 그렇게 섞이지 않는 이유 중 하나는 수줍음 때문인데, 지금 생각하면 그것은 내 잘못이었다. 그때 나는 운동은 교육에 아무 소용이 없다는 그릇된 생각을 하고 있었다. 오늘날 나는 체육은 교과과정에서 지육(智育)과 꼭 같은 위치를 차지해야 한다고 생각하고 있다.

그렇지만 나는 운동하지 않았다 해서 몸이 나빠진 것은 아니었다. 왜 그런가 하면, 나는 바깥 공기 속에서 오래 산책하는 것이 좋다는 것을 책에서 읽고 그 가르침이 좋아서 산책하는 습관을 길러왔기 때문이었다. 그것을 지금도 계속하고 있다. 이 산책으로 나는 상당히 튼튼한 체력을 갖게 되었다.

내가 체육을 싫어한 이유는 아버지의 간호를 잘해 드리자는 열의 때문이었다. 학교가 끝나기만 하면 나는 집으로 달음질쳐 와서 아버지를 간호했다. 체육이 필수과목이 되니 아버지 간호에 지장이 생겼다. 나는 기미 씨에게 아버지를 간호할 수 있게 체육과목을 면제해달라고 청원했지만 들어주지 않았다. 어느 토요일에 일어난 일인데 그날은 오전 수업이었으므로 오후 네 시에 체육을 하러 집에서 다시 학교로 가야 했다. 내게는 시계가 없었는데 흐린 날씨가 나를 속였다. 내가 학교에 채 가기도 전에 아이들은 벌써 다 헤어졌다. 이튿날 기미 씨는 출석부를 조사하다가 결석한 까닭을 물었으므로 나는 사실대로 대답했다. 그는 내 말을 믿으려 하지 않고 1안나인가 2안나(지금은 잘 생각나지 않는다)의 벌금을 물라고 명령했다.

나는 거짓말을 했다는 죄를 지었다! 그래서 한없이 괴로웠지만 결백함을 무엇으로 증명할까? 도리가 없다. 말할 수 없는 고민에 울음이 복받쳤다. 진실하려는 사람은 또한 조심성이 있어야 한다는 것을 그때 깨달았다. 이것은 내가 학창 시절에 부주의를 저질렀던 처음인 동시에 마지막 사건이었다. 결국 벌금을 물지 않게 됐던 것을 어렴풋이 기억한다. 아버지가 직접 교장 선생님께 편지를 써 방과 후에는 나를 집으로 보내주기를 원한다고 했기 때문에, 나는 체육시간을 면제받았다.

그러나 체육을 게을리한 데 대해선 비록 큰 지장을 받지 않았다 하더라도 다른 것 또 하나를 무시했던 죄로 그 벌을 오늘까지도 받고 있다. 어디서 그런 관념을 얻었는지는 모르나 글씨 잘 쓰는 것이 교육에 꼭 필요한 부분은 아니라는 생각을 하고 있었다. 영국에 갈 때까지 그랬다. 그후 특히 남아프리카에서, 거기에서 나서 교육을 받은 변호사와 젊은이들의 잘 쓴 글씨를 보고 부끄러운 생각이 들어 필체를 소홀히 했던 것을 뉘우쳤다. 나쁜 글씨는 불완전한 교육의 표시로 알아야 한다는 걸 깨달았다. 후에 고쳐보려고 했지만 이미 너무 늦었다. 젊어서 게을리했던 것을 끝내 고치지 못하고 말았다. 모든 젊은이들은 나의 실례를 보고 유의하여 글씨를 바로 쓰는 것이 교육의 필요한 한 부분이란 것을 알기 바란다. 지금 나의 의견으로는, 아이들은 쓰기를 배우기 전에 먼저 그림 그리기를 배워야 한다. 어린이가 꽃이니 새니 하는 다른 물체를 관찰하여 배우듯이, 글자도 관찰해서 배우도록 해주어야 한다. 그래서 글씨 쓰는 것은 물체를 그릴 줄 알게 된 뒤에 배우도록 해야 한다. 그러면 아름답게 작자(作字)된 글씨를 쓸 것이다.

나의 학창 시절의 회고담 중 기록할 만한 것이 두 가지 더 있다. 내가 결혼 때문에 한 해를 잃었으므로 선생님은 나더러 그것을 만회하기 위해 한 학년 건너뛰라고 했다. 그것은 열심히 하는 아이들에게만 허락하는 특혜였다. 그래서 3학년은 여섯 달만 다녔을 뿐이고, 여름방학 전에 시험을 치고 4학년으로 진급을 했다. 4학년부터는 과목 대부분을 영어로 수업한다. 어찌할 바를 몰랐다. 기하학을 새 과목으로 들었는데, 나는 기하학에 특별한 실력이 없는 데다 영어로 수업을 하니 더욱 어려웠다. 선생은 잘 가르쳐주셨는데 따라갈 수가 없었다. 두 학년 내용을 한 해에 하려는 것은 너무 큰 욕심을 부린 것이라 생각하며 몇 번이나 낙심하고 다시 3학년으로 내려갈까 하는 생각도 했다. 그러나 그것은 나뿐 아니라 선생님께도 망신이다. 나의 노력을 믿고 진급을 추천해주셨으니 말이다. 그래서 이중으로 망신당하는 것이 무서워 그냥 눌러앉았다. 그런데 애써서 유클리드의 제13정리(定理)에 들어가니, 갑자기 기하란 매우 쉬운 과목이라는 것을 알게 되었다. 순수하게 추리력의 사용만을 요구하는 과목이 어려울 리가 없다. 그 뒤로 기하학은 쉽고 재미있었다.

그러나 산스크리트는 정말 어려운 과목이었다. 기하학에서는 암기할 것은 없었는데, 산스크리트에서는 모든 것은 암기해야 한다고 생각했다. 이 과목도 4학년에 시작되는 것이었다. 6학년에 올라가자마자 나는 낙심이 됐다. 내가 보기에 선생은 아이들을 억지로 공부시키려고 애쓰는 엄한 사람이었다. 산스크리트 선생과 페르시아 말 선생 사이에는 일종의 경쟁이 있었다. 페르시아 말 선생은 너그러운 사람이었다. 아이들은 페르시아 말을 쉽고, 페르시아 말 선생은 착하고 학생들을 잘 봐준다고 하였다. 그 '쉬움'이 나를 유혹해 어느 날 나는 페르시아 말 시간에 들어가 앉았다. 산스크리트 선생은 매우 섭섭해했다. 그는 나를 곁에 불러놓고 말했다. "네가 바이슈나바의 자손이라는 사실을 어떻게 잊을 수 있느냐? 너는 네 종교의 말을 아니 배우려느냐, 어려운 것이 있으면 어째서 내게 오지 않느냐? 나는 너희들에게 산스크리트를 있는 힘을 다해 가르치려 한다. 차차 해가노라면 너는 그 속에 미칠 만큼 재미있는 것이 있음을 알게 될 것이다. 낙심해서는 안 돼. 와서 다시 산스크리트 반에 앉아라."

그 친절에 나는 부끄러웠다. 나는 선생의 사랑을 저버릴 수 없었다. 오늘 나는 크리슈나샨카르 판댜(Krishnashankar Pandya)에게 감사하지 않을 수 없다. 왜냐하면 그때에 조금이나마 산스크리트를 배우지 않았더라면, 나는 도저히 우리의 성전에 대해 흥미를 가질 수가 없었을 것이기 때문이다. 나는 정말 산스크리트의 좀더 깊고 완전한 지식을 얻지 못한 것이 크게 후회스럽다. 뒷날에야 나는 모든 힌두의 자녀들은 산스크리트의 완전한 지식을 가져야 한다는 것을 깨달았던 것이다.

나는 지금 인도 고등교육의 교과과정에는 제 국어는 물론이지만 그 밖에 산스크리트, 페르시아 말, 영어가 반드시 포함돼야 한다고 주장한다. 가짓수가 많은 것을 보고 놀라서는 안 된다. 만일 우리 교육이 좀더 조직적으로 된다면, 그리고 학생들이 모든 교과를 외국말로 배워야 하는 것을 덜어버리기만 한다면, 이 말들을 다 배우는 것은 그리 힘든 일이 아닐 것이고 아주 재미난 것이 될 줄로 확신한다. 한 언어에 대한 과학적 지식은 다른 언어의 학습을 비교적 쉽게 하기 때문이다.

실상 힌디어, 구자라트어, 산스크리트는 한 언어로 생각할 수 있고, 페르시아어, 아라비아어도 한 언어라 할 수 있다. 페르시아어는 아리아인, 아라비아어는 셈 계통에 속해 있기는 하지만 페르시아어와 아라비아어 사이에는 가까운 친족관계가 있다. 양쪽이 다 자기네의 완전한 발달을 이슬람교의 부흥에 있다고 주장하기 때문이다. 우르두어도 아주 다른 언어라고 생각지 않는다. 그 이유는 그것은 힌디어의 문법을 차용했고 단어는 주로 페르시아어와 아라비아어에서 따왔기 때문이다. 그래서 바른 우르두어를 배우려는 사람은 페르시아어와 아라비아어를 배워야 하고, 정확한 구자라트어나 힌디어나 벵골어나 마라티어를 배우려는 사람은 산스크리트를 배우지 않으면 안 된다.

비극(1)

나의 중학 시절의 몇 안되는 친구 중에 가까이 지냈다고 할 수 있는 사람이 때를 달리하여 둘 있었다. 그중 하나는 결코 내가 그를 버린 것은 아니었으나 그 사귐이 오래가지 못했다. 그는 내가 또 다른 한 사람과 친구가 됐다 해서 나를 버렸다. 이 두 번째 사귐은 내 생애의 한 비극이라고 생각한다. 그것은 오래 계속됐다. 나는 개혁자의 정신으로 그와 우정을 맺었던 것이다.

이 친구는 원래는 형의 친구였다. 그들은 한 학급 친구였다. 나는 그의 약점을 알고는 있었지만 그를 믿을 만한 친구로 여겼다. 어머니와 형과 아내는 나쁜 친구를 사귄다고 내게 경고해주었다. 나는 아내의 경고에 귀를 기울이기에는 너무나도 교만했다. 그러나 어머니와 큰형의 의견에는 거역할 수가 없었다. 그러면서도 나는 그들에게 이렇게 변명을 했다. "저도 어머니와 형님이 말씀하시는 그의 결점을 압니다. 그러나 어머니나 형님은 그의 좋은 점을 모르십니다. 제가 그와 사귀는 것은 그를 고쳐주기 위한 것이므로, 그가 저를 잘못되게 할 수는 없습니다. 그가 자신의 생활을 고치기만 한다면 그는 훌륭한 사람이 될 것으로 저는 확신합니다. 저 때문에 너무 걱정하지 마시기 바랍니다.”
이 설명으로 그들이 안심했으리라고는 생각지 않지만, 하여간 그들은
내 설명을 받아들이고 내가 하는 대로 내버려두었다.

그후 나는 내가 잘못 판단했다는 것을 알았다. 개혁자는 그가 개혁
하려는 그 사람과 친숙해질 수가 없다. 참된 우의란 혼(魂)과 하나 됨
인데, 그것은 이 세상에서는 좀처럼 보기 어려운 것이다. 오직 같은 성
격 사이에서만 우정은 온전히 가치 있는 것이 될 수 있고 또 오래갈
수 있다. 친구는 서로 영향을 주는 것이다. 그러므로 친구 사이에는 개
혁의 여지는 거의 없다. 나는 모든 배타적인 친밀은 피해야 한다고 생
각한다. 사람이란 선보다는 악을 훨씬 더 쉽게 받아들이는 법이기 때
문이다. 그래서 하나님과 친구가 되려는 사람은 홀로 남아 있든지, 그
렇지 않으면 온 세계를 제 친구로 삼든지 하지 않으면 안 된다. 내가
잘못인지도 모른다. 그러나 친밀한 우의를 맺어보려던 내 노력은 실패
하고 말았다.

내가 이 친구를 처음 만났던 그 당시 라지코트에는 ‘개혁’의 풍조가
휩쓸고 있었다. 그는 내게 우리 선생들 중에 남몰래 고기와 술을 먹고
있는 사람이 많다고 이야기했고, 그 부류에 속해 있다는, 라지코트에
서 이름난 여러 사람의 이름을 들기도 했다. 그뿐 아니라 그 속에는 중
학생도 더러 있다고 했다.

나는 놀랍고 고통스러웠다. 친구에게 그 까닭을 물었더니, 그는 이
렇게 설명하는 것이었다. “우리는 고기를 먹지 않기 때문에 약한 민족
이 됐다. 영국이 우리를 지배할 수 있는 것은 고기를 먹기 때문이다.
너도 알다시피 내가 얼마나 튼튼하냐, 또 얼마나 잘 뛰는 선수냐. 그것
은 고기를 먹기 때문이다. 고기 먹는 사람은 부스럼이나 종기가 나는
법이 없고 또 혹시 난다 하여도 곧 나아버린다. 우리 선생들이나, 그밖
에 고기 먹는 저명인사들은 바보가 아니다. 그들은 그 효력을 알고 있

다. 너도 그렇게 해야 한다. 실제로 해보는 것보다 더 좋은 것은 없다. 해봐, 그리고 얼마나 힘이 나는가 봐."

육식에 대한 이 모든 권고는 단번에 나온 것은 아니었다. 이것은 내 친구가 오랫동안 내 마음을 움직이려고 때때로 해왔던 정성 들인 토론의 요점일 뿐이다. 둘째형은 이미 빠져 있었다. 그러므로 그는 친구의 주장을 지지했다. 형과 이 친구의 눈에는 나는 분명 몸이 약했다. 그들은 둘 다 몸이 튼튼하고, 힘세고, 훨씬 담대하였다. 이 친구의 재주가 나를 사로잡아버렸다. 그는 먼 거리를 굉장히 빨리 뛸 수 있었다. 그는 높이뛰기, 멀리뛰기의 선수였다. 그는 어떤 신체의 벌을 받아도 끄떡없이 견뎌냈고 자주 제 재주를 자랑해 보여주었다. 사람이란 제게 없는 재주를 남이 가지고 있는 것을 볼 때는 언제나 현혹되는 법이라, 나는 이 친구의 재주에 현혹되었다. 그러자 그 다음에는 나도 그와 같이 되자는 욕망이 강하게 일어났다. 나는 뛸 줄도 달릴 줄도 몰랐다. 그러나 나라고 그와 같이 못한다는 법이 어디 있는가?

그뿐 아니라, 나는 겁이 많았다. 늘 도둑이나 유령이나 뱀이 무서워서 그 생각에 사로잡혀 있었다. 밤에는 감히 문밖을 나서지도 못했다. 어두움이 무서워서 어두운 데서는 잘 수도 없었다. 이 구석에서는 유령이, 저 구석에서는 도둑이, 또 한쪽에서는 뱀이 나오는 것만 같았다. 그렇기 때문에 방안에 불을 켜놓지 않고는 잘 수가 없었다. 곁에서 자는 아내, 어린애도 아니고 이제 성인이 다 된 그에게 어떻게 무섭다는 소리를 할 수 있을까? 나는 그가 나보다는 더 용기 있다는 것을 알기 때문에 스스로 부끄러웠다. 그는 뱀이나 유령에 대한 공포를 몰랐다. 그는 어둠 속에서도 어디나 갈 수 있었다. 내 친구는 나의 이런 모든 약점을 다 알고 있었기 때문에 나를 보면 늘 자기는 손으로 산 뱀을 쥘 수 있고, 도둑놈을 막아낼 수 있으며, 유령이란 것은 믿지도 않는다고 말하곤 했다. 그리고 이 모든 것은 물론 고기를 먹기 때문이라는 것이다.

구자라트의 시인 나르마드(Narmad)의 파격시 한 소절이 당시 우리
학생들 사이에 유행했는데 그것은 다음과 같았다.

저 힘센 영국인을 보라.
조그만 인도인을 맘대로 다스린다.
고기를 먹는 그는
키가 다섯 큐비트더라.

이 모든 것이 나를 그냥 두지 않았다. 나는 견딜 수가 없었다. 육식
이 좋다는, 그것이 나를 튼튼하고 담대하게 만들 것이라는, 그리고 온
국민이 만일 육식을 한다면 저 영국인을 이길 수 있을 것이라는 생각
이 차차 일어나기 시작했다. 그래서 하루는 작정하고 우선 그 실험을
시작해보기로 했다. 그것은 아무도 모르게 할 수밖에 없었다. 간디 집
안은 바이슈나바 신자들이다. 특히 우리 부모는 열렬한 신자다. 그들
은 빠지지 않고 하벨리에 다니고 있었다. 그뿐 아니라, 우리 가족의
신전까지 따로 있었다. 구자라트에는 자이나교(Jainism)가 성했다.
그래서 어디를 가나 모든 일에서나 그 영향을 느낄 수 있었다. 당시
구자라트의 자이나교도와 바이슈나바교도처럼 강경하게 육식을 반대
하고 미워하는 것은 인도 안팎을 가릴 것 없이, 어디 가도 찾아볼 수
없었다.

나는 그러한 전통 속에서 나고 자랐다. 그리고 어버이에 대한 효성
은 지극했다. 그들이 만일 내가 고기를 먹은 것을 안다면, 그 순간 기
절해버린다는 것을 알고 있었다. 그뿐 아니라 나의 진리에 대한 사랑
이 나로 하여금 극히 조심하도록 했다. 만일 고기를 먹기 시작한다면
부모를 속일 수밖에 없다는 것을 내가 몰랐다고 할 수는 없다. 그렇지

만 마음은 이미 '개혁'으로 기울어져 있었다. 맛을 즐기기 위해서가 아니다. 내게는 특별히 맛이 있는 것 같지도 않았다.

내 소원은 강하고 담대해지는 것, 우리 동포들도 그렇게 되어서 영국을 때려부수고 인도를 자유롭게 하는 것이었다. '스와라지'(Swaraj: 자치)란 말을 아직 듣지 못했다. 그러나 자유가 무엇을 의미하는지는 잘 알고 있었다. '개혁'에 대한 열정이 내 눈을 어둡게 만들었다.

비밀은 아무래도 지켜야 할 것이므로 나는 스스로, 다만 부모 앞에서 행동을 숨기는 것은 진리에서 떠나는 것이 아니라며 자신을 설득했다.

비극(2)

마침내 그날이 됐다. 그때의 내 심정을 완전히 그려내기는 어렵다. 한편으로는 '개혁'에 대한 열의, 그리고 생애에서 중대한 새 출발을 한다는 호기심이 있었고, 다른 한편으로는 그 일을 하면서도 도둑질이나 하는 듯 숨겨야 하는 부끄러움이 있었다. 그중 어느 것이 더 지배적이었는지는 말할 수 없다. 우리는 조용한 곳을 찾아 냇가로 갔다. 그리고 거기에서 난생 처음 고기를 맛보았다. 빵집에서 구운 빵도 있었다. 어느 것도 다 맛이 없었다. 염소고기가 가죽같이 질겼다. 도무지 먹을 수가 없었다.

그러고 나서 밤새 혼이 났다. 무서운 가위가 나를 짓눌렀다. 잠이 들락말락하노라면 곧 산 염소가 뱃속에서 매매 우는 것 같아, 견딜 수가 없어 벌떡 일어나야 했다. 그러면 나는 다시 육식은 의무라고 고쳐 생각을 해서 마음을 안정시켰다.

내 친구는 웬만큼 하고는 그만둘 사람이 아니었다. 그는 이제 고기를 가지고 별별 음식을 맛있게 요리하기 시작했다. 식사할 장소는 이

제 냇가의 외진 곳이 아니라, 식당과 테이블과 의자가 갖추어진 주 의사당이었다. 그것을 내 친구는 그곳의 요리 주임과 의논하여 모두 준비해놓았다.

그 미끼는 효과가 있었다. 나는 싫던 빵도 좋아지고 염소에 대한 불쌍한 생각도 잊어버리고, 그리고 반드시 고기 자체는 아니더라도 적어도 고기 요리의 맛을 알게 됐다. 그것이 한 1년 계속됐다. 그러나 그 고기 잔치는 모두 합하여 대여섯 번밖에 못 되었다. 그것은 주 의사당에 그렇게 매일 갈 수 있는 것도 아니고, 또 비싼 고기 요리를 자주 장만하기도 어려운 일이기 때문이었다. 나는 이 '개혁'의 비용을 댈 수가 없었다. 그래서 그 밑천은 친구가 늘 장만해야 했다. 어떻게 그것을 했는지 나는 모르지만, 그는 해냈다. 그는 나를 꼭 육식자로 만들자는 생각이었기 때문이다. 그렇지만 그의 수단에도 한계가 있었기 때문에 그 잔치는 자연 뜸해질 수밖에 없었다.

언제나 이 비밀 잔치를 치른 날이면 집에서 저녁을 먹는다는 건 말도 안 됐다. 어머니는 자연 내게 밥을 권하고 왜 안 먹느냐고 까닭을 물었다. 나는 그저 "오늘은 먹고 싶지 않습니다" "소화가 좀 안 되는 것 같습니다"라고 했지만, 그런 핑계를 꾸며대자니 양심에 가책이 안 될 수 없었다. 나는 거짓말을 하고 있다는 것을 알고 있었다. 거짓말도 어머니에 대한 거짓말이다. 또 내가 고기 먹는 놈이 돼버린 줄을 어머니나 아버지가 알게 되시는 날이면 큰 충격을 받으리라는 것도 알고 있었다. 이런 생각이 내 심장을 물어뜯었다.

그래서 나는 이렇게 생각했다. '고기를 먹는 것은 필요하고, 전국적으로 음식 '개혁'을 일으키는 것도 필요하지만, 제 부모를 속이는 것은 고기를 안 먹는 것보다 더 나쁜 일이다. 그렇기 때문에 그들이 살아 계시는 동안 육식은 말도 안 되고 그들이 안 계시게 되어 내 맘대로 할 수 있을 때가 되면 내놓고 고기를 먹을 것이다. 그러나 그때가 올 때까

지는 육식을 하지 않겠다.'

이같은 결심을 친구에게 말한 뒤 다시는 육식을 가까이하지 않았다. 우리 부모는 두 아들이 육식자가 된 줄은 알지도 못했다. 나는 부모에게 거짓말을 하지 않겠다는 순결한 의욕에 육식을 끊었지만 친구와의 사귐은 끊지 않았다. 그를 개심시키자는 내 열의는 비참한 결과를 가져왔다. 그런데 나는 그것을 전혀 알지 못하고 있었다.

그 교제는 나로 하여금 아내에 대해 불신을 저지르게 하는 데까지 이를 뻔했는데, 그것을 아슬아슬하게 면했다. 내 친구가 한번은 나를 사창가로 끌고 갔다. 그는 내게 필요한 훈수를 해주고는 나를 들여보냈다. 그는 모든 것을 다 미리 꾸며놓았고, 돈도 치렀다. 나는 죄의 문턱에 빠져들었는데 하나님께서 그 무한한 자비로 나를 건져주셨다. 그 죄악의 굴에 들어가니 눈이 캄캄하고 귀가 먹먹했다. 여자의 침대 곁에 앉았으나 입이 붙어버렸다. 여자는 참다못해 모욕을 주고 욕설을 퍼부으며 나가라고 소리를 질렀다. 사내의 면목을 잃기라도 한 것 같아 부끄러워 땅속으로 들어가고 싶었다. 그렇지만 그뒤로 언제나 하나님이 나를 건져주신 것을 감사한다.

나는 일생 동안 그런 일이 네 번 있었던 것으로 기억하는데, 대개 내 편에서 힘을 써서라기보다는 운이 좋아서 구원됐다. 엄정한 도덕적 견지에서 본다면 이 모든 경우는 다 도덕적 타락이라 해야 할 것이다. 정욕은 이미 거기 있었기 때문이다. 따라서 그것은 행동한 것이나 마찬가지다. 그러나 일반적으로 말할 때는 몸으로 범하지 않았으면 그 사람은 구원이 됐다 할 것이다. 나는 다만 그런 의미에서 구원이 됐다. 어떤 행동은 그것을 피하게 된 것이 피한 그 사람에게나 그 주위의 사람에게 천행일 때가 있다. 누구나 올바른 의식으로 돌아만 오면 그 모면에 대해서 하나님께 감사하게 된다. 우리는 종종 사람이 아무리 빠지지 않으려 애를 써도 유혹에 빠지는 일이 있는 동시에, 또 이따금 자신은 그러려고 하지도 않는데 하나님의 섭리로 건져지는 일이 있는 것을 안다. 이 모든 것은 어떻게 해서 일어나는 것일까? 사람은 어디까지가 자유이고 어디까지가 환경의 산물일까? 자유 의지는 얼마만한 역할을 하며 운명은 어디서부터 무대에 나타나는 것일까? 이 모든 것은 신비요, 또 영원히 신비로 남을 것이다.

그러나 하던 이야기를 계속한다면, 그런 일을 당하고도 나는 내 친구와의 사귐이 나쁘다는 데 눈을 뜨지 못했다. 그러므로 나는 전혀 예기하지 못했던 그의 타락된 꼴이 환히 드러나서 내 눈이 확 뜨일 때까지 더 많은 쓴 잔을 마셔야 했다. 그러나 그 이야기는 순서를 따라 나아가면서 차차 하겠다. 그러나 한 가지만은 같은 시기의 일이기 때문에 여기서 말해야겠다. 아내와의 불화의 원인 가운데 하나는 두말할 것 없이 이 친구와의 사귐이다. 나는 진실하면서도 질투심 많은 남편이었는데, 내 친구는 내가 아내를 의심하는 데에 부채질을 했다. 나는 그 친구가 거짓말을 하려니 하는 생각은 할 수가 없었다. 그의 말을 듣고 자꾸 아내에게 폭력을 가해서 고통을 주었던 죄를 나는 도저히 스스로 용서할 수 없다. 아마 그런 학대는 힌두교도의 아내만이 참아낼 수 있을 것이다. 그것이 내가 여자를 관용의 화신으로 생각하는 이유다.

하인은 억울한 의심을 받으면 그 자리를 떠나면 그만이다. 아들이 그럴 때는 아버지 곁을 떠나면 그만이요, 친구는 사귀기를 그만두면 그만이다. 아내는 자기 남편이 의심스러우면 가만히 있으면 그만이다. 그러나 남편이 만일 자기를 의심한다면 아내는 망하는 것이다. 어디로 갈 데가 있을까? 힌두의 아내가 법정에 가서 이혼을 청할 수는 없을 것이다. 그에게는 법률이 약이 될 수 없다. 아내를 그러한 궁지에다 몰아넣었던 죄를 나는 잊을 수도 용서할 수도 없다.

그 혐의의 암종(癌腫)이 뿌리뽑힌 것은 내가 아힘사(Ahimsa: 비폭력)의 뜻을 모든 면에서 이해한 다음에야 된 일이다. 그때 가서야 나는 브라마차리아(Brahmacharya: 금욕)의 영광을 깨달았고, 아내는 남편의 종이 아니라 짝이며 돕는 자요, 그와 고락을 같이하는 동반자로서 남편과 꼭 같이 자유로이 자기 길을 택할 수 있는 자라는 것을 알게 되었다. 의심과 혐의로 캄캄했던 날들을 생각할 때마다 내 어리석음과 잔인한 치정이 혐오스러워 가슴이 꽉 막히고 내가 맹목적으로 친구를 믿었던 것을 통탄하게 된다.

도둑질과 속죄

내가 육식을 하던 시기, 혹은 그 조금 전에 저지른 나의 실수에 관해서 좀더 말할 것이 있는데, 그것은 내 결혼 직전 또는 직후에 시작된다.

내 친척 한 사람과 나는 담배를 피우게 됐다. 담배 피우는 것이 어떤 좋은 점이 있다거나, 또는 담배 냄새가 좋아서 한 짓이 아니었다. 단지 입으로 연기를 뿍뿍 내뿜는 것이 재미있는 듯해서 한 짓이었다. 우리 아저씨가 그런 습관이 있었는데, 그것을 보고 우리도 그대로 해보고 싶어졌다. 그러나 우리는 돈이 없었다. 그래 아저씨가 내버린 꽁초를 모으기 시작했다. 그러나 꽁초를 늘 얻을 수도 없었을 뿐 아니라, 그것으로는 연기가 많이 뿜어지지 않았다. 그래 우리는 인도 궐련을 사기 위해 하인의 주머니에서 동전을 훔쳐내기 시작했다. 그러나 그 담배를 어디에 두느냐가 문제였다. 물론 우리는 어른들 앞에서는 피울 수가 없었다. 우리는 이 훔친 돈으로 몇 주일은 그럭저럭 피울 수 있었다. 그러는 동안에 어떤 식물의 줄기가 구멍이 많아 담배처럼 피울 수 있다는 이야기를 듣고 그것을 구해서 피워도 보았다.

그러나 그런 것으로는 만족이 되지 않았다. 자립을 하지 못하는 것을 몹시 원통하게 생각하기 시작했다. 어른들의 허락 없이는 아무것도 할 수 없다는 것은 도저히 견딜 수 없는 일이었다. 마침내 완전히 정이 떨어져 우리는 자살하기로 결심했다. 그러나 그것을 어떻게 실행할까? 어디서 그 독약을 구할 수 있을까? 다투라(Dhatura)의 씨가 독이 강하다는 말을 들었다. 그래 우리는 정글 속을 찾아다니면서 그것을 얻었다. 저녁때가 적당하리라고 생각했다.

우리는 케다르지 만디르(Kedarji Mandir)로 가서 신전 등에 기름을 치고 다르샨[8]을 한 후 조용한 구석을 찾았다. 그러나 용기가 나지 않았다. 이내 죽지 않으면 어떻게 하지? 또 죽어서 좋을 것이 무엇이지? 차라리 자립을 못 하더라도 참는 것이 낫지 않을까? 그러면서도 두서너 알을 삼켰는데 더 삼킬 용기가 나지 않았다. 둘이 다 죽기가 싫어졌다. 그래서 람지 만디르(Ramji Mandir)로 가서 마음을 고쳐먹고 자살할 생각을 씻어버리기로 했다.

자살이란 것이 생각처럼 그렇게 쉬운 것이 아님을 깨달았다. 그 다음부터 누가 자살하겠다고 위협하는 소리를 들어도 거의 혹은 전혀 겁내지 않는다. 자살하려던 생각 때문에 결국 우리 둘은 담배꽁초를 피우는 습관과 담배 피울 목적으로 하인의 돈을 훔쳐내던 습관을 버리고 말았다. 그리고 나이든 이후로도 담배를 피우고 싶은 생각은 나지 않았고, 담배를 피우는 습관은 야만적이고 더럽고 해로운 것으로 생각하게 되었다. 나는 도대체 전세계에서 담배를 피우는 것이 왜 그렇게 성행하는지 이해할 수가 없다. 사람이 가득 들어앉아 담배를 피워대는 찻간에서 여행을 하기란 참 힘든 일이다. 숨이 막혀 죽을 지경이다.

그러나 그보다도 더 심한 도둑질은 좀더 후에 내가 저지른 것이었

---

8) 다르샨(Darshan): 어떤 위대한 것을 대함으로써 얻는 감격.

다. 내가 동전을 훔친 것은 열두세 살 아니면 그보다 어릴 때의 일이었다. 그 다음 도둑질은 열다섯에 저지른 것이다. 이번에는 육식하던 형의 팔찌에서 금 한 조각을 훔쳐냈다. 그 형은 약 25루피의 빚을 지고 있었는데 팔에 순금 팔찌를 끼고 있었다. 거기서 한 조각을 떼어내는 일은 그리 어렵지 않았다.

어쨌든 나는 도둑질을 했고, 그 빚은 청산이 됐다. 그러나 도저히 견딜 수가 없었다. 다시는 도둑질을 하지 않기로 결심했다. 그리고 그것을 아버지에게 자백하기로 결심하였다. 그러나 차마 말을 할 수가 없었다. 아버지가 때릴까봐 무서워서가 아니었다. 아니, 아버지가 언제 우리에게 매질을 했는지 나는 기억하지 못한다. 나 때문에 아버지가 당할 고통이 두려워서였다. 그러나 두려움을 무릅쓰고라도 해야 된다고 생각했다. 깨끗한 자백 없이 결백해질 수 없다고 생각했다.

나는 마침내 자백서를 써서 그것을 아버지에게 바치고 용서를 빌기로 작정했다. 종잇조각에 그것을 써서 아버지에게 바쳤다. 글 속에서 나는 내 잘못을 자백했을 뿐만 아니라 거기 대하여 적당한 벌을 달라고 했고, 내 죄 때문에 아버지 자신을 벌하지는 말아달라는 말로 끝을 맺었다. 또 앞으로는 절대로 도둑질을 하지 않겠다고 맹세했다.

아버지에게 자백서를 바칠 때에 나는 벌벌 떨었다. 그때 아버지는 치루로 고생을 하고 계셨으므로 침대를 떠나지 못했다. 그의 침대는 평평한 나무판자였다. 나는 종잇조각을 드리고 판자 맞은편에 앉았다.

그가 그것을 다 읽었을 때 구슬 같은 눈물이 두 뺨을 흘러내려 종이를 적셨다. 그는 잠시 동안 눈을 감고 생각한 다음 종이를 찢어버렸다. 그리고 글을 읽기 위해 일어나 앉았던 몸을 다시 침대 위에 눕혔다. 나도 울었다. 아버지가 고민하시는 모습을 볼 수 있었다. 내가 만일 화가라면 오늘이라도 그때의 광경을 그대로 그릴 수 있겠다. 내 마음속에 아직껏 그렇듯 생생하다. 그 사랑의 구슬 방울들이 내 양심을 정화시켰고, 내 죄를 씻어버렸다. 그러한 사랑을 경험한 사람만이 그것이 어떤 것인지 알 수 있을 것이다. 찬송가에 있는 대로,

사랑의 화살을 맞은 자만이
그만이 그 힘을 안다.

이것은 내게 '아힘사'의 실제 교육이었다. 그 당시는 나는 거기서 한 아버지의 사랑을 보았을 뿐이지만, 오늘날 나는 그것이 순수한 아힘사임을 안다. 그러한 아힘사가 모든 것을 끌어안게 될 때 그에게 닿는 모든 것을 변화시킨다. 그 힘에는 한계가 없다.

이러한 종류의 숭고한 용서는 우리 아버지에게 보통 있는 일이 아니었다. 그가 몹시 격노해서 나를 나무라며 자기 머리를 칠 줄 알았다. 그런데 그는 그렇게 놀랍게도 평화스러웠다. 나는 그것이 나의 깨끗하고 솔직한 자백 때문이라고 믿는다. 죄를 다시 범하지 않겠다는 약속이 담긴 순결한 고백은 그것을 받을 권리가 있는 사람 앞에 바쳐질 때 가장 순수한 형태의 회개가 된다. 나는 내 고백이 아버지로 하여금 나에 대하여 절대로 안심하게 하였고, 나에 대한 사랑을 무한히 더하게 했다는 것을 안다.

아버지의 돌아가심과 내 이중의 수치

지금 얘기하려는 것은 내가 열여섯 살 때의 일이다. 이미 말한 대로 아버지는 치루를 앓아서 자리에서 꼼짝 못 하셨다. 어머니와 우리 집의 늙은 하인과, 그리고 내가 주로 곁에서 돌보아드렸다. 나는 간호의 임무를 맡고 있었는데, 주로 상처를 싸매고 아버지에게 약을 갖다드리

고 집에서 약을 장만할 때 그것을 조제하는 일이었다. 밤마다 다리를 주물러 드렸는데, 아버지가 가라고 하거나 잠이 든 뒤에야 물러나왔다. 나는 즐거운 마음으로 그 일을 하였다. 그리고 그것을 한 번도 소홀히 생각한 적이 없었다. 매일 임무를 다한 뒤 내 마음대로 할 수 있는 시간을 둘로 나누어 학교에 가 있거나 그렇지 않으면 아버지 곁에 가 있었다. 아버지가 허락을 하거나 혹은 그가 조금 평안한 것을 볼 때에만 저녁 산책을 하러 나갔다.

이때는 또한 아내가 만삭중이었는데, 이런 일은 오늘에 와서 돌이켜 보면 내게 이중의 부끄러움을 의미하는 것이었다. 한 가지는 내가 그때 아직 학생의 몸으로 자제해야 할 때에 자제하지 못한 것이요, 둘째는 나의 정욕이 내가 의무로 생각하는 공부를, 그리고 어려서부터 슈라바나를 이상으로 삼는 나로서, 그보다도 더 큰 의무로 생각해야 하는 부모에 대한 효도를 눌러버린 것이다. 밤마다 손은 아버지의 다리를 주무르기에 바쁜 동안에도 내 마음은 침실 곁을 맴돌고 있었다. 그리고 그뿐 아니라 그때는 종교적으로 보나 의학적으로 보나, 상식에 비추어보나 성교는 할 수 없는 때였다. 나는 항상 그 임무를 어서 마치고 나오고 싶었고, 아버지에게 인사를 드리고는 곧장 침실로 갔었다.

바로 그때 아버지의 병세는 날로 악화되고 있었다. 아유르베다 (Ayurveda)의 의사들은 나름대로 여러 가지 고약으로 치료를 하였고, 이슬람교의 의사들도 그들의 고약을 발랐으며, 지방의 돌팔이 의사들은 그들대로의 비방을 썼다. 한 영국 외과의사도 또한 그의 의술을 써보았다. 마지막이요, 또 유일한 방법으로 그 의사는 외과수술을 하자고 했다. 그러나 주치의가 반대했다. 그는 나이가 많아 수술을 하는 것이 불가능하다고 했다. 주치의는 유능하고 유명한 분이어서 그의 충고가 받아들여졌다. 수술은 포기하였고 수술에 사용할 목적으로 사들였던 약은 못 쓰고 말았다. 만일 주치의가 수술을 허락했더라면 상처는 쉬이 나았으리라는 생각을 하고 있다. 또한 수술은 그 당시 뭄바이에서 유명한 외과의가 하기로 되어 있었다. 그러나 하나님의 뜻은 달랐다. 죽음이 임박하였는데 사람이 바른 치료를 생각할 수 있을까? 아버지는 수술에 쓰일 여러 가지 기구를 가지고 뭄바이에서 돌아왔으나 이제 그것이 소용 없게 되었다.

아버지는 더 살 수 있다는 희망을 버렸다. 그는 점점 쇠약해져 마침내 식사와 대소변을 침대 위에서 하라는 지시를 받았다. 그러나 그는 마지막까지 그렇게 하기를 거절하고 언제나 애를 써서 침대를 떠나서 하겠노라고 주장했다.

바이슈나바교의 교리는 외적 정결에 관해 그렇듯 엄격하였다. 정결은 절대로 필요한 요소임은 물론이다. 그러나 서양의학에 의하면, 그런 모든 일은 목욕까지도 포함해 정결을 유지하면서 침대 위에서 할 수 있으며, 환자에게 조금도 불편을 주지 않고 자리에 얼룩 하나 내지 않고 늘 깨끗이 할 수 있다는 것이다. 이런 정결은 바이슈나바 교리에 아주 일치한다고 생각할 수 있었다. 그러나 아버지가 굳이 자리를 떠나는 것을 볼 때 나는 놀라지 않을 수 없었으며, 칭찬해드릴 수밖에 없었다.

무서운 밤이 왔다. 그때 삼촌은 라지코트에 있었다. 내 희미한 기억으로는 그는 아버지가 점점 위독해진다는 소식을 듣고 라지코트에 와 있었다. 두 분 형제는 정이 매우 두터웠다. 삼촌은 온종일 아버지의 침대 가까이 앉아 있었으며, 우리를 자러 보내고는 자기는 굳이 아버지의 침대 곁에서 자는 것이었다. 누구도 이것이 운명의 밤이 될 줄은 꿈에도 몰랐다. 그리고 위험이 있었던 것은 물론이다.

밤 10시 30분이나 11시쯤, 나는 안마를 하고 있었다. 삼촌은 내게 그만두고 가보라고 하셨다. 나는 좋아서 곧장 침실로 갔다. 가엾은 아내는 잠이 깊이 들어 있었다. 그러나 내가 왔는데 어떻게 잠을 자고 있을 수 있을까? 그를 깨웠다. 그러나 5, 6분도 지나지 않아서 하인이 문을 두드렸다. 나는 깜짝 놀랐다. "일어나세요." 그는 말했다. "아버님께서 매우 위독하십니다." 아버지가 매우 위독한 줄을 이미 알고 있었으므로 그 순간에 '매우 위독'이 무엇을 의미하는지를 알았다. 자리에서 벌떡 일어났다.

"무슨 일이냐? 빨리 말해라!"

"아버님께서 운명하셨습니다."

그리하여 모든 것은 다 끝났다. 나는 다만 두 손을 비빌 수밖에 없었다. 부끄러워 견딜 수가 없었고, 앞이 캄캄했다. 아버지 방으로 달려갔다. 만일 동물적 정욕이 내 눈을 어둡게 하지만 않았던들 아버지의 임종을 못 지키는 형벌은 면할 수 있었을 것이라 생각됐다. 내가 안마를 해드리고 있어야 했을 것이고 그래서 아버지는 내 팔에 안겨 돌아가셨어야 했다. 그러나 지금 그 특권은 삼촌에게로 돌아갔다. 그는 형에게 극진하였으므로 형에게 최후의 봉사를 해드릴 수 있는 영예를 차지하였다. 아버지는 다가오는 죽음을 예감하고 종이와 펜을 가져오라는 시늉을 하셨다. 그러고는 쓰셨다. "마지막 예배를 준비하라." 그런 다음 팔에서 호신패를 끄른 뒤 툴라시 염주 금목걸이를 끌러서 떼어 놓았다. 그러고는 곧 숨이 지셨다.

앞장에서 내가 수치라고 말한 것은, 정신차려 봉사해야 하는 아버지의 임종의 순간에도 이기지 못하였던 이 정욕의 수치를 말하는 것이다. 이것은 지워버릴 수도 잊어버릴 수도 없는 나의 흠이다. 내 효성이 아무리 지극하고 아버지를 위하여 어떤 것이라도 달게 버린다 할지라도 내 마음은 그와 동시에 정욕에 붙들려 있었으니, 그것은 용서받을 수 없는 결함으로 알아야 한다고 늘 생각한다. 그러므로 나는 항상 나 자신은 충실은 하지만 정욕적인 남편이라 인정해왔다. 내가 정욕의 얽매임에서 해방되기까지는 많은 시간이 걸렸다. 그리고 많은 시련을 겪고 난 뒤에야 그것을 고쳤다.

내 이중의 수치에 관한 이 장을 끝내기 전에, 아내가 낳은 그 가련한 아기는 3, 4일도 못 살고 죽었다는 것을 말해둔다. 그럴 수밖에 없었다. 결혼하는 모든 사람은 내 일을 참고로 깨우침을 얻기를 원한다.

종교의 어렴풋한 모습

나는 예닐곱 살부터 열여섯 살까지 학교에 다니는 동안 갖가지 것들을 다 배우면서도 종교만은 배우지 못하였다. 선생들이 아무 힘도 들이지 않고 줄 수 있었던 것을 내가 배우지 못하고 말았다고 해야 옳을 것이다. 그러나 그러면서도 나는 주위에서 이것저것을 주워넣고 있었다. 여기서 종교라는 것은 넓은 의미에서 자기 실현 또는 자아의 깨달음을 뜻한다.

바이슈나바 신앙 속에서 태어났기 때문에 자주 하벨리에 갔지만 별 감동은 못 받았다. 나는 그 화려함과 사치가 싫었다. 그리고 그 안에서 부도덕한 일들이 행해지고 있다는 소문을 들었기 때문에 그에 대해 모든 흥미를 잃어버렸다. 그랬기 때문에 나는 하벨리에서 아무것도 얻은 것이 없었다.

그러나 거기서 얻지 못한 것을 우리 집에서 오랫동안 일해온 늙은 유모에게서 얻었다. 그의 애정을 아직도 기억하고 있다. 내가 유령이나 귀신을 무서워했다는 이야기를 앞서 했다. 유모인 람바(Rambha)는 나에게 그 무서움을 없애는 방법으로 라마나마[9]를 외우라고 가르

9) 라마나마(Ramanama): 염불처럼 라마 정(精)의 이름을 외우는 것. 라마는 아바타르, 곧 비슈누 신의 화신인 한 사람의 이름. 예배로 라마 신의 이름을 계속 부를 때 쓰는 말. 말하자면 "오 하나님, 하나님……" 하는 뜻이다. 간디가 1948년 암살당한 순간

쳐주었다. 나는 그가 가르쳐준 방법보다도 그 사람 자체를 더 믿었으므로 라마나마를 외우기 시작했다. 이것은 물론 오래 가지는 못했다. 그러나 어려서 뿌려진 그 선한 씨는 헛되지 않았다. 내게 라마나마가 틀림없이 고쳐주는 힘을 지금까지도 가지고 있는 것은 이 착한 여자가 심어준 씨 때문이라고 생각한다.

바로 이때쯤 『라마야나』[10]의 신자였던 내 사촌 한 사람이 둘째 형과 나를 위해 람 라크샤(Ram Raksha)를 배울 기회를 마련해주었다. 우리는 그것을 따로 외워가지고 아침마다 목욕 후에 외우곤 하였다. 우리가 포르반다르에 있는 동안은 그것이 계속됐다. 그러나 라지코트에 오자마자 잊어버렸다. 그에 대한 깊은 신앙이 없었기 때문이다. 내가 그것을 외웠던 것은 한편으로는 내가 람 라크샤를 정확한 발음으로 외울 수 있다는 자랑에서였다.

그러나 아버지 앞에서 라마야나를 외던 일은 나에게도 깊은 인상으로 남았다. 그가 병석에 있던 한동안은 포르반다르에 있었는데, 거기서 그는 매일 저녁마다 『라마야나』를 듣고 있었다. 그것을 왼 사람은 라마[11]의 독실한 신자였던 빌레슈바의 라다 마하라지(Ladha Maharaj)였다. 그에 관해서는 이런 말이 있다.

그는 문둥이였는데, 아무 약도 쓰지 않고, 빌레슈바 사원에 있는 마하데바(Mahadeva) 신상 앞에 들렀다가 내버린 빌바(bilva) 잎사귀를 아픈 데 붙이고, 『라마야나』를 규칙적으로 욈으로써 나았다는 것이다. 그의 믿음이 그를 온전케 했다는 것이다. 그것은 사실일 수도, 아닐 수도 있다. 어쨌거나 우리는 그 이야기를 믿는다. 그리고 라다 마하라지

마지막으로 외친 말이기도 하다.
10) 『라마야나』(Ramayana):『마하바라타』와 함께 인도 고대의 유명한 서사시.
11) 라마(Rama): 비슈누 정(精)의 화신(化身)의 하나.

가 『라마야나』를 읽기 시작하자 문둥병이 온전히 없어진 것은 사실이다. 그는 아주 음악적인 목청을 가지고 있었다. 그는 도하스(dohas: 2행연구[連句])와 초파이스(chopais: 4행연구)를 부르고는 그것을 설명하곤 했는데, 그때는 자기를 잊어버리고 또 듣는 사람을 취하게 하는 것이었다. 그때 그는 아마 열세 살이었을 텐데, 그 읽는 소리에 황홀해했던 것을 잘 기억하고 있다. 그것이 나의 『라마야나』에 대한 깊은 신앙의 기초가 되었다. 오늘날 나는 툴시다스의 『라마야나』를 모든 신앙 문서 중에서 최대의 것이라고 생각하고 있다.

몇 달 후 우리는 라지코트로 왔다. 거기서는 『라마야나』를 읽는 일은 없었지만, 에카다슈[12] 날마다 『바가바트』(Bhagavat)를 읽었다. 가끔 그걸 읽는 데 나도 참석했으나, 읽는 사람은 별로 영감을 받는 것이 없었다. 지금 나는 『바가바트』는 신앙의 불길을 일으킬 수 있는 책이라고 생각한다. 나는 그것을 구자라트 말로 읽었는데, 한없는 흥미를 가지곤 했다. 그러나 내가 21일간 단식하는 동안 판디트 마단 모한 말라비야지가 그 부분부분을 원어로 읽는 것을 들었을 때는, 어린 시절에 그것을 그 같은 신앙 깊은 이에게서 들을 수 있었더라면 그래서 어릴 적부터 그 책을 좋아하게 되었더라면 하는 생각이 들었다. 그때 형성되는 인상은 인간 본성에 깊이 뿌리를 박는 법이다. 그렇기 때문에 그때 그런 종류의 좋은 책을 좀더 많이 얻어들을 수 없었던 것이 나의 돌이킬 수 없는 한이다.

그러나 라지코트에서 나는 힌두교의 모든 종파와 여러 자매 종교에 대해서 관대한 태도를 가질 수 있는 기반을 닦게 되었다. 우리 아버지와 어머니는 하벨리뿐 아니라 시바[13]와 라마의 사원에도 다녔는데,

---

12) 에카다슈(Ekadash): 음력으로, 초하루와 보름에서부터 각각 열하루째 날.
13) 시바(Shiva): 브라마라마. 비슈누와 더불어 힌두교의 주요신 가운데 하나.

어린 우리들을 거기 데리고 가기도 했고 우리더러 가라고 보내주시기도 했다. 또 자이나교 승려들이 종종 아버지를 찾아오기도 했는데, 그러면 그들은 규칙을 떠나서 비(非)자이나교도로서 우리의 음식을 들기도 했다. 그들은 아버지와 종교에 관한 이야기나 세속에 관한 이야기도 했다.

그는 그밖에 이슬람교와 파르시교[14]의 친구도 있었는데, 그들은 아버지에게 자기네 종교 이야기를 했고, 그러면 아버지는 언제나 존경하는 태도로 아주 흥미 있게 들었다. 나는 아버지를 간호하고 있었기 때문에 그 대화에 참여할 기회가 많았다. 이 여러 가지 일들이 함께 작용해 내 안에 모든 종교에 대해 관용하는 태도를 심어주었다.

다만 기독교만은 예외였다. 나는 기독교에 대해 싫어하는 생각을 품고 있었다. 거기에는 그럴 만한 이유가 있었다. 그때 기독교 선교사들이 중학교 가까이의 거리 모퉁이에 서서 힌두교도와 그들의 신에 대해 욕설을 퍼붓곤 하는 일이 있었다. 그것을 견딜 수가 없었다. 나는 꼭 한 번 서서 들은 일이 있었는데, 그 한 번만으로 다시 들을 생각이 없어졌다. 같은 무렵에 어떤 유명한 힌두교인이 기독교로 개종했다는 말을 들었다. 읍내에 돌아다니는 말로는, 그는 세례를 받자 고기를 먹고 술을 마시고 그 복장을 고쳐 양복을 입고 모자를 쓰고 다닌다는 것이었다. 그 말을 들으니 화가 치밀었다. 나는 생각하기를, 고기를 먹고 술을 마시고 옷을 바꿔입기를 강요하는 종교는 종교라 할 가치가 없다. 나는 또 그 개종자가 제 조상의 종교와 풍속과 제 나라를 비방한다는 말도 들었다. 이 모든 것이 내 속에 기독교를 싫어하는 생각을 불어넣어주었다.

그러나 내가 다른 종교에 대해 관용하기를 배웠다고 해서 그것이 내

14) 파르시(Parsi): 조로아스터교의 페르시아 계통의 한 종파.

가 하나님에 대한 어떤 산 신앙을 가졌다는 말은 아니다. 그 무렵, 아버지가 수집해둔 물건 가운데서 우연히 『마누 스므리티』(*Manu-smriti*: 마누의 법전)를 본 적이 있는데, 그 속의 창조 설화와 그와 비슷한 설화들은 내게 별 깊은 인상을 못 주었을 뿐 아니라 도리어 어느 정도 무신론적인 경향을 내 속에 만들어주었다.

내겐 사촌이 한 사람 있다. 아직 살아 있는데, 나는 그의 지식을 높이 보고 있었다. 그에게 내 의심을 털어놓았지만 그도 그것을 풀어주지 못했다. 그리고 나를 보내면서 하는 말이 이러했다. "네가 자라면 그 의심을 너 자신이 풀 수 있을 것이다. 너희 나이에는 그런 의심은 일으키지 않는 것이 좋겠다." 나는 잠잠했지만, 속이 시원치는 못했다. 『마누 스므리티』의 음식, 또는 그밖의 그런 것들에 대한 장(章)은 내 눈에는 일상의 실제와는 역행하는 것같이 보였다. 이것들에 대한 의문에 대해서도 같은 해답을 얻었다. '지식이 더 자라고 책을 더 많이 읽으면 나는 이것을 더 잘 알게 될 것이다.'

하여튼 『마누 법전』은 그때 내게 '아힘사'를 가르쳐주지 않았다. 앞서 육식 이야기를 했지만, 『마누 법전』은 그것을 지지하는 듯이 보였다. 나는 또 뱀, 빈대 따위를 죽이는 것은 온전히 도덕적이라고 생각했다. 그때 나는 빈대나 그 따위 벌레들을 죽이면서 그것은 의무라고 생각했던 것을 기억한다.

그러나 한 가지만은 내 속에 깊이 뿌리를 내렸다. 즉 도덕이 모든 사물의 근본이요, 진리가 모든 도덕의 올짬이라는 확신이다. 진리만이 나의 목적이 됐다. 그것은 나날이 광대한 것으로 자라갔고 거기에 대한 나의 정의도 갈수록 넓어졌다.

구자라트의 한 교훈시가 내 마음과 심정을 함께 사로잡았다. 선으로써 악을 갚으라는 그 교훈이 나의 지도원리가 됐다. 그것이 점점 나의 열정으로 되어갔기 때문에, 나는 그것을 여러 가지로 실험해보게 되었다. 이것이 (나에게는) 그 놀라운 구절이다.

> 물 한 잔을 밥 한 상으로 갚고
> 한마디 정다운 인사에 넙죽이 절하며
> 피천 한 푼을 금으로 갚고
> 네 목숨을 건져줬거든 목숨도 아끼지 마라.
> 모든 어진 말과 행동을 그렇게 존중하고
> 조그만 섬김도 그 갚음은 열 곱으로 하라.
> 그러나 참 성자는 만인을 하나로 알아
> 기쁘게 선으로써 악을 갚느니라.

영국에 갈 준비

1887년, 나는 대학입학 자격시험에 합격했다. 그 당시 이 시험은 아메다바드(Ahmedabad)와 뭄바이 두 곳에서 있었다. 일반적으로 가난하기 때문에 카티아와르의 학생들은 자연 가깝고 비용이 덜 드는 곳을 택했는데 우리 집도 가난했기 때문에 나도 같은 선택을 했다. 이것이 내가 라지코트에서 아메다바드로 간 첫 여행이요, 그나마 동행도 없이 간 것이었다.

시험에 붙고 나니 어른들은 나더러 대학공부를 계속하라고 권했다. 뭄바이에서와 마찬가지로 바브나가르(Bhavnagar, 바우나가르라고도 함)에도 대학이 있었는데, 바브나가르 편이 학비가 덜 들기 때문에 그리로 가서 사말다스(Samaldas) 대학에 들어가기로 결정했다. 입학은 했으나 모든 것이 어려워 쩔쩔 맸다. 교수들의 강의를 재미는 고사하고 따라갈 수조차 없었다. 교수들 잘못이 아니었다. 그 대학교수는 모두 일류라는 평판이었다. 그런데 나는 완전히 실력 부족이라 첫 학기를 끝내고 그냥 집으로 돌아오고 말았다.

마브지 다베(Mavji Dave)라는 민첩하고도 유식한 브라만 한 분이 있었는데, 우리 집과는 오랜 친구인 동시에 고문이 돼주는 분이었다. 아버지가 돌아가신 뒤에도 그는 여전히 우리 집과 사귀어왔는데, 마침 내가 방학으로 집에 있는 동안에 그가 우리 집을 찾은 일이 있었다. 어머니와 큰형과 함께 이야기를 하던 중 그는 내 공부에 대해서 물었다. 내가 사말다스 대학에 있다는 말을 듣자 그는 말했다.

"시대가 달라졌습니다. 상당한 교육을 받지 않고는 당신들 중 누구도 아버지의 지위를 이을 생각을 할 수가 없을 것입니다. 이 애는 아직 공부를 계속하고 있으니 만큼 모두들 힘을 합하여 아버지 지위를 잇도록 뒤를 봐주어야 합니다. 그가 문학사의 학위를 따려면 4, 5년은 걸릴 것입니다. 그러나 그것 가지고는 기껏해야 60루피짜리 지위나 얻을 수 있지, 총리의 자리는 어림도 없습니다. 만일 내 아들처럼 법률을 전공한다면 시일이 더 걸릴 터이고, 그때가 되면 법률가들이 마구 쏟아져 나와 총리직을 노리게 될 것입니다. 나는 차라리 그를 영국으로 보내는 것이 훨씬 낫다고 봅니다. 내 아들 케발람은 변호사 되기가 매우 쉽다고 말합니다. 3년이면 돌아올 것입니다. 학비도 4, 5,000루피를 넘지 않을 것입니다. 영국에서 갓 돌아온 변호사를 생각해보십시오. 얼마나 버젓하게 삽니까! 총리 자리는 원하기만 하면 될 것입니다. 나는 모한다스를 바로 올해에 영국으로 보내라고 강력히 권하고 싶습니다. 케발람은 영국에 친구가 많습니다. 그는 곧 소개장을 써줄 것이고, 그러면 모한다스는 거기서 많은 편의를 얻을 것입니다."

조시지(우리는 나이 많은 마브지 다베를 그렇게 불렀다)는 아주 자신만만한 태도로 나를 돌아보며 물었다. "영국에 가지 않겠나, 여기서 공부하는 것보다?" 내게는 그보다 더 좋은 말은 없었다. 공부가 어려워 죽을 지경이었다. 그래 그 제의를 대환영하고, 빨리 보내주면 줄수록 좋다고 했다. 시험에 빨리 합격하기는 쉬운 일이 아니다. 내가 의사 공부를 하도록 해줄 수 없을까?

형이 나를 가로막았다. "아버지는 그것을 좋아하지 않으셨다. 우리 바이슈나바 교인은 시체해부를 해서는 안 된다고 말씀하셨을 때, 그 말은 너를 염두에 두고 하신 거야. 아버지는 너를 법조계에 보낼 생각이셨어."

조시지가 맞장구를 쳤다. "나는 간디 선생처럼 의사란 직업에 반대하지는 않아. 힌두교 경전이 그것에 반대하는 것은 아니니까. 그러나 의학사로는 총리가 될 수 없어. 나는 자네가 총리가 되기를 바라고, 될 수 있다면 그 이상이 되기를 바라네. 그렇게 되어야 자네가 이 대가족을 돌볼 수 있단 말이야. 시대는 급변하고 살기는 날마다 어려워지네. 그렇기 때문에 변호사가 되는 것이 상책이란 말이야." 형을 보며 그는 말했다. "자, 나는 가야겠습니다. 내가 말씀드린 것을 잘 생각해보세요. 다음에 올 때는 영국 갈 준비를 한다는 말을 들을 수 있길 바랍니다. 무엇이든 도움이 될 수 있다는 생각이 드시면 꼭 연락주시기 바랍니다."

조시지는 갔고, 나는 공중에 누각을 쌓기 시작했다. 맏형은 마음속으로 걱정을 많이 했다. 비용을 어떻게 장만할까? 또 어린 사람을 혼자 외국에 보내는 것이 옳은 일일까?

어머니는 어쩔 줄 몰라했다. 나와 떨어지는 것을 원치 않았다. 내 일을 중지시키려고 이렇게 말하는 것이었다. "삼촌이 지금 집안에서 가장 어른 아니냐? 그분한테 먼저 의논해야 옳은 일이지. 삼촌께서 만일 허락하신다면 생각해보기로 하자꾸나."

형의 생각은 달랐다. 그는 나에게 말했다. "우리는 포르반다르 정부에 대해 어느 정도 권리가 있다. 렐리(Lely) 씨가 장관인데 그는 우리 집안을 존경하고 있고, 삼촌에 대해 아주 호의를 가지고 있다. 네가 영국에서 공부하는 데 국가보조를 할 수 있도록 추천해줄 수 있을 것이다."

내게는 그것이 다 좋았고, 어서 포르반다르로 떠나려고 준비하고 있었다. 그때는 기차가 없었고 마차로 닷새 길이었다. 나는 겁쟁이란 말을 앞서 했는데, 이 순간에는 영국 간다는 생각이 나를 완전히 사로잡아버렸기 때문에, 그 욕망 때문에 겁이 다 달아나버리고 말았다. 나는 우차를 삯 내어 도라지(Dhoraji)까지 가서, 도라지에서 포르반다르까지는 하루 더 빨리 가기 위해 낙타를 탔다. 이때 나는 처음으로 낙타를 타보았다.

마침내 도착하여 삼촌께 인사를 드리고 모든 것을 말씀드렸다. 그는 한참 생각하고 나서 말씀하셨다. "나는 네가 네 종교에 해를 입히지 않고 영국에 머무를 수 있을까 그것이 의문이다. 내가 의심하는 것은 들은 것이 있어서 그런다. 유명한 변호사들을 볼 때마다 그들의 사는 꼴이 유럽 사람의 그것들과 별다른 것을 모르겠더라. 음식에 대해 조금도 조심하는 것이 없지, 담배는 입에서 떠나지 않지, 영국 사람들과 마찬가지로 부끄럼도 모르는 옷차림을 하지. 모든 것이 다 우리 집안의 전통과는 맞지 않는다. 얼마 안 있으면 나는 순례의 길을 떠날 것이고 살 날도 얼마 안 남았다. 이제 죽음의 문턱에서 어떻게 너에게 영국을 가라며 바다를 건너라고 허락할 수 있겠느냐? 그러나 나는 네 나아가는 길을 가로막고 싶지는 않다. 정말이야, 네 어머니의 허락에 달린 것 아니냐? 그가 만일 허락한다면야, 제발 그대로 됩시사지! 어머님께 전해라, 나는 간섭하지 않는다고. 나는 축복으로 너를 보낸다."

"삼촌께는 더 이상 말씀드리지 않겠습니다. 그럼 어머니 허락을 얻도록 하겠습니다. 그런데 렐리 씨한테 추천장을 하나 써주시지 않겠습니까?" 하고 나는 말했다.

"그걸 내가 어떻게 하느냐?" 그는 말했다. "그렇지만 그는 좋은 분이다. 나와 어떤 관계인지를 말하면서, 한번 만나게 해달라고 네가 직접 말을 해보아라. 틀림없이 그렇게 해줄 것이고, 또 너를 도와줄 것이다."

삼촌이 왜 추천장을 안 써주었는지 나는 알 수 없었다. 아마 그의 의견으로는 내가 영국 가는 것이 종교를 거스르는 일이므로, 거기 직접 협력하기를 꺼려서 그러신 게 아닌가 하는 생각이 들었다.

내가 렐리 씨에게 편지를 보냈더니, 그는 나더러 자기 관사로 찾아오라고 했다. 그는 계단을 올라가면서 나를 보고, "먼저 문학사 학위부터 얻고 난 뒤에 오너라, 지금은 못 도와준다." 느닷없이 내뱉고는 바쁜 걸음으로 이층으로 올라가버렸다. 나는 그를 만나려고 세심한 준비를 했다. 몇 개의 문장을 외워가지고 가서 허리를 낮게 구부려 합장하고 인사를 했으나, 모든 것이 허사가 됐다.

나는 아내의 패물을 생각해보았고 또 맏형 생각을 해보았다. 나는 그를 의심 없이 믿었다. 그는 잘못에 대해서도 관대했고, 나를 아들처럼 사랑했다.

포르반다르에서 라지코트로 돌아와 모든 경과를 얘기했다. 조시지한테 의논했더니 그는 할 수 없으면 빚이라도 내라고 했다. 나는 아내의 패물을 처분하면 어떻겠느냐고 물었다. 그러면 2, 3,000루피는 받을 수 있었다. 형은 어떻게 해서든지 돈은 마련해주마고 약속했다.

그런데 어머니는 아직도 찬성하지 않았고 자세하게 묻기 시작했다. 누가 말하기를, 영국 간 젊은이들은 다 버렸다고 했다. 또 누구는 말하기를, 그들은 고기를 먹는다고 했다. 또 다른 사람은, 거기서는 술을 안 마시고는 못 산다고 했다. 어머니는 내게 물었다. "모두 이러는데 어떻게 할 것이냐?" 나는 대답했다. "어머니, 저를 못 믿습니까? 저는 어머니께 거짓말을 안 할 것입니다. 저는 그런 데는 손도 대지 않을 것을 맹세합니다. 만일 그런 위험이 조금이라도 있다면 조시지가 저를 가게 하시겠습니까?"

"나는 너를 믿는다." 어머니는 말씀하셨다. "그렇지만 너를 멀리 떨어진 데 두고 어떻게 믿느냐? 나는 멍청해져 갈피를 잡을 수 없구나. 베차르지 씨에게 물어봐야겠다."

베차르지 스와미 씨는 본래 모드 바니아(Modh Bania) 계급이었는데, 지금은 자이나교 승려가 된 사람이었다. 그도 조시지나 마찬가지로 우리 집안의 고문이었다. 그는 나를 도와주려고 와서 말했다. "내가 이 아이에게 엄숙히 세 가지 맹세를 시키겠습니다. 그러면 그를 가도록 허락할 수 있습니다." 그래 그의 주관 아래 나는 술과 여자와 고기를 가까이하지 않겠다는 것을 맹세했다. 이것이 끝난 다음 어머니는 허락하셨다.

중학교에서는 나를 위해 송별회를 열어주었다. 라지코트의 젊은이가 영국에 가는 것은 드문 일이었다. 몇 마디 감사의 인사말을 지어 써놓았는데 더듬더듬 간신히 읽었다. 읽으려고 일어서니까, 머리가 마구 빙글빙글 돌고 전신이 어떻게나 떨리던지, 지금도 나는 그것을 기억한다.

어른들의 축복을 받은 후 나는 뭄바이를 향해 떠났다. 이것이 내가 라지코트에서 뭄바이로 가는 첫 번째 여행이었다. 형이 같이 가주었다. 그러나 잔과 입술 사이에서 실수하는 일이 얼마든지 있는 법이다. 뭄바이에서 나는 어려운 일을 많이 치러야 했다.

계급에서 쫓겨남

어머니의 허락과 축복을 받은 나는 아내와 태어난 지 몇 달 안된 아기를 남겨두고 신이 나서 뭄바이를 향해 떠났다. 그러나 뭄바이에 이르자 친구들은 내 형에게 6, 7월의 인도양은 물결이 사나울 뿐더러 나의 첫 항해이니, 11월 이후에 보내는 것이 좋을 것이라고 말했다. 또 어떤 이는 최근에 풍랑으로 기선 하나가 가라앉았다는 것을 알려주었다. 이 말을 듣자 형은 불안해져서 내가 곧 떠나도록 허락하는 것은 위험한 일이라면서 못 떠나게 했다. 나를 친구 한 사람과 같이 뭄바이에 남겨두고 형은 자기 할 일을 하러 라지코트로 돌아갔다. 그는 내 여비를 매부한테 맡겨두고 친구들에게 뭐든지 필요할 때는 나를 도와주라는 말을 남겨놓고 떠났다.

뭄바이에 있는 동안 참 지루했다. 나는 줄곧 영국에 가는 꿈만 꾸었다. 그러는 동안 우리 계급 사람들 사이에 내가 외국 가는 데 대해 말썽이 일어났다. 이때까지 모드 바니아 계급으로 영국에 간 사람은 하나도 없었다. 그러니 내가 정말 간다면 힐문을 할 작정이었다! 계급의 총회가 열리고 나더러 거기 나오라는 명령이 왔다. 나는 갔다. 갑자기 어디에서 그런 용기가 솟아나왔는지 알 수 없다. 조금도 기가 죽지 않았다. 회장인 셰드(족장)는 나와 먼 친척뻘 되고 아버지와는 아주 친분이 두터웠던 분인데, 내게 달래는 투로 이렇게 말했다.

"우리 계급 의견으로는 네가 영국에 가겠다는 것은 옳지 않은 일이다. 우리 종교는 해외에 나가는 것을 금한다. 또 우리가 들으니 거기서는 우리 종교를 더럽히지 않고는 살 수 없다고 한다. 유럽 사람들과 함께 먹고 마시지 않으면 안 된다니!"

그에 대해 나는 대답했다. "제 생각에는 영국 가는 것은 우리 종교에 조금도 반대되는 것이 없습니다. 제가 거기 가기를 원하는 것은 장차 공부를 더 하기 위해서입니다. 그리고 저는 이미 여러분들이 가장 두려워하시는 세 가지를 가까이하지 않을 것을 어머니에게 맹세하였습니다. 저는 그 맹세가 저를 안전하게 지켜줄 것으로 확신합니다."

셰드는 말했다. "그러나 우리가 네게 말하고자 하는 것은 거기서는 우리 종교를 지킬 수 '없다'는 말이다. 너는 내가 너의 아버지와 어떤 사이임을 알지? 너는 내 충고를 들어야 한다."

"저도 두 분의 관계를 잘 압니다. 그리고 어르신께서는 제 어른이십니다. 그러나 이 문제는 어쩔 수 없습니다. 저는 영국에 가겠다는 결심을 변경할 수 없습니다. 아버지의 친구시며 고문이시고 유식하신 브라만께서는 제가 영국 가는 데 조금도 반대하지 않으셨고, 어머니와 형님도 허락해주셨습니다."

"그러면 너는 계급의 명령을 무시하겠다는 거냐?"

"저는 정말 어떻게 할 수 없습니다. 저는 계급은 이 일에 간섭해서는 안 된다고 생각합니다." 이 말에 셰드는 화가 났다. 나를 향해 욕지거리를 했다. 나는 앉은 채 꼼짝도 아니 했다. 그러자 셰드는 명령을 내렸다. "이 아이는 오늘부터 내쫓긴 자로 알아야 한다. 누구나 이 아이를 도와주거나, 부두에 송별하러 나가는 자는 1루피 4안나의 벌금에 처한다."

그 명령은 내게는 아무런 영향도 없었다. 나는 셰드를 떠났다. 그러나 형이 이것을 어떻게 여길까 걱정이었다. 다행히 그는 끄떡하지 않았고, 셰드가 뭐라든 간에 나를 보내기로 허락한 데는 변함이 없다는 편지를 보내주었다.

그러나 이 사건 때문에 나는 그전보다도 배 탈 일이 더 걱정스러워졌다. 그들이 형에게 압력을 가한다면 어떻게 될까? 어떤 예측 못했던 일이라도 일어나지 않을까? 내가 곤경에 빠져 그같이 근심하고 있을 때 주나가드 지방의 대리인 한 사람이 변호사 면허를 얻기 위해 9월 4일 배로 영국에 간다는 소식을 들었다. 나는 형이 나를 돌봐주라고 부탁했던 친구들을 만났다. 시기는 촉박했다. 형에게 허락해달라는 전보를 쳤더니 허락해주었다. 나는 매부에게 돈을 달라고 했다. 그러나 그는 셰드의 명령을 언급하면서 계급을 버릴 수는 없다고 했다. 그래서 나는 가문의 친구 한 사람을 찾아 뱃삯과 잡비 정도를 융통해주고 나중에 형에게서 돌려받기를 부탁했더니, 그 친구는 내 부탁에 응해줬을 뿐 아니라 격려까지 해주었다. 참 고마웠다. 그 돈의 일부로 곧 배표를 사고 그 다음은 항해 준비를 해야 했다.

그 일에 경험이 있는 또 다른 친구가 있었다. 그가 옷과 그밖의 물건들을 준비해주었다. 어떤 옷은 좋았고 어떤 것은 전혀 싫은 것도 있었다. 넥타이는 나중에는 좋아했지만, 그때는 싫었다. 짧은 재킷은 점잖지 못하게 보였다. 그러나 그것도 영국 간다는 생각 앞에는 아무것도 아니었다. 그때는 그것만이 최고였다. 양식은 항해 중 먹고도 남을 만큼 있었다. 친구들은 내가 잘 침대를 주나가드 대리인, 트 바크라이 마줌다르 씨와 같은 객실에 준비해주었다. 그들은 또한 그에게 나를 잘 돌봐달라고 부탁했다. 그는 장성한 사람으로서 경험이 많고 세상을 잘 알고 있었다. 나는 세상이 뭔지 경험이 없는 열여덟 살 풋내기였다. 마줌다르 씨는 내 친구들을 보고 걱정하지 말라고 했다.

드디어 9월 4일 뭄바이를 떠났다.

마침내 런던에

뱃멀미는 조금도 하지 않았다. 그러나 날이 감에 따라 불안해졌다. 선원에게 말하기조차 부끄러웠다. 나는 영어회화는 전혀 익숙하지 못했는데, 마줌다르 씨를 제외하면 2등칸의 손님은 모두가 영국 사람이었다. 그들에게 말을 할 수가 없었다. 그들이 내게 말을 걸어올 때에 그 내용을 도무지 알아들을 수 없고, 설령 알아들었다 하여도 대답이 나오지 않았다. 말을 입 밖에 내기 전에 우선 일일이 마음속에서 문장을 만들어야 했다. 칼과 포크를 쓸 줄도 전혀 몰랐고, 메뉴 중 어떤 요리에 고기가 들지 않았는지 물어볼 용기도 없었다. 그래서 한 번도 테이블에서 식사하지 못하고 언제나 객실 안에서 했다. 그리고 먹는 것도 주로 내가 가지고 온 단것과 과실들뿐이었다.

마줌다르 씨는 아무런 어려움도 없었고 누구하고나 잘 어울렸다. 그는 갑판 위를 마음대로 돌아다녔는데, 나는 온종일 객실 안에 있다가 갑판 위에 사람이 없을 때만 용기를 내어 나갔다. 마줌다르 씨는 나를 보고 손님들과 어울리기도 하고 되도록 마음놓고 말도 해보라고 계속 일러주었다. 그는 내게 법률가는 입담이 좋아야 한다고 하면서 법조계의 경험을 말해주었다. 그는 모든 기회를 놓치지 말고 영어를 해보라고 하며, 틀리는 것이 있더라도 그것은 외국 사람으로서는 피치 못하는 일이니 걱정 말라고 일러주기도 했다. 그러나 나는 도무지 부끄러움을 물리칠 수가 없었다.

한 영국 손님이 매우 친절히 자기와 이야기를 하자고 했다. 그는 나보다 나이가 많았는데 나보고 무엇을 먹으며, 무엇 하는 사람이며, 어디를 가며, 왜 수줍어하느냐 그런 등등을 물었다. 그는 또 테이블로 오라고 권하기도 했다. 그는 내가 절대로 고기를 안 먹는 것을 보고 웃었고, 우리가 홍해에 오자 친절히 말했다. "여기까지는 좋아요. 그러나 비스케이(Biscay)만에 가면 당신도 결심을 고쳐야 할 겁니다. 영국은 춥기 때문에 고기를 안 먹고는 살지 못합니다."

"그렇지만 내가 들으니 거기서도 고기를 먹지 않고 살 수 있다던데요."

"틀림없이 허튼 소리입니다." 그는 말했다. "내가 아는 바로는 고기를 안 먹으면서 거기 사는 사람은 하나도 없습니다. 보세요, 나는 술을 마시면서도 당신보고는 술 마시란 말은 하지 않았어요. 그러나 고기는 정말 먹어야만 합니다. 그렇지 않고는 살지 못할 거요."

"친절히 말씀해주시는 것은 고맙습니다. 그러나 나는 어머니에게 고기는 절대 건드리지 않겠다고 엄숙히 맹세했습니다. 그렇기 때문에 그런 생각은 할 수 없습니다. 만일 그러지 않고는 살 수 없다는 걸 알게 되는 날이면 차라리 인도로 돌아가면 돌아갔지, 절대로 남기 위해 고기를 먹을 수는 없습니다."

우리는 비스케이만으로 들어갔다. 그러나 고기나 술을 먹어야겠다고 느끼지는 않았다. 내가 고기 먹지 않았다는 증명서를 모아보라는 권고를 받은 일이 있기 때문에 그 영국인 친구를 보고 하나 써달라 했더니 그는 쾌히 써주었다. 그래서 얼마 동안 가지고 있었다. 그러나 후에 보니 고기를 먹으면서도 그런 증명서는 얼마든지 받을 수 있었다. 그래 흥미가 없어졌다. 말을 믿을 수 없는데 증명서를 가지고 있는 게 무슨 소용이 있을까?

어쨌든 사우샘프턴(Southampton)에 도착했는데, 내가 기억하는 바로는 어느 토요일이었다. 배에서는 검은 옷을 입었고, 친구들이 마련해 준 흰 플란넬 옷은 육지에 내린 후 입으려고 특별히 간직해두었다. 육지에 내리면 흰옷이 가장 잘 어울리라고 생각했기 때문에 흰 플란넬 옷을 입은 것이었다. 그때가 월말이라 알고 보니 그런 옷을 입은 사람은 나 하나뿐이었다. 다른 사람들이 그린들리 회사 대리인에게 짐을 맡기는 것을 보고 나도 그래야겠다는 생각에 내 모든 짐을 거기에 맡겼는데, 열쇠까지 그 속에 들어 있었다.

나는 소개장을 네 장 가지고 있었다. 메타(P. J. Mehta) 박사, 달파트람 슈클라(Dalpatram Shukla) 씨, 프린스 란지트신지(Prince Ranjitsinhji) 선생, 다다바이 나오로지(Dadabhai Naoroji) 선생에게 각각 드릴 것이었다. 갑판 위에서 들으니 누군가 런던 빅토리아 호텔에 드는 것이 좋다는 말을 해주었다. 그래서 마줌다르 씨와 그리로 갔다. 흰옷 입은 사람은 나 하나뿐이라는 부끄러움을 이제는 더 이상 견딜 수가 없었다. 호텔에 가서 들으니 이튿날이 일요일이기 때문에 그린들리 회사에서 짐을 찾을 수 없다는 것이다. 나는 화가 났다.

메타 박사에게 전보를 쳤더니 그날 저녁 8시에 찾아왔다. 그는 내게 정답게 인사를 해주었다. 내가 플란넬 옷을 입고 있는 것을 보고 웃었다. 이야기를 하는 도중 나는 별 생각 없이 그의 모자를 들어 그것이 얼마나 보드라운가를 보려고 하다가 손을 잘못 놀려 털을 거슬러놓았다. 메타 박사는 약간 노한 듯한 얼굴로 내가 하는 짓을 보면서 그것을 못하게 했다. 그러나 잘못은 이미 저질러졌다. 이 일은 내 미래에 대한 경고가 됐다.

이것은 유럽 사람의 예의에 대한 첫 교과였다. 메타 박사는 익살 섞인 말로 거기에 대한 자세한 것을 말해주었다. "남의 물건을 건드리지 말 것, 처음 만나는 사람을 보고 인도에서 하듯 질문을 하지 말 것, 큰 소리로 말하지 말 것, 남에게 말할 때에 인도에서 보통 하는 것처럼 '서'(Sir)라는 말을 쓰지 말 것, 그것은 사환이나 아랫사람이 제 주인보고만 하는 말이다." 그리고 또 호텔은 비용이 많이 드니 학생에게 맞는 거처를 찾아보라는 말도 해주었다. 우리는 그 문제를 월요일까지 미루기로 했다.

마줌다르 씨와 나는 호텔에 드는 것이 골치 아픈 일임을 알게 됐다. 또 비용도 많이 들었다. 그런데 몰타(Malta)에서부터 배를 같이 타고 왔던 신디 사람이 마줌다르 씨와 친구가 됐는데, 그는 런던이 처음이 아니므로 우리에게 방을 얻어주겠다고 했다. 그래서 그렇게 하기로 하고 월요일에 짐을 찾은 다음, 곧 호텔에 돈을 치르고 신디 사람이 얻어준 방으로 갔다. 그때 호텔 비용이 3파운드였던 것을 기억하지만 참말 놀랐다. 돈을 그렇게 많이 문 대신 나는 사실상 굶었다! 아무것도 입에 맞지 않았다. 하나가 맞지 않아서 다른 것을 청하면 그 두 가지 값을 다 물어야 했다. 실상 그 동안에 내가 먹은 양식은 뭄바이에서 가지고 온 것이었다.

새 방에 가서도 나는 몹시 불안했다. 자꾸 집과 고국 생각만 났다.

어머니의 사랑을 잊을 수가 없었다. 밤이면 두 뺨에 눈물이 흐르고 천만가지 고향 생각이 나서 도저히 잠잘 수가 없었다. 이 설움을 누구에게 말할 수도 없고, 또 말한다손치더라도 무슨 소용이 있을까? 아무리해도 위로 받을 수 없었다. 사람도, 그들의 풍속도, 그들의 집조차도 다 낯선 것이었다. 영국의 예의에 대하여는 온전히 백지였으므로 끊임없이 조심을 해야 했다. 게다가 채식에 대한 맹세 때문에 한층 더 불편했다. 내가 먹을 수 있는 요리까지도 맛이 없었다. 그리하여 나는 진퇴양난이 되었다. 영국도 견딜 수 없고, 그렇다고 인도로 돌아간다는 것은 생각할 수도 없고. 그러나 이왕 왔으니, 3년은 마쳐야 한다고 내 속의 소리가 말했다.

나의 선택

메타 박사는 월요일에 나를 만나려고 빅토리아 호텔에 갔다가 우리가 떠난 것을 알고 새 주소를 알아가지고 우리 방으로 찾아왔다. 그런데 나는 너무나 바보스럽게도 배 안에서 피부병이 옮았다. 세수와 목욕을 할 때 우리는 비누가 풀리지 않는 바닷물로만 해야 했는데, 나는 비누 쓰는 것이 문명의 표적인 줄만 알고 그냥 비누를 썼다. 그 결과 피부가 깨끗해지긴 고사하고 끈적끈적해지기만 해서 그 때문에 피부병에 걸렸다. 메타 박사에게 보였더니 초산을 바르라고 했다. 그 타는 산을 바르고 어찌나 울었던지 지금도 기억이 생생하다.

메타 박사는 내 방과 시설을 살펴보고는 머리를 내저으며 말했다. "여긴 적당치 않아. 우리가 영국 온 것은 공부보다도 영국 사람의 생활과 풍속을 경험하기 위한 거야. 그러려면 한 가족과 같이 살아보는 것이 좋아. 그러나 그렇게 하기 전에 누군가와 같이 있으면서 배우는 것이 필요해. 내가 그럴 만한 곳에 데리고 가주지."

나는 그 의견을 고맙게 받아들이고 어떤 친구의 방으로 옮겼다. 그는 나를 친형제같이 대해주었고, 영국의 생활과 양식과 예절을 가르쳐주고 영어로 말하는 것을 익히게 해주었다. 그러나 음식이 큰 문제였다. 나는 소금도 양념도 치지 않은 삶은 채소는 도저히 먹을 수가 없었다. 안주인은 내 음식으로 무엇을 준비할지 몰라 쩔쩔맸다. 아침식사로 오트밀 죽을 먹었는데 그것은 꽤 배를 채울 수 있었다. 그러나 점심과 저녁에는 시금치와 빵과 잼도 있었지만, 나는 식성이 좋아 먹는 양이 많은데도 부끄러워서 차마 빵을 두세 조각 이상 달라고 하지 못했다. 그렇게 해서는 아니될 것 같아서였다. 뿐만 아니라 점심과 저녁에는 우유가 없었다.

친구는 내 모습을 보다못해 한번은 이렇게 말했다. "네가 만일 내 동생이라면 쫓아내고 말겠다. 무식하고 이곳 형편을 모르는 어머니 앞에서 한 맹세가 무슨 가치가 있느냐? 그건 맹세랄 것도 없다. 법에서는 그런 것을 맹세로 알지도 않는다. 그런 약속에 매여 있는 것은 순전한 미신이다. 분명히 말해두지만 그런 고집은 이곳에서는 아무 소득이 없다. 너는 고기를 먹으니 맛이 있었다고 네 입으로 고백했어. 너는 전혀 필요 없는 곳에서는 고기를 먹고, 꼭 먹어야 하는 곳에서는 안 먹는 거지. 참 답답하다!"

그러나 나는 철석 같았다.

날마다 친구와 토론을 벌였다. 그러나 나는 영원한 부정으로 그에 맞섰다. 그가 이론을 펴면 펼수록 나는 더욱 타협을 안 했다. 나는 날마다 하나님께 보호를 빌었다. 그리고 그것을 얻었다. 내가 하나님에 대한 무슨 분명한 생각이 있어서 그런 건 아니다. 단지 믿음 때문에 된일이다. 착한 유모 람바가 씨를 심어주었던 그 믿음말이다.

어느 날 친구는 내게 벤담(Bentham)의 『공리론』을 읽어주기 시작했다. 나는 어쩔 줄을 몰랐다. 그 말이 너무 어려워 이해할 수가 없었다. 그는 설명을 시작했다. 나는 말했다. "정말 미안해. 이런 어려운 이야기는 나는 모르겠어. 고기 먹는 것이 필요한 것임은 인정하나 나의 맹세를 깨뜨릴 수는 없어. 나는 그것에 대한 토론은 못하겠어. 나는 토론으로는 너한테 당할 수 없다. 제발 나를 어리석고 고집 센 것으로 알고 그만 놔줘. 나를 사랑해주는 것을 잘 알고, 또 나를 잘되게 하기 위해 그러는 줄도 알아. 또 네가 거듭거듭 내게 말해주는 것은 네가 나를 생각해서 하는 일인 줄 잘 알아. 하지만 나는 어떻게 할 수가 없다. 맹세는 맹세야. 그것을 깨뜨릴 수는 없다."

친구는 놀라서 나를 보았다. 그는 책을 덮고 나서 말했다. "좋다. 더 말하지 말자." 그는 이 문제를 다시는 내놓지 않았다. 그러나 나에 대한 걱정은 그치지 않았다. 그는 담배도 피우고 술도 마셨지만, 나에게 권하지는 않았다. 사실은 나보고 두 가지 다 하지 말라고 했다. 그가 오직 걱정하는 것은, 내가 고기를 안 먹고 너무 약해지지나 않을까, 그래서 영국에서 평안히 있지 못하지나 않을까 하는 것이었다.

그것이 내가 한 달 동안 제자 노릇을 어떻게 했나 하는 이야기이다. 그 친구의 집은 리치먼드(Richmond)였으므로 한 주에 런던을 한두 번 이상은 갈 수 없었다. 그래서 메타 박사와 달파트람 슈클라 씨는 나를 어느 가정에 넣어주기로 결정했다. 슈클라 씨가 웨스트 켄징턴에 있는 영국계 인도인의 가정이 적당하다고 생각하여 나를 그리 데려다주었다. 안주인은 과부였는데 그에게 내 맹세 이야기를 했더니, 그 노부인은 나를 잘 돌봐주마고 약속했다. 그리하여 그리로 거처를 옮겼다. 그러나 여기서도 나는 실상은 굶어야 했다. 나는 집에다 단것과 그 밖의 먹을 것을 보내달라고 편지했는데 아직 아무것도 오지 않았다. 모든 것이 맛없었다. 날마다 노부인은 음식이 입에 맞느냐고 물었지만, 그인들 어떻게 할 수 있었겠는가? 전과 다름없이 부끄러워 앞에 가져다 놓은 것 외에는 감히 더 달라는 말을 못했다. 그에게는 두 딸이 있었다. 그들은 나에게 빵을 한두 조각 더 들라고 권했다. 그러나 옹근 덩어리가 있어야 내 배가 찬다는 것은 몰랐다.

그러나 이제는 나도 내 길을 찾았다. 아직 정규 공부는 시작하지 못 했다. 그래도 슈클라 씨 덕분에 신문을 읽기 시작했다. 인도에 있을 때 는 나는 신문을 읽은 일이 없었는데 여기서 날마다 읽는 데 취미를 붙 이게 되었다. 나는 언제나 『더 데일리 뉴스』(*The Daily News*), 『더 데 일리 텔레그래프』(*The Daily Telegraph*), 『더 펠멜 가제트』(*The Pal Mal Gazette*)를 훑어 보았다. 읽는 데 한 시간도 안 걸렸다. 그래서 나는 돌아다니기 시작했다. 그리고 채식식당을 찾기 시작했다. 시내 에 그런 식당이 있다고 노부인이 알려주었다. 날마다 15 내지 20킬로 미터를 걸어다니며 싼 식당에 가서 빵은 배불리 먹었으나 그래도 만 족진 못했다. 그렇게 돌아다니는 동안 우연히 파링던 가(街)에 있 는 채식식당을 발견했다. 그 식당을 본 순간 내 마음은 마치 어린아이 가 몹시 원하던 것을 얻었을 때와 같은 기쁨이 가득 차는 것을 느꼈다. 들어가기 전 나는 문 가까이 있는 유리 진열장 안에 팔려고 내놓은 책 이 있는 것을 보았다. 그 가운데 솔트의 『채식주의를 위하여』(*Plea for Vegetarianism*)라는 제목의 책을 보았다. 1실링에 그것을 사 가지고 곧장 식당으로 들어갔다. 이때 비로소 나는 영국에 온 후 처음으로 배 불리 먹을 수 있었다.

솔트의 책을 처음부터 끝까지 다 읽고 깊은 감명을 받았다. 이 책 을 읽은 날부터 나는 스스로의 선택으로 채식주의자가 됐다고 할 수 있다. 어머니 앞에서 맹세한 날을 축복했다. 나는 이날까지 진리와 내 가 한 맹세를 지키기 위하여 고기를 안 먹으면서도, 또 한편으로는 모 든 인도인이 다 육식자가 되기를 바랐다. 또 나는 언젠가는 자유로이 드러내놓고 육식자가 되기를 바랐고 다른 사람들을 그 안에 포함하는 날이 오기를 바랐다. 이제 나는 채식주의 편을 택하였다. 그것을 널리 퍼뜨리는 것이 앞으로의 내 사명이었다.

영국 신사 행세

채식주의에 대한 내 신앙은 나날이 자라갔다. 솔트의 책은 음식연구에 대한 나의 취미를 북돋워주었다. 채식주의에 관해 얻을 수 있는 모든 책을 구해 읽었다. 그중 하나인 하워드 윌리엄스(Howard Williams)의 『음식의 윤리』(*The Ethics of Diet*)는 태고부터 현대에 이르는 인간의 음식에 관한 문헌의 전기체적 역사였다. 그 책은 피타고라스, 예수에서부터 현대에 이르는 모든 철학자, 예언자는 다 채식주의자였다는 것을 밝히고 있었다. 킹스퍼드(Anna Kingsford) 박사의 『완전한 음식법』(*The Perfect Way in Diet*) 역시 매력 있는 책이었다. 앨린슨(Allinson) 박사의 건강과 위생에 관한 글도 마찬가지로 대단히 유익한 것이었다. 그는 환자의 음식 조절에 기초가 되는 치료법을 주장하였다. 그 자신도 채식주의자로서, 환자를 위해서도 엄격한 채식으로 처방을 했다. 이 모든 문헌을 읽은 결과 음식에 대한 실험은 내 생애에서 중요한 한 부분이 되었다. 처음에는 건강이 그 실험의 주된 관심거리였으나 나중에는 종교가 그 최고의 동기가 되었다.

그러는 동안에도 내 친구는 나에 대한 걱정을 그치지 않았다. 나에 대한 사랑으로 그는 내가 만일 육식에 대한 반대를 내내 고집한다면 몸이 허약해질 뿐 아니라 영국 사회에 끝내 마음을 못 붙여, 마침내는 바보가 돼버릴 것이라고 생각했다. 내가 채식에 관한 책에 흥미를 갖기 시작한 것을 알게 됐을 때 그는 그런 연구가 내 머리를 둔하게 만들지나 않을까, 또 그 같은 실험을 하느라고 본분인 공부를 잊고 공연히 시간을 소모하며 아주 병약한 몸이 돼버리지나 않을까 하고 걱정했다.

어떤 날 그는 나더러 극장에 가자고 초대했다. 구경하기 전에 우리는 홀본 식당에서 식사를 같이했는데, 그 식당은 대궐같아 보였고 빅토리아 호텔을 나온 이후 처음 보는 큰 식당이었다. 그 호텔에 묵었던 것은 내게 별로 유익한 경험이 못 되었다. 그때 나는 똑똑히 정신을 차리지 못하고 지냈기 때문이다. 친구가 나를 이 집으로 데리고 온 것은 틀림없이 여기서는 체면을 지키기 위해서 아무 문제도 일으키지 않으리라는 생각으로 미리 계획한 것이었다.

많은 사람들이 식사하고 있었는데, 우리는 그 한복판에 테이블을 사이에 두고 마주앉았다. 맨 먼저 수프가 나왔다. 무엇으로 만든 것일까 의심했으나 친구에게 물어볼 수는 없었다. 그래 나는 웨이터를 불렀다. 친구는 내가 하는 짓을 보고 테이블 너머로 아주 엄한 태도로 무슨 일이냐고 물었다. 나는 주저하면서 수프가 채소로 만든 것인지 물어보는 것이라고 대답했다. "너는 점잖은 사람들이 모인 데서 너무 경우 없이 군다." 그는 성을 내면서 소리쳤다. "만일 제대로 못하겠거든 차라리 나가라. 어디 다른 식당에서 먹고 밖에서 기다려." 그 말을 듣고 나는 시원했다.

그래서 밖으로 나갔다. 바로 가까이 채식식당이 있었으나 문이 닫혀 있었다. 그래 나는 그날 밤 굶었다. 친구를 따라 극장에 갔으나 그는 내가 저지른 일에 대해 한마디 말도 없었다. 나도 물론 할말이 없었다.

그것이 우리의 우정 있는 다툼의 마지막이었다. 우리 사이에는 별 이상이 없었다. 그의 모든 열성 있는 노력의 원천인 사랑을 나는 잘 알아볼 수 있었고, 우리 사이의 생각과 행동의 차이로 인하여 그에 대한 나의 존경은 더욱 깊어졌다.

그러나 나는 그의 마음을 편하게 해주어야겠다고 결심했다. 다시는 경우 없는 일을 하지 않고 될수록 세련되게 행동하며, 예의 있는 사회에 적합하게 활동해 나의 채식으로 인해 생기는 미안함을 보충할 것을 그에게 약속해주어야겠다고 생각했다. 그래 그 목적을 위해서 나로서는 도저히 불가능한 영국 신사가 돼보자는 일을 시작했다.

뭄바이에서 맞추어 입고 다니던 옷은 영국 사회에서는 맞지 않는 것이라고 생각되어 나는 새 옷 한 벌을 아미 앤드 네이비 상점에서 맞추어 입었다. 또 실크 해트를 하나 쓰고 싶어 19실링에 샀는데, 그때로서는 굉장히 비싼 값이었다. 그걸로도 만족이 되지 않아 런던의 유행생활의 중심인 본드 가에 가서 10파운드를 내던지고 야회복 한 벌을 샀다. 그리고 착하고 고결한 형에게 청하여 겹으로 된 금시곗줄을 보내도록 했다. 묶여 있는 기성품 넥타이를 매는 것은 격식에 맞지 않으므로 제대로 된 것을 사서 매는 법을 배웠다. 인도에서 거울은 가정 이발사가 면도를 할 때에나 보는 사치품이었는데, 여기서 나는 매일 큰 거울 앞에 서서 넥타이를 매고 예의바르게 머리를 가르며 내 모양을 보느라 10분씩이나 허비했다. 내 머리는 도무지 부드럽지 않기 때문에 가만히 붙어 있게 하기 위해 날마다 꼭꼭 빗으로 손질해야 했다. 번번이 모자를 썼다 벗었다 해야 했고, 그때마다 자동적으로 머리를 손으로 만져야 했고, 머리칼을 바로잡아야 했다. 품격 있는 모임에 가 앉을 때에도 항상 그 동작을 하는 습관이 손에 붙게 된 것은 말할 것도 없었다.

이 모든 것을 갖추고도 그럴듯한 신사로서는 충분치 못한 듯하여서, 나는 영국 신사가 되는 데 필요하다고 생각되는 다른 조건을 찾아보았다. 댄스와 프랑스어와 웅변술을 배워야 한다는 말을 들었다. 프랑스어는 이웃 프랑스의 국어일 뿐 아니라 내가 여행을 꿈꾸고 있던 대륙의 국제어였다. 댄스반에 들어가 배우기를 작정하고 한 학기분 수업료로 3파운드를 냈다. 그러나 나는 도저히 율동을 해내는 데는 소질이 없었다. 피아노를 따라갈 수가 없었기 때문에 박자를 맞추지 못했다.

그럼 어떻게 할까?

옛말에 은자(隱者)가 쥐를 쫓기 위해 고양이를 길렀고, 고양이에게 우유를 먹이기 위해 암소를 길렀고, 소를 먹이기 위해 사람을 부렸다 한다. 내 야심도 은자의 가족처럼 늘어났다. 서양 음악을 듣는 귀를 기르기 위해 바이올린을 배워야겠다고 생각했다. 그리하여 3파운드를 주고 바이올린을 하나 사고, 그보다 더 많은 돈을 수업료로 냈다. 그러고는 내게 웅변을 가르쳐줄 선생을 찾아가 1기니의 수업료를 선불로 냈다. 교과서로 벨(Bell)의『표준 웅변술』(*Standard Elocutionist*)을 추천해서 그것을 또 샀다. 그리고 나는 피트(Pitt)의 연설로 시작했다.

그러나 벨 씨는 내 귀에 경종을 울려주었고, 나는 꿈에서 깨어났다.

생각해보니, 영국에서 일생을 살 것은 아니었다. 그러면 웅변은 배워 무엇하느냐? 또 댄스가 어떻게 나를 신사로 만드느냐? 바이올린은 인도에서도 배울 수 있다. 나는 학생이니 공부를 열심히 해야 할 것이다. 런던 법학원(The Inns of Court)에 가입할 자격을 얻어야 한다. 내 인격이 나를 신사로 만들어주면 더 좋지 않으냐? 그러지 말고 욕심을 버려야 한다.

이러한 생각이 마음속에 가득 찼다. 나는 웅변 선생에게 그런 내용의 편지를 쓰고 웅변공부를 그만둘 생각이라고 용서를 빌었다. 또한 비슷한 편지를 댄스 선생에게도 썼고, 바이올린 선생에게는 직접 찾아가서 받을 수 있는 대로 바이올린을 처분해달라고 부탁했다. 그는 도리어 친절하게도 내가 어쩌다 잘못된 생각을 한 것이라고 이야기해주었다. 그는 내게 마음을 완전히 고쳐먹으라고 격려해주었다.

이 들뜬 생각은 약 석 달 동안 계속됐고, 의복의 형식을 차리자는 생각은 여러 해 계속되었다. 그러나 그후부터 나는 학생이 되었다.

검소한 생활

댄스니 뭐니 하는 것을 해보려 했다 해서 그것을 내 생애의 한 방종의 시기라고 생각해서는 안 된다. 독자는 내가 그때에도 빈틈없이 생활했던 것을 알 것이다. 들떴던 동안에도 내 편에서는 어느 정도의 자기 반성으로 구원되는 일이 없지 않았다. 나는 한 푼 쓴 것도 꼭꼭 기록했고, 비용을 자세히 계산해두었다. 버스값, 우표값, 신문값으로 쓴 한두 푼에 이르기까지 지극히 작은 비용도 빠짐없이 적었으며, 밤마다 자기 전에 장부의 대차를 꼭 맞추었다. 그 습관은 그후 늘 계속됐고, 그 결과 거액의 공금을 만져도 늘 틀림없이 지불할 수 있었다. 내가 이끄는 운동에서는 언제나 큰 빚을 지는 일 없이 늘 돈이 남아돌아갈 수 있었던 것도 모두 이 때문이라고 생각한다. 젊은이들도 나를 모범으로 삼아 주머니에 들어오고 나가는 돈의 회계를 꼭 맞추어두면 틀림없이 나와 같이 마침내는 돈을 모으는 사람이 될 것이다.

내 살림살이를 엄격히 살펴가는 가운데 나는 절약의 필요성을 깨달았다. 그래서 모든 비용을 절반으로 줄이기로 작정했다. 장부를 보니 차비로 나간 항목이 많았다. 또한 가정에 같이 살게 됨으로써 매주 정기적으로 내는 지출이 있었다. 남의 가족과 같이 사니 대접삼아 경우에 따라 가족을 데리고 나가서 식사를 할 때도 있었고, 또는 그들과 함께 파티에 참석할 때도 있었다. 그럴 때는 대단히 많은 차비가 들었고, 특히 친구가 여자일 경우 관습에 따라 모든 비용을 남자가 물어야 했다. 뿐만 아니라 밖에서 식사를 할 때는 돈이 이중으로 더 든다. 안 먹은 밥값을 하숙비에서 뺄 수는 없기 때문이다. 나는 이 모든 가욋돈은 절약할 수 있다고 생각했다. 돈을 헤프게 쓰는 것은 인사를 차린다는 잘못된 생각에서 나오는 수가 많기 때문이다.

그래서 이제부터는 남의 가족과 함께 살지 말고, 나 혼자 쓸 방을 얻어서 내가 해야 할 일거리를 따라 이곳저곳으로 옮기기로 작정했다. 이렇게 하면 동시에 여러 가지 경험도 할 수 있으리라고 생각했다. 그래서 내 일터에서 걸어서 반 시간이면 갈 수 있는 곳에 방을 얻어 차비를 절약했다. 이전에는 어디든지 갈 데만 있으면 차를 탔다. 그래서 산책시간은 따로 내야 했다. 그러나 새로운 조처의 결과 차비를 들이지 않고 하루 13~16킬로미터를 걸었다. 그래서 산책과 절약이 한꺼번에 되었다. 영국에 있는 동안 병에 걸리지 않고 상당히 건강한 몸을 가지게 된 것은 주로 이렇게 먼 길을 걷는 습관 때문이었다. 나는 방 두 개를 빌렸다. 하나는 살림방으로, 또 하나는 침실로 썼다. 이것이 둘째 단계이고, 셋째 단계는 이제 와야 한다.

이같은 변경으로 나는 비용을 반감했다. 그러나 시간은 어떻게 이용할까? 변호사 시험은 많은 공부가 필요치 않음을 알고 있었다. 그러므로 시간의 촉박을 느끼지는 않았다. 내 영어실력이 약한 것은 항상 문제였다. (후에 프레더릭경이 된) 렐리 씨의 말이 아직도 귀에 쟁쟁했다. "먼저 졸업부터 하고 내게로 오너라." 나는 변호사가 될 뿐만 아니라 학위를 따야 하겠다고 생각했다. 옥스퍼드와 케임브리지의 대학과정을 알아보고 몇몇 친구에게 의논해보았더니, 그것은 비용도 많이 들고 당초에 내가 생각했던 것보다 훨씬 더 오래 영국에 머물러야 했다.

친구 하나가 이런 의견을 냈다. 만일 어려운 시험에 한번 합격해보려거든 런던 자격시험을 치르라는 것이었다. 그것은 상당히 노력해야 하는 것이지만 그렇다고 특별히 비용이 더 드는 것도 아니며, 겸해서 내 일반 지식에 많은 도움을 줄 것이다. 그 제안을 받아들였다. 그러나 시험과목을 보고 놀랐다. 라틴어를 어떻게 하나? 그러나 친구는 내게 강권했다. "라틴어는 변호사에게 매우 필요하다. 라틴어 지식은 법률서적을 이해하는 데 매우 도움이 되지. 그리고 로마법의 책 하나는 온

118

전히 라틴어로 되어 있어. 그뿐 아니라 라틴어 지식이 있으면 영어에 훨씬 능통해질 수 있고."

그 말이 뼈저리게 느껴져 아무리 어렵더라도 라틴어를 하기로 작정했다. 프랑스어는 이미 시작한 것이니 그것으로 현대어를 삼으면 된다. 나는 사설강습소의 대학시험 준비반에 들어갔다. 시험은 여섯 달마다 있는데, 그때는 다섯 달의 여유가 있을 뿐이었다. 그것은 불가능한 일이었다. 그러나 영국 신사 지망자는 착실한 학생으로 바뀌기로 결심했다.

나는 자세한 시간표를 짰다. 그러나 내 지능이나 기억력으로 제한된 시일 내에 다른 과목을 하면서 라틴어와 프랑스어를 해낼 자신이 없었다. 결국 라틴어에 낙제하고 말았다. 섭섭했지만 낙심하지는 않았다. 라틴어에 취미를 얻었고, 프랑스어는 다음 시험에도 자신이 있었다. 그래서 과학 부문에서 새 과목을 선택하였다. 화학을 선택했는데, 그것은 깊은 흥미를 가지고 공부할 만한 과목이었는데도 실험을 하지 않았던 관계로 취미가 없었다. 그것은 인도에서는 필수과목 중 하나였다. 그래서 런던 자격시험에서도 그것을 선택했던 것이다. 그러나 화학 대신 이번에는 열과 빛 과목을 택했는데, 들리는 말에 쉽다고 해서 해보니 사실이었다.

나는 다음 시험준비로 인해서 내 생활을 더욱 간소화하는 데 힘썼다. 내 생활방식은 아직 빈약한 우리 가정형편을 생각하면 적당한 것이 못 된다고 생각했다. 내가 매달 꼭꼭 돈을 청하는 데 대해 의연히 보내주는 형이 수고하는 것을 생각할 때 마음이 아팠다. 매달 8~15파운드를 쓰는 학생 대다수가 장학금을 타고 있는 것을 알았다. 더욱 간소한 살림들의 표본이 눈앞에 있었다. 상당한 수의 학생들이 나보다도 못한 살림을 하고 있는 것을 보았다. 그중 한 사람은 빈민굴에서 매주 2실링씩 내는 방에 살며, 끼니는 록하트의 싸구려 코코아집에 가서

2펜스짜리 코코아와 빵으로 한 끼니를 때우고 있었다. 그를 따라가는 건 엄두도 못 내지만 나는 적어도 방 두 개 대신 하나만 쓰고 내 손으로 가끔 요리도 할 수 있다고 생각했다. 그러면 매달 4~5파운드 정도 절약된다.

나는 또 간소한 생활에 대한 책을 읽게 됐다. 방 두 개 쓰기를 그만두고 하나만을 빌리고, 스토브 하나를 들여다놓고, 아침식사를 손수 만들기 시작했다. 오트밀 죽을 쑤고 코코아를 위해 물을 끓이는 것뿐이므로, 시간은 20분도 들지 않았다. 낮에는 밖에 나가 먹고 저녁은 집에서 빵과 코코아를 먹었다. 그렇게 해서 매일 1실링 3펜스로 살아가기로 했다. 그때는 또한 열심히 공부를 하던 때였다. 간소한 살림은 시간 절약도 많이 되었다. 나는 시험에 합격했다.

독자는 이것으로 내 생활이 비참했다고 생각해서는 안 된다. 반대로 그런 변경 때문에 나의 내적 생활과 외적 생활이 잘 조화되었다. 또 그것은 우리 집 형편에 맞추어가는 것도 됐다. 내 생활은 확실히 보다 진실했고, 내 혼은 무한히 기뻤다.

채식 실험

나 자신을 깊이 살핌에 따라, 내적 외적으로 변화의 필요를 더욱 느끼게 되었다. 비용을 줄이고 생활방식을 고치자마자, 아니 그전부터 나는 내 식성을 바꾸기 시작했다. 채식주의자들이 그 문제를 종교적, 과학적, 실제적 또는 의학적인 면에서 파들어가면서 세밀히 조사하고 있다는 것을 알았다. 도덕적으로 그들은 이런 결론에 도달했다. 즉 사람이 하등동물보다 뛰어나다 해서 사람이 동물을 잡아먹을 것이 아니라, 사람과 동물 사이도 사람과 사람 사이 같이 서로 도와주어야 한다는 것이다. 그들은 또 사람이 먹는 것은 쾌락을 위해서가 아니라, 살기 위해서 하는 것이라는 진리를 밝혀냈다.

그리고 그중 어떤 사람은 육류나 생선만 아니라 달걀, 우유까지도 먹어서는 안 된다는 것을 주장했고, 또 생활을 통해 거기 영향을 주기도 했다. 어떤 이는 사람의 생리적 구조는 화식(火食)이 아니라 과식(果食)을 하게 되어 있으며, 사람은 어미 젖만을 먹게 돼 있고, 젖이 떨어지고 이가 나면 곧 굳은 식물을 먹기로 돼 있다고 과학적으로 결론지었다. 그들은 또 의학적으로는 모든 향료와 양념을 내버려야 한다고 주장했다. 실제적, 경제적 이론으로 하면 채식이 가장 싸게 먹힌다는 것을 밝혔다.

그 모든 것이 내게 영향을 미치게 됐고, 나는 여러 유형의 채식주의자들을 식당에서 만났다. 영국에는 주간지를 내는 채식회(Vegetarian Society)가 있었다. 나는 그 주간지의 독자가 되었고 그 모임에 가입했으며, 얼마 안 가서 그곳의 실행위원이 됐다. 거기서 나는 채식주의의 중진으로 알려진 사람들을 접하게 됐고, 나 자신도 채식 실험을 시작했다.

나는 집에서 가져온 단것과 양념류를 먹는 걸 중지했다. 마음이 다른 방향으로 나가니 양념 즐기던 버릇이 떨어지고 리치먼드에서는 맛이 없던, 양념 없이 익힌 시금치가 맛이 있었다. 그런 여러 가지 실험 결과 참맛은 혀에 있는 것이 아니라 마음에 있다는 것을 알게 되었다.

경제적인 문제는 물론 언제든지 마음속에 있었다. 그 당시 홍차와 커피는 몸에 해롭고 코코아가 좋다고 생각하는 사람들이 있었다. 나는 몸을 지탱하는 데 필요한 것만 먹어야 한다는 확신이 있던 터이므로 홍차와 커피를 그만두고 대신 코코아를 마셨다.

내가 잘 가는 식당은 두 종류가 있었다. 하나는 상당히 잘사는 사람들이 단골로 다니는 곳으로, 몇 가지든지 제가 원하는 것을 골라 먹고 정가표에 따라 돈을 내는데, 한 끼에 1~2실링이 들었다. 또 하나는 세

가지 음식에 빵이 한 조각 끼어서 6페니를 내는 곳이었는데, 엄격한 절약을 하는 동안 나는 거기에 다녔다.

주된 실험을 하는 동안에도 또 여러 가지 작은 실험을 하기도 했다. 예를 든다면, 한 번은 녹말로 된 음식을 안 먹고, 다른 때는 빵과 과일로만 살아가고, 또 한동안은 치즈와 우유, 달걀만 먹었다. 이 나중의 실험은 아무 가치가 없어 두 주일도 못 갔다. 녹말 없는 음식을 주장하는 사람은 달걀을 퍽 좋게 말하면서 달걀은 고기가 아니라고 했다. 얼핏 보기에 달걀을 먹는 것은 산 짐승을 해하는 것이 아닌 듯하다. 나는 그 설명에 끌려 내 맹세에도 불구하고 달걀을 먹었다. 그러나 그 실수는 일시적이었다. 맹세에 새 해석을 붙이는 것은 내 할 일이 아니었다. 나는 맹세를 주관한 어머니의 해석대로 따라야 했다. 어머니가 고기라 할 때는 달걀도 고기에 포함된다는 것을 안다. 그 맹세의 진정한 취지를 깨닫자 나는 곧 달걀 먹기를 그만뒀고, 실험도 중지했다.

이론의 밑바닥에는 미묘한 점이 있고, 따라서 주의할 필요가 있다. 나는 영국에서 고기에 대한 세 가지 정의를 들었다. 처음 것에 의하면, 고기는 새나 짐승의 살만을 의미한다. 그 정의를 인정하는 채식자는 새나 짐승의 고기는 안 먹지만 생선은 먹고, 달걀은 말할 것도 없다. 둘째 정의에 의하면, 고기는 모든 생물의 살을 의미한다. 그래서 여기서는 생선은 물론 안 되지만 달걀은 허용이 된다. 셋째 정의는, 고기라는 것에 모든 산 물건의 살을 다 포함하고 거기서 나오는 물건까지도 마찬가지로 포함시킨다. 달걀, 우유도 거기에 든다.

내가 만일 첫째 정의를 받아들인다면 달걀뿐 아니라 생선까지도 먹을 수 있다. 그러나 나는 어머니의 정의를 따라야 한다고 확신했다. 그렇기 때문에 내가 세운 맹세를 지키려면 달걀을 먹지 말아야 했다. 그래서 나는 그렇게 했다. 이것은 어려운 문제였다. 왜냐하면 자세히 캐고 보면 채식식당에서도 달걀이 들어 있는 음식이 아주 많다. 그러므로 뭣이 뭣인지를 알지 못한다면 음식 하나하나에 달걀이 들어 있나, 일일이 귀찮게 확인을 해보아야 한다는 말이 된다. 사실 대개 푸딩이나 과자 안에는 달걀이 들어 있기 때문이다.

비록 내 의무에 대한 계시가 이러한 혼란을 일으키기는 했지만 이것으로 내 음식은 아주 간단해졌다. 그 대신 음식이 간소화되자 고민이 생겼다. 맛을 들이게 됐던 여러 가지 음식 먹기를 그만두지 않으면 안 되었기 때문이다. 그러나 이같은 어려움은 잠깐뿐이었다. 맹세를 엄격히 지키면 뛰어나게 더 위생적이고, 더 맛있고, 더 지속적인 깊은 맛이 생기기 때문이다. 그러나 정말 시련은 이제부터였다. 그리고 그것은 다른 맹세에 관한 것이었다. 그렇지만 하나님이 보호하는 사람을 누가 감히 해할 수 있겠는가?

여기서 잠깐, 맹세 혹은 서약의 해석에 대해서 생각해보는 것은 쓸데없는 일이 아닐 것이다. 맹세의 해석이 전세계를 통해 많은 싸움의 근원이 되어왔다. 맹세를 아무리 분명히 했다 하더라도 사람들은 자기 목적에 맞도록 그 본문을 뒤집고 왜곡할 것이다. 그런 사람들은 부자로부터 가난한 사람에 이르기까지, 제왕에서 농사꾼에 이르기까지 사회의 각계각층에서 만나볼 수 있다. 사욕에 눈이 어두워 애매하고 어중간한 말로 자신을 속이고 또 남을 속이고 하나님을 속인다. 두 가지 해석이 가능할 경우에는 하나의 황금률은 그 맹세를 주관했던 편에서 그 맹세 위에 정직하게 붙여놓은 해석을 그대로 받아들이는 일이고, 또 하나는 약한 편의 해석을 듣는 일이다. 그들이 다 받아들이지 않을 때는 싸움과 불의가 일어난다. 그것은 다 진실치 못한 데서 오는 것이다. 진리만 좇는 사람은 그 황금률을 쉽게 따른다. 그에게는 해석을 위해 유식한 사람의 조언이 필요치 않다. 그 황금률에 의한다면, 고기에 대한 내 어머니의 해석이 내가 따라야 하는 유일한 참된 해석이지 나의 넓은 경험이나 나의 자랑스러운, 보다 나은 지식이 줄 수 있는 해석이 아니었다.

영국에서 행한 나의 실험은 경제와 위생의 견지에서 한 것이었다. 그 문제에 대한 종교적인 면은 남아프리카에 가기 전까지는 생각하지 않았다. 거기에 가서야 나는 정말 고된 실험을 하게 되었는데, 그것은 다음에 말하기로 한다. 그렇지만 그 모든 것에 대한 씨는 영국에서 뿌려졌다.

개심자의 자기 종교에 대한 열성은 그 종교 속에서 태어난 사람보다 강한 법이다. 채식주의는 당시 영국에서 하나의 새 신조였는데 내게도 역시 그러했다. 왜냐하면 나는 하나의 육식주의자로 거기 가서, 후에 지식에 의해 채식주의로 개종했기 때문이다. 채식주의에 대한 새 개종자로서의 열의에 불타서 나는 내가 있는 지방 베이스워터(Bayswater)에 클럽을 조직하기로 결심했다. 거기 사는 아널드(Edwin Arnold)경을 초대해서 부회장으로 세우고, 『채식주의자』(The Vegetarin)의 주필인 올드필드(Oldfield) 박사를 회장으로 하고, 나 자신은 간사가 됐다. 그 클럽은 처음엔 잘되었는데, 몇 달 후 그만두게 되었다. 이유는 여기저기서 주기적으로 이사를 하는 내 버릇에 따라 그곳을 떠났기 때문이다. 그러나 이 짧막하고 조그만 경험은 기관을 조직하고 경영하는 데 대한 약간의 훈련이 되었다.

방패가 된 나의 수줍음

나는 채식회의 집행위원으로 뽑혔다. 그래서 회의가 있을 때는 꼭꼭 나갔지만, 언제나 도무지 말할 수가 없었다. 올드필드 박사는 언젠가 나보고 이렇게 말했다. "자네는 나 보고는 말을 썩 잘하는데 위원회에서는 왜 도무지 입을 열지 않나? 자네는 수벌이야." 나는 그 농담이 옳다고 생각했다. 벌이란 놈은 언제나 분주히 일하는데 수벌만은 천하의 게으름뱅이다. 그러나 남들이 다 모임에서 제 의견을 말하는데 나만 잠자코 있다 해서 조금도 이상할 것은 없다. 말하고 싶은 생각이 없어서가 아니다. 그러나 어떻게 하면 내 마음을 제대로 표현할 수 있는지를 알 수 없었다. 내 눈에는 나만 제외하고 다 나보다 잘 알고 있는 것 같이만 보였다. 또 번번이 모처럼 용기를 내서 말을 끄집어내려 하면 바로 그때에 새 안건이 시작되곤 했다. 이러한 상태가 오랫동안 계속됐다.

그러는 동안에 중대한 문제 하나를 토론하게 되었다. 나는 결석하는 것이 잘못이고 침묵을 지키는 것은 비겁한 것이라고 생각했다. 논쟁의 경위는 대개 이러했다. 그 모임의 회장은 테임스 철공장의 주인인 힐스 씨였는데 그는 청교도였다. 그 모임은 사실상 그의 재정적 원조로 유지되는 것이라 해야 옳을 것이다. 몇몇 위원이 그의 부하였다. 채식주의자로 이름 있었던 앨린슨 박사도 위원의 한 사람이었는데, 그는 당시 새로 일어나던 산아제한운동의 주창자로서, 노동계급 사이에 그 방법을 가르쳐주고 있었다. 힐스 씨는 그 방법을 도덕의 뿌리를 잘라버리는 일로 생각하고 있었다. 그는 채식회는 단지 음식만 아니라 바로 도덕을 개조하는 것이 목적이라고 생각했다. 그래서 앨린슨 같은 반(反)청교도적인 견해를 가지는 사람을 그 모임 안에 머물러 있도록 허용해서는 안 된다고 했다. 그래서 그를 몰아내려는 움직임이 일어났다.

나는 거기에 깊은 관심을 갖게 되었다. 앨린슨 박사의 인공 산아제한 방법에 대한 견해는 위험한 것이라 생각했고, 힐스 씨는 한 사람의 청교도로 그의 관대함을 존경하고 있었다. 그러나 나는 누가 단지 청교도 도덕을 채식회의 목적의 하나로 인정하지 않는다고 해서 그를 채식회에서 쫓아내는 것은 부당하다고 생각했다. 반청교도적인 사람을 회에서 쫓아내자는 힐스 씨의 생각은 개인적인 문제요, 회가 공공연히 표방하는 목적과는 상관이 없다. 회의 목적은 다만 채식의 보급에 있지, 어느 도덕체계의 보급에 있는 것은 아니다. 그렇기 때문에 나는 누구나 채식하는 사람이라면 그가 어떤 도덕관을 가지든 상관없이 모두 회원이 될 수 있다고 생각했다.

위원회 안에는 나와 의견을 같이하는 사람들도 있었다. 그러나 나는 내가 직접 의견을 발표할 필요가 있다고 느꼈다. 어떻게 하느냐가 문제였다. 나는 말할 용기는 없었기 때문에 생각을 글로 쓰기로 했다. 나는 원고를 주머니에 넣고 모임으로 갔다. 지금 회상하지만, 읽을 자신도 없었다. 그래서 다른 사람에게 읽게 했다. 그날 앨린슨 박사는 졌다. 그렇게 해서 그런 종류의 첫 싸움에서부터 나는 지는 쪽을 지지하게 됐다. 그러나 내 의견이 옳다는 데 쾌감을 느꼈다. 희미하게 기억하지만, 그 사건 후 나는 그 위원회에서 나왔다. 이 수줍음은 내가 영국에 머무는 동안 끝까지 계속됐다. 사교적인 방문에서조차도 사람이 6, 7명만 있으면 나는 벙어리가 돼버렸다.

언젠가 마줌다르 씨와 함께 벤트너에 간 일이 있었는데, 거기서 한 채식 가정에 머물게 됐다. 『음식의 윤리』의 저자 하워드 씨도 같은 온천에 머물고 있었다. 우리가 그를 만났더니 그는 우리에게 어떤 채식주의 선전 강연회에서 말을 해달라고 청했다. 나는 연설을 글로 써가지고 읽어도 그것이 실수는 아니라고 확신하고 있었다. 조리 있고 간결하게 하기 위해 많은 사람이 그렇게 하는 것을 알고 있었다. 즉흥적으로 말한다는 것은 내게는 말도 안 된다. 그래 나는 연설문을 썼다. 읽으려고 일어섰는데, 읽을 수가 없었다. 적은 것이라야 큰 종이 한 장도 안 되는데, 눈이 어지럽고 몸이 떨렸다. 마줌다르 씨가 대신 읽어야 했다. 그의 연설은 물론 훌륭했고 박수를 받았다. 나는 부끄러웠고, 나의 무능으로 인해 마음이 슬펐다.

내가 영국에서 연설을 해보려고 마지막으로 애쓴 것은 집으로 떠나기 바로 전날 저녁에 한 것이었다. 그러나 이번에도 조롱거리만 됐을 뿐이었다. 나는 채식 친구들을 전에 말한 홀본 식당으로 초대하여 저녁을 같이하기로 했다. 나는 혼자 생각했다. "물론 채식 만찬은 채식식당에서 할 수 있는 일이지만, 채식식당 아닌 곳에서라고 못할 것이 없지 않은가?" 그래서 나는 홀본 식당 지배인과 의논하고 순전한 채식 식사를 준비하기로 했다. 채식자들은 모두 이 새로운 시도를 기뻐하며 칭찬했다. 모든 만찬은 즐기며 먹기 위해 하는 것이지만, 서양에서는 그것을 예술로까지 발전시켰다. 그것은 굉장한 호화로움과 음악과 연설로 꾸며진다. 그러니 내가 베푸는 이 조그만 만찬에도 그런 것을 곁들이지 않을 수 없었다. 그래서 거기도 연설이 있어야 했다.

내 차례가 되자 나는 일어섰다. 공들여 생각해서 짤막한 연설을 준비했다. 그러나 첫마디 이상을 나갈 수 없었다. 애디슨(Addison)이 하원에서 처음 연설할 때 "아이 컨시브"(I conceive: 나는 생각한다, 나는 아기를 밴다의 두 가지 뜻이 있음)를 세 번씩이나 반복하고 더 나아가지 못하자, 한 짓궂은 사람이 일어나, "저 신사가 아기를 세 번이나 배면서 아무것도 낳은 것이 없습니다" 했다는 기사를 읽은 일이 있다. 나는 이 일화를 밑천으로 해서 익살 섞인 연설을 짜내려고 시작했던 것인데, 거기서 그만 입술이 붙어버렸다. 말이 도무지 생각나지 않고 우스운 연설을 하려다가 나 자신이 웃음거리가 돼버리고 말았다. "신사 여러분, 초대에 친절히 응해주셔서 감사합니다." 그렇게 한마디 불쑥 뱉고는 앉아버렸다.

이 수줍음을 비로소 극복한 것은 남아프리카에서였다. 하지만 완전히 극복했다고는 도저히 말할 수 없다. 즉흥적으로는 도무지 말을 할 수가 없었다. 낯선 청중 앞에서는 언제나 주저하곤 했다. 그래서 될 수만 있으면 말을 피해버렸다. 지금까지도 나는 친구들과 잡담하는 모임을 할 수 있을 것 같지도, 그렇게 하자고 생각할 것 같지도 않다.

이따금 나는 남의 웃음거리가 되기는 하지만, 타고난 이 수줍음이 손해를 끼쳤다고는 생각하지 않는다. 사실은 그와 반대로, 내게는 아주 유익했다고 볼 수 있다. 말하기를 꺼리는 것이 한때는 고민거리였지만, 지금은 나의 즐거움이다. 가장 큰 유익함은 그것이 내게 말을 경계하도록 가르쳐주었다는 것이다. 자연히 나는 생각을 제어하는 버릇이 생겼다. 그러므로 나는 나 자신의 생각 없는 말이 새어나오는 일은 혀로나 붓으로나 별로 없다는 증명서를 기꺼이 써줄 수 있다. 나는 내 말이나 글에 별로 후회했던 기억이 없다. 그렇게 해서 많은 화를 면하고 시간의 낭비를 피할 수 있었다. 경험은 나에게 진리의 숭배자에게는 침묵이 정신적 훈련의 한 부분이란 것을 가르쳐주었다.

의식적으로 또는 무의식적으로 진리를 과장하고, 감추고, 변경하는 버릇은 사람의 자연스런 약점이므로, 그것을 이기기 위해 침묵이 필요하다. 과묵한 사람은 생각 없는 말을 하는 일이 별로 없다. 그는 한마디 한마디를 측정하여 한다. 허다한 사람이 말을 참지 못한다. 모임의 의장치고 발언 허락에 골치를 안 앓는 사람은 없다. 그리고 언제나 발언을 허락받으면, 대개는 정해진 시간을 넘기고 시간을 더 달라는 요청도 없이 말을 계속한다. 이런 모든 말이 세상에 유익함을 가져오는 일은 거의 없다. 그것은 시간의 낭비일 뿐이다. 나의 수줍음은 사실 나의 큰 방패와 작은 방패가 되었다. 그것이 나를 자라게 했다. 그것이 나를 도와 진리를 알아보게 하였다.

허위라는 암

40년 전 영국에는 비교적 소수의 인도 학생이 있을 뿐이었다. 그들은 결혼했음에도 보통 총각 행세를 하고 있었다. 영국에서는 고등학교이거나 대학이거나 학생은 모두 총각이었다. 공부하려면 결혼해서는 안 된다고 생각했기 때문이다. 우리도 옛날 좋은 시절에는 그러한 전통이 있었다. 학생인 다음에는 어김없이 다 브라마차리(Brahmachari: 브라마차리아를 지키는 사람)로 알려져 있었다. 그런데 근래에 와서 우리는 조혼을 하게 됐으며, 영국에서는 이것은 실상 모르는 일이다. 그렇기 때문에 영국에 가 있는 인도 청년들은 결혼했다고 말하기 부끄러워했다.

숨기는 데는 또 다른 이유도 있었다. 즉 그것이 알려지는 날에는 그들이 묵는 집 처녀들과 함께 나다니거나 놀거나 할 수 없었기 때문이다. 그렇게 노는 것은 비교적 순진한 일이었다. 부모들은 장려하기까지 했다. 거기에서 젊은 남녀의 그러한 교제는 필요하다고 할 수도 있었다. 젊은이는 누구나 다 제 짝을 골라야 하기 때문에 말이다. 그러나 인도 청년이 영국에 와서 그런 관계를 함부로 갖다가는(영국 사람에게는 아주 예사로운 일이지만), 비참한 결과에 빠지기가 매우 쉽다. 사실 그런 일이 많이 있었다. 나는 우리 청년들이 그런 교제의 유혹에 빠져 진실치 못한 생활을 하게 되는 것을 보았다. 그런 교제는 영국 청년의 경우는 전혀 죄가 없는 것이지만, 인도 청년에게는 못마땅한 것이다. 나도 그 전염병에 걸렸었다. 이미 결혼했고, 한 아들의 아버지이면서도 서슴지 않고 총각인 체했다. 그러나 속임꾼이 되어서 행복한 것은 조금도 없었다. 다만 수줍어하고 말 안 하는 버릇이 나를 건져 더 깊은 물에 빠지지 않게 했다. 내가 말만 하지 않는다면, 어떤 아가씨도 나와 말하고 싶어하거나 같이 나가고 싶다고 생각하지는 않을 것이다.

겁 많은 나의 성격도 과묵한 성격과 거의 비슷할 것이다. 벤트너에서 내가 들어 있던 집 같은 그런 가정에서는, 집주인의 딸이 손님을 데리고 산책을 나가는 것은 일반적인 풍속이었다. 그 딸이 하루는 나를 데리고 벤트너 변두리의 아름다운 언덕으로 올라갔다. 나도 걸음이 느린 편은 아닌데, 그녀는 나보다도 빨리 걸어 나를 항상 뒤에 두고 앞서 가며 계속 지껄여댔다. 그 지껄임에 대해서 나는 이따금 그저 가늘게 "네" 혹은 "아니오" 하거나, 그렇지 않으면 기껏해야 "네, 참 아름답군요!" 정도였다. 언제 집으로 돌아가려나 하고 생각하는 동안에, 그 여자는 그저 새처럼 날아가고 있었다.

그렇게 해서 산꼭대기에 이르렀다. 이제 어떻게 내려가느냐가 문제였다. 굽 높은 장화를 신었는데도 이 스물다섯 살의 쾌활한 젊은 아가씨는 쏜살같이 언덕을 내리달렸다. 나는 부끄러워 애를 쓰며 내려왔다. 여자는 먼저 내려가서 웃으며, 나더러 기운 내라면서 와서 끌어주겠다고 했다. 어쩌면 그리도 나는 소심했을까? 죽을 고생을 하고, 이따금씩 기며, 간신히 밑에까지 굴러내려왔다. 여자는 큰 소리로 웃어대며 "멋지다"고 했다. 그럴수록 나는 더 부끄러웠다. 그 여자는 그럴 만도 했다.

그러나 나는 가는 데마다 상처를 입지 않고는 빠져나올 수가 없었다. 왜일까? 하나님이 내게서 허위의 암종을 떼어버리려 하셨기 때문이었다. 언젠가 브라이튼에 간 일이 있다. 거기에도 벤트너처럼 해수욕장이 있다. 이것은 벤트너에 가기 전의 일이다. 그곳 어느 호텔에서 나이 많은 과부를 만났는데, 웬만큼 사는 사람이었다. 그것은 내가 영국에 간 첫해였다. 메뉴가 모두 프랑스어로 씌어 있어 읽을 수 없었다. 그 부인과 같은 테이블에 앉았는데, 내가 어쩔 줄 몰라하는 것을 보자 그는 곧 나를 도와주었다. "처음 오신 분 같군요. 뭘 모르시겠어요? 왜 아무것도 주문하지 않으세요?" 내가 메뉴를 훑어보며 웨이터에게 요리의 내용이 뭔가를 알아보려고 할 때 부인은 이렇게 말을 걸어왔다. 나는 고맙다는 인사를 하고, 프랑스어를 모르기 때문에 어느 요리가 채식으로 된 것인지를 몰라서 그런다고 했다.

"내가 도와드리지요. 이 메뉴를 설명해드리고 무엇을 드실 수 있는

지 알려줄게요" 하고 부인은 말했다. 나는 그 부인의 신세를 많이 졌다. 이것이 시초인데, 그후 그 사귐은 깊어져 우리는 가까운 친구가 되었다. 인연은 영국에 있는 내내 계속되었고, 그후 오래도록 지속되었다. 부인은 내게 자기의 런던 주소를 적어주고 일요일마다 집에서 저녁을 먹자고 초대해주었다. 또 특별한 일이 있을 때도 초대해주었고, 수줍음을 이기도록 도와주었으며, 젊은 여자들에게 소개하여 교제하도록 이끌어주기도 했다. 그 교제에서 특히 두드러진 사람은 그 부인과 함께 묵고 있는 한 젊은 여자였는데, 종종 단둘이만 남아 있는 일도 있었다.

이 모든 것이 처음에는 매우 괴롭게 생각되었다. 나는 말을 꺼낼 수도 없었고 또한 재미있게 농담할 수도 없었다. 그러나 그 여자가 길을 터주었다. 나는 차차 배우게 되었고 그러는 동안에 일요일이 기다려졌으며, 그 젊은 여자 친구와 이야기하는 것이 재미있어졌다.

노부인은 날마다 그물을 차차 넓혀갔다. 그녀는 우리가 만나는 데 흥미를 느꼈던 것 같다. 아마 우리에 대한 복안을 가지고 있었던 듯하다.

나는 난처해졌다. 그래 혼자서 생각했다. '착한 그 부인에게 나는 이미 결혼했다고 말해야 했었는데! 그랬다면 우리 둘 사이의 약혼은 생각지 않았을 것이다. 그러나 너무 늦어 방법이 없을 정도는 아니다. 이제라도 진실을 밝히면 더 비참하게는 되지 않을 것이다.' 이렇게 생각하고 대략 다음과 같은 내용의 편지를 썼다.

"브라이튼에서 처음 만난 이래 오늘까지 당신께서는 제게 참 친절히 해주셨습니다. 당신은 저를 어머니가 자식 대하듯이 돌봐주셨습니다. 그리고 당신께서는 제 결혼 걱정까지 하시고 젊은 아가씨들을 소개해주셨습니다. 그러나 이대로 갈 것이 아니라, 이제 저는 당신에게 사랑받을 자격이 없다고 솔직히 고백하지 않을 수 없습니다. 제가 당초 당신을 방문하기 시작했을 때 저는 이미 결혼했다고 말씀드려야 했습니다. 영국에 있는 인도 학생들이 결혼한 것을 숨기고 있다는 것을 알면서 저는 그것을 따랐습니다. 저는 이제 그렇게 할 것이 아니란 것을 알았습니다. 그리고 저는 어려서 결혼했고 지금은 아기 아버지란 말씀까지 하지 않을 수 없습니다. 이 사실을 오랫동안 당신께 말씀드리지 못해 제 마음은 많이 괴로웠습니다. 그렇지만 하나님께서 이제 제게 진실을 고백할 용기를 주셔서 감사합니다. 용서해주시기 바랍니다. 그리고 저는 당신께서 고맙게 소개해주신 그 젊은 숙녀에게 온당치 못한 일을 범한 적은 없다는 것을 분명히 말씀드립니다. 저는 제 한계를 알고 있었습니다. 제가 결혼한 줄 모르시는 당신께서 우리가 약혼하기를 원하셨던 것은 있을 수 있는 일입니다. 일이 현재의 단계를 넘게 하지 않기 위해 저는 진실을 말하지 않을 수 없습니다.

이 편지를 받으시고 제가 당신의 친절을 받을 자격이 없다 생각하시더라도 저는 조금도 언짢게 생각하지 않겠습니다. 당신이 베푸신 친절과 염려로 저는 영원한 감사의 빚을 졌습니다. 만일 이후로도 저를 버리지 않고 당신의 친절을 받을 만하다고 계속 생각하신다면, 그리고 그 친절을 받기 위해서라면, 저는 어떤 수고도 사양치 않겠으며 물론 행복하게 여길 것이고, 그리고 그것을 당신의 더욱더 큰 친절의 표시로 알겠습니다."

독자들은 내가 이 편지를 단숨에 쓴 줄로 알아서는 안 된다. 나는 이것을 몇 번이고 고쳐 쓰고 고쳐 써야 했다. 그러나 이것으로 나를 덮어누르던 짐이 벗겨졌다. 내 편지를 받자마자 곧 쓴 듯한 그 부인의 회답이 왔다. 다음과 같은 내용이었다.

"당신의 솔직한 편지 잘 받았습니다. 우리는 둘 다 반가웠고, 실컷 웃었습니다. 당신이 스스로 허위라 한 것은 용서할 수 있는 일입니다. 그리고 사실을 있는 대로 알려주어 매우 기뻤습니다. 저의 초대는 변함이 없으며, 다음 일요일에도 올 것을 기대하겠습니다. 그리고 당신의 조혼 이야기를 듣는 것과 당신을 좀 놀려주는 즐거움을 기대하겠습니다. 또 이 사건으로 인해 우리 우정에 조금도 변함이 있을 수 없다는 것이야 다시 말할 필요가 있겠습니까?"

이렇게 해서 나는 나의 허위라는 암을 떼어버렸고, 그후로는 필요한 때라면 언제나 결혼했다는 이야기를 꺼리지 않고 했다.

종교인들과의 교제

영국에 온 지 이태째 되던 해 연말 무렵, 나는 두 신령학자(神靈學者)를 우연히 만나게 되었다. 둘은 서로 형제지간인 데다 독신이었다. 그들은 내게 『기타』에 관해 이야기해주었다. 그들은 에드윈 아널드경의 번역본 『천상의 노래』(*The Song Celestial*)를 읽고 있었는데, 나더러 그 원본을 함께 읽자고 청했다. 그런데 나는 부끄러웠다. 그 거룩한 시를 산스크리트로도 구자라트어로도 읽어본 일이 없었기 때문이다. 나는 부득이 그들에게 『기타』를 읽은 일이 없다고 말하고, 그러나 함께 읽는 것은 좋다고 했다. 그리고 내 산스크리트 지식은 비록 형편이 없기는 하지만 번역이 어디가 잘못됐는지 지적할 정도로는 이해할 수 있다고도 했다. 나는 그들과 같이 『기타』를 읽기 시작했다. 제2장에 있는 한 구절이 마음에 깊이 새겨졌다.

감각의 대상을 골똘히 생각하면
집착이 생긴다.
집착에서 욕망이 일어나고
욕망은 불타올라 맹렬한 정욕이 되고
정욕은 무분별을 낳는다.

그러면 기억이 온통 틀려져
고상한 목적이 사라지고
마음은 말라버려
목적과 마음과 사람이 모두 망한다.

지금도 그 소리가 귀에 울리는데, 그 책은 내게 무상의 값을 가지는 것으로 느껴졌다. 그 인상은 내 속에서 갈수록 더 자라나, 오늘날 나는 그 책을 진리에 대한 지식의 최대 보물이라고 생각하기에 이르렀다. 내 마음이 음울(陰鬱)에 빠졌을 때 그것은 말로 할 수 없는 도움을 주었다. 그 영어 번역본들을 거의 다 읽었는데, 아널드경의 것이 가장 좋았다. 그는 원문에 충실했다. 그러면서도 읽기에 번역본 같지 않았다. 내가 그 친구들과 함께 『기타』를 읽기는 했지만 그때는 그것을 공부했다고는 할 수 없다. 그 책을 읽는 일이 일과가 된 것은 몇 해 후의 일이다.

그 형제들은 또 내게 아널드경의 『아시아의 빛』(*The Light of Asia*)을 권했다. 나는 그때까지 그를 단지 『천상의 노래』의 저자로만 알았었는데, 이 책을 『바가바드 기타』보다도 더 큰 흥미를 가지고 읽었다. 책을 한번 손에 드니 놓을 수가 없었다.

그들이 한번은 나를 블라바츠키 집회소(Blavatsky Lodge)에 데리고 가서 블라바츠키 부인과 베전트(Besant) 부인에게 소개해주었다. 베전트 부인은 그 즈음 신령회에 바로 가입한 때였으므로 나는 그 부인의 개종에 관한 토론에 큰 흥미를 가지고 귀를 기울였다. 친구들은 나더러 그 모임에 들어오라고 권했지만 나는 정중히 이렇게 거절했다. "나는 내 종교에 관해서 천박한 지식밖에 못 가지면서 어떤 종교 단체에 속하는 것은 원치 않습니다." 나는 형제들의 권유에 따라 블라바츠키 부인의 『신령학 입문』(*Key to Theosophy*)을 읽었던 걸 기억한다. 그 책은 나를 자극하여 힌두교에 관한 책을 읽자는 욕망을 일으켰고, 힌두교는 미신투성이라던 선교사들로 인해 생겼던 모든 잘못된 생각을 다 씻어주었다.

그 무렵 나는 맨체스터에서 온 선량한 기독교인을 한 채식 기숙사에서 만났다. 그는 기독교에 대해 말해주었다. 내가 그에게 라지코트에서의 지나간 이야기를 했더니 그는 매우 마음 아파하면서 말했다. "나는 채식주의자입니다. 술도 마시지 않습니다. 물론 많은 기독교인들이 고기도 먹고 술도 마십니다. 그러나 성경에 그렇게 하란 말은 없습니다. 성경을 읽어보십시오." 나는 그의 권유를 받아들였다. 그는 성경 한 권을 내게 가져왔다. 희미하게 기억하지만 그는 성경을 팔고 있었다. 나는 그에게서 지도와 찾아보기와 그밖의 참고자료가 붙어 있는 성경을 한 권 샀다. 나는 읽기 시작했으나 『구약』을 다 읽지 못했다. 「창세기」를 읽고 그 다음을 읽으려고 했으나 읽으려면 꼭 잠이 왔다. 읽었다는 소리를 할 수 있기 위해 억지로 읽었으나, 어렵고 흥미도 없고 이해할 수가 없었다. 「민수기」는 싫었다.

그러나 『신약』은 매우 다른 인상을 주었고, 특히 '산상수훈'(山上垂訓)은 사뭇 내 가슴을 찔렀다. 나는 그것을 『기타』에 견주어보았다. 이런 구절들, 즉 "그러나 나는 너희에게 이르노니 너희는 악한 것을 대적하지 마라. 누가 네 오른쪽 뺨을 치거든 그에게 다른 쪽을 돌이켜 향하라. 또 누가 네 겉옷을 취하거든 그에게 속옷까지 가져가게 하라"는 말이 나를 한없이 기쁘게 하여 샤말 바트(Shamal Bhatt)의 "한잔 물을 위해 잘 차린 한 상 밥을 주라"는 말을 더 한층 깊이 이해하게 되었다. 나의 어린 마음은 『기타』의 가르침과 『아시아의 빛』과 '산상수훈'을 하나로 통일해보려 했다. 내버림이야말로 종교의 최고 경지란 생각이 내 마음속에 강하게 울려왔다.

이런 글을 읽음으로써 다른 종교의 위대한 교사들의 생애를 연구하자는 생각이 강렬히 일어났다. 어떤 친구가 칼라일(T. Carlyle)의 『영웅과 영웅숭배』(*Heroes and Hero-Worship*)를 읽으라고 권했다. 「예언자로서의 영웅」이라는 장을 읽고 예언자의 위대함과 그 용기와 그 숭고한 생애를 알았다.

시험공부를 하느라 다른 것을 할 여유가 없었으므로 이때에는 이 이상 종교에 접할 수 없었다. 그러나 종교서적을 더 많이 읽고 주요한 종교를 더 자세히 알아야겠다고 마음속으로 다짐하였다.

그리고 무신론이 어떤 것인가를 알지 않고 어떻게 그냥 있을 수 있을까? 모든 인도 사람이 브래들로(C. Bradlaugh)의 이름과 그의 이른바 무신론이란 것을 알고 있다. 나는 그에 대한 책을 더러 읽었는데 그 제목은 잊었다. 그것은 내게 별로 영향을 주지 않았다. 나는 무신론의 사막은 이미 건넜기 때문이다. 그 당시 사람들 주의를 끌고 있었던 베전트 부인은 이미 무신론에서 유신론으로 돌아온 때였으므로, 그 사실은 나의 무신론에 대한 반대를 더욱 굳혀주었다. 그의 저서 『나는 어떻게 신령주의자가 되었나』(*How I Became a Theosophist*)를 나는 이미 읽었다.

브래들로가 죽은 것은 이때쯤이었다. 그는 워킹 공동묘지에 묻혔다. 나도 그 장례식에 참석했는데, 영국에 있던 인도인은 다 왔다고 생각됐다. 목사도 몇 사람 그에게 최후의 경의를 표하기 위해 왔다. 장례에서 돌아오는 길에 우리는 기차를 타려고 정거장에서 기다렸는데, 군중 속에 있던 무신론의 기수 한 사람이 한 목사에게 힐문했다.

"여보시오, 당신은 하나님의 존재를 믿소?"

"네, 믿습니다." 그 착한 사람은 낮은 목소리로 대답했다.

"당신도 지구의 둘레가 4만 5,000킬로미터란 것을 인정하겠지요, 그렇지 않소?" 그 무신론자는 자만하는 미소를 지었다.

"물론이지요."

"그럼 당신의 하나님은 얼마나 크고 또 어디 계실까요? 말해보시오."

"그분이 당신과 내 마음속에 계시다는 것을 좀 아셨더라면 좋았을 텐데요."

"여보, 여보, 나를 어린애 취급 마시오." 그 기수는 의기양양해서 우리를 보며 말했다.

목사는 겸손하게 침묵을 지켰다.

이 대화를 듣고 난 나는 무신론이 더욱 싫어졌다.

니르발라 케 발라 라마[15]

내가 비록 힌두교나 그밖의 종교에 대하여 얼굴을 아는 정도의 지식을 얻기는 했다 할지라도, 그것으로는 내가 시험에 빠졌을 때 건져내 줄 수 없다는 것을 나는 알았어야 했다. 사람은 시험에 빠졌을 때에 거기서 자신을 붙들어주는 것이 무엇인지를 알기는 고사하고 눈치도 못 채는 법이다. 신앙이 없는 사람이라면 자기가 살아난 것을 우연에 돌릴 것이요, 만일 신앙이 있는 사람이라면 하나님이 나를 건져주셨다할 것이다. 그는 아마 자기의 종교적 연구와 정신적 단련이 자기 속에 있는 그 은총 상태의 배경이 되었다고 결론지을 것이요, 사실 그렇기도 하다. 그러나 구원 받는 그 순간에 그는 자기의 정신적 단련이 자기를 구했는지 또는 그밖의 다른 무엇이 구원했는지 모른다. 제 정신적 단련의 힘을 자랑하던 사람으로서 그것이 티끌보다도 더 무력하다는 것을 알게 되지 않는 사람이 누구일까? 종교적 체험과는 달리 종교적 지식이란 것은, 그런 시련의 순간에는 겨로밖에 보이지 않는다.

---

15) 니르발라 케 발라 라마(Nirbala ke bala Rama): 유명한 수르다스(Surdas) 찬송의 후렴이다. "그는 의지 없는 자의 도움이시요, 약한 자의 힘이시다."

단순한 종교지식이 쓸데없다는 것을 처음 깨달은 것은 영국에서였다. 전에 내가 어떻게 구원이 됐는가에 대해서는 말할 수 없다. 그때는 아주 어렸을 때였기 때문이다. 그러나 이제 스무 살이 됐고, 남편과 아버지로서 어느 정도 체험을 얻었다.

기억하는 바에 의하면 내가 영국에 머물던 마지막 해에, 그러니까 1890년에 포츠머스(Portsmouth)에서 채식주의자 대회가 열렸는데, 인도 친구 한 사람과 내가 거기에 초청 받아 갔다. 포츠머스는 해군이 많이 사는 항구이다. 소문이 좋지 못한 여자들이 사는 집이 많았다. 매춘부는 아니지만, 그러면서도 도덕적 순결을 지키려 하지 않는 여자들이다. 우리는 그런 따위의 집에 들었다. 말할 것도 없이, 접대위원회에서는 그런 줄은 전혀 몰랐다. 포츠머스 같은 도시에서 우리같이 잠깐 머무는 여행자들은 어느 집이 좋은 여관이고 어느 집이 나쁜 데인지 알 도리가 없었다.

우리는 저녁에 회의를 마치고 돌아왔다. 저녁 식사를 하고 나서 '러버 오브 브리지'(rubber of bridge: 트럼프 놀이의 일종)를 하려고 앉았는데 주인 여자도 거기 끼어들었다. 그것은 영국의 점잖은 집안에서는 보통 있는 일이다. 저마다 트럼프를 치면서 재미삼아 농담을 한 것은 물론이다. 그런데 여기서 내 친구와 주인 여자는 음탕한 짓을 시작했다. 내 친구가 그런 데 선수인 것을 몰랐다. 거기 휩싸여서 나도 한데 어울렸다. 카드와 놀음을 그들에게 내맡기고 내가 막 경계선을 넘어서려는 순간, 하나님은 그 착한 동료를 통해서 축복의 경고를 보내셨다.

"자식아, 네 속에 이 악마가 웬 말이냐? 물러가, 빨리!"

나는 부끄러웠다. 그래서 그 경고를 받아들여, 마음속으로 친구에게 감사했다. 어머니 앞에서 행한 맹세를 기억하고 그 자리에서 도망쳐 나왔다. 비트적거리며, 떨며, 방망이질하는 가슴을 안고, 쫓아오는 사냥꾼에게서 도망치는 짐승처럼 내 방으로 들어갔다.

이것이 아내 아닌 다른 여자가 내 속에 정욕을 일으킨 첫번째 경우라고 기억한다. 그날 밤을 자지 못하고 새웠다. 갖가지 생각이 나를 뒤흔들었다. 이 집을 나가야 할까? 이곳을 떠나야 할까? 내가 어디 있었느냐? 만일 조심하지 않았다면 어떤 일이 일어났을까? 앞으로는 절대조심해서 행동할 것을 결심했다. 그 집을 떠나는 것이 아니라, 어떻게해서든 포츠머스를 떠나기로 작정했다. 회의는 이틀 이상 갈 것이 없었다. 나는 그 이튿날 저녁 포츠머스를 떠났고 내 동료는 거기 좀더 있었다.

나는 그때 종교의 울쩜, 혹은 하나님의 울쩜을 몰랐고, 그가 우리 안에서 어떻게 일하시는지도 몰랐다. 모든 시련의 경우 그가 나를 건져주셨다. 오늘날 나는 "하나님이 나를 건지셨다"는 그 말이 더 깊은 의미를 가지는 것을 알지만, 그러면서도 아직 나는 그 뜻을 완전히 파악하지는 못했다고 느낀다. 더 풍부한 체험이 있어야만 완전한 이해에이를 것이다. 그러나 나의 모든 시련에서 —정신적인 성질의 것에서, 하나의 변호사로서, 기관을 운영해 가는 데서, 그리고 또 정치에서 —하나님이 나를 건져주셨다고 말할 수 있다. 모든 희망이 다 사라졌을 때, "돕는 자들이 거꾸러지고 위로가 끊어졌을 때" 나는 도움이 어디인지 알 수 없는 곳에서 오는 것을 발견하게 된다. 간구와 예배와 기도는미신이 아니다. 그것은 먹고 마시고 앉고 걸어다니는 행동보다도 더참된 행동이다. 그것만이 참이고 다른 모든 것은 헛것이라는 말은 결코 과장이 아니다.

그러한 예배나 기도는 결코 청산유수의 말을 날리는 것이 아니다. 그것은 그저 입술로만 하는 충성이 아니다. 그것은 심정에서 솟아나는것이다. 그렇기 때문에 우리가 심정을 온전히 정결케 하여 그 속이 "텅비어 아무것도 없고 다만 사랑뿐인" 지경에 도달한다면, 그것들은 "떨리는 음악이 되어 볼 수 없는 세계로 들어간다." 기도에는 말이 필요치 않다. 그것은 그 자체가 어떠한 감각적인 노력으로도 될 수 없는 것이다. 나는 기도가 심정의 정욕을 씻어 깨끗이 하는, 틀림없는 방법이란 것을 터럭만큼도 의심치 않는다. 그러나 그것은 또 절대의 겸손과 결합하지 않으면 안 된다.

나라얀 헴찬드라

바로 그때 젊은 작가인 나라얀 헴찬드라(Narayan Hemchandra)가 영국에 왔다. 우리는 국립인도협회(National Indian Association)의 매닝(Manning) 양 집에서 만났는데, 매닝은 내가 사교적이지 못하다는 것을 미리 알고 있었다. 그에게 가면 언제나 입이 붙어 말을 못 하고, 물어야 겨우 대답하는 정도였다. 그는 나를 나라얀 헴찬드라에게 소개해주었다. 헴찬드라는 영어를 몰랐다. 그의 옷차림은 제멋대로였다. 너절한 바지에다 우글쭈글하고 때묻은 갈색 파르시식 외투에 넥타이도 칼라도 없이, 술을 단 털모자 차림이었다. 그는 수염을 길게 기르고 있었다.

그는 몸이 가늘고 단신(短身)이었다. 둥근 얼굴에 곰보요, 코는 뾰족하지도 납작하지도 않았다. 손으로 연방 수염을 쓰다듬었다. 그렇게 괴상하게 생기고 괴상한 차림을 한 사람은 유행 사회에서는 따로 돌 수밖에 없었다.

"선생님 말씀 많이 들었습니다. 선생님 책도 좀 읽었습니다. 제 집에 와주신다면 참 고맙겠습니다" 하고 나는 말했다.

나라얀 헴찬드라는 좀 쉰 목소리였다. 얼굴에 웃음을 지으면서 대답했다.

"네, 어디 계십니까?"

"스토어 가입니다."

"그럼 서로 이웃이군요. 저는 영어를 배워야겠습니다. 가르쳐주시렵니까?"

"무엇이든지 해드릴 수 있다면 기꺼이 하겠습니다. 원하신다면 당신이 계신 데로 제가 가겠습니다."

"아니오, 아니오, 제가 가지요. 번역 연습책도 가지고 가겠습니다."

그리하여 서로 약속하고, 우리는 아주 친숙한 친구가 돼버렸다.

나라얀 헴찬드라는 문법에는 깜깜이었다. 그에게는 '말'은 동사요, '달린다'는 명사였다. 그런 우스운 일이 여러 번 있었던 것을 기억한다. 그런데 그런 사실에 그는 조금도 당황해하지 않았다. 나의 보잘것없는 문법 지식으로는 그에게 아무런 효과도 나타낼 수가 없었다. 그뿐인가. 그는 문법에 무식한 것을 부끄러움으로 여기지조차 않았다.

그는 아주 뻣뻣한 태도로 이렇게 말했다. "나는 당신처럼 학교에 다닌 일이 없소. 나는 내 생각을 발표하는 데 문법이 필요하다고 생각해본 일도 없소. 그런데 당신, 벵골 말을 아오? 나는 아오. 나는 벵골에 여행했던 일이 있어요. 마하르시 데벤드라나트 타고르(Maharshi Devendranath Tagore)의 저서를 구자라트 말로 세계에 전한 것은 바로 나요. 그리고 다른 여러 나라 말로 된 보배들도 구자라트 말로 옮기려고 해요. 당신도 알 듯이 내 번역은 언제나 직역이 아니지요. 그 정신을 그려내면 그만이오. 나중에 지식이 더 많은 다른 사람이 나보다 더 잘할 수 있겠지만 나는 문법의 도움 없이 내가 한 그것으로도 만족해요. 나는 마라티 말도 알지, 힌디 말도 알지, 벵골 말도 알지, 그리고 지금 영어도 알기 시작했소. 내가 하고 싶은 건 낱말을 숱하게 아는 거요. 내 욕심이 그게 다인 줄 아시오? 놀라지 말아요, 나는 프랑스에서 프랑스 말을 배울 거요. 들으니 그 말로 된 문학은 굉장히 많다던데.

나는 또 독일도 갈 수 있다면 가서 독일 말도 배울 거요."

이렇게 그의 말은 끝이 없었다. 그는 외국 말을 배우고 외국을 여행하는 데 무한한 야심을 품고 있었다.

"그럼 미국도 가려오?"

"그렇고말고. 아, 어떻게 신세계를 보지 않고 인도로 돌아간단 말이오?"

"하지만 돈이 어디서 납니까?"

"돈은 뭘 해요? 나는 당신처럼 말쑥한 물건이 아니오. 최소한의 먹을 것, 최소한의 입을 것이면 되오. 그리고 그러기 위해서는 내 책에서 나오는 얼마 안되는 돈과 친구들이 주는 거면 넉넉해요. 나는 언제나 3등차로 여행하는데 미국 갈 때도 갑판 위에 탈 거요."

나라얀 헴찬드라의 소박함은 그만이 할 수 있는 것이요, 그의 솔직함도 거기에 어울리는 것이었다. 티끌만큼 자랑하는 기색도 없었다. 물론 작가로서 자신을 지나칠 정도로 평가하는 점은 제외해야 할 것이다.

우리는 날마다 만났다. 우리의 사상과 행동에는 상당히 공통되는 점이 많았다. 둘 다 채식주의자였다. 점심을 같이하는 일이 많았다. 이것은 내가 매주 17실링으로 자취하며 살아갈 때다. 어떤 때는 내가 그의 방으로 가고, 어떤 때는 그가 내 방으로 왔다. 나는 영국식으로 요리하는데 그는 꼭 인도식이어야만 좋아했다. 그는 달(dal) 없이는 못 했다. 내가 당근 같은 것으로 수프를 끓이면 그는 내 식성을 가련하다고 했다. 한번은 그가 어디서 멍(mung: 일종의 인도 콩)을 찾아내 요리를 만들어가지고 와서 아주 맛있게 먹었다. 이것을 시작으로 우리는 규칙적으로 서로 음식을 바꾸기로 해 내가 맛있는 것을 하면 그에게로 가지고 가고, 그가 하면 내게로 가지고 왔다.

그때 매닝(Manning) 추기경의 이름이 모든 사람의 입에 오르내렸다. 부두 노동자들의 파업이 그와 존 번스(John Burns)의 노력으로 일찍이 해결되었기 때문이다. 내가 나라얀 헴찬드라에게 매닝의 소박함에 대한 디즈레일리(Disraeli)의 찬사를 이야기했더니 그는 "그럼 그 현인(賢人)을 내가 만나봐야죠" 하고 말했다.

"그는 거물입니다. 어떻게 만나렵니까?"

"아, 방법이 있지요. 당신을 시켜서 내 이름으로 편지를 하는 거요. 그에게 나는 글을 쓰는 사람인데, 내가 친히 만나서 그의 인도적인 공헌에 대해 감사를 올리겠단다 하고, 또 내가 영어를 모르기 때문에 당신을 통역으로 데려 간다고 하시오."

내가 그 뜻으로 편지를 냈더니 2, 3일 후 매닝의 엽서가 왔는데, 만나자고 써 있었다. 그래서 둘이 그를 방문했다. 나는 보통 다른 집을 방문할 때 입던 옷을 입었고, 나라얀 헴찬드라는 언제나 하는 대로 그 외투에 그 바지였다. 내가 그것을 조롱했더니 그는 한바탕 웃고 나서는 말했다.

"당신들 문명했다는 사람들은 다 겁쟁이요. 훌륭한 사람은 사람의 겉을 보지 않는단 말이요, 그 속을 보지."

우리는 매닝의 저택으로 갔다. 자리에 앉자마자 몸이 가늘고 키가 큰 나이 많은 한 신사가 나타나 악수를 청했다. 나라얀 헴찬드라는 이렇게 인사했다.

"시간을 많이 빼앗고 싶지는 않습니다. 명성을 많이 들었고, 파업자들을 위해서 많은 수고를 하신 데 대해서 뵙고 감사를 드려야겠다고 생각했습니다. 세계의 현인들을 찾아보는 것이 제 버릇입니다. 그래서 이렇게 폐를 끼쳤습니다."

물론 이것은 그의 구자라트 말을 내가 영어로 번역한 것이다.

"와주셔서 감사합니다. 런던에 계시는 동안 재미있게 지내시고, 이곳 사람들과도 많이 만나시기 바랍니다. 평안하시길 빕니다."

이렇게 말하고 매닝은 일어나서 우리에게 작별인사를 했다.

한번은 나라얀 헴찬드라가 내복과 도티(dhoti) 바람으로 왔다. 착한 안주인이 문을 열었다가 혼이 나서 내게로 달려왔다(그는 나라얀 헴찬드라를 모르는 새 안주인이었다). 그러면서 하는 말이, "어떤 놈팡이가 선생님을 만나자고 해요" 했다. 나가보니 뜻밖에 나라얀 헴찬드라 아닌가. 나는 깜짝 놀랐다. 그래도 그의 얼굴은 조금도 다름없이 웃음을 띠고 있었다.

"아니, 거리의 아이들이 놀리지 않습디까?"

"네, 줄줄 따라옵디다. 그래도 아랑곳 안 했더니 조용하던데요."

나라얀 헴찬드라는 런던에 몇 달 머문 후 파리로 갔다. 그는 프랑스 말을 배우기 시작했고, 또 프랑스 책을 번역하기 시작했다. 그리고 나더러 읽으라고 그것을 주었다. 그것은 번역이 아니라 그 요지였다.

마침내 그는 미국 방문의 꿈을 실행했다. 굉장한 고난을 겪고 3등 배표를 구했다. 미국에 있는 동안 그전에 내복과 도티만 입고 외출했듯 '단정치 못한 옷차림'을 했다는 이유로 기소를 당한 일이 있었다. 나는 그가 추방당했다고 기억하고 있다.

파리 대박람회

1890년 파리에서 대박람회가 열렸다. 그것이 치밀하게 준비되었다는 말을 들었고, 또 파리를 보고픈 생각이 간절했다. 그래서 두 가지를 한꺼번에 하는 것이 좋겠다는 생각에 이 기회에 가기로 했다. 박람회의 특별한 인기는 에펠탑에 집중되었는데, 그것은 순전히 강철로만 지어진 것이고 높이가 거의 1,000피트나 되었다. 그밖에도 흥미 있는 것들이 물론 많이 있었지만 그 탑이 가장 주된 것이었다. 이때까지 그런 높이의 건축물은 도저히 무사히 서 있을 수 없다고 생각됐기 때문이다.

　나는 파리에 채식식당이 있다는 말을 들었다. 그래서 거기다 방을 하나 예약해놓고 일주일 동안 묵었다. 파리까지 가는 여행이나 거기서 구경하는 것 등 모든 계획을 매우 경제적으로 짰다. 대부분 파리 지도와 박람회의 지도, 그리고 안내서를 가지고 걸어다니면서 구경했다. 그것이면 시의 중심가와 흥미롭고 중요한 곳을 찾기에 충분했다.

　그 박람회의 규모가 크고 아주 다채로웠다는 것을 제외하고는 기억나는 것이 아무것도 없다. 에펠탑에는 두 번인가 세 번인가 올라갔기 때문에 잘 기억한다. 첫 번째 층에 식당이 있었는데, 단지 굉장히 높은 데서 점심을 먹었다는 말을 할 수 있다는 맛에 나는 7실링을 내던졌다.

　파리의 옛날 성당들은 아직도 기억에 남아 있다. 그 웅장함과 평화스러움은 잊을 수 없다. 노트르담의 놀라운 건축과, 내부의 정교한 장식과 아름다운 조각들은 잊으려야 잊을 수 없다. 그런 성당을 위해 엄청난 돈을 썼던 사람들은 가슴속에 하나님을 사랑하는 마음이 있었음에 틀림없다고 느꼈다.

　파리의 유행과 경박한 풍조에 대하여 읽은 것이 많았지만 그 증거는 가는 데마다 있었다. 그러나 성당은 그런 풍경과는 완연히 다르게 서 있었다. 누구나 그러한 성당 중 하나 안에 들어가기만 하면 밖의 소란과 혼잡을 다 잊을 수 있었다. 동정녀의 상 앞에 무릎 꿇고 있는 사람의 옆을 지나노라면 누구나 그 자세가 달라지고 위엄과 존경심을 가지고 행동할 수밖에 없을 것이다. 그때 내가 거기서 얻었던, 모든 무릎 꿇음과 기도는 한낱 미신일 수만은 없다는 느낌은 그후에도 점점 자라갔다. 동정녀 앞에 무릎을 꿇는 그 경건한 혼들이 다만 대리석을 보고 절을 하는 것일 수만은 없다. 그들은 진정한 신앙에 불이 붙은 사람들이요, 돌을 보고 예배하는 것이 아니라 그 돌이 상징하고 있는 거룩한 이를 예배하는 것이다. 내가 그때 느꼈던 그 인상은 이 예배로 말미암아, 그들은 하나님의 영광을 깎아내리는 것이 아니라 오히려 더하고 있다는 것이다.

에펠탑에 관해 한마디 할 말이 있다. 현재 이것이 무슨 목적에 쓰이는지 알지 못하지만, 그때는 이것을 크게 비난도 했고 칭찬도 했다. 그것을 비난하는 사람 중에 가장 두드러졌던 이는 톨스토이였다고 기억한다. 그는 에펠탑은 인간 지혜의 기념물이 아니라 어리석음의 기념물이라고 말했다. 그는 다음과 같이 주장했다. "담배는 모든 마취제 중에 가장 나쁜 것이다. 왜냐하면 여기 중독된 사람은 주정뱅이도 감히 범하지 못하는 죄악을 범하게 되기 때문이다. 술은 사람을 미치게 하지만 담배는 사람의 지성을 흐리게 해 공중에 누각을 짓게 한다. 에펠탑은 그러한 영향을 받은 사람에게서 나온 것이다. 에펠탑에 예술이란 것은 없다. 어떤 점으로 봐도 이것이 박람회의 진정한 아름다움에 공헌한 바는 없다. 사람들은 이것이 괴이하고 엄청나게 크기 때문에 구경하려고 몰려든다. 이것은 박람회의 하나의 장난감이다. 우리가 어릴 때는 장난감에 끌린다. 그러므로 그 탑은 우리가 모두 쓸데없는 것에 정신이 팔리는 어린애임을 보여주는 좋은 증거이다. 에펠탑은 그 목적을 위해 세워진 것이라 할 수 있다."

변호사 면허

지금까지 내가 영국에 간 목적, 곧 변호사 면허를 얻는 데 대해서는 말을 하지 않았다. 이제 잠깐 그 이야기로 말머리를 돌릴 때가 왔다.

한 학생이 정식으로 변호사 면허를 얻기 전에 갖추어야 할 두 가지 조건이 있다. '학기를 마치는 것', 즉 열두 학기, 곧 3년에 해당하는 기한을 마치는 것과 시험에 합격하는 일이다. 다시 말하자면 한 학기 약

24회의 만찬 중에 적어도 6회의 만찬에 참석해야 한다는 것이다. 먹는다는 것은 사실 만찬에 참석한다는 말이 아니라 정해진 시간에 출석을 알리고 만찬회가 끝날 때까지 남아 있는 것을 의미한다. 물론, 보통 참석한 사람은 누구나 잘 차려놓은 음식을 먹고 준비된 술 중에서 골라 마신다. 한 끼에 2실링 6펜스~3실링 6펜스, 즉 2~3루피 한다. 만일 호텔에서 식사를 한다면 술값만 해도 그만큼 할 것이므로, 보통 싼 것으로 알려져 있었다. 우리 인도인으로선, 이른바 '문명한 사람'이 아닌 이상은 술값이 식사값보다 더 든다는 것은 놀랄 일이다. 처음 당했을 때 나는 깜짝 놀랐다. 사람들이 어떻게 그 많은 돈을 술 마시는 데 내버릴까 하고 의심스러웠다. 나중에는 나도 이해했다. 그런 만찬에서 아무것도 못 먹는 일이 많았다. 먹을 것이라고는 오직 빵과 삶은 감자와 캐비지뿐이었기 때문이다. 처음엔 그것도 좋아하지 않아 먹지 않았지만 나중에는 그 맛을 알게 되었고, 또 용기를 얻어 다른 것을 찾기도 했다.

벤처(bencher: 법학원의 평의원)들을 위한 만찬은 학생들을 위한 것보다 더 잘 차렸다. 파르시 한 학생도 역시 채식주의자였는데, 그와 나는 벤처들에게 가는 채소 음식을 채식주의자를 위하는 의미에서 우리에게 달라고 부탁했다. 그 부탁을 들어주어서 우리는 벤처들 테이블에서 과일이나 야채를 먹게 되었다.

네 사람 한 그룹에 술 두 병씩이 나오는데, 나는 술을 입에 대지 않았기 때문에 서로들 자기 그룹에 들어오라고 요청했다. 세 사람이 술 두 병을 다 마시려고 하는 것이다. 그리고 학기마다 한 번 '대만찬'이 있었는데, 이때는 포트나 셰리 외에 샴페인 같은 특별한 술이 나온다. 그래서 나는 특히 '대만찬' 때는 꼭 출석해달라고 부탁받았고 꼭 와야 한다고들 했다.

나는 그때나 지금이나 그러한 만찬이 어떻게 변호사 자격을 위해서 도움이 되는지 모르겠다. 한동안은 소수의 학생만이 이 만찬에 나오곤 했던 일이 있어서, 그때는 학생들과 벤처들 사이에 서로 이야기할 기회도 있었고 또 연락도 하였다. 이런 경우는 학생들에게 일종의 고상하고 세련된 세상 지식을 넓혀주는 기회가 됐고 또 말하는 실력을 길러주기도 했다. 내가 있을 때는 그런 기회가 없었다. 벤처들은 자기네끼리 딴 테이블에 앉았다. 이 제도는 점점 그 의미를 잃었다. 그러면서도 보수적인 영국은 여전히 그것을 고수하고 있었다.

공부하는 과정은 쉬웠고, 변호사들에겐 '만찬 변호사'라는 익살스런 별명이 붙었다. 누구나 시험은 실상 가치가 없다는 것을 알고 있었다. 내 경우는 두 가지였는데, 하나는 로마법이고 또 하나는 관습법이었다. 이러한 시험을 위하여 미리 지정된 교과서가 있어서 제 방에 가지고 갈 수도 있었지만, 그것을 읽는 사람은 별로 없었다. 많은 사람들이 두어 주일 동안 로마법 노트와 씨름을 하고는 시험에 합격하고, 2, 3개월 동안 관습법 노트를 읽고는 시험에 합격한 것을 알고 있었다. 시험문제는 쉬웠고 시험관은 너그러웠다. 로마법 시험의 합격률은 95~99퍼센트였고, 그 최종시험 합격률도 75퍼센트 또는 그 이상이었다. 그와 같이 시험에 낙제할 염려는 거의 없었고 또 시험은 한번만 아니라 1년에 네 번씩이나 있었다. 그러니 어렵다고 할 수가 없었다.

그런데 나는 그것을 어려운 것으로 만드는 데 성공했다. 모든 교과서를 다 읽어야 한다고 생각했다. 그것을 읽지 않는 것은 있을 수 없는 일이라고 생각했다. 나는 거기에다 많은 돈을 들였다. 로마법을 라틴어로 읽기로 작정했다. 런던 자격시험에서 얻은 라틴어 지식이 내게 큰 힘이 되었다. 그리고 내가 읽은 모든 것이 뒷날 남아프리카에서 내게 값어치가 없지 않았다. 거기서는 관습법이 로마계 폴란드어로 되어 있었다. 그러므로 유스티니아누스에 관해서 읽은 것이 남아프리카의 법을 이해하는 데 퍽 도움이 되었다.

영국의 관습법을 한 번 죽 읽었는데, 9개월간 상당히 고된 노력을 해야 했다. 두껍지만 흥미로웠던 브룸(Broom)의 『관습법』(*Common Law*)에 많은 시간이 걸렸다. 스넬(Snell)의 『평등』(*Equity*)은 흥미진진하긴 해도 이해하기가 어려웠다. 화이트(White)와 튜더(Tudor)의 『지도적 관례』(*Leading Cases*)는 어떤 실례들이 미리 제시되어 있었는데 이 책도 흥미와 교훈이 풍부했다. 또 윌리엄스(Williams)와 에드워드(Edward)의 『부동산』(*Real Property*)과 굿이브(Goodeve)의 『개인 소유』(*Personal Property*)도 재미있게 읽었는데 윌리엄스의 책은 소설같이 읽을 수 있었다. 인도로 돌아오는 길에 흥미 있게 읽은 책은 메인(Mayne)의 『힌두법』(*Hindu Law*)이었다. 그러나 여기는 인도의 법률책 이야기를 할 자리가 아니다.

나는 시험에 합격했고, 1891년 6월 10일에 변호사 면허를 얻었다. 그리고 11일에 고등법원에 등록했으며, 12일에 귀국길에 올랐다. 공부는 했건만 나의 무력과 두려움에는 끝이 없었다. 내게 변호사 노릇을 할 자격이 있다고는 느껴지지 않았다. 나의 무력에 관한 이야기는 다른 장에서 써야 할 것이다.

나의 고민

면허 얻기는 쉬웠으나 법정에서 실제로 일을 하기는 어려웠다. 법률을 읽기는 했으나 법률을 어떻게 활용할 것인가는 배우지 못했다. 흥미를 가지고 『법률 금언집』을 읽었으나, 그것을 내 직업에 어떻게 적용할지는 몰랐다. "네 소유물을 쓰되 남의 소유물을 해치지 않도록 쓰라"(Sicutere tuo ut alienum non laedas)가 그중 하나였는데, 이것을 나의 변호 의뢰자의 이익을 위해 어떻게 활용할지 알 도리가 없었다.

이 금언에 관한 지도적 관례를 모조리 읽어봤다. 그러나 그것은 이 금언을 법 활용에서 어떻게 적용할 것이냐 하는 데서는 조금도 확신을 주지 못했다.

그뿐 아니라 나는 인도법에 관해서는 전혀 배운 것이 없었다. 또한 힌두교와 이슬람교의 법이 어떤 것인지에 대해 터럭만큼도 아는 것이 없었다. 소송장 쓰는 것조차도 배우지 못해서 앞이 캄캄했다. 페로제샤 메타 경은 법정에서 사자 같은 호통을 친다는 말을 들었다. 그가 어떻게 영국에서 그것을 배웠는지 의심스러웠다. 그러한 법률적 재능을 얻는 것은 나로서는 생각지도 못할 일이었고, 도대체 이 직업으로 밥이나 먹을 수 있을지가 걱정스러워 견딜 수 없었다.

법률을 공부하는 동안 이런 의심과 걱정으로 가슴이 찢어지는 듯했다. 이런 고민을 몇몇 친구에게 털어놨다. 그중 한 사람은 나에게 다다바이 나오로지에게 조언을 구해보라고 제언했다. 그런데 내가 영국으로 갈 때 그에게 줄 소개장을 가지고 있었다는 이야기는 이미 앞에서 한 바 있다. 나는 그것을 너무 늦게야 사용했다. 그런 위대한 인물을 만나자고 해서 수고를 끼칠 권리가 내게는 없다고 생각했었다. 언제나 그가 연설한다는 소식을 들으면 나는 참석하곤 했다. 그래서 강당 한 구석에서 그를 보고 목소리를 들은 것만으로 흐뭇하게 여기고 와버리곤 했다.

학생들과 가까이 접촉하기 위하여 그는 모임을 만들었다. 그 모임에 참석하여 다다바이가 학생들을 염려해주고 학생들은 그를 존경하는 것을 보고 기뻐했다. 그러던 중에 용기 내서 그에게 그 소개장을 내놨더니, 그는 말하기를 "언제나 원하는 대로 찾아와서 내 말을 들으시오" 했다. 그러나 그 호의를 한 번도 이용하지 않았다. 내 생각에는 아주 긴한 일 없이 그를 수고시키는 것은 잘못인 것 같았다. 그렇기 때문에 나는 내 어려움을 다다바이에게 털어놓으라고 친구가 말했을 때에도 용기가 나지 않았다.

또 내게 프레더릭 핀커트 씨를 만나라고 권했던 것이 바로 같은 그 친구였던지 그렇지 않고 다른 친구였는지 지금은 잊어버렸다. 그는 보수당이었지만 그의 인도 학생에 대한 애정은 순수하고 무사(無私)한 것이었다. 많은 학생들이 그의 조언을 구했고 나도 만나게 해달라고 청했더니 승낙해주었다. 그 만남을 잊을 수 없다. 그는 나를 친구처럼 반겨주었다. 그는 나의 비관적인 생각을 듣고 웃어버렸다. "그대는 그래 모든 사람이 다 페로제샤 메타같이 되지 않으면 안 된다고 생각하는가? 페로제샤나 바드루딘 같은 사람은 드문 법이네. 보통의 변호사가 되는 것은 각별한 재주가 있어야 하는 게 아니야. 보통으로 정직하고 부지런하면 살아가는 데는 문제없네. 모든 사건이 다 복잡한 것은 아니니까. 그건 그렇고 자네의 독서 범위나 말해보게."

나의 얼마 안되는 독서의 밑천을 알려드렸을 때 그는 좀 실망하는 듯이 보였다. 그러나 그것은 잠깐이고, 곧 얼굴에 쾌활한 미소를 띠면서, "나는 자네의 걱정을 알겠네. 자네는 일반 독서가 부족해. 자네는 세계를 몰라. 그것은 변호사에게 꼭 필요한 것이네. 자네는 인도 역사조차도 읽지 못했단 말이야. 변호사는 인간성을 알아야 하네. 사람의 얼굴을 보고 그 성격을 읽어낼 줄 알아야 해. 그리고 인도 사람이라면 인도 역사를 알아야지. 이것은 법률을 직업으로 삼는 데 직접 관계는 없지만 그 지식은 꼭 가져야 해. 내가 보니 자네는 케이와 맬러슨이 같이 쓴 1857년의 폭동에 관한 역사도 읽지 않았어. 즉시 그것을 읽고, 그리고 인간성을 이해하기 위해 책 두 권만 더 읽게나. 그것은 인상학(人相學)에 관한 레베이터와 셈멜페니크의 책이야."

나는 이 존경할 만한 친구에 대해 한없이 감사했다. 그의 앞에서는 모든 두려움이 다 사라진 듯했는데 그를 떠나자 또다시 걱정에 사로잡히기 시작했다. '사람의 얼굴을 통해 그 사람을 안다'는 문제가 집으로 오며 그 두 책 생각을 하는 동안, 나를 떠나지 않고 괴롭혔다. 다음 날 레베이터의 책을 샀다. 셈멜페니크의 것은 그 서점에서 살 수가 없었다. 레베이터의 책을 읽었는데 스넬의 『평등』보다도 더 어려워서 별로 흥미가 없었다. 셰익스피어의 인상학을 공부했으나 런던의 거리를 오가는 셰익스피어들을 찾아내는 묘안은 얻지 못했다.

레베이터의 책은 내 지식을 더해주지 못했다. 핀커트 씨의 조언은 별로 직접적인 도움이 되진 못했으나 그의 친절은 큰 힘이 됐다. 미소를 띤, 밝은 그의 얼굴은 내 기억에서 떠나지 않았다. 그리고 그가 해준, 페로제샤의 재능이나 기억력이나 능력이 변호사로서 성공하는 데 절대 필요한 것은 아니라는, 정직과 근면이면 충분하다는 조언을 나는 믿는다. 그리고 나중의 두 가지는 나도 얼마쯤 자신이 있으므로 좀 안심이 됐다.

케이와 맬러슨의 책은 영국에서는 읽지 못했으나, 기회만 있으면 그 책부터 꼭 읽자고 마음먹고 있었으므로 남아프리카에서 읽게 되었다.

이와 같이 실망 속에 조그만 희망의 누룩을 넣어가지고 영국을 떠나 기선 아삼호로 뭄바이에 상륙했다. 항구 안에 파도가 심했기 때문에 조그만 증기선을 타고 부두로 가야 했다.

2

어둠의 땅, 남아프리카

"하자는 의지 없이 하려는 생각은 단순한 감정이다.
그러므로 생각을 재갈 물린다는 것은
곧 마음을 재갈 물린다는 말이다.
그러나 그것은 바람을 재갈 물리기보다
더 어려운 일이다."

레이찬드바이

앞 장에서 뭄바이 항구의 바다 물결이 사나웠다는 말을 했다. 그것은 6, 7월의 아라비아 해에서는 흔한 일이다. 아덴(Aden)에서부터 내내 거센 파도가 일었다. 거의 모든 승객이 멀미를 했는데, 나 혼자만 아무 일이 없어서 내내 갑판 위에 올라가 격렬한 파도를 바라보기도 하고 흩뿌리는 물보라를 재미로 여기며 뒤집어쓰기도 했다. 아침식사 때는 나 빼고는 겨우 한두 사람만이 앉아서 오트밀을 먹었는데, 쏟아질까봐 접시를 무릎에 끼고 조심조심 먹어야 했다.

밖에서 이는 폭풍우는 내 속에 있는 것의 상징이었다. 그러나 밖의 것이 나를 어지럽히지 못했던 것같이 속의 것 또한 그랬다고 말하고 싶다. 계급에 관한 시끄러운 문제가 닥쳐오고 있었다. 이미 말한 것처럼 내 직업을 어떻게 시작하느냐에 대해 자신이 없었다. 그런데다가 또 나는 개혁주의자라, 어떤 개혁을 어떻게 시작하는 것이 가장 잘하는 것일까, 그 생각도 짜내야 했다. 그러나 그것만 아니라 나도 모르는 여러 가지 일이 나를 기다리고 있었다.

맏형이 부두까지 마중을 나왔다. 형은 메타 박사와 이미 친분을 맺고 있었는데, 메타 박사가 나를 자기 집에 묵으라고 굳이 말했으므로 우리는 그리 가기로 했다. 그렇게 해서 영국에서 시작된 친교는 인도에서도 계속되었고, 나중엔 두 가정의 영구적인 친교에 이르게 되었다.

나는 어서 어머니를 보고 싶었다. 그러나 나는 어머니가 이미 육신으로 계시지 않아 나를 다시 그 품에 안아주실 수는 없게 된 줄을 알지 못했다. 그 슬픈 소식을 그제야 듣고 전해오는 법대로 목욕재계를 행했다. 어머니는 내가 영국에 있는 사이에 돌아가셨는데, 형이 그것을 알리지 않고 있었다. 그는 내가 외국 땅에서 애통해하지 않도록 하려고 그렇게 한 것이었다. 그러나 듣고 나니 역시 가슴이 내려앉았다.

그렇지만 슬퍼만 하고 있을 수도 없었다. 내 비통은 아버지가 돌아가셨을 때보다 더했다. 가슴속에 두고두고 기다리던 게 이제 다 무너졌다. 그러나 슬픔에 못 견디어 미친 듯이 행동했다고는 생각되지 않는다. 도리어 눈물을 참고 마치 아무 일도 없었던 듯 평소의 모습으로 돌아갔다.

메타 박사는 나를 몇몇 친구에게 소개해주었다. 그중 하나는 그의 동생 레바샹카르 자그지반(Revashankar Jagjivan) 씨였는데, 그와는 점점 가까워져 일생의 친구가 되었다. 그러나 그중에서 특히 기억할 만한 것은 시인 레이찬드(Raychand) 또는 라지찬드라(Rajchandra)에게 소개해준 것이었다. 그는 메타 박사 맏형의 사위로서, 레바샹카르 자그지반의 이름으로 경영하는 보석상회 사원이었다. 그때 그는 스물다섯을 넘지 않은 나이였는데, 나는 처음으로 그를 만나자마자 그가 고매한 인격과 학식을 가진 사람이란 것을 알게 됐다.

그는 또한 샤타바다니(Shatavadhani: 100가지 일을 단번에 기억하거나 처리할 수 있는 능력을 가진 사람)라는 말을 듣고 있었다. 메타 박사는 나더러 그의 기억력을 시험해보라고 권했다. 나는 내가 아는 유럽어의 단어를 아는 대로 다 부르고 나서 그 시인보고 외워보라고 했더니, 그는 내가 말한 순서 그대로 그것을 외웠다. 그의 재주가 부러웠으나 매혹되지는 않았다. 정말 나를 매혹시킨 것에 대해서는 그후에 알게 되었다. 그것은 그의 경전에 대한 해박한 지식과 흠이 없는 인격, 자아실현에 대한 불타는 열정이었다. 이 마지막 것이야말로 그가 살아가는 목적인 것을 그후에 알았다. 무크타난드(Muktanand)의 다음 시구가 그의 입에 항상 오르내리고 그의 가슴에 새겨져 있는 것이었다.

날마다의 내 행동 하나하나에서 그 님을 보아야만
나는 복받은 사람이라 할 것이니

그 님은 진실로 무크타난드의 목숨을 붙들어주시는
올실이시도다.

레이찬드바이의 장사 거래액은 수십만에 달했다. 그는 진주와 다이아몬드 감정가였다. 어떠한 얼크러진 사업상의 문제라도 그에게는 문제가 되지 않았다. 그러나 그의 생활은 그 모든 것을 중심으로 하여 돌아가는 것은 아니었다. 그 핵심은 하나님과, 얼굴과 얼굴을 맞대고 보자는 것이었다. 그의 책상 위에 놓인 물건 중에는 종교서적과 일기장이 언제나 끼어 있었다. 사무를 마치자마자 그는 종교 서적이나 일기장을 폈다. 그의 발표된 글 대부분은 일기에서 다시 베껴낸 것이었다. 중요한 사업거래에 관한 말을 끝내자마자 곧 숨어 있는 정신적인 것을 쓰기 시작하는 사람은 분명히 사업가는 아니다. 진정한 진리의 탐구자다. 그리고 그와 같이 보는 사무가 한창일 때 그가 종교적 탐색에 열중하는 것을 자주 보았지만, 한 번도 균형을 잃는 것을 보지 못했다. 그를 나에게 붙들어매는 어떤 사무적이거나 사적인 이해관계가 있는 것은 아니었지만 나는 그와 가장 가깝게 사귈 수 있었다.

나는 그때 사건도 없는 변호사에 지나지 않았음에도 그는 언제나 나를 만나면 심각한 종교적인 이야기로 끌어넣곤 했다. 그때 나는 더듬을 뿐이었고, 종교적 토론에 별로 진지한 흥미를 가졌다고 할 수 없었는데도 그의 말에 빨려 들어가는 듯한 흥미를 느꼈다. 그후 여러 종교의 지도자나 교사를 만났지만 아무도 레이찬드바이가 내게 남긴 것 같은 인상을 준 사람은 없었다고 말할 수밖에 없다. 그의 말은 곧장 내 마음을 찔렀다. 그의 지성도 그의 도덕적 진지성이나 마찬가지로 나로 하여금 존경하지 않을 수 없게 했고, 나는 그가 나를 일부러 헤매게 만들 사람이 아니며, 언제나 자신의 가장 깊은 생각을 내게 넣어줄 사람이라는 확신을 마음속 깊이 품고 있었다. 그러므로 그는 내가 정신적

위기에 처했을 때마다 피난처가 되곤 했다.

그렇지만 나는 그를 그렇게 존경하면서도 그를 나의 구루(Guru: 스승)로 모실 수는 없었다. 그 자리는 빈 채로 남아 있었고, 내 탐색은 꾸준히 계속되었다.

힌두교의 교리와 정신적 깨달음에서의 구루의 중요성을 믿는다. 참지식은 구루 없이는 불가능하다는 교리에는 중요한 진리가 있다고 생각한다. 세속적인 일에서는 불완전한 스승도 용납이 될 수 있지만 정신적인 일에는 그럴 수 없다. 오직 완전한 그나니(Gnani: 아는 자, 선견자)만이 구루로 그 자리에 앉을 자격이 있다. 그러므로 완전함을 향해 끊임없이 노력해야 한다. 구루는 만날 자격이 있어야 만나게 된다. 완전함을 향해 무한한 정진을 하는 것이 자격이다. 그것은 그 자신 스스로에 대한 보상이다. 나머지는 하나님의 손에 있다.

그와 같이 내가 비록 레이찬드바이를 내 가슴 깊은 데 구루로 모시지는 못했다 하더라도, 그가 어떻게 나의 지도자요 조력자가 되었나 하는 것을 앞으로 알게 될 것이다. 세 현대인이 내 정신에 깊은 영향을 주었고 나를 사로잡았다. 레이찬드바이는 실제적인 접촉에 의해서, 톨스토이는 그의 책 『하나님의 나라는 당신 안에 있다』에 의해서, 그리고 러스킨은 『이 나중 온 자에게도』에 의해서였다. 그러나 여기에 관해서는 다음 기회에 더 말하기로 하겠다.

어떻게 생활을 시작했던가

형은 내게 큰 기대를 걸었다. 그는 부와 명성에 대한 욕망이 컸다. 그는 속이 넓었고 잘못에 대해 관대했다. 이것이 그의 단순한 성격과 한데 합쳐져 많은 친구를 그에게로 이끌어주었는데, 그는 그 친구들을 통해서 내가 소송사건 의뢰자를 얻게 될 것을 기대하고 있었다. 그는 또 내 사업이 번창할 것이라 예상하고는 그러한 기대 속에 살림 경비를 지나칠 정도로 썼다. 그러고는 내 사업의 기반을 닦느라고 백방으로 주선을 했다.

내가 외국 간 일로 인해 일어난 계급 안의 풍파는 아직도 가시지 않고 있었다. 그로 인하여 계급은 두 파로 나뉘어 한쪽은 나를 즉시 받아들이려 했고, 다른 한쪽은 나를 내쫓으려고 했다. 전자의 호의를 얻기 위해 형은 라지코트로 가기 전에 나를 나시크(Nasik)에 데리고 가서 성스러운 강에서 목욕시키고, 라지코트에 도착하자 곧 계급에 만찬을 베풀었다. 이 모든 것이 싫었다. 그러나 나에 대한 형의 사랑은 한이 없었고 내가 그를 공경하는 마음도 컸으므로, 그의 뜻을 법으로 생각하고 그가 하자는 대로 따랐다. 그리하여 계급에 다시 받아들여지는 데 대한 문제는 사실상 없어졌다.

내가 나를 배척했던 계급에 대해 가입을 청한 일은 한 번도 없었다. 또 그 파의 대표자들에 대해 어떤 반감을 가진 일도 없었다. 그들 중 일부는 나에 대해 좋지 않은 감정을 갖기도 했지만 나는 조심해서 그들의 감정을 상하지 않게 했다. 나는 파문에 대한 계급의 규약을 충실히 존중했다. 거기 의하면 우리 친척 중 누구도, 장인과 장모도, 그리고 처형이나 처남도 나를 대접할 수 없고, 나는 그들 집에서 물도 마실 수 없었다. 그들은 그 금지사항을 몰래 피할 생각이었지만, 공공연히 금지된 일을 몰래 하는 것은 내 천성에 맞지 않는 일이었다.

조심해서 행동한 결과 나는 계급으로 인해 고통받은 일은 없었다. 도리어 나를 아직 파문자로 알아주는 파 전체로부터 애정과 관대한 대우를 받았다. 그들은 내가 계급을 위해 언제 무엇을 해줄 것이라는 기대도 하지 않으면서 내 사업을 도와주기도 했다. 이런 모든 일들은 나의 무저항 때문이라고 확신한다. 내가 만일 계급에 들어갈 운동을 했다면, 만일 계급을 여러 파로 분열시킬 운동을 했다면, 또 만일 계급 사람들을 선동했더라면 그들은 틀림없이 보복했을 것이고, 그리하여 내가 영국에서 돌아왔을 때 풍파를 피하기는 고사하고 도리어 나자신이 격동의 소용돌이 속에 빠졌을 것이며 계급은 분열되고 말았을 것이다.

아내와의 관계는 아직 내가 원하는 바와 같지 못했다. 영국 유학도 내게서 질투심을 뽑아내주지 못했다. 나는 여전히 사소한 일에도 까다로웠고 또 의심을 품었기 때문에, 내가 항상 바라던 것은 하나도 실현되지 않았다. 나는 아내가 읽고 쓰는 걸 배워야 하고 내가 그 학습을 도와주어야 한다고 결정은 했지만 내 정욕이 방해했고, 아내는 내 결점 때문에 고통 받아야 했다. 한번은 그를 친정에 보내기까지 했고, 그가 비참할 대로 비참해진 후에야 돌아오도록 했다. 그후 나는 이 모든 것이 내 어리석음 때문임을 알았다.

나는 아이들의 교육을 개혁할 계획을 세웠다. 형에게도 아이들이 있었고, 영국으로 갈 때 집에 두고 갔던 내 아이도 지금 네 살이 다 되었다. 이 아들에게 체조를 가르쳐주어 신체를 튼튼하게 하고, 또한 내가 몸소 지도를 하자는 것이 나의 생각이었다. 거기에 대해서는 형도 찬성해주어 나의 노력은 효과가 있었다. 나는 아이들과 같이 어울리는 것을 매우 좋아했고, 지금까지도 그들과 같이 놀고 농담을 하는 버릇이 남아 있다. 그때 이래 나는 어린이의 좋은 교사가 되어야 한다고 생각해왔다.

음식의 '개량'이 필요한 것임은 두말할 것도 없었다. 홍차와 커피는 벌써 집에 들여왔고, 형은 나의 귀국 후 어느 정도 영국풍을 지키는 것이 좋다고 생각했으므로, 그전에는 특별한 때나 쓰려고 준비해두었던 도자기 같은 물건을 이제는 항상 쓰게 되었다. 나는 '개량'에 마지막 손질을 했다. 오트밀을 들여왔고, 홍차와 커피 대신에 코코아를 쓴다 했지만 사실상 홍차와 커피 외에 그것 하나를 더 쓴 셈이 됐다. 장화와 단화도 이미 사용하고 있었다. 서구 의복을 첨가함으로써 서구화를 완성했다.

비용이 계속 늘어만 갔다. 새로운 것이 날마다 늘어갔다. 우리는 문앞에 흰 코끼리를 매어두는 데 성공을 했다. 그러나 비용이 어디서 나온단 말인가? 라지코트에서 개업을 한다는 것은 비웃음이나 듣기 알맞았다. 나는 자격 있는 지방 변호사의 지식도 못 갖추었으면서 보수는 그 열 곱이나 받기를 기대했다. 어떤 바보 같은 의뢰인이 내게 사건을 맡기겠는가? 그리고 설사 그런 사람이 있다 하더라도 내가 무지에다가 거만과 거짓까지 더하여, 세상에 끼친 나의 부채의 짐을 보탤 것 아닌가?

친구들은 나더러 뭄바이로 가서 얼마 동안 있으면서 고등법원의 경험도 얻고, 인도법 공부도 하고, 그러면서 소송건도 얻을 수 있는 대로 얻어보라고 권했다. 그 제안을 받아들여 나는 그곳으로 갔다.

뭄바이에서 나는 나만큼이나 무능한 요리사 한 사람을 두고 살림을 시작했다. 그는 브라만 사람이었는데, 나는 그를 하인으로 여기지 않고 가족으로 대우했다. 그는 물을 끼얹기만 하고 몸을 씻는 일이 없었다. 그의 '도티'는 더럽고, 그 성사[1]도 마찬가지였으며, 경전에 대해서는 완전히 장님이었다. 그렇지만 내가 어떻게 보다 나은 요리사를 두겠는가?

"이봐, 라비샨카르, 요리 만들 줄은 모른다 하더라도 산드야(sandhya: 매일 드리는 예배)는 알아야 하지 않아" 하고 물으면, "산드야라구요! 주인님, 쟁기가 저희들의 산드야입니다. 그리고 삽이 저희들 날마다의

---

1) 성사(聖絲): 인도 4계급 중 위의 세 계급은 성년기에 이르면 정신적으로 다시 태어났다는 표시로 목에 실을 두르는 의식을 치른다. 그 실은 아기가 태어날 때 맺는 배꼽줄을 뜻한다.

예식이고요. 브라만이란 바로 그런 겁니다. 그저 주인님 덕택에 살아
가야 합니다. 그렇지 않다면 농사밖에 없습지요"라고 말했다.

그래서 나는 라비샨카르의 선생 노릇을 해야 했다. 시간은 얼마든
지 있었다. 요리의 반은 내가 해야 해서 영국에서 했던 채식요리의 경
험을 살리기로 했다. 스토브를 하나 마련하고 라비샨카르와 함께 부엌
일을 시작했다. 그와 같이 식사하는 것에 상관하지 않았고 라비샨카르
역시 그랬으므로, 우리는 재미있게 해나갔다. 다만 한 가지 걱정이 있
었다. 라비샨카르는 끝까지 불결을 고수해서 음식은 늘 깨끗하지 못
했다!

그런데 뭄바이에 4, 5개월 이상 있는다는 건 나로서는 불가능했다.
왜냐하면 자꾸만 늘어나는 지출을 감당할 수입이 없었기 때문이다.

이렇게 나의 생활은 시작되었다. 나는 변호사란 직업이 나쁜 것임을
알았다. 허풍만 떨고 아는 것은 없단 말이다. 내 책임에 죄어드는 압박
감을 느꼈다.

첫 소송사건

뭄바이에 있는 동안 한편으로는 인도법을 연구하고, 또 한편으로는
비르찬드 간디라는 친구와 함께 음식실험을 시작했다. 형은 형대로 소
송사건을 얻어주려고 최선을 다했다.

인도법 연구는 지루한 일이었다. 나는 민사소송법을 도저히 체득
할 수가 없었다. 그러나 증거법은 그렇지 않았다. 비르찬드 간디는 사
무변호사 시험을 준비하고 있었는데, 그는 종종 고등법원 변호사와
지방법원 변호사에 관한 여러 이야기를 해주곤 하였다. "페로제샤경
의 실력은 풍부한 법률지식에서 나온 것입니다. 그는 증거법을 외고
있고, 모든 사건을 서른두 방면에서 알고 있습니다. 바드루딘 탸브지

(Badruddin Tyabji)의 변론 능력은 판사들을 탄복시킵니다."

이처럼 실력이 강한 사람들의 이야기를 들으니 맥이 빠져버렸다.

"변호사가 5년, 7년 허송세월하는 것은 예사입니다." 그는 말을 덧붙였다. "그것이 내가 사무변호사를 지망한 까닭입니다. 선생님이 3년만에 혼자서 선생님의 배를 저어나가실 수 있게 된다면 운이 좋은 줄 아셔야 합니다."

비용은 달마다 늘어났다. 안으로는 아직 변호사 준비를 하고 있으면서 밖으로 변호사 간판을 내거는 일은 내 마음이 차마 허락하지 않았다. 그렇기 때문에 연구에 전념할 수가 없었다. 나는 차차 증거법에 흥미를 가지게 되어 메인의 『힌두법』을 대단한 흥미를 가지고 읽었지만, 사건을 다룰 용기는 얻지 못했다. 내 무능력을 형언할 도리가 없었다. 마치 새로 시집온 며느리 꼴이었다.

이 무렵 나는 마미바이(Mamibai)라는 사람의 소송사건을 맡았다. 그것은 '작은 사건'이었다. "아마 중개인에게 수수료를 좀 주어야 할 것입니다"라고 말해주는 사람이 있었지만 나는 강력히 거절했다.

"그렇지만 한 달에 3, 4,000루피를 버는 형사사건 변호사조차도 수수료를 주고 있습니다!"

"그를 본받을 필요는 없습니다." 나는 대꾸했다. "나는 한 달에 300루피면 족합니다. 아버지도 그 이상은 받지 않았습니다."

"하지만 그런 시대는 지났습니다. 뭄바이의 생활비는 무섭게 올라갔습니다. 사무적이어야 합니다."

그래도 나는 수수료를 주지 않았다. 그래도 어떻게 해서 마미바이의 사건은 맡았다. 사건은 쉬운 것이었다. 나는 30루피의 변호료를 청구했다. 사건은 하루 이상 걸릴 것 같지 않았다.

이것이 내가 작은 사건 공판정에 처음 나선 경우였다. 피고를 대신해서 출정했고, 따라서 원고측의 증인들을 반대신문하지 않으면 안 되었다. 나는 일어섰으나 간이 콩알만해지고 머리가 핑핑 돌아 온 법정이 다 돌아가는 듯했다. 무엇을 물어야 할지 생각나지 않았다. 판사는 아마 웃었을 것이고, 변호사들은 틀림없이 좋은 구경거리로 여겼을 것이다. 그러나 나는 앞이 캄캄해 아무것도 보이지 않았다. 도로 주저앉은 다음 중개인에게 이 사건을 다룰 수 없으니 파텔 씨에게 의뢰하는 것이 좋겠다고 말하고 변호료는 반환하겠다고 말했다. 파텔 씨는 51루피에 사건을 인계받았는데, 물론 그에게 이 사건은 어린애 장난에 지나지 않았다.

나는 의뢰인이 그 사건에 이겼는지 졌는지도 알 새도 없이 황급히 재판정을 떠났다. 나 자신이 부끄럽고, 사건을 다룰 용기가 날 때까지 다시는 어떤 사건도 맡지 않기로 결심했다. 사실 남아프리카로 갈 때까지 다시 법정에 나가지 않았다. 내가 잘해서 그같은 결정을 한 것은 아니었다. 다만 그러지 않을 수 없었던 것뿐이었다. 내게 사건을 의뢰할 바보는 하나도 없었을 것이다. 질 것이 뻔하니까!

그러나 뭄바이에서 또 하나의 사건이 나를 위해 마련되어 있었다. 그것은 진정서를 작성하는 일이었다. 포르반다르의 한 이슬람교도가 토지를 몰수당하자 내게 왔는데, 그는 마치 아들이 아버지에게 오듯 내게 왔다. 사건은 언뜻 보기에 약점이 있는 듯했으나 나는 진정서를 써줄 것을 승낙하고 작성비용은 그더러 담당하라고 했다. 그것을 기초한 다음 친구들에게 읽어주었더니 다들 잘되었다고 하여 나는 진정서를 쓸 자격이 있다는 것을 어느 정도 확신하게 되었고, 또 사실 그렇기도 했다.

내가 무보수로 진정서를 썼다면 내 일은 번창했을 테지만, 그것으로는 아무 소득이 없었다. 그래서 나는 교사라는 직업을 택할까 생각하기도 했다. 영어 지식은 넉넉했으므로 어느 학교에서 자격시험을 준비하는 학생에게 영어나 가르쳤으면 했다. 그렇게 하면 적어도 내 비용

일부는 충당할 수 있었다. 신문광고를 보니 '영어교사 구함, 매일 한 시간, 보수 75루피'라고 씌어 있었다. 광고는 어떤 유명한 고등학교에서 낸 것이었다. 우편으로 신청했더니 면담 요청이 왔다. 나는 신이 나서 갔다. 그러나 교장은 내가 대학 졸업생이 아닌 것을 알자 유감스럽게도 거절해버렸다.

"그러나 나는 런던 자격시험에 제2외국어로 라틴어 시험에 합격했습니다."

"그러시겠지요, 하지만 우리는 대학 졸업자를 원합니다."

별 도리가 없었다. 나는 절망에 두 손을 비볐다. 형도 몹시 걱정했다. 우리는 뭄바이에서 이 이상 더 세월을 보내는 것은 쓸데없는 일이라고 결론내렸다. 나는 라지코트에 자리잡는 것이 낫겠다고 생각했다. 거기서는 형이 상당한 수완가로 통했기 때문에 신청서나 진정서를 작성하는 일감을 마련해줄 수 있을 것이요, 또 거기에 집이 있었으므로 뭄바이의 것을 없애버리면 생활비를 상당히 절약할 수 있었다. 그리하여 뭄바이에서의 나의 조그만 영업은 여섯 달 만에 문을 닫아버렸다.

뭄바이에 있는 동안 나는 매일 고등법원에서 방청은 했지만 거기서 무엇을 얻었다고는 할 수가 없다. 많은 것을 배울 만한 지식이 없었다. 가끔 공판 진행을 끝까지 청취하지 못하고 졸아버렸다. 거기는 나 같은 친구들이 또 있었으므로 부끄러움이 좀 덜했다. 얼마 정도 지나니 이같은 부끄러움조차도 잊어버리고 고등법원에서 조는 것은 예사라 생각하게 되었다.

만일 지금도 뭄바이 시절의 나처럼 사건 의뢰 없는 변호사가 있다면, 그들에게 실제적 교훈을 말해주고 싶다. 나는 기르가움(Girgaum)에 살았지만 마차나 전차를 타는 일이 거의 없었고, 고등법원까지 걸어다니는 것을 규칙으로 삼았다. 걷는 데 45분은 족히 걸렸고, 올 때도 물론 걸어서 왔다. 나는 태양열에 몸을 단련시켰다. 이렇게 법원을 걸어서 오감으로써 상당한 돈을 절약할 수 있었고, 뭄바이에 있던 많은 친구들이 툭 하면 앓는데 나는 한 번도 앓은 기억이 없다. 돈을 벌게 된 후에도 사무실에서 집까지 걸어다니는 버릇을 지켜왔기 때문에 그 실천의 열매를 지금 거두고 있다.

생애 첫 충격

나는 뭄바이를 떠나 라지코트로 가서 사무소를 차렸다. 여기서는 괜찮게 지냈다. 신청서나 진정서를 써서 매달 평균 300루피의 수입을 올렸다. 이것은 내가 능력이 있어서라기보다는 배경 때문이었다. 왜냐하면 형의 친구가 안정된 변호사업을 하고 있었기 때문이었다. 그는 실제로 중요한 사건으로 생각되는 것은 모두 굵직한 변호사에게로 보내고 내 몫으로는 보잘것없는 사건 의뢰인들의 신청서 작성만을 보내왔다.

그런데 뭄바이에서 그렇게도 굳게 지켜왔던, 수수료를 안 준다는 원칙을 여기서는 타협하지 않으면 안 되었다는 것을 고백한다. 두 경우의 조건이 다르다는 말을 누군가 해주었다. 즉 뭄바이에서는 수수료를 중개인에게 주었는데, 여기서는 신청서 작성을 의뢰해 오는 변리사에게 주어야 했다. 그리고 여기서도 뭄바이에서와 마찬가지로 고등법원 변호인들은 모두 예외 없이 수임료의 일부를 수수료로 주게 되어 있었다. 형의 이론에 나로서는 대답할 말이 없었다. 그는 말했다.

"너도 알다시피 나는 다른 변리사와 동업을 하고 있다. 나는 네가 능히 다룰 수 있는 사건은 모두 네게 넘겨주고 싶은데, 내 동업자에게 수수료 주기를 거절한다면 내 입장은 곤란해진다. 너와 나는 합동해서 하는 것이니 네가 받는 보수는 우리의 공동 수입이 되어 나도 자동적으로 한몫을 보게 되지만, 내 동업자는 어떻게 되느냐? 가령 그가 그 사건을 다른 어떤 변호사에게 주었다 하자, 그는 그에게서 수수료를 받을 것은 틀림없는 사실이다."

나는 이 권유에 넘어갔다. 그리고 또 생각하기를, 이왕 변호사 영업을 할 바에는 이런 경우에 수수료에 대한 내 주장을 고집할 수는 없지 않은가, 그렇게 나는 내 자신을 타일렀다. 솔직히 말해서 속였다. 그러나 다른 사건에 관해서는 수수료를 준 기억이 없다는 것을 말해둔다.

이렇게 하여 수지를 맞추기 시작했으나, 이 무렵에 나는 내 일생에 처음으로 충격을 받았다. 나는 영국 관리가 어떠하다는 말을 들어오긴 했으나 그때까지 한 사람도 직접 대해본 일은 없었다.

형은 포르반다르의 라나 사헤브가 가디(gadi: 왕의 자리)에 오르기 전에 그의 비서 겸 고문으로 있던 때가 있었는데, 이 즈음에 와서 그가 그 자리에 있을 때 옳지 못한 조언을 했다는 비난을 받게 되었다. 이 문제가 내 형에 대해 그렇잖아도 편견을 가지고 있던 주재관에게 넘어갔다. 내가 영국에 있을 때 이 관리를 알게 되었는데, 그때 그는 나에게 상당히 친절하게 대해주었다. 형은 내가 그와 친분이 있는 것을 이용하여 그 주재관의 편견을 풀도록 해주었으면 하고 생각했다. 나는 그런 생각을 조금도 옳다고는 생각하지 않았다. 영국에 있을 때 잠깐 알았던 사람을 이용하고 싶지는 않았다. 만일 형에게 정말 잘못이 있다면 내 변명이 무슨 소용이 있으며, 또 만일 잘못이 없다면 정당한 방법으로 탄원서를 제출하고, 자기의 무죄에 대한 확신을 가지고 정정당당히 결과를 기다릴 일이었다.

형은 내 말을 달갑게 여기지 않았다. "너는 카티아와르가 어떤 곳인지 모른다. 그리고 세상이 어떤지를 좀더 알아야 한다. 여기서는 연줄이 있어야만 산다. 네가 나의 동생으로서 네 의무를 다하지 않고 피하는 것은 옳지 않다. 네가 아는 관리에게 나를 위해 한마디 말만 잘하면 될 터인데 말이다"라는 것이었다.

나는 그 말을 거절할 수가 없었다. 그리하여 마음에도 없으면서 그에게로 갔다. 나는 내가 그에게 접근할 권리가 없다는 것을 알고 있었고, 내가 자존심을 꺾고 있다는 것도 충분히 알고 있었다. 그렇지만 나는 면회를 요청하여 허락을 얻었다. 나는 그에게 전에 서로 만난 일이 있었다는 것을 알려주었지만, 카티아와르는 영국과 다르다는 것을 즉각적으로 알았다. 다시 말하면, 휴가 중의 관리와 근무 중의 관리는 같지 않았다.

그 주재관은 나를 안다고는 했지만, 그것을 말한 것이 그를 굳어지게 만든 듯했다. "설마 그때 안 것을 악용하러 여기 온 것은 아니겠지요?" 그의 굳은 태도가 이렇게 말하는 것 같았다. 그렇지만 나는 본론을 끄집어내기 시작했다. 사히브(Sahib: 영국 사람에게 붙이는 존칭으로 씨, 귀하의 뜻)는 참지 못했다. "당신 형은 음모자요. 여러 말 듣고 싶지 않소. 난 시간이 없소. 당신 형이 정말 할 말이 있거든 정당한 길을 밟아서 하라고 하시오." 그 대답이면 그만이었다. 그 말을 들을 만도 했다. 그러나 이기심이란 눈을 어둡게 만드는 법이다. 나는 내 말을 계속했다. 사히브는 벌떡 일어서더니, "돌아가시기 바랍니다"라고 했다.

"죄송하지만 제 말씀을 좀 끝까지 들어주시기 바랍니다" 하고 나는 말했다. 그것이 그를 더욱 노하게 만들었다. 그는 경호원을 불러 나를 내보내라고 명령했다. 내가 머뭇거리고 있자 경호원이 들어와 내 어깨를 붙잡아 나를 방 밖으로 끌어냈다.

나는 화가 나 어쩔 줄을 모르며 그곳을 떠났다. 나는 곧 다음과 같은 내용의 편지를 써보냈다. "당신은 나를 모욕했습니다. 당신은 경호원을 시켜 내게 폭행을 가했습니다. 사과하지 않는다면 당신을 고발할 수밖에 없습니다."

즉시 토인 기병을 시켜 답장이 왔다.

"당신은 나에게 무례를 범했소. 당신에게 가기를 요구했지만 당신은 들으려 하지 않았소. 부득이 경호원을 시켜 당신을 내보내라고 하지 않을 수 없었소. 내가 당신보고 나가달라고 한 후에도 당신은 나가지 않았소. 그러므로 나는 당신을 내보내는 데 필요한 힘을 쓸 수밖에 없었소. 고소하고 싶거든 마음대로 해보시오."

나는 이 답장을 호주머니에 넣고 풀이 죽어서 집에 돌아와 일어났던 모든 일을 형에게 알렸다. 그는 마음 아파했지만 나를 위로해줄 도리가 없었다. 그는 그의 변리사 친구에게 그 말을 했다. 내가 그 사히브를 어떻게 고소해야 할지 몰랐기 때문이다. 이때 마침 페로제샤 메타 경이 어떤 소송사건으로 뭄바이에서 라지코트로 와서 머물게 되었다. 그러나 나 같은 풋내기 변호사가 어떻게 감히 그를 볼 수 있을까? 그래서 그와 계약을 맺고 있는 변리사를 통하여 내 경우를 써서 보내고 그의 조언을 구했다. 그는 다음과 같이 대답해 보냈다.

"간디에게 말하시오. 그런 일은 많은 변호사, 변리사가 다반사로 당하는 일이오. 그는 영국에서 갓 돌아왔고 혈기왕성하여 아직 영국의 관리를 모르오. 여기서 벌이를 하고 평안한 살림을 하려거든, 그더러 그 편지는 찢어버리고 그 모욕을 참으라고 하시오. 사히브를 고소해서 그가 얻을 것은 아무것도 없소. 반대로 도리어 자기 신세만 망칠 것이오. 그더러 인생을 아직도 더 배워야 한다고 전하시오."

이 조언은 독약같이 썼으나 나는 그것을 삼키는 수밖에 없었다. 그러나 또 유익한 점도 있었다. '다시는 절대로 그런 잘못된 자리에 나 자신을 두어서는 아니 되며, 다시는 절대로 우정을 그런 식으로 이용하려 해서도 아니 된다.' 그렇게 나 자신에게 다짐했고, 그후 이 결심을 깨뜨린 일은 한 번도 없다. 이 충격은 내 인생을 바꾸어놓았다.

남아프리카로 갈 준비를 하다

내가 그 관리를 찾아간 것은 분명 잘못이었다. 그러나 그의 성급함과 지나친 노여움은 내 잘못에 비하면 턱없이 지나친 것이었다. 그것으로 나를 내쫓은 일을 정당화할 수는 없었다. 내가 그의 시간을 빼앗은 것은 채 5분도 되지 않는다. 그런데도 그는 내 말을 참지 못했다. 그는 내게 온순히 돌아가라고 할 수도 있었지만 권력에 취해서 지나치게 행동했다. 그후 나는 그 관리는 참는 덕이 없다는 것을 알았다. 그는 자기를 찾아오는 사람을 모욕하기가 일쑤였다. 그 사히브는 사소한 불쾌감에도 성을 내는 사람이었다.

그런데 내 일은 자연히 그 대부분이 그의 조정에서 처리될 것이었다. 그와 화해할 수가 없었다. 그의 비위를 맞춰줄 생각은 없었다. 사실 고소하겠다고 한번 위협한 이상 가만 있을 수는 없었다.

그러는 동안에 나는 이 나라의 정치 비리에 대해 좀 알게 되었다. 카티아와르는 조그마한 나라들이 뭉친 곳이었기 때문에 자연히 정략적인 사람들이 많았다. 나라들 사이의 소소한 음모, 관리들 사이의 권력 투쟁과 모략, 이런 것이 일상사였다. 군주들은 언제나 다른 것들에 좌우됨으로써 아첨하는 자들의 말에 귀를 기울인다. 사히브의 경호원에게조차 곱게 보여야 하고, 사히브의 시라스테다르(shirastedar)는 그 주인의 눈이요 귀요 그의 통역이었기 때문에 주인보다도 한층 더했다. 그 시라스테다르의 뜻이 곧 법이요, 그의 수입은 언제나 그 주인 사히브보다도 많다고들 했다. 그것은 과장인지 모르지만, 그는 확실히 제 월급 이상의 살림을 하고 있었다.

내가 보기에 이같은 분위기는 아주 독약 같아서, 어떻게 하면 상처 입지 않고 남아 있을 수 있을까가 내게는 문제였다. 나는 완전히 기가 죽어버렸고, 형도 그것을 분명히 알았다. 우리는 둘 다 내가 어떤 자리

에 취직이 되면 이 모략적인 분위기에 휩싸이지 않을 수 있다고 생각
했다. 그러나 모략 아니고는 장관의 자리나 판사의 자리는 말도 되지
않는다. 그런데 사히브와의 싸움 때문에 나는 도저히 내 일을 해나갈
수가 없었다.

포르반다르는 그 당시 행정부 관리 밑에 있었는데, 나는 거기서 군
주의 권력을 좀더 확보하기 위한 어떤 일을 하고 있었다. 또 메르
(Mer) 사람들에게 징수하는 토지임대료가 너무 지나쳤기 때문에 그
일로 인해 행정관을 만나려 하고 있었다. 그 관리는 인도인이었지만,
그 거만한 태도는 사히브보다도 더 심하였다. 그가 유능은 했으나 그
힘 때문에 농민들이 조금이라도 더 잘사는 것 같지는 않았다. 나는 왕
을 위하여 권리를 더 확보하는 데 성공했으나 메르 사람들을 위해서
는 별로 나아진 것이 없었다. 그들의 문제가 세밀히 조사조차 되어 있
지 않다는 것을 알고 놀랐다.

그래서 나는 적잖이 실망했다. 나의 사건 의뢰인들은 정당한 대우
를 받지 못한다고 생각했지만, 그것을 확보할 길이 없었다. 썩 잘한다
해야 주재관이나 지사에게 탄원하는 것인데, 그렇게 해봐야 그들은
"우리는 관여하고 싶지 않다" 하고 탄원을 기각해버릴 것이다. 그런
결정을 규제할 수 있는 어떤 규칙이나 법규라도 있다면 되겠지만 여
기서는 사히브의 뜻이 곧 법률이었다. 나는 분노를 참을 수 없었다.

그러는 동안 형에게 포르반다르에 있는 메만 상사로부터 다음과 같
은 제의가 왔다. "우리는 남아프리카에서 사업을 하고 있는 큰 회사입
니다. 그런데 이곳 법정에다 4만 파운드의 청구소송을 제기하고 있습
니다. 이 소송은 장기간 계속되고 있습니다. 우리는 가장 유능한 변리
사, 변호사와 계약하고 있지만, 만일 동생을 보내주신다면 우리에게
도 도움이 되고 본인에게도 좋을 줄 압니다. 동생께서는 우리보다도
더 잘 우리 변호인들에게 지시를 내릴 수 있을 것이고, 그분 자신으로

서는 세계의 새로운 곳을 보게 되고 새로운 친구도 사귈 수 있는 좋은 기회가 될 것입니다."

형은 그 문제를 나와 의논했다. 내가 단순히 변호인들에게 지시만 할 것인지 아니면 법정에도 나갈 것인지 확실치는 않았으나, 어쨌든 나는 마음이 끌렸다.

형은 문제의 상사인 다다 압둘라 회사(Dada Abdulla Co.) 주주 가운데 한 사람인 셰드 압둘 카림 자베리(Sheth Abdul Karim Jhaveri)에게 나를 소개했다. 그는 나에게 자신 있게 말해주었다. "조금도 어려울 것 없는 일입니다. 우리에게는 유력한 유럽인 친구들이 있는데 당신은 이제 그들을 잘 알게 될 것입니다. 당신은 우리 상사에 필요합니다. 우리의 통신 거래는 주로 영어로 하게 되는데 거기도 도움을 많이 주실 것입니다. 그리고 당신은 물론 우리가 초대하는 것이니까 비용이 들 것도 없습니다."

"제가 일을 보아드리는 것은 얼마 동안이면 됩니까?" 나는 물었다. "그리고 보수는 얼마나 됩니까?"

"1년 이상 걸리진 않을 겁니다. 보수는 의식주 일체를 제외하고 귀국 1등 여비와 105파운드를 드리겠습니다."

이것은 도저히 변호사로 가는 것이 아닌 상사의 일개 사환으로 가는 것이었다. 그러나 나는 어쨌든 인도를 떠나고 싶었다. 또 새 나라를 보고 새 경험을 얻을 수 있는 기회라는 데도 마음이 끌렸다. 그리고 형에게 105파운드를 보내면 집안살림도 도울 수 있었다. 흥정을 더 하지도 않고 결정을 내린 후 남아프리카로 갈 준비를 시작했다.

나탈에 도착하다

남아프리카로 떠날 때는 영국으로 떠날 때처럼 이별의 슬픔을 느끼지는 않았다. 어머니는 이미 안 계셨고 세상도 좀더 알았으며, 외국도 가보았다. 또 라지코트에서 뭄바이로 가는 것은 흔한 일이었다.

다만 아내와 헤어지는 것이 괴로울 뿐이었다. 영국에서 온 후 아기가 또 하나 태어났다. 우리 사랑은 아직도 정욕을 떠났다고는 할 수 없었지만 차차 순화되어갔다. 내가 유럽에서 돌아온 뒤로는 함께 있는 일이 별로 없었다. 또 이제는 내가 변변치는 못하지만 그의 선생 노릇을 하고 있고, 어떤 것을 개선하는 데 내가 그의 도움이 된 것도 사실이므로, 앞으로 계속 개선해 나가려면 같이 있어야 한다는 것을 서로 느끼고 있었다. 그러나 남아프리카에 대한 매력 때문에 헤어지는 것도 견딜 수 있었다. 나는 1년만 있으면 다시 만날 거라고 아내를 위로하고는 라지코트를 떠나 뭄바이로 향했다.

여기서 나는 다다 압둘라 회사의 외교원에게 배표를 받기로 했는데, 침대석을 얻을 수가 없었다. 그렇다고 만일 그 배로 떠나지 않는다면 나는 뭄바이에서 오도가도 못하게 된다. 외교원은, "1등 배표를 사려고 갖은 방법을 다 써봤는데 소용이 없었습니다. 할 수 없이 3등 배표라도 마련했습니다. 식사는 1등 선실 식당에서 하실 수 있습니다"라고 했다. 그 무렵 나는 1등으로 여행하던 때였는데 변호사가 어떻게 3등 여객으로 가겠는가? 그래서 그것을 거절해버렸다. 나는 그 외교원의 진실을 의심했다. 1등 배표를 살 수 없었다는 것이 믿어지지 않았다. 외교원의 승낙을 얻은 후 나 자신이 직접 사보기로 했다. 나는 배에 올라 1등 항해사를 만났다. 그는 아주 솔직히 말했다. "보통은 이렇게 붐비지 않는데, 모잠비크 총독께서 이 배로 가시기 때문에 침대는 다 예약되었습니다."

"나 하나만 어떻게 끼어 들어갈 수 없습니까?"

그는 나를 아래위로 훑어보더니 웃으면서, "단 한 가지 길이 있을 뿐입니다. 제 선실 안에 여분의 침대가 하나 있습니다. 그것은 보통 승객에게는 안 드리는 것입니다. 그렇지만 드리겠습니다"라고 했다. 나는 그에게 고맙다고 인사한 다음 외교원에게 표를 사게 했다. 1893년 4월, 나는 원대한 희망을 품고 내 운명을 한번 시험해보고자 남아프리카로 떠났다.

첫 기항지는 라무(Lamu)라는 항구인데, 약 13일 만에 닿았다. 그즈음 선장과 나는 매우 친한 친구가 되어 있었다. 그는 체스 두기를 좋아했는데, 아직 초보자라, 상대로 이제 막 체스를 시작했을까 말까한 사람을 원했다. 그래서 그는 나를 불렀다. 나는 체스 소리를 많이 듣기는 했지만 한 번도 손을 대본 적은 없었다. 체스꾼들은 흔히 말하기를, 이 놀이는 사람의 지능을 훈련시킬 기회를 많이 주는 것이라고 했다. 선장은 내게 가르쳐주겠다고 했다. 나는 한없이 참을 수 있는 사람이었기 때문에 선장의 좋은 학생 노릇을 했다. 그런데 나는 매번 졌다. 그러면 그럴수록 그는 계속 가르쳐주려 하였다. 나는 그 놀이가 재미있었다. 그러나 그 재미를 배 밖으로까지 끌고 나온 일도 없고, 그 지식을 체스짝을 옮겨놓는 일 이외에 써본 적도 없었다.

라무에서 닻을 내리고 배는 3, 4일 머물렀으므로 나는 배에서 내려 항구 구경을 나갔다. 선장도 나갔는데, 그는 나에게 항구는 믿을 수 없는 곳이니 쉬이 돌아오라고 경고해주었다.

항구는 매우 작은 곳이었다. 우체국에서 인도인 직원들이 있는 것을 보고 반가워서 그들과 이야기를 했고, 또 아프리카 사람들을 만나 그들의 생활방식이 매우 흥미로워 그것을 좀 알아보기도 했다. 그러는 동안 시간이 상당히 흘렀다.

3등 선객 중에 알게 된 사람이 몇 있었는데, 그들은 강변에서 음식을 지어 조용히 먹을 생각으로 역시 배에서 내렸다. 그들은 배로 돌아갈 준비를 하고 있었다. 우리는 함께 조그만 보트를 탔다. 포구 안에는 파도가 매우 심했는데 우리 보트는 짐이 너무 많았다. 파도가 너무

심해 보트를 기선 사다리에 접근시킬 수가 없었다. 사다리에 거의 가 닿았다가는 또 파도에 밀려나가곤 했다. 출발의 첫 고동이 이미 울렸다. 걱정이 되었다. 선장은 선교(船橋) 위에서 우리가 고생하고 있는 것을 보고 있었다. 그는 5분간 더 머물 것을 명령했다. 그 배 옆에 다른 보트가 하나 있었다. 내 친구는 나를 위해 그것을 10루피에 샀을 냈다. 그 보트가 지나치게 짐을 실은 보트에서 나를 들어냈다. 사다리는 이미 걷혔다. 나는 밧줄로 끌어올려졌고 기선은 곧 떠났다. 다른 승객들은 뒤에 남겨놓았다. 그제서야 나는 선장의 경고를 깨달았다.

라무 다음 항구는 몸바사(Mombasa), 그 다음은 잔지바르(Zanzibar)이다. 여기에서는 여드레인가 열흘인가 쉬었다. 그런 다음 다른 배로 바꿔 탔다.

선장은 나를 매우 좋아했다. 그러나 그것이 반갑지 않은 일이 되어 버렸다. 그는 한 영국 친구와 나를 초대하여 함께 외출하자고 해서 우리는 그의 보트를 타고 나갔다. 그 외출의 목적이 뭔지 전혀 몰랐다. 그리고 선장은 내가 그러한 일에는 전혀 문외한이란 것을 몰랐다. 우리는 그가 이끄는 대로 따라가 흑인 여인들의 숙소로 안내되어 각각 다른 방으로 들어갔다. 나는 부끄러워 입을 다물고 그저 서 있었다. 그 가련한 여자가 나를 어떻게 생각했을까? 선장이 나를 불렀을 때 나는 들어갔던 그대로 나왔다. 그는 내가 그냥 나온 것을 알았다. 처음에는 몹시 부끄러웠다. 그러나 나는 소름이 끼쳐 그런 일은 감히 저지를 수 없었으므로 부끄럽다는 생각은 가시고, 여자를 보고도 내 마음이 조금도 동하지 않은 것에 대해 하나님께 감사드렸다. 나는 나의 나약함에 진저리가 났고, 그 방에 들어가기를 거절할 만한 용기가 없는 것이 가여웠다.

이것이 내 일생에서 이러한 종류의 세번째 시련이었다. 많은 젊은이가 처음에는 순진했다가도, 이 그릇된 부끄러움 때문에 죄악 속으로 끌려들어갈 것이다. 설혹 몸을 더럽히지 않았다 하더라도 자랑할 것은 없다. 나는 나를 건져주신 저 무한히 자비로우신 이에게 온전히 감사드려야 한다. 이 사건은 하나님에 대한 나의 신앙을 높여주었고, 그릇된 부끄러움을 버릴 것을 어느 정도 가르쳐주었다.

이 항구에 일주일을 머물러야 했으므로 나는 시내에 방을 얻어놓고 돌아다니면서 그 부근을 구경했다. 다만 말라바르(Malabar) 만이 잔지바르의 풍성한 식물계가 어떻다는 것을 알려줄 수 있었다. 그 거대한 나무들과 과일의 크기를 보고 나는 경탄을 금할 수가 없었다. 그 다음은 모잠비크이고, 거기서 나탈(Natal)에 도착한 것이 5월 하순이었다.

몇 가지 경험

나탈의 항구 도시는 더반(Durban)인데, 보통 '포트 나탈'이라 부르기도 한다. 압둘라 셰드가 거기서 나를 맞아주기로 했었다. 나는 배가 부두에 닿고 사람들이 친구를 맞으러 배에 올라오는 것을 지켜보고 있었는데, 인도 사람들은 그리 대우 받지 못한다는 것을 알 수 있었다.

압둘라 셰드를 아는 사람들이 하는 태도를 보니 젠체하는 데가 있는 것을 알 수 있었다. 그것이 눈에 거슬렸다. 셰드는 태연하게 서 있었다. 사람들은 나를 상당히 이상하게 여기는 표정으로 바라보고 있었다. 나의 옷차림은 다른 인도 사람과 눈에 띄게 달랐다. 프록 코트에 터번을 쓴 차림은 벵골 사람의 옷차림을 따른 것이었다.

나는 상사로 가서 셰드 방 옆에 따로 만들어놓은 내 방으로 안내되었다. 그는 나를 몰랐고 나도 그를 몰랐다. 그는 자기 동생이 내 편에 보낸 글을 보고 더욱 당황했다. 그는 동생이 자기에게 흰 코끼리를 하나 보냈다고 생각했다. 내 옷 스타일과 생활양식이 유럽인들처럼 고급인 줄로 알고 놀랐던 것이다. 그때에 내게 맡길 특별한 사무는 거기 없었다. 그들의 사건은 트란스발(Transvaal)에서 진행중이었다. 나를 그곳으로 즉시 보낼 필요도 없었다. 그리고 그가 나의 능력과 정직성을 어느 정도로나 믿을 수 있었을까? 나를 감시하기 위해 프리토리아(Pretoria)에 갈 수도 없는 일이다. 피고들은 프리토리아에 있었는데, 그들이 내게 비겁한 흥정을 해올지도 모른다고 그는 의심할 수도 있다. 그리고 만일 문제의 그 사건에 관한 사무를 나에게 맡길 것이 없다면, 다른 사무를 그의 사무원들이 다 잘할 수 있을 터인데, 그러면 내게 또 무슨 사무를 줄 수 있을까? 사무원들에게 잘못이 있으면 문책할 수 있다. 그러나 내가 만일 잘못을 저지른다면 내게도 그렇게 할 수 있을까? 그래서 만일 그 사건에 관해서 내게 줄 일이 없다면 나는 아무 것도 하는 일 없이 있을 수밖에 없었다.

셰드는 문맹이나 다름없었으나 그에게는 풍부한 경험이 있었다. 그는 예민한 지성의 소유자요, 또 스스로 그것을 알고 있었다. 실제 경험으로 얻은, 회화에 필요한 정도의 영어를 주워댈 수 있을 정도였는데, 그것으로도 그는 모든 사무를 처리해나갈 수가 있었다. 은행 중역을 만나거나 유럽 상인들과 거래하거나, 또는 변호사에게 사건을 설명하거나, 무엇이건 간에 인도인들은 그를 매우 존경했다. 그의 회사는 당시 인도인 상사 가운데 가장 큰 것 중의 하나였다. 이런 여러 가지 장점이 있는 반면에 단점도 있었다. 그는 천성이 의심이 많았다.

그는 이슬람교를 믿는 것을 자랑으로 여겼고, 이슬람 철학에 대해 토론하기를 좋아했다. 그는 비록 아랍어는 몰랐지만 『코란』(Koran)이나 이슬람 문학에 대해서는 상당히 잘 알고 있었다. 실례를 많이 알고 있어서 언제나 척척 내놓았다. 그와의 접촉에서 나는 이슬람교의 실제적인 지식을 많이 배웠다. 우리는 서로 더욱 가까워진 다음 종교문제에 대해 긴 토론을 벌이곤 했다.

내가 도착한 지 이틀인가 사흘째 되던 날 그는 나를 더반 법정으로 데려가 구경시켜 주었다. 거기서 그는 나를 몇 사람에게 소개해 주었고, 그의 변호인 옆에 나를 앉혔다. 치안판사가 계속 나를 바라보더니, 결국 나에게 터번을 벗으라고 했다. 그러나 나는 거절한 뒤 법정을 나왔다.

셰드는 어째서 인도인들에게 터번을 벗으라고 요구하는지 그 이유를 설명해주었다. 이슬람교 풍속을 지키는 사람은 터번을 그냥 쓰고 있지만, 그밖의 인도인은 법정에 들어가면 일반적으로 벗어야 한다는 것이었다.

이 미묘한 차별을 이해하기 위해 좀 자세하게 말할 필요가 있다. 한 2, 3일 지내는 동안 나는 인도인들이 서로 다른 단체로 갈라져 있다는 것을 알았다. 하나는 이슬람교 상인들인데, 그들은 자신을 '아랍인'이라 부른다. 또 하나는 힌두 상인이고, 다른 하나는 파르시 사무원이다. 힌두 상인들은 '아랍인'들과 운명을 같이하지 않는 한 여기도 들지 않고 저기도 들지 않는다. 파르시 사무원들은 스스로를 '페르시아인'이라고 한다. 이 세 단체는 서로 사회적 관련을 가진다. 그렇지만 가장 큰 단체는 타밀(Tamil)과 텔루구(Telugu)와 북인도인의 계약노동자와 자유노동자로 구성되는 것이다. 계약노동자란 5년 동안 일을 해준다는 계약을 맺고서 나탈로 간 사람들인데 '기르미티야'(Girmitiyas)라 불린다. 기르미티야란 기르미트(Girmit), 곧 영어의 어그리먼트(Agreement: 합의, 계약)가 잘못되어서 생긴 말이다. 다른 세 단체는 이들과는 사업적인 관계를 가질 뿐이다.

영국인들은 그들을 쿨리[2]라 부르는데, 인도인 대부분이 노동자이

2) 쿨리(coolie): 본래는 고력(苦力)이란 말에서 비롯되었다. 서양인들이 중국 노동자

기 때문에 모든 인도인을 쿨리, 그렇지 않으면 새미(Samis)라 부르게 되었다. 새미란 타밀 사람들 이름 뒤에 흔히 붙는 접미어인데, 그것은 다름 아닌 산스크리트의 스와미(Swami), 다시 말하면 주님이라는 뜻이다. 그렇기 때문에 인도인은 '새미'라 부르는 소리를 들으면 화를 내거나, 또한 재치 있는 사람이면 이렇게 대답하기도 한다. 즉 "나를 보고 새미라지만 당신은 새미란 말이 주인이란 뜻임을 잊었소? 나는 당신의 주인은 아니오!" 어떤 영국인들은 이 말을 들으면 쑥 들어가고 말지만, 화가 나서 욕을 하고, 때로는 때리기까지 하는 사람도 있다. 왜냐하면 그를 보고 '새미'라 한 것은 모욕을 주기 위한 것인데, 그것을 주인이라 해석한 것은 도리어 자기를 모욕하는 것이기 때문이다.

그래서 나는 '쿨리 변호사'로 알려졌다. 상인은 '쿨리 상인'이라 불렸다. 쿨리의 본래 의미는 잊히고 인도인에 대한 통칭이 되어버렸다. 이슬람 상인들은 그것이 싫어서 "나는 쿨리가 아니오, 나는 아랍인이오" 하기도 하고 "나는 장사꾼이오" 하기도 한다. 그럴 경우 예의가 있는 영국인이라면 사과를 한다.

이러한 상황에서 터번을 쓰는 행위는 대단히 중요한 일이다. 자신이 쓴 터번을 못 견뎌서 벗는 것은 모욕을 감수하겠다는 뜻이다. 그래서 나는 인도 터번에 안녕을 고하고 영국 모자를 쓰기로 했다. 그러면 모욕을 면하고 불쾌한 논쟁을 피할 수 있다.

그러나 셰드는 그것을 찬성하지 않았다.

"그런 일을 하시면 대단히 나쁜 결과가 올 것입니다. 인도 터번을 써야 한다고 주장하는 사람들에게 타격을 줄 것입니다. 그리고 당신 머

를 멸시해서 부른 말인데, 나중에는 중국인에 한하지 않고 일반적으로 유색 인종에 대해 모욕하는 뜻으로 썼다. 이밖에 같은 뜻으로 '창'(Chang)이라는 말도 있다. 그것은 차이나(China)에서 나온 말이요, 일본인도 중국인들 멸시해서 '시나징' 또는 '창고로'라고 했는데 역시 차이나에서 비롯된 말이다.

리에는 인도 터번이 썩 잘 어울립니다. 당신이 만일 영국 모자를 쓰신다면 시중꾼으로 알 것입니다."

그 조언 속에는 실제적인 지혜와 애국심과 그리고 조금은 좁은 생각이 들어 있었다. 지혜인 것은 분명하고, 그리고 그가 인도 터번을 주장하는 것은 애국심 없이는 할 수 없을 것이다. 시중꾼이라고 멸시하는 말은 생각이 좀 좁은 것을 나타내는 것이다. 계약노동자 중에는 세 종류의 사람이 있었다. 힌두교도, 이슬람교도, 그리고 기독교도이다. 마지막 것은 계약 인도인들의 자손들인데, 기독교로 개종한 사람들이다. 1893년에도 이미 그 숫자가 많았다. 그들은 영국식 옷을 입고, 대부분이 호텔 심부름꾼으로 일하면서 생활해나갔다. 셰드의 영국 모자에 대한 비평은 이 계급을 두고 한 말이었다. 호텔에서 심부름꾼으로 일하는 것을 천하게 생각했는데 그것은 지금까지도 많은 사람이 품고 있는 생각이다.

그러나 나는 셰드의 충고를 옳다고 생각한다. 나는 그 사건을 신문에다 써보내면서 내가 법정 안에서 터번을 쓴 것을 변호했다. 그 문제가 여러 신문에서 논란이 되었고, 거기서는 나를 '반갑지 않은 불청객'이라고 불렀다. 그리하여 나는 남아프리카에 간 지 며칠 되지 않아서 예상치도 않게 나 자신을 선전하게 되었다. 더러는 나를 지지해주었지만 그외에는 만용을 부린다고 혹독히 비판했다.

나의 터번은 남아프리카에 머물던 마지막 날까지 그대로 있었다. 내가 언제 무슨 이유로 내 머리에서 터번을 걷어치우게 되었느냐는 다음에 말하기로 한다.

프리토리아로 가는 길

나는 곧 더반에 사는 기독교계 인도인들과 접촉하게 되었다. 법정

통역인 폴(Paul)은 로마 가톨릭 신자였는데, 그와 알게 되었고, 또 그당시 프로테스탄트 미션 스쿨의 교사이면서 1924년 남아프리카 대표단의 일원으로 인도를 방문했던 제임스 고드프리 씨의 아버지였던 수반 고드프리(Subhan Godfrey) 씨와도 알게 되었다. 또한 파르시 루스톰지(Parsi Rustomji)와 아담지 미야칸(Adamji Miyakhan)과도 이시기에 만나게 되었다. 이 친구들은 그때까지만 해도 사업적인 일 외에는 만난 일이 없었는데, 나중에는 다 친밀한 친구가 되었다.

그와 같이 내가 사교의 범위를 넓혀가는 동안 상사는 변호인으로부터 사건에 대한 준비를 하고, 셰드나 그렇지 않으면 대리인이 프리토리아로 오게 하라는 편지를 받았다.

셰드는 나에게 그 편지를 전한 다음 프리토리아에 가겠느냐고 물었다. 나는 말하기를, "당신이 들어서 사건을 잘 안 후에야만 대답할수 있습니다. 현재로서는 내가 거기서 무엇을 해야 하는지 전혀 알 수가 없습니다"라고 했다. 그는 서기를 불러 내게 설명해주라고 지시했다.

그 사건을 조사하기 시작하자마자, 그 사건을 처음부터 다시 시작해야겠다는 생각이 들었다. 내가 잔지바르에 며칠 머물렀을 때 그곳 재판소에 갔던 일이 있다. 한 파르시 변호사가 증인 신문을 하면서 장부의 차변기입(借邊記入)과 대변기입(貸邊記入)에 관해 질문하고 있었는데 나로선 그 내용을 전혀 알 수 없었다. 회계법은 학교에서도, 영국에 있는 동안에도 배운 일이 없었다. 그런데 내가 남아프리카에서 처리해야 하는 그 사건은 주로 회계에 관한 것이었다. 회계를 아는 사람만이그것을 설명할 수 있고 이해할 수 있었다. 서기는 차변의 이것, 대변의저것 하면서 말을 계속해 나갔는데 나는 점점 더 알 수 없었다. 나는 P어음이 무엇인지 몰랐다. 사전을 찾아도 없었다. 나의 무지를 서기한테 털어놓았더니 그는 P어음이란 약속어음이란 뜻이라고 했다. 나는 그와 관련된 책을 사서 공부한 후에야 자신을 얻고 사건을 이해할 수 있었다. 셰드는 회계를 모르는데도 경험이 있었기 때문에 곧 회계의 어려운 계산을 재빨리 풀어냈다. 나는 이제 프리토리아에 갈 준비가 되었다고 말했다.

"어디 가서 묵으시겠소?" 셰드는 물었다.

"어디든 당신이 좋으신 대로 하지요."

"그럼 내가 우리 변호인에게 편지를 쓰지요. 그가 당신 묵을 곳을 정할 거요. 또 거기 있는 나의 메만 친구들에게도 편지를 하겠지만 사실 거기 묵으시라고 하고 싶지는 않소. 저쪽은 프리토리아에서는 큰 세력을 가지고 있소. 그중에 누구라도 우리의 편지를 보게 된다면 우리는 막대한 손해를 볼 거요. 그들을 멀리하면 할수록 우리에게는 이익이 될 거요."

"나는 상사 변호인이 지정해주는 곳에 묵든지, 그렇지 않으면 따로 떨어진 하숙을 구하겠습니다. 염려 마시기 바랍니다. 우리 사이의 비밀은 누구에게도 알리지 않을 것입니다. 그러나 상대방과 친교는 맺을 생각입니다. 그들과 친구가 되고 싶습니다. 그리고 될 수 있다면 사건을 법정 밖에서 해결하도록 해보겠습니다. 아무려나, 테브 셰드는 당신 친척 아닙니까?"

셰드 테브 하지 칸 무하마드(Sheth Tyeb Haji Khan Muhammad)는 압둘라 셰드의 가까운 친척이었다.

화해를 성립시킬지 모르겠다는 말을 한 것이 셰드를 얼마쯤 놀라게 한 듯했다. 그러나 나는 이미 더반에 온 지 6, 7일이 됐고, 우리는 이제 서로 이해할 수 있게 되었다. 이제 나는 더 이상 '흰 코끼리'는 아니었다. 그래서 그는 이렇게 말했다.

"잘 알겠소. 법정 밖에서 해결하는 것보다 더 좋은 것은 없지요. 그러나 우리는 다 친척간이고, 사실 서로 잘 알지요. 테브 셰드는 화해를 쉽게 승낙할 사람이 아니오. 우리 편에서 조금이라도 방심하고 있다가는 우리에게서 모든 것을 다 짜내어 결국은 우리를 거꾸러뜨리고야 말 것이오. 그러니 무슨 일을 하려거든 한번 더 생각해서 신중히 행동하시오."

"너무 걱정하지 마시기 바랍니다. 테브 셰드에게 말할 필요도 없고, 또 다른 누구에게 말할 필요도 없습니다. 나는 다만 서로 이해하여 불필요한 비용을 내지 않도록 하는 것이 어떠냐 하는 것을 제의하려는 것뿐입니다."

도착한 지 7일인가 8일 후에 나는 더반을 떠났다. 1등석 기차표 한 장을 받았다. 침대를 사용하려면 보통 5실링을 더 내야 했다. 셰드는 나더러 침대칸을 사라고 주장했지만 자존심 때문에, 그리고 또 돈을 아끼고 싶은 생각에 듣지 않았다.

셰드는 경고하기를, "여기는 인도와는 다른 곳입니다. 다행히 돈은 넉넉히 있으니 무엇이든 필요한 것이 있으면 너무 아끼지 마십시오"라고 했다.

그에게 고맙다고 인사를 한 다음 너무 걱정하지 말라고 말했다.

기차가 나탈의 수도 마리츠버그(Maritzburg)에 도착한 것이 오후 9시쯤이었다. 보통 그곳에서 침대를 준비하게 된다. 역무원 한 사람이 와서 침대를 사지 않겠느냐고 물었다. 나는 이미 있다고 말했다. 그 뒤 한 승객이 들어오더니 나를 아래위로 훑어보았다. 그는 내가 '유색인종'인 것을 알고는 곧장 나가더니 역무원 둘을 데리고 들어왔다. 그들은 아무 말도 안 하고 있는데, 다른 역무원 한 사람이 들어오더니 나보고, "이리 와요, 당신은 저 짐차칸으로 가야 해요"라고 했다. 나는 대답했다.

"1등표를 가지고 있는데 왜 그래요?"

"그게 문제가 아니란 말이야." 다른 한 사람이 합세를 했다. "내가 저

짐차칸으로 가라고 하지 않았어?"

"분명히 말하지만, 나는 더반에서 이 칸에 타도록 허락을 받았으니까, 이대로 갈 거요."

"아니, 안 돼!" 이 칸에서 나가란 말이야, 그렇지 않으면 경찰을 불러서 밀어낼 테니까."

"그러시오. 그러나 내 발로는 안 나갈 겁니다."

경찰이 왔다. 그는 내 손을 잡아 끌어냈다. 짐도 내던졌다. 하지만 나는 다른 칸으로 가기를 거절했고, 기차는 떠났다. 나는 대합실로 가 앉았다. 손가방은 들고 있었고 다른 짐은 내던져진 그대로 버려두었다. 철도원들이 그것을 보관해두었다.

때는 겨울이었다. 남아프리카 높은 지대의 겨울은 매우 춥다. 마리츠버그는 지대가 높은 곳이라, 지독히 추웠다. 외투는 짐 속에 있었는데, 또다시 모욕을 당할까봐 달란 말도 하기 싫어 그냥 앉아 떨었다. 실내에는 등불도 켜지 않았다. 자정쯤 승객 하나가 들어와 이야기라도 하고 싶어하는 듯했지만, 나는 말하고 싶은 기분이 아니었다.

나는 나의 의무에 대해 생각하기 시작했다. 내 권리를 위해 싸울 것이냐, 인도로 돌아갈 것이냐? 그렇지 않으면 모욕은 생각 말고 그냥 프리토리아로 가서 사건을 끝낸 다음 인도로 갈 것인가? 내가 할 일을 하지 않고 인도로 돌아가는 것은 비겁하다. 내가 당한 고통은 피상적인 것에 불과하다. 그것은 유색인종에 대한 차별이라는, 깊은 병의 한 증상에 지나지 않는다. 할 수 있다면, 나는 어떤 고통을 겪으면서라도 그 병의 뿌리를 뽑도록 힘쓰지 않으면 안 된다. 내가 받은 명예훼손에 대한 보상은 인종차별을 철폐하는 데 필요한 한도에서만 바라기로 해야 한다.

그래 나는 다음에 오는 기차로 프리토리아에 가기로 결심했다.

다음 날 아침, 나는 철도 총지배인에게 긴 전보를 치고 셰드에게도 그 사실을 알렸다. 그는 즉시 달려와 총지배인을 만났다. 지배인은 철도당국이 취한 행위를 당연한 것이라고 옹호했으나, 셰드에게는 자기가 이미 역장에게 지시해서 내가 목적지에 무사히 도착할 수 있도록 하라고 했노라고 말했다. 셰드는 마리츠버그에 있는 인도 상인들과 또 다른 곳에 있는 친구들에게 전보를 쳐서 나를 보살펴주라고 했다. 상인들은 역으로 나와서 자기네가 당한 갖가지 고통을 이야기하며 나를 위로해주었다. 그리고 내가 당한 그런 일은 항상 있는 것이라고 했다. 그들은 또 1등이나 2등차로 여행하는 인도인은 역무원과 백인 승객들에게 천대받을 것을 각오해야 한다고 했다. 그날은 그렇게 우울한 이야기를 들으면서 보냈다. 저녁 기차가 도착해 타니 나를 위해 남겨놓은 침대가 하나 있었다. 나는 더반에서 거절했던 침대표를 마리츠버그에서 샀다.

고난은 아직도 더

기차가 찰스타운(Charlestown)에 닿은 것은 아침이었다. 그 당시 찰스타운과 요하네스버그(Johannesburg) 사이에는 기차가 없었고 역마차만 다녔는데, 역마차는 도중에 스탠더턴(Standerton)에서 쉬며 밤을 지냈다. 역마차표를 가지고 있었는데, 그것은 내가 마리츠버그에서 하루를 쉰다 해도 무효가 되는 건 아니었고, 그뿐 아니라 셰드가 찰스타운 역마차 '리더'(leader: 마차를 부리는 백인)한테 전보까지 쳐놓았다.

그러나 리더는 구실만 있으면 나를 떼버리자는 속셈이었으므로, 내가 낯선 사람인 것을 알자 "당신의 표는 무효가 되었소"라고 했다. 나는 적당하게 대답해주었다. 그러나 그의 속셈은 자리가 없어서 그러는 것이 아니었다. 이유는 전혀 다른 데 있었다. 승객들은 마차 안에 태워야 하지만, 나를 '쿨리'로 생각했고 또 낯선 사람이었으므로, 그 리더는 나를 백인 승객과 함께 앉히지 말아야겠다고 생각했던 것이다. 마부석 양옆에 자리가 하나씩 있었는데, 리더는 그중 한 자리에 앉는 것이 보통이었다. 그런데 그는 안에 앉고 나에게는 자기 자리를 주었다.

나는 그것이 매우 부당하고 모욕적인 처사인 것을 알고 있었지만, 꾹 참는 편이 낫다고 생각했다. 억지로 안으로 들어갈 수 없었고, 만일 항의를 한다면 나를 태우지 않고 그냥 떠나버릴 것이었다. 그러면 또 하루를 버릴 것이고, 다음날 무슨 일이 일어날지 누가 알겠는가? 속에서는 화가 끓어올랐지만, 나는 조심스럽게 마부 옆자리에 앉았다.

3시쯤 마차가 파르데콥(Pardekoph)에 도착하자 리더는 이제 내 자리에 제가 앉고 싶은 생각이 들었던 듯했다. 담배를 피우고 싶었는지, 아니면 바람이라도 쐬고 싶어서였는지도 모른다. 그래서 마부에게서 더러운 베를 하나 얻어 바닥에 깔아놓고는 나에게 말하는 것이었다. "새미, 여기 앉아. 내가 마부 옆에 앉아야겠어." 나는 그같은 모욕을 도저히 견딜 수 없었다. 두려움에 몸이 떨렸지만 나는, "내가 의당 안에 앉아야 할 것이었지만, 당신이 나에게 여기 앉으라 했소. 나는 그 모욕을 참았소. 그런데 이제 당신은 밖에 앉아 담배를 피우고 싶다고 나더러 당신 발 밑에 앉으라니, 그렇게는 못하겠소. 나는 안에 들어가 앉을 거요" 하고 말했다.

내가 이 말을 마치자 그는 곧장 내게로 내려오더니 내 뺨을 세차게 후려갈겼다. 그는 내 팔을 잡아 끌어내리려 했다. 나는 마부석의 쇠로 된 손잡이를 힘껏 붙잡고, 손목뼈가 부러지는 한이 있더라도 놓지 않고 버티기로 결심했다. 승객들이 그 광경을 보고 있었다. 그자는 나에게 욕설을 퍼붓고, 나를 끌어당기고 때렸다. 그러나 나는 가만히 앉아 모든 고통을 참았다. 그는 억세고 나는 약했다. 승객 중 더러는 나를 불쌍히 여겨 외쳤다. "이 사람아, 그만두게, 그 사람 때리지 말아. 그 사람은 잘못 없어, 그가 옳아. 그가 거기 있을 수 없다면 여기 들어와 우리와 같이 앉으라고 해." "일 없습니다." 그는 소리쳤다. 그러나 기가 좀 죽은 듯 때리기를 그쳤다. 그는 내 팔을 놓고 욕을 좀더 퍼부은 다음, 마부석 저쪽 자리에 앉아 있는 호텐토트인을 바닥에 앉히고는 그 자리에 제가 앉았다.

승객들은 제자리에 앉고, 호각이 울리자 마차는 덜커덩거리며 떠났다. 가슴속에서는 방망이질을 하고, 나는 살아서 목적지에 갈 수나 있을까 걱정스러웠다. 그 리더는 이따금 노한 눈으로 나를 노려보고, 으르렁거렸다. "알아둬, 스탠더턴에 가기만 해보자, 내가 본때를 보여줄 거다!" 나는 말없이 앉아서 나를 도와주십사고 하나님께 기도했다.

캄캄해진 후 스탠더턴에 닿아서 인도 사람들이 더러 보였을 때 나는 비로소 안도의 숨을 내쉬었다. 내가 내리자마자 그 친구들은 말했다. "우리들은 당신을 이사 셰드의 상점으로 모시려고 나왔습니다. 다 압둘라에게서 전보가 왔습니다." 참 반가웠다. 우리는 셰드 이사 하지 수마르(Sheth Isa Haji Sumar)의 상점으로 갔다. 셰드와 그의 직원들은 나를 둘러쌌다. 내가 지난 이야기를 들려주자 그들은 몹시 미안해했고, 자기네의 쓴 경험을 이야기하며 나를 위로해주었다.

나는 역마차 회사 사장에게 사건의 전말을 알려주고 싶었다. 그래서 그에게 편지를 써서 그 동안 일어난 모든 일을 낱낱이 이야기하고, 그가 고용한 사람이 내게 했던 위협에 대해 주의를 환기시켰다. 그리고 또 이튿날 아침 떠날 때는 나도 다른 승객들과 함께 안 좌석에 앉아 갈 것을 보장해달라고 요구했다. 거기에 대해 사장은 다음과 같은 회답을 보내주었다. "스탠더턴에서부터는 다른 사람이 맡아보는 큰 차가 갑니다. 당신이 말씀하신 그 사람은 내일 그 차에는 타지 않을 것이고, 당신은 다른 승객들과 같은 좌석에 앉으실 수 있을 것입니다." 그 말을 들으니 마음이 좀 풀렸다. 나는 물론 내게 폭행을 했던 그 사람을 고소할 생각은 없었으므로 구타에 대한 이야기는 이것으로 완결되었다.

아침이 되어 이사 셰드의 사람이 나를 마차로 데려다주었다. 나는 좋은 자리에 앉아, 밤에 아주 편안히 요하네스버그에 도착했다. 스탠더턴은 조그만 촌락이고 요하네스버그는 큰 도시였다. 압둘라 셰드는 요하네스버그에 미리 전보를 쳐두었고, 또한 내게 거기 있는 무하마드 카삼 카므루딘(Muhammad Kassam Kamruddin)의 상사 이름과 주소를 알려주었다. 상사 한 사람이 마중을 나와 있었는데, 나는 그 사람을 알아보지 못했다. 그래서 택시를 잡아타고 그랜드 내셔널 호텔로 갔다. 지배인을 보고 방이 있느냐 물었더니 한참 후 공손한 말로 "대단히 미안합니다. 지금 만원입니다" 하고는 내게 안녕히 가라고 인사를 했다. 그래서 나는 운전사보고 무하마드 카삼 카므루딘의 상사로 가자고 했다. 거기에 도착하니 셰드 압둘 가니가 나를 기다리고 있다가 친절히 인사를 했다. 내가 호텔에서 있었던 이야기를 했더니 그는 껄껄 웃으면서 "그래 호텔에서 받아줄 줄 알았습니까?"라고 했다.

"안될 것이 뭐가 있어요?"

"여기 며칠만 계시면 다 아실 것입니다. '우리'니까 이런 곳에서 살고 있습니다. 돈을 벌려니, 모욕을 참는 것쯤 문제로 삼지 않습니다. 그래서 이렇게 있습니다" 하면서 남아프리카에 있는 인도인들이 얼마나 고생을 하고 있는지 이야기해주었다.

셰드 압둘 가니에 대해서는 앞으로 차차 더 자세한 이야기를 하게 될 것이다.

그는 이렇게 말했다. "이 나라는 당신 같으신 분들에게는 적당하지 않습니다. 보세요, 내일은 프리토리아에 가셔야지요. 3등차로 가셔야만 합니다. 트란스발의 상황은 나탈보다도 더 나쁩니다. 1, 2등 차표는 인도인에게는 팔지도 않습니다."

"그 방면으로 끈질긴 노력을 하지도 않았단 말이오?"

"대표도 보내봤지요. 그러나 솔직히 말해서 우리도 1, 2등으로 여행하기를 원하지도 않습니다."

나는 철도 규정을 가져오라고 해서 읽어보았다. 거기 빠지는 구멍이 하나 있었다. 옛날에 제정된 트란스발의 법령은 그 말이 정확하고 분명하지 않았는데, 철도 규정은 그것만도 못했다.

나는 셰드에게, "나는 1등차로 가겠습니다. 만일 안 된다면 나는 차라리 택시로 가겠습니다. 다 해야 60킬로미터인걸요"라고 말했다.

셰드 압둘 가니는 그렇게 되면 시간과 돈이 더 든다는 것을 말해주었지만, 그래도 1등으로 간다는 나의 제의에 동의를 했고, 따라서 우리는 역장에게 편지를 보냈다. 그 편지에 나는 변호사요, 언제나 1등차로 여행한다는 말을 했다. 그리고 또 나는 될수록 일찍 프리토리아에 도착해야 한다는 것과, 기다릴 시간이 없기 때문에 차표는 직접 역에 가서 받겠다는 것, 나는 1등표 받을 것을 꼭 믿는다는 말도 했다. 내가 직접 가서 대답을 듣겠다는 데는 물론 목적이 있었다. 생각해보니 역장이 만일 서면으로 회답한다면 틀림없이 '안 된다'고 할 것이다. 더구나 그는 나를 쿨리 변호사라 생각할 것이기 때문이다. 그렇기 때문에 내가 말쑥한 영국 복장으로 나가서 말한다면 그를 납득시켜 1등표를 내주게 할 수 있을 것이다. 그래서 나는 프록 코트에 넥타이를 매고 가서 기차 삯으로 금화 한 닢을 테이블 위에다 내놓으며 1등표를 달라고 했다.

"편지 보내신 분이십니까?" 하고 그는 물었다.

"그렇습니다. 표를 주신다면 참 고맙겠습니다. 오늘 안으로 프리토리아에 가야 합니다."

그는 빙그레 웃으면서 말했다. "나는 트란스발인은 아니고 네덜란드인입니다. 당신의 심정을 잘 알 수 있습니다. 나는 당신을 동정합니다. 차표를 드리겠습니다만 조건이 하나 있습니다. 만일 차장이 3등칸으로 가라고 하는 경우에는 나를 거기에 끌어들이지 마시기 바랍니다. 그 말은 철도회사를 고소해서는 안 된다는 말입니다. 무사히 가시기 바랍니다. 신사도를 지켜주실 것을 믿습니다."

이렇게 말하면서 차표를 끊어주었다. 그에게 고맙다는 인사를 하고 알아들을 만큼 약속의 말을 해주었다.

셰드 압둘 가니가 나를 전송하러 나왔다가 그 이야기를 듣고 매우 놀라워했다. 그래도 그는 내게 주의를 주며 말했다. "프리토리아에 무사히 가신다면 참 고맙겠습니다. 아무래도 차장이 당신을 1등칸에 그냥 둘 것 같지가 않습니다. 또 설혹 그가 그냥 있는다 해도 승객들이 아마 가만 있지 않을 것입니다."

나는 1등칸에 자리를 잡았고 기차는 떠났다. 저미스턴(Germiston)에서 차장이 표 검사를 하려고 들어왔다. 나를 보자 그는 화를 내며 손가락으로 3등칸으로 가라는 손짓을 했다. 나는 그에게 차표를 내보였다. "그것이 문제가 아니란 말이야. 3등칸으로 가" 하고 말했다.

그 칸에는 다만 영국인 승객 한 사람이 있었을 뿐이었다. 그 사람이 참견을 하고 나섰다. "당신 왜 그분을 귀찮게 구는 거요? 그분이 1등표를 가지고 있는 것 안 보이시오? 나는 저이와 함께 타는 것은 조금도 상관하지 않소" 하고는 나를 보고, "조금도 염려 말고 앉아 계십시오"라고 말했다.

차장은 투덜거렸다. "당신이 쿨리와 같이 가는 것이 좋다면야 무슨 상관이 있겠소?" 하고 가버렸다.

저녁 8시쯤 기차가 프리토리아에 도착했다.

프리토리아에서의 첫날

나는 다다 압둘라의 법률 고문대리로 누군가 프리토리아 역으로 마중을 나와 있으리라고 믿고 있었다. 인도인이 나오지 않을 것임은 알고 있었다. 왜냐하면 내가 특히 인도인 집에 묵지는 않겠다고 미리 약속했기 때문이었다. 그런데 법률 고문은 아무도 보내지 않았다. 나중에 안 일이지만, 내가 도착한 것이 일요일이었기 때문에 아무에게도 부탁할 수가 없어 못 보냈다는 것이다. 나는 당황했다. 어떤 호텔도 받아주지 않을 것 같아서 어찌할 바를 몰랐다.

1893년의 프리토리아 역은 1914년과는 아주 달랐다. 불빛은 어두컴컴하고, 여행객도 적었다. 나는 승객들이 나간 다음 차표 받는 역무원이 좀 한가해진 틈을 타 그에게 혹시 묵을 만한 조그마한 호텔이 있는지 물으리라 생각하고 있었다. 그렇지 않으면 그 밤을 역에서 지내는 수밖에 없었다. 사실 말이지, 그 말을 하려니 몸이 움츠러들어 차마 할 수 없었다. 그러다가 또 수모나 당하지 않을까 하는 생각에서였다.

승객은 다 가버리고 역이 텅 비었다. 나는 차표를 역무원에게 준 다음 말을 꺼냈다. 그는 내게 공손히 대답을 해주었지만 별로 도움이 될 것 같지 않았다. 그런데 어떤 미국 흑인 한 사람이 옆에 있다가 그 이야기에 끼어들었다.

"보아하니 여기가 낯선 분이시로군요. 나를 따라오시면 내가 조그만 호텔로 안내해드릴 수 있습니다. 미국 사람이 경영하는 곳인데 나는 그 사람을 잘 압니다. 아마 받아줄 것입니다."

그 말이 좀 믿어지지는 않았으나, 고맙다고 한 다음 그의 제의를 받아들이기로 했다. 그는 나를 존스턴의 가족 호텔로 데리고 갔다. 존스턴 씨는 나에게 그날 밤 재워주마고 승낙했는데, 거기에도 조건이 붙었다. 식사를 방 안에서 해야만 한다는 것이었다.

"나는 절대로 인종차별은 하지 않지만 내가 만일 당신을 식당에서 식사를 하도록 한다면 손님들이 좋아하지 않을 것이고, 심하면 쫓겨날 수도 있습니다."

"오늘 밤 재워주기만 해도 고맙겠습니다. 나도 이제는 이곳 형편에 좀 익숙해져서 당신의 고충을 짐작할 수 있습니다. 식사를 방으로 가져다주시는 것은 조금도 관계없습니다. 내일이면 길이 생길 것입니다"라고 대답했다.

나는 방으로 안내되었다. 아무도 없는 방에서 저녁을 기다리며 생각에 잠겼다. 손님은 많지 않았고, 오래지 않아 식사를 가지고 오려니 하고 기다리고 있었다. 그런데 존스턴 씨가 나타났다. 그는 말했다. "여기서 저녁을 드시라 하고 보니 송구스러웠습니다. 그래서 다른 손님들에게 말씀을 드리고 당신도 식당에서 함께 식사를 하면 어떠냐 했더니, 다들 반대하지 않는다고들 하셨고, 당신께서 원하시는 대로 얼마 동안을 머물러도 관계없으시다고들 합니다. 그러니 원하신다면 어서 식당으로 오시고 며칠이라도 머무르시기 바랍니다."

나는 다시 고맙다는 인사를 하고 식당으로 가서 마음껏 식사했다.

이튿날 아침 나는 법률고문 베이커(A.W. Baker) 씨를 찾아갔다. 압둘라 셰드가 그에 관한 이야기를 해준 것이 있었기 때문에 그의 극진한 대접은 이상할 것이 없었다. 그는 나를 아주 따뜻이 대해주었고 친절하게 질문했다. 나는 나 자신에 대해 모두 이야기했다. 그러자 그는 말했다. "당신이 여기서 변호사로서 하실 일은 별로 없습니다. 우리는 가장 유능한 변호사를 이미 확보해두었습니다. 사건은 아주 오래 되고 복잡한 것입니다. 그렇기 때문에 수고시켜 드릴 것은 오직 필요한 정보를 얻는 것뿐입니다. 그러니 이제 나는 필요하다고 생각하는 것을 물을 터이니 당신께서는 내 의뢰인과 자유로이 소통해주시기 바랍니다. 그렇게 하는 것이 확실히 유익합니다. 나는 아직 계실 방을 잡지 못했습니다. 당신을 일단 만나고 나서 하는 것이 좋다고 생각했기 때문입니다. 여기는 무서울 정도로 인종차별이 심합니다. 그렇기 때문에 당신 같으신 분이 머무를 곳을 찾기란 쉬운 일이 아닙니다. 그러나 내가 아는 가난한 부인이 한 분 있는데, 그이는 빵 굽는 이의 아내입니다. 그 부인이 아마 받아줄 것이고 또 그러면 수입에도 보탬이 될 것입니다. 자, 그럼 그리로 갑시다."

그는 나를 데리고 그 부인 집으로 갔다. 그는 내 일에 관해 부인과 조용히 이야기를 하였다. 그 부인은 식사까지 포함해서 한 주에 35실링을 받기로 하고 나를 받아주었다.

베이커 씨는 변호사인 동시에 열렬한 평신도 전도사였다. 그는 지금도 생존해 있으며 이제는 변호사업은 그만두고 순전히 선교 사업만 하고 있다. 그는 상당히 부유하게 생활하고, 지금도 나와 서로 연락하고 지낸다. 그의 편지는 늘 한 가지 문제만을 생각하고 있다. 그는 여러 면에서 볼 때 기독교의 우월성을 믿고 있으며, 그러므로 예수를 하나님의 독생자요 인류의 구세주로서 받아들이지 않는 한 영원한 평화는 불가능한 것이라고 주장한다.

첫 번째 만남에서 베이커 씨는 나의 종교관을 벌써 알아차렸다. 나는 그에게 말했다. "나는 힌두교도로 태어났습니다. 그러면서도 힌두 교리를 잘 알지 못합니다. 다른 종교는 더 아는 것이 없습니다. 사실 나는 내가 어디 있으며, 내 신앙이 무엇이며 무엇이어야 하는지를 모릅니다. 나는 내 종교를 자세히 연구하고 싶고, 가능한 한 다른 종교도 연구하고 싶습니다."

베이커 씨는 이 말을 듣고 기뻐했다. "나는 남아프리카 선교총회 지도자의 한 사람입니다. 나는 내 자비로 교회를 세웠고, 정기적으로 설교를 합니다. 인종차별은 안 합니다. 몇 사람의 동조자가 있으며 매일 오후 1시에 모여서 평화와 광명을 위해 같이 기도합니다. 거기에 오신다면 참 고맙겠습니다. 나는 내 동조자들에게 당신을 소개할 터인데, 그러면 그들도 좋아할 것이고, 당신께서도 그들과 함께하는 것을 좋아하실 거라 믿습니다. 그뿐 아니라 종교서적을 몇 권 드릴 터이니 읽어보시기 바랍니다. 물론 책 중의 책은 성경이지요. 그것을 특별히 권합니다."

나는 베이커 씨에게 감사를 드리고 나서 될 수 있는 대로 1시 기도 모임에도 나가기로 약속했다.

"그럼 내일 1시, 여기에서 만나 기도회에 같이 가기로 합시다."

베이커 씨는 다시 그렇게 말한 다음 나와 헤어졌다.

이때까지 나는 별로 반성해볼 시간이 없었다.

나는 존스턴 씨에게로 가서 숙박료를 지불하고, 새 하숙으로 이사한 다음 거기서 점심을 먹었다. 주인 여자는 착한 사람이었다. 그는 나를 위해 채식요리를 했다. 오래지 않아 그 가족들과 아주 친숙해졌다.

그 다음 나는 다다 압둘라가 편지를 써보냈던 그 친구를 찾아보러 갔다. 그에게서 남아프리카의 인도인들이 당하는 고난에 대하여 더 많은 이야기를 들었다. 그는 나더러 자기와 함께 있어야 한다고 강력히 주장했다. 나는 그에게 감사하다고 하고, 이미 다른 약속이 있다고 했다. 그는 필요한 것은 뭐든지 서슴지 말고 말해달라고 했다.

캄캄해졌다. 나는 집으로 돌아와 저녁을 먹고 난 다음 방으로 가 깊은 생각에 잠겼다. 내가 당장 해야 되는 일은 별로 없었다. 압둘라 셰드에게 그런 말을 써보냈다. 나는 생각했다. 베이커 씨가 내게 관심을 갖는 것은 어떤 의미에서일까? 그의 종교적 동조자들에게서 무엇을 얻을 것인가? 나는 얼마만큼 기독교 연구를 해볼 것인가? 어떻게 하면 힌두교에 대한 문헌을 구할 수 있을까? 내 종교에 대해 완전히 알지도 못하면서 어떻게 기독교의 올바른 모습을 이해할 수 있을까? 나는 다만 한 가지 결론에 도달할 수밖에 없었다. 내 앞에 닥쳐오는 모든 것을 냉철하게 연구해야 하고, 베이커 씨의 친구들에게는 하나님이 인도하시는 대로 대해야 한다. 내 종교도 완전히 이해하지 못하면서 남의 종교를 파악하려 해서는 아니 된다.

그런 생각을 하면서 잠이 들었다.

기독교도와의 사귐

다음 날 1시에 나는 베이커 씨의 기도회에 나갔다. 거기서 해리스, 갭, 코츠 씨 외에 여러 사람을 소개받았다. 모든 사람이 무릎을 꿇고 앉아 기도를 드렸고, 나도 따라했다. 그 기도는 각자가 하나님 앞에서 자신의 소원을 간구하는 것이었다. 그날을 화평한 가운데 지내게 해달라, 또는 하나님께서 우리 마음의 문을 열어달라 하는 것 등이었다.

그 다음 나의 행복을 위한 기도가 더해졌다. "주여, 우리 가운데 온 이 새 형제에게 길을 보여주옵소서. 주여, 당신께서 우리에게 주신 평화를 그에게도 주시옵소서. 우리를 구원해주신 주 예수께서 그도 구원해주옵소서. 이 모든 것을 예수의 이름으로 비옵나이다."

이 모임에서는 찬송가나 그외 어떤 노래도 부르지 않았다. 매일 특별한 무엇을 구하는 간구가 끝난 다음 각자 헤어져 점심을 먹으러 갔다. 기도는 5분 이상 걸리지 않았다.

해리스와 갭은 둘 다 나이 든 독신녀들이었다. 코츠 씨는 퀘이커(Quaker)교도였다. 두 독신녀는 같이 살고 있었는데 주일 오후 4시 차 마시는 시간이면 나를 집으로 청했다.

일요일에 모일 때 나는 코츠 씨에게 한 주일 동안의 신앙일기를 보여주었고, 내가 읽은 책과 그들이 준 인상에 대해 그와 토론했다. 숙녀들은 자기네가 겪은 귀한 경험을 이야기하곤 했고, 자기네가 발견한 평화에 대해서도 이야기했다.

코츠 씨는 솔직하고 강직한 젊은이였다. 우리는 같이 산책하기도 했고, 그는 나를 다른 기독교인 친구들에게 소개도 해주었다.

서로 가까워짐에 따라 그는 자기가 좋다고 생각하는 책을 주기 시작했다. 나중에는 책꽂이에 그가 준 책으로 가득 차게 되었다. 말하자면 책으로 내게 짐을 지운 셈이다. 순수한 신앙으로 나는 그 모든 책읽기를 승낙했고, 계속 읽어가면서 우리는 토론했다.

1893년에 그런 책을 여러 권 읽었다. 제목을 다 기억하지 못하지만, 그중에는 파커(Parker)의 『주석』(*Commentary*), 피어슨(Pearson)의 『수많은 참된 증거』(*Many Infallible Proofs*), 버틀러(Butler)의 『비유』(*Analogy*)가 포함되어 있었다. 그중 어떤 것은 이해할 수 없었다. 그 안에 있는 어떤 내용들은 좋았고, 또 어떤 내용들은 싫었다.

『수많은 참된 증거』는 저자가 이해하는 만큼의 신앙을 뒷받침해주는 증거들이었는데, 그 책은 내게는 효과가 없었다. 파커의 『주석』은 도덕적으로 도움이 되는 책이었으나, 기독교적인 신앙을 갖지 않은 사람에게는 도움이 되지 못했다. 버틀러의 『비유』는 매우 해박하고 어려운 책이라는 인상을 강하게 받았다. 정확하게 이해하려면 네댓 번은 읽어야 할 것이다. 그것은 무신론자를 유신론자로 개심시킬 목적으로 쓴 듯했다. 하나님의 존재를 증명하기 위한 그 책 속에서의 논리전개는 내게는 필요가 없었다. 나는 그때 이미 신에 대한 불신의 단계는 지났기 때문이다. 그러나 예수가 하나님의 단 하나의 화신이요, 하나님과 사람 사이의 중보(仲保)라는 것을 증명하기 위한 토론은 나를 조금도 움직이지 못했다.

그러나 코츠 씨는 쉽게 패배를 인정할 사람이 아니었다. 그는 나를 끔찍이 사랑했다. 그는 내 목에 툴라시 염주의 바이슈나바 목걸이가 걸려 있는 것을 보고 그것을 미신이라고 생각하고 그 때문에 고민했다.

"이런 미신은 당신에게 맞지 않습니다. 내가 이 목걸이를 끊어버리 겠습니다."

"아닙니다, 그래서는 안 됩니다. 이것은 우리 어머니가 주신 거룩한 선물입니다."

"그렇지만 당신은 이것을 믿습니까?"

"나는 그 신비로운 의미는 모릅니다. 이것을 걸지 않는다 해도 어떤 해가 된다고는 생각지 않습니다. 그러나 나는 그럴 만한 이유 없이, 어 머니가 사랑과 내 행복에 힘이 될 것이라는 확신으로 내 목에 걸어준 이 목걸이를 버릴 수는 없습니다. 시간이 지나는 동안 이것이 낡아 저 절로 떨어져 나간다면, 그때에 새로 다른 것을 걸 생각은 없습니다. 그 러나 이것을 끊을 수는 없습니다."

코츠 씨는 내 말을 이해하지 못했다. 그는 나의 종교를 대수롭게 생 각하지 않았기 때문이었다. 그는 나를 무지의 심연에서 건져낼 수 있 기를 바랐다. 그는 설혹 다른 종교에도 어느 정도 진리가 있다 하더라 도, 유일의 진리를 나타내는 기독교를 내가 받아들이지 않는 이상 나 는 도저히 구원될 수 없으며, 예수의 중보 없이는 내 죄는 씻을 길이 없고, 모든 선행도 소용없다는 것을 내게 믿게 하려고 했다.

그가 내게 여러 가지 책을 소개해주었듯이, 또한 자기가 확고한 기독 교인이라 생각하는 친구들에게 나를 소개해주었다. 그중의 하나가 기 독교의 한 교파인 플리머스 동포교회(Plymouth Brethren)에 속한 한 가정이다. 코츠 씨로 인해서 시작된 이 교제는 대개는 좋았다. 그들은 하나님을 두려워하는 이들이라는 아주 강한 인상을 받았다. 그러나 나 는 이 가정과 사귀는 동안 그 플리머스 동포교회 한 사람과 나로서는 전혀 생각지도 못했던 논쟁을 하게 되었다.

"당신은 우리 종교의 아름다움을 이해하지 못합니다. 당신의 말대로 한다면, 당신은 일생을 어느 순간도 쉬지 않고 당신이 지은 죄만을 들여다보며, 또 고치고 또 속죄하고 있는 듯 보입니다. 이러한 끊임없는 행동의 되풀이로 어떻게 속죄에 도달할 수 있습니까? 당신은 절대로 평화를 얻을 수 없습니다. 당신도 우리 모두가 죄인이라는 것을 인정하지요? 이제 우리의 완전한 신앙을 보세요. 고쳐보고 속죄해보려는 우리의 노력은 쓸데없습니다. 그러나 우리는 속죄를 받아야 합니다. 그 죄의 짐을 우리가 어떻게 견딥니까? 우리는 이것을 예수님께 맡기는 것뿐입니다. 그만이 죄 없는 하나님의 아들입니다. 그를 믿는 자는 영원한 생명을 얻는다는 것이 그의 말씀입니다. 그 안에 하나님의 무한한 자비가 있습니다. 우리가 예수의 속죄를 믿음으로써 우리의 죄가 우리를 얽어매지 못합니다. 우리는 죄를 짓지 않을 수 없습니다. 죄를 짓지 않고 이 세상을 살 수는 없습니다. 그러므로 예수께서는 모든 인류의 죄를 위해 고난을 받으셨고 죄를 속죄하셨습니다. 그이의 속죄를 받아들이는 사람만이 영원한 평화를 얻을 수 있습니다. 생각해보십시오, 당신의 생활은 얼마나 안정되지 못한 것인지? 우리의 생활은 또 얼마나 평화의 약속을 가지는 것인지?"

그 논박은 도저히 나를 확신시킬 수 없었다. 나는 겸손히 대답했다.

"만일 그것이 모든 기독교인이 고백하는 기독교적 신앙이라면 나는 받아들일 수 없습니다. 나는 내 죄의 결과에서 속죄받기를 원치 않습니다. 나는 죄 그 자체에서 속죄되기를, 또는 죄의식에서 속죄되기를 원합니다. 나는 그 목적에 도달할 때까지는 안정될 수 없음을 감수하겠습니다."

거기에 대해 그는 이렇게 대답했다. "나는 장담하지만, 당신의 노력은 헛된 것입니다. 내가 한 말을 다시 생각해보십시오."

그리고 그는 자기 말대로 실행했다. 그는 알면서 일부러 죄를 범하고는 그 생각 때문에 고민하지 않는 것을 내게 보여주었다.

그러나 나는 이 친구들과 만나기 전에 이미 모든 기독교인들이 그와 같은 속죄의 교리를 믿고 있는 것은 아니라는 것을 알고 있었다. 코츠 씨 자신이 하나님을 두려워하는 가운데 살고 있었다. 그의 마음은 순결했고, 자기 정화의 가능성을 믿고 있었다. 내 손에 들어온 책 중 더러는 경건한 신앙으로 가득 차 있었다. 그래서 코츠 씨가 비록 내가 최근에 당한 일로 인하여 많이 걱정하고 있었지만, 나는 그를 다시 확신시키고, 플리머스 동포교회의 왜곡된 신앙이 결코 나로 하여금 기독교에 대해 편견을 가지게 하지는 않았다고 말했다.

나의 어려움은 다른 데 있었다. 그것은 성경과, 성경의 공인된 해석에 관한 것이었다.

인도인들과의 만남

기독교 교인들과의 만남을 더 쓰기 전에 같은 시기에 있었던 다른 경험을 말해야겠다.

셰드 테브 하지 칸 무하마드는 다다 압둘라가 나탈에서 누리고 있는 것 같은 지위를 프리토리아에서 누리고 있었다. 어떤 운동도 그가 없이는 이끌어나갈 수 없었다. 첫 주부터 그를 가까이하게 되었는데, 그에게 프리토리아의 모든 인도인을 만나야겠다고 말했다. 거기에 사는 인도인들의 실태를 조사하고 싶다는 것을 말하면서 내 일을 좀 도와달라고 했더니, 그는 쾌히 승낙해주었다.

나의 첫 번째 단계는 프리토리아에 있는 전 인도인의 모임을 열고, 그들에게 트란스발 안의 자기네 상황이 어떤 것인가 하는 사실을 보여주는 일이었다. 이 모임은 셰드 하지 무하마드 하지 주삽(Sheth Haji Muhammad Haji Joosab)의 집에서 열렸는데, 나는 그에게로 가는 소개장을 지니고 있었다. 거기에는 주로 메만 상인들이 출석했고 힌두교인도 간혹 있었다. 프리토리아에 살고 있는 힌두교인의 수는 물론 매우 적었다.

이 모임에서 나는 내 일생의 첫 번째 연설을 했다고 해야 할 것이다. 내 연설의 주제는 사업에서 진실성을 지켜야 한다는 것으로 나는 그에 대한 준비를 상당히 해가지고 갔다. 나는 언제나 상인들이 장사에서는 진실을 지킬 수 없다고 말하는 것을 들었다. 나는 그때도 그렇게는 생각지 않았고 지금도 마찬가지다. 오늘날도 장사하는 친구 중에는 진실은 사업과는 같이 있을 수 없다고 주장하는 사람이 있다. 그들의 말은 이렇다. 사업은 어디까지나 실제적인 일이고 진실은 종교적인 일이다. 그러므로 실제적인 것을 종교와 같이 생각해서는 안 된다는 것이다. 그들의 생각대로 한다면 순수한 진실은 사업에서는 문제삼을 게 못 된다는 것이고, 그것은 사업에 방해가 안 되는 한에서만 말할 수 있다는 것이다. 나는 내 연설에서 그러한 견해를 강력히 반대했고, 상인의 의무감을 불러일으켰다. 거기는 이중의 의미가 있었다. 외국에 와 있는 사람은 진실을 지켜야 하는 책임이 더욱 크다. 왜냐하면 인도인 몇 사람의 행동이 수백만 동포에 대한 행동의 척도가 되기 때문이다.

나는 우리 인도인의 습관이 주위에 있는 영국인과 비교할 때 비위생적인 것을 알았으므로, 그 점에서 그들의 주의를 불러일으켰다. 또 힌두교도, 이슬람교도, 파르시교도, 기독교도, 구자라트인, 마드라스인, 펀자브인, 신드인, 카치인, 수르트인 하는 따위의 차별을 철폐할 것을 강조했다. 결론적으로 나는 남아프리카에서 사는 인도인이 당하는 고난에 관해 관계당국과 교섭하기 위하여 협의회 조직을 제의했고, 그것을 위하여는 내 시간과 노력을 최대한 제공하겠다고 약속했다. 나는 내가 청중에게 깊은 감명을 준 것을 알았다.

내 말에 뒤이어 토론이 열렸다. 어떤 이는 내게 실상을 제공해주겠다고 했다. 나는 용기를 얻었다. 청중 가운데 영어를 아는 사람이 극히 적었다. 거기서 살려면 영어지식이 필요하다고 생각했기 때문에 나는 그들에게 여가가 있는 사람은 영어를 배우라고 조언해주었고, 나이 든 후에도 외국어는 배울 수 있다고 강조하며 실제로 그렇게 한 사람들의 예를 들기도 했다. 그뿐 아니라 영어학습반이 조직된다면 내가 그것을 맡을 수 있으며, 또 그렇지 않고 개인적으로 배우겠다고 하면 기꺼이 가르쳐줄 수도 있다고 말했다.

반은 결성되지 않았으나, 세 젊은이가 자기네 집에 와서 가르쳐준다면 배울 용의가 있다고 했다. 그중 둘은 이슬람교도였는데 한 사람은 이발사요 한 사람은 사무원이었다. 또 한 사람은 힌두교인이었는데 조그만 가게를 보는 사람이었다. 나는 각자의 능력에 따라 가르쳐주기로 했다. 내 교수 능력에 대해서는 별 걱정이 없었고, 학생이 싫증이 나면 났지 내가 싫증나는 법은 없었다. 어떤 때는 내가 갔는데도 그들이 일에 잡혀 있을 때도 있었다. 그래도 나는 못 참거나 하지는 않았다. 셋 다 영어를 착실히 배우자는 생각은 별로 하지 않았다. 그러나 두 사람은 8개월 후 상당한 실력 향상을 보였다. 둘은 장부를 써나가고 상업상의 편지를 쓸 만큼은 되었다. 이발사의 욕심은 손님을 대할 수 있는 정도 이상은 되지 않았다. 그같이 공부를 한 결과 두 사람은 상당한 수입을 올릴 수 있는 실력을 얻었다.

나는 그 집회의 결과가 매우 만족스러웠다. 내 기억으로는, 그러한 모임을 매주 또는 매월 한 번 갖기로 결정을 보았다. 그것은 비교적 정기적이라고 할 수 있을 정도였고, 거기서는 자유로운 의사 교환이 있었다. 그 결과 프리토리아에서 내가 모르는 인도인은 없게 되었고, 그 사정을 내가 소상히 알지 못하는 사람이라고는 없게 되었다. 이로 인해 나는 또 프리토리아의 영국 주재관 야고보 드 웨트(Jacobus de Wet) 씨와도 알게 되었다. 그는 인도인들을 동정하였으나 별 영향력은 없었다. 그러나 그는 가능한 한 우리를 도와주겠다고 약속했고, 언제나 원하기만 하면 나를 초대해주었다.

나는 그 다음 철도 당국과 교섭을 시작하여, 그들에게 지금 인도인들이 자유로이 여행할 수 있는 권리가 침해당함으로써 받고 있는 고통은, 그들의 법규 밑에서조차도 정당화될 수 없는 것이라고 항의했다. 거기에 대해 나는 이러한 내용의 회답을 받았다. 즉, 적당한 복장을 갖춘 인도인에게는 1, 2등 차표를 팔겠다는 것이었다. 그러나 이것은 진정한 개선은 아니었다. 그 '적당한 복장'을 결정하는 것은 역장의 의견에 달렸기 때문이다.

영국 주재관은 내게 인도인 문제를 다룬 신문을 보여주었다. 테브셰드도 같은 신문을 주었다. 나는 그 신문 기사를 읽고 오렌지 자유주[3]에서 인도인들이 얼마나 잔혹하게 내몰렸는지를 알았다.

한마디로 나는 프리토리아에 머무름으로 인해 트란스발과 오렌지 자유주 안에 있는 인도인들의 사회적, 경제적, 정치적 상황을 깊이 연구할 수가 있었다. 나는 이 연구가 미래의 나에게 헤아릴 수 없이 귀중한 공헌을 하리라고는 생각지 못했다. 왜냐하면 만일 그 소송사건이 연말 전에 해결이 안 나면 연말 전에라도 귀국할 생각이었기 때문이다. 그러나 하나님의 뜻은 그렇지 않았다.

쿨리의 신세

트란스발이나 오렌지 자유주 안에 살던 인도인의 상황을 자세히 서술하는 것은 아마 여기서 할 일은 아닐 것이다. 더욱 자세히 알고 싶은 사람은 나의 『남아프리카에서의 사티아그라하의 역사』(*History of*

---

3) 오렌지 자유주(The Orange Free State): 남아프리카 연방의 한 주.

Satyagraha in South Africa)를 읽으라고 권하고 싶다. 그러나 대략
은 여기서 이야기하는 것이 필요하다.

오렌지 자유주 안에서의 인도인들은 1888년에, 또는 그전에 제정한
특별법에 의하여 모든 권리를 박탈당하고 말았다. 그들이 만일 머물러
살기를 원한다면 그들은 호텔의 짐꾼이나 그렇지 않으면 그와 같은
천한 직업에 종사해야만 했다. 상인들은 명목뿐인 보상금과 함께 내쫓
기고 말았다. 청원도 했고 탄원도 했으나 소용이 없었다.

트란스발에서는 1885년에 매우 가혹한 법안이 통과되었다. 그것이
1886년에 약간 개정이 되었는데 그에 의하면, 모든 인도인은 트란스
발에 들어올 때 입국료로 3파운드의 인두세를 내야 했다. 또 그들은
특별히 지정된 지역을 제외하고는 토지를 점유할 수도 없었고, 그 점
유조차도 인정되지 않았다. 또한 그들에게는 선거권이 없었다. 이 모
든 것은 아시아인에 대한 특별법으로 제정된 것인데, 그들 아시아인에
게는 또 유색인종에 대한 법도 적용되었다. 그 유색인종법에 의하면
인도인은 공용도로로 걸을 수도 없고, 허가 없이는 오후 9시 이후에
외출할 수도 없었다. 이 나중의 법규는 인도인에 관해서만은 신축성이
있었다. 그러나 '아랍인'으로 행세하는 사람들은 여전히 여기서 제외
되었다. 그 제외란 경관의 호의에 달려 있었다.

나는 이 두 법의 효력을 체험해야 했다. 밤이면 코츠 씨와 함께 산책
을 나가는 일이 많았는데, 10시 전에 돌아오는 일은 드물었다. 경찰이
나를 체포하면 어쩌나? 코츠 씨는 이것을 나보다도 더 걱정하고 있었
다. 그는 자기 흑인 하인에게는 통행증을 써주어야 했다. 그러나 내게
야 어떻게 통행증을 써줄 수 있을까? 다만 주인이 제 하인에게만 허가
를 해줄 수 있다. 그러나 내가 설혹 그렇게 해주기를 원하고, 또 코츠
씨가 그렇게 하고 싶은 마음이 있다 하여도 그렇게 할 수는 없다. 그것
은 부정한 일이기 때문이다.

그래서 코츠 씨와 그의 친구 중 누군가 나를 주대표 변호사 크라우제(Krause) 박사한테 데리고 갔다. 가서 만나보니 우리는 같은 법학원[4] 출신이었다. 내가 오후 9시 이후에 외출하기 위해서는 통행증이 필요하다는 사실은 그에게는 너무도 민망한 일이었다. 그는 나에게 동정을 표한 다음 통행증을 주라고 명령하는 대신 경찰의 간섭을 받지 않고 어느 때라도 외출할 수 있다는 편지를 한 장 써주었다. 나는 그 편지를 언제나 몸에 지니고 있었다. 내가 한 번도 그것을 사용한 일이 없다는 사실은 다만 우연이었을 뿐이다.

크라우제 박사는 나를 자기 집에 초대해주었고 우리는 친구가 되었다. 나는 이따금 그를 방문했고, 또 그를 통해서 요하네스버그의 검사로 있던 유명한 그의 형을 소개받았다. 보어(Boer) 전쟁 때 영국 관리 살해를 음모했다 해서 그는 군법회의에 회부되어 7년형을 받았고, 법학원 평의원회로부터 변호사 자격을 박탈당했다. 전쟁이 끝난 후 그는 석방되어 정당하게 트란스발 변호사 자격을 다시 얻어 개업하였다. 이런 교우 관계가 뒷날 나의 공적 생활에 도움 되었고, 내 일의 많은 부분을 용이하게 해주었다.

보행도로에 관한 법규의 결과 내게는 까다로운 일이 생겼다. 나는 언제나 프레지던트 가를 통해서 들로 산책을 나갔는데, 그 거리에 크뤼거(Krüger) 대통령의 저택이 있었다. 정원도 없이 아담하고 단조로운 건물로 부근 집들과 별로 다른 것이 없었다. 프리토리아의 여러 백만장자의 집들은 훨씬 더 화려했고 정원으로 둘러싸여 있었다. 사실 대통령의 검소함은 널리 알려져 있었다. 다만 그 앞에 경찰초소가 있다는 것만이 그 집이 어떤 관리의 집임을 알려주는 것이었다. 나는 언

---

4) 법학원(Inn): 런던에는 변호사 임명권이 있는 법학원이 네 개가 있다. Lincoln's Inn, Gray's Inn, Inner Temple, Middle Temple이 그것이다.

제나 보행도로를 따라 이 초소를 지나가곤 했는데, 제지나 방해를 받은 일이 없었다.

그런데 그 당번은 때때로 바뀔 때가 있었다. 한번은 경찰관 하나가 아무런 경고도 없이 나를 떠밀고 발길로 차서 거리로 내몰았다. 내가 왜 이러느냐고 항의하기도 전에, 마침 말을 타고 그곳을 지나던 코츠 씨가 소리쳐 나를 불렀다.

"간디, 내가 다 보았소. 저 사람을 고소한다면 내가 증인이 되겠소. 그런 무례한 폭행을 당하다니."

"괜찮소. 그 가여운 사람이 무얼 알겠어요? 그의 눈엔 모든 유색인종은 꼭 같은 거요. 그는 틀림없이 흑인에게도 내게나 마찬가지로 했을 거요. 나는 내 개인의 억울함 때문에 법정에 가지는 않기로 작정했소. 그를 고소하지 않을 거요."

"당신다운 말씀이군. 하지만 다시 생각해보시오. 우리는 그런 사람들을 가르칠 필요가 있지 않아요?"

그런 다음 그는 경찰관을 꾸짖었다. 그 경찰관은 보어인이었고 그들은 서로 네덜란드 말로 했기 때문에 알아들을 수가 없었다. 경찰관은 내게 사과했으나 그럴 필요는 없었다. 나는 이미 그를 용서해주었다.

그러나 나는 다시는 그 거리로 가지 않았다. 다른 사람이 그 자리에 오면 먼저 있었던 일은 모르고 다시 같은 행동을 할 것이다. 쓸데없이 또 발길질을 자초할 필요가 있을까? 그래서 나는 다른 길을 택했다.

그 사건으로 인도인에 대한 나의 동정은 더 깊어졌다. 이 법규 문제로 후에 영국 주재관을 만난 다음, 필요하다면 하나의 시험 케이스를 만들어볼 만하지 않느냐는 토론을 했던 일이 있다.

나는 이와 같이 인도인들의 어려운 사정을 글을 통해, 귀를 통해 들었을 뿐 아니라 체험으로 잘 알게 되었다. 나는 자존심이 있는 인도인에게는 남아프리카는 살 곳이 못 된다는 것을 알았고, 내 마음은 점점 더 어떻게 하면 이러한 사태를 개선해 나갈 수 있을까 하는 생각으로 가득 차게 되었다.

그러나 이때 나의 주된 의무는 다다 압둘라의 소송사건을 처리하는 데 있었다.

소송 준비

그해의 프리토리아 체류는 내 일생에서 가장 귀중한 경험이었다. 내가 공공사업에 관하여 배울 기회를 가지고, 또 그것을 위한 어느 정도의 역량을 얻은 곳이었기 때문이다. 내 속에 있던 종교적 정신이 하나의 산 힘으로 된 것도 여기요, 또 법 활용의 참지식을 얻은 것도 여기였다. 후배 변호사가 선배 변호사의 사무실에서 배우는 것을 나는 여기서 배웠고, 변호사로서 결코 실패하지는 않으리라는 확신도 여기서 얻었다. 또한 법률가로서 성공하는 비결을 얻은 것도 여기서였다.

다다 압둘라의 사건은 결코 작은 것이 아니었다. 4만 파운드짜리 소송이었다. 사업 거래에서 일어난 것인데, 복잡한 계산문제로 가득 차 있었다. 원고측 주장의 일부는 약속어음에 근거를 둔 것이고, 일부는 약속어음을 넘겨주겠다는 특정한 약속 이행에 근거를 둔 것이었다. 피고측의 항의는, 그 약속어음은 부정하게 발행된 것이어서 충분한 근거가 없다는 것이었다. 이 착잡한 사건에는 무수한 사실적, 법적 문제가 포함되어 있었다.

양측은 다 일류 변호사와 변론인을 내세우고 있었다. 나는 그래서 그들의 사무를 공부하는 좋은 기회를 얻었다. 내게 맡겨진 일은 사무변호사를 위해 원고측의 진술을 준비해주는 것과 그 진술을 뒷받침하기 위해 증거를 정밀하게 조사하는 것이었다. 내가 준비한 진술 가운 데서 사무변호사가 얼마만큼을 채택하고 얼마만큼을 기각하는지를 보는 것, 또 사무변호사가 작성한 요령서를 변론인이 얼마만큼 이용하는 가를 관찰하는 것은 모두 나에게 공부가 되었다. 이 진술서 준비는 나의 이해력과 증거 정리 능력을 상당히 증진시켜 주었음을 알았다.

나는 이 사건에 비상한 흥미를 가지고 거래에 관한 서류를 모두 읽었다. 나의 사건 의뢰인은 비상한 능력자요, 나를 전적으로 신임하고 있었으므로 덕택에 일을 퍽 쉽게 할 수 있었다. 나는 회계법을 상당히 배우게 되었다. 통신은 대부분 구자라트 말로 되어 있었는데 그것을 번역하는 동안에 나의 번역 실력도 늘었다.

이미 말한 바와 같이 나는 종교적 연합과 공공사업에 비상한 관심이 있어서, 언제나 내 시간의 얼마쯤을 거기에 쓰고는 있었지만, 그때는 아직 주된 관심사는 아니었다. 그 소송사건 준비가 나의 주된 관심사였다. 필요한 때면 법률서적을 읽고 소송사건을 조사하는 데 우선 시간을 썼다. 그 결과 나는 양쪽 서류를 다 가지고 있었기 때문에, 사실 양쪽 사람들보다도 더 분명히 사건의 진상을 파악하게 되었다.

나는 핀커트 씨의 조언을 회상했다. 그는 말하기를 '사실'은 '법'의 4분의 3이라고 했다. 그것은 뒷날 저 유명한 남아프리카의 변호사 레오널드(Leonald) 씨가 충분히 입증하였다. 내가 담당했던 어떤 사건에서 정의는 비록 내 의뢰인에게 있었으나 법률은 그에게 불리한 듯했다. 할 수 없이 레오널드 씨를 찾아가 도움을 청했다. 그도 사건에서 사실은 매우 유리하다고 보았다. 그는 외쳤다. "간디, 나는 한 가지 알았소. 이것이오. 우리가 정말 사실에 충실하기만 하다면 법률은 저절로 제 할 일을 할 것이오. 사실을 더 깊이 파고들어갑시다." 이렇게 말을 하고는 그는 나에게 사실을 더 조사해 오라고 했다. 사실을 다시 조사했을 때 사건은 전혀 새로운 면모를 드러내게 되었다. 그와 동시에 이것과 관련 있는 남아프리카의 옛 사건이 문득 머리에 떠올랐다. 나는 매우 기뻐하며 레오널드 씨를 찾아가서 모든 이야기를 했더니, 그는 "됐어. 그러면 우리는 승소할 거요. 다만 이 사건을 어떤 판사가 맡는가 하는 것만 명심하면 됩니다"라고 했다.

내가 다다 압둘라의 진술을 준비하고 있을 때는 아직 사실이 이처럼 중요하다는 것을 충분히 깨닫지 못했다. 사실은 진리를 뜻한다. 우리가 일단 진리 편에 설 때 법은 자연히 우리를 돕게 된다. 나는 다다 압둘라의 사실이 매우 유력하고 법은 장차 그의 편에 서게 되리라는 것을 알았다. 그러나 또 나는 소송을 그냥 계속해 나간다면 서로 친척간이요 한 도시에 사는 이 원고와 피고는 결국 몰락하고 말 것이라는 것도 알았다. 이 소송이 얼마나 계속될지 아는 사람은 아무도 없었다. 이렇게 법정에서 싸우도록 그냥 내버려두면 그것은 무한정으로 계속될 것이요, 양쪽에 이득되는 것은 아무것도 없다. 그렇기 때문에 양쪽은 가능하다면 속히 끝내기를 원하고 있었다.

나는 테브 셰드에게 접근하여 중재에 회부하자고 요청했다. 나는 그에게 그의 변론인을 만나보라고 했다. 그리고 만일 양쪽의 신임을 다 받는 어떤 중개자를 내세울 수만 있다면 사건은 빨리 해결될 수 있다고 말했다. 변호료가 얼마나 급속히 늘어나던지, 의뢰인들은 다 큰 상인인데도 불구하고 그들의 재산을 다 먹어치울 형세였다. 그 소송에 정신이 쏠려서 그들은 다른 일을 할 여유가 없었다. 동시에 둘 사이의 악의는 자꾸만 더해갔다. 나는 내 직업에 염증이 났다. 양쪽 변론인들은 법률가로서 자기 의뢰인을 지지하기 위해 법의 세세한 점들을 들추어냈다. 나는 승소자라 해도 그 소송에 든 비용을 다 찾아낼 수는 없다는 것을 비로소 알게 되었다. 법정 수수료 규정에는 쌍방간에 허용되는 소송비용 한도액이 정해져 있었으나 법률 대리인과 의뢰인 간의 실제적 비용은 많았다. 나는 이것을 그대로 참을 수 없었다. 나의 의무는 양쪽을 화해시켜 손잡게 하는 데 있다고 생각했다. 서로 타협을 시키기 위해 나는 긴장해서 집중했다. 마침내 테브 셰드가 동의했다. 중재인이 결정되고, 사건은 중재인 앞에서 논의되어 다다 압둘라는 이기게 되었다.

그러나 나는 그것으로 만족할 수 없었다. 만일 내 소송 의뢰인이 법정비용을 즉각적으로 받아낼 것을 요구한다면 테브 셰드는 도저히 그것을 지불할 능력이 없었다. 그런데 남아프리카에 있는 포르반다르 메만 상인들 사이에는 일종의 불문율이 있어서, 파산하게 되는 경우에는 차라리 자살을 한다는 것이다. 테브 셰드는 3만 8,000파운드나 되는 비용을 전액 지불할 능력은 없었다. 그는 총액에서 1파운드라도 덜 물겠다 하지도 않았고 파산선고를 받으려 하지도 않았다. 오직 하나의 길이 있을 뿐이었다. 다다 압둘라가 그에게 적당히 분납하도록 허락하는 길이었다. 그는 그만한 도량이 있었다. 그리하여 테브 셰드에게 장기간에 걸쳐 분납할 것을 허락하였다. 이렇게 분납으로 지불하도록 설득하기가 중재재판에 동의하게 하기보다 더 힘들었다. 그러나 양쪽은 이 결과에 만족했고, 둘 다 공중의 신망을 더 얻게 되었다. 나의 기쁨은 한이 없었다. 나는 법의 진정한 활용을 배웠다. 또한 인간성의 선한 면을 찾아내는 길을 배웠고, 인간의 심정 속에 들어가는 길도 배웠다. 법률인의 진정한 역할은 서로 갈라선 양쪽을 화합시키는 데 있다는 것을 깨달았다. 이 교훈은 도저히 지워질 수 없게 내 속에 낙인 찍힌 것이었으므로, 변호사로서의 20년간의 대부분은 수백 건의 사건을 화해시키는 데 쓰였다. 그로써 내가 손해본 것은 아무것도 없다. 돈으로도 그렇지만 내 영혼으로는 더구나 그렇다.

종교심의 발효

이제 다시 기독교인 친구들과의 경험담으로 돌아가보자. 베이커 씨는 나의 장래에 대해서 걱정하고 있었다. 그는 나를 웰링턴 회의(Wellington Convention)에 데려갔다. 프로테스탄트 기독교인들은 신앙의 깨우침, 또는 다른 말로 한다면 자기 정화를 위해 몇 년 만에 한 번씩 그런 집회를 하곤 했다. 이것을 신앙의 복귀라고도 할 수 있고 신앙의 부흥이라고 할 수도 있다. 웰링턴 회의는 이러한 집회였다. 회의의 의장은 그곳의 유명한 성직자 앤드루 머리(Andrew Murray) 목사였다. 베이커 씨는 그 집회의 고조된 종교적 분위기와 그 집회에 참석하는 사람들의 열성과 정성이 틀림없이 나를 기독교 입문으로 이끌 것이라고 생각했던 것이다.

그렇긴 하지만 그의 최후의 희망은 기도의 효험이었다. 그는 기도에 대해 확고한 신앙을 가지고 있었다. 정성으로 드리는 기도는 하나님이 듣지 않으실 수 없으리라는 것이 그의 확신이었다. 그는 브리스틀의 조지 멀러(George Muller)를 실례로 들곤 했는데, 그 멀러란 사람은 세속적인 필요까지도 완전히 기도에 의지하고 있었다. 나는 그의 기도의 효험에 관한 강론을 사심 없는 마음으로 주의해서 들었고, 만일 부르심을 받았다고 생각하기만 한다면 내가 기독교를 받아들이는 것을 막을 것은 아무것도 없을 것이라고 확약했다. 나는 오래 전부터 내 속의 음성에 귀를 기울이도록 나 자신을 가르쳐왔기 때문에 그에게 그 같은 확약을 주는 데 조금도 주저하지 않았다. 나는 내 속의 음성에 복종하는 것이 즐거웠다. 거기에 반하여 행동하는 것은 고통스러웠다.

베이커 씨는 나 같은 '유색인'을 웰링턴으로 데려가는 과정에서 곤경에 빠졌다. 그는 순전히 나 때문에 여러 번 불편을 겪었다. 우리는 도중에 부득이 하루를 쉬지 않으면 안 되었다. 그날이 일요일이었는데, 베이커 씨와 그의 일행은 안식일에는 여행하지 않기 때문이었다. 철도역 호텔 지배인은 한참 승강이 끝에 나를 받아들이기는 했으나, 식당에는 절대 들어갈 수 없다고 말했다. 베이커 씨는 쉽사리 물러설 사람이 아니었다. 그는 호텔 손님의 권리를 내세워 버텼지만, 나는 그의 곤경을 알 수 있었다. 웰링턴에서도 나는 베이커 씨와 같이 묵었다. 그는 자신이 당하는 자질구레한 불편을 감추려고 아주 애를 썼다. 그러나 나는 그것을 다 알 수 있었다.

이 집회는 독실한 기독교인들의 모임이었다. 그들의 진지한 신앙을 보니 마음이 참 기뻤다. 나는 머리 목사를 만났다. 많은 사람들이 그를 위해 기도하는 것을 보았다. 그들의 찬송 가운데 어떤 것은 참 좋았다.

집회는 사흘 동안 계속되었다. 나는 거기 모인 사람들의 진실한 신앙을 이해할 수 있었고 속으로 칭찬도 했지만, 내 신앙, 곧 내 종교를 바꾸어야 할 이유는 별로 깨닫지 못했다. 나로서는 오직 기독교로만 천국에 갈 수 있고 구원에 도달할 수 있다고 도저히 믿을 수 없었다. 내가 그것을 몇몇 선량한 기독교인들에게 솔직히 말했을 때 그들은 크게 놀랐다. 그렇지만 어쩔 도리가 없었다.

나의 고민은 더 깊은 데 있었다. 예수만이 오직 하나님의 화신이요, 그를 믿는 사람만이 영원한 생명을 얻을 수 있다는 것을 나는 도저히 믿을 수 없었다. 하나님이 만일 아들을 둘 수 있다면 우리 모두가 그의 아들일 것이요, 예수가 만일 하나님과 같거나 혹 하나님 자신이라면, 모든 사람이 다 하나님과 같이 생겼을 것이고 하나님 자신이 될 수 있을 것이다. 나의 이성은 예수가 그의 죽음과 피로 세상 죄를 대속(代贖)했다는 것을 글자 그대로는 믿을 수 없었다. 거기에는 어떤 진리가 있을 것이다. 또 기독교에 의하면 오직 사람만이 영혼을 가지고 있을 뿐이요, 다른 생물에는 영혼이 없어서 그것들은 죽으면 완전히 없어져 버리고 만다고 한다.

나는 그와는 반대의 믿음을 갖는다. 나는 예수를 하나의 순교자로, 희생의 화신으로, 거룩한 스승으로 받아들일 수는 있다. 그러나 일찍이 태어났던 인간 중 가장 완전한 사람이라고 할 수는 없다. 십자가 위에서의 그의 죽음은 세상에 대한 위대한 모범인 것은 사실이다. 그러나 거기에 어떤 신비롭고 기적적인 공로가 있다는 것은 나로서는 받아들일 수 없다. 경건한 기독교인들의 생애가 다른 종교인은 줄 수 없는 무엇을 내게 주진 못했다. 기독교인들 사이에서 듣는 것과 꼭 같은 '새로 남'을, 나는 다른 사람들의 생애에서도 보았다. 철학적으로 말한다면 기독교의 원리는 각별히 독특한 것이 아니다. 희생의 관점에서 본다면 힌두교가 기독교보다 훨씬 더 우월하다. 나는 기독교를 완전한 종교, 또는 모든 종교 중 가장 위대한 종교라고는 도저히 생각할 수 없다.

이러한 심적 동요를 기회 있을 때마다 기독교 친구들에게 털어놓았지만, 그들의 대답은 나를 만족시켜주지 못했다.

이와 같이 나는 기독교를 완전한 종교로도 가장 위대한 종교로도 인정할 수 없었지만, 힌두교 역시 그렇다고 확신한 것은 아니었다. 힌두교의 결점은 눈을 감으려 해도 감을 수 없을 만큼 분명했다. 만일 불가촉천민[5]이 힌두교의 한 부분이라면, 그것은 썩어빠진 부분이거나 그렇지 않으면 군더더기일 것이다. 나는 무수한 종파와 계급의 존재 이유를 알 수 없다. 『베다』[6]는 영감으로 된 하나님의 말씀이라는 말이

---

5) 불가촉천민: 옛날 인도 계급제도에서 최하층 계급을 차별해 위의 계급 사람들과 일체 접촉을 금한 데서 나온 것이다. 1948년 인도 독립 이후 그 차별은 헌법에서 철폐되었다.

무슨 의미가 있을까? 만일 그것이 영감으로 된 것이라면, 『성경』이나 『코란』이라고 그렇지 않을 이유가 어디 있을까?

기독교 친구들이 나를 개종시키려고 애를 썼듯이 이슬람교도 친구들 또한 그러했다. 압둘라 셰드는 계속 나더러 이슬람교를 연구하라고 권유했는데, 물론 그럴 때마다 그 종교의 좋은 점을 말해주었다.

나는 레이찬드바이에게 나의 고민을 편지로 썼다. 또 그밖에도 인도 안에 있는 여러 종교적 권위자들과 편지로 왕래하여 그들에게서 회답을 받았다. 레이찬드바이의 편지가 나를 안심시켰다. 그는 나더러 인내를 가지고 힌두 교리를 더 깊이 공부하라고 했다. 그중의 한 구절은 이러했다. "그 문제를 냉정히 생각한 결과 나는 다른 어떤 종교도 힌두교 사상같이 오묘하고 심원한 것은 없다는 확신에 이르렀습니다. 즉, 그 영혼의 직관으로 보나 또는 그 자비로 보나 말입니다."

나는 세일(Sale)의 『코란』 번역본을 사서 읽기 시작했다. 그밖에 다른 이슬람교에 관한 책도 구했다. 영국에 있는 기독교인 친구들과도 편지를 주고받았다. 그중 한 사람이 나를 에드워드 메이틀랜드(Edward Maitland)에게 소개해주어서 그와도 편지를 주고받기 시작했다. 그는 나에게 애너 킹스퍼드(Anna Kingsford)와의 공저인 『완전한 길』(The Perfect way)이라는 책을 보내주었다. 그 책에는 현재의 기독교 신앙을 반대하는 내용이 담겨 있었다. 그는 또 『성경의 새로운 해석』(The New Interpretation of the Bible)이라는 책도 보내주었는데, 둘 다 좋았다. 그것은 힌두 교리를 지지하는 듯이 보였다. 톨스토이의 『하나님의 나라는 너희 안에 있다』(The Kingdom of God is

---

6) 『베다』(Veda): 옛날의 인도 경전. 중요한 것이 네 가지 있어서 보통 4종 『베다』라 한다. 『리그 베다』(Rig Veda), 『야주르 베다』(Yajur Veda), 『사마 베다』(Sama Veda), 『아다르바 베다』(Atharva Veda)가 그것이다.

within you)는 나를 온통 뒤흔들었다. 그것은 영원히 지워질 수 없는 인상을 내 마음에 남겼다. 그 책의 독립적인 사고방식, 넓고 왕성한 도덕성, 그리고 그 진실함 앞에서, 코츠 씨가 내게 주었던 모든 책은 빛을 잃고 의미가 없어진 듯했다.

그와 같이 나의 공부는 기독교인들이 생각도 아니했던 방향으로 나를 이끌어갔다. 에드워드 메이틀랜드와의 편지는 상당한 기간 계속되었고, 레이찬드바이와의 편지는 그가 죽을 때까지 계속되었다. 나는 그가 보내준 책을 몇 권 읽었다. 그중에는 이런 것들이 있다. 『판치카란』, 『마니라트나말라』, 요가바시시타의 『무무크슈 프라카란』, 하바드라 수리의 『샷다르샤나 사무챠야』 등등.

비록 내가 기독교인 친구들이 기대했던 길로는 가지 않았지만, 종교에 대해 탐구하도록 그들이 깨우쳐준 은혜는 영원히 남아 있다. 그들과의 교제를 영원히 내 기억 속에 간직해둘 것이다. 그 뒤의 날들에는 그때보다 더 아름답고 성스러운 교제들이 나를 기다리고 있었다.

실행위원회가 되어버린 송별회

소송이 끝나자 프리토리아에 더 머물러 있을 까닭이 없어졌다. 그래서 더반으로 돌아가 귀국 준비를 하기 시작했다. 그러나 압둘라 셰드는 전송도 없이 나를 보낼 사람이 아니었다. 그는 나를 위해 시드넘 (Sydenham)에서 송별연을 열어주었다.

온종일을 거기서 보내기로 되어 있었다. 거기 있던 신문을 뒤적거리다가 우연히 그 한 귀퉁이에 '인도인의 선거권'이라는 제목 아래 펼쳐진 기사를 보았다. 그 당시 나탈 입법원에 제출된 법안에 관한 것으로, 그 목적은 나탈 입법원 의원 선거에서 인도인의 선거권을 박탈해 버리자는 데 있었다. 나는 그 법안을 모르고, 거기 모였던 손님들도 또한 그러했다.

내가 거기에 대해 셰드에게 물으니 "그것을 우리가 어찌 알 수 있습니까? 우리는 그저 우리 장사에 관한 것만 알 뿐입니다. 당신도 아시는 대로 그들은 오렌지 자유주 안에서 우리 인도인의 사업을 싹 쓸어버리고 말았습니다. 반대운동을 벌여도 보았지만 소용없었습니다. 글자를 하나도 모르니 우리는 모두 눈뜬 장님입니다. 입법이 뭔지 알 수나 있습니까? 여기 있는 유럽인 법률 고문들이 우리 눈이요 귀입니다"라고 대답했다.

그래서 나는 말했다. "그렇지만 여기서 나서 여기서 교육을 받은 젊은이들이 많지 않습니까? 그들이 좀 돕지 않습니까?"

"그들이오!" 셰드는 절망하듯 부르짖었다. "그들은 우리한테 협력할 생각이 없습니다. 그들은 기독교인이기 때문에 백인 성직자들 손에 놀아나는데 그 백인 성직자들은 또 정부 밑에 속해 있습니다."

나는 눈이 번쩍 뜨였다. 이 무리들을 우리 쪽으로 끌어야 한다고 생각했다. 그것이 정말 기독교의 뜻일까? 기독교인이 되었다 해서 그들은 인도인이 아닌 것일까?

그러나 나는 곧 돌아가려는 참이었으므로 그같이 떠오르는 생각을 발표하기를 주저했다. 다만 압둘라 셰드를 보고 이렇게 말했을 뿐이었다. "이 법안이 만일 통과되는 날이면 우리 운명은 말할 수 없이 비참해집니다. 이것은 우리 관에 박는 첫 번째 못입니다. 바로 우리 자존심의 뿌리를 자르는 일입니다."

"그렇습니다." 셰드는 맞장구쳤다. "선거권 문제의 유래를 말씀드리겠습니다. 우리는 그것을 몰랐습니다. 우리 법률 대리인 중 가장 훌륭한 에스콤(Escombe) 씨는 당신도 아시죠? 그가 그것이 어떤 것인가를 우리 머릿속에 넣어주었습니다. 그 일은 이렇게 된 겁니다. 그는 놀라운 투쟁가입니다. 그와 부두 관리자와는 아주 냉랭한 사이였는데, 그는 선거에서 부두 관리인이 자기 표를 다 빼앗고 낙선시키면 어떻게 하나 겁이 났습니다. 그래서 그는 우리에게 우리 자격이 어떤 것인가를 알려주었고, 간청했기 때문에 우리는 거기에 따라 등록했고, 투표자가 되어 그에게 표를 던졌습니다. 그럼 당신이 지금 그렇게 소중히 여겨 말씀하시는 그 투표권을 우리가 얼마나 소중히 여길 줄을 몰랐다는 것을 이제 아실 수 있을 것입니다. 그러나 이제 우리는 당신의 뜻을 잘 알겠습니다. 그러면 어떻게 하면 좋겠습니까?"

다음 손님들도 우리 대화를 주의해서 듣고 있었다. 그중 한 사람이 말했다. "어떻게 해야 할 것인가를 말씀드릴까요? 타고 가신다는 그 배표를 찢어버리고 한 달만 더 머무르세요. 그럼 우리 모두가 당신이 지도하시는 대로 싸우겠습니다."

모든 사람이 이구동성으로 찬성했다. "옳소, 옳소. 압둘라 셰드, 당신은 간디를 붙잡아두어야 합니다."

셰드는 눈치 빠른 사람이었다. "나는 지금 그를 붙잡을 수 없습니다. 그보다도 여러분에게 붙잡을 권리가 있습니다. 하여간 옳은 말씀들입니다. 우리 '모두'가 권하여 그를 머물러 계시도록 합시다. 그러나 이것을 아셔야 합니다. 그분은 변호사입니다. 그의 보수를 어떻게 하면 좋겠습니까?"

그 보수란 소리가 내 마음을 괴롭혔다. 그래서 나는 말을 가로막았다. "압둘라 셰드 씨, 보수는 문제가 아닙니다. 공공의 일에 보수가 있을 수 없습니다. 만일 내가 머물러 있어야 한다면 심부름꾼으로 머물러 있겠습니다. 또 다 아시는 대로, 나는 이곳에 계신 모든 분을 다 잘 알지는 못합니다. 그렇지만 그분들이 함께 협력하리라고 여러분께서 믿으신다면, 나는 한 달 더 있겠습니다. 그러나 한 가지 문제가 있습니다. 내게는 아무것도 주실 필요가 없습니다만 우리가 지금 계획하고 있는 이런 일은 시작부터 약간의 자금이 없이는 될 수 없습니다. 전보도 쳐야 하고, 책자도 인쇄해야 하며, 여행도 더러 하게 될 것이고, 지방변호사들과 상의도 해야 합니다. 또 나는 여기 법률을 모르니 법률서적도 더러 있어야 할 것입니다. 이런 모든 것을 돈 없이는 할 수 없습니다. 그리고 이 사업은 어느 한 사람의 힘으로는 부족할 것입니다. 그를 돕기 위해 자진해서 나서는 분들이 있어야 할 것입니다."

그러자 모두 합창을 하였다. "알라는 위대하고 자비로우십니다. 돈은 들어올 것이며 사람도 있습니다. 얼마든지 필요하신 대로 있을 것입니다. 승낙만 해주신다면 모든 것이 잘될 것입니다." 그와 같이 해서 송별회는 실행위원회가 되어버렸다. 나는 만찬회니 뭐니를 어서 빨리 끝내고 집으로들 돌아가자는 의견을 내놓았다. 맘속으로 투쟁의 윤곽을 짰다. 선거인 명부에 오른 이름을 확인하고 한 달 동안 더 머물기로 결심했다.

그와 같이 해서 하나님은 남아프리카에서 내 생애의 기초를 놓아주셨고 민족 자존의 씨를 심어주셨다.

나탈에 정착하다

셰드 하지 무하마드 하지 다다는 1893년 나탈에 있는 인도인 공동체에서 가장 뛰어난 지도자로 인정받고 있었다. 재정적으로는 셰드 압둘라 하지 아담이 그중에서 으뜸이지만, 공적인 일에서는 그도 또 그밖의 다른 모든 사람도 첫번째 자리를 셰드 하지 무하마드에게 돌렸다. 그래서 그를 회장으로 추대하고 압둘라 셰드의 집에서 모임을 하고, 투표권 법안 반대에 나서기로 결정하였다.

지원자를 모집했다. 나탈 출생의 인도인들, 주로 기독교 신자인 인도 청년들을 그 모임에 초대하였다. 더반 재판소 통역관인 폴 씨, 미션학교 교장인 수반 고드프리 씨가 출석했는데, 그들의 수고로 수많은 기독교계 젊은이들이 그 모임에 참석했다. 그 사람들이 다 지원자로 등록했다.

물론 많은 지방 상인들도 등록했는데, 그중에서 두드러진 사람으로는 이런 이들이 있었다. 셰드 다우드 무하마드, 무하마드 카삼 카므루딘, 아담지 미야칸, A. 콜란다벨루 필라이, C. 라츠히람, 랑가사미 파디아치, 그리고 아마드 지바, 파르시 루스톰지도 물론 거기 들었다. 사무원 중에서는 마네크지 조시, 나르신람, 다다 압둘라 회사의 사원과 그외 큰 규모의 상사원들이 있었다. 그들은 모두 공공의 일에 참여하고 있다는 데 한껏 놀라면서도 기뻐했다. 그와 같이 참여해달라고 초청받는 것은 그들의 생애에서 새로운 경험이었다. 운명을 같이하는 공동체에 들이닥친 환란에 직면했을 때 높으니 낮으니, 작으니 크니, 주인이니 시종이니, 힌두교도니, 이슬람교도니, 파르시인이니, 기독교인이니, 구자라트인이니, 마드라스인이니, 신드인이니 하는 차별은 완전히 잊혔다. 모든 사람은 똑같이 조국의 자녀요 시종이었다.

법안은 이미 제2독회(讀會)를 통과했거나 그렇지 않으면 그 직전이었다. 법안 심의 때 발언자들은 인도인들이 이 가혹한 법안에 반대하지 않는다는 사실을 들어 그들은 투표권을 가질 자격이 없다고 주장했다.

나는 이러한 정황을 모임에서 설명했다. 우리가 첫째로 한 것은 입법원 의장에게 전보를 쳐서 그 법안의 심의를 연기해달라고 요청한 일이다. 같은 전문을 총리 존 로빈슨(John Robinson)경에게 보냈고, 또 하나를 다다 압둘라의 친구인 에스콤 씨에게 보냈다. 의장은 즉시 우리에게 회답해 법안의 심의를 2일간 연기한다고 했다. 이것을 받고 우리는 무척 기뻤다.

입법원에 제출할 청원서가 작성되었다. 세 통을 준비했고, 신문사에 보내기 위해 한 통이 더 있어야 했다. 또 청원서에 될 수 있는 한 많은 사람의 서명을 받기로 했다. 그런데 이 모든 일을 하룻밤 사이에 처리해야 했다. 영어를 아는 자원자들과 그외 몇 사람이 밤을 꼬박 새워야 했다. 글씨 잘 쓰기로 이름난 노인 아데르 씨가 원본을 썼고, 그외의 것은 누군가 불러주어 다른 사람들이 썼다. 그렇게 해서 다섯 통이 동시에 준비되었다. 상인 자원자들은 자기 마차로, 혹은 자기 돈으로 세낸 마차로 서명 받으러 떠났다. 이 모든 일이 순식간에 이루어져서 청원서는 제출되었다. 신문들은 호의적인 논평을 더해서 게재해주었고, 또 입법원에서도 마찬가지의 반응을 보여주었다. 원내에서 토의가 되었고, 법안 지지파는 제출된 청원서의 주장에 대하여 반박하였으나 그것은 분명히 불충분한 것이었다. 그러나 법안은 통과되고 말았다.

우리는 그것이 처음부터 뻔히 정해져 있던 결론임을 알고 있었다. 그러나 시위운동은 공동체 안에 새 생명을 불어넣어주었고, 그들에게 공동체는 하나요 나눌 수 없는 것이며, 상업상의 권리와 마찬가지로 정치적 권리를 위해서도 싸워야 하는 것이 자신들의 의무라는 것을 확신하도록 해주었다.

그 당시 리폰(Ripon)경이 식민지 담당 국무장관이었으므로 그에게 장문의 탄원서를 보내기로 했다. 이것은 작은 일이 아니요, 하루 동안에 할 수 있는 것이 아니었다. 자원자가 모집되었고, 각자가 나서서 일을 적당히 분담하였다.

이 탄원서를 기초하는 데 나는 상당히 고심했다. 그 문제에 참고가 될 만한 문헌을 죄다 읽었다. 이론의 중심은 하나의 원리와 하나의 방편에 있었다. 나는 이렇게 주장했다. 즉 우리는 인도에서 일종의 선거권을 가지고 있었으므로 나탈에서도 가질 권리가 있다고. 나는 또 이렇게 역설했다. 즉 그 선거권을 행사할 수 있는 인도인은 매우 소수이므로 그대로 가지고 있게 하는 것이 편리하다고.

두 주일 동안에 1만 명의 서명을 얻었다. 주 전지역에서 이만한 수를 확보하는 것은 쉬운 일이 아니었다. 더구나 사람들이 이 일에 대하여 완전히 생소했다는 것을 생각할 때 더욱 그렇다. 우리는 서명자가 그 탄원의 취지를 충분히 이해하고 있는 경우가 아니면 결코 서명 받지 않기로 했으므로, 그 일을 위해서는 자원자 중에서도 특히 그럴 만한 능력이 있는 사람을 선발해야 했다. 촌락들은 서로 먼 거리에 흩어져 있었다. 일이 신속히 진행되려면 몇 사람이 전력을 기울여야만 했다. 우리는 그렇게 했다. 모든 사람이 자기가 맡은 일을 열성적으로 했다. 그러나 내가 이 글을 쓰고 있는 이 순간 내 눈앞에는 셰드 다우드 무하마드, 루스톰지, 아담지 미야칸, 그리고 아마드 지바 등의 모습이 또렷이 나타난다. 그들은 가장 많은 서명을 받아왔다. 다우드 셰드는 자발적으로 온종일을 쉬지 않고 마차로 돌았다. 어느 누구 하나 주머니 돈으로 쓴 비용조차 청구한 이가 없었다. 다다 압둘라의 집은 곧 대상(隊商) 여인숙인 동시에 공용사무실이 되어버렸다. 나를 도와주던 유식한 친구들과 그밖의 사람들이 그곳에서 식사했다. 이와 같이 모든 조력자들이 꽤 많은 비용을 썼다.

탄원서는 마침내 발송이 되었다. 1,000통을 인쇄하여 사방으로 발송했다. 인도 민중은 처음으로 나탈의 실정을 알게 되었다. 나는 그 사본을 내가 아는 모든 신문과 평론가에게 보냈다.

『더 타임스 오브 인디아』는 그 탄원에 관한 논설에서 인도인의 요구를 강력히 지지해주었다. 또한 사본을 영국 내의 각 정당을 대표하는 신문과 평론가들에게도 발송했다. 『더 런던 타임스』가 우리 요구를 지지했다. 그래서 우리는 그 법안이 거부될 수 있다는 희망을 품기 시작했다.

나는 이제 나탈을 떠날 수 없게 되었다. 인도 친구들이 사방에서 나를 둘러싸고 이곳에 영주하라고 간청했다. 나는 어려움을 표명했다. 나는 이미 공공의 비용으로 머물지는 않기로 결심했다. 독립된 가계를 이뤄야 한다고 생각했다. 집은 좋아야 하고 좋은 지역에 있어야 한다고 생각했고, 또한 변호사다운 생활을 하지 않고는 사회의 신망을 얻을 수 없을 것이라고 생각했다. 그리고 그러한 생활을 하려면 적어도 연간 300파운드가 없이는 불가능할 것으로 보였다. 그래서 나는 핵심적인 상인들이 그 최소 한도의 수입을 얻을 수 있는 법률사무를 보장만 해준다면 머물러 있을 수 있다고 결정하고 그 생각을 그들에게 전했다.

그들은, "그러나 당신이 공무를 보시고 그만한 돈을 받으면 되지 않습니까? 그 정도는 우리가 무난히 모을 수 있습니다. 물론 그것은 당신이 개인적으로 법률사무소에서 버시는 보수와는 별도입니다"라고 말했다.

"아닙니다. 나는 공적인 일을 하고 여러분들에게서 돈을 받을 수는 없습니다." 내가 말했다. "그 일은 내가 변호사로서 가지는 수완을 많이 이용해야 하는 것은 아닙니다. 내 일은 주로 여러분이 일하도록 하는 것입니다. 그런데 내가 어떻게 여러분에게서 보수를 받을 수 있겠습니까? 그리고 그 일을 위한 자금 때문에 여러분에게 돈을 요구하는 일이 자주 있을 것입니다. 그런데 만일 내 생활비를 여러분에게 받게 된다면, 많은 돈이 필요할 때 그러기가 좀 어렵게 될 것이고, 그러면 결국 우리 일은 정지 상태에 빠지고 말 것입니다. 그뿐 아니라 나는 우리 단체가 공공사업을 위해 매년 300파운드 이상 내주기를 바랍니다."

"이제 우리는 얼마 동안 같이 지냈기 때문에 당신을 잘 압니다. 필요치 않은 것을 내라 하실 분이 아니라는 것을 압니다. 그런데 당신에게 여기 계셔달라고 부탁하면서, 우리가 그 비용을 못 낼 리야 있겠습니까?"

"당신들이 그렇게 말씀하시는 것은 나를 사랑하기 때문이요, 지금의 열성 때문입니다. 이 사랑과 열성이 영원히 계속된다고 누가 보장할 수 있습니까? 그리고 여러분의 친구요 일꾼으로서, 나는 여러분께 간혹 심한 말도 하게 될 것입니다. 내가 변함없이 여러분의 사랑을 받을지 누가 압니까? 그러나 알아야 하실 것은, 나는 공공사업을 위해서는 어떤 보수도 받아서는 아니 된다는 사실입니다. 내게는 여러분이 여러분의 법률사무를 맡겨주시겠다고 승낙만 해주시면 충분합니다. 그것도 여러분께는 어려우실 것입니다. 또 한 가지 알아둘 것은, 나는 백인 변호사가 아닙니다. 법정이 나를 받아준다고 어떻게 장담합니까? 또 내가 변호사 노릇을 제대로 할지 어떻게 압니까? 그렇기 때문에 내게 사건 의뢰를 한다는 것부터가 하나의 모험입니다. 여러분이 내게 일거리를 주시는 그 사실조차도 저의 공공사업에 대한 보수로 알아야 하겠습니다."

토의의 결과 약 20명의 상인들이 그들의 법률사무를 1년 동안 내게 맡기기로 결정하였다. 이밖에도 다다 압둘라는 내가 떠날 때에 주려고 했던 사례금으로 필요한 가구를 사주기로 했다.

이렇게 해서 나는 나탈에 정착하게 되었다.

유색인 변호사

법정의 상징은 공평 무사하고, 장님이면서도 총명해 보이는 여인이 양쪽 팔에 반듯하게 저울을 들고 있는 것이다. 운명은 그 여인을 일부러 장님으로 만들어서, 사람을 외모로 판단하지 말고 그 내면을 보아서 판단하도록 했다. 그런데 나탈 변호사회는 최고재판소가 그 원칙을 위반하고 그 상징을 거짓으로 만들게 하려는 설득을 시작했다.

나는 최고재판소에 변호사 허가 신청서를 냈다. 이미 뭄바이 고등법원의 허가증이 있었고, 영국의 증명서는 뭄바이 고등법원에 등록할 때에 첨부해 예치되어 있었다. 허가 신청에는 두 사람의 보증서를 첨부해야 했는데, 유럽인의 보증서를 받으면 더 가치가 있을 것으로 생각하고 압둘라 셰드를 통해서 알게 된 유명한 두 유럽인 상인에게서 보증서 두 통을 얻었다. 신청서는 변호사회 회원을 통해서 내기로 했는데, 보통 검찰총장이 무보수로 해주고 있었다. 앞서 이야기한 대로 에스콤 씨는 다다 압둘라 회사의 법률고문이자 검찰총장이었다. 내가 찾아갔더니 그는 쾌히 승낙하고 신청서를 제출해주겠다고 했다.

그런데 변호사회가 갑자기 나의 신청을 반대한다는 통지를 보내옴으로써 내게 기습을 가해왔다. 그 이유 가운데 하나는 영국 변호사 면허증이 신청서에 첨부되지 않았다는 것이다. 그러나 주된 이유는 변호사 허가 규정을 제정할 때 유색인의 적용문제를 고려하지 않았다는 것이다. 나탈의 발전은 유럽인의 사업활동에 의한 것이므로, 변호사단에서 유럽계가 압도적으로 세력을 쥐어야 한다는 것이다. 만일 유색인이 허용된다면 그들이 점차 유럽인을 압도하게 될 것이고, 그렇게 되면 유럽인을 보호하기 위한 보루가 무너져 버린다는 것이다.

변호사회는 자신들의 반대운동을 지지받기 위하여 저명한 변호사 한 사람을 썼는데, 그도 역시 다다 압둘라 회사와 관계가 있었으므로 자기와 만나자고 연락해왔다. 그가 퍽 솔직한 태도로 내 경력을 묻기에 말해주었다. 그러자 이렇게 말했다.

"나는 당신에게 반대할 맘은 없습니다. 다만 당신이 식민지 태생의 사기꾼이 아닌가 의심했을 뿐입니다. 그리고 당신의 신청서에 본래의 면허증이 첨부되지 않아서 더욱 의심했습니다. 사람들 중에는 자기 것이 아닌 자격증을 사용하는 사람들이 있습니다. 당신이 제출한 유럽인의 보증서는 아무 소용이 없습니다. 그들이 당신에 대해 무엇을 알겠습니까? 그 사람들이 당신을 어느 정도로 알고 있겠습니까?"

"그러나 이곳에 있는 사람은 내게는 다 낯선 사람입니다. 압둘라 셰드도 여기서 처음으로 나를 알게 되었습니다" 하고 나는 말했다.

"그러나 당신은 그가 당신과 같은 고장 사람이라고 그러셨지요. 만일 당신 아버지가 그곳 총리였다면 압둘라 셰드는 당신네 집안을 잘 알았을 것 아닙니까? 당신이 만일 그의 보증서를 받아내셨더라면 나는 절대로 반대하지 않고 기꺼이, 당신 신청서에 반대할 수 없다고 변호사회에 통지했을 것입니다."

이 말에 화가 치밀었지만 억지로 감정을 누르고 혼자 속으로 말했다. '설혹 다다 압둘라의 보증서를 첨부했다 하더라도 기각당했을 것은 뻔한 일이고 그때 그들은 유럽인의 것을 가져오라 했을 것이다. 그리고 또 변호사회에 가입하는 데 내 출생이니 경력이 무슨 관계가 있는가? 내가 천하게 태어났거나 못마땅하게 태어났거나 간에 그것이 어떻게 반대할 이유가 될까?' 그러나 나는 꾹 참고 조용히 대답했다.

"나는 변호사회가 그런 세세한 것까지 물을 권리가 있다고 인정하지는 않습니다만 원하시는 보증서를 내겠습니다."

압둘라 셰드의 보증서를 작성하여 변호사회를 대표하는 변호사에게 냈다. 그는 됐다고 했다. 그러나 변호사회는 그렇지 않았다. 그들은 최고재판소에서 내 신청에 반대했다. 하지만 최고재판소는 에스콤 씨의 답변을 들을 것도 없이 그 반대를 기각해버렸다. 재판장은 다음과 같은 요지의 말을 했다.

"신청인이 본래의 면허증을 첨부하지 않았다는 반대 이유는 아무런 근거도 없다. 그가 만일 허위 보증서를 꾸몄다면 기소될 것이고, 유죄로 판명되면 그의 이름은 삭제될 것이다. 법은 백인과 유색인의 차별을 인정치 않는다. 그러므로 법정은 간디 씨의 변호사 등록을 막을 권한이 없다. 이 법정은 그의 신청을 승인한다. 간디 씨, 선서를 행하시오."

나는 일어서서 등록관 앞에서 선서했다. 선서를 끝내자마자 재판장은 나에게 말했다.

"간디 씨, 이제 당신의 터번을 벗어주시오. 변호를 담당한 변호사가

입는 복장은 재판소의 법규를 따라야 합니다."

별도리가 없음을 알았다. 지방 치안재판소에서 벗지 않겠다고 버텼던 터번을 나는 최고재판소의 명령에 따라 벗었다. 그 명령을 거부했다 하더라도 그것을 관철시킬 수가 없어서가 아니라, 보다 더 큰 싸움을 위하여 힘을 아껴두고 싶어서였다. 내 능력을 터번을 위한 투쟁에 다 소모해버려서는 아니 된다. 더 긴요한 일을 위해 아껴두어야 했다.

압둘라 셰드나 그밖의 친구들은 나의 그같은 굴복을 좋아하지 않았다. 그들 생각은 내가 법정에서 변호사로 일하고 있는 동안 당당히 내 권리로서 터번을 쓰고 있어야 한다는 것이었다. 나는 그들을 이해시켜 보려고 했다. 나는 '로마에 가면 로마법을 따른다'는 격언을 이해하도록 차근차근 설명해보려 했다. "인도에 있으면서 영국 관리나 재판관이 터번을 벗으라고 명령한다면, 그때에 그것을 거부하는 것은 옳은 일입니다. 그러나 재판소의 한 관리로서 나탈 주의 재판소 풍속을 무시한다면 내 도리가 아닐 것입니다."

나는 이와 비슷한 말로 친구들의 마음을 달래보려 했지만, 아무리해도 이 경우, 사정이 다를 때는 그 입장에서 원리를 지켜야 한다는 것을 완전히 납득시킬 수는 없었다. 그러나 나의 일생을 통해서 진리를 관철하려고 주장해온 바로 그 노력이 내게 타협의 방법을 가르쳐주었다. 뒷날에야 이 정신이 사티아그라하의 본질적인 요소인 것을 깨달았다. 이 때문에 생명에 위험이 있었던 일도 많았고 친구들을 섭섭하게 만든 일도 많았다. 그렇지만 진리는 굳을 때는 금강석 같으면서도 또 연할 때는 꽃 같은 것이다.

결국 변호사회의 반대는 나를 또 한 번 남아프리카에 알리는 역할을 한 셈이었다. 대부분의 신문이 그 반대를 잘못이라 하고 변호사회의 질투라고 공격했다. 그 선전으로 내 일이 어느 정도 쉬워진 면도 있었다.

나탈 인도 국민의회

전에도 그랬지만 그후에도 변호사 업무는 내게 부업적인 것으로 남아 있었다. 나탈에 머무는 것을 당당한 심정으로 하려면 공공사업에 전력을 다하지 않으면 안 되었다. 선거권 박탈 법안에 대한 탄원서의 발송은 그 자체만 가지고는 부족했다. 식민지 담당 국무장관에게 깊은 인상을 주려면 계속적인 시위운동이 필요했다. 그러기 위해서는 상설기구가 있어야 한다고 생각했다. 그래서 나는 압둘라 셰드와 또 다른 친구들과 상의하여 영구적 성격의 공공단체를 조직하기로 결정하였다.

새로 조직되는 단체에 붙일 이름을 정하기에 상당히 고심하였다. 그것은 어떤 특정 당파와 관련지어서는 안 되는 것이었다. 의회 (Congress)라는 명칭이 영국 보수당에서는 평이 좋지 못한 것임을 알고 있었다. 그렇지만 인도 국민의회는 바로 인도의 생명이다. 그것을 나탈에서 일반화하고 싶었다. 그랬기 때문에 나는 그 이유를 충분히 설명한 다음 그 단체를 '나탈 인도 국민의회'라고 명명할 것을 제의하여서, 드디어 5월 22일에 나탈 인도 국민의회가 발족하게 되었다.

그날 다다 압둘라의 그 널따란 방은 입추의 여지가 없었다. 거기 참석했던 모든 사람이 열렬한 박수로 그 의회를 찬성했다. 규약은 간단했지만 입회 부담은 무거웠다. 매달 5실링씩을 내는 사람만이 회원이 될 수 있었다. 넉넉하게 사는 사람들은 될수록 많이 내도록 권유했다. 압둘라 셰드가 매달 2파운드로 그 명단에 선두를 섰고 다른 두 친구가 역시 같은 액수를 써넣었다. 나도 회비 내는 데서 빠져서는 안 된다고 생각해서 매달 1파운드를 적었다. 나로서는 적은 액수가 아니었다. 그러나 나도 내 할 일을 하자는 생각만 있다면 반드시 힘에 겨운 것은 아니라고 생각했다. 그리고 하나님은 나를 도와주셨다. 그와 같이 하여서 우리는 매달 1파운드를 내겠다는 상당수의 회원을 얻었다. 매달 10실링을 적은 사람의 수는 더 많았다. 그밖에 들어온 찬조금도 고맙게 받았다.

경험에 비추어보면 회비를 내라고 해서 첫마디에 내는 사람은 아무도 없었다. 더반 밖에 사는 회원을 번번이 찾아가는 것도 불가능한 일이다. 첫 순간의 열의도 나중에는 식는 법이다. 더반에 사는 사람들조차도 몇 번 독촉을 해야만 냈다.

내가 간사였으니 회비 받는 것은 내 책임이었다. 마침내 나는 서기한 사람을 매일 회비 걷는 일에 내세우지 않으면 안 되는 형편에 이르렀다. 그 사람도 진력 나기에 이르고 보니, 나는 이제는 이것을 바로잡으려면 회비 납부를 매달이 아니라 매년으로 고치고, 그것도 엄격하게 선불로 하지 않으면 안 되겠다고 생각하였다. 그래서 회의를 열었다. 모든 사람이 다 회비를 달마다 내지 말고 1년에 한 번 내기로 하고, 최저액을 3파운드로 하자는 제의에 찬성했다. 그렇게 하여서 회비 징수는 퍽 쉽게 되었다.

나는 첫 출발에서부터 공공사업은 빚을 지고 해서는 아니 된다는 것을 알고 있었다. 다른 일은 다 그렇지 않을는지 몰라도 금전에 관해서만은 누구든 약속을 그대로 믿어서는 아니 된다. 나는 이때까지 자기입으로 내겠다고 한 회비를 곧 내는 사람을 본 일이 없는데, 나탈 인도인들도 그 법칙에서 예외가 아니었다. 그래서 수중에 자금이 없이는 사업을 하지 않기로 해 나탈 인도 국민의회는 빚을 진 일이 없었다.

나의 협력자들은 회원을 이끌어들이는 데 비상한 열성을 보여주었다. 그것은 그들에게 흥미있는 일이기도 했지만, 또 동시에 한없이 귀한 경험이었다. 수많은 사람들이 즐거운 마음으로 회비를 현금으로 들고 나섰다. 내륙 지방 먼 거리에 있는 촌락에서는 일이 결코 쉽지 않았다. 사람들은 공공의 일이 어떤 성질의 것인지를 모르고 있었다. 그래도 유력한 상인들의 호의로 아주 먼 벽지까지 초대받아서 갔다.

그러한 여행 도중에 한번은 아주 애를 먹은 일이 있었다. 우리는 찾아간 사람에게서 6파운드의 찬조금을 기대하고 있었는데, 그는 세상 없어도 3파운드 이상은 줄 수 없다고 거절하는 것이었다. 우리가 만일 그에게서 그 액수만 받고 만다면, 다른 사람들도 다 그를 따라 할 터이니, 그러면 우리의 모금운동은 실패하고 마는 것이다. 밤은 이미 깊었고, 우리는 배가 고팠다. 그렇지만 받아내려고 마음먹었던 액수를 받지도 못하고 어떻게 밥을 먹을 수 있겠는가? 아무리 권유해도 소용이 없었다. 그 읍내의 다른 상인들도 그에게 알아듣도록 설명해주며, 우리는 밤을 꼬박 새웠다. 그도 우리도 꼭 같이 한치도 물러서지 않기로 결심했다. 우리 협력자들은 모두 화가 치밀었지만, 그래도 잘 참았다. 드디어 동이 훤히 틀 무렵이 되자 그는 마침내 양보해 6파운드를 내주고, 식사를 차려서 내왔다.

이것이 통가트(Tongaat)에서 생긴 일인데, 그 영향은 북해안의 스탠저(Stanger), 그리고 저 구석 지방의 찰스타운에까지 미쳤다. 이 때문에 우리 모금사업은 도리어 촉진되었다. 그러나 자금 모으는 것만이 할 일은 아니었다. 그보다도 오래 전부터 필요 이상의 돈을 수중에 가지고 있어서는 안 된다는 철칙이 있었다.

회의는 보통 매달 한 번, 필요한 때면 매주 한 번씩 열리곤 했다. 전 회의의 회의록을 읽고, 여러 가지 문제를 토론했다. 사람들은 공식 토론에 참여해본 경험이 없었고, 말을 간단하고 요령 있게 할 줄도 몰랐다. 사람마다 일어나서 말하기를 주저했다. 나는 회의 진행 규칙을 설명해주었고, 그러면 그들은 잘 지켰다. 그들은 그것이 자신들에게 교육이 되는 것을 깨달았고, 전에 청중 앞에서 말해본 일이 도무지 없던 사람들이 곧 공사(公事)에 관해 공식적으로 생각하고 말할 줄 알게 되었다.

공공의 일에서는 사소한 비용이 때로는 거액에 달하게 되는 것임을 알고 있었기 때문에 처음에는 영수증도 인쇄하지 않기로 했다. 사무실에 등사기를 하나 두고 영수증과 보고서는 그것으로 찍어냈다. 이런 것들을 인쇄로 한 것은 회의 재정이 넉넉해지고 회원수와 사업의 규모가 늘어난 후부터였다. 그러한 절약은 반드시 지켜야 하는 것인데 어떤 조직체에서는 언제나 그것이 그대로 지켜지지 않는다. 내가 이러한 조그만, 그러나 차차 자라가는 기관의 사소한 일들을 이렇게 세세히 이야기하는 이유는 바로 거기에 있다.

사람들은 자기가 낸 돈의 영수증을 받을 생각을 별로 하지 않지만, 우리는 언제나 영수증을 꼭 받도록 하라고 주장했다. 이와 같이 한푼 한푼을 꼭꼭 기록했기 때문에, 지금도 1894년도 인도 국민의회의 기록 속에 그 금전출납부를 그대로 내놓을 수 있게 보존이 되어 있다. 장부를 세밀히 기록하는 것은 어떤 기관에서나 필수 조건이다. 장부 기록이 없으면 오해를 산다. 분명하게 기록된 장부 없이 진실을 깨끗이 지키라는 것은 불가능한 일이다.

그 의회의 또 한 가지 특색은 식민지 출생의 교육받은 인도인에 대한 봉사였다. 의회의 주재로 식민지 출생 인도인 교육협회가 창립되었다. 회원은 주로 이들 교육받은 청년들이었고, 거의 명색뿐인 회비를 냈다. 협회는 이들의 요구와 불만을 발표하게 하고, 그들에게 사상을 고쳐시키며, 인도 상인들과 접촉하게 하고, 또 인도인 사회를 위해 봉사할 수 있는 기회를 주는 것이 그 일이었다. 회원들은 정기적으로 모여서 여러 가지 문제에 관해 의견을 발표하거나 신문을 읽거나 했다. 또 이 협회에는 조그만 도서관도 설치되었다.

의회의 세 번째 특색은 선전이었다. 그것은 남아프리카와 영국에 있는 영국인과 인도 국내에 있는 인도인들에게 나탈의 실정을 알려주는 일이었다. 그 목적을 위해 나는 두 권의 소책자를 썼다. 첫 번째는 『남아프리카에 있는 모든 영국인에게 보내는 호소』(*An Appeal to Every Briton in South Africa*)였는데, 그 내용은 나탈 인도인의 일반적인 실상을 예를 들어가면서 서술한 것이었다. 두 번째 책은 제목을 『인도인 선거권—하나의 호소』(*Indian Franchise—An Appeal*)라 했는데, 그 내용은 나탈에 있는 인도인 선거권의 역사를 실례와 숫자로써 간략히 설명한 것이었다. 나는 이 소책자들을 쓰는 데 상당한 공력을 들였는데, 그렇게 한 보람이 있어서 이것은 널리 배포되었다.

이 모든 활동의 결과로 남아프리카에서 수많은 인도인 친구를 얻게 되었고, 인도 각계각층에서 활발한 동정을 얻기에 이르렀다. 또한 남아프리카의 인도인 앞에 하나의 분명한 행동노선을 제시해주었다.

발라순다람

진실하고 순수한 소원은 언제나 이루어지는 법이다. 나는 경험을 통하여 이 법칙이 실증되는 것을 여러 번 보았다. 가난한 사람들을 돕자는 것이 내 진정한 소원이므로 나는 늘 가난한 사람들 속에 뛰어들게 되었고 그들과 하나될 수 있었다.

나탈 인도 국민의회 회원 속에 식민지 출생 인도인과 사무원급 사람들은 가입해 있었지만, 기술 없는 날품팔이와 계약노동자들은 아직도 그 울타리 밖에 있었다. 국민의회는 아직도 그들의 것이 아니었다. 그들은 회비 낼 돈을 마련할 수 없어 회원이 될 수 없었다. 의회는 다만 봉사를 통해서 그들과 접촉할 수 있었다. 의회도 나도 정말로 그점에 대해 아무 준비도 못 하고 있을 때 기회가 저절로 닥쳐왔다. 내가 개업하여 3, 4개월이 될까말까했고 의회도 아직 어린애 시절인 때에, 어떤 타밀 사람이 찢어진 옷을 걸치고 손에는 터번을 들고 앞니 두 개가 부러져 입에 피를 흘리면서 내 앞에 나타나 벌벌 떨며 울었다. 그는 말하기를 자기 주인한테 몹시 얻어맞았다는 것이었다. 나는 타밀 사람인 서기로부터 그에 대한 모든 것을 알게 되었다. 그의 이름은 발라순다람이었는데, 더반에 있는 어떤 유명한 유럽인 주재관 밑에서 일하고 있는 계약노동자였다. 그의 주인은 화가 나자 발라순다람을 마구 때려 이빨을 두 개씩이나 부러뜨렸다.

나는 그를 의사한테 보냈다. 그 당시는 백인 의사밖에 없었다. 나는 의사에게 발라순다람의 진단서를 써달라고 하였다. 그러고는 즉시 부상자를 데리고 치안판사에게로 가서 그에게 진단서를 내놓았다. 치안판사는 그것을 읽고 분개하여 고용주에게 소환장을 발부했다.

나는 결코 그 고용주를 처벌하자는 생각은 아니었다. 다만 발라순다람을 그에게서 해방시키자는 것뿐이었다. 그래서 계약노동에 관한 법률을 읽어보았다. 일반 하인이 이유 없이 제 직무를 이탈하면 주인은 그를 민사 재판소에 고소할 수 있다. 계약노동자의 경우는 그것과는 전혀 다르다. 같은 경우에 그를 형사 재판에 고발해 유죄가 인정되면 투옥하도록 되어 있었다. 그렇기 때문에 윌리엄 헌터(William Hunter)경은 계약노동제도를 노예제도나 마찬가지로 악한 것이라고 했다. 노예나 마찬가지로 계약노동자는 고용주의 하나의 소유물이었다.

발라순다람을 놓아주는 데는 오직 두 길이 있을 뿐이었다. 하나는 계약노동자 보호관으로 하여금 그의 계약기한을 취소하게 하거나 그렇지 않으면 그를 다른 사람에게 넘기는 것이요, 또 하나는 발라순다람의 고용주로 하여금 그를 놓아주게 하는 일이다. 나는 그 고용주를 찾아가서 이렇게 말했다. "나는 당신을 고소하여 벌 받도록 할 마음은 없습니다. 이제는 당신이 그를 지나치게 때린 것을 잘 깨달으신 줄로 압니다. 당신이 그 계약노동자를 다른 사람에게 넘겨주시면 좋겠습니다." 그는 선뜻 승낙했다. 그 다음 나는 보호관을 만났다. 그는 내가 새 고용주를 얻어준다는 조건 아래 찬성하였다.

그리하여 나는 고용주를 찾으러 나섰다. 그는 반드시 유럽인이어야
했다. 인도인은 계약노동자를 고용할 수 없기 때문이다. 그때는 내가
아는 유럽인이 별로 없었다. 한 사람을 만났는데 그는 매우 친절히 발
라순다람을 받아주겠다고 승낙했다. 나는 그에게 진심으로 감사드렸
다. 치안판사는 발라순다람의 고용주에게 유죄를 선언하고, 계약서를
다른 사람에게 넘겨주기로 약속했음을 기록하였다.

  발라순다람의 사건은 모든 계약노동자 귀에 들어갔고, 나는 그들의
친구로 알려지게 되었다. 나는 이 인연을 흔쾌히 환영했다. 계약노동
자들이 끊임없이 사무실로 찾아들었고, 나는 그들의 기쁨과 슬픔을 알
수 있는 가장 좋은 기회를 얻게 되었다.

  발라순다람 사건의 메아리는 멀리 마드라스까지 퍼졌다. 그 주의 각
지방으로부터 계약노동으로 나탈에 오는 노동자들은 자기네 동료로부
터 이 이야기를 들어 알고 있었다.

  그 사건 자체는 특별한 것이 없었다. 그러나 나탈의 어떤 사람이 그
들을 위해 염려해주고 그들을 위해 공적으로 활동하고 있다는 그 사
실이 그들 계약 노동자를 기쁨으로 놀라게 했고, 그들에게 희망을 불
어넣어주었다.

  나는 발라순다람이 손에 터번을 들고 사무실에 들어왔다는 이야기
를 이미 했다. 거기에는 우리가 당하는 모욕을 나타내는 특별한 아픈
사실이 있다. 나는 이미 터번을 벗으라는 요구를 받았다는 이야기를
했지만, 계약노동자나 낯선 인도인이 유럽 사람을 찾아갈 때는 그 앞
에서 머리에 쓴 것, 그것이 캡이거나 터번이거나 간에, 또 그렇지 않
고 머리에 두른 스카프거나 간에 그것을 벗어야 한다는 하나의 관례
가 강요되고 있었다. 합장을 하고 절을 하는 것으로도 부족했다. 발라
순다람은 내 앞에서조차도 그렇게 하지 않으면 안 될 것으로 생각했
었다. 나는 이런 일은 처음 당해보았다. 나는 창피라도 당하는 것 같아

그더러 터번을 두르라고 했다. 그는 하라는 대로 하면서도 주저하는 기색이 없지 않았다. 그러나 그 얼굴에 기뻐하는 빛이 나타난 것을 숨길 수 없었다.

사람이 제 동료를 천대하면서 그것으로 제가 높아진 듯이 여기는 것은 참으로 알 수 없는 일이다.

3파운드의 세금

발라순다람 사건으로 나는 계약노동자들과 접촉하게 되었지만, 나로 하여금 그들의 상황을 깊이 연구하지 않을 수 없도록 만든 것은 그들에게 과중한 특별세금을 부과하려는 정치적 움직임이었다.

같은 해인 1894년, 나탈 정부는 계약노동자에게 매년 25파운드의 세금을 부과하려는 꾀를 쓰고 있었다. 그 계획을 보고 깜짝 놀랐다. 나는 그 사건을 의회에다 토의 안건으로 내놓고서 즉시 반대작전을 펴기로 결의했다.

먼저 이 세금의 유래를 간단히 설명해야 하겠다.

1860년쯤 나탈에 있던 유럽인들은 사탕수수 재배가 상당히 유리하리라는 것을 알자 자신들의 노동력 부족을 느꼈다. 밖에서 오는 노동력이 아니고는 사탕수수 재배나 사탕의 제조가 불가능했다. 왜냐하면 나탈의 줄루인들은 그런 종류의 노동에 적합하지 않기 때문이었다. 그래서 나탈 정부는 인도 정부와 교섭하여 인도 노동자 모집 허가를 얻었다.

이들 응모자들은 5년간 나탈에서 일한다는 계약에 도장 찍어야 했고, 그 기한이 끝나면 자유롭게 거기 머무르며 토지를 소유할 수 있는 권리를 가지도록 되어 있었다. 그러나 그런 것들은 그들을 유인하기 위해 내세운 미끼였다. 당시 백인들 계획으로는 그 계약 기한이 다 되면 그후는 인도 노동자들의 근면을 이용하여 자기네의 농업을 발전시킬 수 있을 것이라고 보고 있었다.

그러나 인도인들은 그들이 기대했던 것보다 더 나은 효과를 냈다. 그들은 많은 양의 채소를 재배했고, 인도산 농산물을 수입했고, 또 그지방 토산물을 헐값에 재배하기도 했다. 또 망고를 수입했다. 그뿐만 아니라 농업에만 그치지 않고 상업까지 시작하였다. 땅을 사고 집을 짓고, 많은 사람이 노동자의 지위에서 토지, 가옥의 소유자로 올라갔다. 그 뒤를 따라 인도 무역상들이 와서 사업을 시작했다. 셰드 아부바카르 아모드(Sheth Abubakar Amod)는 그중의 제1인자였는데, 그는 곧 거대한 실업가가 되었다.

깜짝 놀란 것은 백인 무역상들이었다. 그들이 처음에 인도 노동자들을 환영했을 때는 그들의 사업 재능을 계산에 넣지 못했다. 그들이 독립한 농민으로만 있었다면 아마 참고 있었을 것이다. 그러나 무역에서 경쟁자가 된다는 것은 참을 수 없었다.

이것이 인도인 적대심의 불씨가 되었다. 그밖의 여러 가지 요소가 더해져서 점점 더 커져갔다. 우리의 생활양식이 다른 것, 우리의 검소한 버릇, 사소한 소득으로도 만족하는 우리의 성질, 건강과 위생의 원칙에 대한 우리의 무관심, 주변을 깨끗하고 산뜻하게 하기를 게을리하는 버릇, 우리의 인색한 성질로 집수리를 할 줄 모르는 것, 이 모든 것에다가 종교가 서로 다른 것까지 한데 합쳐져서 인도인에 대한 적대심의 불길에 부채질을 해주었다. 이 적대심이 입법을 통한 선거권 박탈 법안, 계약노동자에 대한 세금부과 법안으로 표현되어 나온 것이다. 입법과는 별도로 인도인을 못살게 구는 갖가지 정책이 벌써부터 생겨나고 있었다.

첫 번째 안은 인도 노동자들을 강제로 본국으로 호송하여 계약 기한이 끝나도록 하자는 것이었다. 인도 정부가 그것을 잘 들으려 하지 않왔기 때문에 다른 대안을 내놓았는데, 그 내용은 다음과 같다.

첫째, 계약 노동자들은 계약 기한이 끝나면 본국으로 돌아갈 것.

둘째, 2년마다 계약을 갱신하고, 갱신할 때마다 계약금을 올릴 것.

셋째, 인도로 돌아가기를 거절하거나 계약 갱신을 거절할 때는 매년 25파운드의 세금을 낼 것.

이에 대한 인도 정부의 동의를 얻기 위해 헨리 빈스(Henry Binns) 경과 메이슨(Mason) 씨로 구성된 대표단이 인도로 파견되었다. 당시의 인도 총독은 엘긴(Elgin)경이었는데, 그는 25파운드 세금 부과에는 반대했으나 3파운드의 인두세에는 찬성했다. 나는 지금도 역시 그렇지만, 그때 그것은 총독의 큰 실책이라고 생각했다. 그가 거기에 찬성할 때 그는 인도인의 이해를 조금도 고려하지 않았다. 그와 같이 나탈의 유럽인을 유리하게 해주는 것은 그의 의무에 속하지 않는다. 3, 4년 지나노라면 아내와 16세의 아들, 13세의 딸을 거느리는 계약노동자가 세금을 바쳐야 된다. 남편, 아내, 두 자녀의 네 사람 가족이, 남편의 매월 평균 수입이 14실링을 넘지 못하는데도 한 해에 12파운드를 바쳐야 하니, 이것은 세계 어디에서도 볼 수 없는 가혹한 규정이었다.

우리는 이 세금에 반대하는 치열한 운동을 전개하였다. 만일 나탈 인도 국민의회가 그 문제에 대해 잠자코 있었더라면 총독은 아마도 25파운드까지도 승인했을 것이다. 25파운드에서 3파운드로 감소된 것조차 완전히 국민의회 시위 때문이었을 것이다. 그러나 내가 그렇게 생각하는 것이 잘못인지도 모른다. 인도 정부는 처음부터 25파운드 세금에는 반대했고, 3파운드로 감소된 것도 국민의회의 반대와는 관계없었던 것인지도 모른다. 어쨌든 이것은 인도 정부가 신의를 저버린 것이었다. 인도 복지를 책임지는 총독은 그런 비인도적인 세금에 찬성해서는 안 되는 것이었다.

국민의회로서는 세금을 25파운드에서 3파운드로 감소시킨 것을 큰 성공으로 생각할 수는 없었다. 계약노동자의 이익을 철저히 옹호하지 못한 것은 유감이었다. 세금을 철폐시키자는 결의는 여전히 남아 있었다. 그러나 그 결의가 실현된 것은 20년이 지난 후였다. 또 그것이 실현된 것은 나탈의 인도인만이 아니라 남아프리카에 있는 전 인도인의 노력의 결과였다.

그 최종적인 투쟁은 고칼레 씨에 대한 배신 행위가 계기가 되어서 일어났는데, 그 투쟁에 계약노동자들은 전적으로 참가했다. 그때 정부가 감행한 발포(發砲)로 몇 사람이 목숨을 잃었고 1만 명 이상이 투옥의 고통을 겪었다.

그러나 진리는 끝내 이기고야 말았다. 인도인의 고난은 그 진리의 한 표현이다. 그러나 물러설 줄 모르는 신앙에 대한 비상한 인내, 부단한 노력이 아니고는 그 같은 승리가 있을 수 없었다. 공동체가 만일 그 투쟁을 중단했더라면, 국민의회가 투쟁을 그만두고 세금을 불가피한 것으로 알고 항복해버렸다면 이날까지도 원한의 세금은 계약노동자에게 부과되었을 것이고, 남아프리카의 인도인과, 그리고 전체 인도인의 영원한 치욕으로 남았을 것이다.

종교에 대한 비교연구

나는 공동체에 대한 봉사에 몰두하고 있었지만, 그 밑에 숨어 있는 이유는 자아실현의 소원 때문이었다. 나는 하나님은 오직 봉사를 통해서만 실현할 수 있다고 믿었기 때문에 봉사의 종교를 내 종교로 삼은 것이었다. 그리고 내게 봉사는 곧 인도에 봉사함이었다. 왜냐하면 내 천성이 거기에 알맞으며, 내가 찾지 않아도 그것은 저절로 내게 온 것이기 때문이다. 내가 남아프리카로 간 것은 여행을 하기 위해, 카티아와르의 갈등에서 벗어나기 위해, 그리고 내 생계의 길을 얻기 위한 것이었다. 그런데 이미 말한 바와 같이 나는 하나님을 찾고 자아를 실현하려고 애쓰기에 이르렀다.

기독교 친구들은 나의 지식욕을 자극해주었으며, 그것은 거의 만족할 줄을 모르는 것이 되었고, 또 그들은 내가 설혹 무관심하려 했다 하더라도 나를 가만두지 않았다. 더반에 머무르고 있을 때 남아프리카 선교총회 회장으로 있던 월턴(Spencer Walton)이 나를 찾아왔다. 나는 거의 그의 가족같이 되었다. 물론 이렇게 알게 된 것은 전에 프리토리아에서 기독교 교인들은 만났던 것이 배경이 되었지만, 월턴 씨는 아주 독특한 사람이었다. 그가 나에게 기독교를 믿으라고 권했다는 기억이 없다. 그렇지만 그는 자기 생활을 마치 펴놓은 책처럼 내 앞에 보여주었고, 나로 하여금 그의 행동 하나하나를 주목해 보게 했다. 월턴 부인은 아주 점잖고 현명한 여자였다. 이 부부의 태도가 나는 참 좋았다. 우리는 근본적으로 서로 다르다는 것을 알고 있었다. 토론을 아무리 했다 하더라도 그 차이를 없앨 수는 없었다. 그렇지만 관용과 사랑과 참이 있을 때는 서로의 차이가 있어도 유익했다. 나는 월턴 부부의 겸손과 인내와 사업에 대한 열성을 참 좋아해서 자주 만나곤 했다.

이 사귐 때문에 나의 종교에 대한 관심은 늘 살아 있을 수 있었다. 이제는 프리토리아에서처럼 여유롭게 종교에 대한 연구를 할 수는 없었다. 그래도 약간의 시간이라도 되도록 이용하였다. 나의 종교 통신은 계속되고 있었다. 레이찬드바이가 나를 지도해주었고, 어떤 친구가 나르마다샨케르(Narmadashanker)의 저서 『다르마 비차르』(Dharma Vichar)를 보내주었는데 그 서문이 매우 좋았다. 나는 그 시인이 아주 자유분방하게 생활한다는 말을 들었고, 그 서문 속에서 그가 종교 연구를 하다가 영감에 부딪혀 드디어 생활의 혁명을 일으키게 되었다는 기록을 보고 내 마음은 사로잡혀버렸다. 이 책이 마음에 들어 첫 페이지에서 마지막 페이지까지 주의 깊게 읽었다. 또한 뮐러(Max Müller)의 저서 『인도가 우리에게 주는 교훈은 무엇인가?』 (*India—What can it teach us?*)와 신령협회에서 발간한 『우파니샤 드』(*Upanisad*)의 번역본을 흥미 있게 읽었다.

이 모든 책들이 힌두교에 대한 존경심을 더해주었고, 그 우수성이 내 마음속에서 자라기 시작했다. 그렇지만 그것이 나로 하여금 다른 종교에 대해 편협한 생각을 가지게 한 것은 아니었다. 나는 어빙(W. Irving)의 『마호메트의 생애와 그의 후계자들』(*Life of Mahomet and His Successors*)과 칼라일(Carlyle)의 예언자를 찬양한 글을 읽었는데, 그 책들은 내 마음속에 마호메트에 대한 존경심을 일으켜주었다. 그리고 『차라투스트라의 어록』(*The Sayings of Zarathustra*)도 읽었다.

이와 같이 해서 나는 다른 종교에 대한 지식을 더 얻었다. 그 연구는 나를 자극하여 내 속을 살피게 해주었고 또 무엇이든지 간에 내 마음에 감동을 준 것이면 그것을 실천에 옮기는 버릇을 길러주었다. 그래서 힌두교 경전을 읽어가며 이해하는 데 따라 요가 실습도 더러 해보았다. 그러나 도저히 깊이 들어가지지 않았다. 그래서 그것은 인도에 돌아온 후 통달한 사람을 따라 하기로 결정했는데, 끝내 이루지 못하고 말았다.

나는 또 톨스토이의 책들을 힘써 연구했다. 『간추린 복음서』(*The Gospels in Brief*), 『우리는 어찌 할까?』(*What to Do?*), 그리고 그밖의 책들은 내 마음에 깊은 인상을 남겼다. 보편적인 사랑의 무한한 가능성을 점점 더 깨닫기 시작했다.

같은 시기에 또 다른 기독교 가정과 접촉하게 되었다. 그들의 권유에 따라 일요일마다 웨슬리 교회에 나갔는데, 그때에는 언제나 그들의 점심에 초대 받았다. 교회는 별로 좋은 인상을 남긴 것이 없다. 설교에 별로 영감이 있는 것 같지 않았다. 그 모임은 각별히 종교적이라는 느낌은 주지 못했다. 그것은 진실한 혼들의 모임이 되지 못했다.

내게는 오히려 세속적인 사람들로 보였고, 여흥을 즐기기 위해 또는 습관적으로 교회에 가는 사람들로 보였다. 거기서 나는 이따금은, 그러지 말자고 하면서도 졸곤 했다. 부끄러웠지만, 옆을 보면 그들도 나보다 나을 것 없는 꼴이므로 부끄러움이 좀 가벼워지기도 했다. 나는 그대로는 도저히 오래갈 수 없어 예배 참석은 곧 그만둬 버렸다.

일요일마다 초대를 받아서 가던 그 가족과의 관계도 갑자기 끊어졌다. 사실대로 말한다면 다시는 오지 말아달라고 부탁 받은 것이었다. 일은 이렇게 된 것이었다. 안주인은 착하고 솔직한, 그러면서도 마음이 조금 좁은 여자였다. 우리는 언제나 종교 토론을 하곤 했다. 그때 나는 아널드의 『아시아의 빛』을 다시 읽고 있던 때였는데, 한번은 우리는 예수의 생애와 석가의 생애를 비교해보는 이야기를 하기 시작했다. 나는, "가우타마(Gautama)의 자비를 보세요, 그것은 인류에만 국한된 것이 아니라 모든 생물에까지 미치는 것입니다. 우리가 그의 어깨 위에서 즐거워하며 앉아 있는 어린 양을 생각할 때 우리 마음이 얼마나 사랑으로 넘치고 있습니까? 예수의 생애에서는 이렇게 모든 생물을 사랑하는 모습은 볼 수 없습니다"라고 말했다. 이 말이 그 착한 부인의 마음을 불쾌하게 했던 모양이다. 그 부인의 심정을 이해할 수 있었다. 이야기를 중간에 끊고 우리는 식당으로 갔다.

다섯 살이 될까말까한 부인의 귀여운 아들도 우리와 같이 있었다. 나는 어린애들 사이에 끼기만 하면 말할 수 없을 정도로 즐거웠다. 그래서 이 꼬마와 나는 벌써부터 친구였다. 내가 그 아이의 접시에 있는 고깃점을 가리키며 그것은 좋지 못한 것이라 하고 내 접시에 놓인 사과를 가리키며 이것이 참 좋은 것이라고 했더니, 천진한 어린애는 그 말에 끌려 저도 과일이 좋다고 했다. 그러자 그 부인은 당황해 하였다.

나는 주의를 받았다. 나는 말을 중단하고 화제를 돌렸다. 다음 주일에도 그 가정을 방문했으나 불안이 좀 없지 않았다. 생각해보아도 거기 다시 가지 말아야 할 것까지는 없었고, 또 그렇게 하는 것은 정당하다고 생각되지도 않았다. 그런데 그 착한 부인이 내 일을 쉽게 만들어 주었다.

"간디 씨" 하고 부인은 말을 끄집어냈다. "이런 말씀드린다고 언짢게 생각하지 마세요. 내 자식이 당신처럼 하는 것은 좋지 않을 것 같아요. 날마다 고기 먹기를 꺼리고 과일을 달라고 해요. 당신이 말씀해 주신 이야기를 하면서 말입니다. 큰일이에요. 그애가 고기를 안 먹는다면, 병까지는 몰라도 약해질 것만은 사실입니다. 그걸 어떻게 해요? 토론은 앞으로는 우리 어른들끼리만 합시다. 애들에게는 틀림없이 나쁘게 작용할 것입니다."

나는 대답했다. "부인, 죄송합니다. 당신의 심정을 충분히 이해할 수 있습니다. 저도 아이들이 있습니다. 이렇게 기분 상하게 된 일은 쉽게 끝낼 수 있습니다. 제가 무엇을 먹고 무엇을 안 먹느냐 하는 것이 말로 하는 것보다 더 큰 영향을 아이한테 미칠 것입니다. 그렇기 때문에 가장 좋은 길은 제가 방문을 중지하는 것입니다. 그러나 우리의 우정에는 조금도 변함이 없을 것입니다."

"감사합니다" 하면서 부인은 안심하는 듯했다.

하늘이 내려준 경고

살림을 꾸리는 것이 내게 처음은 아니었다. 그러나 나탈에서 그렇게 하는 것은 뭄바이나 런던에서 했던 것과는 달랐다. 이곳의 경비 일부는 순전히 위신을 위한 것이었다. 나는 나탈의 인도인 변호사로서 또 인도인 대표자로서 내 지위에 맞는 살림을 해야 한다고 생각했다. 그래서 중요한 지대에 자그마하고 아담한 집을 한 채 장만하고 가구도 적당히 갖추었다. 먹는 것은 간소했지만, 영국인 친구들과 인도인 동업자들을 초대하는 일이 늘 있었으므로 생활비가 제법 들었다.

어느 가정에나 좋은 하인은 꼭 필요한 것이다. 그러나 나는 사람을 하인으로 부릴 줄은 몰랐다.

말벗 겸 조력자로 친구 한 사람을 두었고, 또 요리사가 있었는데 그는 한 가족이 되어버렸다. 또 숙식을 같이하는 사무 서기도 한 사람 있었다.

이러한 실험이 성공적이었다고 생각은 하지만, 그러나 약간 쓰라린 경험을 겪지 않은 것도 아니었다.

친구로 있던 그는 아주 영리한 사람이었다. 나는 그가 내게 충실하다고 생각했었다. 그런데 나는 그에게 크게 속았다. 그가 사무 서기를 질투해 교묘한 모략으로 내가 그를 의심하도록 만들었다. 이 서기는 또 자존심이 있는 사람이라, 자기가 내 의심의 표적이 되고 있다는 것을 알자 곧 내 집에서도 사무실에서도 나가버렸다. 나는 고통스러웠다. 아무래도 내가 그에게 정당하지 못하지나 않았나 하는 생각에 언제나 양심에 가책이 되었다.

그때 마침 요리사가 며칠 휴가를 얻었던 것인지, 또는 다른 일 때문이었는지 집에 있지 않았다. 그가 없는 동안 다른 사람을 구해야 했다. 이 새로 온 사람이 알고 보니 뜨내기였다. 그러나 나에게는 하나님이 보낸 사람이었다고 생각되었다. 그가 온 지 2, 3일이 못 되어서 그는 우리 지붕 밑에서 나도 모르게 못마땅한 일이 일어나고 있는 것을 발견했다. 그는 그것을 내게 알려주기로 결심했다. 나는 남을 너무 쉽게 믿지만 곧 다른 평판을 듣는 사람이었다. 그랬기 때문에, 그가 그 일을 발견하자 더욱 놀랐다. 매일 1시면 나는 점심을 먹으려고 사무실에서 집으로 갔다. 하루는 12시쯤 요리사가 숨이 차서 사무실로 찾아와서는, "어서 댁으로 오세요, 놀라운 일이 있습니다"라고 말했다.

"그래, 어쨌단 말이야? 뭔지 말을 해야지. 지금 이 시간에 내가 어떻게 그것 때문에 집엘 간단 말이야?"

"만일 안 오신다면 후회하실 겁니다. 저는 그 말씀밖엔 못 드리겠습니다."

그가 우기는 것을 보니 심상치 않다는 느낌이 들었다. 나는 서기 한 사람을 데리고 집으로 갔고, 요리사는 우리보다 앞서서 갔다. 그는 곧장 나를 2층으로 데리고 올라가서 친구의 방을 가리키며, "문을 열고 직접 보세요" 하고 말했다.

나는 모든 것을 알아챘다. 문을 두드렸으나 대답이 없었다. 그래서 벽이 흔들릴 정도로 쾅쾅 두드렸다. 문이 열렸다. 안에는 창녀가 하나 있었다. 나는 그더러 어서 나가라고, 다시는 오지 말라고 했다.

그 친구에게 나는 말했다. "이 순간부터 당신과는 아무 상관도 없소. 나는 완전히 속았소. 내가 바보였소. 이것이 그래, 당신을 믿었던 것에 대한 보답이오?"

그는 정신이 들기는커녕 나보고 폭로하겠다고 위협했다.

"나는 감출 것이 아무것도 없소. 뭐든지 있거든 폭로해보시오. 하지만 당신은 당장 여기를 떠나야 하오"라고 말했다.

그러자 그는 한층 더 사나워졌다. 별도리가 없었다. 그래서 나는 아래층에 서 있는 서기를 보고 말했다. "경찰서장한테 좀 가시오. 가서 나와 함께 사는 사람이 나쁜 일을 저질러서 집에 같이 있고 싶지 않은데, 나가라고 해도 버티고 아니 나가니 경찰에서 좀 도와주시면 감사하겠단다고 하시오."

이렇게 되자 그는 내가 진정으로 하는 말임을 알았다. 자기가 잘못했는지라, 그는 풀이 죽었다. 내게 사과하고, 제발 경찰에 고발은 하지 말아달라며 곧 떠나가마 했고, 그대로 실행했다.

그 사건은 내 생애에 때맞추어 온 경고였다. 이제 와서야 나는 내가 얼마나 철저하게 그 죄악의 천재에게 속아넘어갔는가를 알 수 있다. 그를 내 집에 붙여둠으로써 선한 목적을 위해 나쁜 수단을 쓴 셈이었다. 나는 '엉겅퀴에서 무화과를 따려' 했다. 나는 그 친구 성격이 나쁘다는 것을 알면서도 그가 나에 대해 충성스럽다고 해서 그를 믿었다. 그를 개선하려다가 하마터면 나 자신을 망칠 뻔했다. 나는 친절한 친구들의 경고까지 무시했었다. 홀려넘어가 눈이 완전히 멀어버렸다.

그 새 요리사가 아니었더라면 나는 끝내 그 진상을 몰랐을 것이고, 또 완전히 그 친구의 손에 놀아나고 있었기 때문에 당시 내가 바로 시작한 초탈한 생활도 할 수 없었을 것이다. 그 사람 때문에 나는 시간만 허비하고 있었을 것이다. 그는 나를 어둠 속에 잡아두고 잘못을 저지르게 하는 힘을 가지고 있었다.

그러나 전과 마찬가지로, 하나님이 구원해주시려고 왔다. 내 기원은 순결한 것이었기 때문에, 잘못이 있음에도 불구하고 나는 구원이 되었다. 그리고 이 이른 체험이 미래를 위한 완고한 경고가 되었다.

그 요리사는 하늘에서 보내주신 사자(使者)였다. 그는 요리할 줄을 몰랐다. 요리사로는 남아 있을 수 없었다. 그러나 그외엔 다른 누구도 내 눈을 열어줄 수 없었다. 그 후에 알게 되었지만, 여자를 우리 집에 들인 것은 그때가 처음이 아니었다. 그전에도 여러 번 왔다는 것이다. 그러나 아무도 이 요리사같이 용감하지 못했다. 왜냐하면 모두들 내가 얼마나 그 친구를 맹목적으로 신임하고 있는가를 알고 있었기 때문이다. 그 요리사는 정말 이 일을 위해 신이 보내주신 사람이었다. 왜냐하면 곧바로 그는 떠나겠다고 했기 때문이다. 그는 말했다.

"나는 댁에 오래 못 있겠습니다. 당신은 너무도 쉽게 남의 말에 넘어갑니다. 여기는 제가 있을 곳이 못 됩니다."

나는 그를 그대로 내버려두었다.

그제야 내 귀를 속여서 그 서기를 내쫓게 한 사람이 바로 그 친구임을 알았다. 나는 서기에게 부당하게 대했던 것을 고쳐보려고 애를 많이 썼다. 그랬지만 그를 끝내 만족시키지 못하고 만 것은 내게 영원히 유감스러운 일이다. 아무리 꿰맨다 하더라도 상처는 역시 상처다.

인도로 돌아가다

이때까지 남아프리카에서 3년을 보냈다. 나는 민중을 알게 되었고 민중은 나를 알게 되었다. 1896년, 나는 6개월 동안 본국에 다녀오도록 허락해줄 것을 청했다. 이제는 거기 오래 있어야 할 것임을 알았기 때문이다. 변호사업이 상당히 잘되도록 기반을 닦기도 했고, 사람들이 내가 있기를 원하는 것도 알고 있었다. 그래서 나는 본국으로 가서 가족을 데리고 와 이곳에 와서 살기로 결정했던 것이다. 또 본국에 가면 여론을 일으켜 남아프리카에 있는 인도인에 대해 한층 더 관심을 가지게 함으로써 공공의 일을 할 수 있으리라는 것도 생각하고 있었다. 3파운드 세금 문제도 아직 아물지 않은 상처였다. 그것이 철폐되기 전에는 평안히 있을 수 없었다.

그러나 내가 없는 동안 국민의회와 교육협회의 일을 누가 맡아보아야 할까? 나는 두 사람이 떠올랐다. 아담지 미야칸과 파르시 루스톰지이다. 이제는 상인계급에서도 구할 수 있는 사람이 여럿 있었다. 그러나 그중에서도 간사의 책임을 가장 잘 맡을 수 있고 또 인도인 사회에서 가장 신임을 받는 것은 그 두 사람이었다. 간사는 실무적인 영어 지식이 있어야 했다. 나는 지금은 고인이 된 아담지 미야칸을 국민의회에 추천했고, 대부분 찬성했으므로 그가 간사로 임명되었다. 경험으로 비추어볼 때 그 선택은 아주 잘한 것이었다. 아담지 미야칸은 인내와 관용과 온화와 공손으로 모든 사람을 만족시켰고, 간사가 되는 데는 변호사 자격이나 고등 영어 지식이 반드시 있어야 하는 것이 아님을 모든 사람에게 증명해 보여주었다.

1896년 중반쯤 나는 칼리카타(캘커타)행 기선 퐁골라호를 타고 본국을 향해 뱃길을 떠났다. 승객은 아주 적었다. 그 가운데 두 사람의 영국 관리가 있었는데 나는 그들과 친숙해졌다. 그중 한 사람과는 매일 한 시간씩 체스를 두었다. 그리고 승무원 의사가 타밀어 자습책을 하나 주어서 나는 그 공부를 시작했다. 나탈에서의 경험으로 이슬람교도와 가까이 사귀려면 우르두어를 알아야 하고, 마드라스 인도인과 가까이 접촉하려면 타밀어 지식이 있어야 한다는 것을 알고 있었다.

나와 같이 우르두어를 읽고 있던 영국 친구 도움으로 3등 선객 중에서 훌륭한 우르두 학생 한 사람을 찾아냈고, 그 때문에 우리 공부는 아주 놀라운 진보를 보았다. 그 관리는 나보다도 기억력이 좋았다. 그는 어떤 단어라도 한 번 본 다음에는 잊지 않았다. 나는 우르두 글자를 잘 풀지 못하는 일조차 종종 있었다. 더욱 분발했지만 그 관리를 따라갈 수는 없었다.

타밀어도 상당히 진전되었다. 주위에서 도움을 얻을 수는 없었지만 그 자습서가 잘되어 있었으므로 별로 외부의 도움이 필요치 않았다.

인도에 도착한 후에도 이 공부는 계속할 생각이었는데, 그렇게 되지 않았다. 1893년 이후의 나의 독서 대부분은 감옥 안에서 한 것인데, 타밀어와 우르두어도 감옥 안에서 좀 진전되었다. 타밀어는 남아프리카 감옥에서였고 우르두어는 예라브다(Yeravda) 감옥에서였다. 그러나 타밀어 회화는 끝내 배우지 못했다. 조금이나마 읽을 수 있었던 것도 실제로 쓰지 않으니 점점 잊어버리고 말았다.

지금도 타밀어와 텔루구어를 모르기 때문에 곤란한 점이 많다. 남아프리카에 있던 드라비다인들이 보여준 사랑을 나는 지금도 잊지 않고 기억한다. 언제나 타밀어나 텔루구어를 쓰는 친구를 만날 때면 나는 남아프리카에 있던 그들 동족의 신앙과 인내, 그리고 자기를 잊는 희생적 활동에 대한 기억을 다시 불러일으키지 않을 수 없다. 그리고 남자 여자 할 것 없이 그들 대부분은 글자를 모르는 사람들이었다. 남아프리카에서의 싸움은 그들을 위한 것이었고, 그 무식한 졸병들에 의한 싸움이었던 것이다. 그것은 가난한 자를 위한 싸움이었는데 그 가난한 사람들은 힘껏 참여해 싸웠다. 그러나 그들이 글을 모르는 것이 내가 그 단순하고 선량한 동포들의 마음을 사는 데 조금도 장애가 된 것은 없다. 그들은 서투른 힌두스탄어, 서투른 영어를 했는데, 그래도 우리는 우리 일을 해가는 데 별 지장을 느끼지 않았다.

그렇지만 나는 타밀어, 텔루구어를 배워서 그들의 애정에 보답하고 싶었다. 먼저 말한 대로 타밀어는 조금 배웠지만, 텔루구어는 인도에서 배우려 했으나 알파벳 이상 나가지 못했다. 이제는 도저히 배울 수 있을 것 같지 않다. 그러므로 드라비다인들이 힌두스탄어 배우기를 바란다. 남아프리카에 있는 사람들 중 영어를 쓰지 않는 사람들은 서투르게나마 힌디어나 힌두스탄어를 쓴다. 그것을 배우지 않으려는 사람들은 다만 영어를 할 줄 아는 사람들뿐이다. 그들은 마치 영어가 우리나라 말을 배우는 데 장애가 된다고 생각하는 듯하다.

나의 항해 이야기를 끝내기로 하자. 나는 기선 풍골라호 선장을 독자들께 소개하려고 한다. 우리는 서로 친구가 되었는데, 그 착한 선장은 플리머스 동포교회 교인이었다. 우리는 항해 이야기보다도 정신적인 문제에 대한 이야기를 더 많이 했다. 그는 도덕과 신앙 사이에는 경계선을 그었다. 『성경』의 교훈은 그에게는 어린애 장난 같았다. 『성경』의 훌륭한 점은 단순함에 있었다. 남자거나 여자거나 아이들이거나, 누구나 예수를 믿기만 하면 틀림없이 죄의 사함을 받는다고 그는 생각했다. 이 친구는 나에게 프리토리아의 플리머스 동포교회 교인을 다시 생각나도록 해주었다. 도덕적 구속을 하는 종교는 그에게는 좋지 않은 것이었다. 나의 채식주의가 언제나 그런 토론의 문젯거리가 되었

다. 왜 육식을 해서는 안 되는가? 그래, 쇠고기라 하자, 왜 안 되나? 하
나님은 모든 하등동물을 사람이 먹으라고 낸 것이 아닌가? 식물을 먹
게 해주신 것과 마찬가지로 말이다. 이런 문제는 자연 종교 토론으로
들어가고야 만다.

우리는 서로 다른 것을 납득시킬 수가 없었다. 내게는 종교와 도덕
은 서로 같은 것이라는 내 의견이, 선장에게는 반대로 자기 의견이 옳
았다.

24일 만에 유쾌한 항해는 끝났다. 나는 후글리(Hoogly)의 아름다운
경치에 감탄하면서 칼리카타에 상륙했고, 그날로 기차를 타고 뭄바이
로 향했다.

녹색 팸플릿

뭄바이로 가는 도중에 기차는 알라하바드(Allahabad)에서 45분간
정차했으므로 나는 그 시간을 이용하여 시내 드라이브를 하기로 했다.
약방에서 약을 좀 살 것도 있었다. 약사가 반쯤 졸고 있어서 약을 짓는
동안에 시간이 턱없이 가버렸다. 그 결과 역에 도착하니 기차는 이미
떠난 후였다. 역장은 친절하게도 나를 위해 특별히 1분 더 기다려주었
는데, 내가 오지 않자 짐을 기차에서 내려놓기까지 해주었다.

나는 켈르네르(Kellner) 씨 집에 방을 정하고, 그곳에서 즉시 일
을 시작하기로 했다. 나는 알라하바드에서 발행되는 『더 파이어니어』
(The Pioneer) 지에 대하여 많은 이야기를 들었다. 내가 알기로는 그
것은 인도인의 향상운동을 반대하는 신문이었다. 내 기억에 그때의 발
행인은 체스니(Chesney) 2세였다. 나는 각 당파의 지원을 다 얻도록
해야 한다고 생각했다. 그래서 체스니에게 편지를 보내서, 기차를 놓
쳤다는 이야기와, 그러니 다음 날 떠날 수 있도록 회견시간을 허락해

줄 수 있느냐고 물었다. 그는 즉시 허락해주었고, 특히 고마운 것은 아주 끈기 있게 잘 들어준 것이었다. 그는 내가 글을 쓰면 무엇이든지 자기네 신문에 소개해주겠다고 약속했다. 다만 인도인의 요구를 전부 지지해줄 수는 없다고 덧붙였다. 그 이유는 자기네 식민지 본국의 견해도 이해해주고 적당히 존중하지 않을 수 없기 때문이라고 했다.

그래서 나는 말했다. "여러분들이 그 문제를 연구하시고 그것을 지상에서 논평해주시기만 한다면 족합니다. 나는 다만 당신들이 우리를 공정하게 보아주시기를 원하는 것 이외에는 아무것도 요구하는 것이 없습니다."

그날 남은 시간은 시내를 돌며 세 줄기의 강, 즉 트리베니(Triveni)가 합류하는 장관을 감상하고 내 앞에 놓인 일의 안(案)을 짜는 것으로 지냈다.

예기치 못했던『더 파이어니어』지 발행인과의 회견은 앞으로 일어나는 일련의 사건들의 기초가 되는데, 그 사건들의 결말은 내가 나탈에서 린치를 당하는 데까지 이르게 된다.

나는 뭄바이에 들르지 않고 곧장 라지코트로 갔다. 그리고 남아프리카의 상황에 관한 소책자를 쓸 준비에 착수했다. 그것을 쓰고 인쇄해내는 데 한 달이 걸렸다. 그 표지가 녹색이었으므로 나중에 '녹색 팸플릿'으로 알려졌다. 이 팸플릿 안에 나는 일부러 남아프리카에 있는 인도인의 상태를 더 온건한 그림으로 그렸고, 사용하는 문구도 전에 내가 말했던 두 팸플릿 것보다 더 부드럽게 했다. 멀리서 듣는 이야기는 언제나 사실보다 과장되는 법이기 때문이다.

1만 부를 인쇄해서 인도 전국의 각 신문과 각 단체의 지도 인사에게 발송했다.『더 파이어니어』지가 맨 먼저 사설에서 그것을 소개해주었다. 그 논문 요약한 것을 로이터(Reuter) 통신이 영국으로 전보를 쳐서 보냈고, 그 요약문을 또 요약해 로이터 통신의 런던 사무소가 나탈로 전보를 쳐서 보냈는데, 이 전문은 인쇄하니 3행 이상이 되지 않았다. 이것은 나탈에 있는 인도인들이 받고 있는 대우에 대한 내 글의 축소판이었으나 다소 과장되었고 말도 내가 쓴 그대로가 아니었다. 이것이 나탈에서 어떤 결과를 가져왔느냐 하는 것에 대해선 곧 알게 될 것이다. 그러는 동안 주요한 각 신문이 이 문제에 관해서 충분한 논평을 해주었다.

이 팸플릿을 우편으로 발송하는 것은 작은 일이 아니었다. 포장이니 뭐니 하는 것들을 내가 만일 삯을 주고 시켰다면 비용도 상당했을 것이다. 그러나 훨씬 간단한 방법이 마침 떠올랐다. 나는 우리 고장 아이들을 전부 불러놓고 수업이 없는 날 아침 두세 시간씩 일을 좀 해주지 않겠느냐고 물었더니 다들 좋다고 승낙해주었다. 나는 그들을 축복해주마고 약속하고 상으로 내가 모아두었던, 사용한 우표를 나눠주기로 했다. 그들은 대번에 일을 해치웠다. 이것이 내가 어린아이들에게 자원봉사를 시켜본 첫 경험이다. 그중 두 친구는 지금 나의 협력자로 남아 있다.

이 무렵, 뭄바이에 전염병이 돌기 시작해 그 일대가 공포에 휩싸였다. 라지코트에도 발생할 염려가 있었다. 나는 위생국에 조력할 수 있겠다고 생각해 주 정부에 원조신청을 냈다. 당국은 내 신청을 들어주었고 나를 사태조사위원의 한 사람으로 넣어주었다. 나는 변소의 청결을 특히 강조해서, 위원회에서는 거리마다 그것을 조사를 하기로 결정했다. 가난한 사람들은 자기네 변소 검사를 반대하지도 않았고, 그보다도 도리어 지시한 대로 개량을 잘 실행해주었다. 그런데 우리가 상류층의 주택을 검사하러 갔을 때는 일부에서는 우리를 안에 들이려고 하지도 않았고, 지시는 더구나 들으려 하지도 않았다. 우리가 경험한 것으로는, 상류층일수록 변소가 더러웠다. 그들 변소는 어둡고, 냄새가 코를 찌르고, 오줌과 똥이 흘러나오고, 구더기가 득실거렸다. 우리가 지시한 개량이란 아주 간단한 것이었다. 말하자면 이런 것들이다. 대변을 땅에다 보지 말고 통을 준비해둘 것, 소변도 땅에 보아서 젖어들게 하지 말고 통을 준비하여 볼 것, 바깥 담과 변소 사이의 벽을 없애서 햇빛과 공기가 잘 통하고 청소부가 변소를 손쉽게 쳐낼 수 있도록 할 것 등이다. 상류층에서는 이 나중 사항에 대해 갖가지로 반대해 대개는 그대로 시행하지 않았다.

위원회에서는 불가촉천민 거주지역도 검사하기로 되어 있었다. 그런데 나와 함께 가겠다는 위원은 단 한 사람뿐이었다. 나머지 사람들은 그 지역에 가는 것조차 생각도 못할 일이었으니 그들의 변소 검사란 말할 나위도 못 된다. 그러나 나는 그 지역을 보고 놀랄 정도로 기분이 좋았다. 이것이 내 생애에서 그런 지역에 가본 첫번째 일이었다. 그곳 남자도 여자도 우리가 간 것을 보고 놀랐다. 나는 그들을 보고 변소 좀 보여달라고 했더니 그들은 놀라서 큰 소리로 외쳤다.

"소인들의 변소라구요? 저희들이야 저기 한데서 봐버리면 그만이지요. 변소[7]란 어른들 같으신 양반님들께만 있는 것입니다."

"좋아요, 그럼 방을 좀 보여주실 수 있어요?"하고 나는 물었다.

"어르신네, 얼마든지 좋습니다. 구석구석 다 보셔도 좋습니다. 저희 같은 것들이야 집이라 할 수 있습니까? 굴이지!"

나는 들어가 보았는데, 어찌나 좋은지 안이나 밖이나 다 깨끗했다. 출입구를 깨끗이 쓸었고, 방바닥은 쇠똥으로 매끈히 발라져 있었으며, 몇 개 안 되는 그릇들은 깨끗하고 반짝반짝 빛이 났다. 그 지역에는 전염병이 발생할 염려가 전혀 없었다.

상류층 지역에서 보았던 변소 하나는 좀 자세히 쓰지 않을 수 없다.

---

7) 본래 인도에서는 불가촉천민뿐 아니라 보통 사람의 가정에도 변소가 없었다. 지금도 시골에서는 그냥 한데서 보는 풍속이 남아 있는 데가 많다.

방마다 하수시설이 있었는데 거기에 물도 소변도 다 버리는 것이었다. 그러다 보니 집 전체에서 코를 찌르는 냄새가 나는 것이었다. 한 집에 서는 침실이 아래위층으로 되어 있었는데, 방안에 하수시설이 있어서 거기서 대소변을 다 보게 되어 있었다. 그 하수통의 파이프가 밑층으로 내려와 있었는데 그 방안에는 고약한 냄새 때문에 서 있을 수가 없었다. 그러니 그 방에 있는 사람이 어떻게 잠을 잘 수가 있었는지, 그 것은 독자의 상상에 맡긴다.

위원회는 또 바이수나바의 하벨리에도 가보았다. 이 하벨리의 주지 (住持)는 전부터 우리 가정과는 매우 친한 사이였다. 그래서 그는 우리들이 모든 것을 검사하고 개량을 지시하는 것을 잘 받아들였다. 하벨리 구내에는 주지 자신이 한 번도 보지 않은 곳도 있었다. 그것은 쓰레기와 점심 접시로 사용한 잎[8]들을 담 너머로 내버리는 곳이었다. 거기는 까마귀와 독수리가 몰려들고 있었다. 변소는 물론 더러웠다. 나는 얼마 안 있다가 라지코트를 떠났기 때문에 우리가 지시한 것을 그들이 과연 얼마나 실행했는지 볼 사이가 없었다.

예배하는 장소가 그렇게 심히 불결하다는 것을 보고 나는 고통스러웠다. 거룩하게 여기는 곳이면 청결과 위생의 규칙을 잘 지킬 것으로 누구나 생각할 것이다. 나는 그때에도 이미 알고 있었던 것이지만 『스므리티』(Smriti)의 저자들은 안팎을 다 정결히 할 것을 크게 강조하고 있다.

두 가지 열망

나는 이날까지 나만큼 영국 헌법에 대해 충성을 지켜온 사람을 보지

---

8) 인도에서는 바나나, 파토 등의 잎을 식사 때 접시 대신으로 많이 쓴다.

못했다. 그렇게 충성할 수 있었던 것은 그 밑에 진리에 대한 사랑이 있었기 때문이라는 것을 나는 지금 와서야 알게 되었다. 나는 한 번도 충성을 겉으로만 하지는 않았다. 또 그 점은 어떤 도덕에 대해서도 역시 마찬가지이다. 내가 나탈에 있을 때는 어떤 회합엘 가더라도 국가를 반드시 부르곤 했는데, 그럴 때는 나도 같이 부르는 것이 옳다고 생각했다. 영국 통치에 잘못이 있는 것을 몰라서가 아니라, 전체적으로 볼 때 받아들일 만한 것이라고 생각했기 때문이다. 그때 나는 영국의 통치는 전체적으로 볼 때 피통치자에게 혜택을 주는 것이라고 믿고 있었다.

내가 남아프리카에서 보았던 유색인종에 대한 차별은 영국 전통에는 아주 반대되는 것이라고 생각하고 있었다. 그렇기 때문에 그것은 다만 일시적인 것이요, 국지적인 것이라고 믿고 있었다. 그래서 국왕에 대한 충성에서 영국인에게 지지 않으려고 했다. 나는 영국 국가의 곡조를 끈기 있게 배웠고, 그것을 부르는 때면 나도 같이 불렀다. 충성심을 표시해야 할 경우엔 소란스럽게 하거나 형식적으로 하지 않고 언제나 기꺼이 참여했다.

일생에 한 번도 이 충성을 이용해본 일이 없고, 이것을 수단으로 내개인의 이익을 얻으려 해본 일도 없다. 대부분 의리를 지킨다는 심정으로 한 것이기 때문에 어떤 보수를 바라며 한 적이 없다.

내가 인도에 도착했을 때는 빅토리아 여왕 즉위 60주년 기념 경축회의 준비가 한창 진행되고 있었다. 나는 이 경축을 위한 라지코트 준비위원회에 참가해달라는 요청 받았다. 그것을 수락했으나 그것이 거의 허식을 위한 것은 아닐까 의심스러웠다. 나는 거기 사실 많은 음모가 있는 것을 발견하고 적잖이 괴로워서, 그 위원회에 그냥 남아 있을 것이냐 말 것이냐에 대해 스스로 생각해보았으나 결국 내가 맡은 일이나 하는 것으로 만족하고 남아 있기로 결정했다.

경축 계획의 하나는 나무를 심는 일이었다. 많은 사람이 그저 형식적으로, 또한 관리들에게 잘 보이려고 하고 있었다. 나는 그들에게 나무를 심는 것은 강제가 아니고 하나의 권장에 불과한 것이니, 하려거든 진심으로 하거나 그렇지 않거든 차라리 안 하는 것이 좋다고 누누이 설명을 했다. 그러나 그들은 내 생각을 비웃기만 하는 듯했다. 나는 내게 배당된 나무는 정성으로 심었고, 주의해 물을 주고 손질해주었다고 기억한다.

나는 또 우리 집 아이들에게 국가를 가르쳐주었다. 또 지방 직업학교 학생들에게도 가르쳐준 기억이 있으나 60주년 경축 때였는지, 아니면 영국 왕 에드워드 7세가 인도 황제로 즉위할 때였는지는 잊어버렸다. 그러나 그후 그 국가의 가사가 못마땅하게 생각되기 시작했다. 아힘사에 대한 내 생각이 점점 깊어감에 따라 나는 생각하고 말하는데 더욱 조심하게 되었다. 국가 가사에 있는,

나라의 대적을 흩어버리고
그들을 모두 멸망시키자.
그 정치를 뒤엎어버리고
그 간악한 흉계를 꺾어버리자.

라는 구절이 나의 아힘사 정신에 거슬렸다. 내 소감을 부스(Booth) 박사에게 말했더니 그도 동감이라 하고, 아힘사의 신자가 그런 구절을 부르는 것은 옳지 못한 일이라고 했다. 이른바 적이라고 해서 어떻게 간악하다고 가정할 수 있을까? 또 적이기 때문에 반드시 그들을 잘못이라 할 수 있을까? 다만 하나님께 대해서만 우리는 정의를 간구할 수 있다. 부스 박사는 내 감정을 전적으로 지지해주었고, 자기의 성회(聖會)를 위해 새 성가를 지었다. 부스 박사에 관해서는 뒤에 더 말하기로

하겠다.

충성심과 한가지로 누구를 간호하는 소질도 내 천성 속에 깊이 뿌리
내리고 있다. 나는 친구거나 모르는 사람이거나 간에 남을 간호해주기
를 좋아한다.

라지코트에서 남아프리카에 관한 팸플릿으로 분주한 동안 뭄바이에
잠깐 다녀온 일이 있었다. 그 문제에 관해 도시에서 집회를 조직함으
로써 여론을 일으키자는 것이 내 계획이었는데, 그 첫째 도시로 택한
것이 뭄바이였다. 나는 우선 라나데(Ranade) 판사를 만났는데, 그는
내 말을 주의해 듣고 나서 페로제샤 메타경을 만나보는 게 어떻겠느
냐고 조언해주었다. 그 다음 만난 바드루딘 탸브지 판사도 역시 같은
조언을 해주었다. 그는 말했다. "라나데 판사나 나는 당신을 크게 도와
드릴 수 없습니다. 아시는 바와 같이 우리는 공적인 일에 적극적으로
참여할 처지가 못 됩니다. 그렇지만 하시는 일에 동정은 합니다. 가장
힘있게 당신을 도울 수 있는 분은 페로제샤 메타경입니다."

나는 진심으로 페로제샤 메타 경을 만나고 싶었다. 이 두 선배 되는
분들이 다 같이 그의 지도에 따라서 행동하라고 조언해주었다는 사실
이 페로제샤경이 민중에게 얼마나 막대한 영향력이 있는가를 잘 알려
주었다. 얼마 후 그를 만났다. 그 앞에 가면 두려워지리라는 것을 미리
각오하고 있었다. 나는 그가 공중으로부터 받고 있는 칭호를 들어 알
고 있었으며, 내가 '뭄바이의 사자' '무관의 왕'을 보게 된다는 것을 알
고 있었다. 그러나 그 왕은 나를 위압하지는 않았다. 그는 늙은 아버지
가 장성한 아들을 만나는 것처럼 나를 만나주었다. 우리의 회견은 그
의 방에서 이루어졌는데, 그 주위를 그의 친구와 추종자들이 둘러싸
고 있었다. 그는 그들 중 와차(D.E. Wacha) 씨와 카마(Cama) 씨를 나
에게 소개해주었다. 와차 씨에 대해서는 이미 들은 바 있다. 그는 페로
제샤경의 오른팔로 알려져 있었고, 비르찬드 간디(Virchand Gandhi)

씨는 그가 위대한 통계학자라고 말해 준 일이 있었다. 와차는 나를 보고 "간디 씨, 다시 만나야 하겠습니다"라고 말했다.

이 소개는 2분도 채 걸리지 않았다. 페로제샤경은 내 말을 주의 깊게 들었다. 그에게 라나데와 탸브지 두 판사를 만난 이야기를 했다. 그는 말하기를, "간디 씨, 내가 당신을 도와드려야겠소. 여기서 공개 집회를 열어야겠소" 하고는 비서 문시(Munshi) 씨를 향해서 집회 날짜를 정하라고 했다. 의논이 끝난 다음 그는 작별인사를 하고 집회 전날 다시 자기에게 와보라고 했다. 이 회견으로 두려움은 사라졌고, 나는 기뻐서 집으로 돌아왔다.

뭄바이에 머무는 동안 나는 매부를 찾았다. 그는 거기서 병으로 누워 있었다. 그는 재산이 있는 사람도 아니었고 누이(그의 아내)는 그를 잘 간호할 만한 처지도 못 됐다. 그의 병은 매우 중하였으므로, 나는 함께 라지코트로 가자고 했다. 그가 승낙해서 누이와 그를 데리고 라지코트로 왔다. 병은 내가 예상했던 것보다 오래 지속됐다. 나는 매부를 내 방에 들게 하고 밤낮으로 그와 같이 있었다. 밤에도 한동안은 깨어 있어야 했고, 그를 간호하면서 남아프리카의 몇 가지 일을 끝내야 했다. 환자는 결국 세상을 떠나고 말았지만, 그의 마지막 날까지 그를 간호할 수 있었다는 것이 나에게는 큰 위로였다.

간호하기를 좋아하는 버릇은 차차 하나의 열정으로까지 되어버려 때로는 내 일을 소홀히 하기도 했을 정도였다. 어떤 때는 내 아내뿐만 아니라 온 집안 식구를 그 일에 끌어들이기도 했다.

그런 봉사는 즐거운 마음으로 하지 않으면 의미가 없다. 남에게 보이기 위해서나 여론이 무서워서 하게 되면 그것은 그 사람을 쭈그러뜨리고 정신을 망가뜨리는 일이 되어버린다. 기쁨 없이 하는 봉사는 봉사하는 사람에게도 봉사를 받는 사람에게도 아무 도움이 못 된다. 그 대신 기쁜 마음으로 한 봉사 앞에서는 모든 쾌락과 소유가 무색해진다.

뭄바이 집회

매부가 죽은 바로 이튿날, 나는 공개집회 때문에 뭄바이로 가야 했다. 연설을 구상할 시간조차 없었다. 밤낮으로 여러 날을 불안한 마음으로 간호하고 나니 나는 완전히 지쳐버렸고, 목도 쉬어버렸다. 그러나 오직 하나님만을 믿고 뭄바이로 갔다. 연설 원고를 쓰려고는 생각조차 하지 않았다.

페로제샤경의 지시대로 나는 집회 전날 오후 5시에 그의 사무실을 방문했다.

"간디 씨, 연설 준비 됐소?"

"못 했습니다." 나는 두려움에 떨며 말했다. "그냥 즉흥적으로 해보렵니다."

"뭄바이에서는 그렇게 아니 되오. 보도가 잘되지 않소. 그렇기 때문에 이 모임을 유익하게 하려면 연설문을 꼭 써야 하고, 그것을 내일 해 뜨기 전까지 인쇄해 놓아야 하오. 그럴 수 있겠지요?"

나는 좀 불안해졌으나, 그렇게 해보겠다고 했다.

"그러면, 말씀하시오. 몇 시에 문시 군이 원고를 가지러 가면 되겠소?"

"오늘 밤 열한 시면 되겠습니다."

다음 날 집회에 나가보고서야 나는 비로소 페로제샤경의 조언이 현명한 것임을 알았다. 집회는 코와스지 제한기르 학원(Cowasji Jehangir Institute) 강당에서 열렸다. 페로제샤경이 집회에서 말할 때면 대부분 그의 말을 듣고자 몰려드는 학생들 청중으로 꽉차서, 장내는 입추의 여지도 없다는 말을 들었다. 이것이 내 생애에서 처음으로 겪는 집회였다. 나의 목소리는 불과 몇 사람밖에는 듣지 못한다는 것을 알았다. 연설문을 읽기 시작하자 떨리기 시작했다. 페로제샤경은 나를 격려해주느라고 자꾸 크게, 더 크게라고 말해주었지만, 힘을 얻기는 고사하고 갈수록 점점 더 목소리가 작아지는 듯했다.

내 오랜 친구인 케샤브라오 데슈판데(Keshavrao Deshpande)가 나를 구해주려고 나왔다. 나는 연설문을 그에게 넘겨주었다. 그의 목소리는 꼭 알맞은 정도였다. 그러나 청중은 들으려 하지 않았다. 강당은 "와차" "와차" 하는 소리로 떠나갈 듯했다. 그래서 와차 씨가 올라가 그 연설문을 읽었는데, 결과는 너무나도 놀라웠다. 청중은 금방 조용해져서 연설에 귀를 기울였고, 다만 간간이 필요한 때면 박수를 치거나 혹은 "더럽다"고 소리를 질렀다.

페로제샤경은 그 연설을 만족스럽게 여겼다. 나는 말할 수 없이 기뻤다.

이 집회로 인하여 나는 데슈판데와 한 파르시 친구로부터 열렬한 호응을 얻었다. 그 파르시 친구의 이름은 밝히고 싶지 않다. 그는 지금은 정부의 고관으로 있기 때문이다. 두 분이 다 나와 함께 남아프리카로 가기로 결심했다고 했다. 그러나 그 파르시 친구는 결혼하려던 참이었기 때문에 당시에 소사건 법원판사로 있던 쿠르셋지 씨가 그를 설득하여 그 결심을 깨뜨렸다. 그는 결혼하느냐 남아프리카로 가느냐 그 둘 중에서 어느 하나를 택해야 했는데, 결혼하는 쪽을 택했다. 그러나 파르시 루스톰지가 그 깨어진 결심에 대한 보상을 해주었다. 파르시 자매들[9] 이 지금 몸을 바쳐서 카디[10] 사업을 하고 있으면서, 그 결심을 좌절시킨 것을 도왔던 부인에 대한 보상을 하고 있다. 그랬기 때문에 나는 그 부부를 기꺼이 용서해드렸다. 데슈판데는 결혼 유혹은 없었지만 역시 오지 못하고 말았다. 지금 그는 자기가 어긴 약속에 대해 충분한 보상을 하고 있다. 남아프리카로 돌아가는 도중 잔지바르에서

---

9) 카르시 자매들: 배화교도(拜火敎徒).
10) 카디(Khadi): 카다르(Khaddar)라고도 한다. 인도인이 입는 손으로 짠 무명옷.

탸브지 집안의 한 사람을 만났는데, 그도 와서 나를 돕겠다고 하고는 오지 않았다. 압바스 탸브지(Abbas Tyabji)가 그의 죄를 속죄하고 있다. 그와 같이 해서 변호사를 남아프리카로 이끌어보려던 나의 세 번에 걸친 노력은 다 열매를 맺지 못하고 말았다.

이것과 관련해서 나는 페스톤지 파드샤(Pestonji Padshah) 씨를 기억한다. 나는 영국 유학 당시부터 그와는 친하게 지내왔다. 그를 맨 처음 만난 것은 런던의 어느 채식식당에서였다. 나는 그의 형 바르조르지 파드샤(Barjorji Padshah) 씨가 기인이라는 소문을 들어 알고 있었는데, 그를 본 일은 없고, 다만 친구들이 그를 괴이한 사람이라고 하는 말만 들었다. 그는 말이 불쌍하여 마차를 타지 않고, 놀라운 기억력을 가지고 있으면서도 학위를 거부했고, 또한 독립 정신이 강했고, 파르시 사람이면서도 채식주의자였다.[11] 페스톤지는 그런 소문은 돌고 있지 않았지만, 그의 박학은 런던에서도 유명했다. 우리 둘의 공통점은 채식주의에 있었지 학문에서는 아니었다. 그 점에서는 나는 도저히 그의 옆에도 갈 수 없었다.

나는 그를 뭄바이에서 다시 만나게 되었다. 그는 고등법원 서기장이었다. 내가 그를 만났을 때 그는 고등 구자라트어 사전 편찬에 열중하고 있었다. 나는 내 친구치고 나의 남아프리카 사업에 대한 협조를 얻기 위해 찾아가지 않은 사람은 한 명도 없었다. 그런데 페스톤지 파드샤는 도와주기를 거절할 뿐만 아니라 나보고 다시는 남아프리카에 가지 말라고까지 충고했다.

"나는 당신을 도울 수 없소. 그뿐만 아니라 당신만한 사람이 남아프

---

11) 배화교는 본래 이란에서 조로아스터의 가르침으로 일어났는데 7세기에 이슬람교의 박해를 피해 인도로 들어와서 퍼지게 되었다. 그들은 육식을 한다.

리카에 가는 것조차 반대하오. 우리 나라에 할 일이 없단 말이오? 자, 보시오. 우리 나라 말만 해도 해야 할 일이 적지 않소. 나는 과학적인 말들을 찾아내야 해요. 그러나 그것은 우리 일의 한 부분에 지나지 않아요. 이 나라의 빈곤을 생각해보시오. 물론 남아프리카에 있는 우리 동포는 고난 가운데 있지요. 하지만 당신 같은 분이 그것 때문에 희생되는 것을 원치는 않소. 우선 여기서 자치를 쟁취하는 것부터 하고 봅시다. 그러면 거기 있는 동포는 자동적으로 돕게 됩니다. 내가 당신을 설득할 수 없다는 것은 잘 압니다. 그러나 나는 당신과 같은 생각을 가진 분들이 당신과 운명을 같이하려는 것은 권할 수 없소."

나는 이 조언을 좋게 생각하지 않았지만, 이로 인해 페스톤지를 한층 더 존경하게 되었다. 나는 그의 애국심과 모국어에 대한 사랑에 감동받았다. 이 일로 인해 우리는 더 가까워졌다. 나는 그의 견해를 이해할 수 있었다. 그러나 나는 남아프리카에서의 내 일을 내던지기는 고사하고 결심을 한층 더 굳혔다. 애국자라면 모국에 대한 어떤 종류의 봉사라도 무시할 수는 없을 것이다. 『기타』의 말씀이 나에게는 분명하고 힘을 주는 것이었다.

끝으로, 이것이 가장 좋은 길이니, 잘하지 못하더라도 제 일을 하는 것이 남의 일을 잘하는 것보다 나으니라. 의무를 다하다 죽는 것은 나쁠 것 없으나 남의 길을 찾는 자는 항상 헤매느니라.

푸나와 마드라스

페로제샤경은 나의 길을 쉽게 만들어주었다. 그래서 나는 뭄바이에서 푸나(Poona)로 갔다. 거기엔 두 파가 있었다. 나는 갖가지 의견을 가진 모든 사람의 도움을 다 얻고 싶었다. 맨 먼저 로카만야 틸라크

(Lokamanya Tilak)를 만났는데, 그는 이렇게 말했다.

"각 파 사람들로부터 도움을 얻어야겠다는 것은 참 옳은 생각이오. 남아프리카 문제에 대하여는 의견의 차이가 있을 수 없소. 그러나 회장으로는 어느 파에도 속하지 않은 사람을 세워야 하오. 반다르카르 교수를 만나보십시오. 그는 근래 어떤 파의 공적인 운동에도 참가하지 않고 있소. 그러나 이 문제만큼은 그를 끌어낼 수 있을 거요. 그이를 만나보고 그가 뭐라고 하는지 나에게 알려주시오. 나는 내 힘이 닿는 데까지 당신을 도와드릴 거요. 물론 나를 만나고 싶으면 언제든 와도 좋소. 나를 마음대로 이용하시오."

그를 만나고 나서 나는 그가 사람들로부터 독특한 신임을 얻고 있는 비결을 알 수 있었다.

그 다음으로 고칼레를 만나보았다. 페르구손 대학(Fergusson College) 교정에서 그를 만났는데, 아주 친절하게 대해주었다. 나는 그의 태도에 곧 마음이 끌렸다. 그와도 이것이 첫번째 만남이었는데, 우리는 마치 오래된 친구를 다시 만나기라도 한 듯한 기분이었다. 페로제샤경이 내게 마치 히말라야 같다면 로카만야는 대양 같았다. 그러나 고칼레는 마치 갠지스강 같았다. 거룩한 강에서는 누구나 원기를 새롭게 해주는 목욕을 할 수 있을 것이다. 히말라야는 기어오를 수 없는 것이고, 바다에 배를 띄우는 것도 쉬운 일이 아니겠지만, 갠지스는 누구든 들어와도 좋다고 가슴을 벌린다. 그 위에 보트를 띄우고 노를 젓는 것은 즐거운 일이다. 고칼레는 마치 교장 선생이 입학을 지원하는 학생을 조사하듯이 세심하게 나를 조사했다. 그러고는 나에게 누구와는 가까이해야 하며 어떻게 가까이할지를 일러주었다. 그는 연설문을 좀 보자고 했다. 대학을 두루 구경시켜 주고는 자기를 언제나 마음대로 이용해도 좋다고 확약을 해주고, 반다르카르 박사와의 회견 결과를 자기에게 알려달라고 했다. 정치적인 영역에서 고칼레는 그의 생존시나 지금이나 내 마음을 점령하고 있고, 또 지금도 그가 가지고 있는 지위는 완전히 특별한 것이다.

반다르카르 박사는 아버지 같은 따뜻함으로 나를 받아주었다. 그를 찾아갔을 때는 바로 정오였다. 내가 그런 시간에 사람을 찾아야 할 만큼 바쁘다는 그 사실이 바로 이 지칠 줄 모르는 대학자를 감동시켰고, 집회의 회장은 어느 파에도 속하지 않은 사람이어야 한다는 주장에는 즉시 찬성해주었다. "그렇고말고, 그렇고말고" 하는 소리가 터지듯이 저절로 나왔다.

내 말을 끝까지 듣고 나서 그는 이렇게 말했다. "사람들은 모두 내가 정치에 참여하지 않는다고 말했을 것이오. 그러나 나는 당신은 거절할 수가 없소. 당신의 경우는 참 중대한 것이고 당신의 노력은 참으로 훌륭한 것이니, 내가 어떻게 당신 집회에 가담하지 않을 수 있겠소? 틸라크와 고칼레에게 의논하신 것, 참 잘했소. 그들에게 가서 두 가지 사바[12]의 연합 주최로 열리는 강연회에 내가 기꺼이 사회를 보겠단고 말씀하시오. 강연시간을 내게 정하라고 할 필요는 없소. 그들의 형편에 맞게 하면 내게도 맞는 것이오." 그렇게 말해주고는 감사와 축복 끝에 나를 보내주었다.

학식 많고 사심 없는 이 푸나의 일꾼들은 아무런 잡음도 없이 서로 뭉쳐서 조촐하고 자그마한 장소에서 강연회를 열어주었다. 나는 기쁨으로 내 사명에 대해 한층 더 자신을 가지고 그곳을 떠났다.

다음으로는 마드라스로 갔다. 그곳은 열정에 들떠 있었다. 발라순다람 사건이 집회에 큰 영향을 미치고 있었다. 내 연설문은 인쇄되어 있었고, 내게도 꽤 긴 것이었는데도 청중들은 그 한마디 한마디를 주의해 듣고 있었다. 강연회 끝에는 언제나 그 '녹색 팸플릿'을 팔았다. 나

12) 사바(sabha): 계급을 초월해서 맺어진 자치 단체, 모임.

는 두번째 수정판 1만 부를 가지고 나갔다. 책은 뜨거운 호떡처럼 팔렸다. 그러나 그렇게 많은 부수를 인쇄할 필요가 없다는 것을 알게 되었다. 열심히 하는 것에만 쏠려서 책의 수요 부수를 지나치게 많이 잡았다. 내 연설은 영어를 아는 사람을 상대로 한 것인데, 마드라스에는 그런 사람은 다 합쳐도 1만이 되지 못했다.

그것에서 가장 큰 협조를 해준 것은 『마드라스 스탠더드』지의 발행인인 파라메슈바란 필라이(G. Parameshvaran Pillay) 씨였다. 그는 그 문제를 세심히 연구했고, 이따금 나를 자기 사무실로 불러서는 지도해주었다. 『힌두』지의 수브라마니암(G. Subramaniam) 씨와 수브라마니암 박사도 매우 동정적이었다. 파라메슈바란 필라이 씨는 『마드라스 스탠더드』지의 지면을 나에게 마음대로 쓸 수 있게 제공해주었고, 나는 그것을 자유로이 썼다. 파차이아파(Pachaiappa) 강당에서 열렸던 강연회에서는, 내 기억으로는 수브라마니암 박사가 사회를 맡아주었다.

내가 만난 친구들은 모두 애정을 보여주었고 또 그 사건에 대해 굉장히 열심들이었기 때문에, 그들과 영어로 말할 수밖에 없었음에도 불구하고 조금도 어색한 기분은 없었다. 사랑으로 깨뜨릴 수 없는 장벽이 세상에 어디 있을까?

다시 남아프리카로

마드라스에서 칼리카타로 갔는데, 거기서 나는 난관에 부딪혔다. 한 사람도 아는 이가 없어 그레이트 이스턴 호텔에 자리를 잡았다. 여기서 『데일리 텔레그래프』의 대리인 엘러도르프(Ellerthorpe) 씨와 알게 되었는데, 그는 나를 자기가 머물고 있는 벵골 클럽으로 초대해주었다. 그는 그때 그 응접실에 인도인은 들어갈 수 없다는 것을 아직 알지 못했다. 제한이 있다는 것을 알자 나를 자기 방으로 데리고 들어갔다. 이러한 지방 영국인들의 차별에 대해 그는 못마땅히 여긴다는 뜻을 밝히고, 응접실에서 만나지 못하는 것을 미안하게 여긴다고 사과했다.

나는 물론 '벵골의 우상'인 수렌드라나트 바네르지(Surendranath Banerji)를 만나지 않을 수 없었다. 친구들에게 둘러싸여 있던 그가 말했다.

"내 생각에는 사람들이 당신 일에 흥미를 가질 것 같지 않습니다. 아시다시피 이곳의 우리 어려움도 결코 가벼운 것이 아닙니다. 그렇지만 할 수 있는 데까지 해보시오. 마하라자[13]들의 동정을 얻어야 합니다. 그리고 영국 출신 인도인협회의 대표자를 만나는 것을 잊지 마시오. 그리고 또 퍄리모한 무카르지(Pyarimohan Mukarji)와 마하라자 타고르(Maharaja Tagore)를 만나보아야 합니다. 둘 다 개방적인 사상을 가지고 있고 공공사업에도 많이 참여하는 사람들입니다."

나는 이 신사들을 찾아보았으나 허탕이었다. 둘 다 아주 냉랭한 태도로 대하면서 칼리카타에서 공공 집회를 하는 것은 쉬운 일이 아니라고 했고, 그리고 어떻게 성사된다 해도 사실상 그것은 수렌드라나트 바네르지에게 달린 것이라고 했다.

일이 점점 어려워지는 것을 나는 알았다. 나는 『암리타 바자르 파트리카』(*Amrita Bazar Patrika*) 신문사를 찾아갔으나 거기서 나를 만나준 신사는 나를 떠돌이 유대인으로 알고 있었다. 『방가바시』(*The Bangabasi*) 신문사를 찾아갔더니 그들은 한층 더했다. 편집장은 나를 한 시간이나 기다리게 했다. 분명히 그를 찾아온 면회자들은 많았

---

13) 마하라자(Maharaja): 영국 식민지 시대 지방 군주의 칭호 가운데 하나. 마하(大)와 라자(王)가 합해서 된 말.

다. 그렇지만 그는 다른 사람들과 다 만나고 난 다음에도 나를 거들떠
보지도 않았다. 기다리다 못해 내 편에서 용기를 내어 화제를 꺼내려
하자, 그는 이렇게 말했다. "이렇게 손쓸 새도 없는 것을 보면 모르겠
어요? 당신 같은 방문객이 끝이 없습니다. 돌아가시는 것이 좋을 것입
니다. 당신 말씀을 듣고 싶은 생각도 없습니다." 화가 치밀기는 했지
만, 나는 곧 그의 입장을 이해할 수 있었다. 나는 『방가바시』지의 명
성에 대해 익히 들은 것이 있었다. 끊임없이 방문객이 줄 서 있는 것을
알 수 있었다. 그리고 그 사람들은 그와 서로 잘 아는 사람들이다. 그
의 신문이 다룰 기삿거리는 얼마든지 있었다. 그런데 남아프리카는 그
당시 거의 알려지지 않은 상태였다.

당하는 사람 자신에게는 아무리 심각한 불평거리라 하더라도 그는
역시 각각 제 나름의 불평을 가지고 편집실을 찾아드는 많은 방문객
의 한 사람에 지나지 않는다.

그러니 편집자인들 어떻게 그들을 다 만나볼 수 있었겠는가? 뿐만
아니라 불평자들은 이 나라에서 강한 힘을 가지고 있는 줄로 상상하
고 있지만, 그 힘이란 자기 사무실 문턱 밖을 거의 못 넘어가는 정도란
것을 그 자신만은 알고 있다. 그렇지만 나는 용기를 잃지 않고 다른 신
문사들을 계속 찾아다녔다. 전과 마찬가지로 나는 인도에 와 있는 영
국인 발행자들도 찾아보았다. 『더 스테이츠먼』(The Statesman)과 『더
잉글리시먼』(The Englishman)이 문제의 중대성을 알아주었다. 그들
과는 긴 회견을 했고, 그 결과 전문을 게재해주었다.

『더 잉글리시먼』의 발행인 사운더스(Saunders)는 나를 자기 몸처럼
여기고 사무실과 신문을 마음대로 쓰라고 했다. 심지어는 그 문제에
관해 쓴 자기 사설의 교정 인쇄를 미리 보내주면서, 내 마음대로 고쳐
도 좋다고까지 했다.

우리 사이에 우정이 자랐다고 해도 결코 과장이 아니다. 가능한 한

나를 돕겠다고 약속했고, 글자 그대로 그는 약속을 이행했고, 그가 중병으로 눕게 될 때까지 끊임없이 소식을 보내주었다.

일생을 통해서 내게는 고맙게도 그렇게 이루어진 교우관계가 많은데, 그것은 거의 다 기대도 못했던 데서 갑자기 이루어진 것들이었다. 사운더스 씨가 나를 좋아한 이유는 내가 과장하는 법이 없다는 것과, 진리에 대한 믿음 때문이었다. 그는 내 목적을 위해 동정하기 전에 내게 속속들이 캐물었다. 그래서 남아프리카의 문제, 특히 백인에 대해서조차도 자기 앞에서는 될수록 공정한 진술과 평가를 하기 위해 내가 의지와 노력을 아끼지 않는다는 것을 그는 알게 되었다.

내 경험이 보여주는 바에 의하면, 우리는 상대방을 공정히 대해주기만 하면 지체 없이 공정한 대우를 받게 된다.

기대하지 못했던 사운더스 씨의 도움으로 용기를 얻어 어쨌거나 칼리카타에서 공공집회를 여는 데 성공하게 되었구나 하고 생각하기 시작한 그때, 더반으로부터 다음과 같은 전보가 왔다. '의회 1월 개회, 급히 귀환 요망.'

그래서 신문사에다 급작스럽게 칼리카타를 떠나게 된 이유를 설명하는 편지를 띄우고, 곧 뭄바이를 향해 떠났다. 떠나기 전에 다다 압둘라 회사의 뭄바이 출장소로 전보를 쳐서 제일 빨리 떠나는 남아프리카행 배표를 마련하라고 했다.

다다 압둘라는 그때 바로 증기선 쿨랜드(Courland)호를 사들인 때였으므로, 나와 내 가족을 무료로 태워줄 터이니 그 배로 가라고 권했다. 나는 감사히 그 제의를 받아들이고 12월 초에 아내와 두 아이들과 과부가 된 누이의 외아들을 데리고 두 번째로 남아프리카를 향해 떠났다. 또 다른 증기선인 나데리(Naderi)호도 같은 시간에 역시 더반을 향해 떠났다. 두 배의 승객은 모두 합해서 800명은 되었을 것이고, 그 중 반은 트란스발로 가는 사람들이었다.

3

나의 일은 인도에 있다

"생활을 한층 더 간소하게 해야 한다는 것과
동포들을 위해 구체적인 봉사활동을 해야겠다는 문제가
항상 내 마음을 사로잡고 있었다."

폭풍 전야

아내와 어린것들을 데리고 항해하기는 이번이 처음이었다. 나는 지금까지 이야기해오는 가운데 조혼 때문에 힌두교의 중산계급에 속하는 남편들은 글을 알지만, 아내들은 사실상 무식한 채로 남아 있었다는 말을 종종 했다. 그와 같이 둘 사이에 격차가 너무 크기 때문에 남편들은 제 아내의 교사가 되지 않으면 안 됐다. 그래서 나는 아내나 아이들이 입어야 할 옷, 먹어야 할 음식, 또 새로운 환경에 알맞은 그들의 몸가짐에 대해서 일일이 신경 써야만 했다. 이 시절을 회상해보면, 아주 재미있는 것들도 있다.

힌두교의 아내들은 남편에 대한 절대복종을 최고의 종교로 알고 남편은 자기를 아내의 주인이요 상전으로 알고 있으므로, 아내는 언제나 남편의 시중을 들기에 여념이 없다.

내가 지금 얘기하는 그 시절, 개명한 사람으로 보이기 위해서는 우리의 옷차림이나 몸가짐을 될수록 유럽풍에 가깝게 해야 한다고 생각했다. 왜냐하면 내 생각에는 그렇게 해야만 우리는 남을 감화시키는 힘을 가질 수 있고, 그런 힘 없이 사회에 봉사하기란 불가능하기 때문이었다.

그래서 나는 아내와 어린것들의 옷모양을 결정했다. 나는 그들이 카티아와르의 바니아족으로 보이는 것이 싫었다. 그때는 인도 사람 중에서 파르시 사람들이 가장 개명한 부류로 알려져 있었다. 그래서 완전한 유럽식 차림은 맞지 않는 것 같아, 우리는 파르시식을 따르기로 했다. 그랬기 때문에 내 아내는 파르시 사람의 사리(Sari)를 입었고, 아이들도 파르시식 저고리와 바지를 입었다. 물론 다들 구두와 양말을 신어야 했다. 아내와 아이들이 그것에 익숙해지는 데는 상당한 시일이 걸렸다. 구두는 발을 죄었고, 양말은 땀이 나서 냄새가 나고, 발가락이 자꾸만 부르텄다. 그래 못 견뎌할 때마다 나는 타일러야 했다. 그러나 내 생각에도 그것은 타일렀다기보다는 강제로 명령하여 내 소신대로 시킨 것에 불과했다. 옷을 변경하는 것은 그밖에 별도리가 없으니 하자는 대로 했다. 나이프와 포크를 사용하는 것[1]도 같은 생각으로 하기는 했으나 싫어하면서 억지로 했다. 문명의 표를 나타내자는 나의 열의가 식어버리자, 그들은 나이프와 포크를 내버리고 말았다. 새로운 생활방식에 오래 젖어 있다가 옛 습관으로 돌아가려 해도 그것 또한 그에 못지않게 힘든 것이었으리라. 그러나 지금 와 생각하면 그러한 겉치레의 '문명'을 포기해버린 것은 한층 더 자유롭고 마음 가뿐한 일이다.

같은 배에 우리 친척과 아는 사람들도 더러 있었다. 이들이나 또 그밖의 3등 선객들을 나는 자주 만났다. 왜냐하면 이 배는 나의 소송 의뢰인 친구의 것이었으므로 배 안을 어디나 마음대로 돌아다닐 수 있었기 때문이다.

그 배는 나탈 직행으로 도중에 아무 항구에도 들르지 않았기 때문에 항해는 단지 18일 정도가 걸릴 예정이었다. 그러나 마치 우리가 장차 육지에서 만날 폭풍우를 예고라도 하듯이, 나탈까지 나흘밖에 남지 않은 곳에서 무서운 강풍이 우리를 덮쳤다. 남반구에서는 12월이 여름 계절풍의 달이므로, 그 무렵에 남해양에서의 크고 작은 폭풍은 흔히 있는 일이었다. 우리를 습격했던 그 폭풍은 아주 맹렬하고 오래 계속됐기 때문에 승객들은 온통 겁에 질렸다. 그것은 하나의 엄숙한 장면이었다. 이 같은 어려움에 직면하자 사람들은 하나가 되었다. 이슬람교도, 힌두교도, 기독교도 할 것 없이 모든 차이를 다 잊어버리고,

---

1) 인도 사람은 일반적으로 음식을 손으로 집어 먹는다. 지금도 그것을 그대로 지키는 사람이 많다.

다만 유일하신 하나님을 생각하기 시작했다. 어떤 이들은 가지가지의 맹세를 하기도 했다. 선장도 승객들과 함께 기도했다. 그는 승객들을 보고, 이 폭풍이 위험하지 않은 것은 아니지만 자기는 이보다 더 무서운 것도 많이 겪어보았으며, 또 잘 만들어진 배는 어떤 풍랑에도 끄떡없다는 것을 설명하며 안심시키려 했다. 그러나 사람들은 안심하지 못했다. 시시각각으로 파선과 침몰의 전조인 듯 우지끈 하는 소리가 들려왔다. 배는 누웠다 일어났다 하며 금세라도 뒤집힐 듯했다. 갑판 위에 나간다는 것은 생각조차 할 수 없었다. "뜻대로 하소서" 하는 것만이 모든 사람의 입에서 나오는 소리였다. 내 기억으로는 그러한 상태가 24시간은 계속된 것 같았다.

마침내 하늘이 개고 태양이 그 자태를 나타내니, 선장이 폭풍은 지나갔다고 말했다. 사람들의 얼굴은 기쁨으로 빛났고, 위험이 사라지는 순간 그들의 입술에서 하나님의 이름도 사라졌다. 먹고 마시고 노래부르고 즐기는 것이 다시 매일의 행사가 되었다. 죽음의 공포가 사라지자 한때의 열렬했던 기도 분위기는 없어지고, 마야[2]가 나타났다. 물론 일상 드리는 나마즈[3]나 기도가 없는 것은 아니지만, 그 무서운 순간에 있었던 엄숙함은 없었다.

그러나 그 폭풍은 나와 승객들을 하나로 묶어주었다. 나는 전에도 비슷한 경험이 있었기 때문에 폭풍우는 조금도 겁나지 않았다. 또 배를 잘 타기 때문에 멀미하는 일도 없었다. 그래서 나는 겁 없이 승객들 사이를 다니면서 위로와 격려를 해주었으며, 때때로 선장이 하는 말을 전해주기도 했다. 나중에 알게 된 일이지만 이렇게 해서 이루어진 우

---

2) 마야(maya): 힌두 철학에서 거론되는 유명한 말로 거의 옮길 수 없다. 영어로는 종종 delusion(미망), illusion(환상, 망상, 착각)으로 번역된다.
3) 나마즈(namas): 이슬람교의 경전인 『코란』에 정해진 기도.

정은 나에게 큰 도움이 되었다.

배는 12월 18일인가 19일에 더반항에 닻을 내렸다. 나데리호도 같은 날 도착했다.

그러나 진짜 폭풍은 이제부터였다.

폭풍우

앞서 말한 것같이 두 배는 12월 18일경 더반 항에 닻을 내렸다. 어떤 승객도 완전한 검역을 받기 전에는 남아프리카의 어느 항구에도 상륙할 수 없었다. 만일 승객 중에 한 명이라도 전염병 환자가 있는 경우에는 그 배는 일정한 검역기간을 거쳐야 했다. 우리가 뭄바이를 출항할 때 흑사병이 돌고 있었기 때문에 우리는 얼마 동안 검역기간을 거쳐야 되지나 않을까 걱정했다. 검역 전에는 모든 배에 노란 기를 달아야 하고, 의사가 그 배의 승객은 건강하다고 보증한 다음에야 그 기를 내릴 수 있었다. 친척이나 친구들도 이 노란 기가 내려진 다음에야 배에 올라가는 것이 허락된다.

그랬기 때문에 우리 배는 노란 기를 달고서 의사가 우리를 진찰할 때까지 기다리고 있었다. 의사는 우리에게 5일간의 검역기간을 부여했다. 그것은, 그의 의견으로는, 흑사병균이 발병되는 데는 최고 23일이 걸리기 때문이었다. 그렇기 때문에 우리 배는 뭄바이를 떠난 지 23일이 되는 날까지 검역을 받은 것이다. 그러나 이 검역기간은 보건상의 이유만이 아니고, 딴 이유가 그 뒤에 숨어 있었다.

더반 거주의 백인들은 우리를 본국으로 송환하라는 시위운동을 전개하고 있었는데, 이것이 그 명령의 한 가지 이유였다. 다다 압둘라 회사는 시내에서 나날이 일어나고 있는 일을 우리에게 계속해서 알려주고 있었다. 백인들은 날마다 대규모 집회를 가졌다. 그들은 다다 압둘라 회사에 대하여 갖은 협박을 하고, 때로는 유혹도 했다. 만약 두 배를 인도로 되돌려보내기만 한다면 그들은 회사에 변상금을 치를 용의가 있다고도 했다. 그러나 다다 압둘라 회사 사람들은 위협에 못 견딜 사람들이 아니었다. 셰드 압둘 카림 하지 아담이 당시 그 회사의 전무였는데, 그는 배를 부두에 정박시킨 후 무슨 일이 있더라고 승객을 상륙시키기로 결심했다. 그는 매일 자세한 편지를 보내주고 있었다. 다행히 만수클랄 나자르(Mansuklal Naazar) 씨가 나를 만나려고 더반에 와 있었다. 그는 수완이 좋고 배짱이 두둑한 사람으로 인도인 단체를 지도하고 있었다. 그들의 변호사인 로턴(Laughton) 씨도 마찬가지로 겁이 없는 사람이었다. 그는 백인 주재민들의 행위를 비난하고, 단순히 고용된 변호사로서가 아니라 그들의 참된 친구로서 인도인 단체에 조언해주고 있었다.

그와 같이 해서 더반은 서로 적수가 안되는 사람들의 결투장소가 되었다. 한쪽에는 한줌만 한 불쌍한 인도인과 그들의 몇 안 되는 영국인 친구들이 있었고, 저쪽에는 무력으로나, 숫자로나, 교육으로나, 재산으로나 강력한 백인들이 진을 치고 있었다. 그뿐 아니라 그들은 나탈 정부를 배경으로 두고 있었다. 사실 정부는 그들을 공공연히 도와주고 있었다. 내각에서 가장 세력 있는 해리 에스콤(Harry Escombe) 씨는 공개적으로 그들 모임에 참석하고 있었다.

이와 같이 검역기간의 진짜 목적은 어떻게든지 그 승객들이나 여객선 회사를 협박해서라도, 승객들을 강제로 인도로 돌려보내는 것이었다. 그래서 나중에 가서는 우리에게 이렇게 위협하기도 했다. "너희가 정말 돌아가지 않는다면 바다에 몰아넣고 말 것이다. 그러나 돌아간다면 여비도 돌려줄 것이다." 나는 쉬지 않고 승객 사이를 다니며 그들을 격려해주었고, 또 나데리호의 승객들에게도 소식을 보내 위로해주었다. 모든 승객은 평온하고 용감하게 버티며 사태를 지켜보았다.

우리는 승객들을 위로하기 위해 온갖 놀이를 베풀었다. 성탄절에는 선장이 1등 승객들을 만찬에 초대해주었는데, 주빈은 나와 내 가족이었다. 식사 후 연설에서 나는 서양문명에 대해 언급했다. 그런 때에 그런 어려운 말을 해선 안 되는 줄 알고 있었지만 안 그럴 수가 없었다. 놀이에도 같이 섞였으나 내 마음은 온통 더반에서 진행되고 있는 그 결투에 가 있었다. 왜냐하면 진정한 과녁은 나였기 때문이다. 나에 대한 비난은 두 가지였는데, 첫째는 내가 인도에 있는 동안 나탈의 백인들을 함부로 비난했다는 것이고, 둘째는 나탈을 온통 인도인으로 들끓게 할 생각으로 내가 일부러 이주민들을 두 배에 싣고 왔다는 것이었다.

나는 책임을 느꼈다. 나 때문에 다다 압둘라 회사는 큰 위험에 빠졌고, 승객들 생명이 위태롭게 됐고, 또 식구들을 데리고 옴으로써 그들 역시 위험에 빠지게 됐다는 것을 알았다.

그렇지만 나는 절대로 결백했다. 나는 누구에게도 나탈에 가자고 권유한 일이 없다. 승객들이 배를 탈 때 나는 아는 이가 하나도 없었고, 내 친척 되는 부부 한 쌍을 빼놓고는 그 수백 명 되는 승객 중에서 이름이나 주소를 아는 사람은 한 명도 없었다. 그리고 인도에 있는 동안 나는 내가 이미 나탈에 있을 때에 한 말 이외에는 그들에 대해 한마디도 말한 것이 없었다. 그리고 내가 한 모든 말을 뒷받침해줄 증거를 충분히 가지고 있었다.

그러므로 나는 나탈의 백인이 대표하고 옹호하고 있는 그 문명을 위해 슬퍼하고 탄식한 것이다. 이 문명을 나는 언제든지 마음속에 품고 있었기 때문에, 그 조그만 모임에서도 그것에 대한 견해를 피력했다. 선장이나 그밖의 친구들은 잘 참고 들어주었고, 내가 말하려는 그 정신대로 들어주었다. 그것이 그들의 생애에 어떤 영향을 주었는지는 알 수 없으나, 나는 그후에도 선장이나 다른 직원들과 서양문명에 대해 길게 이야기한 일이 있었다. 나는 말하기를 서양문명은 동양문명과는 달리 주로 폭력을 토대로 하고 있다고 했다. 질문하는 이들은 내 말을 절대로 믿고, 그중 한 사람은(아마 선장이었다고 생각하는데) 나를 보고 이렇게 말했다.

"백인들이 그들의 협박을 그대로 실행한다 합시다. 그럴 때 당신은 비폭력주의로서 어떻게 대하시렵니까?" 그 말에 대해 나는 대답하기를, "하나님께서 내게 그들을 용서하고 법에 넘기지 않을 만한 용기와 분별력을 주실 줄 믿습니다. 나는 그들에 대해 노여워하지 않습니다. 다만 그들의 무지와 편협함을 불쌍히 여길 뿐입니다. 나는 그들이 하고 있는 일을 스스로 정당하고 진정으로 옳다고 믿는 줄로 압니다. 그러니 나는 그들에 대해 노할 이유가 없습니다."

질문한 사람은 믿기지 않는다는 표정으로 빙그레 웃었다.

이렇게 해서 지루한 날들이 갔다. 검역기간이 언제 끝날지는 아직도 분명치 않았다. 검역관은 말하기를, 문제는 이제 자기 권한 안에 있지 않으니, 정부에서 명령이 오는 대로 상륙을 허락하겠다고 했다.

마침내 최후 통첩이 승객들과 나에게 전달됐다. 목숨을 건지고 싶거든 항복하라는 것이었다. 이에 대해 승객들도, 나도 나탈항에 상륙할 권리가 있다고 주장했고, 어떤 위험을 무릅쓰고라도 나탈항에 상륙하겠다는 우리의 결의를 암시했다.

23일의 기간이 끝나는 날 두 배는 입항이 허가되었고, 승객들의 상륙 허가도 내려졌다.

폭도들

그리하여 배들은 부두 안으로 들어오고 승객들은 상륙하기 시작했다. 그러나 에스콤 씨는 선장에게 말하기를, 백인들이 나에 대하여 극도로 분노하고 있어 내 생명이 위태하니 내 가족과 나는 뉘엿뉘엿 해가 진 후에 상륙하는 것이 좋을 것이며, 그러면 그때 부두 감독관 타텀 씨가 집까지 호송해줄 거라고 했다. 선장은 그 소식을 내게 알려주었고, 나도 그렇게 하겠다고 동의했다. 그러나 반 시간도 못 되어서 로턴 씨가 선장한테 오더니, "간디 씨가 반대만 안 한다면 내가 그를 데리고 가겠습니다. 기선회사 법률고문으로서 말합니다만, 당신은 에스콤 씨에게서 들은 말을 그대로 실행하지 않아도 됩니다"라고 말했다. 그러고 나서 그는 나한테로 와서 대략 이런 내용의 말을 했다.

"당신이 만일 겁만 내지 않는다면 이렇게 했으면 좋겠습니다. 부인과 아이들은 차로 루스톰지 댁으로 보내고, 당신과 나는 걸어서 그리로 갑시다. 나는 당신이 도둑이나 되는 양 밤에 시내로 들어간다는 의견엔 도무지 찬성할 수 없습니다. 나는 누가 당신을 해칠 염려는 전혀 없다고 생각합니다. 모든 것이 평온합니다. 백인들은 다 흩어졌습니다. 어쨌든 나는 당신이 시내에 몰래 들어가서는 안 된다고 생각합니다." 나는 주저 없이 동의했다. 아내와 아이들은 차로 무사히 루스톰지 댁으로 갔다. 선장의 허락을 얻어 나는 로턴 씨와 함께 상륙했다. 루스톰지 씨의 집은 부두에서 약 3킬로미터 거리였다.

육지로 올라서자 젊은이들 몇이 나를 알아보고 소리를 질렀다. "간디! 간디!" 하며 대여섯 명쯤 되는 남자들도 달려와 합세하여 떠들었다. 로턴 씨는 군중이 몰려들자 겁이 나서 인력거를 불렀다. 나는 평생 인력거를 탄다는 생각은 해보지 않았다. 이것이 나의 첫번째 경험이었다. 그러나 그 젊은이들은 나를 거기 오르지 못하게 했다. 그들이 인력거꾼에게 죽여버린다고 위협하자 인력거꾼은 그만 도망가고 말았다. 우리가 걸어가는 동안 군중은 점점 불어서 마침내 더 이상 앞으로 나아갈 수가 없어졌다. 그들은 우선 로턴 씨를 붙잡아서 나와 떼어놓았다. 그리고 내게 돌이나 벽돌, 썩은 계란 등을 던지기 시작했다. 누군

터번을 잡아 벗기자, 다른 자들은 나를 때리고 발로 차기 시작했다. 나는 정신이 아찔해져서 어떤 집 앞 목책을 붙잡고 숨을 돌리려 했으나 그럴 수도 없었다. 그들은 나를 치고 받고 때려눕혔다. 이때 나를 아는 경찰서장 부인이 마침 그곳을 지나가게 되었다. 이 용감한 부인이 달려와, 해가 내리쬐지도 않는데, 양산을 펴들고 군중과 나 사이를 가로막고 섰다. 이렇게 폭도들의 폭행을 막아주었다. 알렉산더(Alexander) 부인을 다치게 하지 않고 나를 때릴 수는 없었기 때문이다.

그러는 동안에 한 인도 청년이 이 현장을 목격하고 경찰서로 달려갔다. 경찰서장 알렉산더 씨는 경찰차 한 대를 보내 나를 호위하여 목적지까지 안전하게 호송하도록 하였다. 그들은 시간에 맞춰 왔다. 경찰서는 우리가 가는 길 중간에 있었으므로 거기 도착하자 서장은 나보고 경찰서 안으로 피신하면 어떻겠느냐고 물었다. 그러나 나는 고맙지만 사절한다고 했다. 나는 말하기를, "그들은 자기네가 잘못한 줄 알기만 하면 틀림없이 곧 평온해질 것입니다. 나는 그들이 지각이 있는 사람들임을 믿습니다"라고 했다. 경찰 호송을 받아 나는 더 이상 해를 입지 않고 루스톰지 씨 집에 도착하였다. 나는 온몸에 멍이 들었다. 그러나 상처난 곳은 다만 한 곳뿐이었다. 그 배의 의사 다디바르조르 씨가 마침 거기에 있어서 나를 치료해주었다.

안은 평온했지만 밖에는 백인들이 둘러싸고 있었다. 밤은 차차 깊어가는데 군중들은 고래고래 소리를 지르며 "간디를 내놓아라!" 하고 외쳤다. 눈치 빠른 서장은 벌써 거기 와서 군중을 제지하려고 노력하고 있었다. 위협이 아니라 익살로써 했다. 그러나 그는 걱정이 아주 없지는 않았다. 그는 내게 다음과 같은 말을 했다. "당신이 만일 당신 친구의 집과 가산을 건지려거든, 그리고 또 당신 가족을 구하려거든 내가 하라는 대로 변장을 하고 이 집에서 빠져나가시오."

그렇게 해서 나는 같은 날에 두 가지 상반되는 처지에 놓이게 되었다. 생명에 대한 위험이 어느 정도 있을 때에 로턴 씨는 내게, 떳떳하게 나가라고 충고를 해주어서 나는 그것을 받아들였고, 위험이 정말 확실할 때에는 다른 친구가 그것과는 정반대의 충고를 해주어서 나는 그것도 받아들였다. 내가 정말 내 생명이 위태롭다는 것을 알았기 때문에 그랬는지 또는 내가 정말 내 친구의 생명과 재산, 또는 내 아내와 어린것들의 생명을 위험 속에 넣고 싶지 않아서 그랬는지 누가 알 수 있겠는가? 또 내가 첫번째 경우에 군중과 용감히 직면했을 때나 또 시키는 대로 변장을 하고 도망을 갔을 때나, 다 잘했다고 어느 누가 확신 있게 말할 수 있겠는가?

이미 일어난 사건에 대해서 옳으니 그르니 시비를 논하는 것은 부질없는 일이다. 그러나 그것을 이해하고, 가능하면 거기에서 미래를 위한 교훈을 얻는 것은 유익한 일이다. 어떤 사람이 어떤 상황 아래서 어떻게 행동할 것이라고 단정하기는 어려운 일이다. 또 우리가 사람을 그 드러난 행동만 보고 판단하는 것은 충분한 자료에 근거하지 않는 한, 그것은 한낱 믿을 수 없는 추리에 지나지 않는다는 것도 알 수 있다.

그것은 그렇고, 도망갈 준비를 하느라고 나는 상처마저 잊었다. 서장이 가르쳐준 대로 나는 인도인 경찰 제복을 입고, 머리에는 마드라스 목도리를 쓰고는 그 한끝을 빙빙 둘러감아 마치 헬멧같이 보이게 하였다. 형사 둘이 나와 동행을 했는데, 한 사람은 인도인 장사꾼같이 변장을 하고 얼굴에 칠을 하여 인도인같이 보이게 했고, 다른 한 사람은 어떻게 변장했는지 지금은 잊었다. 뒷길로 빠져 옆집 상점에 가서 창고 안에 쌓인 부대 사이를 통해 그 상점 문을 나와 군중 사이를 뚫고 골목 끝에 나를 위해 미리 준비해놓은 자동차로 갔다. 그리하여 우리는 조금 전에 알렉산더 씨가 피난처로 제공해주었던 그 경찰서까지

갔다. 나는 서장과 형사들에게 감사를 드렸다.

내가 도망가고 있는 동안, 알렉산더 씨는 군중을 웃기며 붙들어두느라고 이런 노래를 부르고 있었다.

늙은 간디 목을 졸라라
시금털털한 사과나무 가지에.

내가 무사히 경찰서에 도착했다는 보고를 들은 다음 그는 그 소식을 이렇게 군중에게 외쳤다. "자, 여러분의 제물은 이미 옆집 상점을 통해 솜씨 있게 도망갔소. 이젠 댁으로 돌아가면 어떻겠소?" 더러는 화를 냈고, 더러는 허탈해져 웃었고, 더러는 그 소리를 믿지 않으려 했다.

"정말 그러시면" 하고 서장은 말했다. "내 말이 믿어지지 않는다면, 대표를 한두 명 뽑으시오. 그러면 내가 그들을 데리고 그 집에 들어가겠습니다. 그들이 만일 간디를 찾아낸다면 나는 그를 여러분들께 기꺼이 넘겨드리지요. 그러나 만일 못 찾아낸다면 해산해야 하오. 나는 분명히 여러분들이 루스톰지 씨 집을 파괴하거나 간디 부인과 아이들을 해치자는 것이 아닌 줄로 확신하오."

군중들은 대표를 보내어 그 집을 뒤졌다. 그들이 곧 실망스러운 소식을 가지고 돌아오자, 군중은 마침내 흩어졌다. 대개는 서장의 재치 있는 사건 처리에 탄복을 하면서, 또 몇몇은 투덜거리면서.

당시 식민지 담당 국무장관이었던 체임벌린 씨는 전보를 보내어 나의 가해자를 기소하도록 하라고 나탈 정부에 지시하였다. 에스콤 씨는 사람을 시켜 나를 부른 다음 내가 받은 상처에 대하여 유감의 뜻을 표하며 말했다. "믿어주십시오, 나는 당신이 입은 지극히 작은 상처 하나 때문에도 마음이 평안할 수 없습니다. 당신은 물론 로턴 씨의 조언을 들어 가장 흉악한 것에도 정면으로 대항할 권리가 있습니다. 그렇지만 당신이 만일 나의 제의를 받아들이셨더라면 이러한 불상사는 분명히 일어나지 않았으리라고 믿습니다. 범인을 확인만 해주신다면 즉시 그들을 체포하여 기소하겠습니다. 체임벌린 씨도 내가 그렇게 하기를 원합니다."

거기에 대해 나는 이렇게 대답했다.

"나는 아무도 고소하고 싶지 않습니다. 한두 명 확인하려면 할 수는 있습니다만 그들을 벌해서 무슨 소용이 있습니까? 그럴 뿐 아니라 나는 가해자를 비난할 생각도 없습니다. 그들은 내가 인도에서 나탈에 있는 백인들에 대해 과장된 말을 했고, 또 그들을 중상한 것으로 믿고 있습니다. 그들이 그런 보도를 믿었다면 분개하는 것이 그리 이상한 일은 아닙니다. 지도자들과, 죄송한 말씀입니다만 당신이 잘못하신 것입니다. 당신들은 민중을 올바르게 지도하실 수 있었습니다. 그런데 당신들도 로이터 통신을 그대로 믿고 내가 함부로 과장했으리라고 생각하셨습니다. 나는 아무도 책망할 생각은 없습니다. 사실이 밝혀지면 그들은 자기들이 한 일을 뉘우칠 줄로 나는 확신합니다."

"미안합니다만, 그것을 글로 써주시기 바랍니다." 에스콤 씨는 말했다. "왜 그런고 하니, 당신 뜻을 체임벌린 씨에게 전해야 하겠기에 말씀입니다. 무슨 말씀이라도 급히 해주시기를 바라는 것은 아닙니다. 원하신다면 최후의 결정을 내리시기 전에 로턴 씨나 그밖의 친구분들과 의논하셔도 좋습니다. 그러나 솔직히 말해서 당신이 가해자에게 벌을 주는 권리를 포기하신다면, 평온을 회복하는 데 나를 많이 도와주시는 게 됩니다. 당신의 명성이 높아지는 것은 말할 것도 없고."

"고맙습니다. 나는 누구와도 의논할 필요가 없습니다. 나는 당신한테 오기 전에 그것을 이미 결정하고 있었습니다. 가해자를 고소하지 말자는 것은 내 확신입니다. 그리고 내 결정을 지금 곧 글로 써드리겠습니다."

그리고 나는 그에게 필요한 성명서를 써주었다.

폭풍 뒤의 평온

에스콤 씨가 내게 찾아온 것은 내가 경찰서에 머물러 있은 지 이틀이 지난 후였다. 나를 보호해주기 위해 형사들을 보내왔지만 그때는 이미 그런 염려는 필요치 않았다.

상륙하던 날 노란 깃발이 내려지자마자 『더 나탈 애드버타이저』(The Natal Advertiser) 지의 기자가 나한테 회견을 청해왔다. 그는 여러 가지 질문을 했는데, 나는 그에 대해 대답하는 동안 내게 뒤집어씌워진 모든 비난에 대해 일일이 반박할 수 있었다. 고맙게도 페로제샤경 때문에 인도에서 원고로 쓴 연설을 읽었을 뿐이었는데, 나는 그 사본들을 다 가지고 있었고 또 그밖의 글도 가지고 있었다. 나는 그 기자에게 이 글들을 다 주고 내가 인도에서 한 말 중에서 남아프리카에서 하지 않은 것은 하나도 없으며, 그 편이 도리어 말이 더 강하다는 것을 알려주었다. 또 쿨랜드호나 나데리호의 승객들을 남아프리카로 데려오는 데 나는 아무 관련 없다는 것도 설명해주었다. 그들 중 대부분이 오래 전부터 여기 머물렀던 사람들이고, 또 대부분이 나탈에 머물기는 고사하고 트란스발로 가겠다는 사람들이었다. 당시에는 트란스발이 나탈보다 돈벌이가 훨씬 잘되었으므로 대부분의 인도 사람은 그리로 가려 했다.

이 회견과, 또한 내가 가해자를 고발하지 않겠다고 한 것이 퍽 강한 인상을 주어서, 더반에 사는 유럽인들은 자기네의 행동을 부끄럽게 여기게 되었다. 신문은 내게 잘못이 없음을 밝혀주고 난동자들을 비난했다. 따라서 매맞은 것은 결국 나를, 다시 말해서 내가 하는 일을 유리하게 한 셈이었다. 그 때문에 남아프리카 인도인 단체의 위신은 높아졌고, 나 또한 하는 일이 쉬워졌다.

3, 4일 후 집으로 가서 나는 곧 평온한 생활로 돌아갔다. 그 사건은 내 일에도 도움이 되었다.

그러나 그것으로 인도인 단체의 위신이 올라가기도 했지만, 또 반면에 그들에 대한 차별에 부채질을 하기도 했다. 인도인도 사내답게 당당히 싸울 줄 안다는 것이 증명되자, 그들은 위험인물로 알려지게 되었다. 두 개의 법안이 나탈 의회에 제출되었는데 그중 하나는 인도인 상인을 불리하게 만들려는 것이고, 다른 하나는 인도인 이민에 심한 제한을 두자는 것이었다. 다행히 참정권을 위한 투쟁 결과 인도인에게 불리한 법을 만들어서는 안 된다는 내용이 의결되었다. 위에서 말한 그 법안은, 문구는 비록 누구에게나 적용할 수 있게 되어 있다 하더라도, 그 속셈은 나탈 거주 인도인에게 한층 더 제한을 가하자는 것임이 틀림없었다.

그 법안은 나의 공무를 적잖이 증가시켰고, 인도인 단체는 자기네의 의무감에 대해 다른 어느 때보다도 활기를 띠었다. 우리는 그것을 인도 말로 번역하고 자세한 설명을 붙여서 사람들이 그 숨은 뜻을 잘 알도록 하였다. 우리는 식민지 담당 국무장관에게도 호소문을 보냈으나 그는 간섭하기를 거절했고, 법안은 끝내 통과되고 말았다.

이제는 공무가 내 시간의 대부분을 차지하게 되었다. 위에서 말한 것같이, 그때 이미 더반에 와 있던 만수클랄 나자르 씨가 우리 집에 와 있으면서 공무를 거들어주었기 때문에 내 짐은 한층 가벼워졌다.

내가 없는 동안 셰드 아담지 미야칸은 그 임무를 정말 믿음직스럽게 수행해주었다. 그는 회원수를 늘렸고 또한 나탈 인도 국민의회의 재산을 1,000파운드나 늘려놓았다. 법안과 승객에 대한 시위운동으로 인해 일어난 각성을 나는 회원 모집과 자금 모집에 이용해 이제는 기금이 5,000파운드에 이르게 되었다. 내 계획은 의회의 영구기금을 만들어서 그 이자만으로도 단체를 운영할 수 있게 하자는 것이었다. 이것이 나의 공공기관 운영의 첫 번째 경험이었다. 내 제안을 협동자들 앞에 내놓았을 때 모두 환영했다. 그래서 지금까지 모인 기금의 이자만으로도 단체 경상비를 치르는 데 넉넉했다. 재산은 견실한 관리위원회에 맡겨두었으나, 그것이 서로 물고 뜯는 싸움의 원인이 되어 결국은 그 이자를 법원에 적립하게 되었다.

이 기막힌 사태는 내가 남아프리카를 떠난 다음에 더 심해졌지만, 공공기관을 위해 영구기금을 만들어야 한다는 내 생각은 이러한 불화가 생기기 훨씬 전에 이미 달라지고 있었다. 그리고 이제 많은 공공기관을 운영해본 경험의 결과 내가 확신하게 된 것은, 공공기관을 영구기금으로 운영하는 것은 좋지 않다는 것이다. 영구기금이란 그 속에 그 기관의 도덕적 타락의 씨가 들어 있다. 공공기관이라는 것은 그 뜻이 공중의 찬성과 공중에게서 나오는 기금으로 운영된다는 데 있다. 그런 기관이 공중의 지지를 받지 못하게 될 때 기관 존립의 권리는 이미 버린 것이다. 영구기금에 의해 유지되는 기관은 흔히 공중의 의견을 무시하는 일이 있고, 공중에 반대되는 처사를 행하는 책임이 그것으로부터 비롯되는 일이 많다.

우리 나라에서는 그런 일이 흔하다. 이른바 종교적 신탁이라는 것 중에는 아무런 보고조차도 안 하고 만 것들도 있다. 그 신탁위원들이 소유자가 되어버려서 아무런 책임도 지지 않는다. 공공기관도 자연과 마찬가지로, 그날그날 살아가는 것이 이상적이라는 것을 나는 의심할 여지 없이 옳다고 생각한다. 공중의 지지를 받지 못하는 기관은 존재할 권리가 없다. 어떤 기관이 해마다 받는 가입 신청은 그것이 어느만큼 인망을 가지고 있으며, 그 운영을 얼마만큼 충실히 했느냐 하는 하나의 증거이다. 그리고 나는 모든 기관은 다 그 시험을 통과해야 한다고 생각한다. 그러나 오해해서는 안 된다. 내 말은 단체의 성격상 영구

건물 없이는 운영해나갈 수 없는 기관에 대한 것은 아니다. 내 말의 의미는 경상비는 해마다 자진해서 내는 회비로 운영해나가야 한다는 것이다.

이 견해는 남아프리카에서의 사티아그라하 운동 기간에도 확증되었다. 6년 이상의 기간이 걸린 그 거대한 투쟁은 수십만 루피의 기금이 필요했지만 영구기금 없이 해나갔다. 만일 기부금이 들어오지 않았다면 그 다음 날을 어떻게 지낼지 몰랐던 때가 몇 번이고 있었던 것을 나는 기억한다. 그러나 앞으로의 일을 미리 말하려고 하지는 않는다. 독자는 앞으로 하는 이야기에서 이같은 내 의견이 충분히 증명되는 것을 볼 것이다.

자녀 교육

1897년 1월, 더반에 상륙했을 때 나는 세 아이들을 데리고 있었다. 누이의 열 살짜리 아들과 아홉 살짜리와 다섯 살짜리 내 아들 둘을 데리고 있었다. 이 아이들을 어디서 교육할 것인가?

나는 물론 그애들을 유럽인 아이들이 다니는 학교에 보낼 수 있었지만, 그것은 다만 호의와 예외로써만 되는 일이다. 다른 어떤 인도 아이들도 거기는 다니지 못한다. 인도 아이들을 위해 기독교 선교회에서 세운 학교가 있었지만, 나는 우리 아이들을 거기 보낼 마음은 없었다. 그 학교에서 하는 교육을 나는 좋아하지 않았기 때문이다. 한 가지 예를 든다면, 그곳에서의 교육이 단지 영어로만, 그렇지 않으면 정확지 못한 타밀어 또는 힌디어로 진행되기 때문이다. 이것조차도 간신히 해나가는 정도였다. 나는 그런저런 불편을 그대로 둘 수가 없었다. 한편으로는 내가 가르쳐보려고도 했다. 그러나 그것은 아무리 해도 규칙적으로 할 수가 없었고, 또 그럴듯한 구자라트어 선생을 구할 수도 없었다.

어떻게 할 도리가 없었다. 나는 내 지도 아래서 아이들을 가르치는 영어 교사를 구하는 광고를 냈다. 그러면 규칙적인 교육은 그가 좀 하고, 나머지 부족한 것은 불규칙적으로나마 내가 가르쳐주는 것으로 지탱해 나갈 수 있을 것이다. 그래서 한 달에 7파운드를 주고 한 영국인 여자를 가정교사로 채용했다. 그러나 그렇게 얼마 동안 해봤으나 도저히 만족스럽지 않았다. 아이들은 내가 저희들과 하는 대화나 교제를 통해 구자라트어의 지식은 어느 정도 얻었다. 그것은 엄격한 모국어로 했다. 나는 그애들을 인도로 돌려보내고 싶은 마음은 조금도 없었다. 그때에도 벌써, 어린애들은 부모와 떨어져서는 안 된다고 믿었기 때문이다. 아이들이 잘 정돈된 가정에서 자연스럽게 얻는 교육을 기숙사에서는 절대 얻을 수 없다. 그렇기 때문에 아이들은 내가 데리고 있었다.

조카와 큰아들을 몇 달 동안 인도에 있는 기숙학교에 보냈던 일이 있지만 곧 도로 불러왔다. 그후 맏아들은 나이 든 다음에 내게서 떨어져 인도로 가서 아메다바드에 있는 고등학교에 다녔다. 내 느낌으로 조카놈은 내가 주는 교육으로 만족하는 듯했다. 그러나 불행하게도 그는 한창 젊은 나이에 앓은 지 며칠만에 죽고 말았다. 나머지 세 아이들은 내가 남아프리카에서 사티아그라하 운동을 하는 사람들의 자녀를 위해 시작했던 학교에서 정규교육을 좀 받아본 외에는 한 번도 공립학교에 다녀본 일은 없었다.

이 모든 실험들은 다 불충분한 것들이었다. 나는 그들을 위해 내가 해주고 싶은 만큼 많은 시간을 바칠 수가 없었다. 그들을 충분히 보살펴줄 능력이 내게 부족하기도 했고 또 다른 불가피한 원인도 있고 해서 내가 원하는 것만큼 그들에게 학문적인 교육을 하지 못했기 때문에, 그 점에 대해 아이들은 모두 내게 불평이 있었다. 그들은 언제나 학사, 석사, 심지어는 고등학교 졸업생을 만나기만 해도 자기들은 학교교육을 받지 못했기 때문에 뒤지는 처지라고 느끼는 듯했다.

그럼에도 불구하고 내가 만일 아이들을 어떻게 해서든지 공립학교에서 교육하기로 했다면 그애들이 오직 경험의 교육, 즉 부모와의 끊임없는 접촉에서 얻어지는 훈련은 얻지 못하고 말았을 것이다. 또한 내가 현재처럼 그들의 일에 대해 아무 걱정도 하지 않고 지낼 수는 없었을 것이고, 또 그들이 내게서 떨어져 나가서 영국이나 남아프리카에서 받을 수 있었던 그 인위적인 교육은 그들이 오늘날 그 생활에서 보여주는 듯한 그러한 소박함과 봉사의 정신을 가르쳐주지도 못했을 것이다. 도리어 그 인위적인 생활방식은 나의 공적 활동에 대단히 방해 됐을 것이다. 그렇기 때문에 내가 한 학문 교육은 비록 그들이나 내 마음에 흡족하지 못하다 하더라도, 나의 지나간 날들을 돌이켜볼 때 그들에 대한 내 의무를 충분히 다하지 못했다는 생각은 절대로 하지 않으며, 또한 그들을 공립학교에 보내지 않았던 것을 후회하지도 않는다.

오늘날 내 맏아들에게서 볼 수 있는 바람직하지 못한 흔적은, 내 젊은 시절의 훈련되지 못하고 틀 잡히지 못한 생활의 반영이라고 늘 생각하고 있다. 나는 그때를 불완전한 지식과 방종의 시기라고 생각한다. 그것은 내 맏아들의 가장 감수성이 강한 그 시기와 일치된다. 그렇기 때문에 그는 그것을 내 방종과 무경험의 시기로 보려고 하지 않고 도리어 그것이 나의 생애의 가장 빛나는 시절이요, 뒷날 이루어진 변화는 망상과 잘못된 깨달음 때문이라고 생각한다. 사실 그로선 그럴 수도 있다. 그러나 나의 젊은 시절은 각성을 대표하는 시기라 하고 뒷날의 극단적 변화의 시절은 망상과 이기주의의 시기라고 생각하지 말라는 법은 어디 있을까?

사실 친구들로부터 아주 곤란한 질문을 받는 일이 많다. 내가 아이들에게 학문적인 교육을 했다 해도 무엇이 잘못인가, 내가, 그들의 날개를 그렇게 잘라버릴 무슨 권리를 가졌단 말인가, 그들이 학위를 따고 일생의 길을 스스로 택하겠다는데 내가 왜 막아서 방해를 하느냐 하는 것이다.

나는 그런 질문들이 그리 중요한 것이라고 보지 않는다. 나는 많은 학생들과 접촉해보았다. 나 자신이 직접 또는 다른 사람을 통해서 그 변덕스러운 교육을 다른 아이들에게도 실시해보았고 그 결과도 보았다. 내가 아는 내 아이들과 같은 또래의 젊은이들도 많지만, 1 대 1로 보아서 그들이 내 아이들보다 낫다고도 또는 내 아이들이 그들에게서 배울 것이 많다고도 생각하지 않는다.

그러나 내 실험의 궁극적인 결과는 미래라는 자궁 속에 있다. 내가 이 토론을 하는 목적은, 문화사를 배우는 학생들로 하여금 세련된 가정교육과 학교교육 사이에 차이가 있다는 것과, 또 부모들의 생활 변화가 자녀들에게 영향을 미친다는 것을 어느 정도 알게 하자는 데 있다. 또한 이 장의 목적은 진리의 탐구자들에게 그 진리의 실험 가운데 얼마만한 거리까지 들어가야 하는지를 보여주고, 자유를 믿는 자들에게 그 엄격한 여신을, 얼마나 자존심이 없어서 다른 아이들은 받지 못하는 교육을 내 아이들에게는 줄 수 있었다고 스스로 만족하지를 못했다면, 나는 학문 교육을 희생시키면서까지 그 아이들에게 주었던 그 자유와 자존의 실물 교육은 도저히 그애들에게 해줄 수 없었을 것이다. 그리고 자유냐 학문이냐 그 둘 중에서 선택해야 하는 경우라면 1,000배라도 자유가 더 귀한 것이라고 하지 않을 사람이 누가 있겠는가?

1920년, 내가 그 노예의 본거지, 그들의 학교에서 불러내어 노예의 쇠사슬을 지고 학문 교육을 받느니보다는 차라리 자유를 위하여 무식한 채로 돌을 깨고 있는 편이 훨씬 더 좋다고 일러주었던 그 젊은이들은 지금 와서는 내가 왜 그같은 조언을 해주었는지 그 근거를 이해할 수 있을 것이다.

섬기는 정신

내 사업은 만족스럽게 발전되어갔지만, 나는 그것으로 만족할 수는 없었다. 내 생활을 한층 더 간소하게 해야 한다는 것과, 동포들을 위해 구체적인 봉사활동을 해야겠다는 문제가 항상 마음을 사로 잡고 있었다. 마침 그때에 문둥이 하나가 우리 집에 온 일이 있었다. 나는 밥이나 한끼 먹여서 보내버릴 수가 없었다. 그래서 그에게 잠자리를 제공해주고, 상처를 잘 싸매주었으며, 그를 돌봐주기 시작했다. 그러나 언제까지나 무작정 그렇게 할 수는 없었다. 나는 그럴 여유도 없었고, 그를 언제까지나 함께 데리고 있자는 의지도 없었다. 그래서 나는 그를 계약노동자를 위한 정부 병원으로 보냈다.

그러나 내 마음은 여전히 편하지 않았다. 영구적인 성격의 인도주의 사업을 하고 싶었다. 의사 부스는 성 에이든 선교(St. Aidan's Mission)의 책임자였는데, 그는 아주 친절한 분으로 환자를 무료로 치료해주고 있었다. 파르시 루스톰지의 자선 덕택에 부스 의사 책임 아래 조그마한 자선병원을 하나 열 수 있게 됐다. 나는 그 병원에서 간호사로 일했으면 하는 생각이 간절했다. 약을 조제하는 데 매일 한두 시간 정도가 필요했으므로, 나는 내 사무소 근무시간 중에서 시간을 내어 병원에 딸린 약국 조제사의 자리를 담당하기로 결심했다. 내 직업 사무의 대부분은 양도 수속, 중재 사무 같은 실내 사무였다. 물론 법정에서의 소송사건도 더러 있기는 했으나 대부분은 비논쟁적 성격의 것이었고, 나를 따라 남아프리카에 와서 함께 있는 칸 씨가 내가 없을 때 대신 일을 맡아보았기 때문에 나는 그 시간만큼 병원에서 일하는 시간을 낼 수 있었다.

매일 오전에, 병원을 오가는 시간까지 포함하여 두 시간씩 일해야 했다. 그렇게 함으로써 마음에 평화가 왔다. 내가 하는 일은 환자의 병세를 알아보고, 그것을 의사에게 보고하고, 처방에 따라 약을 조제하는 것이었다. 이로 인하여 나는 고통 당하는 인도인들과 가깝게 접촉할 수 있게 되었다. 그들은 대부분 타밀, 텔루구, 그리고 북인도의 계약노동자들이었다.

그 경험은 나에게 큰 도움이 되어서, 보어 전쟁 때 나는 자원하여 군인 환자와 부상병들을 간호할 수가 있었다.

아이들의 양육문제는 언제나 내게서 떠나지 않았다. 나는 남아프리카에 와서 두 아이를 낳았는데, 병원에서 봉사하는 일이 아이들 양육문제를 해결하는 데 도움이 되었다. 나의 독립정신은 언제나 시련을 맞았다. 아내와 나는 아기를 낳을 때는 가장 뛰어난 의술의 도움을 받기로 했지만, 그때에 가서 의사나 간호사가 우리를 봐주지 않는다면 어찌할까? 그리고 간호사는 인도인이어야 했다. 잘 숙련된 간호사는 인도에서도 구하기가 힘든데, 여기 남아프리카에선 얼마나 더 어려울 것인가는 상상하기 힘들지 않을 것이다. 그래서 나는 순산에 필요한 지식을 배웠다. 나는 의사 트리부반다스가 쓴 『어머니가 알아둘 일』이라는 책을 읽고, 그 지시에 따라 두 아이들을 양육했고, 다른 데서 얻은 이런저런 경험을 참작했다. 간호사로서의 봉사가 소용이 된 것은 주로 아내를 도와주는 일에서였는데, 두 번 모두 두 달 이상 가지 않았다. 그러나 아이들을 돌보는 데는 소용된 것이 없었고, 그것은 나 자신이 했다.

막내를 낳을 때가 가장 어려웠다. 진통이 갑자기 왔는데 의사를 곧 청할 수도 없고, 산파를 부르는 데도 상당한 시간이 걸렸다. 산파가 거기 있었다 하더라도 애가 나오는 것을 도울 수는 없었다. 순산이 될 때까지 내가 지켜보고 있어야 했다. 내가 트리부반다스의 책으로 자세히 연구해두었던 것이 많은 도움이 되었다. 나는 서두르지 않았다.

아이들을 옳게 기르려면 부모가 갓난아기를 어떻게 다루며, 간호를 어떻게 해야 하는지에 대한 일반적인 지식이 있어야 한다고 나는 확신한다. 내가 주의해 연구했던 만큼 혜택을 입었다. 내가 만일 이것을 연구하지 않고 그 지식을 적용하지 못했다면 내 아이들은 오늘날과 같이 건강하지는 못했을 것이다. 우리는, 아이들이 처음 다섯 해 동안은 배우는 것이 없다는 미신에 사로잡혀 있었다. 그러나 사실은 그와 반대로, 아이들이 다섯 살까지 배운 것은 그후에는 결코 배울 수 없다는 것이다. 어린이의 교육은 임신과 동시에 시작된다. 임신 순간 부모의 신체적, 정신적 상태는 아기 속에 그대로 나타나게 된다. 그러고는 임신 동안 계속해서 어머니의 기분, 욕망, 성질 또는 그 생활방식이 영향을 미치게 된다. 태어난 후는 아기는 부모를 본뜨는 것이고, 상당한 기간 동안 그의 성장은 부모들에게 달려 있는 것이다.

이런 사실을 제대로 인식하는 부부들이라면, 자손을 낳기 원하는 때를 제외하고는 결코 정욕을 만족시키기 위해 성교를 하지는 않을 것이다. 성교를 자고 먹는 것과 마찬가지로 필요한 자의적인 기능이라고 믿는 것은 무지의 절정이라고 나는 생각한다. 세계의 존속은 생식작용에 달려 있는데, 세계란 하나님이 노니시는 곳이요 그의 영광의 반사라면, 생식작용은 질서 있는 세계의 성장을 위해 마땅히 통제되어야 할 것이다. 이것을 깨닫는 사람이라면 어떻게 해서라도 정욕을 참을 것이고, 자기 자손의 신체적, 정신적, 영적 행복에 필요한 지식을 갖추어 그 지식의 은택을 후손에게 베풀게 할 것이다.

브라마차리아(1)

이제 우리는 내가 브라마차리아[4]의 맹세를 하려고 심각하게 생각하기 시작하던 때를 이야기할 단계에 이르렀다. 나는 결혼 이후 일부일처의 이상을 죽 지켜왔고, 아내에 대한 성실은 내 진리 사랑의 한 부분이었다. 그러나 자기 아내에 대해서까지도 브라마차리아를 지킬 필요가 있다는 것을 깨달은 것은 남아프리카에 와서부터였다. 어떤 사정이, 또 어떤 책이 내 생각을 이런 방향으로 이끌었느냐 하는 것은 명백히 말할 수 없으나, 내 기억으로 그 주된 요인은 이미 말한 바 있는 레이찬드바이의 영향이었다. 나는 아직도 그와 나누었던 대화를 기억하고 있다.

언젠가 그를 보고 글래드스턴 부인의 남편에 대한 헌신적인 사랑을 극구 찬양한 일이 있었다. 나는 어디선가 글래드스턴 부인이 하원 의사당에까지 글래드스턴 씨가 마실 차를 꼭 준비해 가지고 갔다는 것과, 이것이 모든 행동을 규칙적으로 하기로 유명한 그들 부부의 생활에 하나의 규칙이 되었다는 것을 읽은 적이 있었다. 나는 시인에게 이 이야기하고, 덧붙여 부부의 사랑을 예찬했다. 그랬더니 레이찬드바이는 나에게 이렇게 물었다.

"글래드스턴 부인의 그 아내로서 남편에 대한 사랑과 글래드스턴 씨와는 상관없이 하는 헌신적인 봉사와, 그 둘 중 당신은 어느 것을 더

---

4) 브라마차리아(Brahmacharya): 학문적으로는 범행(梵行)이라 번역한다. 넓게는 모든 금욕을 뜻하나, 특히 성행위를 엄격히 금하는 정결주의, 동정(童貞) 생활을 의미한다. 옛날 인도의 전통으로는 인생을 네 시기 즉 도제(徒弟) 시기, 가장(家長) 시기, 임간(林間) 은퇴 시기, 출가(出家) 곧 비구 시기로 분류하였다. 도제 시기에는 스승 밑에서 엄격한 동정을 지키나 가장 시기에 가서는 결혼 생활을 하여 자녀도 낳고 가장 노릇을 하게 되는데, 간디는 일생 영구 동정을 강조한다.

칭찬하시렵니까? 가령 생각해보십시오. 그 부인이 그의 누이나 또는 헌신적인 종으로서 그와 똑같은 정성으로 그를 섬겼다면, 당신은 그때 뭐라고 하시렵니까? 누이나 종이 몸바쳐서 하는 그러한 실례가 있지 않습니까? 가령 당신이 어떤 남자 종이 하는 그런 사랑의 섬김을 찾았다 합시다. 당신은 글래드스턴 부인의 경우와 마찬가지로 기쁨을 느끼겠습니까? 내가 지금 말한 그 관점을 좀 생각해보시오."

레이찬드바이도 결혼한 사람이었다. 나는 그 순간 그의 말은 너무 가혹하다고 느꼈다. 그러나 그 말은 어쩔 수 없이 나를 사로잡아버렸다. 종의 헌신은 아내의 그것보다 몇백 배 더 칭찬할 만하다고 느꼈다. 아내가 남편에 대해 헌신하는 것은 별로 놀랄 것이 없다. 그 둘 사이에는 끊을 수 없는 관계가 있기 때문이다. 그 헌신은 더할 나위 없이 당연한 것이다. 그렇지만 주인과 종 사이에서 그같이 헌신하려면 비상한 노력이 필요하다. 시인의 견해가 점점 내 속에서 자라기 시작했다.

그러면 나와 내 아내의 관계는 어떠해야 할까 하고 나 자신에게 물었다. 나의 아내에 대한 성실은 내 아내를 정욕의 도구로 만들자는 것이 아니었을까? 내가 정욕의 종인 한, 나의 성실은 아무 가치가 없다. 내 아내를 공정히 평한다면 그녀는 결코 요부는 아니라는 것이다. 그러므로 하고자 하는 의지만 있다면 브라마차리아의 맹세를 하는 것은 내게는 극히 쉬운 일이었다. 장애가 된 것은 나의 약한 의지와 또는 정욕에 대한 집착이었다.

이 문제에 대하여 내 양심이 깬 후에도 나는 두 번이나 실패하였다. 그 이유는 그같이 노력하게 된 동기가 가장 높은 것이 되지 못했기 때문이었다. 나의 주된 목적은 아기를 낳지 말자는 데 있었다. 영국에 있는 동안 나는 피임에 관하여 읽은 것이 약간 있었다. 앞서 나는 채식주의의 장에서 의사 앨린슨의 산아제한 선전에 관해서 말한 바가 있었다. 그것은 나에게 일시적인 영향을 준 것뿐이었고, 그보다도 이러한 외적 수단에 반대되는 내적 노력, 한마디로 해서 극기를 주장하는 힐씨의 생각이 내게 더 강한 효과를 나타냈고, 그것은 날이 감에 따라 영속적인 것이 되었다. 그랬기 때문에 아이가 더 필요치 않다고 느끼자, 나는 극기에 힘쓰기 시작했다. 그것은 한없이 어려운 일이었다. 우리는 따로 자기 시작했다. 나는 하루 일로 기진맥진한 후에야 잠자리에 들기로 했다. 이 모든 노력은 큰 효과를 내지 못하는 듯했지만, 그래도 지나간 날들을 회상해볼 때 내가 최종 결심을 하게 된 것은 이러한 성공하지 못했던 모든 노력이 합해졌기 때문이라고 생각된다.

최종 결심은 1906년에 가서야 겨우 되었다. 그때는 사티아그라하가 아직 시작되지 않았을 때였다. 그런 것이 올 줄은 꿈에도 생각지 못하고 있었다. 보어 전쟁이 끝난 지 얼마 되지 않아 나탈에서 일어난 줄루(Zulu) 반란 때 나는 요하네스버그에서 변호사업을 하고 있었다. 이때 나는 나탈 정부에 종군할 것을 제의해야만 하겠다고 생각했다. 다른 장에서 말하겠지만 그 제의는 받아들여졌다. 그런데 이 일로 나는 극기에 관한 생각을 심각히 하게 되었고, 언제나 그런 것처럼 나는 이 문제를 내 협동자들과 의논하였다.

아기 낳는 것, 그리고 그 결과로 오는 자녀 양육과 공공 봉사는 양립할 수 없다는 것을 점점 확신하게 되었다. 나는 '반란' 동안 종군하기 위해서는 요하네스버그의 내 살림을 걷어치울 수밖에 없었다. 종군한 지 불과 한 달 만에 그렇게 공들여 꾸며놓았던 내 집을 내놓지 않으면 안 되었다. 아내와 아이들은 피닉스(Phoenix)에 데려다두고, 나는 나탈 군대 소속 인도인 환자수송대의 지휘를 맡았다. 당시 벗어날 수 없는 행군을 하는 도중 내 머리를 스치고 지나간 생각이 있었다. 그것은 내가 이런 식으로 공동체에 대한 봉사에 내 몸을 바치려면 자녀와 재산에 대한 욕망을 버리고 바나프라스다,[5] 즉 가사에서 물러난 자의 생활을 하지 않으면 안 된다는 것이었다.

그 반란이 나를 붙잡았던 것은 6주밖에 되지 않았지만, 이 짧은 기간은 내 생애에서 매우 중요한 시기가 되었다. 맹세의 중요성이 그전 어느 때보다도 더 명확해졌다. 맹세는 자유의 문을 닫는 것이 아니라 열어주는 것임을 깨달았다. 이때까지 내가 성공하지 못한 것은 내게 의지가 없었기 때문이었다. 내가 내 자신을, 또 하나님의 은총을 믿지 못했고, 그래서 내 마음이 의심의 거친 바다에서 흔들리고만 있었기 때문이었다. 맹세를 거부하는 가운데 사람은 유혹에 끌려들어가고, 맹세로 얽매이게 되는 것은 방종의 살림에서 빠져나와 참된 일부일처주의로 들어가는 길과 같은 것임을 깨달았다.

"나는 노력을 믿지, 맹세로 나 자신을 얽매고 싶지는 않다"는 말은 약자의 심리상태요, 피하려는 물건을 암암리에 바라고 있음을 폭로하는 일이다. 그렇지 않다면 최종 결정을 하는 것이 무엇이 어려울 게 있을까? 뱀이 나를 문다는 것을 알기 때문에 나는 뱀으로부터 도망갈 것을 맹세한다. 그놈을 피해보려고 단순히 힘써보는 것이 아니다. 단순히 힘만 쓰다가는 죽을 수 있다는 것을 나는 안다. 단순한 노력은, 뱀은 나를 죽이고야 만다는 사실을 모른다는 것을 의미한다. 그렇기 때문에 내가 그저 노력만으로 만족하고 있다는 사실은 내가 아직 결정적인 행동의 필요를 깨닫지 못하고 있다는 것을 의미한다. "그러나 내 견해가 장차 달라질 수도 있음을 생각한다면 어떻게 맹세로써 나 자신을 얽어맬 수 있겠는가?" 하는 의심이 종종 우리를 주저하게 한다. 그러나 그러한 의심도 역시 어떤 일정한 물건을 반드시 버리지 않으면 안 된다는 분명한 인식이 결핍되어 있음을 드러내는 것이다. 그렇기 때문에 니슈쿨라난드가 이런 노래를 부른 것이다.

5) 바나프라스다(Vanaprastha): 임간 은퇴를 말한다. 인생의 구경 목적인 모크샤, 곧 해탈에 이르는 공부는 이 제3기부터만 허락된다.

싫어함 없는 내버림은

오래가지 못한다.

그러므로 욕망이 사라질 때 내버리자는 맹세는 자연적으로, 또한 필연적으로 오는 결과다.

브라마차리아(2)

충분히 토론하고 깊이 생각한 다음, 나는 1906년에 그 맹세를 했다. 그때까지 나는 그같은 생각을 아내와 의논한 일이 없었고, 다만 맹세하려 했을 때 그 일을 의논하였다. 아내는 반대하지 않았다. 그러나 최후 결정을 할 때에는 정말 힘들었다. 내게는 있어야 할 힘이 없었다. 내 정욕을 어떻게 억제할 수 있을까? 그때는 자기 아내와 육체적 관계를 없애버린다는 것이 이상하게 생각되었다. 그렇지만 나는 하나님이 붙잡아주시는 능력을 믿고 걸음을 내디뎠다.

그로부터 20년, 지난날을 돌이켜볼 때 내 마음은 기쁨과 놀라움으로 가득 찬다. 자제가 성공적으로 실행되기 시작한 것은 1901년 이후부터였으나, 자유와 즐거움이 내게 온 것은 맹세하고 난 1906년경부터이지, 그 이전에 그런 경험은 없었다. 맹세하기 전에는 언제라도 맥없이 유혹에 넘어갔다. 이제 맹세는 유혹에 대하여 확실한 방패가 되어주었다. 브라마차리아의 위대한 잠재력이 나날이 내게 분명해졌다. 맹세한 것은 내가 피닉스에 있을 때였다. 환자수송대의 일이 끝나자마자 나는 피닉스로 가서 거기서 요하네스버그로 돌아가야 했다. 그리고 돌아간 지 한 달쯤 후에 사티아그라하의 기초를 놓았다. 나도 모르게 브라마차리아 맹세는 나를 준비시키고 있었다. 사티아그라하는 미리 계획한 일은 아니었다. 내가 원하지도 않았는데 저절로 온 것이다. 그러나 내가 전에 내디뎠던 그 모든 발걸음이 나를 그 목표로 이끌어주었다는 것을 나는 알 수 있다. 요하네스버그에서의 가정 생활의 과중한 경비를 다 잘라버리고 피닉스로 간 것은 마치 브라마차리아 맹세라도 하기 위한 것 같았다.

브라마차리아를 완전히 지킨다는 것은, 다시 말해서 브라만을 실현하는 것을 의미하는 것임을 알게 된 것은 경전들을 연구하는 가운데 된 것이 아니었다. 그것은 서서히 경험을 통해서 내 속에서 자라난 것이다. 거기에 대한 경전의 본문을 읽은 것은 훨씬 후의 일이었다. 매일 같이 맹세를 지켜감에 따라 나는 브라마차리아 안에 몸과 마음과 혼을 보호해주는 무언가가 들어 있다는 것을 점점 더 분명히 알게 되었다. 왜냐하면 브라마차리아는 이제는 이미 힘든 고행의 과정이 아니고, 하나의 위로요 즐거움이기 때문이었다. 날마다 오는 날들이 새로운 아름다움을 드러내고 있었다.

그러나 그것이 갈수록 자라가는 즐거움이라 해서 그것이 내게 아주 쉬운 일인 줄로 알아서는 안 된다. 쉰여섯을 넘긴 오늘에도 그것이 얼마나 어려운 일인가를 잘 알고 있다. 날이면 날마다, 가면 갈수록 흰 칼날 위를 걷는 일임을 깨닫고, 순간마다 영원한 경각심의 필요를 느낀다.

미각을 조절하는 것이 이 맹세를 지켜가는 데 첫째로 요긴한 일이다. 미각을 완전히 절제하면 맹세를 지키기가 아주 쉬운 일임을 알았다. 그렇기 때문에 지금 내가 음식 실험을 하는 것은 채식주의자로서만 하는 것이 아니라 브라마차리아를 지켜가는 사람으로서의 견지이기도 하다. 이런 실험의 결과 나는 브라마차리아를 지키는 사람의 음식은 많지도 않고 간단하며, 양념이 들지 않고 될 수 있는 대로 생식이어야 한다는 것을 알았다.

여섯 해 동안의 실험 결과 브라마차리아를 지키는 데 이상적인 음식은 신선한 과일과 굳은 껍질의 열매라는 것을 알게 되었다. 이 음식을 먹고 살던 때 내가 느꼈던 정욕에서 해방되는 쾌감은 이 음식법을 바꾸면 맛볼 수 없다. 남아프리카에서 과일과 굳은 껍질의 열매만을 먹고 살 때는 브라마차리아를 위해 내 편에서 노력할 필요는 없었다. 그러나 우유를 마시게 된 다음부터는 비상한 노력을 해야 했다. 과일을 먹다가 어떻게 해서 다시 우유를 마시게 됐느냐 하는 것은 앞으로 말하게 될 것이다. 여기서는 다만 우유를 마시면 브라마차리아를 지키기가 어려워진다는 것은 털끝만큼도 의심의 여지가 없다는 것만을 말해 둔다.

그렇다고 해서 브라마차리아를 지키려는 사람은 다 우유 마시기를 그만두어야만 한다고 결론 내리지 말기를 바란다. 다른 여러 가지 음식이 브라마차리아에 어떤 영향을 미치느냐 하는 것은 여러 번 실험을 거듭해본 후에 결론지을 일이다. 나는 아직까지 살이 잘 오르게 하면서 소화가 잘되는 우유에 대치될 만한 과일을 발견하지 못했다. 서양 의사도, 인도 의사도, 이슬람교 의사도 모두 가르쳐주지는 못했다. 그렇기 때문에 우유가 약간 자극적인 것임을 알면서도 아직은 아무에게도 우유를 그만두라고 권할 수는 없다.

브라마차리아를 외적으로 돕는 것으로 단식은 음식을 선택하고 제한하는 것과 마찬가지로 필요한 것이다. 감각이란 너무도 저항하기 어려운 것이기 때문에 그것을 통제하려면 사방에서 완전히 포위하지 않으면 안 된다. 인간이 음식을 먹지 않고는 힘을 못 쓴다는 것은 누구나 다 아는 상식이다. 그렇기 때문에 감각을 제어할 목적으로 단식하는 것은 의심 없이 매우 유효한 것이다.

어떤 사람들에게는 단식이 소용없을 수도 있다. 왜냐하면 그들은 기계적으로 단식을 하기만 하면 감각의 지배에서 벗어나는 줄 알고 몸으로 음식을 먹지 않을 뿐이지, 마음으로는 가지가지의 맛있는 것으로 잔치를 벌이면서 처음부터 끝까지 단식이 끝나기만 하면 이것도 먹고 저 것도 마시겠다는 생각만 하고 있다. 그런 단식은 미각을 억제하는 데 도 정욕을 억제하는 데도 도움이 되지 못한다. 단식 효력을 보려면 굶 고 있는 몸에 마음이 협력해주어야 한다. 즉 다시 말하면, 몸이 먹지 않 으려고 하는 음식을 마음이 싫어하게 되어야 한다. 마음은 온갖 육욕의 근원이다. 따라서 단식을 하는 사람도 계속 애욕의 지배를 면치 못할 수 있기 때문에 단식은 제한된 효력을 가질 뿐이다.

그러나 이렇게는 말할 수 있다. 즉 일반적으로 성욕을 억제하는 것 은 단식하지 않고는 불가능하다고. 그러고 보면 단식은 브라마차리아 를 지키는 데 필요불가결한 것이다. 브라마차리아를 지키려고 정진하 는 많은 사람들이 실패하는 것은, 브라마차리아를 지키지 않는 사람과 마찬가지로 다른 감관을 사용하려 하기 때문이다. 그러므로 그들의 노 력은 마치 7, 8월의 불볕 밑에서 몸이 얼어드는 겨울 추위를 맛보려고 애쓰는 것과 마찬가지다.

브라마차리아를 지키는 사람과 안 지키는 사람 사이에는 분명한 경 계선이 있어야 한다. 양자 간에 서로 비슷한 듯이 보이는 것은 외견 상 그럴 뿐이다. 그 차이는 대낮의 빛같이 명확한 것이어야 한다. 둘 다 시력을 사용하지만 브라마차리아를 지키는 사람은 하나님의 영광 을 보기 위해 사용하는데, 안 지키는 사람은 자기네 주위에 있는 쓸데 없는 것들을 보기 위해 사용한다. 둘 다 귀를 쓰지만 하나는 하나님의 찬송만 듣고 다른 하나는 더러운 소리만 듣고 있다. 둘 다 늦도록 깨어 있지만, 하나는 그 시간을 기도하는 데 바치고 다른 하나는 시간을 사 납고 거친 쾌락에 낭비하고 있다. 둘 다 배를 채우지만, 하나는 오로지 하나님의 성전을 깨끗이 지키기 위해서 하는데 다른 하나는 게걸스럽 게 처넣어서 거룩한 그릇을 냄새나는 시궁창으로 만든다. 그처럼 둘은 서로 대립하는 두 극과 같이 살고 있어서 세월이 갈수록 그 둘 사이의

298

거리는 더 멀어질 뿐 가까워지지는 않는다.

브라마차리아는 생각으로나 말로나 또 행동으로나 감성을 억제해 가는 것을 의미한다. 날이 가면 갈수록 나는 위에서 설명한 그런 절제의 필요성을 더욱더 느낀다. 브라마차리아를 얼마만큼 지킬 수 있느냐하는 데에 한정된 노력으로는 도저히 성취할 수 없다. 대부분의 사람에게는 그것은 다만 이상에만 그치고 말 것이다. 브라마차리아를 목적으로 정진하는 사람은 언제든 자기의 부족을 느낄 것이요, 자기 마음 깊은 곳에 아직도 남아 있는 애욕을 찾아내서는 그것을 없애버리려고 부단히 분투할 것이다. 생각이 완전히 의지의 통제 밑에 있지 않는 한완전한 브라마차리아는 이루어지지 않는다. 하자는 의지 없이 하려는 생각은 단순한 감정이다. 그러므로 생각에 재갈을 물린다는 것은 곧마음에 재갈을 물린다는 말인데, 그것은 바람에 재갈을 물리기보다 더어려운 일이다. 그렇지만 우리 안에는 하나님이 계시기 때문에 마음도 억제할 수 있다. 어렵다고 해서 불가능하다고 생각해서는 아니 된다. 이것은 최고의 목적이다. 그러므로 그곳에 도달하는 데 최대의 노력이 필요한 것은 당연한 일이다.

그러나 인도에 돌아온 후에야 그러한 브라마차리아는 단순한 인간의 노력만으로는 도달 불가능이란 것을 깨달았다. 그때까지 나는 과일식만 하면 모든 정욕을 뿌리뽑을 수 있다는 망상 아래서 힘쓰고 있었고, 그 이상 더할 것은 없다는 자기 기만에 빠져 있었다.

그러나 나의 분투의 장을 미리 말할 필요는 없다. 동시에 이 말은 분명히 해두어야겠다. 즉 하나님을 실현하자는 목적으로 브라마차리아를 지키고자 하는 사람은 낙망할 필요가 없는 것이다. 다만 자기의 노력에 대해 확신을 가지고 그만큼 하나님을 신뢰하기만 한다면 말이다.

절제하는 심령 앞에서는 감각의 대상은 사라지나, 그 맛은 남아 있다. 지극히 높으신 이를 깨달을 때 그 맛마저 사라진다.[6]

그렇기 때문에 모크샤[7]를 향하여 정진하는 자가 최후로 의지할 곳은 그 높으신 이의 은총이다. 이러한 진리는 내가 인도에 돌아온 후에야 알게 되었다.

소박한 생활

나는 안락한 살림을 시작해봤지만 그 실험은 오래가지 못했다. 정성 들여서 집을 꾸며놓았지만 마음이 거기에 있지 못했다. 그래서 곧 나는 비용을 줄이기 시작했다. 세탁비가 많았고, 게다가 그 사람이 제 날짜를 꼭꼭 지켜주지 않았기 때문에 와이셔츠나 칼라가 두세 다스를 가지고도 모자랐다. 칼라는 날마다 갈아야 하고, 셔츠는 날마다는 아니라도 적어도 하루 걸러는 바꿔야 했다. 그렇게 하는 것은 이중으로 비용이 드는 것인데, 그것이 내게는 불필요하게 보였다. 그래서 나는 그 경비를 절약하기 위해 세탁 기구를 장만하고는, 그에 관한 책을 사서 공부하고 아내에게도 그것을 가르쳤다. 물론 그 때문에 일은 늦었지만 호기심과 재미도 있었다.

내 손으로 맨 처음 빨았던 칼라는 평생 잊을 수 없다. 풀을 필요 이상으로 너무 많이 먹였고 다리미를 충분히 뜨겁게 달구지도 못했다. 또 탈까봐 무서워서 잘 누르지도 못했다. 그 결과 칼라가 빳빳하기는 했지만 지나치게 먹인 풀가루가 자꾸만 떨어졌다. 그런 칼라를 하고 법정에 갔으니 동료 변호사들의 비웃음을 자청한 것은 당연했다. 그러

---

6) 『바가바드 기타』 제3장 59절.

7) 모크샤(Moksha): 해탈. 세속과 정욕의 모든 구속과 유혹을 벗어버리고 완전한 정신적 자유에 이르는 경지. 옛날 인도 사상에서 인생의 목적을 넷으로 나누었는데, 그중 가장 마지막 것이다. 그 4대 목적은 재산(Artha), 사랑(Kama), 의무 혹은 법(Dharma), 해탈(Moksha)이다.

나 그때도 나는 이미 비웃음에는 끄떡도 하지 않았다.

"어떻소. 이것은 내가 처음 빨아본 칼라라서 풀이 떨어지지만 상관 없어. 그리고 자네들을 웃긴 것만 해도 좋은 일 아닌가?" 했더니, 한 친구가 "아니, 그래 이곳에 세탁소가 없더란 말인가?" 했다.

"세탁비가 엄청나거든. 칼라 하나 빠는 값이 거의 칼라값과 맞먹는데 언제까지나 그놈의 신세를 져야 하나. 차라리 내 물건 내 손으로 빠는 게 낫지" 하고 대답했다.

그러나 나는 내 친구로 하여금 자조(自助)의 미를 이해하도록 만들 수 없었다. 그러는 동안에 나는 내 딴에는 숙련된 세탁공이 됐고, 내 빨래는 결코 세탁공이 빤 것보다 못하지 않았다. 내 칼라는 남의 것에 못지않게 빳빳했고 빛이 났다.

고칼레가 남아프리카에 왔을 때, 그는 마하데오 고빈드 라나데가 선사한 목도리를 가지고 있었다. 그는 그 선물을 매우 소중히 간수하면서 특별한 경우에만 사용하고 있었다.

그중 한 경우가 요하네스버그의 인도인들이 그를 환영하는 연회를 베풀던 때다. 그 목도리가 구겨져 있어서 다리미질을 해야만 했다. 세탁소에 보내서 다려오게 할 시간이 없었다. 내가 내 기술로 해보겠다고 했더니, 고칼레는 말했다.

"당신의 변호사 실력은 내가 믿지만 세탁공으로서의 실력은 못 믿겠소. 그것을 버려놓으면 어떻게 할 작정이오? 그게 내게 어떤 것인지 아시오?"

그러고는 신이 나서 그 선물의 유래를 이야기했다. 그래도 나는 내 솜씨를 믿고 한번 해보겠다고 주장했다. 결국 그의 허락을 얻어 다리미질을 했고, 그의 인정을 받았다. 그 다음에는 온 세상이 다 인정하지 않는다 해도 나는 걱정 없었다.

세탁소에 의존하지 않고 살게 된 것과 같은 방법으로 나는 또 이발사에 의존하기를 집어치웠다. 영국 가는 사람은 누구나 다 면도하는 방법을 배우는데, 내가 알기로는 제 머리 깎기를 배운 사람은 없다. 나는 그것도 배워야겠다고 생각했다. 프리토리아에서 한번은 영국인 이발사에게 간 일이 있었다. 그는 업신여기는 태도로 내 머리 깎기를 거절했다. 나는 몹시 불쾌했으나, 곧 이발기구 한 벌을 사가지고 거울 앞에서 내 머리를 깎았다. 그럭저럭 앞머리는 깎을 수가 있었으나, 뒤는 잘되지 않았다. 그런 채로 법정에 나갔더니 친구들이 법정이 떠나가도록 웃었다.

"여보게 간디, 자네 머리가 어떻게 된 거야? 쥐가 뜯어먹은 것 아니야?"

"아니야, 백인 이발사가 내 까만 머리에 손대지 못하겠다고 거절하잖아! 그래서 내 손으로 깎기로 했다네, 이렇게 흉하더라도."

그 대답을 듣고도 친구들은 놀라지 않았다.

이발사가 내 머리 깎기를 거절한 것은 잘못이 아니었다. 검둥이의 머리를 깎았다가는 곧 손님을 다 잃어버린다. 우리도 우리 이발사가 불가촉천민의 머리 깎는 것을 용납하지 않는다. 나는 그 대가를 남아프리카에서 한 번도 아니고 여러 번 받았는데, 이것은 우리 죄에 대한 벌이라는 확신 때문에 결코 노하지 않았다.

나의 자조와 소박한 생활해 대한 열정이 결과적으로 나타난 모습은 적당한 곳에서 이야기하겠다. 씨가 뿌려진 지는 오래되었다. 그 씨가 뿌리를 내리고, 꽃을 피우고, 열매를 맺기 위해서는 물을 주는 것이 필요했다. 그런데 그 물이 적당한 때에 주어졌다.

보어 전쟁

1897년부터 1899년 사이에 있었던 다른 여러 가지 경험은 생략하고 곧장 보어 전쟁 얘기로 들어가야겠다. 전쟁이 선포되었을 때 내 개인적인 동정심은 완전히 보어인 쪽이었다. 그러나 그때 나는 이런 경우에 아직 내 개인적인 확신을 강조할 권리는 없다고 생각했다. 이것에 대한 나의 내부의 갈등에 관해서는 『남아프리카에서의 사티아그라하의 역사』에서 상세히 다루었기 때문에 여기서는 되풀이하지 않겠다. 흥미를 가진 분들은 그 책을 보기 바란다. 영국 통치에 대한 나의 충성심 때문에 그 전쟁에서 영국 편을 들었다고 말하는 것으로 족할 것이다. 내가 영국의 한 시민으로서 내 권리를 주장한다면, 영제국을 방어하는 일에 참가하는 것 역시 내 의무라고 느꼈다. 나는 그 당시 인도가 완전한 해방을 얻으려면 오직 영제국 안에서, 또 영제국을 통해서만 가능하다는 생각을 하고 있었다. 그래서 나는 될 수 있는 대로 많은 동지를 모아서 환자수송병 의용대에 지원했고 겨우 허가를 얻었다.

보통 영국 사람들은, 인도인은 아주 비겁하여 목전의 이익만 알 뿐 그 이상 목숨을 걸고 일할 줄은 모르는 사람으로 믿었다. 그랬기 때문에 많은 영국 친구들은 내 계획에 안 된다고만 했다. 그러나 의사 부스만은 진심으로 그것을 지지해서 우리에게 환자수송 작업을 훈련시켜주었고 우리는 의료대 종군 자격을 얻게 되었다. 로턴 씨와 고인이 된 에스콤 씨가 그 생각을 열성적으로 지지해주어서 우리는 마침내 일선 종군을 신청했다. 정부는 우리의 지원에 대해 감사는 했으나 우리가 당장은 필요없다고 거절하였다.

나는 그저 가만히 있고 싶지는 않았다. 의사 부스의 소개로 나는 나탈의 주교를 찾아갔다. 우리 의용대 내에는 기독교인들이 많았다. 주교는 나의 제의를 아주 반가워하면서 우리의 종군이 받아들여지도록 도와줄 것을 약속했다.

전세(戰勢)도 우리를 도와주었다. 보어인들은 예상했던 이상으로 억세고 결단력 있고 용감했다. 그래서 결국 우리의 종군은 필요하게 되었다. 우리 부대는 약 40명의 지휘자 밑에 1,100명의 장정들로 구성되어 있었는데, 그중 300명쯤은 자유 인도인이었고 그 나머지는 계약노동자들이었다. 의사 부스도 우리와 같이 있었다. 부대는 잘해 나갔다. 우리가 있는 곳은 전선 밖이었고, 또 적십자의 보호를 받고 있기는 했지만, 위급할 때는 전선 안에서 활동해달라고 요청받았다. 우리가 전선 밖에 있게 된 것은 우리가 원해서 그런 게 아니고 수뇌부들이 우리가 전선 내에 들어가는 것을 원치 않았기 때문이었다. 그러나 스피온 콥(Spion Kop)의 격퇴 이후 전세는 달라져서, 불러(Buller) 장군은 메시지를 보내서 우리가 반드시 모험해야 하는 것은 아니지만 만일 전장에서 부상병들을 날라다준다면 감사히 여기겠다고 말했다. 우리는 지체할 이유가 없었다. 그래서 스피온 콥에서의 활동은 전투선 내에서 벌어졌다. 그때 우리는 매일 들것에 부상병을 들고 30~40킬로미터를 행진해야 했다. 그 부상병 중에는 우드게이트(Woodgate) 장군 같은 이도 있었는데, 그것은 우리들의 영광이었다.

부대는 6주간 복무 후 해산되었다. 스피온 콥과 발크란즈의 패전 이후 영국군 총사령관은 총진군으로 레이디스미스 및 그밖의 장소를 탈환하려는 계획을 포기하고 영국과 인도에서 증원 부대가 오기를 기다려 서서히 진군하기로 결정 내렸다.

우리의 일은 보잘것없는 것이었으나 그 당시 많은 칭찬을 받았고, 인도인의 위신은 올라갔다. 신문들은 "우리도 제국의 아들이로다"라는 후렴구가 붙은 칭찬의 노래를 실었다.

불러 장군은 자기가 위급했을 때에 우리 부대가 한 일을 칭찬했고, 지휘관들은 훈장까지 탔다.

인도인 단체도 조직이 좀더 개선되었고, 나는 계약노동자들과 좀더 가까이 접촉하게 되었다. 그들 사이에 크게 각성이 일어 힌두교도

나 이슬람교도나 기독교인이나 타밀인이나 구자라트인이나 신디인이나 다 같은 인도인이요, 다 같은 조국의 자녀라는 감정이 깊이 뿌리내리게 되었다. 모든 사람은 이제 인도인의 억울함은 시정되고야 말 거라고 믿게 되었다. 백인들의 태도도 눈에 띄게 달라진 것 같았다. 전쟁 중에 맺어진 백인과의 관계는 참 아름다웠다. 우리는 수천 명의 영국군과 접촉했는데 그들은 우리를 다정하게 대해주었고, 우리가 전선에서 그들에게 봉사한 데 대해 감사했다.

여기서 나는 시련의 순간에 부딪힐 때 인간성이 어떻게 최고로 발휘되느냐 하는 아름다운 회상 하나를 말하지 않을 수 없다. 로버트경의 아들 로버트 중위가 치명상을 입은 치블리(Chievely) 진지를 향해 행진하고 있을 때다. 우리 의무대는 그를 전장에서 운반해오는 영예를 가졌다. 우리가 행진하던 그날은 무더운 날이었다. 모두가 목이 타고 있었다. 그러던 중 목을 축일 수 있는 작은 시내를 만났다. 그러나 누가 먼저 마셔야 하는가? 우리는 영국 병정들이 먼저 마신 후에 마시겠다고 했다. 그러나 그들은 자기네가 먼저 마시지 않고 우리더러 먼저 마시라고 했다. 그래서 한참 동안 서로 사양하는 아름다운 다툼이 벌어진 적이 있었다.

위생 개량과 기근 구제

나는 언제나 아무 쓰임새 없이 남아 있는 정치 단체의 일원으로 만족하는 일은 견딜 수 없었다. 나는 단체의 약점을 감춘다든지, 그 잘못은 바로잡지 않고 권리만을 주장한다든지 하는 일은 싫었다. 그러므로 나탈에 와 살게 된 이래 나는 줄곧 인도인 단체에 대해 쏟아지는 비난을 씻어보려고 노력해왔다. 그 비난은 어느 것도 사실 아닌 것이 없었다. 그중 흔히 듣는 비난은, 인도인은 습성이 게을러서 집과 그 주위를 깨끗이 할 줄 모른다는 것이었다. 그래서 단체의 주요한 사람들은 이미 각자 집을 깨끗이 정돈하기 시작했다.

그러나 집집을 모조리 검사한 것은 더반 시에 흑사병이 발생하게 되었다는 보도를 들은 후였다. 이것은 시의 원로들과 의논하여 찬성을 얻은 후에야 할 수가 있었다. 그들은 우리의 협조를 바라고 있었다. 우리가 협력하여 일했기 때문에 그들의 사무도 쉬워지고, 동시에 우리의 어려움도 경감되었다. 언제나 전염병이 발생만 하면 행정관들은 신경질적이 되고, 따라서 많은 사람이 불쾌감을 느낄 정도로 지나친 수단과 행동을 감행해왔다. 우리 단체가 자발적으로 위생 조치를 취했기 때문에 우리는 그 불쾌한 압박을 면할 수 있었다.

그러나 나는 몇 가지 쓰라린 경험을 했다. 단체의 권리를 주장할 때는 그 힘을 빌리기가 쉬우나, 단체의 의무를 다하도록 할 때는 그 힘을 빌리기가 무척 힘들다는 것을 알았다. 어떤 데서는 모욕도 받았고, 어떤 데서는 묵살을 당하기도 했다. 민중들에게서 자기가 살고 있는 곳을 깨끗하게 하려고 마음먹게 하기란 아주 힘든 일이요, 그 일을 위해 돈을 내라는 것은 말도 안되는 일이었다. 이러한 경험을 통해, 그전의 어느 때보다도 더 잘 알게 된 것은, 민중들에게 무슨 일이라도 하게 하려면 무한한 인내가 있어야 한다는 것이었다. 개혁을 하자고 애쓰는 것은 개혁가지, 사회가 아니다. 개혁가는 사회에 대해서 반대와 증오와 목숨까지라도 빼앗을 박해 이상의 것을 기대해서는 안 된다. 개혁가가 생명처럼 중히 여기는 것을 사회가 퇴보라고 생각하지 못한다는 법이 어디 있겠는가?

어쨌거나 그 운동의 결과 인도인 사회는 자기네 집이나 주위를 깨끗이 할 필요를 다소나마 인식하게 되었다. 나는 당국으로부터 인정받게 되었다. 즉 그들은 내가 하는 일은 불만을 터뜨리고 권리를 주장하는 것만 아니라, 그에 못지않게 자기 정화를 역설하고 그것을 위해 노력한다는 것을 알게 되었다. 그러나 아직도 해야 할 일이 하나 더 남아 있었다. 그것은 이곳의 인도 거주민들에게 조국에 대한 의무감을 불러 일으키는 일이었다.

인도는 가난한 나라이다. 거주민들은 돈을 벌기 위해서 남아프리카에 왔다. 그렇기 때문에 동포가 재난에 빠졌을 때는 그 수입의 일부를 그들을 돕기 위해 내놓아야 한다. 그들은 1897년과 1899년의 무서운 기근 때 그 일을 했다. 기근 구제를 위해 그들은 상당한 기부를 했고, 1897년보다 1899년에는 더 많이 했다. 우리는 영국 사람들에게도 호소했는데, 그들도 이 기금 모금에 잘 협력해주었다. 또 계약노동자들까지도 그 수입의 일부를 기부해주었다. 이 기근 동안에 발기되었던 조직은 그후에도 존속했고, 다 아는 바와 같이 남아프리카에 있는 인도인들은 조국에 재난이 있을 때마다 한 번도 거르지 않고 상당한 기부금을 보내곤 하였다.

그와 같이 남아프리카의 인도인들의 봉사는 언제나 내게 진리의 새로운 의미를 밝혀주곤 했다. 진리는 큰 나무와 같아서 잘 가꾸면 가꿀수록 더 많은 열매를 맺는다. 진리의 광산은 깊이 파면 팔수록 그 속에 묻혀 있는 보석을 더 많이 캐낼 수 있다. 그 보석이란 갈수록 늘어가는 가지가지의 봉사의 길이다.

인도로 돌아오다

군무에서 벗어나자 이제 내 할 일은 남아프리카가 아닌 인도에 있다고 생각했다. 남아프리카에 할 일이 없어서가 아니라, 그러다가 돈벌이가 나의 주된 일이 될까봐 든 생각이었다.

고국에 있는 친구들도 어서 돌아오라고 했고, 나도 본국에서 봉사할 일이 더 많을 거라 생각했다. 남아프리카에서의 일은 물론 칸 씨와 만수클랄 나자르 씨 등이 있으니 될 것이고, 그래서 나는 동료들에게 놓아달라고 요청했다. 쉽게 들어주려 하지 않았지만 많은 토론 끝에 조건을 붙여서 들어주기로 했다. 조건이란, 1년 이내에 내가 필요하다면 즉시 남아프리카로 다시 와야 한다는 것이었다. 그것은 쉬운 일이 아니라고 생각됐지만, 거주민단에 대한 사랑 때문에 그 조건을 받아들였다.

하나님은 사랑의 무명실로
나를 얽어매 주셨으니
나는 그의 사로잡힌 종이다.

이렇게 미라바이(Mirabai)는 노래했지만, 내게도 거주민단의 사랑의 무명실로 끊어버리기에는 너무도 강했다. 씨올의 소리는 하나님의 소리인데 여기 친구들의 소리도 내게는 도저히 물리칠 수 없이 참된 것이었다. 그들의 조건을 받아들이고 나는 가도 좋다는 허락을 얻어냈다.

그 당시 나는 다만 나탈에 있는 사람들과만 가깝게 지냈다. 그들은 내게 사랑의 감로(甘露)를 퍼부었다. 송별회를 여기저기서 베풀어주었고 값진 선물을 주었다.

1899년에 내가 인도로 돌아갈 때도 선물을 받았지만, 이번 송별은 정말 굉장했다. 선물 속에는 금은붙이는 물론 아주 비싼 다이아몬드 제품까지 있었다.

내게 이 모든 선물을 받을 자격이 있을까? 이런 걸 받으면서 내가 어떻게 단체를 위해 보수 없이 봉사했다고 나 스스로를 설득할 수 있을까? 나의 소송 의뢰인들로부터 받은 약간의 선물을 제외하고는 모두 순전히 단체를 위한 봉사 때문에 받은 것이다. 그리고 또한 나의 소송 의뢰인과 협동자를 구별할 수가 없었다. 소송 의뢰인들도 내 공공사업을 도와주었기 때문이다.

선물 중 하나는 값이 50기니나 나가는 금목걸이였는데, 그것은 내 아내에게 주는 것이었다. 그렇지만 그것조차도 나의 공공사업 때문에 준 것이므로 다른 선물들과 다를 바가 없었다.

그 엄청난 선물을 받은 날 밤 나는 잠을 이룰 수가 없었다. 몹시 불안한 생각에 방안을 왔다갔다했으나 별 해결책이 없었다. 값비싼 선물을 내버리기는 정말 어려웠고, 그렇다고 가지고 있기는 더 어려운 일이었다. 설혹 내가 그것을 가지고 있을 수 있다 하더라도 아이들을 어찌할까? 아내는 어떻게 하나? 그들은 이날까지 봉사하는 생활에 훈련되어왔고, 봉사는 그 자체가 곧 보답이라고 알아왔다.

우리 집에는 값나가는 장식품이라고는 없었다. 우리는 성실하고 검소한 생활을 해왔다. 그런데 어떻게 금시계를 차고, 금시곗줄을 늘이며 다이아몬드 반지를 낄 수 있을까? 더구나 보물에 집착하는 마음을 극복하자고 사람들에게 권해온 판인데. 그렇다면 선물로 들어온 보물들을 어떻게 해야 할까?

나는 이것을 가져서는 안 된다고 결정했다. 문서를 작성하여 그 보물을 맡기기로 하고, 파르시 루스톰지와 그밖의 몇 사람을 그 보관인으로 지명했다. 이튿날 아침 아내와 아이들을 모아놓고 의논한 다음 그 무거운 짐을 벗어버리기로 했다. 아내를 납득시키기가 약간 어렵다는 것은 알고 있었고, 아이들은 별로 문제없을 것이 확실했다. 그래서 아이들의 후원을 받기로 작정했다.

아이들은 내 제안에 곧 찬성했다. "우리는 그런 값비싼 물건이 필요없으니 그것을 돌려보내는 것이 좋겠어요. 그리고 그런 것이 필요해진다면 쉽게 살 수 있지 않나요?"

나는 기뻤다. 그래서 "그럼 너희들이 어머니에게 그러자고 해보면 어떠냐, 그래 보련?"했다.

"하고말고요, 그게 우리 할 일인데요. 어머니는 그런 장식품이 필요 없으실 게고, 혹시 우리들을 위해 둬두고 싶어하실지 모르지만 우리가 그것을 원치 않는데 어머니인들 무엇 때문에 내놓지 않으려고 하시겠 어요?"하고 대답했다.

그러나 말은 쉽지만 행하기는 쉽지 않았다.

"당신은 그런 것이 필요없을지 모르고, 아이들도 필요없을지 몰라 요." 아내는 말했다. "당신 말에 넘어가서 아이들은 당신 장단에 춤을 추겠죠. 내가 그런 것을 하고 다니면 당신이 가만두지 않으리라는 것 도 알아요. 그러나 며느리들은 어떻게 해요? 그들은 아무래도 그런 것 이 필요할 거예요. 그리고 내일 무슨 일이 있을지 누가 알아요? 그렇 게 정성으로 보내준 선물을 나는 세상 없어도 못 내놔요."

이렇게 해서 논쟁의 격류는 끝이 없었고, 나중엔 눈물을 흘리기도 했다. 아이들은 그래도 끄떡이 없었다. 나도 흔들리지 않았다. 나는 부 드러운 목소리로 입을 열었다. "아이들이 결혼하려면 아직은 멀었어 요. 조혼은 안 돼. 저희들 생각은 저희 자신들이 할 거요. 그리고 우리 애들을 위해서도 며느리들이 노리개를 좋아해서는 안 되지. 또 설사 우리가 장식품을 사줄 필요가 있다손치더라도 내가 있지 않소? 사달 라고 하구려."

"사달라고 하라구요? 이만하면 나도 당신이 어떤 위인인지 알아요. 당신은 내 장식품을 다 빼앗아버렸어요. 내가 가지고 있는 것을 그냥 두고 보질 않았지요. 생각해보세요, 당신이 며느리들에게 장식품을 사 준다! 아이들을 오늘부터라도 수도승으로 만들려드는 당신이! 안돼 요, 그 장식품들은 돌려보내지 못해요. 그리고 내 목걸이인데 당신이 무슨 권리로 그러세요?"

"그렇지만," 나는 가만 있지 않았다. "그 목걸이를 당신에게 주었다지만, 당신이 수고했다 해서 준 거요, 내가 수고했다 해서 준 거요?"

"그렇긴 해요. 그러나 당신이 한 봉사는 또한 내가 한 것과 마찬가지죠. 나는 당신을 위해 밤낮으로 뼈가 빠지도록 일했어요. 그것은 봉사가 아닌가요? 당신은 온갖 일을 다 내게 떠맡겨서 쓰라린 눈물을 흘린 일도 많아요. 그래서 나는 노예처럼 일했어요."

그것은 모두 가시같이 찌르는 말이었고, 그중 더러는 내 가슴을 깊이 울렸다. 그렇지만 내 마음은 그 장식품들을 돌려주기로 이미 결정되어 있었다. 가까스로 아내에게서 승낙을 얻어 1896년과 1901년에 받았던 선물들을 다 돌려보냈다. 신탁증서가 준비되고 그것들을 은행에 예치시켜, 내 뜻이나 관리인의 뜻에 따라 민단을 위해 사용하기로 했다.

이따금 공공 목적으로 자금이 필요할 때면 위탁금을 찾아낼 수밖에 없다고 생각하다가도, 어떻게 해서든 필요한 금액을 만들어내고 그 위탁금만은 손대지 않고 둘 수가 있었다. 아직도 그 기금은 그대로 있다. 그리고 필요할 때는 언제든 활용이 되고 정기적으로 적립되었다.

나는 그 조치를 지금까지 한 번도 후회한 일이 없고, 해가 감에 따라 아내도 그것이 현명한 일이었음을 알게 되었다. 그로 인하여 우리는 숱한 유혹에 젖어들지 않을 수 있었다.

나는 공공사업을 하는 사람은 절대로 값진 선물을 받아서는 안된다고 확신하고 있다.

다시 인도에서

그렇게 해서 나는 고국을 향해 출발했다. 도중 기항지인 모리셔스(Mauritius)에서 배가 오래 쉬었기 때문에, 나는 상륙하여 그 지방의 사정을 잘 알게 되었다. 하루 저녁은 그 식민지의 총독인 찰스 브루스

(Charles Bruce)경의 초대를 받은 일도 있었다.

인도에 도착한 후 얼마 동안은 각 지방을 여행하면서 지냈다. 그때는 1901년으로 마침 딘쇼 와차(Dinshaw Wacha)경을 의장으로 하여 칼리카타에서 국민의회가 열리고 있었을 때였다. 나도 물론 참석했다. 이것이 내가 국민의회를 처음 본 것이었다.

내가 페로제샤경에게 남아프리카 상황을 말해주어야 했으므로 뭄바이에서부터는 그와 같은 열차로 여행했다. 나는 그가 아주 호화롭게 산다는 것을 알고 있었다. 그는 특별 열차의 좌석을 예약하고, 그리고 나에게는 어느 역에서 다음 역까지는 자기 객실로 와서 함께 이야기를 할 수 있도록 해주었다. 그래서 나는 지정된 역에서 그의 객실로 들어갔다. 거기서는 와차 씨와 지금은 경이 된 치만랄 세탈바드(Chimanlal Setalvad) 씨가 함께 정치 이야기를 하고 있었다. 페로제샤경은 나를 보자마자 말했다. "간디, 당신을 위해 아무것도 해줄 게 없을 것 같구려. 물론 당신이 원하는 결의안 통과는 시켜줄 거요. 그렇지만 우리가 우리 나라에서 무엇을 할 권리가 있겠소? 우리 손에 권력을 쥐고 있지 못하는 이상 식민지에서보다 나을 게 아무것도 없다고 나는 생각하오."

나는 깜짝 놀랐다. 세탈바드 씨도 그 의견에 동의하는 듯했고, 와차 씨는 가엾다는 표정을 지었다.

나는 페로제샤경에게 간청해보려 했지만, 나 같은 것이 뭄바이의 무관왕(無冠王)을 설복시킨다는 것은 말도 되지 않는 일이었다. 나는 결의안 제출 기회를 가지는 것으로 만족할 수밖에 없었다.

와차 씨는 나를 격려하느라고, "결의안을 어서 내게 보여주시오" 하고 말했다. 나는 그에게 고맙다고 인사하고 다음 역에서 그들과 헤어졌다.

일행은 칼리카타로 갔다. 의장은 영접위원들의 열렬한 박수를 받으며 숙소로 안내되었다. 한 자원자에게 어디로 가느냐고 물었더니, 그는 나를 대의원들이 많이 있는 리폰 대학으로 데리고 갔다. 운좋게도 로카만야 씨와 같은 숙소에 들게 되었다. 그는 나보다 하루 늦게 왔던 것으로 기억한다.

내가 만일 화가였다면 당시 자기 침대 위에 앉아 있던 그 모습을 그대로 그릴 수 있을 것이다. 그만큼 그때의 모든 광경이 내 기억 속에 생생하다. 그를 찾아왔던 헤아릴 수 없는 방문객 중 한 사람이 기억나는데, 그는 『암리타 바자르 파트리카』(*Amrita Bazar Patrika*)의 편집인 바부 모틸랄 고세(Babu-Motilal Ghose) 씨였다. 그 큰 웃음소리와 지배 민족의 악행에 대해서 그들이 나누던 이야기를 지금도 잊을 수 없다.

그러나 나는 이 숙소 안에서의 담당직무에 관해 좀더 자세히 말하고 싶다. 그 자원자들은 서로 의견 충돌을 일으키고 있었다. 어떤 사람에게 무엇을 부탁하면 그 사람은 그것을 다른 사람에게 넘기고, 그 사람 또한 다른 사람에게 넘기는 식이었다. 그리고 대의원들이라는 사람들은 어디에도 없었다.

나는 자원자 몇 사람과 친구가 되었다. 남아프리카에 관해 이야기했더니 부끄러워하는 듯했다. 봉사의 비결을 좀 알려주려 했더니, 알아듣는 듯하기도 했다. 그러나 봉사란 버섯처럼 돋아나는 것은 아니다. 첫째, 하려는 의지가 있어야 하고, 다음은 경험이다. 선량하고 천진난만한 청년들은 의지는 없지 않았으나 경험은 거의 없었다. 의회는 매년 3일간 열리고 그 다음 휴회한다. 1년에 사흘 하는 쇼에서 무슨 훈련이 되겠는가? 대의원들도 그 사무원들이나 마찬가지다. 더 낫고 더 긴 훈련을 받은 일이 없다. 그들은 자신이 직접 하는 것은 아무것도 없고 "사무원, 이것 하시오", "사무원, 저것 하시오" 등 줄곧 명령뿐이었다.

여기서도 불가촉천민의 비참한 처지를 많이 목격했다. 타밀 사람들의 취사장은 다른 종족들의 것과는 멀리 떨어져 있었다. 타밀 사람들이 밥 먹는 것을 다른 사람은 보기만 해도 불결하다는 것이었다. 그래서 대학 구내 한구석에 버들가지로 울타리를 엮어서 타밀 의원들을 위해 취사장을 따로 만들어야 했다. 거기는 연기가 자욱해 숨이 막힐 지경이었다. 그곳은 취사장, 식당, 변소를 한곳에다 마련해놓아 닫힌 금고처럼 나갈 수 없는 곳이었다. 내가 보기에는 그것은 바르나다르마[8]의 덜 된 모방이었다. 국민의회 의원들 사이에서도 그렇듯 천민의 행태가 보일진대, 그들을 선출한 그 주민들 사이에서는 그 정도가 얼마나 심할지는 짐작할 수 있겠구나, 하고 생각하며 한숨 쉴 수밖에 없었다.

비위생적인 것은 이루 말할 수 없다. 가는 데마다 물웅덩이였고, 변소는 몇 군데 안 되는데 그 냄새는 지금 생각해도 구역질이 난다. 그것을 사무원들에게 지적했더니 그들은 대번에 딱 잘라, "그것은 우리 일이 아닙니다. 청소부들이 할 일이지"라고 대꾸했다. 내가 빗자루를 하나 달라고 했더니 그 사람은 이상하다는 듯이 나를 쳐다보았다. 내 손으로 하나 구해가지고 변소를 청소했지만, 그것은 결국 나 자신을 위해서 한 셈이었다. 그러나 몰려드는 사람은 수없이 많은데 변소는 몇 개 되지 않으니, 청소를 하자면 쉴새없이 해야겠는데, 그것은 내가 감당할 수 없는 일이었다. 그래서 나는 내것이나 하는 것으로 만족할 수밖에 없었다. 그런데 사람들은 그 냄새, 그 불결도 상관하지 않는 것 같았다.

그러나 그것만은 아니었다. 대의원들 중 더러는 자기 방 밖의 베란다를 밤 동안에 생리 욕구를 해소하기 위해 쓰는 것조차 꺼리지 않았

---

8) 바르나다르마(Varnadharma): 인도 사회의 사종성(四種姓)이 지켜야 하는 의무.

다. 아침이 되어 사무원들에게 그러한 장소를 지적했다. 아무도 그것을 청소하려는 사람은 없었고, 내가 그것을 해도 그 영광을 같이 나누려 하는 사람도 없었다. 그때보다는 훨씬 개선되었지만, 지금까지도 되는 대로 아무데서나 소변을 보아 의회 숙사를 더럽히는, 생각 없는 의원들이 없어지지 않았고, 모든 사무원들도 그 뒤를 깨끗이 청소해주려고 생각하지는 않았다.

만일 의회 개회기간이 길어진다면 전염병이 발생하기에 알맞는 형편이라고 생각했다.

서기와 하인

국민의회가 열리려면 아직도 이틀이 더 남았다. 나는 경험을 얻기 위해 의회 사무처에서 봉사하기로 작정했다. 그래서 칼리카타에 도착하여 날마다 하는 재계(齋戒)를 끝내자마자 의회 사무처로 갔다.

바부 부펜드라나트 바수(Babu Bhupendranath Basu)와 고살(Ghosal) 씨가 간사였다. 나는 부펜 바부에게로 가서 내 뜻을 말했다. 그는 나를 아래위로 훑어보더니, "서기 일밖에 없군요. 그거라도 하시겠소?" 하고 말했다.

"네, 좋습니다. 역량에 넘치는 것이 아니라면 뭐든 할 작정으로 왔습니다." 나는 대답했다.

"젊은이, 그거 옳은 생각이오" 하고는 자기 주변에 둘러서 있는 지원자들을 향해서 덧붙였다. "이 젊은이가 하는 말 다들 들으셨소?"

그러고는 나를 향해 말을 계속했다. "자, 그럼 여기 처리해야 할 편지 뭉치가 있소. 저 의자를 가져다놓고 일을 시작하시오. 보시는 바와 같이 나를 보러 오는 사람이 수백 명이니, 이걸 어떻게 하오? 그 사람들을 만나야 하겠소? 아니면 편지로 나를 홍수에 빠뜨리는 이들에게 회답을 해야겠소? 이것을 맡길 서기가 없군요. 이 편지들은 대개 별 내용이 없소. 그렇지만 이것을 한번 죽 읽어보시오. 그리고 내가 읽을 만한 거면 알려주고, 또 회답할 필요가 있는 것이면 있다고 해주시오."

그렇게 나를 신용해주니 기뻤다.

고살 씨는 내게 일을 맡길 때까지 나를 몰랐고, 나중에 가서야 내 신분을 물었다.

편지 무더기를 처리하는 일은 아주 쉬운 것이었다. 나는 이내 그 일을 해치웠다. 고살 씨는 좋아했다. 그는 말이 많은 사람이어서 몇 시간이라도 계속 말을 했을 것이다. 나에게 들어서 나의 경력을 약간 알고 난 후에는 내게 서기 일 시킨 것을 조금 미안해했다. 나는 그를 안심시키며 말했다. "조금도 염려하실 것 없습니다. 국민의회를 위해 봉사하시느라 백발이 되신 선생님은 제게는 어버이 같으신 분인데, 그 앞에서 저 같은 것이 무엇입니까? 도리어 아무 경험 없는 한 젊은이인 저를 믿으시고 이 일을 시켜주심으로써 저는 오히려 빚을 졌습니다. 저는 국민의회의 일을 해보고 싶은데 선생님께서 쉽지 않은 기회를 주셔서 자세한 것을 알 수 있게 되었습니다."

"사실 말이지," 그는 말했다. "그것이 옳은 정신이오. 그런데 오늘날 청년들은 그것을 깨닫지 못해요. 물론 나는 국민의회를 처음부터 알고 있소. 이 국민의회를 창립하는 데 흄(Hume) 씨와 더불어 나도 한몫했다면 했다고 할 수 있지요."

그렇게 해서 우리는 좋은 친구가 되었다. 그는 기어이 자기와 점심을 같이하자고 했다.

고살 씨는 자신의 단추를 하인더러 채우라고 하곤 했다. 나는 그것을 내가 하겠다고 했다. 나는 언제나 어른들에게 봉사하고 싶은 마음이 많았기 때문에 그 일이 하고 싶었다. 내 뜻을 알고 나서는 내가 그에게 개인적으로 봉사하는 자잘한 일을 어렵게 여기지 않았다. 사실은 좋아했다. 나더러 단추를 채워달라고 하면서 이렇게 말하곤 했다. "봐요, 국민의회 간사는 셔츠의 단추 채울 시간도 없단 말이야. 한시도 일이 없을 때가 없어." 고살 씨의 단순한 성격은 재미있었다. 그런 따위의 봉사 때문에 내 마음이 불쾌해진 적은 한 번도 없다. 그 봉사 때문에 나는 이루 헤아릴 수 없는 이득을 얻었다.

며칠 지나는 동안에 의회의 사무를 이해하게 되었다. 대부분의 지도자들도 만났다. 고칼레나 수렌드라나트 같은 거장들의 활동도 알게 됐고, 또 막대한 시간이 허비되고 있는 것도 알게 됐다. 또 그때 벌써 우리 일에서 영어가 얼마나 중대한 자리를 차지하고 있는가를 알았을 때는 슬픔을 느꼈다. 정력의 소모에 대해서는 조금도 생각하지 않았다. 한 사람이 해도 충분한 일을 몇 사람이 하고, 여러 가지 중요한 일을 아무도 돌보는 사람이 없는 때도 있었다.

이러한 사실들을 관찰할 때 내 마음은 비판적이기는 하면서도 충분히 동정이 가는 점도 있었다. 그래서 언제나 이러한 사정 속에서는 잘해보려고 애를 써도 결국 어떻게 할 수가 없을 것이라 생각했고, 그렇기 때문에 어떤 일도 결코 과소평가하지 않았다.

국민의회 개회

드디어 국민의회가 열렸다. 어마어마한 방청석, 당당하게 늘어선 유지들, 그리고 의석에 자리잡고 앉은 원로들, 이 모든 것이 나를 압도했다. 나는 이 거대한 집회에서 내가 있을 곳이 어딘지 몰라 어리둥절했다.

의장의 개회사는 그대로 하나의 책이었다. 처음부터 끝까지 그것을 다 읽는다는 것은 말도 안 되는 일이었다. 그래서 다만 몇 구절만 골라서 읽었을 뿐이었다.

의장의 개회사 다음에 의사위원의 선출이 있었다. 고칼레는 나를 그 위원회 모임에 데리고 갔다.

페로제샤경은 물론 내 결의안을 받겠다고 동의하기는 했지만 누가 그것을 의사위원회에 내놓으며, 또 언제 그것을 할 것인지 의심스러웠다. 왜냐하면 결의안마다 길게 연설을 하는 데다가 또 영어로 해야 했고, 또 결의안마다 이름난 지도자들이 배경에 있었기 때문이다. 내 결의안은 그러한 정예 부대의 북소리 사이에서 가느다란 피리소리에 불과했다. 밤이 점점 다가올수록 나는 자꾸 가슴만 뛰었다. 내가 기억하기에는 말단에 오른 결의안들은 전격적으로 처리돼버렸다. 모든 사람들이 그저 어서 가려고 서두르기만 했다. 11시가 됐다. 나는 말할 용기도 없었다. 나는 고칼레를 미리 만나 결의안을 보였기 때문에 그의 곁으로 다가가서 "저 좀 도와주세요" 했더니, 그는 "나도 당신 결의안을 잊지 않고 있소. 보시오, 저렇게들 서두르고 있지 않아요. 그렇지만 나는 당신 것만은 그렇게 지나가도록 내버려두지 않을 거요" 했다.

"자, 그럼 다 됐습니까?" 페로제샤경이 물었다.

"아니, 아니, 아직 남아프리카에 대한 결의안이 남았습니다. 간디 씨가 여태 기다리고 있습니다." 고칼레가 소리쳤다.

"그 결의안을 보셨습니까?"

"물론입니다."

"마음에 드십니까?"

"상당히 좋습니다."

"그럼 어디 들어봅시다, 간디 씨."

나는 떨리는 음성으로 결의안을 읽었다. 고칼레가 그것을 지지했다.

"만장일치 통과요." 모두가 외쳤다.

"간디 씨에게 내일 발언시간으로 5분을 주겠소." 와차 씨가 말했다.

그런 식의 처리가 나는 통 마음에 들지 않았다. 결의안을 이해하려고 노력하는 사람은 하나도 없고 저마다 어서 갈 생각만 하고 있었으며, 결의안은 고칼레가 봤기 때문에 다른 사람들은 그것을 보려고도 이해하려고도 하지 않았다.

아침이 되니 연설할 것이 걱정됐다. 5분 동안 무슨 말을 해야 할까? 마음을 단단히 먹기는 했지만 말이 잘 나오지 않을 것 같았다. 나는 원고를 써서 읽지 않고 즉석에서 말하기로 했다. 그런데 남아프리카에서 연설 실력이 좀 늘기도 했건만 그 순간엔 그나마 어디로 가버린 듯했다.

내 결의안 차례가 오자 와차 씨는 내 이름을 불렀다. 나는 일어섰다. 머리가 핑핑 도는 것을 참고 그럭저럭 결의안을 읽어내려갔다. 누군가가 외국 이주민을 찬양하는 시를 지어 인쇄해서 의원들에게 나눠주었는데, 나는 그 시를 낭송한 다음 남아프리카 거주민들의 슬픈 사정을 말했다. 그 순간에 와차 씨가 종을 울렸다. 내 생각에 분명히 5분이 되지 않았다. 나는 그 종이 앞으로 2분 안에 끝내라는 예고인 줄을 몰랐다. 다른 사람들의 발언을 나도 들었는데 30분, 45분을 해도 그들에게는 종을 울리지는 않았다. 나는 화가 나서 종소리를 듣자마자 앉아버렸다. 그러나 나의 어린애 같은 판단으로도 그때서야 그 시간 안에 페로제샤경의 대답이 담겨 있다는 생각이 들었다.

결의안의 통과에 대해서는 질문 하나도 없었다. 그 당시는 방청객인지 대의원인지 구별할 수도 없었다. 모든 사람이 다 손을 쳐들고, 모든 결의안이 만장일치로 통과되었던 것이다. 내 결의안도 그렇게 통과되어 내게 대해서는 모든 의미를 잃어버리고 말았다. 그렇지만 의회를 통과했다는 그 사실만으로도 나는 매우 기뻤다. 국민의회의 '인정'은 곧 전국민의 인정이라는 것을 안다면 누구라도 기뻐하지 않을 사람이 없을 것이다.

커즌경 접견회

국민의회는 폐회되었으나 나는 상업회의소와 남아프리카의 사업과 관련된 사람들을 만나야 했으므로 칼리카타에 한 달을 머물러 있었다. 이번에는 호텔보다는 가능한 한 소개를 받아 인디아 클럽의 방을 얻기로 했다. 그 회원 중에는 중요한 인도 인사들도 있었으므로, 그들과 접촉해서 남아프리카의 사업에 대한 관심을 갖게 하자는 생각이었다. 고칼레는 그 클럽에 당구 치러 자주 갔는데, 내가 한동안 칼라카타에 머문다는 것을 알고 나더러 같이 지내자고 초청해주었다. 나는 그 초대를 감사하게 받았으나 나 혼자서 그곳으로 가는 것은 적당치 않다고 생각했다. 2, 3일 지난 다음 그가 나를 직접 데리고 갔다. 그는 내가 머뭇거리는 것을 보고, "간디, 이 나라 안에 머물러 있어야 하는 사람이 그렇게 머뭇거려서는 안 되오. 될수록 많은 사람과 접촉해야 합니다. 나는 당신이 국민의회에서 일하기를 원합니다" 하고 말했다.

고칼레와 함께 지낸 이야기를 하기 전에 이 클럽에서 있었던 한 가지 사건 이야기를 하려 한다. 이 무렵 커즌[9] 경이 접견회를 열었다. 그곳에 초대받은 라자(Raja: 군주)와 마하라자(Maharaza: 대군주) 몇 사람은 이 클럽 회원이었다. 나는 그들이 클럽에서 언제나 번쩍거리는 벵골 '도티'와 셔츠와 목도리를 하고 있는 것을 봤는데, 그날 보니 칸사마(Khansama: 사환)들이나 입기 알맞은 바지에다 번쩍거리는 장화를 신고 있었다.

나는 그것이 아주 불쾌해서 그중 한 사람에게 그런 차림을 한 까닭을 물었더니 그는 이렇게 대답했다.

---

9) 커즌(Curzon): 1898~1905년 인도 총독, 그후 1919~24년에는 외무장관으로 활약했던 영국 정치가.

"우리의 기막힌 사정을 우리 자신이나 알지 누가 알겠어요? 재산과 칭호를 유지하기 위해 참아야 하는 이 모욕을……."

"그렇지만 그 칸사마 터번과 번쩍거리는 장화는 어떻게 된 것입니까?" 하고 내가 물었더니, 그는 이렇게 말했다.

"칸사마들과 우리들과 다를 것이 무엇이 있습니까?" 그러고는 그는 말을 이었다. "그들이 우리의 칸사마라면 우리는 커즌경의 칸사마입니다. 만일 그 레비(levee: 접견)에 빠졌다가는 그 대가를 치러야 합니다. 내가 만일 평상시 옷차림을 하고 간다면 그것은 모독 행위가 됩니다. 그리고 커즌경과 무슨 말이라도 할 수가 있어서 가는 줄 아십니까? 천만에요."

그렇게 솔직히 말하는 친구를 보고 나는 가엾다는 생각을 금할 수 없었다. 그 말을 들으니 또 하나의 접견이 생각났다.

하딩[10]경이 힌두 대학교의 초석을 놓을 때에도 접견회가 있었는데, 그때도 라자들과 마하라자들이 물론 있었지만 판디트 말라비야지(Pandit Malaviyaji)가 나에게도 거기 참석하라고 특별히 초대해주었기 때문에 간 일이 있다.

마하라자들이 여자처럼 단장한 것을 봤을 때 나는 참 마음이 괴로웠다. 그들은 비단 바지와 비단 아치칸(achkan)에다 목에는 진주 목걸이를 두르고 손목에는 팔찌를 꼈으며, 터번에는 진주와 다이아몬드로 술을 달고, 거기다가 또 허리띠에는 손잡이가 금으로 된 칼을 늘어뜨리고 있었다.

나는 그런 치장이 그들이 귀족임을 드러내는 것이 아니라 노예임을 드러내는 표지임을 알았다. 나는 그들이 그러한 무력의 상징을 자기네

10) 하딩(Hardinge): 군인이며 정치가. 1844~48년에 인도 총독으로 있으면서 진보적인 사상을 인도에 이끌어들였다고 해서 명성이 높았다.

의 자유 의사로 했어야 한다고 생각했다. 그러나 들은즉 그런 행사에 는 라자들은 의무적으로 귀중한 보석을 달고 나오지 않으면 안 된다 는 것이었다. 그런데 그들 중에는 보석으로 장식하는 것을 매우 싫어 해서 접견 같은 경우를 제외하고는 절대로 하지 않는다는 소문도 들 었다.

그 말이 얼마만큼이나 사실인지는 알 수 없다. 그러나 그들이 다른 때에 그런 장식을 하건 말건, 총독을 접견할 때 일부 여성들만이 달고 다니는 것을 그들이 똑같이 한다는 것은 참으로 불쾌한 일이다.

부와 특권이 인간에게서 짜내는 죄와 허물의 세금은 얼마나 심한 것 인가!

고칼레와 지낸 한 달(1)

고칼레는 함께 있는 첫날부터 나에게 마음을 푹 놓고 지내도록 해주 었다. 그는 나를 동생처럼 대해주었고, 내게 필요한 하나하나를 다 알 아가지고 그것을 얻을 수 있도록 해주었다. 다행히 내 필요물이란 그 리 많지 않았고, 나는 자립, 자작하는 습관을 길러왔기 때문에 직접 해 주어야 할 것은 별로 없었다. 그는 스스로 살아가는 나의 버릇, 몸을 정결히 하는 것, 인내하고 규칙적으로 생활하는 것에 퍽 깊은 인상을 받은 나머지 때로는 칭찬을 해주곤 했다.

그는 나에겐 전혀 비밀이 없는 듯했다. 자기를 찾아오는 손님에게 빠짐없이 나를 소개해주었는데, 그들 중 가장 기억에 뚜렷한 이는 지 금은 경이 된 의사 레이(P.C. Ray)였다. 그는 바로 옆집에 살고 있었고 자주 찾아왔다.

그는 의사 레이를 나에게 이렇게 소개했다. "이분은 레이 교수인데 월급 800루피를 받아서는 꼭 40루피만을 갖고 나머지는 공동 목적을

322

위해 내놓습니다. 이분은 아직 결혼도 안 했고, 앞으로도 안 할 거랍니다."

의사 레이는 그때나 지금이나 다름없다. 그의 옷은 그때도 지금이나 마찬가지로 검소했다. 지금은 카디인데 그때는 인도 방직공장 제품으로 된 것이 다를 뿐이었다. 고칼레와 의사 레이의 이야기는 아무리 들어도 싫증이 나지 않았다. 그것은 모두 공익에 대한 것과 교육적 가치가 있는 것이었다. 때로는 듣고 고통스러운 것도 있었다. 그것은 사회인사들에 대한 비평이 들어 있을 때이다. 그 결과 전에는 견실한 투사인 줄 알았던 이들이 하찮은 인물로 보이기 시작했다.

고칼레가 일하는 것을 보면 교육이 되는 동시에 또 재미도 있었다. 그는 1분도 쓸데없이 보내는 일이 없었다. 사적 거래나 교우관계까지도 다 공익을 위한 것이었다. 그의 모든 담화는 다만 나라의 이익을 위한 것이었고 허위나 불성실함이라고는 조금도 없었다. 언제나 인도의 가난과 속박이 그의 지대한 관심사였다. 가지가지의 사람들이 별별 일을 가지고 그의 관심을 끌려고 애썼지만, 그는 언제나 같은 대답을 할 뿐이었다. "그것은 당신이 하시오. 나는 내 일을 하게 두시오. 내가 원하는 것은 이 나라의 자유요. 그것을 쟁취한 다음 우리는 다른 일도 생각할 수 있소. 지금은 내 모든 시간과 정력을 거기에 쏟아도 모자라오."

라나데에 대한 그의 존경은 어느 순간에도 볼 수 있었다. 무슨 일에나 라나데가 최종의 권위를 가졌고, 발걸음마다 그의 말을 인용했다. 내가 고칼레와 같이 있을 때 라나데의 기일(忌日: 혹은 생일이었는지 잊어버렸다)이 돌아왔는데, 그는 그것을 꼭꼭 지키고 있었다. 그때는 나말고 그의 친구인 카다바테(Kathavate) 교수와 한 판사보(判事補)가 있었는데 그는 우리를 그 기념식에 초청했고, 기념사를 통해 그에 대한 추억담을 들려주었다. 그러면서 그는 라나데와 텔랑(Telang)과 만들리크(Mandlik)를 비교해서 말했다. 그는 텔랑의 매력 있는 풍채와 만들리크의 개혁가로서의 뛰어남을 찬양했다. 만들리크가 자기 소송 의뢰인에 대해 얼마나 정성을 들였는지 이야기하면서 이렇게 덧붙였다.

한번은 그가 평상시에 타던 열차를 놓치고는 그의 의뢰인의 일이 잘못되지 않도록 재판정에 가기 위해 특별 열차를 내가지고 갔다는 것이다. 그렇지만 그는 말하기를, 라나데는 그들을 다 뛰어넘는 다방면에 걸친 천재라는 것이었다. 그는 위대한 판사였을 뿐 아니라 또 그만큼 위대한 역사가였고, 경제학자요 개혁가였다. 그는 판사면서도 두려움 없이 국민의회에 참석했고, 모든 사람이 그의 총명에 두터운 신뢰를 주었기 때문에 그의 판결을 이의 없이 받아들였다. 고칼레는 두뇌와 심정이 한데 결합되어 이룬 스승의 인격을 묘사하며 기뻐서 어쩔줄을 몰라했다.

고칼레는 당시 늘 마차를 타고 다녔다. 어떤 사정 때문에 그가 마차를 꼭 타게 됐는지 나는 몰랐다. 그래서 항의를 해보았다. "여기저기 다니실 때 전차를 좀 이용하실 수는 없습니까? 그러면 지도자의 위신이 떨어집니까?"

괴로운 표정을 지으며 그는 말했다. "역시 당신도 나를 이해하지 못하는구먼! 나는 나의 의회 수당을 개인의 안락을 위해서는 쓰지 않소. 나는 당신이 전차를 타고 어디라도 갈 수 있는 자유가 부럽소. 하지만 나는 그렇게 하지 못하는 것이 유감이오. 당신도 나처럼 널리 유명해지면 전차로 다니는 것이 불가능까지는 아니더라도, 아마 꽤 어려울 거요. 지도자가 하는 모든 것을 개인적인 쾌락 때문이라고 생각해서는 안 될 것이오. 나는 당신의 소탈한 습성을 좋아하오. 나도 될 수 있는 한 간소하게 살고 있소마는, 나 같은 사람에게는 불가피한 낭비가 더러 있소."

그는 이와 같이 나의 한 가지 불평에 대해서는 만족할 만한 해명을 해주었지만, 다른 하나에 대해서는 그렇지 못했다.

"그렇지만 선생님께서는 왜 산책도 아니하십니까? 그러니 항상 몸이 편치 않으신 것이 어찌 이상하다 하겠습니까? 공공활동을 하신다고 운동하실 시간도 없단 말씀입니까?" 하고 내가 물었다.

그는 대답했다. "그래 당신 보기에는 내가 언제 산책할 만큼 틈이 있던가요?"

나는 고칼레를 참으로 존경했기 때문에 한 번도 맞서본 일은 없다. 도저히 그 대답으로 만족할 수는 없었지만 잠자코 있었다. 나는 그때도 그렇게 믿었지만 지금도 그렇게 믿는다. 일이 아무리 많더라도 사람은 식사와 마찬가지로 운동도 반드시 시간을 내서 해야 한다. 내 좁은 소견으로는, 그렇게 하는 것이 일하는 역량을 더해주면 더해주었지 절대로 감소시키지는 않는다.

고칼레와 지낸 한 달(2)

고칼레의 집에 머무는 동안 나는 결코 집에만 있지 않았다.

남아프리카에서 나는 기독교도 친구들에게 인도에 가면 인도 기독교도들을 만나서 그들의 모양이 어떤지 잘 알도록 하겠다고 말한 일이 있다. 나는 바부 칼리차란 바네르지에 관하여 들은 바가 있어서 그를 몹시 존경하였다. 그는 국민의회 안에서 중요한 자리에 있었으므로, 나는 그에 대하여는, 국민의회에서 멀리 서 있고 힌두교도나 마호메트교도와도 상관하지 않는 일반 기독교도 인도인에 대하여 내가 하는 언짢은 생각을 하진 않았다. 내가 고칼레에게 그를 만날 생각이 있다고 했더니 그는 말하기를, "그 사람을 만나서 무슨 소용이 있어요? 그는 매우 좋은 사람이지만, 내 생각에는 그가 당신 마음에 들 것 같지가 않소. 나는 그를 잘 알고 있소. 그렇지만 당신이 그러고 싶다면 염려 말고 만나보시오" 했다.

내가 면회를 요청했더니 그는 쾌히 승낙해주었다. 집은 매우 검소했다. 국민의회에서 보았을 때 그는 양복을 입고 있었는데, 지금 벵골 도티와 셔츠를 입고 있는 것을 보니 참 반가웠다. 나 자신은 도리어 그때 파르시 겉저고리에 바지를 입고 있었지만, 그의 수수한 옷차림을 보니 참 좋았다. 장황한 서론은 그만두고 곧장 내 고민거리를 말하자 그는 이렇게 물었다. "당신은 원죄의 교리를 믿으십니까?"

"네, 믿습니다" 하고 나는 대답을 했다.

"그러시다면 좋습니다. 힌두교는 그 원죄에서 벗어나는 길을 가르쳐주는 것이 없습니다. 그런데 기독교에는 그것이 있습니다." 그러고는 다시 이어서 말했다. "죄의 값은 죽음입니다. 그런데 성경은 말하기를 구원을 얻는 오직 하나의 길은 예수 앞에 항복하는 것이라고 합니다."

『바가바드 기타』가 가르치는 '바크티 마르가'(Bhakti-marga), 곧 '헌신의 길'(the path of devotion)을 내가 이야기했지만 소용이 없었다. 나는 그 호의에 대하여 감사하다고 했다. 그는 나를 만족시켜 주지 못했지만 그 면담은 유익한 것이었다.

그때 나는 칼리카타의 거리를 걸어서 오르내렸다. 나는 미테르 (Mitter) 판사와 구루다스 바네르지(Gurudas Banerji)경을 만났는데 남아프리카에서 하는 내 일에 관해 도움을 받고 싶은 사람들이었다. 그리고 그 즈음에 라자인 퍄리모한 무카르지경도 만났다.

칼리차란 바네르지가 칼리[11] 사원 이야기를 해주었는데 더구나 거

---

11) 칼리(Kali): 산스크리트어로 검은 빛이라는 뜻. 대지의 여신 이름이다. 보통 검은 빛의 이빨을 드러내놓고 혀를 쑥 내밀고 피투성이가 된 할머니의 형상으로 표시되는 무서운 여신이다. 그러나 이것은 사실 그것과는 정반대의 잔잔하고 온순한 여신

기에 대하여는 전에 책에서 읽은 것이 있으므로 꼭 보고 싶었다. 미테르 판사의 집이 그 부근에 있었기 때문에 그를 방문하던 날 사원을 찾아갔다. 가는 길에 칼리에 제물로 바칠 양이 줄 지어 가는 것을 보았다. 거지가 떼를 지어 사원으로 가는 길에 늘어서 있었다. 탁발하는 중들도 있었다. 나는 그때에도 몸이 피둥피둥한 거지들에게 동냥을 주는 것은 강력히 반대했다.

거지떼가 나를 따라왔다. 그중 하나는 베란다 위에 앉아 있었는데 길을 막으며 내게 말을 걸어왔다.

"친구, 어디로 가는 거요?"

나는 그에게 대답을 해주었다.

그는 내 동행과 나를 앉으라고 했다. 우리는 앉았다.

"당신은 이렇게 제물을 바치는 것을 종교라고 생각해요?" 하고 내가 물었다.

"짐승 죽이는 것을 종교라 할 사람이 누가 있어?"

"그럼, 그렇게 하지 말라고 설교하지 왜 그래요?"

"그것은 내 할 일이 아니오. 우리 할 일은 하나님을 공경하는 거지."

"그럼 왜 하나님 공경할 곳이 다른 데 없어요?"

"우리에게는 어디나 다 좋소. 저 사람들도 양떼나 마찬가지요, 지도자가 이끄는 대로 가는 거요. 그것은 우리들 사두[12]가 할 일이 아니오."

데비의 일면을 표시하는 것이다. 칼리카타에는 칼리가트(Kalighat)라는 유명한 신전이 있다. 간디가 찾았던 사원은 그곳이다.

12) 사두(Sadhu): 산스크리트어의 Siddha에서 나온 말. Siddha는 Siddhi를 가진 사람이라는 뜻. Siddhi란 신통력이라는 뜻이다. 그러고 보면 사두는 도를 닦아 신통력을 얻는 데 이른 사람을 뜻한다. 보통 성인, 성자, 은자, 출가, 또 그저 단순히 스승이라 번역되기도 한다.

우리는 더 이야기하지 않고 사원으로 들어갔다. 우리를 맞아준 것은 내를 이루어 흐르는 피였다. 나는 거기 서 있을 수가 없었다. 나는 그 광경을 영 잊을 수가 없다.

바로 그날 저녁, 나는 벵골 친구들의 저녁 식사에 초대받았다. 거기서 내가 한 친구에게 이 잔혹한 형식의 예배에 관하여 이야기했더니, 그는 말하기를, "양은 아무 감각도 없습니다. 떠들고 북 치고 하는 소리에 모든 고통을 잊게 됩니다" 했다.

나는 그것을 그냥 듣고만 있을 수 없었다. 그래 나는 그에게, 양이 만일 말을 한다면 그들이 하는 말은 우리 것과는 다를 것이라고 했다. 나는 이 잔인한 의식은 폐지되어야 한다고 생각했다. 붓다의 이야기를 생각도 해봤지만 역시 그것은 내 역량에는 넘치는 일이라고 생각됐다.

나는 지금도 그때나 마찬가지 의견이다. 내 마음에는 양의 생명도 사람 못지않게 귀중한 것이다. 사람의 몸 때문에 양의 목숨을 뺏을 수는 없다. 연약한 물건일수록 잔인한 학대를 받지 않도록 사람에게 보호 받을 자격이 있다고 생각한다. 그러나 스스로 노력하여서 그런 봉사를 할 수 있는 실력을 기르지 않은 사람은 그러한 보호를 능히 할 수 없다. 이 양들을 이 거룩치 못한 제물에서 건져내려고 하기 전에 나는 먼저 더욱더 나의 자기 정화와 희생의 길을 닦아나가지 않으면 안된다. 오늘날 나는 이 자기 정화와 희생을 완성하기 위해 헐떡이다 숨이 끊어질 수밖에 없다고 생각한다. 나의 끊임없는 기도, 제발 남자거나 여자거나 거룩한 자비에 불타는 위대한 혼이 어서 이 땅 위에 오셔서 우리를 이 극악무도한 죄에서 건져주시고, 저 무고한 생물들의 생명을 구해주시고, 저 성전을 깨끗하게 해주시기를 바라는 것이다.

고칼레와 지낸 한 달(3)

종교란 이름 아래 칼리 신 앞에 끔찍한 제물을 바치는 것을 보고 나는 벵골의 풍속을 알아보자는 생각이 더욱 간절해졌다. 나는 브라모 사마지[13]에 관한 이야기를 많이 읽고 들었다. 그리고 프라타프 찬드라 마줌다르(Pratap Chandra Mazumdar)의 생애에 관해서도 좀 알고 있었다. 나는 그가 연설하는 모임에 더러 갔었다. 나는 그가 쓴 『케샤브 찬드라 센의 생애』(*Life of Keshav Chandra Sen*)를 구해 매우 흥미롭게 읽었고, 그 때문에 사다란 브라모 사마지(Sadharan Brahmo Samaj)와 아디 브라모 사마지(Adi Brahmo Samaj)가 어떻게 다른 것인가를 알게 되었다.

나는 판디트 시바나드 샤스트리(Pandit Shivanath Shastri)를 만나 카다바테 교수와 같이 마하르시 데벤드라나트 타고르[14]를 보러 갔으나, 마침 그의 방문이 허락되지 않는 때여서 그를 만나지 못하고 말았다. 그렇지만 우리는 그의 집에서 열리는 브라모 사마지 축하연에 초대 받아 아름다운 벵골 음악을 좋아하게 됐다.

브라모 사마지를 실컷 보고 나니 스와미 비베카난다[15]를 보지 않고 견딜 수 없었다. 그래서 대단한 열성을 가지고 나는 벨루르 마드(Belur Math)까지 거의 다, 혹은 끝까지였는지도 모르지만 걸어갔다. 마드의

---

13) 브라모 사마지(Brahmo Samaj): Brahma Samaj라고도 쓴다. 영어로는 Society of Brahma. 1828년 Rammohan Ray에 의하여 칼리카타에서 일어난 일종의 힌두교의 개혁운동.

14) 마하르시 데벤드라나트 타고르(Maharshi Devendranath Tagore): 마하르시란 대성, Great Sage라는 뜻. 데벤드라나트는 라빈드라나트 타고르의 아버지.

15) 스와미 비베카난다(Swami Vivekananda): 칼리카타에서 태어난 종교적 천재로서, 19세기 말에서 20세기 초까지 살았던 힌두교의 유명한 지도자.

한적한 경치가 참 좋았다. 스와미가 칼리카타에 있는 자기 집에서 앓고 있어서 만날 수 없다는 말을 들었을 때 나는 실망하고 섭섭했다.

그 다음 나는 니베디타(Nivedita) 수녀가 거처하는 곳을 알아가지고 초링기(Chowringhee)의 어느 저택에서 그를 만나보았다. 나는 그녀를 둘러싸고 있는 호화스러운 살림을 보고 깜짝 놀랐다. 또 서로 이야기하는 가운데도 근본적으로 서로 잘 맞지 않는 데가 있었다. 그 이야기를 내가 고칼레한테 했을 때 그는 말하기를, 자기는 나와 그녀같이 들뜬[16] 사람이 서로 말이 잘 맞지 않는다는 것을 조금도 이상하게 여기지 않는다고 했다.

나는 그녀를 페스톤지 파드샤 씨의 집에서 다시 만났는데, 마침 그때 그녀는 파드샤 씨의 나이 많은 어머니와 이야기하고 있었기 때문에 내가 그 두 분 사이에서 통역을 하게 됐다. 나는 그녀와 종내 일치점을 발견하지 못했지만, 그녀의 힌두교에 대한 넘치는 사랑에는 탄복하지 않을 수 없었다. 그녀의 저서들은 후에 알게 됐다.

나는 매일 하루를 둘로 나누어서 칼리카타에 있는 사람으로 남아프리카의 일에 관해 지도적인 지위에 있는 인물을 찾아보는 것과, 시내에 있는 종교기관과 공공시설을 찾아 연구하는 두 가지 일에 썼다. 한번은 물리크 박사의 사회 아래 어떤 모임에서 보어 전쟁 당시의 인도인 환자 수송대 활동에 대하여 연설했는데, 내가 『더 잉글리시먼』 지와 친분을 가지고 있던 것이 이 경우에도 상당히 도움이 되었다. 사운더스 씨는 그때 병석에 있었는데도 1896년 때와 마찬가지로 나를 많이 도와주었다. 고칼레는 그때의 내 연설을 매우 좋다고 했고 또 의사 레이가 그것을 칭찬했다는 말을 듣고 기뻐했다.

---

16) '들뜬'이라는 말을 사용한 데 대하여는 1927년 6월 30일 『영 인디아』에 실린 "In Justice to her Memory"란 글을 참조할 것.

그와 같이 내가 고칼레의 집에 묵었던 것이 칼리카타에서의 내 일을 퍽 쉽게 해주었고, 벵골에서 으뜸가는 가족들과 사귈 수 있게 해주었으며, 그래서 그것이 인연이 되어 벵골과 친밀한 접촉을 하게 되었다.

기억할 만한 한 달의 추억담이 많지만 생략할 수밖에 없다. 다만 비행기로 미얀마(버마)에 가서 그곳 풍기(foongi: 승려)들을 만났던 이야기만 하기로 한다. 나는 그들이 무기력한 것을 보고 참 섭섭했다. 나는 황금탑을 보았다. 사원 안에 켜놓은 수많은 작은 촛불은 맘에 들지 않았으며, 쥐들이 성전 주변으로 돌아다니는 것을 보고는 모르비(Morvi)에서 당한 스와미 다야난다(Swami Dayananda)의 경험이 생각났다. 미얀마 남자들의 나태한 꼴은 보기 싫었으나 여자들의 자유롭고 활기찬 모습은 매력적이었다. 그리고 또 잠깐 있는 동안에 보아도 뭄바이가 인도가 아닌 것처럼 랑군(Rangoon)은 미얀마가 아니었고, 또 우리가 마치 영국 상인의 위탁 판매인이 돼버린 것처럼 미얀마에서 우리는 영국 상인과 결탁하여 그들을 우리의 위탁 판매인으로 만들어놓고 있었다.

미얀마에서 돌아오자 나는 곧 고칼레와 헤어졌다. 그와 헤어지기는 싫었지만 벵골에서의, 그보다도 칼리카타에서의 내 일은 끝났으므로 더는 머물 필요가 없었다. 그같이 결정하기 전에 3등열차로 전 인도를 돌면서 3등객의 애로가 어떤가를 직접 알아볼까 하는 생각을 하였다. 그것을 고칼레한테 이야기했더니, 그는 듣자마자 그 생각을 놀려대기부터 했으나 내가 무엇을 보고자 원하는지를 듣고 나서는 아주 좋다고 찬성했다. 나는 우선 베나레스(Benares)로 가서 베전트 부인[17]에

17) 베전트 부인(Mrs. Besant): 1847년 런던에서 출생하여, 페이비언 협회에서 활동하다가 사회개혁운동에 전념함. 산아제한운동의 한 선구자이기도 하다. 한때는 무신론으로 기울어졌다가 후에는 인도 사상에 심취, 신령협회에 가입하여 한때 그 회장으로도 있었다. 생애 대부분을 인도에서 보내며 인도 독립운동을 많이 도왔다.

게 경의를 표하기로 했다. 그때 부인은 병중이었다.

3등열차 여행을 하기 위해서는 채비를 새로이 할 필요가 있었다. 고칼레는 금속으로 된 도시락을 주며 그 속에다 사탕과 푸리(Puri)를 가득 채워주었다. 나는 12안나를 주고 캔버스 가방 하나와 차야[18]양털로 짠 긴 코트를 한 벌 샀다. 가방은 코트와 도티 하나, 타월과 셔츠를 넣기 위한 것이었다. 몸을 덮기 위한 담요가 하나 있었고, 물주전자가 있었다. 그렇게 준비한 후 나는 길을 떠났다. 고칼레와 의사 레이가 역까지 나와 전송해주었다. 나는 나올 것 없다고 했건만 그들은 기어이 왔다. "1등차로 간다면 나오지도 않았어요. 그렇지만 지금은 나올 수밖에" 하고 고칼레는 말했다.

고칼레가 플랫폼으로 들어가는 것을 아무도 막지 않았다. 그는 명주 터번에 재킷과 도티를 입고 있었다. 의사 레이는 벵골 옷을 입었는데 개찰원이 못 나간다고 막는 것을 고칼레가 친구라고 해서 허락을 받았다.

이렇게 해서 나는 그들의 축복을 받으며 여행길에 올랐다.

베나레스에서

여행은 칼리카타에서 라지코트까지인데, 도중에 베나레스, 아그라(Agra), 자이푸르(Jaipur), 그리고 파란푸르(Paranpur)에 들렀다가 가기로 일정을 짰다. 그밖에 다른 곳은 볼 시간이 없었다. 각지에서 하루씩 묵었는데, 파란푸르를 제외하고는 보통 순례자들이 하는 대로 수도원에서 묵거나 그렇지 않으면 판다스(Pandas)들과 함께 지냈다. 내가 기억하는 바로는 이 여행에서(기차 삯을 합해서) 31루피 이상을

---

18) 차야(Chhaya): 올이 굵은 모직물 생산으로 유명한 포르반다르 주의 한 지명.

쓰지 않았다.

3등 열차로 가면서도 나는 우편열차보다는 주로 보통열차를 택하였다. 우편열차는 승객도 더 많고 차비도 더 비쌌기 때문이다. 사실상 오늘날도 그때나 마찬가지로 3등 객실은 불결하고 변소 시설도 나쁘다. 조금 개선되기는 했지만, 1등 객실과 3등 객실의 시설 차이는 그 둘 차비 차이에 비하면 너무도 심하다. 3등 객실의 승객들은 양떼처럼 대접 받고, 그들의 편리는 양의 편리 같은 것이다. 유럽에서도 나는 3등 칸으로 여행했고 다만 한 번, 어떤 것인가 보려고 1등칸에 탔었는데, 1등칸과 3등칸 사이에 그리 큰 차이가 없었다. 남아프리카에서는 3등 칸 승객은 주로 흑인들인데, 그래도 3등칸 시설이 여기보다는 좋았다. 남아프리카 어떤 곳에서는 3등칸에 침대 시설이 있었고 좌석에 쿠션을 댄 데도 있었다. 그리고 그 시설엔 만원이 되는 것을 막기 위해 규정도 있었는데, 여기서는 언제나 정원 초과가 된 것을 본다.

3등칸 승객의 편의에 대한 철도 당국의 무관심은, 또 3등칸 승객 자신들의 불결하고 몰상식한 습관과 겹쳐져 깨끗이 여행하려는 3등칸 승객을 괴롭게 만든다. 그 불쾌한 습관이란, 보통 남의 편의나 안락을 생각지 않고 객실 바닥에 쓰레기를 버리는 것, 언제 어디서나 담배를 마구 피워대는 것, 베텔(betel: 인도 후추)과 담배 등을 씹는 것, 객실을 온통 쓰레기통으로 만들어버리는 것, 떠들고 큰 소리로 웃고, 상소리를 하는 것 같은 일이다. 1902년에 경험한 3등 객실의 체험은 1915년에서 19년까지 순전히 3등 객실만으로 여행해서 얻은 체험이나 조금도 차이가 없었다.

내 생각으로는, 이 기막힌 상태의 개선책은 오직 하나가 있을 뿐이다. 즉 교육받은 사람들이 될수록 3등 열차로 여행하면서 민중의 습관을 고치도록 하는 것과, 필요할 때는 철도 당국에 자주 불평하여 그들로 하여금 개선하지 않으면 안 되게 하며, 뇌물이나 그밖의 불법적 방법으로 자기 하나의 편리만을 도모하는 일을 결코 하지 말고, 또 거기 관계하는 사람들 편에서 법을 어기는 행위를 할 때 절대로 참지 않는 일이다. 이렇게만 하면 틀림없이 개선될 것이다.

1918~19년은 몹시 아팠기 때문에 불행하게도 나는 사실상 3등 여행을 중지할 수밖에 없었는데, 이것은 나에게는 언제나 잊을 수 없는 고통이요 부끄러움이다. 더구나 3등칸 승객들의 불편을 제거하기 위한 시위운동이 막 일어나고 있던 때에 아무것도 못하게 됐으니 말이다. 자기 자신들의 나쁜 습관 때문에 한층 심해지는 기차 사정, 기선의 빈민 여객들이 당하는 고통, 정부가 외국의 상사, 회사들에게 제공해주는 부당한 혜택, 그밖에 이와 비슷한 것들이 다 중요한 문제들이다. 결단력 있고 백절불굴의 정신을 지닌 일꾼이 한둘 있다면 전력을 기울여 해볼 만한 보람 있는 일들이다.

그러나 3등 여객 이야기는 여기서 그치기로 하고, 베나레스에서 지낸 일을 이야기하기로 하겠다. 내가 그곳에 도착한 것은 아침이었다. 나는 판다와 같이 묵기로 작정했다. 기차에서 비교적 깨끗하고 착해 보이는 사람을 하나 골랐는데, 후에 보니 내 선택은 바로 들어맞았다. 그의 집 마당에는 암소가 한 마리 있었고 집은 이층인데, 나는 그 이층에 묵게 되었다. 나는 정통적인 예법에 따라 갠지스강에서 목욕하지 않고는 아무것도 먹고 싶지 않았다. 판다가 그 준비를 해주었다. 나는 그에게 다크시나(dakshina: 보시)로는 1루피 4안나 이상을 줄 수 없으니 준비하는 동안 그것을 염두에 두라고 미리 말해주었다.

판다는 기꺼이 승낙하면서, "순례자가 부자거나 가난하거나 예배는 언제나 같습니다. 다만 다크시나는 순례자가 주시고 싶은 대로, 주실 수 있는 대로 주시는 것을 저희는 받습니다" 했다. 내가 보건대 그 판다는 나라고 해서 보통 하는 의식, 절차에서 빼놓은 것은 없었다. 푸자 (puja: 예배)는 12시에 끝났고, 나는 다르샨을 받기 위해서 카시 비슈바나드(Kashi Vishvanath) 사원으로 갔다. 그곳 사원의 꼴을 보고 나는 마음이 괴로웠다. 1891년 뭄바이에서 변호사업을 하고 있을 때 나는 프라르타나 사마지 강당(Prarthana Samaj Hall)에서 열린 '카시에의 순례'라는 강연을 들은 일이 있어 어느 정도 각오는 하고 있었지만 실제로 와서 보니 실망은 예측했던 것보다 컸다.

들어가는 길은 좁은데다가 미끄러웠고, 고요라고는 맛볼 수가 없었다. 파리떼가 윙윙대고 장사꾼들과 순례자들이 떠들어대는 소리에 도무지 견딜 수가 없었다. 명상과 영적 고통의 분위기를 기대했는데, 그런 것은 어림도 없었다. 그 분위기는 나 자신 속에서 찾을 수밖에 없었다. 신앙 깊은 자매들은 그같은 환경에도 아랑곳없이 온전히 명상에 잠겨 있는 모습이 보였지만 그렇다고 사원 당국자들이 거기에 대해 내세울 말은 아무것도 없을 것이다. 사원 당국자들은 사원 주위를 도덕적으로나 물질적으로나 정결하고 우아하게, 단정한 환경으로 만들고 그런 분위기를 늘 잃지 않도록 해나갈 책임이 있다. 그런데 그렇기는 고사하고 교활한 장사꾼들이 단것과 최신 유행의 장난감을 파는 시장을 만들고 있었다.

사원에 다다랐을 때 문간에서 나를 맞아준 것은 악취가 코를 찌르는 썩은 꽃들이었다. 바닥을 훌륭한 대리석으로 깔았는데, 어떤 신자들은 심미적인 감각이 전혀 없어서, 돈 써가면서 거기를 하나의 훌륭한 쓰레기장으로 만들어 싹 다 망가뜨려 버렸다.

나는 즈나나 바피(Jnana vapi: 지식의 샘)로 가까이 갔다. 거기서 하나님을 찾았으나 결국 못 찾았다. 그래서 특별히 좋은 기분이 아니었다. 이 즈나나 바피의 주위도 역시 더러웠다. 나는 도무지 다크시나를 낼 마음이 없었다. 그래서 1파이(pie: 구리돈, 12분의 1 안나)를 내놨다. 그것을 받고 앉았던 판다는 노하여 돈을 내던지며 나를 보고 욕을 했다. "이렇게 모욕한 당신은 당장에 지옥으로 갈 거요."

그래도 나는 아무렇지도 않았다. 나는 그를 보고 말했다. "이보시오, 마하라지. 내게야 어떤 운명이 오든지 간에 당신들 같은 지위에 있는 사람이 그런 말을 함부로 하는 게 아니오. 이 파이 한 닢이라도 넣으려거든 넣어두시오. 그렇지 않으면 그것마저 잃소."

"저리 가오. 난 당신의 그까짓 파이 반갑지 않아요" 하고는 이어서 욕을 퍼부었다.

나는 그 파이를 집어가지고 내 길을 가며 자랑하듯이, 브라만은 한 닢을 잃었는데 나는 한 닢을 얻었다고 생각했다. 그러나 그 마하라즈는 그 파이 한 닢을 놔둘 사람이 아니었다. 그는 나를 부르더니, "좋습니다. 그 파이를 두고 가시오. 나도 당신과 같은 사람이 돼서야 되겠습니까? 내가 만일 그것을 안 받는다면 당신께 좋지 않습니다" 했다.

나는 아무 말 없이 파이를 그에게 주고 한숨을 쉬며 그곳을 떠났다.

그후에도 나는 두 번 더 비슈바나드에 간 일이 있지만, 그때는 내가 이미 '마하트마'[19]란 칭호에 대해 골치를 앓던 때이므로 위에서 말한 것 같은 체험은 얻을 수 없게 된 때였다. 내게서 다르샨을 받자는 사람들은 나를 사원의 다르샨을 받을 수 있도록 허락하려 하지 않았다. 마하트마의 설움은 마하트마만이 안다. 그렇지 않았더라면 불결과 소음은 전이나 마찬가지였을 것이다.

누구나 하나님의 무한한 자비를 의심하는 사람이 있다면 이러한 거룩한 장소에 잠깐 눈을 돌리라고 하라. 그 요가[20]의 임금은 수많은 위

---

19) 마하트마(Mahatma): 글자대로 하면 '위대한 혼'이라는 뜻이다. '마하' 곧 '크다'와 '트마' 곧 '영혼' 혹은 '자아'라는 말이 합쳐 된 말인데 라빈드라나트 타고르의 발의로 인도 씨울들이 간디에게 존경하는 마음으로 바친 칭호이다. 간디는 이를 늘 미안하게 여겼다. 지금도 인도에 가면 사람들이 그저 바푸 혹은 바푸지, 즉 아버지라 부르는 일이 많다.

선과 비종교적인 것이 자기 이름 아래 판 치고 있는 것을 용납하신 것일까? 그는 벌써 옛날에 선언하셨다.

제가 심은 것은 제가 거둔다.

카르마[21]의 법칙은 냉엄한 것이요, 피할 수 없는 것이다. 그와 같이 거기는 하나님이 관여할 여지도 없다. 그는 이 법칙을 세워놓으시고는, 말하자면 딴 데로 물러나 계시는 것이다.

사원을 참배한 다음 베전트 부인을 정식으로 방문했다. 나는 그가 병에서 겨우 회복된 직후인 것을 알았다. 내 이름을 들여보냈더니 그는 곧 나왔다.

나는 다만 존경하는 뜻을 표시하고 싶을 뿐이었으므로 "건강이 매우 조심스러운 중에 계실 줄 압니다. 그저 저의 존경하는 마음을 표시하고 싶었을 뿐입니다. 건강이 이렇게 좋지 않으신데도 불구하고 이렇게 만나주셔서 감사합니다. 이만 실례하겠습니다."

그렇게 말하고 나는 그곳을 떠나왔다.

뭄바이에 자리 잡을 것인가

고칼레는 내가 뭄바이에 자리 잡고 변호사업을 하면서 공공사업에서 자기를 도와주기를 간절하게 원했다. 그 당시 공공사업이라면 국민

---

20) 요가(Yoga): 힌두교에서 최고 경지인 브라만에 도달하기 위하여 하는 정신통일, 또는 명상의 수양법을 말한다.
21) 카르마(Karma): 행위, 일. 한문으로는 업(業)이라 번역함. 힌두 철학에서는 사람의 생은 한 번만이 아니고 죽은 후 다시 다른 생으로 태어나고 다시 나서 영원히 계속된다 믿었다.

의회의 일이었는데, 그가 주동이 되어서 세워놓은 기관의 주된 일이란 의회 행정을 수행하는 것이었다.

나는 고칼레의 조언을 고맙게 여겼으나 변호사로서 반드시 성공하리라는 자신이 없었다. 지난날에 실패했던 불쾌한 기억이 아직 남아 있고, 소송사건을 얻으려고 아첨하는 것은 아직도 독약처럼 하기 싫었다.

그래서 나는 우선 라지코트에서 개업하기로 결정했다. 옛날에 나를 위하는 마음에서 영국 가기를 권해주었던 케발람 마브지 다베가 거기 있었고, 당장에 세 건의 소송사건을 얻어다 주면서 일을 시작하도록 해주었다. 셋 중 둘은 카티아와르의 정치 법률 담당관 앞으로 공소된 사건이었고, 남은 하나는 잠나가르에서의 원심 사건이었다. 이 나중 것이 비교적 중대한 사건이었다. 나는 그것이 정당하게 판결 나도록 다룰 자신이 없다고 하자, 케발람 다베는 소리치며 "이기고 지고는 자네가 알 바 아니고 자네는 힘껏 하기만 하면 그만이네. 나도 물론 자네를 도울 것이고" 했다.

상대 변호사는 사마르드(Samarth) 씨였다. 나는 꼼꼼히 준비했다. 내가 인도법을 잘 아는 것은 아니지만 케발람 다베가 세세하게 가르쳐주었다. 남아프리카에 가기 전 나는 페로제샤 메타경은 증거법을 그 손가락 끝에서 놀릴 지경으로 완전히 알고 있었는데, 그것이 그의 성공의 비결이라고 친구들이 하는 말을 들었다. 나는 그것을 명심하여서 여행하는 동안 인도법을 주석을 보아가면서 자세히 공부해두었다. 그리고 물론 남아프리카에서 쌓은 변호사 경험도 도움이 되었다.

나는 그 사건에서 승소했고, 자신을 좀 얻었다. 그 공소사건은 처음부터 두려운 것이 없었고, 또 그대로 승소했다. 이 모든 것이 내게 희망을 불어넣어주어 뭄바이에서도 실패는 하지 않을 것이라 생각되었다.

그러나 내가 어떻게 돼서 뭄바이에 가기로 결정했느냐 하는 그 사정을 이야기하기 전에, 나는 영국 관리의 경솔과 무지에 대하여 경험한 것을 이야기하려고 한다. 법률 담당관 재판소는 순회하는 것이었다. 그는 끊임없이 돌아다녔고, 지방법원 변호사와 변호 의뢰인들은 어느 곳이든 그가 가는 곳을 따라가야 했다. 변호인들이 제 본거지를 떠나게 될 때는 변호료를 더 청구하는 법이었으므로 의뢰인들은 자연 이중의 비용을 써야 했다. 그러나 재판관에게는 그런 것은 알 바 아니었다.

내가 지금 얘기하려는 소송은 흑사병이 무섭게 돌고 있는 베라발 (Veraval)에서 열린다는 말이 있었다. 내 기억으로는 인구가 5,500명인 그곳에 소송사건이 매일 50건이나 되었다. 그곳은 사실상 황폐한 도시였고, 나는 읍내에서 조금 떨어진, 폐허가 된 다르마 샬라에서 묵었다. 그렇지만 그 변호 의뢰인들은 어디서 묵어야 할까? 그들이 만일 가난한 사람들이라면 오직 하나님의 자비를 기다리는 수밖에 없었다.

역시 법정에서 소송사건을 다루고 있는 한 친구가 베라발의 흑사병 때문에 이동재판소를 다른 곳으로 옮기기를 원하는 신청을 내라고 내게 전보를 쳤다. 그래서 신청을 냈더니 그 재판관은 나를 보고, "무서워서 그러시오?" 하고 물었다.

내가 대답하기를, "내가 무서워하는 것이 문제가 아닙니다. 나는 가버리면 그만입니다. 그러나 의뢰인들은 어떻게 합니까?" 했다.

"흑사병은 인도에는 언제나 있게 마련입니다. 왜 무서워합니까? 베라발의 기후는 참 좋습니다(그 재판관은 읍내에서 멀리 떨어진 해변에 궁궐 같은 텐트를 치고 있었다). 사람들은 이런 야외에서 살기를 배워야 합니다" 하는 것이 그의 대답이었다.

그러한 철학에 대해 변론하는 것은 쓸데없는 일이었다. 그 사히브는 자기 비서에게, "간디 씨가 말씀한 것을 적어두시오. 그리고 정말 변호사나 의뢰인에게 몹시 불편하다면 내게 알려주시오"했다.

사히브는 물론 자기가 옳다고 생각하는 것을 그대로 말한 것이었다. 그러나 그 사람이 어떻게 가난한 인도인의 어려움을 알 수 있을까? 그가 어떻게 이 민중의 요구와 습관과 특이성과 풍속을 이해할 수 있을까? 오늘날까지 금화로 물건을 헤아리던 사람이 갑자기 잔돈에 지나지 않는 동전으로 계산할 수가 있을까? 마치 코끼리가 개미의 척도를 가지고 생각하려 한다면 세상 없는 정성으로 한다 해도 어떻게 할 길이 없는 것과 마찬가지로, 영국 사람이 인도인의 방식으로 생각하려 하거나 법을 만들려 하면 도저히 할 수 없을 것이다.

다시 본론으로 돌아가자. 내가 나의 성공을 돌보지 않고 라지코트에 좀더 오래 머무르려 생각하고 있을 때, 하루는 케발람 다베가 나한테 오더니 이렇게 말을 했다.

"간디, 자네가 여기 처박혀 있는 것을 우리는 그냥 보고 있을 수만은 없네. 뭄바이로 가야 해."

"하지만 누가 거기서 내게 일거리를 찾아줍니까?" 나는 물었다. "선생님이 비용을 마련해주시렵니까?"

"그러지, 그러지, 내가 하지. 우리는 종종 자네를 뭄바이의 유명한 변호사로 이곳에 초청해오고, 문서 작성의 일거리는 그리로 보내겠네. 고등법원 변호사를 일으켜 세우고 망가뜨리는 것은 우리 지방변호사의 손에 달렸네. 자네는 잠나가르와 베라발에서 실력을 발휘했기 때문에 나는 자네에 대해 조금도 걱정을 안 하네. 자네는 공공사업을 할 사람이야. 그렇기 때문에 자네가 카티아와르에 묻혀 있는 것을 허락하지 않으려네. 그러면, 뭄바이로 언제 갈 것인가?" 하고 물었다.

나는 대답하기를, "저는 나탈에서 송금한 돈이 오기를 기다리고 있습니다. 그것만 받으면 가겠습니다"했다.

돈은 약 2주일 만에 왔고 나는 뭄바이로 갔다. 나는 페인(Payne)과

길버트(Gilbert)와 사야니(Sayani)의 사무실에 내 집무실을 두었다. 이제 마침내 자리를 잡은 듯이 보였다.

시련에 처한 신앙

내가 성안에 사무실을 얻어놓고 기르가움에 집을 한 채 세내기도 했지만 하나님은 내가 거기에 주저앉는 것을 원하시지 않았다. 새집으로 이사를 하자마자 둘째아들 마닐랄(Manilal)이 급성 장티푸스에 걸렸다. 그애는 몇 해 전에 천연두를 몹시 앓은 일이 있는데 이번에는 폐렴까지 겹쳐 밤에는 헛소리까지 했다.

의사를 불러왔는데, 그의 말은 약은 별 소용이 없다고 하면서 계란과 닭국을 먹이는 것이 좋을 거라고 했다. 마닐랄은 겨우 열 살이니 제 의견을 묻는다는 것은 말도 안 되는 일이고, 보호는 내가 하는 것이니 내가 결정해야 했다. 의사는 매우 선량한 조로아스터교인이었는데, 나는 우리가 채식주의자이므로 그 두 가지는 도저히 아이에게 먹일 수가 없으니 다른 무엇을 지시해줄 수 없는가 물었다.

그 선량한 의사는, "아드님은 생명이 위태롭습니다. 우유를 물에 타서 먹일 수도 있지만 그것으로는 충분한 영양이 될 수 없습니다. 아시는 대로 저는 힌두교 가정에 많이 불려가는데, 그들은 제가 처방하는 것을 반대하지 않습니다. 제 생각으로는 아드님께 너무 그렇게 까다롭게 안 하시는 것이 좋을 듯합니다" 했다.

나는 말했다. "하시는 말씀은 옳습니다. 의사로서는 그럴 수밖에 없으실 것입니다. 그러나 제 책임은 중대합니다. 아이가 다 컸다면 마땅히 제 의견을 들어서 그것을 존중해주었을 것입니다. 그러나 지금은 제가 생각해서 결정할 수밖에 없습니다. 제 생각으로는 이런 경우야말로 사람의 신앙이 시험 받는 때입니다. 옳건 그르건 사람은 고기나 계란, 그런 등속을 먹을 수 없다는 것이 제 신앙의 일부분입니다. 우리가 목숨을 지켜가는 방법에도 어느 한계가 있어야 합니다. 생명 그 자체까지를 위해서도 해서는 안 되는 어떤 것이 있습니다. 제가 이해하는 대로는, 종교는 저에게 이러한 경우까지도 저나 제 가족을 위해 고기나 계란을 먹이는 것을 용납치 않습니다. 그러므로 저는 선생께서 짐작하시는 그 모험을 하지 않을 수 없습니다. 그러나 한 가지 부탁드리고 싶은 것이 있습니다. 선생님이 지시하는 치료를 할 수 없기 때문에 제가 우연히 알게 된 물 치료법을 한번 해보렵니다. 그런데 저는 아이의 맥박이나 가슴이나 폐를 진찰해볼 수가 없습니다. 그러니 혹시 선생께서 이따금 진찰해보시고 저에게 그 상태를 알려주실 수가 있을는지요. 그렇게만 해주신다면 참 고맙겠습니다."

그 고마운 의사는 내 어려움을 이해해주고 내 요구를 들어주기로 승낙했다.

마닐랄이 비록 제가 선택할 수는 없었지만, 나는 의사와 주고 받은 말을 그에게 알려준 다음 네 의견은 어떠냐고 물었다.

"아버지의 물 치료로 해주세요. 계란이나 우유는 안 먹겠어요." 그는 대답했다.

그 말을 들으니 기뻤다. 물론 그 두 가지를 내가 주었다면 그애는 그것을 먹었을 것이 분명하지만.

나는 쿠네(Kuhne)의 치료법을 알고 있었으므로 그것도 해보았다. 그뿐 아니라 단식을 하면 효과가 있으리라는 것도 알았다. 그래서 나는 쿠네의 치료법에 따라 마닐랄에게 하반신 목욕을 시키기 시작해서, 목욕통 안에 3분 이상 두지 않고 계속 오렌지 주스에 물을 타서 먹이는 치료를 사흘 동안 계속했다. 그래도 열은 내리지 않고 40도까지 올라갔다. 밤에는 헛소리를 했다. 나는 걱정이 되기 시작했다. 사람들이 나를 뭐라 할까? 형은 나를 어떻게 생각할까? 다른 의사를 불러올 수는 없을까? 아유르베다(Ayurveda)의 의사를 불러오면 어떨까? 부모가 아이들에게 자기 마음 내키는 대로 할 권리가 있을까?

이러한 생각이 나를 떠나지 않았다. 그 다음엔 반대되는 생각이 일어나기 시작했다. 하나님은 내가 내 자신에게 실시했던 치료법을 지금 아들에게 실시하고 있는 것을 보시고 기뻐하실 것이다. 나는 물 치료법을 믿을 뿐 대중 치료법(對症治療法)은 믿지 않는다. 의사라고 반드시 나을 것이라는 보증은 없다. 정성들여 실험해보는 것이다. 생명의 줄은 하나님 손에 있다. 왜 그에게 내맡기지 못하고, 그의 이름 안에서 내가 올바른 치료법이라 생각한 것을 계속 지켜나가지 못하는가?

내 마음은 서로 충돌하는 두 생각 사이에서 찢어지고 있었다. 밤이었다. 나는 마닐랄의 침대 옆에 누워 있었다. 물수건 찜질을 해주어야겠다고 생각하고 일어나서 수건을 적셔 물을 짜가지고 머리만을 내놓고 마닐랄의 전신을 싸고서는, 다시 담요 두 장으로 덮어주었다. 머리에는 젖은 타월을 얹었다. 온몸이 불덩어리같이 뜨겁고 건조했다. 땀은 한 방울도 나지 않았다.

나는 기진맥진해 있었다. 나는 마닐랄을 아내에게 맡기고, 시원한 바람이나 쐬려고 차우파티(Chaupati)로 산책을 나갔다. 아마 10시쯤 되었을 것이다. 걸어다니는 사람이라고는 별로 없었다. 나는 깊은 생각에 잠겨 혼자 속으로 되뇌기만 했다.

"신이시여, 이 시련의 시간에 제 명예는 당신 손에 달려 있습니다."

'라마나마'를 자꾸 외웠다. 잠시 후 두근거리는 가슴을 안고 나는 집으로 돌아왔다.

방안에 들어서자마자 마닐랄은, "아버지 돌아오셨어요?" 했다.

"오냐, 애야."

"어서 좀 벗겨주세요. 후끈거려 죽겠어요."

"애야, 땀이 나느냐?"

"흠뻑 젖었어요. 나 좀 일어날래요."

이마를 짚어보니 구슬땀이 뚝뚝 흘렀다. 열이 내리기 시작했다.

나는 하나님께 감사를 올렸다.

"마닐랄, 이젠 열이 내린다. 조금만 더 땀을 내렴, 그러면 벗겨주마."

"아니에요. 제발, 이 불도가니에서 날 꺼내주세요. 싸주시려면 조금만 있다 해주세요."

나는 여러 가지로 타일러서 아이에게 몇 분 동안 더 찜질을 해주었다. 이마에서 땀이 냇물처럼 흘러내렸다. 덮은 것을 벗기고 아이 몸을 닦아줬다. 아버지와 아들은 한 침대에서 잠이 들었다.

둘이 다 나무통처럼 잠을 잤다. 이튿날 아침 마닐랄은 열이 훨씬 빠졌다. 그렇게 해서 그애는 40일 동안을 물 탄 주스와 과일즙으로 지냈다. 이제는 겁날 것이 없었다. 그것은 아주 악성 열병이었는데도 휘어잡을 수가 있었다.

지금 마닐랄은 우리 아이들 중에서도 가장 튼튼하다. 그애가 완쾌된 것이 하나님의 은혜 때문인지, 물 치료법 때문인지, 아니면 음식을 주의하고 간호를 잘했기 때문인지, 말할 수 있는 사람이 누구일까? 누구나 제 믿음에 따라 결정할 것이다. 나라면, 분명히 하나님이 내 명예를 건져주신 것으로 믿는다. 그리고 그 믿음은 오늘까지도 변함이 없다.

하나님이 계획하시는 일

마닐랄의 건강은 회복되었으나, 기르가움의 집은 살 만한 곳이 못 되었다. 습기가 많고 볕도 잘 들지 않았다. 그래 나는 레바샨카르 자그지반과 의논하여 뭄바이 교외에 환기가 잘되는 방갈로를 하나 세내기로 했다. 나는 반드라(Bandra)와 산타 크루즈(Santa Cruz) 근처를 두루 찾았다. 반드라에는 도축장이 있어서 싫었다. 가트코파르(Ghatkopar)

와 그 부근 일대는 바다에서 너무 멀었다. 마침내 산타 크루즈에서 좋은 방갈로를 하나 발견했는데, 위생상으로 가장 좋다고 여겨 그 집을 얻었다.

나는 산타 크루즈에서 처치게이트(Churchgate)까지 1등 통근권을 끊었다. 우리 동네에서 내가 유일한 1등 승객임을 때때로 자랑이나 되는 것처럼 느끼곤 했던 기억이 난다. 이따금 나는 반드라까지 걸어가서 거기서 처치게이트까지 가는 급행열차를 타곤 했다. 내 사업은 예상 이상으로 잘됐다. 남아프리카의 내 의뢰인들이 흔히 일을 맡겨주곤 해서 그것만으로도 넉넉히 살아갈 만했다.

나는 아직 고등법원의 일거리를 얻는 데는 성공하지 못했지만, 그 당시에는 흔했던 '모의재판'에 나가보았다. 그러나 나는 거기 참가해보려고 하지는 않았다. 자미아트람 나나바이(Jamiatram Nanabhai)가 맹활약하던 것을 기억하고 있다. 다른 신진 변호사들처럼 나도 고등법원 소송사건 심리 때 빠지지 않고 방청했다. 그러나 지식을 얻자는 생각보다는 졸음이 오는 바닷바람을 쐬러 갔다는 것이 옳을 게다. 그 맛을 즐기려고 가는 것은 나만은 아니라고 생각했다. 일종의 유행이었으므로 부끄러울 것이 없었다. 그렇지만 나는 고등법원 도서관을 이용하며 또 새로운 사람들과 교제하기를 시작했고, 머지않아 고등법원에 일거리를 얻을 수 있을 것 같았다.

그와 같이 한편으로는 내 직업에 관해 얼마쯤 안심이 되어가고, 다른 한편으로는 고칼레가 나를 위해 분주히 계획을 세우고 있었다. 그는 언제나 내게서 눈길을 떼지 않고 있었다. 한 주일에 두세 차례는 사무실로 찾아와 들여다보았고, 때때로 내가 알 필요가 있다고 생각되는 친구들을 데리고 왔다. 그리고 끊임없이 자기가 일하는 모양을 알려주었다.

그러나 하나님은 나의 모든 계획이 그대로 진행되게 허락하시지 않는 듯했다. 그는 자기 뜻대로 처분하셨다.

내가 겨우 내 계획대로 자리를 잡을 듯이 보이는 바로 그때, 뜻밖에 남아프리카에서 전보가 왔다. "체임벌린 올 예정, 즉시 돌아올 것." 나는 내가 한 약속을 기억하고, 곧 전보를 쳐서 여비를 보내주는 대로 곧 출발하겠다고 회신했다. 그들은 곧 여비를 보내왔고 사무실을 내버려둔 채 남아프리카로 향했다.

거기서 할 일은 적어도 1년은 걸릴 것이라 생각했기 때문에, 아내와 아이들을 방갈로에 그대로 머물게 하였다.

나는 그 당시 국내에서 일거리를 얻지 못하는 청년들은 해외로 진출해야 한다고 생각했으므로 그런 처지에 있는 사람 네댓을 데리고 갔는데, 그중 하나가 마간랄 간디(Maganlal Gandhi)였다.

간디 가는 그때나 지금이나 큰 가문이다. 나는 될 수 있는 대로 많은 사람이 구습을 버리고 외국으로 진출하기를 바랐다. 나의 아버지는 그중 여러 사람을 국사에 종사케 하였다. 나는 그들에게서 그러한 주문을 벗겨주고 싶었다. 내가 그들에게 새 직업을 줄 수도 없거니와 주고 싶지도 않았다. 나는 그들이 독립하기를 바랐다.

내 이상이 올라감에 따라 나는 그들을 설득해 내 이상을 따르게 하고 싶었다. 그래서 마간랄 간디를 인도하는 데 크게 성공했다. 그러나 그 이야기는 뒤로 미룬다.

아내와 아이들과 헤어지는 것, 자리잡혔던 사업을 중지하는 것, 확실에서 불확실로 뛰어드는 것, 이 모든 것은 한동안 고통스러웠다. 그러나 나는 불확실한 생활에 익숙해 있었다. 이 세상에서 확실을 기대하는 것은 잘못이라고 생각한다. 참이신 하나님을 제외하고 세상 모든 것이 불확실한 것이다. 우리 주위에 있는 모든 것은 불확실하고 일시적인 것이다. 그러나 한 지극히 높으신 본체가 계시어 그 불확실, 일시적인 것 뒤에 확실로 숨어 계신다. 사람이 이 확실자의 모습을 잠깐이

라도 보고 거기다 제 수레를 붙들어맬 수 있다면 복된 자다. 진리의 탐
구야말로 인생의 지상선(至上善)이다.

나는 더반에 꼭 때를 맞추어 도착했다. 거기에는 일이 기다리고 있
었다. 체임벌린 씨를 맞이할 대표단 파송 날짜는 이미 정해져 있었다.

나는 그에게 제출할 진정서를 작성하고 대표단을 인솔해야 했다.

4

사티아그라하, 끝없는 진리의 실험

> *"내 모든 실험의 결과 이것만은*
> *말할 수 있다. 진리의 완전한 모습은*
> *'아힘사'의 완전한 실현이 있은 뒤에 가능하다."*

사랑의 헛수고

체임벌린 씨는 남아프리카로부터 3,500만 파운드의 돈을 얻어내고, 또 영국인들과 보어인들의 환심을 사기 위해 왔던 것이다. 그래서 그는 인도인 대표단에게는 냉정한 태도를 보였다. 그는 이렇게 말했다. "여러분도 아시다시피 영국 정부는 자치 식민지들에 대해서는 힘이 없습니다. 여러분의 불만은 이해합니다. 나로서 할 수 있는 일은 다해 보겠습니다마는, 여러분들도 유럽인들과 함께 살아가시려면 그들에게 호의를 얻도록 노력하셔야 할 것입니다."

이 대답을 듣고 대표단은 맥이 빠졌다. 나도 역시 실망했다. 이것이 우리에게는 하나의 각성제가 되었다. 그래서 우리는 일을 처음부터 다시 시작하지 않으면 안 된다는 것을 알았다. 나는 동지들에게 우리의 처지를 설명했다.

사실 체임벌린의 대답이 틀린 것은 아니다. 차라리 솔직해서 좋았다. 그는 힘이 정의라는 것, 다시 말해서 칼의 법칙을 다소 점잖은 방법으로 우리에게 알려주었을 따름이다. 그러나 우리에게는 칼이 없다. 칼의 찔림을 받을 만한 신경이나 힘줄조차도 우리에겐 없다.

체임벌린은 이 대륙에 잠깐 동안 머물렀다. 슈리나가르(Shrinagar)에서 코모린(Comorin)까지가 3,000킬로미터라면 더반에서 케이프타운(Cape Town)까지 1,770킬로미터가 못 되는 거리인데, 체임벌린 씨는 이 먼 거리를 질풍같이 다니지 않으면 안 되었다.

그는 나탈에서 부리나케 트란스발로 향했다. 나는 거기에서 인도인을 위한 청원서를 준비하여 그에게 제출해야 했다. 그런데 내가 프리토리아에 가자면 어떻게 해야 할까? 그곳에 있는 우리 동포들은 내가 제시간에 거기로 가는 데 필요한 법적 서류를 얻을 수가 없었다. 전쟁은 트란스발을 폐허로 만들어버렸다.

그곳에서는 식량도 의복도 구할 수가 없었다. 텅텅 비고 닫힌 상점들뿐이니, 다시 상품이 쌓이고 열리려면 시일이 걸려야 했다. 피난민조차도 상점에 식량이 준비되기 전에는 돌아갈 수가 없었다. 그렇기 때문에 트란스발 사람들도 누구나 입국허가증을 얻지 않으면 안 되었다. 유럽 사람들은 그것을 얻기가 힘들 것이 없지만, 인도인들에게는 매우 어려웠다.

전쟁 동안 인도나 실론에서 많은 장병들이 남아프리카로 왔는데, 이들 중 거기에 정착하려는 사람에게는 영국 당국이 그것을 주선해줄 의무가 있다고 생각되었다. 어차피 관리는 새로 채용해야 할 것이므로 이들 경험자들은 꽤 유리한 자리에 있었다. 그중 눈치 빠른 사람들은 하나의 새 국(局)을 만들었다. 이것이 그들의 재능을 드러내는 점이었다. 흑인들을 위해서도 따로 국이 있었다. 그렇다면 아시아인들을 위해서도 하나가 있어야 하지 않을까?

이 주장은 확실히 그럴듯했다. 내가 트란스발에 도착했을 때는 이미 이 새로운 국이 문을 열고 점차 그 손길을 뻗치고 있었다. 피난민의 입국허가증을 발행하는 관리들은 그 허가증을 누구에게나 주어야 하는데 아시아인에 대해서는 어떻게 이 신설된 국과 상관없이 입국증을 발행할 수 있을까? 그리고 만일 이 국의 추천을 받아서 입국을 허락하게 된다면 입국허가 담당관리의 책임과 짐이 어느 정도 가벼워질 수 있을 것이다. 이것이 그들이 내거는 이유였다. 그러나 사실은 이 신설 부서는 일을 만들 구실이 필요했고, 그 사람들은 돈을 원했다. 일이 없다면 그 기관은 필요가 없고, 따라서 문을 닫아야 할 것이다. 그래서 그들은 이것을 만들었던 것이다.

인도인들은 이 국에다 신청해야 했다. 대답은 늘 여러 날이 지나야 나왔다. 그런데 트란스발로 돌아가려는 사람이 많아지자 소개자 혹은 거간꾼이 차차 늘어서 관리들과 짜고 가난한 인도인들에게서 막대한 돈을 뺏어먹고 있었다. 배경이 없이는 도저히 입국허가를 얻을 수 없고, 어떤 경우에는 배경이 있어도 수백 파운드를 내야 한다고 들었다. 이런 형편이어서 내게는 도저히 길이 열릴 것 같지 않았다. 나는 옛 친구인 더반 경찰서장을 찾아가서, "입국허가 담당관께 나를 좀 소개해주시고 허가증을 하나 얻게 해주십시오. 아시는 대로 나는 트란스발 주민입니다" 했다. 그는 곧 모자를 쓰고 나가더니 허가증을 하나 만들어다 주었다. 내가 타야 할 기차는 출발시간이 한 시간도 채 남지 않았다. 짐은 다 꾸려져 있었다. 나는 알렉산더 총경에게 고맙다는 인사를 하고 프리토리아로 떠났다.

이제 내 앞에는 숱한 난관이 있다는 것을 충분히 인식하고 있었다. 프리토리아에 도착하자마자 청원서를 기초했다. 더반에서는 인도인에게 대표자의 이름을 미리 제출하라 했던 기억이 없는데, 여기서는 신설된 국이 있어서 그렇게 하라고 요구했다. 프리토리아의 인도인들은 이 관리들이 나를 내쫓으려고 그런다는 것을 미리 알고 있었다.

그러나 고통스럽기는 하지만 그 재미있었던 이야기를 하려면 다음 장이 필요하다.

아시아에서 온 귀족

신설된 국의 간부급 관리들은 내가 어떻게 트란스발로 들어왔는지 의아해했다. 자주 드나드는 인도인들에게 물었지만 그들이 분명한 것을 알 리가 없었다. 그 관리들은 다만 내가 오랜 연분으로 허가 없이 들어왔으리라 추측하고 있었다. 만일 그렇다면 나는 체포당하는 것이다.

일반적으로 큰 전쟁이 끝난 후에는 일정 기간 정부에 특권이 부여되는 것이 상례인데, 남아프리카에서도 그러했다. 정부는 평화보호령을 선포했는데, 그것에 의하면 입국허가증이 없이 트란스발에 들어온 사람은 누구나 체포, 투옥하게 되어 있었다. 이 법령에 의하여 나를 체포하자는 논의는 있었으나, 나한테 입국허가증을 내놓으라고 할 용기를 가진 사람은 없었다.

관리들은 물론 더반에 전보를 쳤다. 그들은 내가 허가증을 가지고 들어갔다는 것을 알고 실망했다. 그러나 그들은 그런 따위 실망으로 그만둘 인물이 아니었다. 내가 비록 트란스발에 들어오는 데는 성공했다 하더라도 그들은 내가 체임벌린을 만나지 못하도록 막을 수가 있었다.

그래서 거주민단에 대표단을 구성할 대표자들 명단을 제출하라는 명령이 내려졌다. 남아프리카에서는 어디를 가나 인종 차별이 뚜렷이 나타났다. 그러나 인도에서 흔히 볼 수 있었던 관리들의 더럽고 부정한 행동을 이곳에서는 쉽게 볼 수가 없었다. 남아프리카의 공공기관은 주민의 이익을 위해 운영되고 있었고, 따라서 여론에 대한 책임이 있었다. 그러므로 관계 관리들은 주민에 대해 어느 정도 겸손과 예의를 갖추고 있었으며, 유색인들도 그 혜택을 입고 있었다. 그러나 아시아에서 관리가 오면서 그 독재주의도 오게 됐고, 거기서 몸에 밴 풍습도 따라오게 되었다. 남아프리카에는 일종의 책임 정치, 다시 말해서 민주주의가 있었는데 아시아로부터 온 것은 단순한 독재주의였다. 아시아는 외국 세력이 다스리고 있었기 때문에 거기는 책임 정치가 없었다. 남아프리카에는 유럽 이민들이 와서 정착해 살고 있었다. 그들이 시민이 됐기 때문에 공공기관을 감독해간다. 그런데 아시아에서 이제 독재주의자들이 왔기 때문에 그 결과 인도인들은 악마와 흉악한 바다의 틈새에 끼이게 되었다.

나는 이 독재주의의 맛을 톡톡히 보았다. 우선 실론에서 온 관리인 국장으로부터 출두하라는 호출장을 받았다. 호출장이라고 하면 너무 과장이 아닌가 할 염려도 있기 때문에 자세히 설명하려고 한다. 서면으로 호출장이 오지는 않았다. 인도인 지도자들은 종종 아시아국의 관리들을 방문해야 했다. 그 가운데는 셰드 테브 하지 칸 무하마드도 있었다. 국장은 그에게 내가 누구며 무엇 하러 왔느냐고 물었다.

"그는 우리 고문변호사인데, 우리가 청해서 온 분이오" 하고 테브 셰드가 대답했다.

"그러면 우리는 뭘 하자고 여기 있소? 우리가 여기 있는 것은 당신들을 보호하기 위해서 아니오? 간디가 어떻게 여기 사정을 알 수 있소?" 하고 그 독재자는 물었다.

테브 셰드는 그 질문에 대해 성심껏 답변했다.

"물론 당신이 계시는 것을 모르지 않습니다. 그러나 간디는 우리 동포입니다. 그는 우리말을 알고 우리를 이해합니다. 당신이야 관리 아니십니까?"

그 사히브는 테브 셰드를 시켜 나를 데려오라 했다. 나는 테브 셰드, 또 그밖의 사람들과 같이 사히브한테로 갔다. 그는 자리를 권하지도 않고 우리를 끝까지 세워두었다.

"여기 무엇 하러 왔소?" 사히브가 나에게 물었다.

"저는 동포들의 요청으로 그들을 도우러 왔습니다." 나는 대답했다.

"그렇지만 당신은 여기 올 권리가 없는 것을 모르시오? 당신이 가지고 있는 허가증은 잘못 교부된 것이오. 당신은 트란스발 현주민으로 볼 수 없소. 당신은 돌아가야 돼요. 당신은 체임벌린을 기다릴 필요 없소. 아시아국이 특별히 창설된 것은 인도인을 보호하기 위한 것이오. 자 가시오." 그러고는 내게는 말할 기회도 주지 않았다.

그러나 그는 나와 함께 간 사람들을 잡아두었다. 그러고는 한바탕 욕설을 퍼붓고는 나를 보내버리라고 권고했다.

그들은 분을 참고 억지로 돌아왔다. 우리는 이제 예측하지도 못했던 사태에 부딪혔다.

모욕을 참고

모욕 당하고 나니 분이 치밀었지만, 나는 과거에도 그런 일을 많이 당해봤기 때문에 참는 데 익숙해져 있었다. 그래서 나는 모든 것을 잊어버리고 냉정히 관찰하여 최선의 길을 택하기로 했다.

우리는 아시아국장으로부터 편지를 받았는데 대개 요지는 이러했다. 즉 나는 체임벌린을 더반에서 이미 보았으니 내 이름은 그를 기다리고 있는 그 대표단 명단에서 빼라는 것이었다.

그 편지는 내 동지들에게는 도저히 참을 수 없는 것이었다. 그들은 아예 대표단을 구성하자는 생각을 버리자고 했다. 나는 그들에게 거주민단 입장이 난처하게 될 것이라고 설명해주었다.

"당신들이 만일 당신들 사건을 체임벌린에게 제출하지 않는다면 당신들은 아무 안건도 없는 것으로 알려지고 말 것입니다. 어차피 청원은 서면으로 제출해야 할 텐데, 그것은 이미 다 되어 있습니다. 내가 그것을 읽거나 다른 누가 읽거나 그것은 조금도 상관 없습니다. 체임벌린 씨는 우리와 토론하려 하지는 않을 것입니다. 우리는 그저 모욕을 참아야 합니다" 하고 말했다.

내가 말을 채 마치기도 전에 테브 셰드가 외쳤다. "당신에 대한 모욕은 곧 거주민단에 대한 모욕 아닙니까? 당신이 우리 대표인 것을 우리가 어떻게 잊습니까?"

"너무도 지당한 말씀입니다. 그러나 민단이라도 이런 모욕은 참아야 합니다. 다른 묘안이 있습니까?" 하고 말했다.

"될 대로 되라지요. 이 엄청난 모욕을 그래 참는단 말입니까? 이보다 더 나쁜 일이 있을 수 있습니까? 더 이상 빼앗길 권리가 있기나 합니까?" 하고 테브 셰드는 물었다.

기염을 토하는 말이었지만, 그것이 무슨 소용이 있을까? 민단의 입김이 그리 세지 못한 것을 잘 알고 있었다. 나는 친구들을 진정시키고, 내 일을 인도인 고등법원 변호사 조지 고드프리(George Godfrey) 씨에게 대신하도록 권했다.

그렇게 해서 고드프리 씨가 대표단을 인솔했다. 체임벌린 씨는 답변하는 가운데 내가 빠진 것에 대해서 "한 사람의 말만 듣고 또 듣고 하는 것보다 새로운 사람의 말을 들어보는 것이 도리어 좋지 않습니까?" 하면서 대표단을 달래려고 했다. 그러나 그렇게 했음에도 사건이 끝나기는커녕 민단의 일이 더 생겼고, 내 일도 또 그렇게 됐다. 우리는 일을 다시 시작하지 않으면 안 됐다.

어떤 사람은, "민단이 전쟁에 힘을 보탠 것은 선생님의 권고 때문입니다. 그런데 결과가 이제 이렇게 되지 않았습니까?" 하고 나를 조롱했다. 그러나 그 조롱은 소용이 없었다. 나는 대답했다.

"나는 권고한 것을 후회하지 않습니다. 나는 우리가 전쟁에 참가했던 것은 잘한 일이라고 지금도 생각합니다. 그렇게 함으로써 우리는 우리 의무를 다한 것입니다. 우리는 우리가 한 수고에 대해 어떤 보수를 기대해서는 아니 됩니다. 그러나 나는 굳게 믿습니다. 모든 선한 행동은 마침내는 열매를 맺는 법입니다. 과거는 잊어버리고 우리 앞에 놓인 일을 생각합시다." 그 말에 모든 사람이 찬성했다.

나는 다시 이어서 말을 했다. "사실을 말씀드린다면, 여러분이 나를 불러다가 시켰던 그 일은 사실 끝난 것입니다. 그렇지만 나는 설혹 여러분이 나에게 집으로 돌아갈 것을 허락하신다 하더라도, 할 수만 있다면 트란스발을 떠나서는 안 된다고 믿습니다. 전처럼 나탈을 근거로 하여 내 일을 해나갈 것이 아니라, 나는 이제부터 여기를 근거로 일을 해나가야겠습니다. 1년 이내로는 인도로 돌아갈 생각을 하지 않고 트란스발 최고재판소에 등록을 해야겠습니다. 나는 이 신설 아시아국을 상대로 일해 나갈 자신이 충분히 있습니다. 우리가 만일 그 일을 하지 않는다면 민단은 여기서 쫓겨날 것이고, 그것도 깡그리 약탈 당하고 난 후일 것입니다. 날마다 아마 새로운 모욕이 우리에게 닥칠 것입니다. 체임벌린이 나를 만나기를 거절한 일이나, 관리가 나를 모욕한 일 같은 것은 민단 전체가 당하는 모욕에 비하면 아무것도 아닙니다. 우리가 앞으로 당할 정말 비참한 생활은 도저히 견뎌나갈 수가 없을 것입니다."

그래서 프리토리아, 요하네스버그에 있는 인도인들과 토론한 결과, 결국 요하네스버그에 사무실을 차리기로 결정했다.

내가 정말 트란스발 최고재판소에 등록이 될 수 있을까? 매우 의심스러웠다. 그런데 변호사회가 내 신청에 반대하지 않았으므로 법원도 그것을 허락했다. 인도인으로서는 적당한 지역에 사무실을 잡기가 어려웠다. 당시 거기서 장사하고 있던 리츠(Ritch) 씨와 아주 친밀한 사이였는데, 그가 알고 있던 주택중개인의 친절로 시내의 법률 지구에서 사무실로 쓸 적당한 방을 하나 얻는 데 성공했다. 그래서 나는 직무를 시작했다.

다시 살아난 희생정신

트란스발에 있는 인도 거주민들의 권리를 위한 투쟁과 그들과 아시아국과의 관계를 말하기에 앞서 내 생활의 다른 면 몇 가지를 이야기할 필요가 있겠다.

지금까지 내 속에는 뒤섞인 욕망들이 있어서, 자기 희생 정신이 미래를 위해 무언가를 저축해야 한다는 생각 때문에 약화되고 있었다.

내가 뭄바이에 사무소를 차리고 있을 당시 미국인 보험 판매원이 찾아온 일이 있었다. 애교 있는 얼굴에 입담이 좋은 사람이었다. 마치 옛 친구라도 되는 양 그는 내 장래 복지에 관해 이야기했다.

"미국에서는 당신만한 신분의 사람이면 다 생명보험에 들고 있습니다. 장래를 생각하셔서 보험을 하나 드시면 어떻겠습니까? 인생이란 알 수 없는 것입니다. 우리 미국에서는 보험에 드는 것을 일종의 종교적 의무로 생각하고 있습니다. 자그마한 것 하나 드시라고 제가 권한다면 잘못이겠습니까?"

이때까지 나는 남아프리카에서나 인도에서나 만나는 모든 보험 판매원에 대해 냉랭한 태도를 취해왔다. 생명보험이란 공포심과 하나님에 대한 불신을 의미하는 것이라 생각했기 때문이다. 그러던 내가 그때 미국 판매원의 유혹에 넘어가고 있었다. 그가 설명하는 데 따라 내 눈앞에 아내와 자식들의 모습이 떠올랐다. '이 사람아, 아내의 패물을 거의 다 팔아먹지 않았나?' 내가 내 자신에게 말하는 것이었다. '일단 무슨 일이라도 네게 일어난다면 아내와 자식들을 먹여살려야 하는 그 짐은 네 가난한 형의 등에 떨어지지 않느냐? 그렇게 의젓하게 아버지 역할을 해준 그에게 말이다. 그렇게 되면 어떻게 할 작정이지?' 이러면서, 또 그와 비슷한 이유를 붙이면서 나는 1만 루피짜리 보험에 들고 말았다.

그러나 남아프리카에서 내 생활방식이 달라졌을 때 내 인생관도 따라서 달라졌다. 이 시련의 고비에서 내가 디뎌나간 한 걸음 한 걸음은 모두 하나님의 이름으로, 또 그를 섬기기 위해 내디딘 것이었다. 나는 남아프리카에 얼마나 오래 있을지 모른다. 아마 다시 인도에 돌아갈 기회는 없지 않을까 하고 생각했다. 그래서 나는 아내와 아이들을 데리고 있으면서 살아갈 수 있을 만큼 벌기로 했다. 이렇게 계획을 세우고 나니 생명보험에 든 것이 후회되고 판매원의 그물에 걸려들었던 것이 부끄러웠다. 나는 스스로 생각했다. 만일 형이 정말 아버지의 자리에 서신다면 일이 그렇게 됐을 때 홀로 된 내 아내를 돌보는 것을 너무 무거운 짐으로 생각하지는 않으실 거다. 그리고 또 내가 다른 사람들보다 일찍 죽으리라 생각할 이유는 무엇인가? 어쨌든 진정한 보호자는 나도 내 형도 아니요, 오직 전능하신 이다. 생명보험에 듦으로써 나는 내 아내와 자식들에게서 독립정신을 뺏어버렸다. 왜 그들이 제 일을 제가 할 것이라고 기대하지 못하는가? 세상에 수없는 가난한 가정에 일어나는 일은 무엇인가? 왜 나도 그중 하나로 생각해선 안 되는가?

이러한 여러 생각들이 내 마음을 스치고 지나갔다. 그렇지만 곧 그대로 하지는 못했다. 나는 남아프리카에서 적어도 한 번은 보험료를 지불한 것으로 기억하고 있다.

외부의 사정 또한 이러한 생각의 변화를 뒷받침해주었다. 나의 첫번째 남아프리카 체류기간에 나의 신앙심이 꺼지지 않도록 지켜준 것은 기독교인들의 힘이었다. 그런 힘을 더해준 것은 신지학파(神智學派)[1]의 영향이었다. 리츠 씨는 신지학파 회원이었는데, 그가 나를 데리고 요하네스버그에 있는 그 모임에 갔다. 나는 내 나름의 생각이 있었기 때문에 그 회원은 되지 않았지만, 거의 모든 회원들과 가까이 지냈다. 나는 날마다 그들과 종교에 대해 토론했다. 보통 신지학 서적의 어떤 부분을 읽곤 했고, 때로는 내가 그 모임에서 말을 하기도 했다. 신지학파가 하는 일 가운데 가장 주된 것은 사람들 사이에 동포감을 불러일으키고 그것을 증진시키는 일이었다. 거기 대해 우리는 상당히 많은 토론을 했고, 그들의 행동이 그 이상과 일치하지 않을 경우 나는 그 회원들을 비판하기도 했다. 그러한 비판은 나 자신에게도 유익한 점이 많았다. 그로 인해 나는 스스로를 반성할 수 있었다.

1) 1장의 '종교인들과의 교제', 2장의 '종교에 대한 비교연구' 참조.

반성의 결과

1893년 기독교인 친구들과 가까이 사귀게 되었을 때 나는 기독교에 대하여는 초심자에 불과했다. 그들은 나를 예수의 복음에 접근시켜서 그것을 받아들이게 하려고 무척 애를 썼고 나는 열린 마음을 가지고 겸손하고 정성스럽게 들었다. 나는 자연히 그때 힌두교를 내 능력껏 연구했고, 또 다른 종교들도 이해하려고 노력했다.

1903년에는 형세가 약간 달라졌다. 신지학파 친구들이 나를 자기네 모임에 끌어넣으려고 한 것은 사실이다. 그러나 그것은 힌두교인인 나에게서 무엇을 얻어보자는 목적에서 한 것이었다. 신지학의 문헌 속에는 힌두교의 영향이 수두룩했다. 그래서 그 친구들은 내가 자기네에게 도움이 되리라고 기대했다. 나는 산스크리트 지식은 아주 빈약하다는 것, 힌두 경전을 원문으로는 읽어보지 못했다는 것, 번역으로 읽는 것조차도 조금밖에 안 된다는 것을 말해주었지만, 내가 삼스카라(samskara: 전생으로 인해 일어나는 여러 가지 경향)와 푸나르잔마(punarjanma: 윤회 또는 다시 태어남)를 믿었기 때문에 무언가 도움을 줄 수 있을 것이라고 그들은 믿었던 것이다. 그래서 나는 피라미 속에 들어간 트리톤[2]처럼 생각이 되었다.

나는 이들 일부와는 스와미 비베카난다의 『라자요가』(Rajayoga)를 읽기 시작했고, 다른 일부와는 드비베디(M. N. Dvivedi)의 『라자요가』를 읽기 시작했다. 한 친구와는 파탄잘리[3]의 『요가 수트라』(Yoga

---

2) 트리톤(Triton): 그리스 신화에 나오는 반인반어(伴人半漁)의 바다신.
3) 파탄잘리(Patanjali): 또 다른 이름을 Gonardiya, Gonikaputra라고 한다. 기원전 2세기에 살았다고도 하고 기원후 5세기라고도 한다. 두 큰 저작의 저자. 하나는 Yoga Sutras, 또 하나는 Mahabhasya. Yoga Sutras는 여러 세기에 걸친 요가에 관한 사상을 총괄해놓은 것인데 네 권으로 되어 있다. I은 Psychic Power, II는 Practice of

Sutras)를 같이 읽어야 했다. 우리는 일종의 '찾는 자의 모임'을 만들어서 정규적으로 읽어나갔다. 나는 이미 『기타』를 믿고 있었고, 거기에 매혹되어 있었다.

이제 나는 더 깊이 파고 들어갈 필요를 느꼈다. 한두 가지 번역본을 가지고 있었으므로 그것을 이용하여 산스크리트 원전을 이해해보려고 힘썼다. 매일 한두 구절을 따로 외우기로 결심하고 그것을 위해서는 아침 목욕시간을 이용하기로 했다. 거기 35분이 드는데 칫솔질에 15분을 쓰고 목욕에 20분을 쓴다. 첫번째 것은 서양식으로 곧추서서 한다. 그래서 맞은편 벽에다 『기타』의 구절을 쓴 종이를 붙여놓고 그것을 이따금 보면서 외웠다. 이 시간이면 그날 것을 외우고 이미 외운 것을 반복하는 데 충분했다. 그렇게 해서 열세 장을 외웠던 것을 기억하고 있다. 그러나 『기타』 외우기는 그 외의 다른 일과 사티아그라하는, 지금도 그렇지만 내 모든 사색 시간을 다 차지해버렸다.

이렇게 『기타』를 읽은 것이 어떤 감화를 내 친구들에게 주었느냐 하는 것은 그들 자신만이 알 수 있는 것이지만, 나에게 『기타』는 완전한 행동의 지침이 되었다. 이것은 내가 날마다 찾아보는 사전이 되었다. 내가 이해할 수 없는 영어가 있을 때면 영어사전을 찾듯이, 내 모든 난제와 시련에 대해 미리 준비되어 있는 해답을 얻기 위해 나는 이 행동의 사전을 찾았다.

아파리그라하(aparigraha: 무소유)나 사마바바(samabhava: 한결같음, 평등관) 같은 낱말들이 나를 괴롭혔다. 평등한 마음을 어떻게 길러가며 지켜가느냐가 문제였다. 사람을 모욕하는 오만하고 썩은 관리와, 어제까지의 협동자가 오늘 무의미한 반항을 일으키는 것과, 언제나 내게 선하게 대해주는 사람을 어떻게 하면 꼭 같이 대접해줄 수 있을까?

Yoga, III은 Samadhi, IV는 Kaivalya. Mahabhasya는 대주석(大註釋)이라는 뜻.

어떻게 하면 모든 소유를 내버릴 수 있을까? 내 몸부터가 훌륭한 소유 아닌가? 아내나 자식들은 소유 아닐까? 내가 가지고 있는 책장도 다 부숴버려야 하는 것일까? 나는 내가 지닌 모든 것을 내버리고 '그이'를 따라야 하나? 대답은 즉시 왔다.

내가 가진 모든 것을 버리지 않는 한 나는 '그이'를 따를 수 없다. 영국법을 공부한 것이 내게 도움이 되었다. 스넬의 『공평』에 대한 격언 해설이 생각났다. 『기타』가 '관리자'(trustee)라는 말을 내포하고 있는 뜻을 설명하면서 가르쳐주는 교훈에 비추어봄으로써 나는 더 분명히 이해할 수가 있었다. 법을 존중해야 한다는 내 생각이 더욱 깊어졌다.

나는 그것을 종교 안에서 발견했다. 나는 무소유에 대한 『기타』의 교훈을 이런 의미로 이해했다. 즉 구원을 얻고자 하는 자는 관리인처럼 행해야 한다. 그는 막대한 재산을 관리하면서도 피천 한 푼도 제 것이라는 생각을 하지 않는다. 무소유나 평등관은 심정의 변화, 태도의 변화가 먼저 있어야 한다는 것이 청천백일같이 내 마음에 명확해졌다. 그래서 나는 곧 레바샨카르바이(Revashankarbhai)에게 편지를 써서 보험 계약을 취소해줄 것과, 다만 얼마라도 되찾을 수 있으면 찾고 그렇지 못하면 이미 지불한 보험료는 잃어버린 것으로 알겠다는 것, 그리고 그 이유로, 나는 이제 나나 마찬가지로 내 아내와 자식들을 창조하신 하나님이 돌보실 것이라는 확신이 들었기 때문이라는 말을 했다.

또 늘 내게 아버지처럼 대해주었던 형에게는 편지를 써서, 이때까지 나는 내가 저축한 모든 것을 형에게 보내드렸지만 앞으로는 그런 것을 내게서 기대하지 말라는 것, 왜냐하면 앞으로는 설혹 어떤 저축이 생긴다 하더라도 그것을 민단의 이익을 위해서 쓸 것이라고 설명해드렸다.

이것을 형에게 이해시키는 일은 쉽지 않았다. 그는 아주 엄격한 말로 내가 그에 대해서 의무를 다해야 한다고 설명해 보냈다. 그는 말하기를, 내가 아버지보다도 더 어질어지려 해서는 안 된다고 했다. 나는 그가 한 것처럼 가족을 부양해야 한다고 했다. 나는 형에게 나도 아버지가 하셨던 바로 그대로 하려는 것이라고 지적했다. '가족'이라는 말을 조금만 더 넓게 해석한다면 내 행동이 옳은 것임은 분명해진다.

형은 나를 아주 단념해버리고 사실상 연락을 끊어버렸다. 나는 마음이 매우 괴로웠다. 그러나 내가 내 의무라고 생각하는 것을 내버리는 것은 더 큰 괴로움이었다. 그래 나는 보다 덜한 편을 택했다. 그러나 그것 때문에 형에 대한 내 공경심에 금이 가지는 않았다. 그것은 전과 다름없이 순수하고 두텁게 남아 있었다.

그의 고통의 밑바닥에는 나에 대한 무한한 사랑이 담겨 있다. 그는 내게서 돈을 바란 것이 아니라, 가족에 대해 옳게 행동하기를 바란 것이었다. 그런데 말년에 가까워서는 내 견해를 알아주셨다. 임종이 가까워지자 내 행동이 옳았다는 것을 아시고 애정이 지극한 편지를 보내셨다. 형은 아버지가 아들에게 할 수 있는 듯한 사과를 하셨다. 그는 자기 아들들을 부탁하시고 내가 옳다고 생각되는 대로 길러내라 하셨고, 견딜 수 없이 내가 보고 싶다고 하셨다.

형은 남아프리카로 오고 싶다는 전보를 보냈다. 나는 회답 전보를 쳐서 오셔도 좋다고 했지만 일이 그렇게 되지는 못했다. 그 아들들에 대한 소원도 그대로 되지 못했다. 남아프리카로 오시기 전에 형은 돌아가셨고, 아들들은 옛날 분위기 속에 그대로 자라서 인생의 방향을 고쳐보지 못했다.

나는 그들을 내 곁으로 끌어오지 못했다. 그것은 그들의 잘못이 아니다. '누가 감히 저 태어난 바탕의 물결을 향해 이만큼만 하고 (그 이상도 말고) 말할 수가 있을까?' 누가 감히 자기가 태어날 때의 인상을 지워버릴 수 있을까?

제 자식들이나 돌봐주는 것에 대해 자기가 밟아온 진화의 방향을 반드시 따라올 것을 기대하는 것은 쓸데없는 일이다.

이상의 실례는 어버이 되는 것이 얼마나 두려운 책임이냐 하는 것을 설명하는 데 얼마쯤 도움이 될 것이다.

채식주의에 희생됨

희생과 간소한 생활의 이상이 점점 더 구체화되어가고, 일상생활 속에서 종교적 의식이 점점 더 생기를 띠어감에 따라 채식주의를 하나의 사명으로 알자는 열망이 더욱더 높아지게 되었다. 나는 사명을 실천하는 단 하나의 방법을 알고 있을 뿐이었다. 즉 몸소 본을 보여주는 것과 거기 대한 지식을 찾는 이와 토론하는 일이다.

요하네스버그에는 채식식당이 하나 있었는데, 쿠네의 물 치료법을 믿는 독일 사람이 경영하고 있었다. 나는 그 식당을 찾아갈 뿐만 아니라 또 영국인 친구들을 데리고 감으로써 그것을 도와주기도 했다. 그러나 내가 보기에 그곳은 언제나 재정적인 어려움에 몰려 있었기 때문에 오래 갈 것 같지 않았다. 나는 필요하다고 인정하는 한 도와주었고 그래서 돈도 좀 썼지만, 채식식당은 결국 문을 닫고 말았다.

대부분의 신지학과 사람들은 채식주의자들이었는데, 그 단체에 속하는 부인 사업가 한 사람이 대규모의 채식식당을 경영하면서 그 무대에 나타났다. 그 부인은 미술을 좋아했고 호화스러웠지만 계산에는 어두웠다. 그의 교제 범위는 상당히 넓었다. 식당은 자그마하게 시작했으나 후에는 큰 방을 잡아 크게 한번 해보자고 하면서 나더러 좀 도와달라고 했다. 그 부인이 그렇게 접근해왔을 때 나는 그의 재정관계를 전혀 몰랐고 정확한 타산으로 하는 줄만 알았다.

그런데 내가 그 부인을 원조하게 됐다. 내 사건 의뢰인들은 흔히 큰 액수의 돈을 내게 맡기는 일이 있었는데, 그중 한 사람의 승낙을 얻고 맡긴 돈 중에서 약 1,000파운드를 빌렸다. 이 의뢰인은 속이 아주 넓고 남을 잘 믿는 사람이었다. 본래 계약노동자로 남아프리카에 온 사람이었는데, 그는 나더러 하는 말이, "선생님이 좋다 하시면 그 돈 아주 줘버리세요. 저는 그 방면의 일은 모릅니다. 저는 다만 선생님을 알 뿐입니다." 그의 이름은 바드리(Badri)라고 했는데, 후에 가서 그는 사티아그라하 운동에서 중요한 역할을 했고 투옥까지 당했다. 그래서 나는 안심하고 그 돈을 빌려주었다.

두서너 달이 가자 나는 그 돈이 돌아올 가망이 없다는 것을 알았다. 나는 그런 손실을 계속 감수할 수는 없었다. 그만한 돈이면 달리 쓸 곳이 많았다. 빚은 끝내 받지 못하고 말았다. 그렇지만 나를 믿는 바드리에게 어떻게 손해를 입힌단 말인가? 그는 단지 나를 알 뿐이었다. 나는 그 손해를 내가 갚았다.

내가 이 사건 이야기를 한 의뢰인에게 했더니 그는 나의 어리석음을 친절히 꾸짖어주었다. 그는 이렇게 말했다.

"바이(Bhai, 형님)——다행히 그때까지 나는 '마하트마'도 '바푸'조차도 되지 않아서 친구들은 나를 정다운 바이라는 이름으로 불러주었다——그것은 형님이 하실 일이 아닙니다. 우리는 여러 가지로 형님을 의지하고 있습니다. 그 돈을 받아내려 하시지 않지요. 나는 형님이 바드리를 섭섭하게 만들지 않을 것을 압니다. 형님은 형님의 호주머니를 털어서 그의 빚을 갚아줄 터이니까요. 그렇지만 형님이 만일 개혁사업을 하시기 위해 계속 의뢰인들의 돈을 활용하시다가는 저 불쌍한 사람들은 망하고 말 것이고, 형님은 곧 빈털털이가 돼버릴 것입니다. 그러나 형님은 우리 일을 맡으신 분인데, 형님이 만일 빈털털이가 된다면 우리의 모든 공공활동은 중단이 되고 맙니다."

고맙게도 그 친구는 아직도 살아 있다. 나는 남아프리카에서나 그밖의 어디에서나 아직까지 그보다 더 순박한 사람을 만나본 적이 없다. 내가 아는 바로는, 그는 어쩌다 누구를 의심했다가도 그 의심이 근거 없다는 것을 알게 되면 그 사람들 앞에서 사과하여 그 처리를 깨끗이 하는 사람이다.

그가 내게 충고해준 것은 옳았다고 생각한다. 왜냐하면 내가 아무리 바드리의 빚을 갚았다 하더라도, 그와 비슷한 또 다른 손실을 갚지 못하는 일은 있을 수 있고, 그러면 나는 빚을 지지 않을 수 없었을 것이다. 아무리 열심히 개혁을 하자고 하더라도, 제 역량에 넘치게 해서는 안 된다는 것을 깨달았다. 그리고 또 그렇게 많은 돈을 빌려주는 데서 나는 『기타』의 교훈, 즉 평등관을 가지는 사람의 의무는 결과를 바라는 마음 없이 행동해야 한다는 것을 어긴 것을 깨닫게도 되었다. 그 실수는 나에게 경고의 붉은 신호가 되었다.

채식주의의 제단에 바친 이 희생은 고의도 아니요 예상했던 것도 아니었다. 그것은 하지 않을 수 없는 일을 한 공덕일 뿐이다.

흙, 물 치료법의 실험

나의 생활이 점점 더 간소해짐에 따라 의약을 싫어하는 생각이 더욱 심해졌다. 더반에서 개업하고 있을 동안 기능 쇠약과 류머티즘성 염증으로 앓은 일이 있는데, 마침 나를 찾아왔던 의사 메타(P.J. Jehta)가 치료해주어서 나았다. 그후로는 인도에 돌아올 때까지 이렇다할 병에 걸려본 일이 없다.

그러나 요하네스버그에 있을 때는 변비와 자주 오는 두통으로 고생했다. 나는 가끔 완하제(緩下劑)를 쓰고 음식 조절을 함으로써 몸을 지탱해 가기는 했지만 도저히 건강하다고는 할 수 없었고, 언제나 이 완하제라는 마귀에게서 벗어날 수 있을까 걱정하고 있었다.

그 무렵 나는 맨체스터(Manchester)에서 '아침 안 먹기 모임'(No Breakfast Association)이 결성됐다는 기사를 읽은 일이 있었는데, 그 발기인들의 주장대로라면 영국 사람은 너무 자주 너무 많이 먹는다, 밤중이 될 때까지도 먹고 있다, 그렇기 때문에 의사에게 주는 돈이 많다, 이러한 꼴을 면하려면 적어도 아침은 안 먹어야 한다는 것이었다. 이 모두가 나에 대한 소리는 아니지만, 그 어느 부분은 나에게 들어맞는 것이라고 느꼈다.

나는 매일 세 끼씩을 꼬박꼬박 먹었고, 그 밖에 또 오후 4시엔 차를 마셨다. 나는 결코 아껴 먹는 사람이 아니었고 양념 없는 채식으로 맛있는 것을 많이 먹었다. 6시나 7시 전에 일어나는 일은 별로 없었다. 그래서 나는 나도 아침 먹기를 그만둔다면 두통이 없어질 것이라 생각하고 실험을 시작했다.

며칠 동안은 좀 어려웠지만 두통은 씻은 듯이 가셨다. 그 결과 나는 내가 이때까지 필요 이상으로 먹고 있었다는 결론을 내렸다.

그러나 변비증은 여전히 낫지 않았다. 쿠네의 요탕법[4]을 실험해보았더니 조금 낫기는 했지만 완전히 치료되지는 않았다. 그러는 동안에 채식식당을 하고 있던 한 친구가 내 손에다 저스트(Just)의 『자연으로 돌아가라』(Return to Nature)를 쥐여주었다. 그 책에서 나는 흙 치료에 관한 것을 읽었다. 그 저자는 또 그 책에서 신선한 과일과 견과(堅果)를 인간의 자연적인 식물로 권하고 있었다. 나는 순전한 과일식은 당장 시작하지 못했으나 흙 치료는 즉시 실행해보았는데, 놀라운 효과가 있었다.

이 치료법은 깨끗한 흙을 찬물로 이겨서 깨끗한 베 헝겊에다 넓게

---

4) 요탕법(腰湯法): 몸 아래에서부터 허리까지만 뜨거운 물에 담그는 치료법.

펴 그것을 배에다 붙이는 것이다. 이것을 잘 때에 붙이고 밤중이나 아침에 깨게 되면 떼어버렸는데, 그 효과는 아주 근본적인 것이었다. 그후 나는 그 치료법을 나 자신에게도 내 친구들에게도 썼는데, 한 번도 후회한 적은 없었다. 그러나 인도에서는 전과 같은 확신으로 이 치료를 해보지 못했다. 그 한 가지 이유로는 그같은 실험을 할 수 있을 만큼 자리를 잡고 앉을 기회가 없었다는 것이다. 그러나 흙과 물로 치료하는 데 대한 나의 믿음은 여전히 변함이 없다. 지금도 나 자신은 흙 치료를 하고 있고, 친구들에게도 권하고 있다.

나는 일생에 두 번 아주 중병을 앓아본 일이 있기는 하지만, 사람이 약을 먹을 필요는 없다고 믿는다. 1,000에 999는 음식 조절, 흙, 물 치료, 또는 그와 비슷한 가정요법으로 나을 수 있다. 조금만 아프면 곧 양의요 한의요 하며 의사에게 달려가고 식물성, 동물성의 가지가지 약을 삼키는 사람은 스스로 제 목숨을 단축시킬 뿐 아니라, 몸의 주인 노릇을 못하고 종 노릇을 하는 동안에 자제하는 힘을 잃어서 사람 노릇을 못하게 되고 만다.

병상에 누워 있으면서 쓴 것이라고 해서 이런 생각들을 과소평가해서는 안 된다. 내가 왜 앓았는지 그 이유는 내가 안다. 그 병의 책임이 오직 내게만 있다는 것을 나는 잘 알고 있다. 그리고 그것을 알기 때문에 능히 참아갈 수가 있다. 정말 나는 그것을 하나님이 내게 주신 교훈으로 알고 감사했고, 수없이 먹고 싶은 약에 대한 유혹을 물리칠 수가 있었다. 내 고집 때문에 의사들을 애태운 일이 많다는 것도 알고 있다. 그러나 그들은 친절히 참아주었으며 나를 포기하지 않았다.

그러나 너무 옆길로 나가지는 말자. 더 나가기 전에 독자에게 한마디 해줄 것이 있다. 이 장을 읽고 저스트의 책을 사는 사람들은 그 안에 있는 모든 것을 복음으로 알아서는 안 된다. 글 쓰는 사람이란 언제나 일의 한 단면만을 보여주는 것이다. 그런데 모든 일을 관찰할 수 있는 관점은 일곱 가지 이상이다. 그리고 그 모든 관찰은 그 자체로는 다 옳은 것일 수 있다. 그러나 동시에 같은 상황 안에서 다 옳을 수는 없다. 그리고 많은 책들이 독자를 끌고 명예와 명성을 얻자는 목적으로 씌어진다. 그러므로 그런 책들을 읽는 사람은 분별을 해서 읽어야 하는 것이고 실험을 시작하기 전에 경험 있는 사람의 조언을 듣든지, 그렇지 않으면 인내를 가지고 책을 완전히 소화한 후에 실행해야 할 것이다.

경고

다음 장까지 여담을 좀더 계속해야 할 듯하다. 나는 흙 치료법의 실험과 병행하여 식이요법 실험도 해보았는데, 거기 관하여 뒤에 다시 언급하겠지만 여기서 몇 가지 이야기해보는 것도 나쁘지 않을 듯하다.

그러나 지금이나 이후에나 식이요법에 관해서는 세세한 이야기를 하지 않으려 한다. 거기 관해서는 수년 전 『인디언 오피니언』(*Indian Opinion*)의 구자라트어난에 연재했던 것이 있고, 후에 그것이 단행본으로 나와 영어를 아는 사람들에게는 일반적으로 『건강 지침』(*A Guide to Health*)[5]이라는 이름으로 알려져 있다. 내가 쓴 소책자 중 이 책이 동서양을 통해서 한결같이 널리 읽히고 있는데, 나는 그 이유를 아직도 모른다. 그것은 『인디언 오피니언』 독자들에게 유익할까 해서 쓴 것인데, 그 소책자가 『인디언 오피니언』을 본 일도 없는 동서양의 많은 사람들의 생활에 막대한 영향을 주고 있다는 것을 나는 안다.

---

5) 새로운 제목 『건강의 열쇠』(*Key to Health*)란 이름으로 나바지반 출판사(Navajivan Publishing House)에서 펴낸 것이 있다.

그들은 그 문제에 관해 나와 편지 연락을 하고 있다. 그러므로 내가 여기서 그 책자에 관해 말을 좀 할 필요가 있다. 내가 그 책 속에서 말한 견해를 변경할 필요가 있다고는 생각하지 않지만, 그래도 내가 실제로 해본 바 더러는 근본적으로 달라진 것이 있다. 독자들은 모르지만 나는 그것을 그들에게 말해주는 것이 마땅하다고 생각한다.

나의 다른 모든 글이 다 그런 것같이 내가 그 책을 쓴 목적은 정신적인 데 있다. 내 모든 행동에 힘이 된 것은 그 정신적인 것이다. 그렇기 때문에 그 책 속에 제시한 이론들 중에 오늘날 내가 실행하지 못하는 것이 있다는 것은 내게는 큰 고민거리다.

사람이 어릴 때 먹는 어머니 젖 이외에는 다른 젖은 절대로 먹을 필요가 없다는 것이 나의 확고한 신념이다. 그외의 음식은 햇볕에 익은 과일이나 굳은 껍데기의 씨 이외의 것은 안 된다. 사람은 포도 같은 과일이나 아먼드 같은 굳은 씨로 조직과 신경에 필요한 영양을 충분히 섭취할 수 있다. 그런 음식으로 살아가는 사람은 성욕이나 그외의 욕심을 억제하기가 쉽다. 내 동업자나 나는 체험에 의하여 "사람은 먹는 대로 된다"(As a man eats, so shall he become)는 속담에 많은 진리가 담겨 있다는 것을 알았다. 그러한 견해들을 그 책 속에 자세히 설명했다.

그런데 불행하게도 나는 인도에서 그 이론 중 어떤 것을 실제로는 부정하게 되었다. 케다(Kheda)에서 모병(募兵)운동을 하고 있을 때 음식 조절에 실패해서 자리에 눕게 됐고 죽음의 문턱에 이르게 됐다. 우유 없이 쇠약해진 몸을 다시 일으켜 세워보려 했으나 소용이 없었다. 바이댜(vaidya), 과학자, 내가 아는 의사들을 불러 도움을 청하고 우유를 대신할 무엇인가를 알려달라고 했다. 어떤 이는 멍(mung) 물, 어떤 이는 모우라(mowhra) 기름, 어떤 이는 아먼드 우유를 권했다. 이것저것 해보는 동안 내 몸만 지쳐갔고, 어떤 것도 나를 병상에서 일으켜주지는 못했다. 바이댜들은 차라카(Charaka)의 구절들을 읽어주었으나 다만 식사에 관한 종교적 계명은 병을 고치는 데는 소용이 없다는 것을 알려주었을 뿐이었다. 그래서 우유 없이 살 수 있게 해주는데 그들은 도움이 될 가망이 없었다. 쇠고기 즙이나 브랜디를 서슴지 않고 권하는 사람이 어떻게 나를 우유 없이 견뎌나갈 수 있도록 도와줄 수가 있을까?

나는 맹세했기 때문에 소젖이나 물소젖은 먹을 수가 없었다. 물론 맹세는 모든 것을 다 안 먹는 것을 의미한 것이지만, 내가 맹세할 때는 다만 암소나 암물소를 생각하고 있었을 뿐이고, 또 나는 살고 싶었기 때문에, 나 자신을 약간 속여서 맹세의 글자를 강조한 다음 산양젖을 먹기로 결정했다. 암염소의 젖을 먹기 시작했을 때 나는 내 맹세가 이미 깨진 것을 잘 알고 있었다.

그러나 롤래트 법안[6]에 대한 반대 투쟁을 이끌어가야 한다는 생각이 내 마음을 점령하고 있었다. 그에 따라 살고자 하는 욕망이 강해졌다. 그 결과 내 생애에서 가장 큰 실험 중 하나가 중지되고 말았다. 영혼은 먹지도 마시지도 않는 것이기 때문에 먹고 마시는 것은 영혼과는 상관없다. 밖으로부터 안으로 들어가는 것이 아니라 안으로부터 밖으로 나오는 것이 문제다, 하는 주장이 있는 것을 나는 알고 있다. 물론 거기 어떤 힘이 있다. 그러나 그런 토론을 하기보다는 차라리 확고한 신념을 표명하는 것으로 만족하면서 이렇게 말하고 싶다. 하나님을 두려워하며 그이와 얼굴과 얼굴을 맞대고 보기를 원하는 구도자에게

---

6) 롤래트 법안: 1919년 시드니 롤래트경을 단장으로 하는 시찰단이 인도를 시찰하고 귀국한 후 인도에 전시의 엄격한 통치를 계속할 것을 골자로 한 보고서를 냈다. 그에 따라 정부가 의안을 작성하여 의회에 제출했다. 그것을 Rowlatt Act라 한다. 간디는 전국적인 반대운동을 일으켰으나 정부는 강제로 통과시켰다. 그러나 실제로 실행은 별로 되지 못했다.

는 양으로나 질로나 음식을 절제하는 것이 생각과 말을 절제하는 것과 마찬가지로 절대로 필요하다.

그러나 내가 어떤 일을 이론대로 실행하지 못한 경우에는 그것을 사실대로 밝혀야 할 뿐 아니라 그 이론을 받아들이지 말라는 것을 엄숙히 경고해야 한다. 그렇기 때문에 내가 내세운 그 이론을 믿고 우유 마시기를 그만둔 사람들에 대해, 나는 그것이 모든 면에서 유익하다는 것을 발견했거나 또는 경험 있는 의사로부터 조언을 받은 일이 없는 한 그 실험을 계속하지 말기를 권하고 싶다. 지금까지 여기서 내가 경험한 바로는 소화가 잘되지 않는 사람, 늘 병상에 누워 있는 사람에게는 소화가 쉽고 영양이 많은 음식으로서 우유만 한 것이 없다.

누구나 이 방면에 경험이 있는 분으로서 이 장을 읽고, 책을 통해서가 아니라 경험에 의해서 채식으로서 우유를 대신할 만한 것으로 영양도 있고 소화도 잘되는 것이 있다면 나에게 알려주면 대단히 감사하겠다.

권력과의 대결

이제 아시아국으로 눈을 돌리자.

요하네스버그는 아시아 관리들의 본거지였다. 이들 관리는 인도인이나 중국인이나 또 그밖의 사람들을 보호하기는 고사하고 학대하고 있음을 나는 보아왔다. 이런 따위의 불평을 매일 들을 수 있었다. "자격 있는 사람은 못 들어오는데 자격 없는 놈들은 100파운드씩 내고 몰래 들어옵니다. 선생께서 만일 이것을 바로잡아주시지 않는다면 누가 그것을 합니까?" 나도 동감이었다. 내가 만일 이같은 악을 몰아내는 데 성공하지 못한다면 트란스발에서의 내 삶은 의미가 없다.

그래서 증거를 수집하기 시작했고, 증거물이 상당히 모이자 나는 곧 경찰국장을 찾아갔다. 그는 공정한 사람인 듯했다. 아주 참을성 있게 내 말을 듣더니 나더러 가지고 있는 모든 증거를 보여달라고 했다. 그는 직접 그 증거물들을 검토한 다음 만족해했다. 그러나 그는 나와 마찬가지의 유색인으로 남아프리카에서는 백인 범죄자를 재판할 백인 재판관을 구하기가 어렵다는 것을 잘 알고 있었다. "그렇지만" 하고 그는 말했다. "어쨌건 해봅시다. 그런 범죄자들을 재판관이 무죄 판결을 할까 두려워서 그냥 내버려둔다는 것도 옳지 않은 일입니다. 나는 그놈들을 틀림없이 체포하겠습니다. 나는 약속합니다. 이 일을 철저히 조사해낼 것입니다."

약속은 필요치 않았다. 나는 상당수의 관리에 대해 혐의를 걸었지만 그들 모두에 대해서는 이론을 제기할 수 있는 증거가 없었기 때문에, 구속영장이 발부된 것은 범죄의 의심의 여지가 없는 두 사람에 대해서만이었다.

내 활동을 계속 비밀로 지켜갈 수는 없었다. 내가 사실상 매일같이 경찰국장에게 가는 것을 많은 사람이 알고 있었다. 구속영장이 발부된 두 관리는 유력한 밀정을 가지고 있었다. 그들은 자주 내 사무실을 감시하면서 나의 동태를 그 관리들에게 보고하고 있었다. 그러나 그 관리들은 너무 악질이었기 때문에 밀정도 많이 두지 못했던 것을 나는 알고 있다. 인도인이나 중국인들이 내게 협력해주지 않았다면 그들은 체포되지 않았을 것이다.

그들 중 하나는 달아났다. 경찰국장은 그에 대한 인도영장을 발부받아 그를 체포하여 트란스발로 호송해왔다. 그들은 재판을 받았지만 강력한 반증이 있고, 재판관은 그중 하나가 달아난 증거가 있는데도 무죄를 선고하고 석방해버렸다.

나는 완전히 실망했다. 경찰국장도 대단히 분개했다. 나는 법률가란 직업에 구역질 났다. 지성이 도리어 범죄를 가려줄 만큼 타락하고 보니 지성 그 자체가 싫어졌다. 그러나 그 두 관리의 범죄가 너무도 명백했으므로 석방은 됐지만 정부도 그들을 그대로 둘 수는 없어서 면직시켜버렸다. 이렇게 해서 아시아국은 비교적 깨끗해졌고, 인도인 거주민은 어느 정도 안심하게 되었다.

이 사건으로 나는 위신이 높아졌고 사무도 늘게 되었다. 인도인 사회가 매달 횡령으로 인해 빠져나가 수백 파운드의 큰돈이, 비록 그 전액은 아니지만 많이 살아나게 되었다. 전액이 다 살아날 수 없었던 것은 아직도 상거래에서 부정이 행해지고 있기 때문이었다. 그러나 이제는 정직한 사람이 제 길을 세워갈 수 있게 되었다.

그 관리들은 그렇게 나빴지만 나 개인적으로는 그들을 조금도 미워하지 않는다는 것을 말하지 않을 수 없다. 그들 자신도 그것을 알고 있었다. 그래서 그들은 곤경에 처했을 때 나를 찾아왔고 나도 찾아온 그들을 도와주었다. 그들이 요하네스버그 시청에 취직할 수 있는 기회가 있었는데 내가 거기 반대하지 않아야 그럴 수 있었다. 그들의 친구 하나가 그 일 때문에 나를 찾아왔다. 나는 그 일에 방해하지 않겠다고 했고, 그래서 그들은 채용이 됐다.

나의 이러한 태도는 나와 접촉하게 되는 관리들을 완전히 안심시켜주었고, 내가 이따금 자기네 국과 싸우며 심한 말을 하는 일이 있다 하더라도 변함없이 나와 좋은 사이로 지내게 해주었다. 그 당시 나는 그러한 행동이 내 천성의 일부란 것을 조금도 의식하지 못했다. 후에 가서야 비로소 그것이 사티아그라하의 을짬이요, '아힘사'(비폭력)의 한 속성인 것을 알았다.

어떤 사람과 그가 하는 행위는 서로 별개의 것이다. 선한 행실은 칭찬 받아야 하고 악한 행실은 비난 받아야 하지만, 그같은 행실을 한 사람은 선하건 악하건 언제나 그 경위대로 존경 받든지 그렇지 않으면 불쌍히 여김을 받아야 하는 것이다. "죄를 미워하되 죄인은 미워하지 마라" 하는 교훈은 말은 대단히 쉬우나 실행은 참 힘들다. 그렇기 때문에 증오의 독이 세상에 판을 친다. 이 아힘사야말로 진리 탐구의 기초다. 아힘사를 기초로 삼지 않는 한 탐구는 허사라는 것을 나는 날마다 깨닫고 있다.

제도에 반항하고 공격하는 것은 지극히 당연한 일이다. 그러나 그 제도를 만든 사람을 반항하거나 공격하는 것은 자기 자신에게 반항하고 공격하는 것이나 마찬가지다. 왜냐하면 우리는 다 같은 붓으로 먹칠이 된 것들이요, 그러면서 같은 창조주의 자녀들이요, 그렇기 때문에 또 우리 속에 있는 거룩한 능력도 무한한 것이기 때문이다. 한 개인을 업신여김은 그 거룩한 능력들을 업신여김이요, 그렇기 때문에 그 한 몸만을 해치는 것이 아니라 그와 더불어 온 세계를 해치는 일이다.

거룩한 회상과 참회

내 일생의 다양한 사건들로 인해 갖가지 종교의 사람, 갖가지 단체의 사람들과 접촉하게 되었다. 그리고 그 모든 사람들에게서 얻은 경험은 나로 하여금 친척과 남, 내 민족과 외국인, 백인과 유색인, 힌두교도와 다른 종교의 인도인(이슬람교도거나 조로아스터교도거나 기독교인이거나 유대교인이거나) 사이에 어떤 차별도 하지 않는다는 선언을 능히 할 수 있게 해주었다. 내 심정이 그런 차별을 할 수 없었다고 하는 것이 옳을 것이다. 그것은 내 편에서 어떤 노력을 해서 됐다기보다는 바로 내 천성이 그런 것이기 때문에 그것을 내 각별한 덕이나 되는 것처럼 자랑할 수는 없다. 그러나 아힘사니, 브라마차리아니, 아파리그라하니, 또 그밖의 기본 도덕에 이르러서는 그것을 단련시키기 위하여 끊임없이 노력해왔다는 것을 충분히 알고 있다.

내가 더반에서 개업하고 있을 때 사무소 서기들이 종종 나와 함

께 기거한 일이 있었는데, 그들 중에는 힌두교인도 있었고 타밀 사람
도 있었다. 나는 그들을 내 일가 친척같이 알았지 조금도 달리 생각해
본 기억이 없다. 나는 그들을 내 가족처럼 대접했고, 혹시 아내가 그것
을 방해했을 경우에는 아내를 나무랐다. 그 서기 중 한 사람은 판차마
(panchama) 부모에게서 난 기독교인이었다.

집을 서양식으로 지었으나 방마다 하수장치가 제대로 되어 있지 않
았다. 그래서 방마다 요강을 두고 있었다. 그 요강 닦는 일은 아랫사람
이나 청소부에게 시키지 않고 나와 아내가 맡아서 했다. 우리 가정에
완전히 익숙해진 서기들은 자연히 자기들 요강을 제 손으로 닦았지만,
그 기독교인 서기는 새로 온 사람이어서 그 침실을 우리가 치워야 했
다. 아내는 다른 사람들의 요강은 대충 청소했으나 판차마였던 그 사
람 요강을 닦는 일은 참을 수 없는 듯했다. 드디어 부부 싸움이 터지고
말았다. 아내는 내가 그 요강을 닦는 것도 참을 수 없었고 자신이 하고
싶어하지도 않았다. 아내가 나무라던 그때 광경이 지금도 눈에 선하
다. 요강을 들고 층계를 내려오는 아내의 눈에는 노기가 서렸고, 구슬
같은 눈물이 두 뺨에 흘러내리고 있었다. 그러나 나는 잔인하도록 친
절한 남편이었다. 나는 나 자신을 그의 선생으로 생각하고 있었으므로
맹목적인 사랑으로 그를 괴롭혔다.

나는 아내가 요강을 그냥 치우는 것만으로는 도저히 만족할 수 없었
고 그것을 기꺼이 하는 모습을 보아야 했다. 그래 나는 목소리를 높여
서, "내 집안에서 이따위 꼴을 하라고 내버려둘 수는 없어" 하고 외쳤
다. 그 말이 화살처럼 아내의 가슴을 찔렀던 모양이다.

아내는 맞받아 외쳤다. "당신 집에서 혼자 잘 사세요. 난 가겠어요."
나는 이미 내가 아니었고, 동정의 샘은 내 속에서 말라버렸다. 나는 아
내의 팔을 붙잡아 그 불쌍한 여인을 밀어낼 작정으로 문으로 끌고 가
문을 열려고 했다. 눈물이 비오듯 하며 아내는 울부짖었다. "이봐요,

부끄럽지도 않아요? 그렇게도 속이 뒤집혔어요? 나를 어디로 가라고 그러세요? 나를 받아줄 부모도 친척도 여기는 없어요. 아내니까 그저 당신의 주먹질, 발길질도 다 참아야 하는 줄 아세요? 제발 점잖게 구세요. 문 좀 닫으세요. 이 꼬락서니 남들에게 보이지 맙시다!"

나는 태연한 척했으나 정말은 부끄러워 문을 닫았다. 아내가 나를 떠날 수 없다면 나도 아내를 못 떠난다. 우리는 수없이 말다툼을 했지만 끝에 가서는 언제나 풀어졌다. 끝없는 참을성을 가진 아내가 언제나 승리자였다.

오늘날 나는 이 사건을 자못 담담한 심정으로 이야기할 수 있는 자리에 서 있다. 그것은 그 일이 다행히 내가 이미 지나쳐온 시대에 속하기 때문이다. 나는 이미 맹목적으로 열중하는 남편도 아니요, 또한 이미 아내의 선생도 아니다. 카스투르바이는 오늘날, 하고자 한다면 전에 내가 그에게 그렇게 했듯이 나에 대해 불쾌하게 할 수도 있다. 우리는 이제 훈련된 친구들이다. 서로가 상대를 정욕의 대상으로 생각하지는 않는다. 아내는 내가 앓고 있는 동안 아무런 보상도 기대하지 않고 충실한 간호사 역할을 해왔다.

문제의 사건은 1898년, 내가 아직 브라마차리아에 관해서 생각하지 않던 때의 일이다. 그때 나는 아내란 남편의 정욕의 대상이요, 남편의 명령을 받들기 위해 태어난 것이라고 생각했지 남편의 협조자로, 고락을 같이하는 친구나 짝으로는 생각지 않고 있었다.

이러한 생각에 근본적인 변화가 일어난 것은 1900년에야 된 일이요, 1906년에 가서는 그것이 구체적인 형태로 나타나게 되었다. 그러나 거기 관하여는 적당한 곳에 가서 말하기로 하고, 여기서는 다만 내 속에서 육욕이 차차 사라짐에 따라 내 가정생활은 평화롭고 애정에 차 행복해졌으며, 점점 더 그렇게 되어간다고 말하는 것으로 족할 것 같다.

이런 거룩한 화해의 이야기를 한다고 해서 누구나 우리를 아주 이상적인 부부나 되는 듯, 또는 우리 둘 사이에는 이상이 완전히 일치하겠거니 결론을 내려서는 안 된다. 카스투르바이 자신은 아마 나와 독립해서 어떤 이상을 가지고 있는지 어떤지조차 알지 못할지도 모른다. 아마 오늘날까지도 내가 하는 여러 일이 그에게는 못마땅하게 여겨질 것이다. 우리는 그런 토론을 하는 일이 없고 나 또한 그것이 좋다고 생각하지 않는다. 왜냐하면 그가 교육받았어야 할 때에 그의 부모도 그를 가르치지 않았고, 나도 안 가르쳤다.

그러나 아내는 고맙게도 한 가지 아주 위대한 성격을 타고났다. 그것은 대부분의 힌두 아내들이 어느 정도로는 다 가지고 있는 것인데, 다른 것이 아니고 내 아내는 좋거나 좋지 않거나 의식적으로나 무의식적으로나 내 발걸음을 따라오는 것을 복된 일로 알았고, 내가 자제의 생활을 하려고 노력하는 데 가로막는 일이 없다는 것이다. 그렇기 때문에 지식으로는 우리 둘 사이에 깊은 간극이 있었지만 나는 언제나 우리 살림은 만족한 것이고, 행복하고 진보적이라는 느낌을 가졌다.

유럽인과의 친밀한 교제(1)

이 장까지 오고 보니 이제 이 이야기를 어떻게 해서 매주 연재하게 되었는지 독자에게 말할 단계에 이르렀다.

이것을 쓰기 시작했을 때 나는 일정한 계획이 없었다. 나는 내 실험 이야기의 기초가 될 일기도 자료도 가진 것이 없었다. 그저 붓을 잡는 그때에 영감이 움직이는 대로 썼다. 나의 모든 의식적인 생각과 행동이 다 영(靈)의 지시로 된 것임을 내가 분명히 안다는 말이 아니다. 그러나 내 일생에 취해진 가장 중대한 발걸음을 고찰해보거나 또 그 가장 사소한 것을 생각해보거나, 전체적으로 그것이 영의 지시로 됐다고 해서 잘못이라고는 생각되지 않는다.

나는 '그이'를 보지 못했고, '그이'를 알지도 못했다. 나는 세상 일반이 하나님을 믿는 것을 내 신앙으로 삼았을 뿐이요, 내 믿음은 지워버릴 수 없는 것이므로 나는 그것을 체험이라고 생각한다. 그러나 믿음을 체험이라 한다면 진리에 관해 감히 이러쿵저러쿵하는 것 같으니까, 아마 나는 하나님에 대한 나의 신앙을 규정지을 말이 없다는 것이 더 정확할 것이다.

이만하면 내가 왜 이 이야기를 영이 불러일으키기 때문에 쓴다고 믿는지 좀 이해하기 쉬울 줄 안다. 앞 장을 쓰기 시작했을 때 나는 거기다가 이 장에 붙인 제목을 붙였다. 그런데 써가는 동안에 나는 유럽인들과의 경험을 이야기하기 전에 서론 격으로 무엇을 좀 써야겠다는 생각이 들었다. 그래서 제목을 바꾸었다. 그런데 이 장을 쓰기 시작했을 때 나는 다시 새로운 문제에 봉착한 것을 알게 됐다. 내가 이제부터 쓰려는 그 영국인 친구들에 관하여 무엇을 쓰고 무엇을 뺄 것인가 하는 것이 중대한 문제다. 만일 관련 있는 일을 뺀다면 진리가 흐려질 것이다. 그러나 무엇을 정말 꼭 써야 할 것인가를 선 자리에서 결정하기란 어려운 일이다. 내가 쓰고 있는 이 이야기부터가 정말 꼭 써야 하는 것인지 확실치 않지 않은가?

내가 오래 전에 읽은 모든 자서전은 역사로서는 부적당하다는 말을 지금 와서는 좀더 분명히 이해한다. 나는 이 이야기 중에서 내가 기억하는 모든 것을 다 적은 것은 아님을 알고 있다. 진리를 위해서 내가 어느 만큼을 써야 하고 어느 만큼을 뺄 것을 누가 알 수 있을까? 그리고 내 생애의 어떤 사건에 관하여 내가 제시한 불완전하고 일방적인 증거가 법정에서 얼마만한 가치가 있을 것인가? 만일 어떤 참견꾼이 내가 이미 쓴 장에 관해 반대신문을 한다면 그는 아마 더 많은 것을 밝혀낼 수 있을 것이고, 그것이 만일 적의가 있는 비평가의 반대 신문이라면 그는 아마 나의 수많은 거짓을 폭로했노라고 기뻐했을지 모른다.

그렇기 때문에 나는 어떤 때는 이 글을 쓰는 것을 그만두는 것이 옳지 않을까 하고 의심도 했다. 그러나 내 속의 소리가 그것을 막지 않는 한 나는 쓰기를 계속하지 않으면 안 된다. 한번 시작한 것은 도덕적으로 잘못이라는 것이 증명되지 않는 한 내던져서는 안 된다는 성자의 격언을 따라야 한다.

나는 평론가들을 즐겁게 해주기 위해 이 자서전을 쓰지 않는다. 쓰는 일 자체가 하나의 진리에 대한 실험이다. 목적 가운데 하나는 분명히 내 동료들에게 위로와 반성의 자료를 주자는 것이다. 실제로 나는 그들의 희망에 따라서 쓰기 시작했다. 제람다스(Jeramdas)나 스와미 아난다(Swami Ananda)가 고집하지 않았더라면 아마 나는 쓰지 않았을 것이다. 그렇기 때문에 내가 자서전을 쓴 것이 잘못이라면 그들도 그 비난을 같이 받아야 할 것이다.

다시 서두에서 말했던 제목으로 돌아가자. 더반에서 내가 인도인들과 가족처럼 살았던 것같이 영국인 친구들도 함께 산 일이 있었다. 나와 같이 산 사람들이 다 나를 좋아한 것은 아니었으나 내가 그러자고 주장했다. 내가 모든 경우에 늘 잘한 것도 아니었다. 나는 더러 쓰라린 경험을 하기도 했는데 그중에는 인도인도 있고 유럽인도 있다. 그래도 나는 그 경험을 후회하지는 않는다. 또 내가 친구들에게 끼쳤던 불편이나 걱정에도 불구하고 나의 행동은 변하지 않았고, 또 친구들도 친절히 견뎌주었다. 언제나 내가 낯선 사람들과 접촉하는 것을 친구들이 고통스럽게 여길 때는 나는 서슴지 않고 그들을 나무랐다. 자기 자신 속에서 보는 하나님을 다른 사람 속에서도 다름 없이 볼 수 있을 줄로 믿는 사람은 모든 사람 속에서 충분히 초연한 태도로 살 수 있어야 한다고 나는 늘 주장했다. 그리고 그렇게 살아갈 수 있는 능력을 기르려면, 그러한 바라지 않았던 기회를 피할 것이 아니라 봉사의 정신으로 환영하고, 그러면서도 자신은 그 영향을 입지 않도록 하여야 한다.

그래서 보어 전쟁이 터졌을 때 우리 집은 꽉 차 있었지만, 나는 요하네스버그에서 온 영국인 두 사람을 받아들였다. 둘 다 신지학파 사람이었는데, 그중 하나는 키친(Kitchin) 씨였다. 그에 관해서는 후에 더 말할 기회가 있을 것이다. 이들 친구는 종종 아내에게 쓰라린 눈물을 짜내게 했다. 불행히도 아내는 나 때문에 그런 시련을 많이 당해야 했다. 이것이 내가 영국 친구와 가까운 가족처럼 같이 살았던 첫 번째 일이었다.

나는 영국에 있는 동안 영국 사람의 가정에 묵고 있었지만, 그때 나는 그들의 생활방식에 맞추었고 그곳은 다소 하숙집 같은 분위기였다. 그러나 여기서는 그와는 정반대였다. 영국 사람이 우리 가족이 된 것이다. 그들은 여러 면에서 인도식을 취했다. 집 구조는 서양식이었지만 내부생활은 주로 인도식이었다. 그들을 가족으로 데리고 있는 데 적잖은 곤란이 있었던 것을 기억하고 있다. 그러나 그들은 별 어려움 없이 마음놓고 우리 집에 있을 수 있었다는 것을 나는 분명히 말할 수 있다. 요하네스버그에서의 이런 접촉이 더반에서보다 더 발전되었다.

유럽인과의 친밀한 교제(2)

요하네스버그에 있을 때 한동안 나는 인도인 서기를 네 사람까지 두었던 일이 있다. 그들은 서기라기보다는 차라리 아들이라 하는 편이 나았다. 그러나 그들만 가지고는 일하는 데 충분치 못했다. 타자기 없이는 일할 수가 없었는데 우리 중에서 타이핑을 할 줄 아는 사람은 나밖에 없었다. 서기 중 두 사람에게 타이핑을 가르쳐주었는데, 영어가 부족하기 때문에 아무래도 바라는 대로 되지 않았다. 그리고 그때 나는 그중 한 명을 계리사(공인회계사)로 훈련시키려 생각했었다. 나탈에서 사람을 데려올 수는 없었다. 아무도 입국허가증 없이는 트란스발에 들어갈 수가 없었기 때문이다. 그런데 내 개인적인 사정 때문에 입국허가 관리에게 청할 생각은 없었다.

어떻게 할 도리가 없었다. 일은 자꾸 밀리고 쌓여갔다. 그저 그 모양이어서 내가 아무리 애를 쓴다 해도 직업적인 일이나 공적인 사무를 다해낼 재주가 없었다. 유럽인 서기를 두고 싶은 마음은 많았지만 남자든 여자든 나 같은 유색인의 일을 해주겠다는 백인을 구할 수 있을 것 같지 않았다. 그러나 어쨌건 해보기로 했다. 내가 아는 타자기 외판원을 만나 속기 타자수 한 사람을 구해달라고 부탁했다. 처녀들이라면 될 수 있었다. 그래서 그는 일을 봐줄 사람을 하나 구해주마 약속했다. 그는 스코틀랜드에서 온 지 얼마 안 되는 딕 양을 소개해주었다. 그녀는 어떤 일이든지 제 손으로 벌어먹을 수 있다면 상관하지 않았다. 그녀는 그때 형편이 어려웠다. 그녀는 곧 내 마음에 들었다.

"인도인 밑에서 일하는 것이 괜찮아요?" 하고 나는 물었다.

"조금도 상관없어요." 그녀는 꿋꿋이 대답했다.

"월급은 얼마나 생각하세요?"

"17파운드 10실링이면 너무 많을까요?"

"내가 바라는 대로 일만 해준다면 많을 것도 없지요. 언제부터 올 수 있어요?"

"원하신다면 지금이라도요."

나는 너무 기뻐서 당장 글을 불러주기 시작했다.

얼마 안 가서 그녀는 그저 단순한 타자수라기보다도 딸이나 누이동생 같아졌다. 나는 그녀가 일한 데서 별로 잘못이라 할 것을 보지 못했다. 그녀는 종종 수천 파운드나 되는 자금의 처리를 맡았고, 또 회계장

부도 맡았다. 그녀는 나의 완전한 신임을 얻었고, 그보다도 더 중요한 것은 그녀가 자기의 속마음과 감정을 내게 털어놓은 일이었다. 그녀는 남편을 최종 선택하기 전에 내게 조언을 구했고, 나는 그녀를 신랑에게 인도하는 특권을 누렸다. 결국 딕 양은 맥도널드 부인이 되자마자 곧 나를 떠나야 했다. 그러나 결혼 후에도 내가 급한 일로 청하면 응하지 않는 일이 없었다.

딕 양 대신 오래 있을 타자수가 필요했는데, 다행히 한 사람을 구하게 되었다. 슐레신(Schlesin) 양으로, 칼렌바흐(Kallenbach) 씨가 소개해주었다. 그녀에 관해서는 적당한 때에 가서 알게 될 것이다. 그녀는 현재 트란스발의 한 고등학교에 교사로 있다. 내게 왔을 때는 열일곱쯤 됐던 때였다. 그녀의 어떤 점은 칼렌바흐 씨나 나로서도 감당할 수 없을 때가 있었다. 그녀는 타자 일을 하러 왔다기보다는 경험을 얻으러 온 것이었다. 인종 차별은 성격상 그녀와는 멀었다. 그녀는 나이도 경험도 상관 않는 것 같았다. 남자에게 모욕 주는 것도 꺼리지 않아서 사람 면전에서 자기 생각하는 대로 쏘아붙이곤 했다. 그 성급한 성격이 나를 곤경에 빠뜨리는 일도 많았지만, 개방적이고 거짓 없는 성격이 그녀가 허물을 범하자마자 즉시로 씻어주었다. 나는 그녀가 타이프 친 것을 다시 보지도 않고 사인하는 일이 종종 있었다. 그녀의 영어는 나보다 낫다고 생각했기 때문이요 그녀의 충성심을 완전히 신뢰했기 때문이다.

그녀의 희생은 컸다. 상당히 오랫동안 6파운드 이상을 받지 않았고, 언제나 매달 10파운드 이상은 거절했다. 내가 더 받으라고 권하면 그녀는 나를 꾸짖으면서, "저는 선생님한테서 월급을 타먹으려고 온 게 아니에요. 제가 여기 온 것은 선생님과 같이 일하는 것이 좋아서고 선생님의 이상을 좋아하기 때문입니다" 했다.

그녀는 한번 내게서 40파운드를 받은 일이 있었으나 끝내 빚으로 가져 가겠다고 고집했고, 지난해에 그 전액을 갚았다. 그녀의 용기도 그 희생에 맞먹는 것이었다. 그녀는 내가 운 좋게 만났던 몇 안 되는 여자들 중의 하나였다. 수정같이 맑은 성격에다 무사도 부끄럽게 만드는 용기를 가졌다. 지금은 어른이 되었다. 그 마음이 지금도 나와 같이 있던 때의 그대로인지 모르나, 이 젊은 숙녀와의 만남은 내게 언제나 거룩한 회상거리이다. 그렇기 때문에 내가 만일 그녀에 대해 아는 것을 말하지 않고 있다면 내가 진리에 대하여 거짓을 행하는 것이 될 것이다.

그녀는 목적을 위해 일하는 데 밤낮을 몰랐다. 심부름할 때는 캄캄한 밤중에도 혼자서 나섰고, 아무리 다른 사람을 데리고 가라 해도 성을 내며 물리쳤다. 수천 명의 건장한 인도인들이 그녀를 길잡이로 우러러보았다. 사티아그라하 운동을 하다가 지도자가 대부분 감옥에 갔을 때 그녀는 혼자서 운동을 지도했다. 그녀는 수천의 자금 처리, 엄청난 양의 통신, 그리고 『인디언 오피니언』까지 다 그 손에 쥐고 있었지만 지칠 줄 몰랐다.

이와 같이 슐레신 양의 이야기를 쓰자면 끝이 없지만, 고칼레의 그 여자에 대한 평을 인용함으로써 이 장을 끝맺으려 한다. 고칼레는 내 동료들을 하나하나 다 알고 있었다. 그는 나의 많은 동료들을 만족스럽게 생각했고 때로는 그들에 대한 자기 생각을 말해주기도 했는데 그는 모든 인도인, 유럽인 동료 중에 슐레신 양을 첫째로 꼽았다. "슐레신 양에게서 보는 희생과 순결과 대담함을 어디서도 본 일이 없소. 내 평가로는 당신의 모든 동료 중에 그녀가 첫째요."

『인디언 오피니언』

유럽인들과의 친밀한 교제의 다른 이야기를 더 계속하기 전에 한두 가지 중요한 사항들을 말해두지 않으면 안 되겠다. 그러나 한 가지 만 남만은 우선 이야기해야겠다. 딕 양의 채용만으로는 내 목적에 충분하지 못해서 도움이 더 필요했다. 앞장에서 리츠 씨 이야기를 했는데 나는 그와는 잘 아는 사이였다. 그는 어느 회사의 지배인이었는데, 그 회사를 떠나 내 밑에서 일하면 어떻겠느냐 했더니 곧 그 제안에 동의하였다. 그래서 내 짐은 상당히 가벼워졌다.

그 무렵에 마단지트(Madanjit) 씨가 『인디언 오피니언』을 내보면 어떻겠느냐면서 내 의견을 구했다. 그는 이미 인쇄소를 경영하고 있었으므로 나는 그 제의에 찬성했다. 신문이 나오기 시작한 것이 1904년 인데, 최초의 발행인은 만수클랄 나자르 씨였다. 그러나 그 일의 선봉을 내가 서야 했으므로 사실상 시간 대부분을 그 신문을 위해 써야 했다. 만수클랄 씨가 그것을 운영해나갈 수 없어서가 아니었다. 그는 인도에 있을 때부터 상당한 양의 신문, 잡지업을 해왔다. 그러나 그는 내가 거기 있는 한은 복잡한 남아프리카 문제에 대해 결코 글을 쓰려하지 않았다. 그는 나의 통찰력을 최대한으로 믿고 있었기 때문에 논설란을 채우는 일을 다 내게 맡겼다. 신문은 지금까지 주간으로 나오는데 처음에는 구자라트어, 힌디어, 타밀어, 영어로 냈다. 그러나 나는 타밀어와 힌디어의 난은 겉치레에 지나지 않는다는 것을 알았다. 본래 의도했던 목적을 다하지 못했으므로 그것을 계속하는 것은 기만적인 행동이라 해서 그 난은 중지해버렸다.

나는 이 신문에 투자할 생각은 없었다. 그러나 얼마 가지 않아 나의 재정적 원조 없이는 계속 유지할 수 없다는 것을 알았다. 인도인이나 유럽인이나 내가 공식적으로 『인디언 오피니언』의 발행인은 아니지만, 사실상 운영을 책임지고 있다는 것을 알고 있었다. 신문을 아예 시작하지 않았으면 문제가 없지만, 일단 시작해놓고 그것을 그만둔다는 것은 손실인 동시에 불명예다. 그래서 나는 계속해서 돈을 거기 쏟아넣었다. 결국에 가서는 사실상 내 저금을 몽땅 털어넣은 셈이 되고 말았다. 한때는 매월 75파운드를 지불해야 했음을 나는 기억한다.

그러나 오늘날 다시 생각하면 그 신문은 사회를 위해 훌륭한 봉사를 한 것이다. 이것을 장사로 해보자고 생각한 일은 없었다. 그것이 내 관할 아래 있는 한 그 신문의 어떤 변화는 곧 내 생활의 변화를 말하는 것이었다. 오늘날의 『영 인디아』(Young India)나 『나바지반』(Navajivan)과 마찬가지로 그 당시의 『인디언 오피니언』은 내 생활의 일부요 거울이었다. 매주 나는 신문 기고난에 심혈을 기울였고, 내가 할 수 있는 한 '사티아그라하'의 원리와 실천에 관해서 해설했다. 10년 동안, 그러니까 1914년까지 내가 감옥에서 억지로 쉬게 된 것을 제외하고는 내 논설을 싣지 않고 발행된 『인디언 오피니언』은 한 호도 없었다. 글자 한 자라도 생각 없이 썼다거나, 단순히 재미나게 하기 위해 의식적으로 과장해서 쓴 기억은 없다. 실로 그 신문은 나에게는 자제의 수련장이 되었고, 친구들에게는 내 사상과 끊임없이 접촉해나가는 매개체가 되었다. 비평가는 반박할 만한 것을 거의 찾아내지 못했다. 사실 『인디언 오피니언』의 논조는 비평가로 하여금 붓을 스스로 놓게 했다.

사티아그라하 운동은 아마 『인디언 오피니언』 없이는 불가능했을 것이다. 독자들은 사티아그라하 투쟁에 관한 믿을 만한 보도를 얻기 위해, 또 남아프리카 인도인의 실태를 알기 위해 이것을 고대하고 있었다. 발행인과 독자 사이에 긴밀하고도 순수한 유대를 맺어놓자는 것이 내 목적이었기 때문에 이 신문은 내게 계급과 인종을 초월한 인간성 연구의 기구가 되었다. 독자들의 심정을 토로하는 편지가 홍수처럼 밀려들었다. 그 편지는 쓰는 사람의 심정에 따라 우의적인 것도, 비판적인 것도, 신랄한 것도 있었다. 이 모든 편지를 일일이 검토하고 소화하고 회답하는 것은 내게 좋은 교육이었다. 그것은 마치 공동체가 이 편지를 통해 내게 들리도록 생각하고 있는 것 같았다. 이것은 나에게 신문인의 책임을 철저히 이해시켜 주었고, 그리고 이렇게 해서 대중을 파악한 것이 내가 장래의 투쟁을 활동적이게, 위엄 있게, 그리고 어떠한 것도 막을 수 없게 해주었다.

『인디언 오피니언』이 나온 첫째 달부터 나는 신문인의 단 하나의 목표는 봉사여야 한다는 것을 깨달았다. 신문 출판은 거대한 힘이다. 그러나 마치 억제하지 못하는 분류가 촌락 전체를 침수시켜 버리고 곡식을 온통 휩쓸어버리듯이, 제약 없는 붓은 파괴만 가져온다. 통제가 밖에서 오면 통제 없는 것보다도 더 해독이 크다. 내부로부터 나올 때에만 유익함을 준다. 만일 이 논리가 옳은 것이라면 이 세상에 모든 신문, 잡지들이 몇 개나 그 시험을 통과할 수 있을까? 그러나 누가 능히 그 쓸데없는 것을 막아낼 수 있을까? 그 심판자는 누가 될 수 있을까? 유익과 무익은 통틀어 선악과 마찬가지로 같이 행동해나가는 것이다. 사람이 그 선택을 하지 않으면 안 된다.

쿨리 구역이냐, 게토냐

어떤 계급 사람들은 우리에게 최대의 봉사를 해주면서도 우리 힌두교인들에게 '불가촉천민'으로 대우를 받으면서 도시나 촌락의 외딴 구역으로 추방되어 있다. 그 구역은 구자라트 말로 '데드바도'(dhedvado)라 불리며 나쁜 의미를 가지고 있다. 그와 마찬가지로 기독교의 유럽에서 유대인들이 한때 '불가촉천민'이 되었고 그들에게 할당해준 지역에 '게토'(Ghetto)라는 불쾌한 이름이 붙었다. 이와 마찬가지로 오늘날 우리가 남아프리카에서 불가촉천민이 되어버렸다. 앤드루스(Andrews)의 희생과 사스트리(Sastri)의 마술 지팡이가 어느 정도로 우리 위신을 세워줄지는 두고봐야 알 일이다.

옛날의 유대인은 자기네만이 하나님의 선민(選民)이라고 주장했다. 그 결과 그들의 자손은 부당한 보복까지 당했다. 거의 그것과 같은 식으로 힌두교도들은 자신을 '아르야'(Arya) 또는 '문명한 사람'이라 생각하고, 자기네 혈통 중의 일파를 '아나르야'(Anarya) 또는 불가촉천민으로 생각하였다. 그 결과로 부당할지 모르나 기이한 보복이 남아프리카에 있는 힌두교도만 아니라 이슬람교도, 조로아스터교도에까지 떨어져 왔다. 그것은 그들도 같은 국민이요, 그들도 살빛이 힌두교도와 똑같기 때문이었다.

독자는 이제 이 장 제목에 붙인 '구역'(location)이라는 말의 뜻을 어느 정도 깨달았을 줄 안다. 남아프리카에서 우리는 '쿨리'라는 불쾌한 이름을 얻었다. 인도에서는 쿨리란 말이 단순히 짐꾼 또는 삯일꾼을 뜻하는 것에 불과하지만 남아프리카에서는 모욕적인 의미를 내포하고 있다. 즉 그것은 우리들에게는 파리아(pariah)나 불가촉천민과 같은 뜻을 나타내는 것이다. 그리고 쿨리들에게 배당된 지역은 '쿨리 구역'으로 알려졌다. 요하네스버그에는 그러한 구역이 하나 있으나 다른 지방의 구역과는 다르다. 보통 다른 지방에서는 인도인에게 거주권이 있지만, 이 요하네스버그의 구역에서는 99년간의 임대차 계약을 맺고 그들의 터전을 얻어가지고 있는 것이다.

구역 안에 인구는 빽빽이 들어차 있다. 그러나 인구가 느는 데 따라 땅은 넓어지지 않는다. 구역 안의 공동변소를 되는 대로 마구 청소해주는 외에 시당국은 이 구역 내에 어떠한 위생시설도 해주는 것이 없다. 깨끗한 도로나 가로등은 말할 나위도 없다. 주민의 안녕을 등한시하는 시당국이 위생시설을 보장해줄 리가 없다. 이들은 시당국의 도움이나 감독 없이 하기에는 시 공중위생이나 건강의 규칙에 대해 너무도 무지한 사람들이다. 거기 가는 사람이 모두 로빈슨 크루소였다면 말이 달랐겠지만, 세상에 로빈슨 크루소의 이주 식민지가 있다는 말은 듣지 못했다. 사람들은 돈을 모으고 장사하기 위해 외국으로 이주하는 것이 보통이지만, 남아프리카로 간 인도인들의 무리는 정말 무지하고 가난한 농사꾼들이요 가능한 한 관심과 보호가 있어야 하는 사람들이었다. 그 뒤에 간 장사꾼이나 교육받은 인도인은 지극히 적었다.

이와 같이 시당국의 극단적인 태만과 인도 주민들의 무지가 한데 합쳐져 이 구역을 완전히 비위생적인 곳으로 만들었다. 시당국은 그같은 상태를 개선할 조치를 취하기는커녕 자신들의 태만으로 일어난 비위생을 구실로 이 구역을 철폐하기로 하고, 지방의회로부터 주민 추방의 권한까지 얻었다. 이것이 내가 요하네스버그에 자리잡고 있을 때의 실정이었다.

거주민들은 임대차 계약에 의하여 그 토지의 소유권이 있었으므로 당연히 보상 받을 권리가 있었다. 토지취득사건을 심리하기 위하여 특별재판부가 구성되었다. 만일 땅을 빌린 사람이 시가 제시한 보상을 받아들일 생각이 없을 때는 그 재판부에 공소할 권리가 있었다. 그리고 재판부의 판정이 시의 보상금액을 초과할 경우 시는 그 비용을 부담하여야 했다.

땅을 빌린 사람들의 대부분이 나를 자기네 법률고문으로 택했다. 나는 이 소송에서 돈을 벌자는 생각이 아니었으므로, 그들에게 임대계약 매건마다 소송 결과를 불문하고 10파운드의 변호료와, 그들이 승소할 경우 재판부가 판정한 비용으로 만족하겠다고 말했다. 동시에 나는 그들이 지불한 돈의 반을 가난한 사람들을 위한 병원이나 그와 비슷한 시설을 마련하는 데 보탤 것을 제안했다. 물론 그들은 이 제안을 만족스럽게 여겼다.

약 70건의 소송 중에서 단지 한 건만 패소했다. 그래서 변호료는 상당한 거액이 되었다. 그러나 끊임없이 입을 벌리고 있는 『인디언 오피니언』이 있어서, 내가 기억할 수 있는 바로는 1,600파운드나 삼켜

버렸다. 나는 소송을 위해 열심히 일했다. 의뢰인들이 언제나 나를 둘러싸고 있었다. 그들 대부분은 본래 비하르와 그 부근, 그리고 남인도에서 계약노동자로 온 사람들이었다. 그들은 특유의 불평을 해소하기 위해 자유인도인 상인무역협회와는 별도로 그들 자신의 협회를 만들어가지고 있었다. 그중 더러는 가슴이 트인 자유주의적이고 고상한 인격을 가진 사람들도 있었다. 그들의 지도자는 회장인 자이람싱 (Jairamsing) 씨와, 회장과 마찬가지로 훌륭한 바드리(Badri) 씨였다. 두 분 다 이젠 안 계신다. 그들은 내게 크나큰 도움이 되었다. 바드리 씨는 나와 아주 가까운 사이가 되었고, 사티아그라하에서 두드러진 활동을 했다.

이들과 또 그밖의 친구들을 통하여 나는 남인도 및 북인도에서 온 허다한 인도 거주민과 친밀한 사귐을 가지게 됐다. 나는 그저 그들의 법률고문이라기보다는 형제가 되었고, 그들과 공적으로나 사적으로나 슬픔과 고통을 같이 나누었다.

인도 사람들이 나를 뭐라고 불렀는지 아는 것도 흥미있는 일일 것이다. 압둘라 셰드는 내게 말할 때 간디라고 부르기를 거절했다. 다행히 아무도 나를 사히브라 부르거나 그렇게 여김으로써 나를 모욕한 사람은 없었다. 압둘라 셰드는 궁리를 거듭한 끝에 좋은 호칭을 생각해냈다—바이, 즉 형제. 다른 사람들도 그를 따라 내가 남아프리카를 떠날 때까지 바이라 불러주었다. 그 이름을 전에 계약노동자였던 인도인들이 불러줄 때는 참 알뜰한 맛이 있었다.

흑사병(1)

시당국이 그 구역의 소유권을 얻게 된 후에도 인도인들은 그곳을 곧 떠나지 못했다. 그들이 살기에 적당한 새 거주지를 물색해주어야 했다. 시가 이 일을 해결해줄 수가 없었기 때문에 인도인들은 그 '더러운' 구역에서 고통스럽게 그대로 지내야 했다. 다만 달라진 것이 있다면 그들의 모양이 전보다 더 참혹해졌다는 것뿐이다. 이제 소유자가 아닌 그들은 시 소유지의 셋방살이꾼이 돼버렸고, 결과적으로 그들의 주변은 어느 때보다 불결하게 되었다. 그들이 소유자였을 때는 비록 법이 무서워서 하기는 했어도 어느 정도 청결이 유지되었다. 시당국은 그런 두려움이 없다! 셋방살이꾼의 수는 늘었고, 거기 따라 불결과 무질서도 늘었다.

그 무렵 갑자기 흑사병이 퍼졌다. 폐렴, 괴질이라고도 하는데 선(腺) 페스트보다도 더 무섭고 치명적인 병이었다.

다행히 발생의 책임이 있는 곳은 요하네스버그 교외에 있는 어느 금광이었다. 이 금광의 광부는 대부분 흑인이었는데, 그들의 청결 책임은 전적으로 백인 광부들에게 있었다. 광산과 관련해서 인도인 몇 사람이 일하고 있었는데, 그중 23명이 갑자기 전염이 되어 어느 날 밤 위독한 상태로 구역 안에 있는 자기네 숙소로 돌아왔다. 당시 『인디언 오피니언』의 구독자를 모집하여 대금을 걸고 있던 마단지트(Madanjit) 씨가 마침 그 구역에 가 있었다. 그는 놀랄 만큼 겁 없는 사람이었다. 그는 이 희생자들을 보고 눈물을 흘리면서 내게 쪽지를 써보냈는데 대략 이런 내용이었다. "갑자기 흑사병이 터졌습니다. 즉시 오셔서 응급조치를 하셔야겠습니다. 그렇지 못하면 비참한 결과를 각오해야 할 것입니다. 곧 오시기 바랍니다."

마단지트 씨는 날쌔게 한 빈집의 자물쇠를 부수고 환자들을 모두 거기다 수용했다. 나는 자전거로 달려서 그곳으로 갔다. 그리고 읍사무장에게 편지를 써서 우리가 그 집을 쓰게 된 경위를 보고했다.

요하네스버그에서 개업하고 있던 의사 윌리엄 고드프리가 소식을 듣자마자 환자를 구원하러 곧 달려와서 간호사 겸 의사로서 환자를 돌봤다. 그러나 스물세 명의 환자를 우리 셋으로는 도저히 감당해낼 수가 없었다.

사람의 마음이 순결하면 재난이 닥쳐도 싸워줄 사람도 방법도 그 차 속에 실어가지고 온다는 것이 경험에 의한 나의 믿음이었다. 그때 나 는 내 사무소에 네 사람의 인도인을 두고 있었다. 그들의 이름은 칼얀 다스(Kalyandas), 마네클랄(Maneklal), 군반트라이(Gunvantrai), 데 사이(Desai) 등이었다. 칼얀다스는 그 아버지가 내게 데려다 맡겼는 데, 나는 칼얀다스보다 더 일을 잘 봐주고 절대 순종하는 사람을 남아 프리카에서 별로 만나본 일이 없다. 다행히 그때 그는 결혼하기 전이 었다. 그래서 나는 위험이 따르는 일을 서슴지 않고 그에게 시켰다. 마 네클랄은 내가 요하네스버그에서 구했는데, 그도 내가 기억하기로는 미혼이었다. 그래 나는 그 넷을 다 서기라 불렀거나 동료라고 불렀거 나, 아니면 아들이라 생각했기 때문에 희생시키기로 작정했다. 칼얀다 스에게는 의논할 필요도 없었다. 다른 사람들은 내가 묻자마자 쾌히 승낙했다. "선생님이 어디 계시든, 거기 저희도 있으렵니다." 짧고도 기특한 대답이었다.

리츠 씨는 대가족을 거느리고 있었다. 그는 즐거이 뛰어들 생각이었 지만 내가 말렸다. 나는 차마 그를 위험 속에 내놓을 수가 없었다. 그 래서 그는 위험지대 밖에서 일을 맡았다.

그날 밤은 정말 무서웠다. 경계와 간호로 꼬박 밤을 지샜다. 나는 많 은 환자를 간호해봤지만 흑사병에 걸린 환자 간호 경험은 없었다. 의 사 고드프리의 용기는 주위 사람들에게도 전파되었다. 간호는 그리 손 이 갈 것이 없었다. 환자들에게 약을 먹이고, 필요한 시중을 들어주고, 환자와 침대를 깨끗이 정돈하고, 그들을 격려해주는 것이 우리가 해야 하는 일의 전부였다.

젊은이들이 지칠 줄 모르는 열성과 두려움 없는 태도로 일하는 것을 보았을 때 나의 기쁨은 이루 말할 수 없었다. 의사 고드프리나 마단지트같이 경험이 있는 이들의 용기는 누구나 이해할 만하다. 그러나 이 애송이 같은 젊은이들이야!

내가 기억하기로, 우리는 환자 전원과 더불어 그날 밤을 무사히 넘겼다. 그러나 그 사건 전체가 비통한 것임은 그만두고라도 마음을 온통 사로잡아버리는 관심사인데다가 내게 한없는 종교적 의미가 있는 것이었으므로, 적어도 두 장을 더 써야겠다.

흑사병(2)

읍사무장은 빈집에 환자들을 수용한 데 대해 나에게 감사를 표했다. 그는 솔직히 읍의회는 그러한 위급한 사태에 즉각적으로 대처할 아무 방안도 가진 것이 없다고 고백했지만 자기들의 힘이 미치는 대로 모든 협조를 해주겠다고 약속했다. 일단 의무감에 눈을 뜨자, 시는 지체없이 응급 조치를 취했다.

다음 날 그들은 빈 창고를 하나 내 마음대로 쓰도록 내주면서 환자를 그리 옮기라고 했다. 그러나 시는 그 창고를 청소해주지는 않았다. 그 건물은 지저분하고 불결했다. 우리들은 그것을 직접 청소하고, 몇몇 인도인들의 사무소를 통해 침대 몇 개와 그밖의 필요한 물건들을 거두어들여 즉석에서 임시병원을 하나 만들었다. 시 당국은 간호사 한 명을 보내주었는데, 그는 브랜디와 그밖의 병원기구를 가지고 왔다. 의사 고드프리는 그냥 남아 있어 일을 보았다.

간호사는 친절한 부인으로, 자기도 환자 시중을 들겠다고 했다. 그러나 우리는 그가 감염이 돼서는 안 된다고 생각했으므로 될수록 환자를 만지지 못하게 했다.

우리는 환자들에게 브랜디를 자주 먹이라는 지시를 받았다. 간호사는 우리들까지도 예방으로 그것을 마시라고 했다. 그러나 우리 중에는 아무도 거기 손을 대려 하지 않았다. 나는 그것이 환자에게까지도 효력이 있다고는 믿지 않았다. 의사 고드프리의 허락을 얻어 브랜디를 먹으려 하지 않는 세 환자에게 흙 치료법을 실시했다. 젖은 흙을 바른 붕대를 그들 머리와 가슴에 붙였다. 그중 둘은 살아났고 나머지 스물한 사람은 창고 안에서 죽었다.

이러는 동안 시는 다른 조처를 하기에 바빴다. 요하네스버그에서 11킬로미터쯤 되는 곳에 격리된 병원이 하나 있었다. 살아난 두 환자를 그 병원 부근의 텐트로 옮기고 새로 나온 환자가 있으면 그리 보내도록 준비해놓았다. 그래서 우리는 그 일에서 놓여났다. 며칠 안 되어 우리는 그 사람 좋던 간호사가 감염되어 이내 죽었다는 것을 알았다. 어떻게 두 환자가 살아났으며 또 우리는 어떻게 감염이 되지 않았는지 그것을 말할 수는 없었다. 그러나 나는 실험으로 인해 흙 치료에 대한 신념을 굳혔고, 브랜디가 약으로서 효력 있다는 것을 믿지 않으려는 내 의심도 더 강해졌다. 그 신념도 그 의심도 다 확실한 근거가 있는 것이 아님을 나는 안다. 그러나 그때에 받은 인상을 지금도 가지고 있고, 그렇기 때문에 여기 말할 필요가 있다고 생각한다.

흑사병이 발생했을 때 나는 강경한 논조의 글을 신문에 발표하여, 시당국이 그 구역을 소유하게 된 후 청소를 게을리한 것은 잘못이며, 전염병의 발생에 관해서 시가 책임져야 한다고 주장했다. 이 글로 인해 나는 헨리 폴락(Henry Polak) 씨를 알게 되었고 도크(Doke) 목사와 우의를 맺는 계기가 되었다.

나는 앞서 내가 채식식당에서 식사한다는 말을 했다. 나는 거기서 앨버트 웨스트(Albert West) 씨를 만났다. 우리는 이 식당에서 저녁마다 만나서 식사 후에 산책을 나가곤 했다. 웨스트 씨는 조그만 인쇄소 직원이었다. 그는 신문에서 전염병 발생에 관한 내 글을 읽고, 식당에서 나를 만나지 못하자 불안한 마음이 생겼다.

내 동료와 나는 흑사병 발생 후 식사를 줄이고 있었다. 나는 오래 전부터 전염병이 도는 동안은 가벼운 식사를 하는 것으로 규칙을 삼고 있었기 때문이다. 그래서 그 기간에는 저녁을 거르고 있었다. 점심도 대개 다른 손님들이 오기 전에 마치곤 했다. 나는 식당 주인을 잘 알고 있었기 때문에, 내가 전염병 환자들을 간호하고 있으므로 될수록 친구 만나는 것을 피하고 싶다는 말을 해주었다.

한 이틀 나를 식당에서 만나지 못하자 웨스트 씨는 어느 날 아침 일찍 내가 바로 산책 나가려고 하는 참에 와서 문을 두드렸다. 내가 문을 열자 웨스트 씨는, "식당에서 뵐 수 없기에 무슨 큰일이라도 났나 하고 걱정했습니다. 그래서 댁에 계신 것을 확실히 알기 위해 아침 나절에 오기로 했습니다. 그건 그렇고 자, 나도 마음대로 써주세요. 나도 그 흑사병 환자들을 간호하겠습니다. 나는 아무도 딸린 식구가 없는 것을 아시지요?" 했다.

나는 감사하다는 말을 한 다음, 더 이상 생각할 것도 없이 대답했다. "나는 당신을 쓰지는 않겠습니다. 이제 새로 발생하는 환자만 없다면, 우리는 하루 이틀 내에 일이 없어질 것입니다. 그러나 한 가지 하실 일이 있습니다."

"그렇습니까? 그게 무엇입니까?"

"더반의 『인디언 오피니언』 인쇄를 좀 맡아주실 수 있겠습니까? 마단지트 씨는 아무래도 여기서 일해야 할 것 같습니다. 그래서 더반에 누가 있어야 하겠습니다. 당신이 만일 가주실 수만 있다면 나는 짐을 하나 벗겠는데요."

"내가 인쇄기 가지고 있는 것 아시지요? 아마 갈 수 있을 것 같습니다만, 확실한 대답은 저녁에 드리도록 해주실 수 있겠습니까? 저녁 산책 때 거기에 대해 이야기하도록 하십시다."

나는 기뻤다. 우리는 의논했고, 결국 그는 가겠다고 했다. 월급은 그에게는 문제 되지 않았다. 돈이 그의 동기가 아니었다. 그렇지만 매달 10파운드에, 이익이 있을 경우 그 일부를 나눠주기로 결정했다. 바로 그 이튿날 웨스트 씨는 외상 받을 것을 내게 맡기고 저녁 차로 더반을 향해 떠났다. 그날로부터 그는 내가 남아프리카의 해안을 떠나는 날까지 나와 고락을 같이하는 동료가 되었다.

　웨스트 씨는 링컨셔(Lincolnshire) 라우드(Louth)의 한 농가에서 태어났다. 그는 보통 정도의 학교 교육은 받았지만 많은 것을 경험과 자조의 힘으로 배웠다. 나는 언제나 그를 순결하고 진지하며 하나님을 두려워할 줄 아는 인간적인 사람으로 알고 있다.

　그와 그의 가정에 관해서는 다음의 장들에서 더 알게 될 것이다.

불길에 싸인 쿨리 구역

　내 동료와 나는 환자를 돌보는 일에서 벗어났지만, 흑사병 때문에 일어난 일들로 처리할 것이 많이 남아 있었다.

　이 구역에 대한 시당국의 태만에 대해 언급했지만, 그 시도 백인의 건강을 위해서는 눈을 환하게 뜨고 있었다. 시는 그들의 건강을 위해서 거액의 돈을 쓰고 있었는데, 이제 흑사병을 몰아내기 위해 돈을 물 쓰듯 했다. 나는 시당국의 책임이라고 지적한, 인도인에 대해 지은 수많은 죄악에도 불구하고 백인 시민을 위해 기울이는 시의 열성을 찬성하지 않을 수 없었다. 또 그 칭찬할 만한 노력에 대해 가능한 한 협조를 했다. 내가 받은 인상으로는 만일 내가 협력하지 않았다면 시는 사태를 수습하기 곤란했을 것이고, 따라서 무력의 사용조차 꺼리지 않았을 것이며, 최악의 상태에 이르렀을 것이었다.

　그러나 그 모든 것을 다 면하게 되었다. 시당국은 인도인들의 행동을 고맙게 생각했고, 따라서 흑사병에 대한 조처로 앞으로의 일은 매우 쉬워졌다. 나는 인도인들에게 영향력을 행사해 그들이 시가 요구하는 사항에 순응하도록 했다. 그것을 완전히 다하기는 인도인들로서는 결코 쉬운 일이 아니었다. 그렇지만 아무도 내 권고를 거부하지 않았다.

구역은 엄중한 경비 아래 놓여 허가 없이는 통행을 못하게 되었다. 내 동료들과 나만 자유롭게 드나들 수 있었다. 구역의 전주민을 철수시켜 요하네스버그에서 약 20킬로미터 떨어진 들판에 천막을 치고 3주일 동안 거기 있게 한 다음, 그 구역은 불태워버리도록 결정을 내렸다. 식량과 그밖의 일체의 필수품들을 갖추고 천막 안에 자리를 잡기까지는 시일이 좀 걸렸고, 그 동안은 경비를 하지 않으면 안 됐다.

사람들은 심한 공포에 사로잡혀 있었으나 내가 줄곧 같이 있는 것이 그들에게 위로가 되었다. 그 가난한 사람들 중에는 저축한 보잘것없는 돈을 땅속에 묻어두는 사람이 많았다. 그들에게는 은행이 없다. 은행이 뭔지도 모른다. 그래서 나는 그것을 파내게 했고, 내가 그들의 은행이 됐다. 돈 물결이 내 사무소로 흘러들었다. 이런 비상시에 그들에게서 일해준 대가로 돈을 받을 수는 없었다. 나는 내가 거래하는 은행의 지배인을 잘 알고 있었다. 나는 그에게 이 돈을 맡아달라고 했다. 은행들은 결코 수북한 동전, 은전을 받기를 원하지 않는다. 또 은행 직원들이 전염병 지역에서 온 돈을 만지려고 하지 않을 것이라는 염려도 있었다. 그런데도 지배인은 여러 모로 나의 편리를 봐주었다. 돈은 모두 소독한 다음 은행으로 보내기로 했다. 내가 기억하기에는 그렇게 해서 거의 6만 파운드의 돈이 저금이 됐다. 정기예금으로 맡겨둘 만한 여유가 있는 사람은 그렇게 하라고 권고했더니 받아들였다. 그 결과 그중 더러는 은행에 투자할 줄을 알게 되었다.

구역 주민들은 특별 열차로 요하네스버그 가까이에 있는 클립스프

룻 농장(Klipspruit Farm)으로 이동됐고, 거기서 그들은 시로부터 식량을 공급받았다. 이 천막촌은 마치 군대 야영지같이 보였다. 천막 생활에 익숙치 못한 주민들은 이러한 조처에 놀랐지만, 특별히 참아야 하는 불편이 있는 것은 아니었다. 나는 날마다 그들에게 자전거를 타고 갔다. 정착한 지 24시간도 안 되어 그들은 모든 불행을 다 잊고 즐겁게 살기 시작했다. 언제나 가보면 그들은 노래와 웃음 속에서 지냈다. 3주일 동안의 야외생활로 그들의 건강이 눈에 띄게 좋아졌다.

내가 기억하는 바 그 구역은 소개(疏開)한 바로 그 이튿날 불을 놔버렸다. 시는 그 불길 속에서 무엇을 건져내려는 기색은 없었다. 바로 그 시간, 같은 이유로, 시는 시장에 있던 시 소유의 재목을 몽땅 태워버렸다. 그 손실은 수십만 파운드에 달한다. 이같이 단호하게 조처한 이유는 시장에서 몇 마리의 죽은 쥐가 발견됐기 때문이었다.

시는 막대한 지출을 하지 않으면 안 됐지만 흑사병이 확대되는 것을 성공적으로 막았고, 그래서 또다시 안도의 숨을 쉬게 되었다.

책의 마력

흑사병으로 인해 불쌍한 인도인에 대한 나의 영향력은 증가되었고, 따라서 내 일과 책임도 증가되었다. 유럽인들과의 새로운 만남 가운데 어떤 것은 매우 긴밀한 것이었기 때문에 나의 도덕적인 의무를 상당히 더해 주었다. 내가 웨스트 씨를 알게 됐던 것과 같이, 채식식당에서 나는 폴락 씨를 알게 되었다. 어느 날 저녁 한쪽 테이블에서 식사하고 있던 청년 하나가 명함을 내게 보내면서 좀 만나고 싶다고 했다. 나는 그를 내 테이블로 오게 했다.

"저는 『더 크리틱』(*The Critic*) 지의 부발행인입니다." 그는 말했다. "신문에서 흑사병에 대한 선생님의 글을 읽고 꼭 뵙고 싶은 마음이 들었습니다. 이렇게 뵈니 참 기쁩니다."

폴락 씨의 솔직함이 나를 끌었다. 바로 그날 저녁 우리는 서로 알게 됐다. 인생의 근본적인 문제에서 우리는 서로 같은 견해가 있는 듯이 보였다. 그도 간소한 생활을 좋아했다. 그는 무엇이거나 자기 이성에 옳다고 느껴진 것을 실행에 옮기는 놀라운 능력을 지니고 있었다. 그가 자기 생애에서 실현한 것 중 어떤 것은 아주 극단적이요 즉각적인 것이었다.

『인디언 오피니언』은 날이 갈수록 경비가 늘어갔다. 웨스트 씨의 제1차 보고가 놀랄 만했다. 그는 이렇게 썼다. "이 사업이 선생님이 예상하셨던 이익을 얻게 되리라고는 기대하지 않습니다. 손해가 날까봐 걱정입니다. 장부는 엉망이 되어 있습니다. 받아야 할 외상이 꽉 밀렸는데 그 머리와 꼬리를 알 재주가 없습니다. 철저히 조사를 해봐야겠습니다. 그러나 놀라지는 마시기 바랍니다. 최선을 다해 바로잡아보겠습니다. 이익이 있건 없건 저는 계속하겠습니다."

웨스트 씨가 이익이 없다는 것을 알았을 때 곧 떠나버렸다 해도 나는 할말이 없었다. 그랬다 해도 그를 비난할 수는 없었다. 사실은 내가 그럴 만한 증거도 없이 그것이 이익 나는 사업이라 말한 데 대해 그는 고소라도 할 권리가 있었다. 그러나 그는 불평 한마디 하지 않았다. 그러나 웨스트 씨는 이 사실을 알고 나를 쉽게 믿어버리는 사람이라 생각한 듯한 인상을 받았다. 나는 마단지트 씨의 추산을 검토해보려고도 하지 않고 간단히 받아들였고, 웨스트 씨에게 이윤이 있을 것이라고 말했던 것이다.

나는 이제 공공사업을 하는 사람은 제가 확인하지 않는 말을 해서는 안 된다는 것을 알았다. 무엇보다도 진리의 애호자는 최대한 조심하지 않아서는 안 된다. 제가 충분히 검토해보지 않은 것을 다른 사람이 믿도록 내버려두는 것은 진리를 흐리게 하는 일이다. 이것을 알면서도 쉽게 믿는 나의 버릇을 정복하지 못했다는 것을 고백하지 않으면 안 된다는 것은 참으로 괴로운 일이다. 사람을 쉽게 믿는 것은 내가 실제로 할 수 있는 능력 이상으로 사업을 해보자는 야심이 있어서 그렇게 되는 것이다. 이 야심은 나 자신보다도 동료들에게 걱정 끼치는 일이 더 많았다.

웨스트 씨의 편지를 받고 나는 나탈을 향해 떠났다. 나는 폴락 씨를 전적으로 믿고 있었다. 그는 역까지 나와 전송해주면서 가는 동안에 읽으라고 책을 한 권 주고 갔다. 그는 내가 틀림없이 좋아할 것이라고 했다. 그것은 러스킨의 『이 나중 온 자에게도』(*Unto This Last*)였다.

그 책은 한번 읽기 시작하자 놓을 수가 없었다. 요하네스버그에서 더반까지는 스물네 시간의 여행이다. 기차는 밤에 도착했다. 나는 그날 밤 잠을 이룰 수가 없었다. 나는 내 생활을 그 책의 이상에 따라 바꾸기로 결심했다.

러스킨의 책을 읽은 것은 이것이 처음이었다. 내가 교육을 받고 있던 시절에는 교과서 외에는 사실상 아무것도 읽지 않았고, 내가 분주한 활동을 시작한 후는 독서할 시간이 별로 없었다. 그렇기 때문에 나는 책에 대한 지식이 별로 없다. 그렇지만 이러한 제한 때문에 내가 손해를 본 것이 많다고는 생각하지 않는다. 도리어 제한된 독서 때문에 내 읽는 것만은 충분히 소화할 수가 있었다고 할 수 있다. 그런 책 중에서 내 생애에 즉각적이고도 실천적인 변화를 가져다준 것이 바로 『이 나중 온 자에게도』다. 후에 이것을 구자라트 말로 번역하고 제목을 『사르보다야』(*Sarvodaya*: 모든 사람의 복리)라고 했다.

나는 나의 가장 깊은 확신 가운데 어떤 것들은 러스킨의 이 위대한 책속에 반영되어 있다고 믿고 있으며, 또 그랬기 때문에 그것이 나를 사로잡았고 내 생애를 변화시켰을 것이다. 시인이란 인간의 가슴속에 잠복해 있는 선(善)을 능히 불러일으키는 사람이다. 시인이 모든 사람을 감동시키는 것은 아니다. 모든 사람이 같은 천분을 타고 나오는 것은 아니기 때문이다.

『이 나중 온 자에게도』의 교훈을 나는 이렇게 이해했다.

첫째, 개인의 선은 전체의 선 속에 포함되어 있다는 것.

둘째, 변호사의 직업은 이발사의 직업과 꼭 같은 가치를 가진다. 모든 사람은 꼭 같이 제 직업으로 제 살아갈 것을 벌 권리가 있기 때문이라는 것.

셋째, 노동자의 생활, 즉 밭을 가는 자의 생활, 손으로 무언가를 만들어내는 자의 생활이 보람 있는 생활이라는 것.

그 첫째는 내가 알고 있었다. 둘째는 어렴풋이 알고 있었다. 셋째는 생각한 적이 없었다. 『이 나중 온 자에게도』는 둘째와 셋째가 첫째 속에 포함되어 있다는 것을 나에게 대낮같이 밝혀주었다. 동트는 것과 동시에 일어나면서 이 원리를 실천에 옮길 준비를 하고 있었다.

피닉스에 정착

나는 모든 것을 웨스트 씨에게 말했다. 『이 나중 온 자에게도』가 내 마음속에 일으킨 변화를 말한 다음 이렇게 제안했다. 『인디언 오피니언』을 어떤 농장으로 옮길 것, 거기서는 모든 사람이 노동할 것, 생활비는 다같이 부담할 것, 출판 일은 여가에 할 것. 웨스트 씨는 그 제안에 찬성하고, 인종, 국적에 관계없이 매달 급여는 3파운드로 했다. 그러나 열, 또는 그 이상 되는 인쇄 종업원들이 다 외딴 시골 농장에 가서 살기를 동의하며, 겨우 목숨이나 부지하는 그 살림에 만족할까가 문제였다. 그래서 우리는 지금 그 제안에 따라 형편이 못 되는 사람은 계속 월급을 받도록 하고 점차로 정착 회원이 되는 이상에 이르도록 하자는 계획을 세웠다.

나는 종업원들에게 이 계획에 관해서 설명했다. 그러나 마단지트 씨의 마음에는 들지 않았던 모양이다. 그는 내 계획을 어리석은 것이라 하고 자기의 모든 것을 걸고 했던 모험을 무너뜨려버리는 것이며, 종업원들은 사퇴하게 되고, 『인디언 오피니언』은 중단될 것이며, 따라서 출판사는 문을 닫게 될 것이라고 생각했다.

출판사에서 일하는 사람 중에는 사촌인 차간랄 간디(Chhaganlal Gandhi)가 있었다. 나는 내 계획을 그에게도 말했다. 그는 아내와 자녀들이 있었으나 어릴 때부터 내 밑에서 수양을 하고 일하기로 결심했다. 그는 나를 전적으로 믿었다. 그래서 아무 이의도 없이 그 생각에 찬성하고 전과 같이 나와 함께 있기로 했다. 기술자 고빈다스와미(Govindaswami)도 그 계획을 받아들였다. 나머지 사람들은 찬성은 아니했으나, 출판사를 어디로 옮기든지 따라가기로 동의했다.

사람들과 이 문제를 매듭짓는 데 이틀 이상 걸렸다고는 생각하지 않는다. 그 다음 나는 곧 더반 교외 철도역 부근에 있는 땅을 구한다는 광고를 냈다. 피닉스에 있는 땅을 팔겠다는 제안이 들어왔다. 웨스트 씨와 나는 가서 그 토지를 조사해봤다. 1주일 내로 우리는 20에이커의 땅을 샀다. 그 안에는 조그만 맑은 샘이 있고, 몇 그루의 오렌지나무와 망고나무가 있었다. 그것과 잇대어서 80에이커짜리 땅이 있었는데 거기는 더 많은 과수와 낡아빠진 오두막이 하나 있었다. 우리는 그것도 마저 샀는데, 모두 합하여 1,000파운드였다.

루스톰지 씨는 언제나 이런 사업에서 나를 지지해주었다. 그는 이 계획을 좋아했다. 그는 큰 창고의 중고 골함석판과 그외의 건축자재를 나더러 마음대로 쓰라고 했다. 그것을 가지고 우리는 곧 일을 시작했다. 보어 전쟁 때 나와 같이 일했던 인도인 목수 몇 사람과 석공들이 인쇄를 위한 헛간을 세우는 데 도와주었다. 길이 72피트, 넓이 50피트의 건물이 한 달이 못 되어 이루어졌다. 웨스트 씨와 그밖의 사람들이 제각기 큰 모험을 해가면서 목수들과 석공들과 같이 지냈다. 그곳은 풀이 우거지고 뱀이 들끓어 확실히 위험한 곳이었다. 처음에는 모두 천막에서 살아야 했다. 우리는 약 한 주일 동안에 모든 것을 피닉스로 실어왔다. 거기는 더반에서 22킬로미터요, 피닉스 역에서 4킬로미터였다.

『인디언 오피니언』의 한 회분은 밖에서, 즉 머큐리 인쇄소에서 인쇄해야 했다.

이제 나는 나와 함께 인도를 떠나와 한번 잘살아보려고 여러 가지 사업에 종사하고 있는 친척들, 친구들을 피닉스로 끌어들이려고 힘을 썼다. 그들은 다 돈을 벌려고 온 사람들이므로 설득하기가 어려웠다. 그러나 더러는 들었다. 그중에서 나는 여기 마간랄 간디의 이름만을 들 수 있다. 다른 사람들은 모두 다시 사업으로 돌아갔는데 마간랄 간디만은 사업을 그만두고 선을 위해 나와 운명을 같이하기로 나섰다. 내가 하는 도덕적 실험에서 그 소질로나 희생과 헌신에서나 당초의 나의 동지들 가운데 가장 으뜸이었다. 스스로 익힌 수공업자로서의 그의 지위는 그들 사이에서 단연 뛰어난 것이었다.

그와 같이 해서 피닉스 정착단은 1904년에 시작됐고, 이것저것 여러 가지 일이 있었지만 『인디언 오피니언』은 계속 발간이 됐다. 그러나 그 초기의 난관들, 일어난 변화, 그 희망과 실망에 관하여는 다른 장에서 말하기로 한다.

첫날 밤

피닉스에서 발행되는 『인디언 오피니언』의 첫 호는 참 어렵게 냈다. 내가 만일 두 가지를 미리 준비하지 못했더라면 그 첫 호는 못 냈든지 그렇지 않으면 늦어지든지 했을 뻔했다. 인쇄기를 돌리기 위해 발동기를 구하자는 생각에 나는 찬성하지 않았다. 농삿일을 손으로 하는 처지에서 사람 힘으로 돌리는 것이 더 격에 맞는 일이라고 생각했다. 그러나 그것은 실행될 것 같지 않았으므로 우리는 석유 발동기 한 대를 설치했다. 그래도 나는 엔진이 고장날 경우를 생각해서 웨스트 씨에게 손쉽게 대용될 수 있는 장치를 해두라고 일렀다. 그래서 그는 손으로 돌릴 수 있는 바퀴를 하나 만들었다.

피닉스같이 외진 곳에서는 일간신문의 규모는 맞지 않는다고 생각됐기 때문에 크기를 절반으로 줄였다. 그래서 비상시에는 페달을 밟아서 인쇄할 수가 있었다.

초기에 우리 모두는 발행 전날까지 밤늦도록 일해야 했다. 젊은이 늙은이 할 것 없이 종이 접는 일을 도와야 했다. 보통 밤 10시에서 자정이 되어야 일이 끝났다. 그러나 그 첫날 밤은 잊을 수 없다. 조판은 다 됐는데 엔진이 돌아가려고 하지 않았다. 더반에서 엔진을 고칠 수 있는 기술자를 한 사람 구해왔다. 그와 웨스트 씨가 있는 힘을 다해보았건만 허사였다. 모두가 속이 탔다. 웨스트는 낙심이 되어 마지막에 나한테 와서 눈물을 글썽이면서, "엔진이 돌지 않습니다. 아무래도 신문을 제 시간에 못 낼 것 같습니다" 했다.

"정말 그렇다면 할 수 없지요. 눈물을 흘릴 필요는 없습니다. 우리가 할 수 있는 것은 다해봅시다. 그 손바퀴는 어때요?" 그를 위로하면서 말했다.

"일할 사람이 있어야지요?" 그는 대답했다. "우리로서는 도저히 못 해냅니다. 그것을 하려면 네 사람씩 교대로 일해야 하는데 우리들은 다 지쳤습니다."

건축작업이 아직 끝나지 않았으므로 목수들이 아직 우리와 같이 있었다. 그들은 인쇄소 마루에서 자고 있었다. 나는 그들을 가리키면서 말했다. "저 목수들을 좀 이용할 수 있지 않아요? 그리고 우리는 밤새도록 하기로 하고. 그렇게 한번 해볼 만한데."

"저는 그 목수들을 감히 못 깨우겠습니다. 그리고 우리들도 정말 너무 지쳤습니다."

"그럼 그 의논은 내가 해보지요."

"그렇게 해주신다면 우리도 어찌 해볼 수 있겠습니다."

나는 목수들을 깨우고 협력을 요구했다. 그들에게 간청할 필요도 없었다. 그들은, "위급한 때에 못 불러주신다면 우리를 뭣에 쓸 것입니까? 선생님은 쉬세요. 우리가 그 바퀴를 돌리겠습니다. 저희들에게는 어려운 일이 아닙니다" 했다. 우리들은 물론 문제없었다.

웨스트는 신이 나서 일을 시작하자마자 찬송가를 부르기 시작했다. 나도 목수들 틈에 끼고 나머지 사람이 번갈아가면서 오전 7시까지 일을 했는데, 할 일이 많이 남았다. 그래서 나는 웨스트에게 기관수를 깨워서 다시 한 번 발동을 걸어보게 하라고, 그러면 혹시 시간 내에 되지 않을까 하고 말하였다.

웨스트가 그를 깨우자 그는 곧 기관실로 갔다. 그런데 이게 웬일인가! 그가 손을 대자마자 엔진이 움직이지 않는가! 신문사 전체가 기쁨의 환성으로 울렸다. "이게 어떻게 된 일이오? 간밤에 우리가 그렇게 애를 썼는데도 소용이 없었는데, 오늘 아침 마치 아무 일도 없었던 듯 돌기 시작하니 어떻게 된 거요?" 나는 물었다. "말로 할 수 없습니다." 웨스트였는지 기관수였는지는 잊었지만 누군가가 이렇게 말했다. "기계도 아마 어떤 때는 우리처럼 좀 쉬어야 하는 것 같습니다."

내게는 기계 고장이 우리 모두를 시험하기 위해 왔던 일인 것 같고 아주 아슬아슬한 순간 그것이 다시 돌아가기 시작한 것은 우리의 정직하고 진실한 노력의 결과라고 생각되었다.

신문은 제 시간에 배부됐고, 모든 사람은 기뻐했다.

이 최초의 강행은 신문을 꼭 정기적으로 발행한다는 방침을 굳히게 했고, 피닉스 안에 독립 자존의 분위기를 만들어주었다. 한때는 우리가 일부러 기관의 사용을 중지하고 손으로만 했던 때가 있었는데, 나는 그것이 피닉스가 도덕적으로 최고조에 달했던 때라고 생각한다.

모험에 뛰어든 폴락 씨

피닉스에 정착을 시작한 것은 나인데, 정작 내가 그곳에 있었던 것은 잠깐밖에 안 되기 때문에 그것이 늘 유감이다. 나의 본래의 이상은 점차 변호사 직업을 그만두고 정착단 속에서 살면서, 육체 노동으로 내 생활비를 벌고 피닉스의 완성을 위해 봉사하는 가운데 즐거움을 얻자는 것이었다. 그러나 그렇게 되지 않았다. 내 경험에 비추어보면 사람이 계획을 세우지만 하나님이 그것을 바꿔버리시는 일이 많다. 그러나 그러면서도 궁극적인 목적이 진리를 탐구하는 데 있기만 하면 아무리 그 사람의 계획이 실패했다 하더라도 결말은 절대로 해로운 것이 아니고 도리어 기대했던 것보다 더 좋게 된다. 피닉스에서 취한 예상하지 못했던 전환과 예상하지 못했던 사건의 발생도 당초의 기대보다 좋다고 하기는 어렵지만 분명히 손해는 아니었다.

각자가 다 육체 노동으로 생계를 유지할 수 있게 하기 위해, 우리는 인쇄소 주변의 땅을 각 사람마다 3에이커씩 분배했다. 그중 하나가 내 몫으로 떨어졌다. 이 땅 하나하나에 본래의 우리 뜻과는 반대로 골함석판으로 집을 지었다. 우리 소원은 진흙 막에다 짚을 넣든지, 그렇지 않으면 보통 농부에게 맞는 조그만 벽돌집을 지으려 했는데 그렇게 되지 않았다. 그것이 돈도 더 들고 시간도 더 들었다. 그런데 사람들은 모두 하루 빨리 안주하고 싶어했다.

발행인은 아직도 만수클랄 나자르였다. 그는 새 계획에 찬성하지 않고, 『인디언 오피니언』의 지사가 있는 더반에서 신문을 감독하고 있었다. 우리는 식자공을 고용하고 있었지만, 이상은 정착 단원 모두가 식자기술을 배우는 일이었다. 그것은 인쇄 과정에서 가장 지루하지만 가장 쉬운 기술이었다. 그래서 아직 그것을 알지 못하는 사람은 그것을 배워야 했다. 마간랄 간디는 누구보다도 잘했다. 그는 인쇄소에서 일해 본 적이 없으면서도 숙련된 식자공이 됐고 대단히 빠른 속도로 했을 뿐 아니라, 내가 놀란 것도 무리가 아닌 것은 인쇄 작업의 다른 기술까지 신속히 익혀버렸다는 사실이다. 내가 보기에 그는 자신의 재능을 언제나 의식하고 있는 것 같지 않았다.

건물이 겨우 완성이 되자마자 나는 그 새로 지은 둥지를 떠나 요하네스버그로 가야 했다. 나는 그곳 일을 돌보지 않고 얼마 동안이라도 그냥 내버려둘 수 있는 처지가 아니었다.

요하네스버그에 돌아가자 나는 폴락을 만나 내가 행한 그 중요한 변화에 대해 말해주었다. 그는 자기가 빌려준 책이 그렇게 큰 열매를 맺게 된 것을 알고 한없이 기뻐했다. "그 새 모험에 내가 참가하면 안 됩니까?" 그는 물었다. 나는 "되고말고요. 그 정착단에 들어오시고 싶으면 오셔도 좋습니다" 했다. "저는 언제라도 좋습니다. 선생님이 허락만 하신다면" 하고 그는 대답했다.

그의 결정은 내 마음을 사로잡았다. 그는 『더 크리틱』 신문사를 사직하고 지체하지 않고 피닉스로 왔다. 그의 사교성은 모든 사람의 환심을 샀고 곧 가족의 한 사람이 됐다. 그는 천성이 아주 간소한 것을 좋아하기 때문에 피닉스의 생활을 조금이라도 이상하다거나 어렵게 생각하기는 고사하고 오리가 물에 들어가듯 그것을 받아들였다. 그러나 나는 그를 거기 오래 잡아둘 수 없었다. 리츠 씨가 영국에 가서 법률공부를 끝내기로 작정해서 사무실 일을 나 혼자서는 도저히 처리할 수 없었다. 그래서 나는 폴락을 보고 사무소에 와서 변호사로 일해주면 어떻겠느냐고 제의했다. 결국 우리는 둘 다 물러나서 피닉스에 주저앉자는 것이 내 생각이었는데 끝내 그렇게 되지 못하고 말았다.

폴락은 신뢰감이 아주 강한 사람이기 때문에 친구를 한 번 신뢰하고 난 다음에는 그와 변론하려고 하기보다는 될수록 합의해 나가려고 했다. 그는 피닉스에서 편지를 보내면서 이렇게 말했다. 그는 그곳 생활을 좋아하고 온전히 마음에 들지만, 그리고 그 정착단을 발전시키고 싶은 희망을 가지고 있지만, 만일 내가 그렇게 함으로써 우리가 더 빨리 우리 이상을 실현할 수 있다고 생각한다면 자기는 기꺼이 거기를 떠나 사무소로 가서 변호사 자격으로 같이 일을 하겠다고 했다. 나는 그 편지를 충심으로 환영했다. 폴락은 피닉스를 떠나 요하네스버그로 와서 나와의 서약서에 서명했다.

바로 그 무렵 내가 지방 변호사 시험의 지도를 해주었던 일이 있는 스코틀랜드 신지학파 회원 하나가 폴락의 예를 따라 내가 초청하는 대로 와서 계약서기로 같이 일하게 되었다. 그의 이름은 매클린타이어 (Maclintyre)였다.

이와 같이 나는 피닉스에서 빨리 이상을 실현해보자는 훌륭한 목적을 가지면서 점점 역류 속으로만 깊이깊이 들어가는 듯이 보였다. 만일 하나님이 달리 원하시지 않았다면, 나는 이 간소한 생활이라는 이름으로 쳐놓은 그물에 걸려들고 말았을 것이다.

아직도 몇 장을 더 나가야만 나와 내 이상이 어떻게 구원됐는지를 이야기하게 될 것이다.

하나님이 보호하시는 사람

이제 나는 가까운 장래에 인도로 돌아간다는 희망은 다 내버렸다. 나는 전에 아내에게 1년 이내로 고향으로 돌아간다는 약속을 했다. 돌아갈 아무 전망도 없이 그 1년은 다 지났으므로 나는 아내와 아이들을 돌려보내기로 결정했다.

그들을 태우고 남아프리카로 오던 배 위에서 셋째아들 람다스 (Ramdas)는 선장과 장난하다가 팔이 부러진 일이 있었다. 선장은 아이를 잘 보살펴주고 선의(船醫)에게 치료 받게 해주었다. 람다스는 팔을 붕대로 걸어매고 배에서 내렸다. 의사는 우리더러 집에 가닿는 대로 전문의사에게 치료 받아야 한다고 일러주었다. 그러나 그때는 내가 흙 치료를 전적으로 믿고 있던 때였다. 나는 내 의뢰인 중 몇 사람을 설득하는 데 성공하여 그들은 흙과 물로 치료하는 나의 엉터리 의술을 아주 신뢰하고 있었다.

그러니 람다스에게는 어떻게 하지? 그애는 겨우 여덟 살이었다. 나는 아이보고 내 치료를 받겠느냐고 물었다. 애는 빙그레 웃으면서 그렇게 하겠노라고 했다. 그 나이의 애가 무엇이 가장 좋겠는지를 판단하기는 불가능한 일이다. 그러나 그도 엉터리 치료와 옳은 치료의 차이는 잘 알고 있었다. 그리고 아이는 내가 가정요법을 하고 있는 것을 알아서 내게 자기를 맡길 만큼 확실히 믿고 있었다. 나는 조심조심 떨면서 붕대를 풀고 상처를 씻은 다음 깨끗한 흙을 이겨 붙이고 다시 팔을 싸맸다. 그런 치료를 매일 해서 한 달쯤 되니 상처는 완전히 나았다. 아무런 후유증도 없고 선의가 정상적인 치료를 받아서 낫는 데 들 것이라고 했던 시간보다 더 든 것도 없었다.

이것과 또 그밖의 실험은 이와 같은 가정요법에 대한 내 믿음을 강화시켰고, 나는 더 큰 자신을 가지고 그것을 해갔다. 나는 그 적용범위를 넓혀서 흙과 물과 단식으로 하는 치료를 각종 상처, 열병, 소화 불량, 황달, 그밖의 가지가지 병에다 적용했고 대개의 경우 성공했다. 그러나 지금은 남아프리카에서 가졌던 그런 자신감은 가지고 있지 않으며, 그럴 뿐 아니라 경험해본 바에 의하면 그런 실험에는 위험이 따른다는 것까지 알고 있다.

그렇기 때문에 여기서 그 말을 하는 것은 그같은 성공을 자랑하자는 것이 아니다. 어떠한 실험에도 나는 완전히 성공했다고 할 수 없다. 의사조차도 자기 실험에 대해 그런 장담을 할 수는 없을 것이다. 내 목적은 누구나 새로운 실험을 하려고 할 때는 우선 자신부터 해보아야 한다는 것을 알리려는 것이다. 그렇게 하면 진리를 속히 발견할 수 있다. 하나님은 언제나 정직한 실험자를 보호하신다.

유럽인들과의 친밀한 관계를 넓혀가려는 실험 속에 내포된 모험도 자연요법 실험 속에 있던 것이나 마찬가지로 중대한 것이었다. 다만 그 모험의 종류가 다를 뿐이다. 그러나 그 관계를 넓히려고 하는 데 나는 모험이란 생각을 해본 일이 없다.

나는 폴락에게 와서 같이 살자고 초대했고, 우리는 친형제같이 지내기 시작했다. 폴락 부인이 되기로 예정되었던 여자는 그와 약혼을 한 지 몇 해가 되는데 결혼은 적당한 때에 하기로 연기했던 모양이다. 폴락은 결혼 전에 돈을 좀더 마련하려 했던 듯이 보였다. 그는 러스킨을 나보다 더 잘 알고 있었다. 그러나 그의 서양적인 환경이 그가 러스킨의 교훈을 즉시로 실천에 옮기는 데 장애가 되었다. 나는 그에게 권고하기를, "당신들 경우같이 마음이 하나가 된 경우 단지 재정적인 문제 때문에 결혼을 연기한다는 것은 잘못이오. 만일 가난이 장애라면 가난한 사람들은 결혼도 못 하겠소. 그리고 당신은 지금 나와 같이 있소. 생활비 문제란 없소. 될수록 속히 결혼하는 것이 나는 옳은 줄 아오" 했다.

내가 이미 말했듯이, 나는 폴락과 어떤 문제를 두 번 이상 토론해본 일이 없다. 그는 내 말의 진의를 이해하고 즉시 그 문제에 대해 그때 영국에 있던 약혼자와 연락을 시작했다. 그녀는 기뻐하며 곧 그 제의를 받아들이고 몇 달 안 되어 요하네스버그로 왔다. 결혼식 비용이란 문제될 여지도 없고 특별한 옷차림조차 필요하다고 생각지 않았다. 그들은 종교적 의식을 올렸고 도장을 찍을 필요도 없었다. 폴락 부인은 기독교 가정에서 났고 폴락은 유대인이었다. 그들 종교의 공통점은 윤리의 종교였다.

이야기하는 김에 이 결혼식에 관련된 재미있는 일을 하나 말해야겠다. 트란스발의 유럽인 혼인에 대한 등록 직원은 흑인이나 유색 인종 사이의 결혼에 대해서는 등록을 해줄 수 없게 되어 있었다. 이 결혼에서는 내가 친구 대표였다. 그 목적을 위해 유럽인 친구에게 부탁할 수 없어서가 아니라, 폴락이 그렇게 하자는 의견을 허락하지 않았기 때문이었다. 그래서 우리 셋이 등록 직원한테로 갔다. 내가 친구 대표가 된 이 결혼의 신랑 신부가 백인이란 것을 그가 어떻게 믿을 수 있을까? 그는 조회해볼 때까지 등록을 연기하자고 했다. 다음 날은 일요일이었고 그 다음 날은 신년으로 공휴일이었다. 그런 대수롭지 않은 일 때문에 엄숙히 마련된 결혼식 날짜를 연기한다는 것은 견딜 수 없는 일이었다. 나는 그 등록국의 국장인 지사를 잘 알고 있었다. 그래서 신혼부부를 데리고 그에게로 갔다. 그는 웃으면서 등록 직원에게 보내는 쪽지를 한 장 써주었다. 그래서 결혼등록은 그 자리에서 되었다.

지금까지 나와 함께 있던 유럽인들은 그전부터 안면이 있는 사람들이었다. 그러나 이번엔 전혀 생소한 영국 부인이 이 가족 속에 들어왔다. 우리가 신혼부부와 어떤 불화가 있었다는 기억은 전혀 없고, 설사 폴락 부인과 내 아내 사이에 어떤 불유쾌한 경험이 있다손치더라도, 그것은 아주 잘 통솔이 된 동질적인 가족 사이에서 일어난 것 이상의 것은 아니었을 것이다. 그리고 기억할 것은, 우리들은 근본적으로 이질적인 가족이라는 점이다. 거기는 가지각색의 사람과 각양각색의 성격들이 마음대로 들어오는 곳이다. 우리가 생각할 때 동질, 이질 사이의 차이란 공연한 상상의 부산물임을 알 수 있다. 우리는 다 한가족이다.

이 장에서 웨스트의 혼인도 기념하는 것이 좋겠다. 내 생애의 이 단계에서는 아직 브라마차리아에 대한 내 생각이 완전히 성숙되지 못했고, 그래서 나는 내 총각 친구들을 결혼시키는 데 흥미를 느끼고 있었다. 웨스트가 여가를 틈타 루스에 있는 부모를 찾았을 때 나는 될 수 있는 대로 결혼하고 돌아오라고 일러주었다. 피닉스는 공동의 가정이었고, 우리는 모두 농부가 될 것을 생각하고 있었기 때문에 결혼과 의례에 따르는 그 결과는 조금도 겁내지 않았다. 웨스트는 아름답고 젊은 부인을 데리고 돌아왔다. 그 부인은 레이스터의 한 공장에서 일하는 양화공 가정에서 태어났다. 웨스트 부인 자신도 그 공장에서 일한 경험이 있었다.

내가 그녀를 아름답다 한 것은, 내가 대번에 매력을 느낀 그녀의 도덕적인 아름다움 때문이었다. 아름다움은 결국 마음의 순결에 있다. 웨스트 씨와 함께 그의 장모도 오셨다. 그 나이 많은 부인은 아직도 살아 계시다. 그 할머니는 부지런하고, 낙천적이고, 쾌활한 성격으로 우리들을 부끄럽게 했다.

나는 이들 유럽 친구들을 설득해 결혼하게 했던 것같이, 또 인도인 친구들도 고향에서 가족을 데려오도록 권장했다. 피닉스는 그렇게 해서 하나의 조그만 마을로 발전했다. 여섯 가구가 와서 정착함으로써 불어나기 시작했던 것이다.

가정을 들여다봄

이미 보아온 대로 가정 살림에 비용이 많이 들기는 했지만, 더반에서부터 간소한 생활이 시작됐다. 그런데 요하네스버그의 집은 러스킨의 교훈에 비추어 더 엄격한 검토를 받았다.

나는 고등법원 변호사로서 가능한 한 간소한 생활을 해보았다. 어느 정도의 가구는 없을 수 없었다. 외적 변화보다 내적 변화가 많았다. 모든 육체 노동을 몸소 하고 싶어하는 마음이 더욱 늘었다. 그래서 아이들도 그 훈련을 시켰다.

빵집의 빵을 사지 않고 쿠네의 요리법에 따라 발효하지 않은 순수한 밀가루 빵을 집에서 만들기로 했다. 보통 제분소의 밀가루는 적당치 않았고, 손으로 간 것이 간소한 생활에도 건강에도 경제적으로도 더 나으리라는 생각에 나는 7파운드를 주고 손 제분기를 하나 샀다. 쇠바퀴가 너무 무거워서 혼자서 돌리기는 힘들고 두 사람이 함께 해야 쉬웠다. 폴락과 나 그리고 아이들이 보통 그 일을 했고, 이따금은 아내가 손을 빌려주기도 했다. 폴락 부인이 온 후로는 그녀도 같이했다. 그 일은 아이들에게도 좋은 운동이 됐다. 이것이나 또 그밖의 어떤 일도 명령을 해서 하는 것은 아니었다. 심심풀이로 와서 거들어주는 것이요, 힘들면 언제라도 가도 좋았다. 그러나 아이들은 일반적으로 나를 실망시키지 않았다. 그 아이들 중에는 다음에 다시 이야기할 기회가 있는 사람도 있다. 느림보가 전혀 없었다는 것은 아니다. 그러나 대개는 제 일들을 즐거운 마음으로 했다. 일을 피하고 힘이 들어 못하겠다고 하는 아이들은 별로 없었다.

집안일을 돌보기 위해 우리는 하인을 하나 두었다. 그는 가족의 하나로 우리와 같이 살았고, 아이들이 그의 하는 일을 도와주곤 했다. 분뇨는 시 청소부가 쳐갔지만, 변소 청소는 하인이 하기를 기다리지 않고 우리 스스로 했다. 이것이 아이들에게는 좋은 교육이 됐다. 그 결과 우리 아이들은 청소부의 일을 싫다고 생각하는 일이 없었고 그래서 일반적인 위생의 습관이 잘 닦여졌다.

요하네스버그의 집에서는 병이 나는 일이 별로 없었으나 혹시 환자가 생기면 아이들이 즐겨 간호했다. 내가 그애들의 학문 교육에 대해 무관심했다고 하고 싶지는 않으나 사실 나는 그것을 희생하는 것을 꺼리지는 않았다. 그러므로 우리 아이들이 나를 원망하는 데는 이유가 없지 않다. 사실 이따금 그런 소리를 하기도 하지만 어느 정도는 내 죄가 있다고 해야 할 것이다. 애들에게 학문 교육을 시키자는 생각은 있다. 그것을 나 자신이 해보려고 노력해보기도 했다. 그러나 그럴 때마다 이것저것 장애가 있었다.

그애들에게 개인교습을 시킬 별다른 조처를 한 것이 없기 때문에 보통 나는 그애들을 데리고 걸어서 사무소까지 갔다오곤 했다. 그곳은 8킬로미터 정도의 거리였다. 그렇게 하면 아이들에게 상당한 운동이 됐다. 그렇게 걷는 동안 내가 마음을 써야 하는 일만 없으면 회화를 통해 가르쳐보려고 했다. 인도에 떨어져 있었던 맏아들 하릴랄(Harilal)을 제외하고는 내 아이들은 다 이런 식으로 요하네스버그에서 가르쳤다. 내가 만일 최소한 한 시간씩만이라도 그들의 학문 교육에 쓸 수가 있었다면, 내 의견으로는 그들에게 이상적인 교육을 할 수 있었을 것이다. 그러나 내가 그들에게 학문 교육을 넉넉히 해줄 수 없었던 것은 그애들에게도 내게도 유감이다.

내 맏아들은 그 고민을 사적으로는 내 앞에서, 공적으로는 신문에서 자주 털어놓았다. 다른 아이들은 그 실패를 불가피한 것이라고 너그럽게 용서해주었다. 나는 그 때문에 상심하는 것은 아니고, 유감이 있다면 내가 이상적인 아버지가 되지 못했다는 점이다. 그러나 나는 그들의 학문 교육을, 내가 잘못인지 모르지만 내가 진정으로 전체를 위한 봉사라고 믿는 것을 위해 희생했다고 생각한다. 내가 그애들의 성격 형성에 필요한 것을 해주기를 게을리하지 않았다는 것만은 분명하다. 그것을 옳게 해주는 것이 모든 부모의 본분이라고 나는 믿는다. 나의 노력에도 불구하고 내 자식에게 부족한 것이 있을 때는, 그것은 내가 그들에 대한 관심이 부족했음을 의미하는 것이 아니라 부모 모두에게 결함이 있음을 나타내는 것이라고 나는 분명히 확신한다.

아이들은 부모의 신체적 특색 못지않게 그 소질을 물려받는다. 환경이 물론 중요한 역할을 하지만, 아이가 그것을 기초로 삼고 인생을 시작하는 근본적인 밑천은 조상으로부터 유전되어오는 것이다. 나는 또 아이들이 나쁜 유전을 잘 이겨나가는 것도 보았다. 그것은 심령의 고유한 속성인 순결 때문에 되는 것이다.

폴락과 나는 종종 아이들에게 영어를 교육하는 것이 옳으냐 그르냐 하는 데 대해 열띤 토론을 벌였다. 나는 언제나 인도인 부모가 자기네 아이들을 어릴 때부터 영어로 생각하고 말하도록 가르치는 것은 그 아이들에 대해서나 조국에 대해서나 옳지 않은 행위라고 확신하고 있다. 그들은 그 아이에게서 민족의 정신적, 사회적 유산을 박탈하고, 그리하여 그만큼 나라를 위한 봉사에 적응할 수 없게 만들고 있다. 이런 확신을 가졌기 때문에 나는 언제나 내 아이들과 말할 때는 반드시 구자라트어로 한다. 폴락은 그것을 좋아하지 않았다. 그는 내가 아이들의 장래를 망치고 있다고 생각했다. 그는 정력과 애정을 다해서 아이들이 영어와 같은 세계 공통의 언어를 어릴 때부터 배운다면 인생의 경쟁에서 남보다도 상당히 유리한 자리에 서게 될 것이라고 주장했다. 그는 내게 확신을 주지 못했다. 나는 나의 태도가 옳다는 것을 그에게 납득시켰는지, 아니면 그가 나를 너무도 완고하다고 단념하고 말았는지 지금 기억할 수 없다. 이것은 20년쯤 전에 있었던 일인데, 내 확신은 경험에 의해 더 깊어졌을 뿐이다.

우리 아들들은 충분한 학문 교육을 못 받은 탓으로 고통스러워했지만, 그들이 자연적으로 습득한 모국어의 지식은 그들 자신에게도 또 나라에도 이득이 됐다. 그렇지 않았더라면 외국인처럼 보였을 터인데 그렇게는 안 됐으니 말이다. 그들은 영어도 상당히 쉽게 말하고 쓰고 할 수 있게 됐으니 자연히 두 가지 국어를 하는 사람이 됐다. 그것은 그들이 넓은 범위의 영국 친구들과 날마다 접촉했기 때문에, 또 주로 영어를 많이 쓰는 나라에 가서 살았기 때문에 된 일이다.

줄루 반란

요하네스버그에 자리 잡고 앉았노라고 생각한 후에도 나는 안정된 생활을 할 수 없었다. 이제는 평안히 숨 쉬게 될 거라고 생각할 바로 그때 예기치 못했던 사건이 일어났다. 신문에서는 나탈에서 줄루(Zulu)의 '반란'이 일어났다고 보도했다. 줄루인에 대해 나는 아무 원한도 없었다. 그들은 인도인을 해친 일이 없다. 나는 반란 그 자체를 의심했다. 그러나 당시 나는 대영제국은 세계 평화를 위해서 있는 것이라고 믿었다. 순수한 충성심에서 제국에 불길한 일이 일어나기를 바랄 수는 없었다. 그러므로 '반란'의 정당성 여부가 내 결정에 그다지 영향을 미칠 수 없었다. 나탈에는 지원 방위군이 있었는데 그것은 지원병을 증원할 수 있는 권한을 가지고 있다는 보도를 보았다.

나는 나탈과 긴밀한 관계를 맺고 있었으므로 나 자신을 나탈 시민으로 생각했다. 그래서 지사에게 편지를 보내, 만일 필요하다면 나는 즉시 인도인 야전 위생대를 조직할 용의가 있다고 했다. 그는 곧 회답을 보내 그것을 받아들이겠다고 했다.

나는 그렇게 빨리 받아줄 것이라고 기대하지 못했다. 다행히 편지를 쓰기 전에 나는 벌써 필요한 준비를 끝내놓고 있었다. 내 제안이 받아들여지자 나는 요하네스버그의 가족들을 분산시키기로 결정했다. 폴락은 조그만 집을 하나 가지기로 하고 내 아내는 피닉스에 가 있기로 했다. 아내는 이 결정에 완전히 동의했다. 이러한 일에 아내가 반대한 일이 한 번이라도 있었다고는 기억되지 않는다. 그래서 나는 지사의 회답을 받자마자 한 달 안으로 집을 내주겠다고 통지하고, 살림을 나누어 피닉스로 보낸 다음 더러는 폴락에게 남겨두었다.

나는 더반으로 가서 장정들을 모집했다. 큰 분견대까지는 필요치 않았다. 우리 일행은 스물넷인데 그중에 나 외에 넷이 구자라트 사람들이었다. 나머지는 자유 파탄(Pathan: 아프가니스탄)인 한 사람을 빼고는 다 남인도에서 계약노동자로 왔던 사람들이었다.

일을 쉽게 하기 위해, 또 현행 관례에 의하여, 군의감은 나에게 직위를 주어 임시 특무상사(Sergeant Major)로, 내가 신청한 세 사람을 중사로, 한 사람을 하사로 임명하였다. 우리는 또 정부로부터 제복을 배급받았다. 우리 분견대는 거의 6주간 현역으로 근무했다. 반란의 현장에 도착하자 나는 거기에 '반란'이란 이름을 정당화할 것이 아무것도 없음을 알았다. 누가 봐도 저항은 없었다. 그 소동을 반란이라고까지 확대한 이유는, 줄루 추장 한 사람이 부족 사람들에게 새로 부과한 세금을 내지 말라고 하고 세금을 징수하러 나온 하사관 한 명을 살해했기 때문이었다.

어쨌든 내 심정은 줄루 사람들 편이었고, 본부에 도착한 우리가 주로 할 일은 줄루인 부상자들을 간호하는 것이라고 들었을 때 나는 기뻤다. 담당 군의관은 우리를 환영해주었다. 그는 말하기를, 백인들은 부상당한 줄루인 간호하기를 싫어하고, 그래서 상처는 자꾸만 곪아가고, 자기는 어찌할 바를 모르고 있노라고 했다. 그는 우리를 하나님이 저 무죄한 사람들을 위해 보내신 사람들이라고 생각한다면서 환영하고, 우리에게 붕대와 소독약 등속을 갖추어준 다음 임시 병원으로 데리고 갔다. 줄루인들은 우리를 보고 기뻐했다. 백인 군인들은 그들과 우리 사이를 막은 울타리 틈으로 들여다보면서 우리가 부상자들을 간호하지 않도록 설득하려고 애썼다. 우리가 들은 체하지 않자, 그들은 화가 나서 줄루 사람들에게 차마 입에 담지 못할 욕설을 퍼부었다.

나는 차츰 그 군인들과 가까이 접촉하게 됐고, 그때쯤 그들의 훼

방도 중단되었다. 그 지휘관 가운데 스파크스(Sparks) 대령과 월리 (Wylie) 대령이 있었는데, 그들은 1896년에 나를 지독히 반대했던 사람들이다. 그러나 그들은 내 태도를 보고 놀라서 특별히 나를 불러 감사했다. 그들은 나를 매켄지(Mackenzie) 장군에게 소개했다. 독자들은 이들을 직업군인으로 알아서는 안 된다. 월리 대령은 잘 알려진 더반의 변호사요, 스파크스 대령은 더반의 이름난 푸줏간 주인이요, 매켄지 장군은 유명한 나탈의 농부다. 이 신사들은 모두 지원병으로 훈련을 마친 사람들이다.

우리가 맡은 부상자들은 전쟁에서 부상당한 사람들이 아니었다. 그중의 어떤 사람은 혐의를 받고 감금당했던 사람이었다. 장군은 그들에게 채찍질 형벌을 내렸는데, 그 채찍질이 심한 염증을 일으켰던 것을 치료하지 않고 두었기 때문에 곪기 시작한 것이다. 그밖의 사람들은 줄루인 양민들이었다. 그들은 적군과 구별하기 위해서 준 배지를 가지고 있었는데도 군인들이 오인 사격을 했던 것이다.

그 일 외에, 나는 또 백인 군인을 위한 처방에 따라 약을 조제해주어야 했다. 나는 의사 부스의 조그만 병원에서 1년간 훈련받은 일이 있었으므로 이것은 아주 쉬운 일이었다. 이 일로 인해서 나는 여러 유럽인들과 친해지게 되었다.

우리는 한 기동 중대에 배속됐다. 이 부대 임무는 어디든 위험하다고 보고되는 데가 있으면 출동하는 것이다. 이것은 주로 기마 보병이었다.

우리 부대가 출동하자마자 우리는 들것을 어깨에 메고 도보로 따라가야 했다. 두세 번쯤 하루에 64킬로미터를 행진해야 했다. 그러나 감사할 것은, 가는 데마다 우리가 할 하나님의 선한 일이 있었다. 부주의로 인해 부상당한 줄루 양민들을 어깨에 메고 군영으로 가서, 간호사로서 그들을 시중하는 일이 그것이었다.

혼의 탐색

줄루 반란으로 나는 새로운 경험을 할 수 있었고, 사색의 자료를 많이 얻었다. 보어 전쟁은 도저히 이 반란에서처럼 생생하게 전쟁의 참상을 내 속 깊이 알려주지는 못했다. 이것은 전쟁이 아니라 사람 사냥이었다. 내 의견만 그런 것이 아니라 내가 만났던 많은 영국 사람들 의견도 그랬다. 아침마다 순박한 촌락에 군인들이 쏘아대는 콩볶는 듯한 총소리를 듣는 것, 그리고 그 속에서 살아야 하는 것은 하나의 시련이었다. 그러나 나는 그 쓴 잔을 꿀꺽 삼켰다. 더구나 내 부대가 하는 일이 다만 부상당한 줄루인들을 간호하는 것이기 때문이었다. 나는 우리가 아니었더라면 줄루인들은 보살핌을 받지 못했으리라는 것을 알 수 있었다. 그렇기 때문에 이 일이 내 양심을 어루만져주었다.

그밖에도 나로 하여금 생각하게 하는 것이 많이 있었다. 이곳은 사람이 별로 살지 않는 지역이었다. 언덕과 골짜기 사이에 드문드문 순박한, 이른바 '미개한' 줄루인들의 크랄(kraal: 촌락)이 여기저기 흩어져 있었다. 부상자가 있든 없든 이 엄숙한 고적 속을 행군하면서 나는 자주 깊은 사색에 잠겼다.

나는 브라마차리아와 그 숨은 뜻에 대해서 깊이 생각했고, 그래서 내 확신은 깊이 뿌리를 내렸다. 나는 그것에 대해 동지들과 토론했다. 그때 나는 아직 그것이 어느 정도 자아실현을 위해서 없어서는 안되는 것임을 깨닫지 못했지만, 인류에 대해 전심전력으로 봉사하고자 하는 사람은 이것 없이는 안 된다는 것을 명확히 알았다. 내가 지금 하고 있는 이런 종류의 봉사를 할 수 있는 기회는 앞으로 점점 더 많아질 것이고, 내가 만일 가정생활의 쾌락과 자녀의 출생과 양육에만 빠져 있다면 그 일을 감당할 수 없게 될 것이라는 확신이 생겼다.

한마디로 나는 육과 영을 다 따를 수는 없다. 가령 예를 들어서, 현재 내 아내가 임신중이라면, 나는 이 전란 속에 뛰어들 수 없었을 것이다. 브라마차리아를 지키지 않고는 가정 봉사와 사회 봉사는 양립할 수 없다. 브라마차리아를 지키면 둘은 완전히 양립된다.

이렇게 생각하자 최종적인 맹세를 할 생각에 마음이 좀 초조해졌다. 맹세한다고 생각하니 일종의 희열이 느껴졌다. 상상은 날개를 펼쳐 끝없는 봉사의 전망을 열어놓았다.

내가 이와 같이 육체적, 정신적 분투에 몰두하고 있을 때 보고가 왔는데, 이 반란 진압이 거의 끝나고 우리는 곧 임무를 마치게 된다는 것이었다. 며칠 후 우리는 해임됐고, 며칠 더 있다가 모두 집으로 돌아왔다. 얼마 후 지사로부터 야전 위생대의 활동에 대해 특별히 감사한다는 내용의 편지를 받았다.

피닉스에 도착하자 나는 곧 차간랄, 마간랄, 웨스트, 그밖의 사람들에게 브라마차리아 문제에 대해 열심히 말했다. 그들은 그 생각에 찬성하며 맹세할 필요가 있다고 말했지만, 또 그 일이 어렵다는 것도 인정했다. 그중 몇은 용감하게 그것을 지키기 시작한 사람도 있었는데, 더러는 성공한 것으로 안다.

나도 역시 브라마차리아를 일생 동안 지키겠다고 과감하게 맹세했다. 솔직히 고백하건대, 그때 나는 아직도 내가 시작하는 일의 광대무변함을 충분히 깨닫지 못했다. 여러 가지 어려움이 오늘날도 여전히 내 눈앞에 버티고 서 있다. 맹세의 필요성은 갈수록 더 분명해진다. 브라마차리아를 안 지키는 생활은 내게는 싱겁고 동물처럼 보인다. 짐승의 천성은 자제란 것을 모른다. 사람이 사람인 것은 자제할 수 있기 때문이요, 또 오직 자제를 실행하는 한에서만 사람다운 것이다. 그전에 경전 속에서 읽었던 브라마차리아에 대해 지나친 칭찬같이 보였던 말이 이제는 완전히 들어맞는 말이요, 체험에 근거하고 있다는 것이 날이 갈수록 더 명확해진다.

그 속에 놀랄 만한 힘이 충만해 있는 브라마차리아란 결코 쉬운 일
이 아니고, 또 분명히 단순한 육체의 일만도 아니라는 것을 나는 알았
다. 시작은 육체적 절제로 되지만 결코 거기에만 그치지 않는다. 그것
을 완전히 하자면 불순한 생각조차도 없어야 한다. 브라마차리아를 참
으로 지키는 사람은 정욕의 만족을 꿈속에서 느끼는 일조차 없다. 그
리고 그 지경에 도달하기까지는 아직도 가야 할 거리가 멀다.

내게는 신체적 브라마차리아를 지키는 것조차 무척 어려웠다. 오늘
날은 어느 정도 안심이 된다고 나 스스로 말할 수 있지만, 아직도 내
생각을 완전히 정복해야 한다. 그것이 가장 긴요하다. 의지나 노력이
없다는 말이 아니다. 그러나 바람직하지 않은 생각이 그 어디로부터
쫓아와 살짝 스며들어 침입해오는 것일까, 그것이 아직도 내게는 문제
다. 물론 그 바람직하지 않은 생각이 들어오지 못하게 문을 잠가버리
는 자물쇠가 있다는 것을 나는 의심하지 않는다. 그러나 누구든지 그
것을 제 스스로 발견해내야 한다.

성자나 선지자들은 우리를 위해 자기들의 체험을 남겨놓은 것이 있
지만, 그들이 실패 없고 보편적인 처방을 완전히 우리에게 준 것은 아
니다. 왜냐하면 완전 또는 다른 말로 한다면 잘못을 저지르는 일이 없
게 되는 것은 오직 은총에서만 온다. 그래서 또 하나님을 찾는 이들이
우리에게 만트라[7]를 남겨준 것이다. 가령 예를 든다면 라마나마 같은
것인데, 그것은 그들의 금욕생활에 의해 거룩해지고 그들의 순결로써

7) 만트라(Mantra): 음으로는 만항라(漫恒授)라 하고 뜻으로 진언(眞言), 주(呪), 신주
(神呪), 밀주(密呪) 등으로 쓴다. 한 글자로 된 것도 있고 낱말이나 글귀, 절로 된 것
등 여러 가지이다. 그것을 외면 신통력으로 물질적, 정신적 소원을 성취한다고 믿는
다. 가장 유명한 것은 비자(bija: 씨)라는 낱말로 된 비자만트라로 그 안에 모든 것이
다 있다고 믿는다. 만달라(mandala)와는 다르다. 그것은 한자로 만다라(曼茶羅)라
고 쓰는데, 불교 의식에서 쓰는 상징적인 그림이다.

명령하는 것이다. 그 님의 은총에 무조건 항복함 없이는 생각의 통제
는 불가능하다. 이것은 모든 위대한 경전의 교훈이요, 나는 그것이 참
인 것을 완전한 브라마차리아를 달성하려 정진하는 순간순간 깨닫고
있다.

그러나 그 노력과 분투의 역사 부분은 다음 장에서 이야기하기로 하
고, 내가 그 일을 어떻게 시작했느냐 하는 것을 말함으로써 이 장을 끝
맺으려 한다. 처음에 열성이 넘칠 때는 그것을 지키기는 아주 쉽다. 내
생활방식에서 맨 처음으로 고친 것은 아내와 잠자리를 같이하는 것,
혹은 아내와의 내밀한 행동을 그만둔 것이다.

이와 같이 내가 1900년부터 지켜오던 브라마차리아는 1906년 중엽,
맹세로 도장이 찍히게 되었다.

사티아그라하의 탄생

요하네스버그에서 되어가는 형편은, 내 편에서 하고 있는 자기 정화
를 사티아그라하를 위한 준비로 만들고 있는 듯 보였다. 나는 이제 브
라마차리아의 맹세로 그 절정에 달하는 내 생애의 모든 주된 시간이
암암리에 이것을 위해 나를 준비시키고 있었던 것임을 알 수 있었다.
사티아그라하라 불리는 것의 원리는 그 이름이 만들어지기 전에 이
미 있었다. 사실 그것이 탄생된 때에도 나는 그것을 무엇이라 할지 몰
랐다. 구자라트 말에서도 우리는 그 뜻을 그려내려고 할 때는 영어의
'passive resistance'(수동적 반항)란 구절을 썼다. 나는 어떤 유럽인들
의 모임에서 그 '수동적 반항'이란 말이 너무 좁은 의미로 해석되고 있
고 그것이 약자의 무기로 생각되고 있으며, 또한 증오에 의해 특징지
어질 수 있고 결국은 폭력으로 나타날 수 있다는 것을 알았을 때, 이
모든 표현에 대해 항변하지 않을 수 없었다. 그리고 인도인의 진정한

운동의 성격을 설명하지 않을 수 없었다. 인도인이 자신들의 투쟁 성격을 분명히 표시하기 위해서는 인도인 자신들에 의하여 새로운 말이 만들어지지 않으면 안 된다는 것은 분명한 일이다.

그런데 나는 아무리 해도 새 이름을 발견해낼 수가 없었다. 그래서 『인디언 오피니언』을 통해서 그 문제에 대해 가장 좋은 의견을 제시해 주는 독자에게는 상을 주겠다는 광고를 냈다. 그 결과 마간랄 간디가 '사다그라하'(Sadagraha: Sat는 진리, Agraha는 확고)란 말을 새로 지어내서 상을 탔다. 그러나 그 뜻을 분명하게 하기 위하여, 내가 그것을 '사티아그라하'로 고쳤다. 그래서 그후 이것이 그 투쟁의 명칭으로 사용되고 있다.

이 투쟁의 역사는 실제적으로는 남아프리카에서의 나의 남은 생애의 역사요, 특히 아프리카에서 한 나의 진리 실험의 역사다. 그 역사의 주요 부분은 내가 예라브다 감옥에 있을 때에 썼고, 완성은 석방된 후에 됐다. 그것은 『나바지반』에 연재됐다가 후에 단행본으로 나왔다. 발지 고빈드지 데사이(Valji Govindji Desai) 씨가 그것을 『현대사상』을 위하여 영어로 번역하고 있다. 그러나 나는 지금 영어 번역판이 빠른 시일내에 단행본으로 나와, 원하는 이들이 남아프리카에서 했던 나의 가장 중요한 실험을 잘 알 수 있도록 하기 위해 정리하고 있는 중이다. 아직 읽지 못한 독자에게는 나의 『남아프리카에서의 사티아그라하의 역사』를 정독할 것을 권한다. 거기서 이미 말한 것은 반복하지 않겠고, 그 역사에 포함되지 않는 남아프리카에서의 내 생활의 개인적인 사건 몇 가지만을 다음 몇 장에서 언급하려고 한다. 그 얘기를 하고 나서 곧 독자에게 내가 인도에서 했던 실험의 관념을 이야기하기로 하겠다. 그렇기 때문에 누구나 이 실험들을 연대순으로 자세히 살피고자 하는 사람은 지금 그 『남아프리카에서의 사티아그라하의 역사』를 구해 보는 것이 좋을 것이다.

식이 실험을 계속함

나는 브라마차리아를 생각으로나 말로나 행동으로나 지키려고 애썼고, 또 사티아그라하 운동에 최대한의 시간을 바쳐서 순결을 키움으로써 나 자신이 거기에 대해 부족함이 없도록 하려고 애썼다. 따라서 나는 먹는 일을 더 개선했고 나 자신에게 더 강한 절제를 가하지 않을 수 없었다. 그전에 행한 변경의 동기는 주로 위생에 있었지만, 이번의 새로운 실험은 종교적 입장에서 행해진 것이었다.

단식과 음식 제한은 이제 내 생활에서 중요한 문제가 됐다. 사람의 정욕은 일반적으로 미각의 쾌락을 따르려는 생각과 함께 붙어다닌다. 나 역시 그랬다. 정욕, 또 그것에 못지않은 미각을 통제해가려는 데 실로 어려움이 많았다. 지금도 완전히 정복했다고는 할 수 없다. 나는 나 자신을 무섭게 먹는 사람이라고 생각했다. 친구들은 내가 절제하고 있다고 생각했지만 나는 결코 그렇게 느끼지 못했다. 내가 만일 지금 하고 있는 것만큼 절제하는 힘을 기르지 못했다면 나는 짐승 이하로 떨어졌을 것이고, 벌써 망해버렸을 것이다. 그러나 내가 내 결점을 충분히 알고 있었으므로 나는 거기서 벗어나려고 부단히 노력했다. 그 노력 덕택에 지금 이 나이까지 내 몸을 지탱할 수 있었고, 이 몸으로도 내 몫의 일을 감당할 수 있었다.

나는 허약함을 알았고 또 우연히 성질이 맞는 친구들과 만났기 때문에 순수한 과일식을 시작할 수 있었고, 에카다시 날에 단식을 하고 또 잔마슈타미(Janmashtami)나 그밖의 명일들을 지킬 수 있게 되었다.

과일식을 시작했지만 절제의 견지에서 볼 때는 과일식이나 곡물식이나 별 차이가 없었다. 내가 보면, 맛에 빠지기는 과일식의 경우도 마찬가지이며, 버릇이 되면 과일식이 도리어 더 심할 수도 있다. 그래서 나는 명일에 단식을 하거나 일식(一食) 하는 것을 중요하게 생각했다. 그리고 참회나 또는 그와 같은 것을 할 경우가 생기면 나도 그것을 기꺼이 단식의 목적에 이용했다.

그러나 또 몸을 힘써 바짝 말리면 말릴수록 음식은 더 맛있고, 식욕은 점점 더 왕성해진다는 것을 알게 됐다. 단식은 절제의 무기가 될 수 있지만 반대로 탐닉의 강력한 무기도 될 수 있다는 것이 분명해졌다. 그와 비슷한 그후의 나의 실험이나 또 다른 사람들의 행함은 이 놀라운 사실의 증거로 인용할 수 있다. 전에는 몸을 더 튼튼히 단련하려 했는데 지금 나의 주목적은 절제하고 식욕을 정복하는 데 있다. 따라서 나는 한번은 이 음식을, 다음엔 다른 음식을 택해서 먹었고 또 동시에 그 양을 줄이기도 했다. 그러나 맛은, 말하자면 나를 따라다녔다. 내가 한 가지를 내버리고 다른 것을 취하면 나중의 음식이 전의 것보다 더 새롭고 더 풍성한 맛을 주었다.

이러한 실험을 할 때 몇 사람의 동지가 같이했는데, 그중 가장 중요한 사람이 헤르만 칼렌바흐였다. 이 친구에 대해서는 이미 『남아프리카에서의 사티아그라하의 역사』에 썼기 때문에 여기서 같은 이야기를 반복하지는 않겠다. 나는 칼렌바흐 씨가 단식할 때나 음식을 바꿀 때나 함께 그의 집에 있었다. 우리는 음식을 바꾸는 데 대해 토론했고 먼저 음식보다 새 음식에서 더 맛을 얻었다. 그때는 그러한 따위의 이야기가 재미있었고, 마땅치 않다는 생각이 없었다. 그러나 경험은 나에게 음식맛을 자꾸 생각하는 것은 잘못이라고 가르쳐주었다. 사람은 맛을 즐기기 위해 먹어서는 안 되고 오직 몸을 지탱하기 위해서 먹어야 한다. 각 감각기관이 몸을 섬기고 몸을 통해 혼을 섬길 때 그 특유의 맛은 없어지고 만다. 그리고 그때 가서야 자연히 의도하는 대로 작용할 수 있게 되는 것이다.

이러한 자연과의 교향악에 도달하려면 아무리 많은 실험을 한다 해도 부족하고, 어떤 희생을 한다 해도 충분하다 할 수 없다. 그런데 불행하게도 시대의 조류는 오늘날 거세게 반대 방향으로 흐르고 있다. 우리는 이 썩어 없어질 몸을 장식하고 덧없이 지나버리는 이 몇 분을 더 살아가기 위해 수많은 생명을 희생시키는 걸 부끄러워하지 않는다. 그 결과 우리는 몸과 혼을 다 죽이고 만다. 한 가지 낡은 병을 고치려고 하는 동안에 우리는 수백 가지 새 병을 만들고 있다. 감각의 쾌락을 누리려는 동안에 우리는 결국 즐거움을 누릴 수 있는 능력까지 잃어버리고 만다. 이 모든 것이 바로 우리 눈앞을 스치고 지나가건만 장님처럼 보지 못하고 있다.

식이 실험의 목적과 거기에 이르게 된 생각의 과정을 그만큼 설명했으니, 이제는 그 실험에 관해 좀 길게 설명하려 한다.

카스투르바이의 용기

내 아내는 일생에 세 번 병으로 죽을 뻔하다가 살아났다. 그녀가 나은 것은 가정 요법에 의해서였다. 첫 번째는 사티아그라하가 바로 시작될 무렵이었다. 당시 아내는 번번이 출혈을 하였다. 의사 친구 한 사람이 외과 수술을 권하자 아내는 처음에는 좀 주저하다가 나중에는 승낙했다. 극도로 쇠약해 있었기 때문에 의사는 마취제를 쓰지 않고 수술을 해야 했다. 수술은 성공적이었으나 그녀는 많은 고통을 받아야 했다. 그러나 그녀는 놀랄 만한 용기로 그것을 견뎠다. 의사와 그녀를 간호했던 그의 부인은 대단히 친절한 사람들이었다. 이것은 더반에서 있었던 일이었는데, 의사는 내게 요하네스버그로 가도 좋다고 허락하면서 환자에 대해서는 아무 염려 말라고 했다.

그리고 며칠 뒤 편지를 받았는데, 카스투르바이의 병세가 악화되었고 너무 허약하여 일어나 앉지도 못하며 한번은 의식을 잃기도 했다는 것이었다. 의사는 내 승낙 없이는 그녀에게 술이나 쇠고기를 주어서는 안 된다는 것을 알고 있었다. 그래서 그는 요하네스버그에 있는 내게 전화 걸어 그녀에게 고기즙을 주도록 허락해달라고 했다. 나는 허락할 수 없다고 대답하고, 그러나 아내가 그 일에 관해 대답할 수 있는 상태라면 아내에게 의논해보고 아내가 원하는 대로 해도 좋다고 했다. "그러나" 하고 의사는 대답했다. "저는 이 일을 환자와 의논하기를 거절합니다. 선생님이 친히 오셔야 합니다. 만일 선생님께서 무엇이든 제가 하고 싶은 대로 음식 처방을 하게 허락을 아니하신다면 저는 선생님 부인의 생명에 대해서 책임질 수 없습니다."

나는 그날 더반행 차를 타고 가서 의사를 만났다. 의사는 조용한 목소리로 이렇게 털어놓았다. "선생님께 전화 드렸을 때는 이미 부인한테 고기즙을 드리고 난 후였습니다."

"그러시다면 선생님, 그것은 우리를 기만하신 게 아닙니까?"

"환자에게 약이나 음식을 처방하는 데 그건 문제가 아닙니다. 사실 우리 의사는 그렇게 함으로써 환자를 살리기만 할 수 있다면 환자나 그의 친척을 속이는 것을 도덕이라고 생각합니다" 하며 의사는 아주 확고한 태도로 대답했다.

나는 아주 괴로웠지만 냉정하게 참았다. 의사는 참 좋은 사람이요, 개인적으로는 친구였다. 그와 그의 부인에게 나는 큰 신세를 졌지만 그의 의료 도덕은 도저히 용납할 수가 없었다.

"의사 선생님, 이제는 어떻게 하실 작정입니까? 나는 그것을 주지 않아 아내가 죽는 한이 있더라도 아내에게 고기나 쇠고기를 주라고 허락하지는 않았을 겁니다. 물론 아내 자신이 그걸 원하지 않는 한 말입니다."

"선생님의 철학은 좋습니다. 그러나 선생님이 부인을 제 치료 아래 맡겨두시는 한 저는 제가 무엇이든 선택해서 부인께 드리고 싶은 걸

드리는 자유는 있어야 합니다. 만일 이것을 원치 않으신다면, 미안하지만 부인을 모셔가기 바랍니다. 저는 부인께서 제 집에서 돌아가시는 걸 보고 있을 수 없습니다."

"당장 데려가란 말씀입니까?"

"제가 언제 모셔가라고 했습니까? 다만 제가 하는 대로 내버려두시기를 바라는 것뿐입니다. 그렇게만 해주신다면 제 아내와 저는 부인을 위해 할 수 있는 데까지 할 겁니다. 그러면 선생님께서는 부인의 병환에 대해서는 조금도 염려 마시고 가셔도 됩니다. 그러나 이 간단한 일을 이해하시지 않으신다면 저는 부득이 부인을 모시고 제 집을 떠나시라고 할 수밖에 없습니다."

내 아들 중 하나가 나와 같이 있었는데, 그애는 생각이 완전히 나와 일치했으므로 어머니에게 쇠고기즙을 주어서는 안 된다고 주장했다. 그 다음 나는 카스투르바이에게 물었다. 아내는 정말 너무 쇠약해져서 물을 지경이 못 됐다. 그러나 나는 고통스럽지만 그렇게 하는 것이 내 의무라고 생각했다. 나는 아내에게 의사와 나 사이에 오고 간 문제를 말해주었다. 아내는 단호히 대답했다. "나는 쇠고기즙은 안 먹겠어요. 이 세상에 인간으로 태어나는 것은 진귀한 일이에요. 나는 차라리 당신 팔에 안겨 죽을지언정 그런 몹쓸 것으로 내 몸을 더럽히지는 않겠어요."

나는 아내를 달랬다. 꼭 나를 따라야 하는 것은 아니라고 하며, 아울러 힌두교 친구들과 아는 사람들의 실례를 들어서 그들은 고기나 술을 약으로 먹는 것은 상관하지 않는다고 했다. 그러나 아내는 요지부동이었다. "아니에요. 저를 어서 데리고 가주세요."

나는 기뻤다. 갈등이 좀 없었던 것은 아니지만 아내를 데리고 가기로 결정했다. 나는 의사에게 아내의 결심을 말해주었다. 그는 벌컥 화를 냈다. "어쩌면 사람이 그렇게도 무정하오! 지금 그 상태의 부인에게 그 문제를 끄집어내시다니 부끄럽지 않으시오. 말씀드리지만 부인은 지금 움직여서는 안 되는 상태입니다. 조금만 흔들려도 견뎌내지 못합니다. 그렇지만 기어이 고집하신다면 마음대로 하시오. 정말 부인께 쇠고기즙을 안 주신다면 저는 단 하루라도 부인을 집에 두는 그런 위험한 짓은 못하겠습니다."

그래서 우리는 즉시 그곳을 떠나기로 했다. 비는 부슬부슬 내리는데 정거장은 꽤 멀었다. 우리는 더반에서 피닉스로 가는 기차를 타야 했다. 거기서 정거장까지는 4킬로미터의 거리이다. 나는 두말할 것 없이 크나큰 모험을 하고 있는 것이다. 그러나 나는 하나님을 믿는 일을 진행했다. 나는 미리 사람을 피닉스로 보내서 웨스트에게 해먹[8] 한 대와 뜨거운 우유 한 병, 또 뜨거운 물 한 컵과 카스투르바이를 해먹에 태워서 메기 위한 장정 여섯을 구해 정거장으로 마중을 나오라고 기별을 보냈다. 다음 기차를 타기 위해 나는 인력거를 불러 위험한 상태인 아내를 태우고 드디어 출발했다.

카스투르바이를 격려해줄 필요는 없었다. 그녀가 도리어 나를 위로해주고 있었다. "아무 일 없을 거예요. 걱정 마세요."

그녀는 여러 날을 아무것도 먹지 못해서 살가죽과 뼈만 남았다. 정거장의 플랫폼은 매우 넓었으나 인력거가 그 안에 들어갈 수는 없었기 때문에 기차까지 가려면 상당히 걸어야 했다. 그래서 내가 아내를 안고 찻간까지 가야 했다. 피닉스부터는 해먹으로 운반했는데, 거기서는 물 치료를 받아서 서서히 원기를 회복했다.

피닉스에 도착한 지 2, 3일 지나서 스와미[9] 한 분이 우리 집에 왔

---

8) 해먹(hammock): 우리 나라의 가마같이 사람을 태우는 기구. 의자 밑을 그물로 얽거나 포대 같은 것으로 대고 사람을 태운 후 그 앞뒤에 밧줄을 매고 사람들이 그것을 메고 간다.

다. 그는 우리가 의사의 조언을 단연 물리쳤다는 말을 듣고, 동정하는 마음에서 우리 마음을 돌리게 하려고 왔던 것이다. 그 스와미가 왔을 때, 내가 기억하는 바로는 둘째아들과 셋째아들 람다스가 있었다. 그는 마누[10]의 교훈을 인용해가면서 고기 먹는 것이 종교에 해가 되지 않는다는 데 대해 열변을 토하기 시작했다. 나는 그가 아내 있는 데서 그런 토론을 하는 것을 좋게 생각하지 않았지만 예의상 그대로 두었다.

나는 그 『마누 스므리티』의 시구를 알고 있기는 하였지만, 확신에 이르기 위해 그 말이 꼭 필요치는 않았다. 또 그 구절들은 집어넣은 것들이라고 생각하는 단체들이 있는 것도 알고 있었다. 설혹 그렇지 않다 하더라도 나는 채식주의의 견해를 경전과는 상관없이 가지고 있는 것이고, 또 카스투르바이의 믿음은 확고한 것이었다. 아내에게 경전들은 봉한 책이나 다름없는 것이지만 그녀에게는 조상들의 전통으로 내려오는 종교만으로 넉넉했다. 아이들은 아버지의 신조를 절대로 믿고 있었기 때문에 스와미의 설교를 대수롭지 않게 알았다. 그러나 카스투르바이가 단번에 대화를 끝내버렸다. "스와미님, 무슨 말씀을 하신 대도 저는 쇠고기즙으로 병이 낫고 싶지는 않습니다. 제발 이 이상 더 저를 괴롭히지 말아주시기 바랍니다. 하시고 싶으시면 남편이나 아이들

9) 스와미(Swami): 본래 산스크리트어로는 스바민(Svaminn)인데, 영어로는 흔히 스와미라 쓴다. 넓은 의미의 사두(Sadhu)의 일종. 사두는 싯디(Siddi), 곧 신통력에 도달한 사람이라는 뜻으로 성자이다. 스와미는 지금은 범위가 넓어져서 금욕을 하는 종교가, 모든 종파에 속하는 사람을 가리켜 말하는 경우가 많고, 근래에 와서는 특히 라마크리슈나 교단의 승려를 가리키는 말이다.

10) 마누(Manu): 인도 신화에서 맨 처음으로 산스크리트 법전을 지은 사람. 맨 처음의 임금. 그 법전을 『마누 스므리티』(Manu-Smriti)라 한다. 마누는 인도아리안 말의 사람(man)이란 어원에서 나왔고 또 산스크리트에서 Man은 생각한다는 뜻이 있다.

과 토론해보세요. 저는 이미 결심했습니다."

가정에서의 사티아그라하

내가 처음으로 감옥 생활을 경험한 것은 1908년이었다. 죄수들이 지켜야 하는 규칙 중에 더러는 브라마차리아를 지키는 사람, 다시 말해 자제 생활을 하는 사람이 자진해서 지켜야만 하는 일들이 있다는 것을 나는 알았다. 가령 예를 든다면, 저녁 밥을 반드시 해가 지기 전에 마쳐야 하는 것 같은 것이다. 인도인 죄수도, 아프리카인 죄수도 홍차나 커피는 허락되지 않았다. 원한다면 만들어진 음식에 소금을 칠수는 있으나 맛으로 해서는 안 되었다. 감옥의 무관에게 내가 카레 가루를 달라 하고 음식 만들 때 소금을 넣어달라고 청했더니 "당신들 여기 맛있는 것 먹으려고 와 있는 게 아니오. 건강상으로 본다면 카레 가루는 필요 없는 것이고, 소금은 요리 만들 때 넣거나 후에 치거나 상관이 없는 거요" 하고 대답했다.

이런 제한들에 많은 어려움이 없었던 것은 아니나, 결국은 완화되었다. 그러나 그것은 모두 자제를 위해서는 바람직한 것들이었다. 외부에서 강제로 금지해가지고는 성공하는 법이 별로 없지만, 자진해서 하면 반드시 효력을 나타낸다. 그래서 나는 감옥에서 나오자마자 그 두 가지 규칙을 나 자신에게 적용했다. 차 마시기를 그만두었고, 마지막 식사는 해지기 전에 마쳤다. 두 가지 다 이제는 지키는 데 별로 힘들지 않다.

그런데 소금 섭취금지를 하게 될 기회가 내게 왔다. 그래서 나는 그 규칙을 만 10년 동안 지켰다. 나는 어떤 채식에 관한 책에서 사람의 음식에 소금은 반드시 필요한 것이 아니고, 소금 안 든 음식이 건강에 좋다는 말을 읽은 일이 있었다. 브라마차리아를 지키는 사람에게는 소금 없는 음식이 좋을 거라고 추론했다. 몸이 약한 사람은 콩류를 먹지 않아야 한다는 것을 읽고 그대로 하기도 했다. 나는 콩류를 아주 좋아 했었다.

수술 받고 한동안 괜찮던 카스투르바이가 또다시 출혈하기 시작했 는데 병은 아주 고질적인 것 같았다. 물 치료만으로는 듣지 않았다. 아 내는 반대는 아니했지만 내 치료법을 그리 신통히 여기지 않았다. 그 러나 외부의 도움을 바라지는 않았다. 그래서 내 모든 치료가 실패로 돌아갔을 때 나는 아내에게 소금과 콩류를 먹지 말라고 권했다. 내가 아무리 권위 있는 글을 끌어대면서 권해도 아내는 도무지 들으려 하 지 않았다. 마침내 아내는 내가 그것을 먹지 말라는 충고를 들었다 하 더라도 나 역시 그렇게 하지는 못했을 것이라면서 도전해왔다. 나는 마음이 괴로우면서도 한편으로는 기뻤다. 기쁘다는 것은 내가 그녀를 사랑한다는 것을 보여줄 기회가 왔기 때문이다.

"당신의 오해요. 내가 만일 병이 나서 의사가 그것이나 그 외의 어떤 것이라도 먹지 말라 했다면 나는 지체하지 않고 그대로 지킬 거요. 그 러나 여보! 어떤 의사의 충고 없이도 나는 소금과 콩류를 1년 동안 안 먹을 거요. 당신이야 그렇게 하건 말건 말이오."

아내는 크나큰 충격을 받고 슬픔에 부르짖었다. "제발 용서해주세 요. 당신이 어떤 분인지 아는 내가 당신을 화나게 안 했어도 될 걸 그 랬어요. 그런 것들을 안 먹겠다고 약속할게요. 제발 그 맹세만은 거두 세요. 그건 정말 못 견디겠어요."

"그런 것들을 먹지 않는 것이 당신에게 좋아요. 그것들을 안 쓰면 당 신 몸이 더 좋아질 것이라고 나는 털끝만큼도 의심하지 않소. 나는 한 번 엄숙히 맹세한 것을 되돌릴 수는 없소. 그리고 그것이 내게 유익한 일이 될 것은 확실하오. 왜냐하면 모든 억제는 무엇이 그것을 일으키 든 간에 사람에게 좋은 것이기 때문이오. 그러니까 나 하는 대로 내버려두어요. 내게는 그것이 하나의 시련이 될 것이고, 또 당신에겐 당신의 결심을 실행해나가는 데 도덕적 뒷받침이 될 거요."

그래서 아내는 나 하는대로 내버려두었다. "당신은 너무 고집쟁이에요. 누구의 말도 들으려 하지 않으니 말예요" 하고 눈물로 속을 풀려 했다.

나는 이것을 사티아그라하의 한 보기라고 하고 싶다. 그리고 이것은 내 생애에서 가장 그리운 추억의 하나다. 이 일이 있은 후 카스투르바이는 빨리 회복되었다. 그것이 소금 없고 콩류 없는 식사 때문인지 아니면 다른 어떤 음식의 변화 때문인지, 다른 생활 규칙을 잘 지키도록 내가 엄격한 감시를 해서인지, 아니면 그 사건 때문에 일어난 정신적 흥분 때문인지, 또 가령 그렇다 해도 어느 정도인지, 그것은 말할 수 없다. 어떻든 아내는 아주 빨리 원기가 회복됐고, 출혈도 완전히 멎어서 엉터리 의사로서의 내 명성을 좀더 높일 수 있었다.

나에 대해 말한다면, 그 새로운 극기가 내게는 더욱 유익했다. 일단 버린 것에 대해 나는 다시 연연해하지 않았다. 해는 덧없이 지나고 감각은 좀더 정복됐다는 느낌이 들었다. 이 실험은 자제하자는 마음을 더욱 북돋워주었고, 그래서 나는 인도로 돌아온 후에도 오랫동안 계속해서 그것들을 취하지 않았다. 다만 1914년 런던에 있을 때 그 두 가지 것을 먹은 일이 있었다. 어떤 경우에 어떻게 돼서 그 두 가지를 다시 먹게 됐는지는 앞으로 말하겠다.

소금 없고, 콩류 없이 먹는 실험을 내 동지들에게 시험해보았는데, 남아프리카에서는 그 결과가 좋았다. 의학적으로는 이런 식의 식사의 가치에 대해 두 가지 견해가 있을 수 있으나, 도덕적으로 모든 자기 부정은 영혼을 위해서 좋다는 데 의심이 없다. 극기하는 사람의 식사와 향락주의자의 그것과는, 그들의 생활방식이 서로 다를 수밖에 없는 것과 마찬가지로 서로 다르지 않을 수 없다. 브라마차리아를 위해 정진하는 사람들이 향락주의 생활에 맞는 길을 취했다가 자기 목적을 잃어버리는 일은 종종 있는 일이다.

음식의 절제

나는 앞장에서 카스투르바이의 병이 나의 음식에 변화를 가져오는 계기가 된 것에 대해 이야기했다. 후기에 접어들어 브라마차리아를 뒷받침하기 위해 나는 다른 개혁들을 시작하였다.

그 첫째는 우유를 끊은 일이다. 우유가 동물적인 정욕을 자극한다는 것을 내가 처음으로 알게 된 것은 레이찬드바이에게서였다. 채식주의에 관한 책들이 그 생각을 더 강하게는 해주었지만, 내가 브라마차리아의 맹세를 하기 전까지는 우유를 끊을 결심을 하지는 못했다. 몸을 지탱해가는 데 우유가 반드시 필요한 것이 아니라는 것을 나는 오래전부터 알고 있었지만 그것을 아주 끊기는 쉬운 일이 아니었다. 자제를 위해 우유를 피할 필요가 있다는 생각이 내 속에 늘어가고 있을 때에 우연히 칼리카타에서 나온 어떤 문학책을 보니 소나 물소가 그 주인으로부터 학대 받는 것을 묘사한 것이 있었다. 그것이 내게 놀라운 영향을 주었다. 나는 이것에 대해 칼렌바흐 씨와 토론했다.

내가 『남아프리카에서의 사티아그라하의 역사』에서 독자들에게 칼렌바흐 씨를 이미 소개했고 앞장에서도 그에 관해 말한 바 있지만, 여기서 그에 대한 이야기를 좀더 하는 것이 필요하다고 생각한다. 우리는 참말 우연히 만났다. 그는 칸 씨의 친구였는데, 칸 씨는 그의 깊숙한 내면에 일종의 초세속적인 기질이 숨어 있는 것을 발견하고 그를 나에게 소개해주었다.

그를 처음 알게 됐을 때 나는 그가 사치와 낭비를 좋아하는 것을 보고 놀랐다. 그렇지만 우리가 처음 만난 자리에서 그는 종교문제에 대해 아주 진지한 질문을 했다. 우리는 우연히 가우타마 붓다의 내버림에 대해 이야기하게 됐다. 우리의 상면은 곧 아주 친밀한 우정으로 무르익어갔다. 그도 그럴 것이 우리는 서로 같은 생각을 하고 있었고, 그래서 그는 내가 내 생활 속에서 일고 있는 변화를 자기도 자기 생활속에서 실행하지 않으면 안 되겠다고 마음먹게 되었기 때문이다.

그때 그는 독신이었고 집세 외에 매달 혼자서 1,200루피씩이나 쓰고 있었다. 지금 그는 아주 검소한 생활을 하고 있으므로 매달 비용이 120루피로 줄었을 정도다. 내가 가정을 분산시킨 후 감옥에서 석방된 다음부터 우리는 같이 살기 시작했다. 우리가 해나간 살림은 상당히 어려운 것이었다. 우리가 우유에 대해 토론한 것은 이때의 일이었다. 칼렌바흐 씨는 말했다. "우리는 끊임없이 우유의 해로운 점만 이야기하고 있는데, 그럼 왜 그걸 끊지 않지요? 정말 그것은 필요 없습니다." 나는 그 제의에 놀라지 않을 수 없었다. 나는 그것을 진심으로 받아들였다. 그리고 우리는 둘이 그날 그 자리에서 우유를 금하기로 맹세했다. 이것은 1912년 톨스토이 농장에서의 일이었다.

그러나 나는 이 금지로만 만족할 수 없었다. 그후 곧 순전히 과일로만 살아가기로 결정했다. 그것도 될수록 값싼 것으로. 우리의 욕심은 가장 가난한 씨올의 살림을 하자는 것이었다.

과일식은 해보니 아주 간편한 것이었다. 요리란 사실상 없어졌다. 우리의 일상 식사는 생땅콩, 바나나, 대추, 레몬, 그리고 올리브 기름, 그런 것으로 되어 있었다.

나는 여기서 브라마차리아의 수도자들에게 경고할 것이 하나 있다. 내가 비록 먹는 것과 브라마차리아 사이에 긴밀한 관계를 세워오기는 했다 할지라도 마음이 주가 되는 것은 물론이다. 의식적으로 깨끗하지 못한 마음이 단식으로 깨끗해질 수는 없다. 먹는 것을 바꾼다 해도 소용없다. 색욕이 강한 마음은 철저한 자기 검토와 하나님 앞에 항복함과,

그리고 또한 은총이 아니고는 절대로 뿌리뽑아낼 수가 없다. 그러나 마음과 몸 사이에는 밀접한 관계가 있다. 그래서 육욕적인 마음은 언제나 맛있는 것과 사치스러운 것을 탐내는 법이다. 이러한 경향을 막아내기 위해서 음식의 절제와 단식이 필요하게 된다. 육욕적인 마음은 감각을 통제하기는커녕 그 노예가 돼버린다. 그렇기 때문에 몸에는 언제나 깨끗하고 자극적이 아닌 음식과 주기적으로 하는 단식이 필요하다.

음식 절제와 단식을 경시하는 사람은 거기다 모든 것을 거는 사람과 마찬가지로 잘못됐다. 내 경험이 가르쳐주는 것은 이렇다. 즉 그 마음이 자제하는 방향으로 가는 사람에게는 음식 절제나 단식이 크게 도움이 된다. 사실 그 도움이 아니고는 호색(好色)의 버릇은 도저히 마음속에서 뿌리뽑을 수 없다.

단식

우유와 곡류를 끊고 과일식 실험을 시작했을 그 무렵, 나는 자제의 한 방법으로 단식을 시작했다. 칼렌바흐 씨도 나와 같이했다. 이때까지 나는 단식을 때때로 했지만 그것은 순전히 건강을 위한 것이었다. 자제를 위해 단식이 필요하다는 것을 나는 어떤 친구에게서 배웠다.

바이슈나바의 한 가정에서, 그리고 어려운 맹세라면 무엇이든지 다 따라가면서 지키지 않고는 못 견디는 어머니에게서 태어난 나는, 인도에 있는 동안 에카다시나 그밖의 단식을 지키곤 했다. 그러나 그것은 단지 어머니가 하는 것을 모방한 것뿐이었고, 또 부모를 기쁘게 하기 위한 것이었다.

그때 나는 단식의 효과를 이해하지도 못했고 또 그것을 믿지도 않았다. 그러나 위에서 말한 친구가 지키는 데 효과가 있는 것을 보고 브라마차리아를 뒷받침하자는 희망이 있었으므로, 나는 그의 본을 따라 에

카다시 단식을 지키기 시작했다. 일반적으로 힌두교도들은 단식하는 날 우유나 과일은 먹지만, 그런 따위 단식은 나는 날마다 지키고 있었다. 그래서 나는 이제 완전 단식을 시작하고 물만을 허락하기로 했다.

내가 이 실험을 시작했을 때 마침 힌두교의 슈라반(Shravan) 달과 이슬람교의 람잔(Ramzan) 달이 일치하게 됐다. 간디 집안에서는 바이슈나바 맹세뿐 아니라 샤이바[11]의 맹세도 지켜오곤 하는 것이 보통이었으므로, 샤이바 사원에도 참배했다. 가문 내의 어떤 사람들은 슈라반 달의 옹근 한 달 동안 프라도샤[12]를 지켰으므로 나도 그렇게 하기로 결정했다.

이 중요한 실험은 우리가 톨스토이 농장에 있을 때에 행해진 것인데, 거기서 칼렌바흐와 나는 몇 사람 안되는 사티아그라하 가족들과 같이 있었다. 그 가족 안에는 젊은이들과 아이들도 있었다. 그 아이들을 위해 우리는 학교를 하나 운영하고 있었는데, 그 가운데 이슬람교도는 4, 5명이었다. 나는 언제나 아이들을 도와서 그들의 종교적 행사를 지키도록 해주었다. 나는 주의하여 그들이 매일 나마즈(namaz) 드리는 것을 보아주었다. 거기엔 또 기독교도 어린이들과 배화교 어린이들도 있었는데, 나는 그애들을 격려해서 각각 자기네 종교의 계율을 지키도록 해주는 것을 의무로 삼았다.

그래서 나는 그 달 동안 이슬람교도 아이들을 권하여서 람잔 단식을 지키게 했다. 나 자신은 물론 프라도샤를 지키기로 작정했지만, 또 힌두교와 배화교와 기독교 아이들에게도 나와 같이하지 않겠느냐고 물었다. 나는 그 애들에게 설명해주면서 언제나 다른 사람들과 같이 극

---

11) 샤이바(Shaiva): 힌두교 삼신 중의 하나인 비슈누를 섬기는 종파의 이름. 삼신은 브라마, 비슈누, 시바.
12) 프라도샤(Pradosha): 저녁때까지 하는 단식.

기하는 일에 참여하는 것은 좋은 일이라고 했다. 그 농장 식구 중 많은 사람들이 나의 제안을 환영했다. 힌두교나 배화교 어린이들은 이슬람교 어린이들이 하는 세세한 것을 다 따라하지는 않았다. 그럴 필요가 없었다. 이슬람교 어린이들은 해질 때까지 기다려서야 첫 식사를 했는데, 다른 아이들은 그렇게 하지 않았다. 그래서 이슬람교 아이들을 위해 맛있는 것을 차려줌으로써 그들에게 봉사할 수가 있었다. 힌두교도나 그밖의 어린이들도 이슬람교 아이들이 다음 날 아침 해뜨기 전에 마지막 식사를 할 때에 같이 따라하지도 않았다. 그리고 이슬람교도를 제외하고는 물론 누구나 물은 마실 수 있었다.

이 실험의 결과로 모든 사람이 단식의 가치를 깨닫게 되었고, 놀라운 단체정신이 그 안에 자라게 되었다.

톨스토이 농장 안에서 우리는 다 채식주의자였다. 고맙게도 모든 사람이 내 심정을 기꺼이 받아들여주었기 때문이라고 나는 감사한 마음으로 고백하지 않을 수 없다. 이슬람교 어린이들은 람잔 기간에 분명 고기가 먹고 싶었을 것인데도 나보고 그렇다는 말을 한 사람은 하나도 없었다. 그들은 채식 식사를 좋아했고 또 맛있게 먹었다. 또 힌두교도 어린이들은 검소한 농장 생활에서 할 수 있는 한 채식으로 맛있는 것을 자주 준비해 그들에게 주었다.

이 즐거운 추억을 다른 데서는 말할 수 없기 때문에 단식에 관해 쓰는 이 장 도중의 이야기는 딴 데로 흘러나갔고, 또 간접적으로 나의 특성도 하나, 즉 나는 언제나 내게 좋은 것이라고 느껴진 것에는 내 동지들을 나와 함께 참여시키고 싶어한다는 것을 말하였다. 그들은 단식에는 전혀 생소했다. 그러나 프라도샤와 람잔 덕택으로 그들에게 자제의 한 방법으로써 단식에 흥미를 느끼게 하기가 쉬웠다.

그와 같이 하여서 이 농장에 자제의 분위기가 자연적으로 솟아나게 되었다. 이제 농장 식구 전체가 우리와 함께 부분적, 또는 완전 단식을 지키는 데 참여하기 시작했다. 그것은 확실히 온전한 순이익이었다. 이 극기가 그들의 심정을 어느 정도 움직였으며 육신을 정복하려는 노력에 얼마나 도움이 되었는지, 그것을 정확히 말할 수는 없다. 그러나 내 편에서 말한다면 나는 그로 인해 육체적으로나 도덕적으로나 큰 도움을 받았다고 확신한다. 그러나 그렇다고 단식이나 그와 같은 훈련이 반드시 누구에게나 같은 효력을 나타낸다는 결론은 나오지 않았다는 것을 나는 알고 있다.

단식은 자제를 목적으로 행할 때만 동물적 정욕을 억제하는 데 도움이 될 수 있다. 내 친구 중 어떤 분들은 실제로 단식 후유증으로 동물적 정욕과 미각이 자극되는 것을 발견했다. 다시 말한다면 단식은 자제를 원하는 마음이 끊임없이 동반하지 않는 한 헛된 일이다. 여기에 관련해서 저 유명한 『바가바드 기타』 2장에 있는 구절을 주의해 볼 만하다.

겉으로 감관만을 끊어버리는 자에게는
감관의 대상이 사라질 뿐
동경하는 마음은 뒤에 남느니라.
그러나 '지극히 높으신 이'[13]를 뵙는 순간
그 동경마저 사라지는 것이니라.

그러므로 단식이나 이와 비슷한 수련은 자제를 목적으로 하는 하나의 방법이지 그것이 전부는 아니다. 그리고 육체적 단식에 정신적 단

---

13) 곧 브라만이다. 삼신의 하나인 브라마(Brahma)와는 다르다. 브라만은 비인격적인 절대자, 브라마는 그 브라만에서 일단 내려와서 그의 창조력을 인격화해서 표시하는 신.

식이 병행하지 않으면 위선과 파멸로 끝나고 만다.

교장으로서

독자들은 내가 이 책에서 기록하고 있는 일들이 『남아프리카에서의 사티아그라하의 역사』에서 언급하지 않았던 사실이거나 혹은 아주 간략하게만 언급했던 부분에 대해 쓰고 있다는 사실을 염두에 두기를 바란다. 그렇게 하면 최근에 쓴 장들 사이의 연결을 쉽게 알 수 있을 것이다.

농장이 점점 발전함에 따라 여기 있는 소년 소녀들의 교육을 위한 준비가 필요하다는 것을 알게 되었다. 이들 중에는 힌두교, 이슬람교, 배화교, 그리고 기독교의 소년들과 몇 명의 힌두교 소녀들이 있었다. 이들을 위해서 특별한 교사를 고용하기는 불가능하거니와, 그럴 필요가 있다고 생각하지도 않았다. 그것이 불가능한 이유는 자격 있는 인도인 교사가 드물었고, 있다 하더라도 요하네스버그에서 33킬로미터나 떨어진 이곳에 적은 봉급을 받고 오려고 할 이가 없기 때문이었다. 또 우리에게 돈이 많지 못했던 것도 사실이다. 그리고 나는 농장 밖에서 선생을 끌어들일 필요가 있다고 생각지도 않았다. 나는 현재의 교육제도를 믿지도 않았고, 우리가 경험과 실험을 통해 참된 교육제도를 찾아내자는 생각을 하고 있었다. 다만 내가 잘 알고 있는 것은 이것이었다. 즉 이상적인 조건 아래서는 진정한 교육은 오직 부모에 의해서만 주어질 수 있다는 것, 또 그 다음에는 외부의 도움은 될수록 적어야 한다는 것, 톨스토이 농장은 하나의 가족이요 그 안에서는 내가 아버지의 지위에 있다는 것, 그러므로 가능한 한 어린이들의 교육을 책임져야 한다는 것 등이다.

물론 그 생각에는 결점이 없지 않다. 이 모든 젊은이가 어릴 때부터 나와 함께 있었던 것도 아니요, 그들은 각각 서로 다른 조건과 환경 속에서 자라났으며 또 다 같은 종교에 속해 있지도 않다. 내가 아무리 가장의 지위에 있다고 하더라도 이와 같은 환경에 있는 젊은이들에게 어떻게 공평할 수가 있을까?

그러나 나는 언제나 심정의 훈도(薰陶)나 성격 형성을 첫째로 알아 왔고, 연령과 교육의 차가 아무리 크더라도 도덕 훈련은 다 같이 시킬 수 있다고 확신했으므로, 나는 그들의 아버지로서 하루 24시간을 그들 사이에서 같이 살아가기로 결정했다. 나는 성격 형성을 교육의 중요한 기초로 알기 때문에 그 기초만 튼튼히 놓는다면 그외의 모든 것은 아이들 자신이 할 수 있고, 그렇지 않으면 친구의 도움으로도 될 수 있다고 확신했다.

그러나 그것과 아울러서 학문 교육이 필요하다는 것을 충분히 알았기 때문에 나는 칼렌바흐 씨와 프라그지 데사이 씨의 협조를 얻어 학급을 몇 개 시작했다. 체육도 경시하지 않았다. 신체의 단련은 일상 잡무에서 얻었다. 농장에는 하인이 없었으므로 요리에서 청소에 이르기까지 모든 일을 가족끼리 했다. 과수가 많았으므로 그것도 돌보아야 했고, 정원도 적당히 손질해야 했다. 칼렌바흐 씨는 원예일에 취미가 있었고 그것에 대한 약간의 경험도 있었다.

부엌일을 맡지 않은 사람은 노소를 막론하고 의무적으로 얼마 동안씩 원예일을 해야 했다. 아이들은 이 일에서 가장 큰 몫을 맡았다. 구덩이를 파는 일, 목재를 베는 일, 짐을 나르는 일 등이 그들에게 충분한 운동이 됐다. 그들은 그 일을 즐겁게 했다. 그러므로 일반적으로 다른 운동이나 경기가 필요치 않았다. 물론 그중 더러는, 또 어떤 때는 모두가 꾀병을 부리고 게으름을 피우기도 했다. 때로는 그들의 장난을 눈감아주기도 했지만 또 엄하게 질책하는 일도 많았다. 틀림없이 그들은 엄하게 하는 것이 싫었을 것이다. 그러나 그들이 반항했다는 기억은 없다. 언제나 반항할 때는 그들을 타일러 일을 장난으로 해서는 못 쓴다는 것을 깨닫게 했다. 그러나 그 깨달음은 오래가지는 못했다. 다음 순간 곧 일에 손을 놓고 장난하러 간다. 늘 이런 모양으로 지났지만, 어쨌건 그들은 좋은 체격을 갖추었다. 농장에서 앓은 사람은 별로 없었다. 물론 공기 좋고 물 좋고 규칙적으로 먹는 것이 건강의 적잖은 이유가 되기는 하겠지만.

직업 교육에 대해 한마디 하기로 하자. 모든 젊은 사람에게 어떤 쓸모 있는 수공 기능을 가르쳐주자는 것이 내 의도였다. 이 목적을 위해 칼렌바흐 씨가 한트라 피스트 수도원에 가서 구두 제조법을 배워가지고 돌아왔다. 나는 그에게서 그것을 배워서 배울 의향이 있는 아이들에게 가르쳤다. 칼렌바흐 씨는 목수 일에 약간 경험이 있었고, 또 다른 가족 하나도 그것을 알고 있었다. 그래서 조그만 목공반을 하나 만들었다. 요리는 거의 모든 젊은이가 할 줄 알았다.

이 모든 것이 다 그들에게는 생소한 것이었다. 어느 날엔가 이런 것을 배우리라고는 꿈도 꾸지 못했을 것이다. 왜냐하면 일반적으로 남아프리카에서 인도 아이들이 받은 교육은 읽기, 쓰기, 셈하기뿐이었기 때문이다.

톨스토이 농장에서는 선생이 하지 않는 일을 아이들에게 시키지 않기로 규칙을 세웠다. 그러므로 애들에게 무엇을 하게 할 때는 언제나 선생도 반드시 협력하고 실제로 그들과 같이 일했다. 그렇기 때문에 아이들은 무엇이든 즐겁게 배웠다.

학문 교육과 성격 형성은 다음 몇 장에서 다루어야 하겠다.

학문 교육

앞장에서 우리는 톨스토이 농장에서 어떻게 신체 단련을 실시했으며 부수적으로 직업훈련을 어떻게 시켰던가를 보았다. 내게는 도저히 만족할 만큼 됐다고는 할 수 없지만, 어느 정도는 성공적이었다고 해야 할 것이다.

그러나 학문 교육은 더 어려웠다. 나는 학문에는 자질도 없지만 필요한 만큼 배우지도 못했다. 또 거기에 바치고 싶은 만큼 바칠 수 있는 시간도 없었다. 날마다 육체노동을 끝내고 저녁때가 되면 완전히 지쳐 버리는 것이 보통이었고, 꼭 쉬어야 하는 때에 수업을 해야 했다. 그렇기 때문에 새 정신을 가지고 가르치기는 고사하고 졸지 않기 위해 갖은 애를 써야 했다. 아침 시간은 농장과 가사일에 써야 했기 때문에 학교 시간은 점심 뒤로 미루어야 했다. 그밖에는 학교를 위한 적당한 시간이 없었다.

학문 교육에는 최대한 세 시간을 배당했다. 힌디어, 타밀어, 구자라트어, 우르두어를 다 가르쳤는데, 가르칠 때는 아이들의 지방 말로 했다. 영어도 가르쳤고 구자라트와 힌두교 아이들에게는 산스크리트와 낯을 조금 익히게 하는 것이 필요했으며, 모든 아이들에게 역사와 지리와 수학의 초보를 가르쳐주어야 했다.

나는 타밀어와 우르두어를 맡았다. 내가 가진 약간의 타밀어 지식은 항해와 감옥살이하는 동안에 얻은 것이었다. 나는 포프(Pope)의 유명한 타밀어 입문의 범위를 넘지 못했다. 우르두 글자의 지식은 단 한 번 항해할 때에 얻은 것이고, 그 말의 지식은 이슬람교도 친구들과 접촉하는 가운데 배운 익숙한 페르시아 말과 아라비아 말에 국한된 것이었다. 산스크리트에 관해서는 고등학교 때 배운 것 이상은 알지 못했고, 구자라트어조차도 학교에서 배운 것보다 더 나은 것이 없었다.

이상이 내 자본이었는데, 그것으로 꾸려가야 했다. 학문의 지식이 빈약한 점에서 내 동료들은 나보다 한층 더했다. 그러나 내 나라 말에 대한 나의 사랑, 교사로서의 역량에 대한 자신감, 또 내 제자의 무지,

그보다도 그들의 관대함이 더욱 내게 많은 도움이 됐다.

타밀 아이들은 다 남아프리카에서 태어난 아이들이었기 때문에 타밀 말을 잘 몰랐고 글자는 전혀 몰랐다. 그래서 영어를 모르는 타밀 사람이 나를 찾아오면 그들은 나의 통역 노릇을 했다. 나는 한 번도 아이들 앞에서 나의 무지를 애써 감추려 하지는 않았기 때문에 재미있게 끌어나갈 수 있었다. 모든 점에서 나는 나 그대로를 그들에게 보여주었다. 그러므로 말의 지식은 형편없이 부족했음에도 불구하고 그들의 사랑과 존경을 잃은 적은 없었다. 이슬람교도 아이들에게 우르두어를 가르치기는 비교적 쉬웠다. 그들은 그 글자를 알고 있었다. 나는 단지 자극을 주어 읽는 데 흥미를 얻게 해주고 그 글씨를 바로잡아주면 그만이었다.

그 아이들은 대부분이 글을 몰랐고, 학교에도 다니지 않은 아이들이었다. 그러나 일을 해가는 동안에 나는 그들에게 가르칠 게 별로 없다는 것을 알았다. 다만 게으름에 빠지지 않도록 하고 공부를 감독하면 그만이었다. 그 정도로 만족했기 때문에 나이가 서로 다른 그 아이들을 끌고 나갈 수 있었고, 한 교실 안에서 여러 가지 과목을 가르칠 수 있었다.

교과서에 관하여서는, 그것에 대해 말을 많이 들었지만, 나는 그 필요를 느껴본 적이 없었다. 우리가 얻을 수 있었던 것조차 이용했던 기억이 별로 없다. 나는 아이들에게 그 많은 책들로 짐을 지울 필요가 있다고 생각하지 않았다. 나는 언제나 교과서는 바로 아이들의 선생이라고 생각해왔다. 나는 선생이 책을 통해서 가르쳐준 것은 별로 기억하는 것이 없다. 그러나 그들이 책과는 상관없이 가르쳐준 것은 지금도 똑똑히 기억하고 있다.

아이들은 눈보다 귀를 통해서 받아들이는 것이 더 많고 힘도 덜 들인다. 나는 아이들과 어떤 책이든 간에 첫 페이지를 같이 읽은 기억이 없다. 그러나 나는 여러 가지 책에서 읽어서 소화한 내용을 내 입을 통해 그들에게 주었다. 그리고 틀림없이 그것은 지금까지도 그들 마음속에 새겨져 있을 것이라고 말할 수 있다. 책에서 배운 것을 기억하려면 힘이 든다. 그러나 내가 내 입으로 말해준 것은 아주 쉽게 받아 외웠다. 내가 내 과목을 흥미 있게 해주지 못함으로써 그들이 싫증을 내게 하지 않는 한, 읽기는 그들에게 힘드는 일이었어도 내게서 듣는 것은 즐거움이었다. 그리고 그들이 내 말을 들음으로 인해 형성되는 그들의 이해력을 나는 측량할 수 있었다.

정신 훈련

아이들의 정신적 훈련은 육체나 마음의 훈련보다 훨씬 더 어려웠다. 나는 정신의 훈련을 위하여 종교 서적에는 별로 의지하지 않았다. 물론 모든 학생이 자기 종교의 요점에 관해서는 익숙하게 알아야 하고 자기 경전에 대한 일반적인 지식은 있어야 한다고 믿었기 때문에, 나로서는 가능한 한 그러한 지식을 넣어주었다. 그러나 내 생각으로는 그것은 지적 훈련의 일부분이다. 나는 톨스토이 농장 아이들의 교육을 시작하기 오래 전에 벌써 정신의 훈련은 하나의 독자적인 것이라고 생각했다. 정신을 계발시킨다는 것은 성격을 쌓아올리는 일이요, 그래서 하나님에 대한 지식과 자아의 실현을 향해 스스로 노력할 수 있도록 하는 일이다. 그리고 나는 이것이 어린이를 교육하는 데 가장 으뜸이 되는 부분이라 생각했고, 그렇기 때문에 정신 수양이 없는 교육은 쓸데없을 뿐만 아니라 해가 되는 것이라고 생각했다.

나는 자아의 실현은 인생의 넷째 단계, 즉 산야사(sannyasa: 내버림)에 가서만 가능하다는 미신을 잘 알고 있다. 그러나 이 귀한 경험을 인생의 마지막 단계까지 미루어두는 사람은 자아 실현에 도달하

446

는 것이 아니라 결국 노망하고 불쌍한 늙은이가 되고 말아서, 이 땅 위에서 짐짝 같은 생활을 하게 된다는 것은 보통 상식으로도 알 수 있는 일이다. 나는 이런 생각을 1911~12년에 내가 가르치고 있던 때에, 꼭 이런 말로 발표하지는 않았지만, 그때 이미 가지고 있었다는 것을 분명히 기억하고 있다.

그러면 정신 훈련을 어떻게 시켰던가? 나는 아이들에게 찬송을 따라 부르게 했고, 도덕 훈련에 관한 책에서 글을 골라 읽어주기도 했다. 그러나 그것으로 도저히 만족할 수 없었다. 나는 그들과 가까이 접촉함에 따라 정신 훈련이 책을 통해서는 될 수 없다는 것을 깨달았다. 마치 신체의 훈련은 신체의 운동을 통해서 되고 지식은 지식의 실습을 통해서 되는 것과 마찬가지로, 정신의 훈련도 정신의 실습을 통해서만 될 수 있다. 그런데 그 정신의 실습은 완전히 교사의 생활과 성격에 달렸다. 교사는 제자들 앞에 있거나 그렇지 않거나 간에 언제나 언동을 조심해야 한다.

선생은 제자에게서 몇 킬로미터를 떨어져 있으면서도 그 생활을 통해 그들의 정신에 영향을 줄 수 있다. 내가 만일 거짓말쟁이라면 아이들더러 참되게 말하라는 것은 부질없는 일이다. 겁쟁이 선생은 결코 제자를 용감하게 만들 수가 없고, 자제가 뭔지 모르는 선생은 결코 자제의 귀함을 가르칠 수 없을 것이다. 그래서 나는 소년 소녀들과 같이 살면서 영원한 실물 교수가 되지 않으면 안 된다고 생각했다. 그렇게 해서 그들이 나의 선생이 됐다. 그래 나는 그들을 위해서라도 반드시 선한 사람이 되어야 하고 올바르게 살아야 한다는 것을 배웠다. 내가 톨스토이 농장에 있으면서 갈수록 더한 단련과 절제를 내 자신에 가하게 된 것은 주로 이들, 나의 피보호자들 때문이었다고 생각한다.

그들 중 하나는 사납고, 마구 날뛰고, 거짓말하고 싸우기를 잘했다. 한번은 아예 난동을 부렸다. 나는 화가 났다. 전엔 아이들을 한 번도 벌한 적이 없었지만 이번은 정말 성이 났다. 타일러보려 했으나 요지부동이었다. 뿐만 아니라 나를 도리어 걸고 넘어지려 했다. 마침내 나는 옆에 있던 지휘봉을 들어 그의 팔을 한 대 후려갈겼다. 그 순간 나는 떨었다. 분명히 그도 그것을 알았을 것이다. 이 일은 전에 없던 일이었다. 그는 울면서 용서해달라고 빌었다. 그는 맞은 것이 아파서 운 것이 아니었다. 만일 그럴 마음이 있었다면 내게 해를 가할 수 있었을 것이다. 그는 열일곱 살의 떡 벌어진 체격의 청년이었다. 그러나 즉시 그는 그렇게 사나운 방법을 쓰지 않고는 못 견디는 나의 고통을 알았기 때문이었다. 그후 그는 한 번도 나를 거스른 일이 없었다. 그러나 나는 지금도 그 난폭했던 짓을 뉘우친다. 아마 그날 그애 앞에서 정신을 드러낸 것이 아니라 내 속에 있는 야수성을 드러낸 것이 아닌가 한다.

나는 언제나 체형(體刑)에는 반대했다. 나는 내 아들 하나에게 한 차례 신체적 벌을 가했던 것을 기억한다. 그렇기 때문에 나는 지금까지 내가 그 지휘봉을 썼던 것이 옳은지 그른지 판단하지 못한다. 아마 그것은 온당치 못했다고 해야 할 것이다. 왜냐하면 그것은 노기에 몰려 벌주자는 생각에서 그랬기 때문이다. 그것이 다만 나의 고민의 표현이었다면 정당하다 할 수 있지만, 그때의 경우 그 동기는 순수한 것이 못된다.

이 사건은 나로 하여금 생각하게 했고, 학생들의 잘못을 바로잡는 보다 더 좋은 방법을 내게 가르쳐주었다. 그 방법을 문제의 그 경우에 쓸 수 있는지 어떤지는 알 수 없다. 그 젊은이는 곧 그 일을 잊어버렸다. 나는 그가 그때 개전(改悛)의 모습을 보여주었다고 생각지는 않는다. 그러나 그 사건은 나에게 선생의 학생에 대한 의무를 좀더 깊이 깨닫게 해주었다.

그후에도 아이들이 잘못하는 일은 자주 있었다. 그러나 나는 다시 체벌한 일은 없었다. 그와 같이 내가 소년 소녀들에게 정신 훈련을 시

켜주고자 힘쓰는 동안에 점점 더 정신의 힘이 가진 위대성을 깨닫게
되었다.

밀밭 속의 가라지

톨스토이 농장에서였다. 칼렌바흐 씨는 한 번도 나의 머릿속에 떠올
랐던 일이 없는 문제에 관해 주의를 환기시켜 주었다. 이미 말한 바와
같이 농장에 있는 소년 중 더러는 행실이 나빠 걷잡을 수 없었다. 그
중에는 놈팡이들도 있었다. 이들과 내 아들 셋이 날마다 접촉을 했다.
물론 내 아들과 같은 또래의 다른 아이들과도 접촉하고 있었다. 이것
이 칼렌바흐 씨의 마음을 괴롭혔다. 그러나 그의 주의는 내 아들들을
이 걷잡을 수 없는 소년들과 같이 두는 것이 부당하다는 데 집중되어
있었다. 어느 날 그는 말을 끄집어냈다.

"선생님이 자제들을 저 나쁜 애들과 같이 두시는 것은 제게는 이해
가 가지 않습니다. 결과는 한 가지밖에 없습니다. 이러한 나쁜 사귐으
로 그들도 나쁜 물이 들고 말 겁니다."

그 말을 듣고 내가 당황했는지는 모르겠으나, 그에게 한 대답은 기
억이 난다.

"어떻게 내가 내 자식들과 그들을 차별할 수 있겠습니까? 나는 양쪽
에 다 책임이 있습니다. 그 젊은이들은 내가 오라고 해서 온 겁니다.
내가 만일 돈이라도 좀 주면서 내보낸다면, 그애들은 곧 요하네스버그
로 달려가서 옛날의 그 길로 다시 빠져들어갈 겁니다. 사실을 말한다
면 그들이나 그들의 보호자는 아마 이렇게 생각할 겁니다. 즉 자기들
이 여기 온 이상 내가 책임을 져야 한다고. 그들이 여기서 많은 불편을
참아야 하는 건 당신이나 나나 잘 알고 있는 사실입니다. 그러나 내 의
무는 분명합니다. 나는 그들을 여기 두어야 합니다. 그렇기 때문에 내

아이들도 그들과 같이 살아야 합니다.

확실히 나는 당신이 내게 오늘부터 내 아이들이 다른 아이들보다 우월하다는 느낌을 가지도록 가르치기를 바라지는 말라는 것인 줄 압니다. 그러한 우월감을 넣어주는 건 그들을 빗나가게 하는 일입니다. 이렇게 다른 아이들과 같이 사는 것이 그애들에게 좋은 훈련이 될 겁니다. 그들은 자력으로 선악을 구별할 줄 알게 될 것입니다. 그 애들 속에 정말 선한 무엇이 있다면 그것은 반드시 그들의 벗에게 반영이 될 것이라는 것을 왜 믿어서는 안 됩니까? 어쨌거나 나는 그들을 여기에 두지 않을 수 없습니다. 설혹 어떤 위험이 있다 하더라도 그대로 있을 수밖에 없습니다."

칼렌바흐 씨는 머리를 내저었다.

나는 그 결과가 나빴다고 할 수는 없다고 생각한다. 또한 내 아들들이 그 실험 때문에 더 나빠졌다고 생각하지도 않는다. 반대로 나는 그들이 뭔가 얻은 것이 있다고 본다. 만일 조금이라도 그들 속에 우월감이 있었다면 그것은 사라지고, 각양각색의 아이들과 섞여 놀기를 배웠을 것이다. 그들은 시련 속에서 훈련을 쌓았다.

또 이와 비슷한 실험은, 나에게 좋은 아이들을 나쁜 아이들과 함께 가르치고 같이 사귀게 해도 그들은 아무것도 잃는 것이 없다는 것을 알게 해주었다. 다만 그 실험은 그 부모와 보호자의 방심 없는 보호 아래에서 해야 한다는 것이다.

귀엽게 자란 아이들이 언제나 유혹이나 악에 대해 강한 것은 아니다. 그러나 갖가지 방법으로 양육된 소년 소녀들을 한데 모아놓고 가르칠 때는 부모와 선생이 쓰라린 시련 속에 놓이는 것은 사실이다. 그들은 끊임없이 경계하지 않으면 안 된다.

참회로서의 단식

　소년 소녀를 바른 길로 길러내고 교육한다는 것이 얼마나 어려운 일인가는 날이 가면 갈수록 더 분명해졌다. 내가 정말 저들의 참 선생이 되고 보호자가 되려면 나는 그들의 심정을 이해하지 않으면 안 된다. 나는 그들의 기쁨과 슬픔을 같이 나눠야 하고, 또한 그들을 도와 그들이 직면한 의문을 풀게 해야 하며, 그 굽이치는 젊음의 열망을 바른 길로 이끌어주어야 한다.

　사티아그라하의 투쟁자 중 더러가 감옥에서 풀려나오자 톨스토이 농장은 그 가족들을 잃어버려 거의 비게 되었다. 농장에 남아 있는 얼마 안 되는 사람들은 대개 피닉스에 속하는 사람들이었다. 그래서 나는 그들을 그곳으로 옮겼다. 여기서 나는 무서운 시련을 겪어야 했다.

　그때 나는 요하네스버그와 피닉스 사이를 왔다갔다해야만 했다. 한번은 요하네스버그에 있을 때 아슈람의 동거인인 두 사람의 도덕적 타락에 관한 소식을 들었다. 사티아그라하 투쟁의 명백한 실패나 패배도 나를 그렇게 놀라게는 못했을 것이다. 그러나 이 소식은 내게 청천벽력 같았다. 바로 그날 나는 피닉스로 가는 기차를 탔다. 칼렌바흐 씨는 자기도 나를 따라가겠다고 주장했다. 그는 내가 어떤 지경에 빠져 있는지를 알고 있었다. 그는 내가 혼자 간다는 생각을 견딜 수가 없었다. 왜냐하면 나를 그렇게도 흥분시킨 그 소식을 가져온 사람은 우연히도 바로 그였기 때문이다.

　기차를 타고 가는 동안 내 의무가 무엇인지 분명해진 듯했다. 선생이나 보호자는 제자나 피보호자의 잘못에 적어도 어느 정도는 책임이 있다고 생각했다. 그래서 문제의 그 사건에 대한 나의 책임은 내게 대낮처럼 명백했다. 내 아내는 벌써부터 그 일에 대해 내게 경고해주었다. 그러나 나는 본래 믿는 천성인지라 그를 무시해버렸다. 죄를 지은 아이들이 내 고민과 자기네의 타락 깊이를 깨닫게 하는 유일한 길은 참회하는 것뿐이라고 느꼈다. 그래서 나는 나 자신에게 7일간의 단식과 넉 달 반 동안 하루에 한 끼만 먹겠다고 맹세했다. 칼렌바흐 씨는 그것을 취소하도록 권했지만 소용이 없었다. 마침내 그도 나의 참회가 적당한 것임을 인정하고 자기도 같이 하겠다고 주장했다. 나는 그의 솔직한 애정을 막을 수 없었다.

나는 훨씬 마음이 가벼워졌다. 그렇게 결정한 것이 내 마음에서 무거운 짐을 벗겨주었다. 죄 지은 아이들에 대한 분노가 가라앉고 그 대신 그들에 대한 순수한 연민의 정이 생겨났다. 그처럼 마음이 적잖이 평안해져 피닉스에 도착했다. 나는 다시 조사를 더 하여 내가 알고자 했던 좀더 자세한 내용을 알아냈다.

나의 참회는 모든 사람들의 마음을 아프게 했다. 그러나 분위기를 맑게 해주었다. 죄 짓는 것이 얼마나 비참한 것인가를 모든 사람이 깨닫게 되었다. 그리고 나와 그 소년 소녀들과의 유대는 좀더 강하고 좀더 참되어졌다.

그러나 얼마 후 이 사건으로 야기된 새로운 사정이 나를 14일 동안의 다른 단식을 강요했다. 그 결과는 나의 기대를 초월했다.

이러한 사건들을 계기로 학생이 좋지 못한 일을 했을 때 언제나 교사가 단식의 방법을 택해야 된다는 것을 나의 목적으로 삼은 것은 아니었다. 그러나 어떤 경우에는 이러한 심각한 구제책이 필요하다고 나는 주장했다. 그렇지만 그렇게 하려면 우선 밝은 통찰력이 있고 정신상태가 건전해야 한다. 선생과 제자 사이에 진정한 사랑이 없을 때는 제자의 잘못된 행동이 선생의 마음속에 충격을 주는 일이 없고, 제자가 선생을 존경하는 마음도 없을 때는 단식은 당치 않은 것이며 도리어 해가 될 수 있다. 그와 같이 단식을 할 것이냐 말 것이냐 의심의 여지가 있지만, 제자의 잘못에 대해 선생에게 책임이 있다는 것은 논란의 여지가 없다.

첫 번째 단식은 우리 둘 중 누구에게도 어렵지 않았다. 나는 정상적인 활동 중 어느 것도 보류하거나 중지할 필요가 없었다. 이 참회 기간 동안 내내 엄격한 과일식이었다는 것을 지금 기억할 수 있다. 두 번째 단식의 후기에는 상당히 힘들었다. 나는 그 당시까지 '라마나마'의 놀라운 효과를 완전히 이해하지 못했고, 따라서 고통을 견디는 능력도 그만큼 부족했다. 그뿐 아니라 단식 방법, 특히 물을 많이 마셔야 한다는 사실을 몰랐다. 물은 아무리 구역질이 나고 역해도 마셔야 한다. 그리고 첫 번째 단식이 쉬웠다는 사실이 두 번째 단식 때 나를 부주의하게 만들었다. 그렇기 때문에 첫 번째에는 쿠네식의 목욕을 매일 했는데, 두 번째에는 2, 3일 후 집어치웠고 물도 역하고 구역질이 난다고 조금밖에 마시지 않았다. 목이 타고 약해져서 끝에 가서는 아주 낮은 소리로밖에 말하지 못했다. 그런데도 나는 사무를 계속했다. 글로 쓸 필요가 있을 때는 불러주어 쓰게 했다. 『라마야나』나 그외 경전들의 구절을 낭독케 하고 들었다. 긴급한 사건들을 토론하고 의견을 말해줄 만한 힘은 넉넉히 있었다.

고칼레를 만나러 가다

남아프리카의 많은 추억담은 그대로 건너뛰기로 한다.

1914년 사티아그라하 투쟁이 끝나자 나는 고칼레로부터 런던을 경유해 본국으로 돌아오라는 지시를 받았다. 그래서 7월에 카스투르바이와 칼렌바흐와 함께 영국을 향해 항해의 길에 올랐다.

사티아그라하 동안 나는 3등편으로 여행하기 시작했다. 그래서 이번 항해에도 3등표를 샀다. 그러나 이 항로를 다니는 배의 3등 시설과 인도 해안 배나 기차 시설 사이에는 많은 차이가 있었다. 인도인을 위한 시설에는 좌석의 설비도 좋지 않고, 잘 자리는 더욱 미비했으며, 굉장히 불결했다. 그런데 런던으로 가는 항해에서는 방도 넉넉하고 깨끗했으며, 또 기선회사에서는 우리를 위해 특별한 편리까지 제공해주었다. 회사는 예비용 사실(私室)을 제공해주고, 우리가 과식(果食)하는 사람들이라고 과실과 견과류를 공급해주라고 웨이터에게 지시도 했다. 보통 3등 승객에게는 과일이나 견과는 잘 주지 않는다. 이러한 편의의 혜택으로 우리는 18일간의 선상 생활은 아주 편안했다.

이 항해 동안에 일어났던 일 중에는 기록해둘 만한 가치가 충분한 것도 있다. 칼렌바흐 씨는 쌍안경을 아주 좋아해서 꽤 값나가는 것을 하나 가지고 있었다. 우리는 매일 그에 대해 토론했다. 나는 그에게 그런 것을 가지고 있는 것은 우리가 추구하려 애쓰는 소박한 생활의 이상에 맞지 않다는 것을 깊이 느끼도록 해주려고 했다. 하루는 우리의 토론이 결론에 이르게 됐다. 우리가 객실의 현창(舷窓) 옆에 서 있을 때였다.

"이것을 두고 우리 둘 사이에 싸움거리가 되게 하기보다는 왜 그것을 아예 바다에 던져 토론에 끝을 내지 못합니까?" 하고 내가 말했더니, "좋습니다. 그까짓 고약한 물건 내던져버리죠." 칼렌바흐는 그렇게 말했다.

"난, 진심입니다." 내가 말했다.

"좋습니다, 저도요." 지체 없이 대답했다.

그래 난 곧 그것을 바다에 던져버렸다. 그것은 7파운드짜리였다. 그러나 칼렌바흐 씨가 그것에 쏟았던 열의에 비하면 그까짓 값은 아무것도 아니었다. 그런데 그것을 버리고도 그는 한 번도 후회하지 않았다.

이것은 칼렌바흐 씨와 나 사이에 있었던 수많은 사건 중의 하나에 지나지 않는다.

이런 식으로 우리는 날마다 무엇인가 새것을 배웠다. 우리는 둘 다 진리의 길을 걸어보려고 애쓰고 있었기 때문이었다. 진리를 향해 전진해가는 가운데 노여움이나 이기심이나 증오는 자연히 사라진다. 그렇지 않고서는 진리에 도달할 수 없기 때문이다. 애욕의 지배를 받는 사람은 말로는 진실할 수 있겠지만, 절대로 진리를 발견할 수는 없을 것이다. 진리 탐구에 성공하려면 사랑과 미움, 행복과 불행, 이런 따위의 이원적인 것에서 완전히 벗어나야 한다.[14]

우리가 항해길에 올랐을 때는 내가 단식을 끝낸 지 아직 얼마 되지 않았을 때였다. 나는 아직 정상적인 기력을 회복하지 못하고 있었다. 나는 입맛을 돌게 하고 먹은 것을 소화시키기 위해 가벼운 운동이 되도록 갑판 위를 거닐곤 했다. 그러나 그 운동조차도 벅차서 장딴지가 아프고, 런던에 도착했을 때는 나아지기는커녕 더 심해졌다. 거기서 의사 지브라지 메타(Jivraj Mehta) 씨를 알게 되어 그에게 내 단식의 내력과 그 뒤에 일어난 통증을 이야기했더니, 그는 말하기를, "며칠 동안 푹 쉬시지 않으면 두 다리를 못쓰게 될지도 모릅니다" 했다.

오랫동안 단식한 사람은 잃었던 기력을 회복하려고 서둘러서는 안 되고, 또 식욕을 억제해야 한다는 것을 알게 된 것은 이때의 일이었다. 단식을 할 때보다도 단식을 끝냈을 때 더 주의해야 하고 아마 절제도 더해야 할 것이다.

마데이라[15]에서 우리는 대전이 터질지도 모른다는 소식을 들었다. 영국 해협에 들어섰을 때는 드디어 대전이 터졌다는 소식을 들었다. 얼마 동안 항해가 중지되었다. 해협 전역에 부설된 기뢰 사이로 배를 몰고 가기란 힘든 일이었다. 그래서 사우샘프턴까지 가는 데 거의 이

---

14) 이원론을 극복하자는 것. 우주를 서로 반대되는 둘의 대립으로 보는 것을 반대하는 사상이 베단타 철학의 올짬이다. 그것을 아드바이타, 즉 비이원론이라 한다. 그것이 힌두교의 정통주의적인 사상이다.

15) 마데이라(Madeira): 아프리카 서북쪽에 위치한 섬으로 포르투갈의 영토.

틀이나 걸렸다.

8월 4일에 선전이 포고되었고, 우리는 6일 런던에 닿았다.

대전 중의 나의 역할

영국에 도착하자 나는 고칼레가 파리에서 꼼짝 못하고 있다는 소식을 들었다. 건강 때문에 그곳에 갔는데 파리와 런던 사이에 교통이 두절되어 언제 돌아오게 될지 알 길이 없다는 것이었다. 나는 그를 만나지 않고 집으로 가고 싶은 생각은 없었지만, 누구도 그가 언제 올지 확실히 말하는 사람은 없었다.

그러면 그 동안에 나는 무엇을 할 것인가? 이 전쟁에서 내 의무는 무엇일까? 나의 감옥 동지요 사티아그라하 투쟁자인 소랍지 아다자니아(Sorabji Adajania)는 그 당시 런던에서 변호사 공부를 하고 있었다. 가장 훌륭한 사티아그라하 투쟁자의 한 사람인 그는 변호사 자격을 갖춘 후 남아프리카로 돌아가 내 자리를 물려받도록 하기 위해 영국으로 보냈던 사람이다. 의사 프란지반다스 메타 씨가 그의 비용을 대고 있었다. 그와 더불어 나는 의사 지브라지 메타 씨와 또 그외의 영국 유학생들과 의논하는 모임을 가졌다. 그들과의 합의로 영국과 아일랜드에 있는 거주민 회의가 소집되었다. 나는 내 의견을 그들에게 내놓았다.

나는 영국에 거주하는 인도인들이 이 전쟁에서 자기가 할 수 있는 역할을 다하지 않으면 안 된다고 생각했다. 영국 학생들은 자원해서 군에 복무하겠다고 나섰다. 인도 학생도 그래야 할 것이다. 이 논지에 대해 많은 반대가 나왔다. 반대의 요지는 이렇다. 인도인과 영국인 사이에는 천양지차가 있다. 우리는 노예요, 그들은 상전이다. 종이 어떻게 곤경에 빠진 상전을 위해 그와 협력할 수 있느냐? 해방을 원하는 노예는 상전의 곤경을 자기를 위한 기회로 이용하는 것이 그의 의무가 아니겠느냐? 이 주장에 대해 그때 나는 수긍하지 않았다. 나도 인도인과 영국인 사이에 신분의 차이가 있다는 것은 알고 있었지만 그렇다고 우리가 노예 지경에까지 떨어졌다고는 믿지 않았다. 나는 그때 그것은 영국 체제의 잘못이라기보다 영국 관리 개인들의 잘못이며, 그렇기 때문에 우리는 사랑으로써 그들을 개심시킬 수 있다고 생각했다.

만일 우리가 영국 관리의 도움과 협력을 통해 우리 지위를 개선시키고자 한다면, 그들이 곤경에 처했을 때 그들 곁에 섬으로써 그 도움을 획득하는 것이 우리 의무일 것이다. 체제에 결함이 있다 하더라도 내게는 그것이 오늘처럼 도저히 참을 수 없는 것으로는 보이지 않았다. 그러나 내가 만일 그 체제에 대한 믿음을 잃었기 때문에 오늘날 영국 정부와 협력하기를 거절한다면, 그 체제뿐 아니라 그 관리들에 대해서까지 믿음을 잃은 그 친구들이 그때 그렇게 할 수 있었을까? 반대하는 친구들은 그때가 인도의 요구를 용감히 선언할 때요, 인도인의 지위를 개선할 때라고 생각했다. 나는 영국의 곤경을 우리의 기회로 삼아서는 안 되고, 전쟁이 계속되는 동안에는 우리 요구를 강요하지 않는 것이 도리어 적합하며, 그것이 앞을 내다보는 일이라고 생각했다. 그래서 내 견해를 고집했고, 지원병으로 나가기를 원하는 사람을 찾아다녔다. 반응은 상당히 좋아서 그 지원자 중에는 각 주와 각 종교의 대표가 포함되어 있었다.

나는 크류(Crewe)경에게 편지를 보내 이 사실을 알리고, 만일 우리 지원을 수락하는 데 야전 위생 훈련을 선행 조건으로 생각한다면, 우리는 받을 각오가 되어 있다고 밝혔다.

크류경은 얼마간 주저한 후 그 지원을 수락하고, 그 급박한 시기에 제국을 위해 종군해주는 데 대하여 감사했다.

지원자들은 유명한 의사 캔틀리(Cantli) 밑에서 부상병 구급 예비훈련을 받기 시작했다. 6주간의 짧은 기간이었으나 그 동안 구급치료의 전과정을 끝냈다.

우리는 80명으로 된 한 반이었다. 6주가 끝나자 우리는 시험을 보아 한 사람을 빼고는 모두 통과하였다. 합격할 사람을 위해 정부가 군사 훈련 및 기타 훈련을 준비하고 있었다. 베이커(Baker) 대령이 그 책임 자로 왔다.

그 즈음 런던은 장관이었다. 공포는 찾아볼 수 없었고 모든 사람이 제 능력껏 돕기에 힘썼다. 장정들은 전투원으로 훈련 받기 시작했지만 노인들, 병약자들, 여자들의 할 일은 무엇인가? 그들에게도 원한다면 일은 얼마든지 있었다. 그래서 그들은 부상병의 옷을 마름질하고, 짓고, 간호에 쓸 물건을 만드는 일을 했다.

부녀들의 클럽인 라이시엄(Lyceum)은 군복 제조에 착수하여 최대한의 속력을 냈다. 슈리마티 사로지니 나이두(Shrimati Sarojini Najdu)는 이 클럽 회원이었는데, 그는 그 일에 전심전력했다. 이렇게 해서 그와 나는 처음 알게 되었다. 그는 내게 옷을 산더미처럼 가지고 와서 모두 바느질해서 돌려달라고 했다. 나는 그의 청을 반갑게 받아들여 친구들 도움을 받아 구급법 훈련 동안 성심껏 옷을 지었다.

정신적 딜레마

내가 다른 인도인들과 함께 전쟁에 종군했다는 소식이 전해지자마자 전보 두 통이 날아들었다. 하나는 폴락 씨로부터 왔는데, 그는 나의 행동이 아힘사 신앙에 일치하는 것이냐고 물었다.

나는 이러한 반대를 어느 정도 예상했었다. 왜냐하면 이 문제를 나의 『힌두 스와라지』(Hindu Swaraji), 즉 『인도 자치』(Indian Home Rule)[16]라는 책에서 다루었고, 또한 남아프리카에 있을 때 친구들과 날이면 날마다 토론했기 때문이다. 우리는 누구나 전쟁의 비도덕성을 인정하고 있었다. 전쟁에 참가한다는 것은 나의 가해자를 고소하지 못하는 것보다 훨씬 더 달갑지 않은 일이었다. 더구나 전쟁에 참가한 나라들의 사유가 정당하냐 아니냐에 대해서는 아무것도 모르고 있는 이 전쟁에는 말이다. 친구들은 물론 전에 내가 보어 전쟁 때 종군했던 사실을 알고 있었지만, 그들은 그후에 내 견해에 변화가 생겼다고 추측하고 있었다.

물론 보어 전쟁 때 나를 참가하게 만들었던 바로 그 이론이 이번 경우에도 내게 중요하게 생각되었다. 전쟁에 참가하는 것이 아힘사와 맞지 않는다는 것은 내게는 너무도 환한 일이다. 그러나 사람은 제 의무가 무엇인지 늘 명확히 알 수 있는 것은 아니다. 진리의 애호자는 어둠 속을 헤매지 않으면 안 되는 때가 많다.

아힘사는 포괄적인 진리다. 우리는 힘사(himsa: 살생)의 불길 속에 갇힌 무력한 인간들이다. 생명은, 생명으로 산다는 말은 그 속에 깊은 의미가 있다. 사람은 의식적으로나 무의식적으로나 외견상으로 살생하지 않고는 한 순간도 살 수 없다. 사람이 산다는 사실 그 자체, 즉 먹고 마시고 움직이는 그것이, 비록 매우 작을지는 몰라도, 필연적으로 어떤 힘사, 곧 생명의 파괴를 가져오게 한다. 그러므로 아힘사의 신자는 그의 모든 행동의 원천이 자비심에 있기만 하다면, 있는 힘을 다하여 지극히 작은 생명 하나라도 살해하지 않고 그것을 구해주려고 애쓴다면, 그리하여 그 무서운 살생의 소용돌이 속에 빠져들지 않으려 끊임없이 노력한다면 그는 변함없이 제 신앙에 충실할 수 있을 것이요, 부단히 자제와 자비 속에서 성장하게 될 것이다. 그러나 그는 결코 완전히 외적인 살생에서 벗어날 수는 없을 것이다.

16) 나바지반 출판사에서 발행했음.

또 그뿐 아니라 아힘사의 밑바닥에는 모든 생명의 통일성이 놓여 있으므로, 하나의 잘못은 전체에까지 영향을 미칠 수밖에 없다. 그렇기 때문에 사람이 살생에서 완전히 벗어날 수는 없다. 사회적 존재로 계속 사는 한 온갖 사회적 존재가 연루된 살생에 참여하지 않을 수 없다. 두 국가가 싸울 때 아힘사 신자의 의무는 전쟁을 중지시키는 일이다. 그 의무를 다할 자격이 없는 사람, 전쟁에 반대할 능력이 없는 사람, 전쟁에 반대할 수 있는 자리에 있지 않은 사람은 전쟁에 참여할 것이지만, 그 사람도 전력을 다하여 그 자신과 그 나라와 전세계를 전쟁에서 구하도록 노력하여야 한다.

나는 대영제국을 통해서 나와 내 동포의 지위를 향상시키려고 했다. 나는 영국에 있을 때 영국 함대의 보호를 받았고 그 무력 밑에 실제로 몸을 숨겼으니, 나는 직접 그 잠재적 폭력에 가담했던 것이다. 그러므로 내가 만일 제국과의 관계를 유지하며 그 깃발 아래 살기를 원한다면 세 가지 길 중 하나를 택하는 수밖에 없다. 나는 공공연히 전쟁에 대해 반대를 선포하고 사티아그라하의 법칙에 따라 제국이 그 군사정책을 변경할 때까지 협조를 거부할 수 있었다. 그렇지 않으면 나는 법률에 복종하지 않고서 마땅한 것을 택해 시민의 불복종을 행함으로써 투옥당하는 길을 택할 수 있었다. 또 그렇지 않으면 제국 편에 서서 전쟁에 참가함으로써 전쟁의 포악성에 반대할 수 있는 역량과 자격을 획득할 수 있었다. 나는 그렇게 할 능력도 자격도 없었다. 그러므로 전쟁에 종군하는 길밖에 없다고 생각했다.

아힘사의 관점에서 볼 때 전투원과 비전투원의 차별은 없다. 강도 집단에 들어가 일하기로 자원한 사람은 짐꾼 노릇을 했거나 망을 봐주었거나, 그렇지 않고 그놈들이 부상했을 때 간호를 해주었거나, 강도인 점에서는 강도들 자신이나 조금도 다를 것이 없다. 마찬가지로 전쟁에서 부상병만을 시중해준 사람도 전쟁 범죄자임을 면할 수는 없다.

이 모든 것을 나는 폴락의 전문을 받기 전에 나 혼자 따질 대로 다 따져보았다. 그래서 그것을 받고 나서 나는 이런 견해를 여러 친구들과 이야기한 다음 전쟁에 종군하는 것이 나의 의무라고 결론을 내렸다. 오늘날도 나는 그러한 견해에 결코 모순이 있다고 보지 않는다. 또 그때 내가 영국과의 관계에서 호의적인 견해를 가졌다고 해서 내가 취한 그 행동을 후회하지도 않는다.

그 당시에 내 입장이 옳다는 것을 모든 친구에게 수긍시킬 만한 능력이 없었다는 것을 나는 알고 있다. 문제는 미묘하다. 견해의 차이가 얼마든지 있을 수 있는 문제다. 그렇기 때문에 나는 아힘사를 믿고 있으며 생활의 한 걸음 한 걸음에서 그것을 실천하려고 진지한 노력을 하는 사람들 앞에 내 이론을 가능한 한 명백하게 펴놓았다. 진리에 헌신하는 사람은 무슨 일이나 관습에 따라서만 해서는 안 될 것이다. 그는 언제나 스스로 수정할 태세를 갖추고 있어야 하고, 자신이 잘못임을 알았을 때는 무슨 일이 있더라도 그것을 고백하고 속죄해야 할 것이다.

축소형 사티아그라하

이처럼 나는 의무로 생각하고 전쟁에 참가했지만 내가 직접 전쟁에 참가할 수 없게 됐을 뿐 아니라, 그러한 위급한 판에 축소형 사티아그라하라고 불러야 할 만한 일을 감행하지 않으면 안 되었다.

우리 이름이 신병으로 인정되어 등록되자, 우리의 훈련을 담당할 장교가 한 사람 임명됐다는 말을 이미 했다. 우리는 이 지휘 장교가 기술적인 문제에 관한 한 우리의 대장일 뿐이요, 그외의 모든 문제에서는 내가 우리 부대의 대장이라는 생각을 가지고 있었다. 부대의 내적 훈련에 관한 것은 내가 직접 책임질 문제였다. 그러니까 바꾸어 말하면,

그 지휘 장교는 나를 통해서 대원을 통솔해야 한다는 말이다. 그러나 그 장교는 처음부터 우리를 그런 망상에 사로잡히도록 두지 않았다.

소랍지 아다자니아는 민첩한 사람이었다. 그는 나에게 주의시켜주었다. "이 사람을 주의하셔야 합니다. 그는 우리를 아주 마음대로 하려는 눈치입니다. 우리는 그의 명령을 들을 필요 없습니다. 우리는 그를 교관으로 대우하는 데는 이의가 없습니다. 그러나, 우리를 가르치라고 그가 임명한 그 젊은이들조차 우리의 상전처럼 굽니다."

이들 젊은이란 우리를 훈련시키기 위해 와 있는 옥스퍼드 학생들인데, 지휘관이 그들을 우리 분대장으로 임명했다.

나도 그 지휘관의 고압적인 태도를 못 알아챈 것은 아니었지만, 소랍지에게 걱정하지 말라고 달랬다. 그러나 그는 그렇게 쉽사리 말을 들을 사람이 아니었다.

"선생님은 너무 믿으십니다. 이자들은 깜찍한 말로 선생님을 속일 겁니다. 그래서 선생님이 마침내 그 속셈을 알아채시게 되면 우리보고 사티아그라하를 하자고 하실 겁니다. 그러면 선생님은 어려움에 빠지시고 우리들마저 어려움 속으로 끌고 들어가실 겁니다" 하고 그는 웃음을 띠면서 말했다.

"나와 운명을 같이하기로 한 이상 어려움말고 또 무엇을 기대할 게 있소? 사티아그라하를 지키는 사람은 속게 마련이오. 지휘관더러 속일 테면 속이라고 그러시오. 내가 이미 이루 헤아릴 수 없이 몇 번이고 말하지 않았어요, 속이는 자 자신이 결국에 가서는 스스로 속고 마는 거라고요?" 나는 말해주었다.

소랍지는 큰 소리로 웃었다. "잘하십니다. 그럼 어서 계속 속으십시오. 끝내 선생님은 사티아그라하에서 돌아가실 것이고, 저 가련한 인간들을 이끌고 가실 겁니다."

이 말은 에밀리 홉하우스(Emily Hophouse) 양이 비협동에 대해서 내게 써보냈던 말을 생각나게 했다.

"선생님께서 진리를 위해 어느 날 당장 교수대로 가신다 해도 나는 놀라지 않을 것입니다. 하나님께서 선생님에게 바른 길을 보여주시고 보호해주시기 바랍니다."

소랍지와의 이런 이야기는 지휘관의 임명 직후 있었던 일인데, 불과 며칠 못 가서 우리와 그의 관계는 폭발점에 도달했다. 14일간의 단식 후 원기를 겨우 회복하게 되자마자 이 훈련에 참가하기 시작했는데, 훈련으로 종종 숙사에서 3킬로미터나 되는 곳을 걸어가곤 했다. 이 때문에 나는 늑막염에 걸려 눕게 되었다. 이 상태로 나는 주말 야영을 가야 했다. 그러나 다른 사람들은 거기에 두고 나는 숙소로 돌아와야 했다. 사티아그라하를 해야 하는 경우가 발생한 것은 바로 여기서였다.

지휘관은 그 권위를 제멋대로 부리기 시작했다. 그는 군사적인 문제나 비군사적인 문제나 어떠한 문제에서도 자기가 우리의 우두머리라는 것을 분명히 우리에게 이해시키는 동시에 자기가 가진 권위의 맛을 우리에게 보여주었다. 소랍지는 서둘러 나한테 왔다. 지휘관의 고압적인 태도를 도저히 참고 견뎌낼 수 없다는 것이었다. 그는 말했다.

"우리는 모든 명령을 선생님을 통해서 받아야겠습니다. 우리는 아직도 야영 훈련중에 있습니다. 그런데 별의별 어처구니없는 명령이 다 나옵니다. 우리와, 우리를 훈련시키기 위해 임명된 젊은이들 사이에 비위에 거슬리는 차별을 두고 있습니다. 우리는 지휘관과 이 문제를 어떻게든지 결판내야겠습니다. 그렇지 않으면 더 이상 계속할 수 없습니다. 우리 부대 안에 있는 인도 학생이나 그외의 사람은 불합리한 명령을 듣고는 여기 있지 않을 겁니다. 자존심을 위해서 뛰어든 이 길을 자존심을 꺾으면서까지 견딘다는 건 생각할 수 없는 일입니다."

나는 지휘관한테 교섭을 시작하여 내가 들은 그 불평들에 대해 주의를 환기시켰다. 그는 나에게 보낸 편지에서 불평은 편지로 요청하라고 말하고, 또 동시에 내게 요청하기를, "불평하는 자들에게 얼마 전에 임명된 분대 지휘자에서 내면 교관을 통해 그들의 불평이 내게 보고되는 것이 정당한 경로임을 명심시키시오"라고 했다.

그것에 대해 나는 말하기를(내가 어떤 권위를 가졌다는 말은 아니다. 군사상으로는 나는 사병들과 다를 것이 아무것도 없다), 나는 이 지원병단의 단장이므로 비공식적으로 그들을 대표할 수 있도록 허락해주어야 할 줄 믿는다고 했다. 그리고 또 내가 느낀 불만과 요구 사항을 제출했다. 즉 불평 불만은 대원들의 감정을 고려하지 않고 분대장을 임명했기 때문이라는 것, 그것은 취소되어야 한다는 것, 대원들을 소집하여 분대장을 선출케 하고 지휘관의 승인을 받도록 할 것 등이었다.

이것은 그 지휘관의 마음에 들지 않았다. 그는 분대장을 부대 안에서 선출한다는 것은 군법에 어긋나는 일이며, 이미 임명된 것을 취소하면 기강이 모두 무너진다고 했다.

그래서 우리는 회의를 열어 그런 결정을 철회시킬 것을 가결했다. 나는 대원들에게 사티아그라하의 중대한 결과를 상세히 설명했다. 그런데도 절대 다수의 대원이 다음과 같은 결의안에 찬성했다. 즉 이미 결정된 하사의 임명을 취소하지 않고 대원들에게 자신들의 하사를 선출할 기회를 주지 않는다면, 대원들은 앞으로의 훈련과 야영에서 부득이 물러날 수밖에 없다는 것이었다.

나는 곧 지휘관에게 편지를 내어 내 제안을 거절한 지휘관의 편지가 얼마나 심각한 결과를 가져왔는가를 말했다. 그리고 나는 어떠한 권위도 행사하기를 원하지 않으며 다만 봉사를 원할 뿐이라고 말했고, 또한 전례를 들어 그의 주의를 불러일으켰다. 나는 보어 전쟁 당시 남아프리카의 인도인 야전 위생대에서 장교직을 맡았던 것은 아니었지만 갤웨이 대령과 위생대 사이에는 아무런 알력도 없었으며, 대령이 나와 만나 우리 부대의 의사를 타진함이 없이 단독 행동을 취한 적은 없었다는 것을 지적했다. 그리고 전날 밤에 통과시킨 결의안의 사본을 동봉해 보냈다.

이것도 그 장교에게 좋은 효과를 내지 못했다. 그는 우리의 회의와 결의안이 군율에 대한 중대한 위반이라고 생각하고 있었다.

이에 나는 인도 담당 국무장관에게 편지를 보내 사건의 전말을 보고하고 결의안 사본을 동봉했다. 그는 회답을 보내어 설명하기를 남아프리카와는 사정이 다르다고 하고, 그 분대 지휘자들은 규칙에 따라 지휘관에 의하여 임명됐다는 사실을 내게 알려주었다. 그러나 앞으로 분대장을 임명할 때 지휘관은 내 권고를 고려하게 될 것이라고 나에게 다짐해주었다.

그후로도 우리 사이에는 많은 문서가 왔다갔다했다. 그러나 나는 이 쓰라린 이야기를 더 길게 하고 싶지 않다. 다만 내 경험은 우리가 인도에서 매일 겪는 것과 다를 것이 없다고 말하는 것으로 족하다. 지휘관은 협박도 하고 술수도 써서 우리 부대를 분열시키는 데 성공했다. 앞서 결의안에 찬성했던 사람들 중에서 더러는 지휘관의 위협과 설득에 넘어가 그 약속을 취소해버렸다.

이때 뜻하지 않았던 부상병 부대가 네틀리(Netley) 병원에 들이닥쳐서 우리 대원들이 징발되어야 했다. 지휘관에게 설득당한 사람들은 네틀리로 가야 했다. 다른 사람들은 가지 않겠다고 거절했다. 나는 누워 있었으나 대원들과 연락은 취하고 있었다. 그 동안 국무차관 로버츠(Roberts) 씨가 고맙게도 여러 번 나를 찾아주었다. 그는 나에게 다른 사람들도 참가하도록 권유해줄 것을 간청했다. 그들은 단독으로 부대를 편성하게 할 것이며, 네틀리 병원에서는 그곳 지휘관 직속 아래 두게 할 것이라고 제안하고, 그렇게 되면 자존심을 잃을 염려도 없고 정부도 양해할 것이며, 따라서 수용된 부상병들이 많은 봉사를 받게 될 것이라고 했다. 이 제안은 마음에 들었고, 내 동료들도 찬성했다. 그래서 남아 있던 사람들도 네틀리로 가게 되었다.

나 혼자만 병석에 남아 그 어려운 역할을 참아나갔다.

고칼레의 자비

나는 영국에서 늑막염에 걸렸다는 이야기를 앞서 했다. 고칼레는 그 뒤 곧 영국으로 돌아왔다. 칼렌바흐와 나는 그를 정기적으로 찾아갔다. 우리 이야기는 주로 전쟁에 관해서였는데, 칼렌바흐는 독일 지리에 관해서는 소상히 알았고 또 유럽 여행을 많이 했으므로 지도에서 전쟁에 관계된 여러 지점을 지적해주었다.

내가 늑막염에 걸리자 그것도 역시 매일 토론거리가 됐다. 나의 음식 실험은 그때도 계속되고 있었다. 내가 섭취하는 음식은, 다른 것도 여러 가지 있었지만 땅콩, 익거나 익지 않은 바나나, 레몬, 올리브 기름, 토마토, 포도 따위들이었다. 우유, 곡류, 콩류 같은 것들은 완전히 삼가고 있었다.

의사 지브라지 메타가 나를 치료하고 있었다. 그는 우유와 곡류를 다시 먹으라고 강권했지만 나는 듣지 않았다. 그것이 고칼레의 귀에 들어갔다. 그는 나의 과일식 주장의 이론을 대수롭게 여기지 않았다. 그래서 그는 나보고 건강을 위해 의사가 지시하는 것을 뭐든지 먹으라고 했다. 고칼레의 압력에 굴하지 않기란 쉬운 일이 아니었다. 그가 나의 거절을 받아들이지 않았으므로 나는 그에게 그 문제에 관해 생각하도록 24시간만 여유를 달라고 했다. 그날 저녁 칼렌바흐와 나는 집으로 돌아와서 그 문제를 어떻게 할 것인가 토론했다. 그는 나와 함께 음식 실험을 하고 있었다. 그는 그 실험을 좋아했지만 내 건강을 위해서라면 포기하는 것이 좋다는 데 찬성하고 있음을 나는 알았다. 그래서 나는 내 내면의 음성이 시키는 대로 하는 수밖에 없다고 결정했다.

나는 그 문제를 밤새도록 생각했다. 그 실험을 중시하는 것은 그 방면으로 하던 내 모든 생각의 포기를 의미하는데, 나는 아직 거기에 있는 어떤 결점도 발견치 못했다. 문제는 고칼레의 사랑의 압력에 어느 정도까지 굴복해야 하며, 이른바 건강을 위해 내 실험을 어느 정도 수정할 것인가에 있었다. 마침내 나는 배후의 동기가 주로 종교적인 한, 실험을 고수하고 동기가 복합적일 때에는 의사의 권고를 따르기로 결정했다. 우유를 포기하는 데에는 종교적 고려가 우선적이었다. 칼리카타에서 고발(goval)들이 소, 물소에서 우유를 최후의 한 방울까지 짜내기 위해서 악랄한 방법을 쓰는 그림이 눈앞에 떠올랐다. 또 이런 생각도 들었다. 동물의 고기가 사람의 음식이 될 수 없다면, 마찬가지로 동물의 젖도 사람의 음식이 될 수 없다고. 그래서 나는 우유를 안 먹기로 작정한 것을 고수하기로 결정하고 잠들었다. 아침에 일어나니 마음이 아주 가벼워졌다. 나는 고칼레에게 가까이 가기가 무서웠지만, 그래도 그는 내 결정을 존중해주리라 믿었다.

저녁때 칼렌바흐와 나는 국민자유주의 클럽(National Liberal Club)으로 고칼레를 방문했다. 나를 보자 그의 첫 질문은 "그래, 의사의 권고를 받아들이기로 결정했소?" 하는 것이었다.

나는 부드럽게, 그러나 확고하게 대답했다. "다른 말씀은 다 복종하겠습니다. 그러나 오직 한 가지만은 못 하겠습니다. 그것에 관하여는 더 이상 말씀 말아주셨으면 좋겠습니다. 저는 우유나 우유제품이나 고기는 먹지 않겠습니다. 그것들을 먹지 않아서 제가 죽는 한이 있더라도 차라리 그 편을 택하겠습니다."

"그것이 최후 결정이오?" 고칼레는 물었다.

"죄송합니다만, 달리 결정할 수가 없었습니다. 제 결정을 들으시고 노여워하시리라는 것은 잘 알고 있습니다. 그렇지만 용서해주셔야겠습니다"하고 나는 대답했다.

분명히, 그리고 상당히 불쾌해하기는 하면서도 한편 애정에 넘쳐서 고칼레는 이렇게 말했다. "나는 당신의 결정을 찬성하지 않소. 나는 거기에 종교적인 문제가 있다고 보지 않소. 그렇지만 이 이상 더 강권하지는 않겠소." 그렇게 말하고 나서는 의사 지브라지 메타를 보고 "저이 때문에 너무 걱정 마시오. 그리고 뭐든지 당신이 좋다고 생각하는 대로 그 자신이 그어놓은 범위 안에서 처방을 하시오" 하고 말했다.

의사는 반대 의사를 표시했으나, 할 수 없었다. 그는 나보고 멍 수프에다가 아위(阿魏) 진정제를 약간 넣어서 먹으라고 했다. 나는 그의 말에 동의했다. 하루 이틀 먹었는데 통증은 더할 뿐이었다. 그것이 좋은 것 같지 않아서 나는 다시 과일과 견과로 돌아갔다. 의사는 물론 외적인 치료를 계속했다. 그 덕택에 고통은 좀 덜하는 듯했으나, 나의 절제가 그에게는 큰 방해였다.

그러는 동안에 고칼레는 고국으로 돌아갔다. 런던의 10월 안개를 견뎌낼 수 없었기 때문이었다.

늑막염 치료

늑막염이 도대체 낫지 않아 걱정이 됐다. 그러나 치료는 약을 먹는다고 되는 것이 아니라 음식을 바꾸면서 외적인 치료를 겸해야 될 것이라는 것을 나는 알고 있었다.

나는 의사 앨린슨을 찾아갔다. 그는 이름난 채식주의자로서 음식 변경으로 병을 치료하는 분이었는데, 나는 1890년에 그를 만났다. 그는 나를 꼼꼼히 검사했다. 나는 그에게 우유를 안 먹기로 맹세했다는 말을 했다. 그는 나를 격려해주면서 이와 같이 말했다. "우유를 잠수실 필요는 없습니다. 사실은 얼마 동안은 기름기 있는 것을 잡수시지 말라고 하고 싶습니다." 그는 검은 빵과 근대, 무, 양파, 그밖의 구근류 같은 생채소와 신선한 과일, 특히 오렌지를 먹으라고 했다. 채소는 익히지 않은 날것을 먹되 씹을 수 없거든 잘게 썰어서 먹으라고 했다. 그러나 약 사흘간 그가 시키는 대로 했는데 생채소가 내게는 도무지 맞지 않았다. 내 몸이 그 실험을 공정히 평가할 수 있는 상태가 아니었다. 생채소를 먹는다는 데에 나는 신경이 쓰였다.

의사 앨린슨은 또 나더러 내 방의 창문 전부를 24시간 내내 열어두고, 미지근한 물로 목욕하고, 아픈 곳에 오일 마사지를 하고, 15분에서 30분 동안 밖에서 산보하라고 했다. 이 권고는 모두 내 마음에 들었다.

내 방의 창문은 프랑스식이어서 활짝 열어놓으면 비가 들이치게 되어 있었다. 부채꼴 창은 열 수가 없게 되어 있었기 때문에 신선한 공기가 들어오도록 유리를 깨뜨려버렸다. 창문은 비가 들이치지 않을 만큼 알맞게 열어놓았다. 이러한 모든 조치로 내 몸은 상당히 좋아졌으나, 그래도 완쾌되지는 않았다.

세실리아 로버트(Cecilia Robert) 부인이 이따금 나를 찾아주었다. 우리는 서로 친구가 됐다. 부인은 나를 설득해 우유를 먹게 하려고 무진 애를 썼다. 그래도 듣지 않았더니 우유를 대신할 음식을 찾아 두루 돌아다녔다. 어떤 친구가 부인한테 맥아유(麥芽乳)[17]를 권했는데, 그 친구는 잘 알지도 못하면서 그것은 우유는 전혀 들지 않았고, 우유의 모든 특성은 가지도록 화학적으로 조제된 것이라고 다짐을 해서 말해

---

17) 맥아유(malted milk): malt는 보리기름인데, 우유에다가 그 맛, 향기, 영양분 등을 소화작용을 돕기 위해 첨가한 것으로, 여기서 그것을 소개한 사람은 아마 그 이름만 보고 기름으로 만든 우유 비슷한 음식으로 알았던 듯하다. 마치 동양의 두유 같이.

주었다. 세실리아 부인은 나의 종교적 절조를 매우 소중하게 여기고 있었으므로 나는 그이를 맹목적으로 믿었다. 가루를 물에 풀어 맛을 보니 우유와 꼭 같았다. 병에 붙은 딱지를 보고서야 뒤늦게 우유제품이라는 걸 알았다. 그래서 집어치웠다.

나는 세실리아 부인께 그 사실을 알려주고, 걱정하지 말라고 했다. 부인은 부리나케 달려와서 미안해 못 견디겠다고 했다. 부인의 친구는 그 딱지를 전혀 읽어보지도 않았다. 나는 부인보고 너무 걱정 말라면서, 그렇게 수고스럽게 구해준 것을 먹지 못해 미안하다고 했다. 나는 또한 우유인 줄 모르고 먹은 것에 대해 불쾌감이나 죄책감은 조금도 가지지 않는다고 확실히 말해주었다.

세실리아 부인과의 사귐에 따른 여러 가지 재미있는 추억들이 많지만 생략하기로 한다. 시련과 실망 속에서 큰 위로가 된 많은 친구들을 나는 생각해낼 수 있다. 믿음을 가진 사람은 슬픔이 변해 단것으로 되게 해주시는 하나님의 섭리를 읽어낼 수 있다.

의사 앨린슨은 그 다음에 왔을 때는 제한을 늦추면서, 지방분 섭취를 위해 땅콩 버터나 올리브 기름 먹기를 허락하고, 채소는 요리해도 좋으니, 원하거든 쌀을 넣어서 먹으라고 했다. 이렇게 변경한 것이 아주 마음에 들었다. 그러나 그것으로 완쾌는 되지 않았다. 아직도 아주 조심스럽게 간호를 받아야 했고, 그렇기 때문에 거의 온종일 누워 있어야 했다. 의사 메타는 종종 들러서 검진했고, 내가 자기 권고를 듣겠다는 때에만 나를 치료하기 위한 고정적인 방법을 가르쳐주었다.

일들이 이런 식으로 진행되고 있을 때에 로버츠 씨가 어느 날 나를 찾아와서 어서 본국으로 돌아가라고 강력히 권했다. "이런 상태로는 네틀리에 못 갑니다. 앞으로 아직 강추위가 있습니다. 나는 인도로 어서 가시라고 강력히 권합니다. 그래야만 완쾌되실 수 있습니다. 만일 회복이 되신 후에도 전쟁이 계속된다면 그때에도 도우실 기회는 얼마든지 있을 것입니다. 사실이지, 이미 하신 일도 결코 작은 일이 아닙니다."

나는 그의 조언을 받아들여 인도로 돌아갈 준비를 하기 시작했다.

인도로 돌아가다

칼렌바흐 씨는 인도에 갈 생각으로 나를 따라 영국까지 간 것이었다. 우리는 같이 지냈고, 물론 같은 배로 가려고 했다. 그러나 독일인들은 엄중한 감시를 받고 있었으므로 칼렌바흐 씨가 여권을 얻을 수 있는가가 문제였다. 나는 그것을 위해 최선을 다했고, 어떻게든지 여권을 발급받기 원하는 로버츠 씨는 인도 총독에게 전보를 보냈다. 그러나 하딩(Hardinge)경은 즉시 전문을 보내서 대답하기를, "유감이지만 인도 정부는 그런 모험을 할 수 없소" 했다. 우리는 모두 그 회답의 힘을 잘 알고 있었다.

칼렌바흐와 헤어지는 것은 몹시 비통한 일이었다. 그러나 그의 고통은 나보다 더하다는 걸 알았다. 그가 만일 인도에 올 수 있었다면 그는 지금 소박한 농부로서, 베 짜는 사람으로서 행복한 생활을 하고 있을 것이다. 그는 지금 남아프리카에 있으면서 건축가로서 활발한 활동을 하여 옛날 생활을 하고 있다.

우리는 3등 여행을 하고 싶었지만 '페닌슐러 앤드 오리엔털' 항로의 기선에는 3등칸이 없었으므로 부득이 2등으로 했다.

우리는 남아프리카에서 가지고 온 말린 과일을 가지고 탔다. 배 위에서는 신선한 과일을 쉽게 구할 수 없을 것 같아서였다.

의사 지브라지 메타는 내 갈빗대에 미드 연고(Mede's Plaster)를 바르고 붕대로 싸맨 다음 나더러 홍해에 도착할 때까지는 떼지 말라고 했다. 이틀 동안은 그 불편을 참았지만, 그 이상은 도저히 견딜 수 없었다. 상당히 애를 써서 간신히 붕대를 떼내어버리고 자유롭게 씻고 목욕을 했다.

내 식사는 주로 견과와 과일로 되어 있었다. 나는 차차 회복돼가는 것을 알 수 있었고, 수에즈 운하에 도착했을 때는 매우 좋아졌다. 힘은 없지만 이제 위험은 완전히 없어졌고 나는 점차 운동을 했다. 회복된 것은 주로 열대지방의 신선한 공기의 영향 때문이라고 생각했다.

과거의 경험 때문인지 아니면 또 다른 이유 때문인지 알 수는 없으나, 배에 탄 영국인과 인도인 승객들 사이의, 내가 알아볼 수 있었던 거리감은 내가 남아프리카에서 올 때의 항해에서조차 못 느껴보던 것이었다. 나는 영국인과 더러 이야기해봤지만 대개 형식적인 것이었다. 남아프리카의 배 위에서 했던 것 같은 마음을 터놓은 대화는 거의 없었다. 그 이유는 내 생각으로는 의식적이든 무의식적이든 영국인의 마음속에는 지배 국민, 인도인의 마음속에는 피지배 국민이라는 감정이 들어 있기 때문이었다.

나는 어서 고국에 도착하여 이런 분위기에서 벗어나고 싶었다.

아덴에 도착하자 벌써 자유로운 느낌이 들기 시작했다. 우리는 아덴의 왈라 부부를 잘 알고 있었는데, 더반에서 케코바드 카바스지 딘쇼 (Kekobad Kavasji Dinshaw) 씨를 만나 그들 부부를 아주 가까이 사귀게 됐기 때문이다.

며칠 더 있다가 우리는 뭄바이에 도착했다. 10년을 떠나 살다가 고국 땅에 돌아오니 기쁨은 이루 말할 수 없었다. 고칼레는 뭄바이에서 나를 위해 환영회를 열어주었고, 아주 허약한 몸인데도 몸소 맞아주었다. 나는 그와 만난다는 불 같은 희망을 가지고 인도로 돌아왔고, 그래서 자유로움을 느꼈다. 그러나 운명은 다른 것을 원했다.

변호사 시절의 추억

내가 인도에서 어떤 인생 행로를 걸어갔는지 그 이야기를 하기 전에, 일부러 미뤄놓았던 남아프리카에서의 몇 가지 경험을 돌이켜볼 필요가 있다.

몇몇 변호사 친구들이 내게 변호사 시절의 회고담을 들려달라고 했다. 내가 만일 그것을 쓴다고 한다면 그것만으로도 책 한 권이 될 것이므로, 나는 아무 일도 못할 것이다. 그러나 그중에서 진리를 실천하는 것과 관계되는 몇 가지 일을 회상해보는 것은 쓸데없는 일이 아닐 것이다.

내가 기억하기로는 이런 이야기는 벌써 한 줄로 안다. 즉 나는 내 직업에 거짓된 방법을 썼던 일은 없다는 것, 또 변호사 업무의 대부분은 공공사업을 위한 것이었다는 것, 그것을 위한 비용에서도 정도 이상의 수수료를 받은 일은 없고, 그나마도 때로는 내가 치렀다는 얘기들이다. 그런 이야기를 했으면 나의 법률 영업에 관해서 필요한 말은 다 했다고 생각한다. 그러나 친구들은 더 해달라고 했다. 그들은 아마 내가 아주 간단하게나마 진리에서 어긋나지 않기 위해 거절했던 때의 이야기를 해준다면 법률 직업계에서는 그것으로 인해 얻는 이익이 있을 것이라고 생각하는 듯했다.

학생 때에 이런 말을 들은 일이 있다. 변호사 직업은 거짓말쟁이 직업이라고. 그러나 그 말은 내게 별 영향을 미치지 못했다. 나는 거짓말을 해서 지위나 돈을 얻자는 생각은 없었기 때문이다.

내 원칙은 남아프리카에서 여러 번 시험을 당했다. 나는 내 상대 변호사가 증인들에게 미리 가르쳐주었다는 것, 또 내가 만일 내 의뢰인이나 그의 증인더러 거짓말을 하도록 가르쳐만 준다면 우리가 이길 수 있다는 것을 안 것은 한두 번이 아니었다. 그렇지만 나는 언제나 그 유혹을 물리쳤다. 오직 한 번 사건에서 승소하고 난 뒤에 내 의뢰인이 나를 속인 것이 아닌가 하는 의심이 났던 일이 기억난다. 정말 내가 진심으로 원하는 것은 언제나 내 의뢰인이 정당한 때에만 이기자는 것이었다. 변호료를 결정하는 데 나는 한 번도 내가 이긴다는 조건 아래 했던 기억은 없다. 내 의뢰인이 이기거나 지거나 나는 내 변호료 이상도 이하도 기대하지 않았다.

나는 새 의뢰인을 만날 때마다, 그에게 처음부터 내가 부정 사건을 맡으려니 하는 생각은 하지 말고 증인을 코치하려니 하는 생각도 하지 말라는 주의를 주었다. 그리하여 그 결과로, 나는 부정 사건은 의뢰받지 않는다는 평판을 얻게 되었다. 사실 내 의뢰인 중에는 올바른 사건은 남겨두었다 내게 주고, 의심스러운 것은 다른 데 주는 사람이 있었다.

내가 심한 시련을 당한 한 가지 사건이 있었다. 그것은 가장 훌륭한 의뢰인 중 한 사람이 가져온 것이었다. 그것은 굉장히 복잡한 계산에 관한 것인데, 오래 두고 끌어온 것이었다. 그것은 부분적으로는 여러 법정에서 심리되었다. 마침내 법정은 그 부기(簿記) 부분을 몇 명의 유능한 계리사의 중재에 회부했다. 판정은 나의 의뢰인에게 전적으로 유리했지만, 그것은 중재자들이 부주의하여 계산에 오류를 범했다. 차변(借邊)에 기입할 것을 대변(貸邊)에 기입했기 때문에 액수는 비록 적어도 그것은 중대한 문제였다. 상대방 변호사는 다른 근거에서 그 판정에 이의를 내세웠다. 나는 내 의뢰인의 차석변호사였다. 수석변호사가 이 오류를 알아챘을 때 그의 의견은 우리 의뢰인이 그것을 인정할 필요가 없다는 것이었다. 그는 분명히 자기 의뢰인의 이익에 역행하는 것은 어떤 것이라도 인정해서는 안 된다고 생각했다. 나는 그 오류를 인정해야 된다고 말했다.

그러나 수석변호사는 반박했다. "그렇게 할 경우 법정은 모든 재판을 전부 무효로 할 것이 분명합니다. 똑똑한 변호사라면 자기 의뢰인의 사건을 그런 위험한 상태로 몰아넣지는 않을 것입니다. 하여튼 나는 그런 모험은 안 하겠습니다. 만일 사건이 재심을 받기 위해 다시 상정이 된다면 우리 의뢰인은 더 많은 비용을 들여야 하며, 그 결과가 어떻게 될지 아무도 말할 수 없습니다."

이런 말이 오고 갈 때 의뢰인도 거기 있었다.

나는 말했다. "의뢰인도 우리도 쌍방이 다 그 모험을 해야 된다고 생각합니다. 우리가 그 오류를 인정하지 않는다고 해서 법정이 반드시 잘못된 판정을 지지하리라는 확실성이 어디 있습니까? 그리고 오류를 인정하는 것이 설사 의뢰인에게 불행을 가져온다 하더라도, 손해될 것이 무엇입니까?"

"하지만, 도대체 무엇 때문에 인정해야 합니까?" 수석변호사는 말했다.

"법정이 그 오류를 알아내지 못하거나 우리 상대방이 그것을 발견 못하리란 확실성이 어디 있습니까?" 나는 말했다.

"그럼 좋습니다. 그럼 당신이 그 건을 변론하시겠습니까? 당신 말대로 한다면 나는 변호할 생각이 없습니다." 수석변호사는 잘라서 말했다.

나는 겸손히 대답했다. "당신이 변론을 안 하신다면 제가 하겠습니다. 우리 의뢰인이 그렇게 하기를 원한다면 말입니다. 나는 오류가 인정되지 않는다면 이 사건에서 손을 뗄 수밖에 없습니다."

이 말을 하고 나는 의뢰인을 바라보았다. 그는 좀 당황해했다. 나는 이 사건에 처음부터 관계하고 있었다. 그 의뢰인은 나를 전적으로 신뢰하고 있었고 나를 속속들이 알고 있었다. 그는 말했다. "그럼 선생님이 사건의 변론을 맡으시고, 오류를 인정하십시오. 손해볼 운명이라면 손해보지요. 하나님은 의로운 자를 보호하시겠지요."

나는 기뻤다. 나는 그가 그러리라고 기대했다. 수석변호사는 다시 한 번 내게 경고하고 내 고집을 가엾게 여겼으나, 그래도 역시 잘되기를 바란다고 했다.

법정에서 어떤 일이 일어났는가는 다음 장에서 알게 될 것이다.

사기 변호인가

나는 내 충고가 건실하다는 데 대해서는 의심이 없었으나, 내가 그 사건을 밝혀낼 능력이 있느냐 하는 데 대해서는 의심이 많았다. 대법정에 나서서 그런 어려운 사건을 변론한다는 것은 가장 위험한 모험이라고 생각되어 두려워하고 떨며 판사석 앞으로 나아갔다.

내가 계산상의 오류에 대해 말을 하자마자 재판관 한 사람이 "간디 씨, 이거 사기 변호 아니오?" 하고 말했다.

그 힐문을 들으니 속이 끓어올랐다. 터럭만한 근거도 없이 사기 변호란 공격을 받으니 견딜 수가 없었다.

'시작부터 재판관이 이렇게 편견을 가진다면 이 어려운 사건에 성공의 가망은 전혀 없구나' 하고 혼자 생각했지만, 정신을 가다듬어서 대답했다.

"재판장님께서 말씀을 다 들으시기도 전에 사기 변호라고 의심하신다는 것은 너무도 놀랍습니다."

"신문이 아닙니다. 다만 그런 생각이 든다는 것입니다." 재판관은 말했다.

"의견일지라도 지금 제게는 신문이나 다름없습니다. 재판장님께서 제 말씀을 끝까지 들으신 다음 혐의 둘 점이 있으시면 그때에 신문해 주시기 바랍니다."

"도중에 말을 막아 미안합니다. 착오라는 것에 대해 말을 계속해주시기 바랍니다." 재판장은 말했다.

나는 내 설명을 보충할 자료를 충분히 가지고 있었다. 재판장이 그런 질문을 했던 덕택에 처음부터 나는 법정의 주의를 내 변론에 집중시킬 수가 있었다. 나는 상당히 용기가 나서 자세히 설명할 기회를 잡았다. 법정은 내 말을 참을성 있게 들어주었다. 나는 이 착오가 부주의에서 나왔다는 점을 재판관들에게 확신시킬 수 있었다. 그래서 그들은 심리 전체를 무효로 할 생각은 없었다. 그렇게 하자면 상당히 힘이 드는 일이었다.

상대방 변호사는 그 착오가 인정된 뒤에는 많은 변론을 할 필요가 없을 것이라고 마음을 놓은 듯했다. 그러나 재판관은 그 착오가 쉽게 수정될 수 있는 실수임을 확인했기 때문에 계속해서 그를 추궁했다. 그 변호사는 그 판정을 반박하는 데 땀을 뺐다. 그러나 당초에는 의심을 품고 있었던 재판장도 이제 분명히 내 편으로 돌아섰다.

"간디 씨가 그 착오를 인정하지 않았다 합시다. 그때에 당신은 어떻게 했겠습니까?" 하고 그는 물었다.

"우리가 지명한 그 계리사보다 더 유능하고 정직한 전문 계리사를 구할 수는 없었습니다."

"법정은 당신 사건은 당신이 가장 잘 안다고 생각할 수밖에 없습니다. 당신이 만일 어떤 전문 계리사라도 쉽게 범할 수 있는 실수 외에 아무것도 지적해내지 못한다면, 법정은 명백한 착오 때문에 구태여 쌍방으로 하여금 새로운 소송을 열고 새로운 비용을 쓰게 할 의향은 없습니다. 쉽게 시정될 수 있는 그러한 오류를 가지고 재심을 명할 수는 없습니다." 이와 같이 재판관은 계속했다.

그래서 그 변호사의 이의는 기각되어버렸다. 법정이 오류를 수정하여 판정을 재확인했는지, 중재자에게 오류를 시정하도록 명령을 했는지, 그것은 잊어버렸다.

나는 기뻤고 내 의뢰인도 수석변호사도 기뻐했다. 이로써 나는 진리를 꺾지 않고도 법률에 종사할 수 있다는 확신을 굳게 믿게 되었다.

그러나 독자는 진실을 가지고 직업에 종사한다 하여도 직업을 더럽히는 근본적인 결함은 시정되지 않는다는 것을 기억하기 바란다.

사건 의뢰인의 협력자가 되다

나탈에서의 법률업과 트란스발에서의 그것은 서로 다른 점이 있다. 나탈에서는 겸직 변호사로 되어 있어서 고등법원 변호사가 변론변호사급으로 인가를 받아 사무변호사 노릇도 할 수가 있는데, 트란스발에서는 뭄바이처럼 사무변호사와 변론변호사의 분야가 구별되어 있다는 점이다. 곧 고등법원 변호사는 변론 변호사가 되느냐 사무변호사가 되느냐 선택할 권리가 있다. 그래서 나는 나탈에서는 변론변호사로 인가를 받았었지만, 트란스발에서는 사무변호사로 신청을 냈다. 왜냐하면 변론변호사로는 인도인과 직접 접촉할 수 없을 것이고, 남아프리카의 백인 사무변호사가 나를 변론인으로 지정해줄 리도 없기 때문이다.

그러나 트란스발에서도 사무변호사가 치안관 앞에 나갈 수는 있었다. 한번은 내가 요하네스버그의 한 치안관 담당 사건을 다루고 있었는데, 내 의뢰인이 나를 속였다는 것을 발견했다. 증인석에서 그의 허위가 완전히 드러나는 것을 보았다. 그래서 나는 아무 변론도 하지 않고 치안관에게 그 소송을 기각해줄 것을 신청했다. 상대방 변호사는 깜짝 놀랐고, 치안관은 쾌히 승낙했다. 나는 내 의뢰인에게 부정 사건을 가져온 것을 꾸짖었다. 그는 내가 부정 사건을 맡지 않는다는 것을 알고 있었다. 그래서 내가 사실을 분명히 설명해주자 그는 자기 잘못을 인정했고, 내가 자기에게 불리한 결정을 내리도록 치안관에게 요청했다 해서 나를 원망하는 것 같지도 않았다. 하여튼 이 사건에서 취한 내 행동이 내 변호업에 불리한 영향을 주지는 않았고, 오히려 그 때문에 더 잘되었다. 또 나의 이러한 진리에 대한 충성은 동업 종사자들 사이에서 내 명성을 높여주었다는 것을 알았다. 그래서 내가 유색인이라는 불리한 점이 있는데도 일부 소송에서는 그들의 애호까지 받을 수 있었다.

변호사 일을 하는 동안 나는 절대로 나의 무지를 의뢰인들이나 동료 변호사들에게 감추려 한 일이 없었다. 내가 자신이 없어 어떻게 해야 할지 알 수 없을 때는 의뢰인에게 다른 변호사를 알아보라고 권하든지, 그가 꼭 내게 맡기겠다면 수석변호사를 초빙하여 상의하게 해달라고 했다.

이러한 솔직성으로 나는 사건 의뢰인들의 한없는 애호와 신뢰를 얻었다. 수석변호사와 상의가 필요할 때 그들은 언제나 기꺼이 사례금을 내놨다. 이러한 애호와 신뢰는 내가 공공사업을 해나가는 데 많은 도움이 되었다.

내가 남아프리카에서 변호업에 종사한 목적은 사회봉사에 있었다는 것을 앞에서 말해왔다. 이 목적을 위해서도 씨올의 신뢰를 얻는 것은 필요불가결한 조건이다. 마음이 넓은 인도인들은 돈벌이로 하던 직업을 봉사로까지 확대했고, 정의를 위하여서는 투옥의 고통도 감수하여야 한다고 충고했을 때 많은 사람이 기꺼이 그 충고를 받아들였다. 그들이 이론적으로 그 길이 옳다는 것을 깨달아서라기보다는, 나를 믿고 나를 사랑했기 때문이었다.

이 글을 쓰는 동안 내 마음에는 그리운 추억들이 떠오른다. 수백 명이나 되는 사건 의뢰인들이 친구가 됐고 공공봉사의 진정한 협조자가 되었다. 그리하여 그들과 하나가 됨으로 인해, 고난과 위험으로 가득 찼을 생애가 화기애애하게 되었다.

한 사건 의뢰인이 구조된 이야기

여기까지 왔으면, 독자들은 파르시 루스톰지의 이름에 아주 익숙해졌을 줄 안다. 그는 동시에 사건 의뢰인도 되고 협력자도 되는 사람이었다. 아니 그보다도, 먼저 협력자가 되고 나서 다음에 의뢰인이 됐다고 하는 편이 더 옳을 것이다. 나는 그의 신뢰를 아주 깊이 받았기 때문에 그는 사적이거나 가정적인 일에서도 내 조언을 구했고, 또 내가 조언하는 대로 따랐다. 병이 나도 내 도움을 청했고, 우리의 생활 양식에는 큰 차이가 있는데도 그는 나의 엉터리 치료를 받기를 꺼리지 않았다.

이 친구가 한번은 아주 불행한 곤경에 빠진 일이 있었다. 그는 자기의 모든 일을 거의 다 알리는 사람인데, 한 가지만을 고의로 숨겼다. 그는 뭄바이와 칼리카타에서 상품을 수입하는 대수입업자였는데 밀수를 한 것은 결코 드문 일은 아니었다. 그러나 그는 세관원들과 아주 친한 사이였으므로 아무도 그를 의심하려 하지 않았다. 세금을 부과하면서 그들은 그의 송장(送狀)을 그대로 믿었고, 그중에는 밀수를 묵인해 준 사람도 더러 있었다.

그러나 구자라트 시인 '아코'(Akho)의 적절한 직유를 빌린다면, 수은 같은 도둑질도 덮어두는 재주는 없다. 그리고 파르시 루스톰지의 경우도 예외가 아니었다. 그 좋은 친구는 부리나케 내게로 찾아와 눈물을 줄줄 흘리면서 말을 했다. "형님, 저는 형님을 속였습니다. 제 죄가 오늘 탄로 났습니다. 저는 밀수를 했습니다. 이젠 파멸입니다. 저는 감옥에 가야 하고 망했습니다. 형님만이 저를 이 곤경에서 건져주실 수 있습니다. 저는 형님께 숨긴 것이 하나도 없는데, 이러한 장삿속의 속임수를 가지고 형님을 괴롭혀서는 안 되겠다는 생각에 이 밀수에 대해선 말씀드리지 않았습니다. 그런데 이제 와서 얼마나 그것이 후회스러운지!"

나는 그를 진정시키고 나서 이렇게 말했다. "구하고 못 구하는 것은 '그이'한테 달렸소. 내가 하는 방식은 이미 당신이 다 아는 바요. 나는 다만 자백으로 구원 받는 것밖에 다른 길은 모르오."

착한 파르시는 심히 고민했다.

"허나 형님 앞에 고백하면 안 됩니까?" 그는 물었다.

"당신은 내게 잘못한 것이 아니라 정부에 대해 잘못한 거요. 내게 고백해서 무슨 소용이 있어요?" 나는 부드럽게 대답했다.

"물론 형님이 하라는 대로 하겠습니다. 그렇지만 저의 옛날 변호사와 의논해주시지 않으렵니까? 그 역시 제 친구입니다." 파르시 루스톰지는 말했다.

물어본 결과 밀수는 오랫동안 계속되어왔다는 사실이 드러났지만, 적발된 범행은 근소한 액수였다. 우리는 그 변호사에게로 갔다. 그는 서류를 검토하고 나서 말했다. "이 사건을 배심판사가 심리할 겁니다. 그런데 나탈의 배심판사는 절대로 인도인을 무죄로 만들지는 않을 것입니다. 하지만 희망을 버리지는 않겠습니다."

나는 그 변호사를 잘 알지는 못했다. 파르시 루스톰지는 말을 가로막으면서 "감사합니다. 그러나 이번 사건을 저는 간디 씨 의견에 따라서 하고 싶습니다. 그는 저를 아주 잘 알고 있습니다. 물론 필요한 때는 언제나 그에게 조언을 해주셔야 합니다" 하고 말했다.

그렇게 해서 변호사의 질문은 보류시키고, 우리는 파르시 루스톰지의 상회로 갔다.

이제 내 의견을 설명하면서 나는 그에게 말했다. "이 사건이 법정에서 다루어지리라고는 생각지 않소. 당신을 고발하고 안 하고는 세관 관리에게 달려 있고, 그는 또 검찰총장의 지시를 받아야 할 것이오. 나는 그 두 사람을 다 만날 것이오. 내가 하고 싶은 말은, 당신은 그들이

정한 벌금을 내겠다고 하지 않으면 안 된다는 말이오. 그러면 그들은 동의하리라고 생각되오. 그러나 그들이 만일 동의하지 않는다면 당신은 감옥에 갈 각오를 해야 되오. 내 생각에는 감옥 가는 것이 부끄러운 일이 아니라 그런 잘못을 저지른 것이 부끄러운 일이오. 부끄러운 행동은 이미 저질렀소. 감옥 가는 것을 당신은 참회로 생각해야 하오. 진정한 참회는 다시는 밀수를 안 하겠다고 결심하는 데 있소."

파르시 루스톰지가 이 말을 다 잘 알아들었는지 나는 알 수 없다. 그는 용감한 사람이었다. 그러나 그 용기가 지금은 죽었다. 그의 명성은 바야흐로 짓밟히려 하고 있다. 그가 그렇게 애쓰고 힘써 일으켜 세운 탑이 산산이 무너질 때 그가 있을 곳은 어디일까?

"알겠습니다. 저는 이미 모든 것은 형님 손에 달렸다고 생각했습니다. 좋을 대로 해주시기 바랍니다."

나는 내 모든 설득력을 이 사건에 유효하게 썼다. 나는 세관 관리를 만나서 모든 사실을 털어놓았다. 또한 모든 장부를 그가 마음대로 참고할 수 있게 하겠다고 약속하고, 파르시 루스톰지가 굉장히 후회하고 있다는 것을 말했다.

그 세관 관리는 말했다. "나는 파르시를 좋아합니다. 그가 그런 어리석은 짓을 한 것은 참 유감입니다. 내 의무가 무엇인지는 당신도 아실 겁니다. 나는 검찰총장의 지시를 받아야 합니다. 그러니 그를 잘 설득해 보시는 것이 좋을 줄 압니다."

"그를 법정으로 끌어내자고 주장하지만 않아주셨으면 참 감사하겠습니다" 하고 나는 말했다.

그에게서 그렇게 해주겠다는 약속을 받은 후 나는 검찰총장에게 연락했고, 또 만나기도 했다. 다행히도 그는 나의 솔직함을 알아주었고, 내가 아무것도 숨기고 있지 않다는 것을 확신해 주었다.

이 사건과의 관련에서인지 그렇지 않으면 다음 사건에서였는지 그것은 잊었으나, 나의 끈기와 솔직함을 보고 나서 그는 이렇게 말했다.

"당신은 절대로 안 된다는 대답을 듣는 일은 없겠습니다."

파르시 루스톰지의 그 사건은 타협이 되었다. 그는 그가 밀수했다고 고백한 액수의 두 배에 해당하는 벌금을 물었다. 루스톰지는 이 사건의 전후 사실을 적은 종이를 틀에 넣어 사무실에 걸어놓고 그의 계승자들과 동료 상인들에게 영원한 기억이 되도록 하였다.

그러나 루스톰지의 친구들은 나에게 이러한 일시적 참회에 속아넘어가지 말라고 경고했다. 내가 이 경고를 루스톰지에게 말했더니, 그는 이렇게 말하는 것이었다.

"내가 만일 형님을 속였더라면 내 운명은 어떻게 되었겠습니까?"

5

구원과 투쟁, 다시 민중 속으로

"한 개인을 업신여김은
그의 거룩한 능력들을 업신여김이다.
그렇기 때문에 그 한 몸만을 해하는 것이 아니라
더불어 온 세계를 해하는 일이다."

예비적 경험

내가 고국에 도착하기 전에 피닉스에서 떠난 일행이 먼저 와 있었다. 우리의 본래 계획대로 한다면 내가 그들보다 앞서 와 있어야 할 것이었으나, 내가 영국에서 전쟁 때문에 아주 분주했으므로 우리 일정이 완전히 뒤집혀 버렸다. 그래서 내가 영국에 무기한 붙잡혀 있어야 한다는 것을 알았을 때, 나는 피닉스 식구들이 거처할 장소를 어떻게 마련하느냐 하는 문제에 부딪히게 되었다. 가능하다면 그들을 모두 피닉스에서 살아온 것처럼 인도에서도 함께 머무르게 하고 싶었다. 그러나 그들에게 가라고 권할 만한 아슈람[1]에 대해 아는 것이 없었다. 그래서 나는 그들에게 전보를 쳐서 앤드루스[2] 씨를 만나 시키는 대로 하라고 했다.

그래서 그들은 처음에는 캉그리(Kangri)의 구루쿨(Gurukul)에 들었는데, 거기서 스와미 슈라다난드지(Swami Shraddhanandji)는 그들을 친자식같이 대접해주었다. 그 다음은 산티니케탄 아슈람[3]에 가 있었는데, 거기서도 그 시인(타고르를 가리킴)과 그의 가족들은 그들에게 마찬가지로 사랑을 베풀어주었다. 그들이 이 두 곳에서 얻은 경험은 그들에게나 내게나 많은 도움이 되었다.

---

1) 아슈람(ashram): 정확하게는 아스라마(asrama)이며 산스크리트어로 인생의 단계 (stage of life)라는 뜻. 인생의 제4기인 출가시대에 이름난 구루(guru), 즉 스승 밑에서 제자로서 수도하는 곳을 일반적으로 아슈람이라고 한다. 도장.
2) 앤드루스(Andrews): 영국인으로서, 인도에 오래 있으면서 인도 독립을 위해 힘썼던 사람.
3) 산티니케탄 아슈람(Santiniketan Ashram): 마하르시 데벤드라나트 타고르가 세운 유명한 시인 타고르(Rabindranath Tagore)의 아슈람. 산티니케탄이란 산스크리트로 '평화의 집'이라는 뜻이다.

앤드루스가 나에게 늘 말하곤 했지만, 그 시인과 슈라다난드지와 수실 루드라(Sushil Rudra) 교장은, 거의 삼위일체를 이루는 사람들이었다. 남아프리카에 있을 때 그는 이들의 이야기를 싫증 나는 줄도 모르고 했다. 나의 남아프리카 시절의 아름다운 추억 중에서 무엇보다 앤드루스 씨가 날마다 해주었던 이 위대한 삼위일체 이야기가 가장 아름답고 가장 생생한 것이다. 앤드루스 씨는 물론 피닉스 가족들을 수실 루드라에게 소개해주었다. 루드라 교장은 아슈람이 없었지만 자기 집을 피닉스 가족들이 마음대로 쓸 수 있게 해주었다. 그리고 그 집 사람들도 그들이 마음놓고 지낼 수 있도록 대해주었기 때문에 그들은 도착한 지 하루밖에 안 되었지만 피닉스 생활은 생각하지도 않는 것 같았다.

나는 뭄바이에 상륙하고 나서야 피닉스 가족이 산티니케탄에 가 있다는 것을 알았다. 그래서 나는 고칼레를 만나고 나면 곧 그들을 만나 보려고 서둘렀다.

뭄바이에서의 환영회는 나에게 하나의 조그만 사티아그라하라고 할 만한 일을 시도할 수 있는 기회를 주었다.

예한기르 페티트(Jehangir Petit) 씨의 저택에서 열렸던 환영 파티에서 나는 감히 구자라트어로 말할 수가 없었다. 그 으리으리하고 찬란한, 궁전 같은 분위기 속에 서 있자니 계약노동자들 사이에서 가장 나은 생활을 했던 나조차 완전히 촌뜨기가 된 것 같았다. 카티아와르 산 외투에 터번을 쓰고 도티를 두르니 오늘날 내가 하고 있는 차림새보다 훨씬 더 세련된 듯했는데, 페티트 씨의 휘황찬란한 저택은 나를 몸둘 바를 모르게 만들었다. 그렇지만 나는 페로제샤경이 보호해주는 날개 아래서 제법 의연하게 행동할 수 있었다.

다음은 구자라트 사람들의 연회가 있었다. 구자라트 사람들이 환영회를 하지 않고서 나를 놓아줄 리가 없었다. 우탐랄 트리베디

(Uttamlal Trivedi)가 그것을 주선했다. 나는 환영회 순서를 미리 알아 두었다. 진나(Jinnah) 씨도 구자라트 사람이기 때문에 참석했는데, 그가 회장이었는지 그 자리의 주된 연설자였는지는 잊었다. 그는 영어로 짧고 매우 재미있는 연설을 했다. 내가 기억하기로는 대부분의 연설이 영어로 행해졌다. 내 차례가 왔을 때 나는 구자라트 말로 답사를 하면서, 나는 구자라트 말과 힌두 말을 사랑한다고 설명한 다음 구자라트 사람들의 모임에서 영어를 쓰는 데 대해 겸손히 항의했다. 그 항의를 할 때 나는 다소 주저하는 마음이 없지 않았다. 왜냐하면 오랫동안 해외에 나가 있으면서 사정을 잘 알지도 못하는 사람이 이미 고정된 관례에 대하여 항의하는 것은 무례한 일이 아닐까 하는 두려움이 있었기 때문이었다. 그러나 구자라트 말로 답변을 해달라는 내 주장을 오해하는 사람은 아무도 없는 듯했고, 오히려 모두 내 항의를 순순히 받아들이는 것을 보고 기뻤다.

이 모임은 나에게 동포들 앞에서 나의 기발한 생각을 내놓는 것이 결코 어려운 것이 아니라고 생각할 수 있는 용기를 주었다.

뭄바이에 잠깐 머문 다음, 나는 이러한 예비적 경험을 충분히 체험한 뒤 고칼레가 오라고 한 푸나로 향했다.

푸나에서 고칼레와 함께

내가 뭄바이에 도착하자 고칼레는 전갈을 보냈다. 지사가 나를 만나고 싶어하니 푸나로 떠나기 전에 그를 한번 만나보면 좋겠다고 알려주었다. 그의 말대로 나는 지사를 방문했다. 그는 의례적인 질문을 한 다음 이렇게 말했다.

"한 가지 요청하고 싶은 것이 있습니다. 정부에 대해 어떤 행동을 취하려 하실 때는 언제나 저를 찾아와주시기 바랍니다."

나는 대답했다.

"그 약속은 아주 쉽게 해드릴 수 있습니다. 하나의 사티아그라하 운동자로서 저는 상대하려는 저편의 견해를 먼저 이해하고, 되도록 합의를 보도록 힘쓰자는 것이 저의 뜻이기 때문입니다. 저는 그 뜻을 남아프리카에서 엄격히 지켰습니다. 그리고 여기서도 그렇게 할 것입니다."

윌링던(Willingdon)경은 내게 감사하다면서 이렇게 말했다.

"원하실 때는 언제든 오셔도 좋습니다. 그리고 우리 정부는 고의로 나쁜 일을 하지는 않는다는 것을 아시게 될 것입니다."

그 말에 대해 나는 이렇게 대답했다.

"제가 버텨나가는 것은 바로 그 믿음 때문입니다."

그러고 나서 나는 푸나로 갔다. 이 귀중했던 시기의 모든 경험담을 다 말할 수는 없다. 고칼레와 '인도 심부름꾼의 모임'(The Servants of India Society)의 회원들은 사랑의 물결로 나를 환영해주었다. 내가 기억하는 바로는, 고칼레는 전 회원을 불러서 나를 만나게 했다. 나는 그들 모두와 여러 가지 문제에 대해 솔직한 이야기를 나누었다.

고칼레는 내가 그 회에 가입하기를 진심으로 바랐고, 나 또한 그랬다. 그러나 회원들은, 나의 이상이나 활동방법이 그들과 커다란 차이가 있으므로 내가 가입하지 않는 것이 좋을 것이라 생각했다. 고칼레는 내가 내 주장을 고집하겠지만, 또 한편 그들의 주장을 받아들일 용의도 있다는 것을 믿었다. 그는 이렇게 말했다.

"그렇지만 모임의 회원들은 아직도 당신이 타협할 용의가 있다는 것은 이해하지 못하고 있소. 그들은 자기들 주장은 굽힐 줄 모르고 그저 일방적이오. 나는 그들이 당신을 받아들일 것으로 보고 있지만, 설령 그렇지 않다 하더라도 당신에 대한 그들의 존경과 사랑이 부족해서 그러는 것이라 생각해서는 결코 안 되오. 그들은 당신에 대한 존경심을 잃게 될까봐 그런 모험을 주저하는 것이오. 그러나 당신이 공식 회원으로 인정 받거나 못 받거나 간에 나는 당신을 회원의 한 명으로 볼 것이오."

나는 고칼레에게 내 의향을 밝혔다. 회원으로 인정이 되건 안 되건 나는 피닉스 가족과 같이 자리잡고 앉을 수 있는 아슈람을 하나 세우고 싶다, 되도록이면 구자라트 지방의 어느 곳이면 좋겠다, 나는 구자라트 사람이니 구자라트에 봉사함으로써 나라에 봉사하는 것이 가장 적합한 방법이라고 생각한다는 말을 했다. 고칼레는 그 의견에 찬성했다.

"물론 그렇게 해야 하오. 회원들과의 이야기 결과야 어떻든 간에 아슈람의 경비는 내가 대겠소. 나는 그 아슈람을 내 것으로 알겠소."

내 가슴은 기쁨으로 넘쳤다. 자금을 마련하는 책임을 면하고 나니, 일을 꼭 나 혼자 시작하여야만 하는 것이 아니고 언제나 어려움이 있을 때는 확실히 믿을 만한 안내자에게 의지할 수가 있다니 참 즐거웠다. 이것은 내 마음에서 큰 짐을 덜어주었다.

그래서 그는 의사 데브(Dev)를 불러오게 했고, 모임의 장부에 나의 거래란을 만들고, 아슈람 기금과 공공비용으로 내가 청구하는 경우에는 얼마든지 내주라는 지시를 내리게 되었다.

이제 나는 산티니케탄에 갈 수가 있게 되었다. 떠나기 전날 밤 고칼레는 정성을 다해 내가 좋아하는 과일이니 견과니 하는 음식을 마련해놓고 중요한 친구들을 불러서 파티를 열어주었다. 파티가 열린 곳은 그의 방에서 몇 걸음밖에 떨어지지 않은 곳이었지만, 그의 건강은 파티에 참석하기조차도 어려운 상태였다. 그러나 나를 사랑하는 마음에 무리를 해서라도 오기는 했지만 그만 기절하여 도로 떠메고 가야 했다. 그런 일이 그에게 처음 있는 일은 아니었기 때문에 정신이 돌아오자 그는 전갈을 보내 어서 파티를 계속하라고 했다.

파티는 물론 그의 집 응접실 건너편 뜰에서 벌어진 간담회에 지나지 않아서, 친구들은 그 동안에 땅콩, 대추야자, 제철에 난 신선한 과일을 먹으면서 마음을 터놓고 이야기를 나누었다. 그러나 그의 발작성 기절은 내 생애에 중대한 사건이 될 운명의 것이었다.

협박이었던가

나는 푸나에서 라지코트와 포르반다르로 가서 혼자된 형수와 그밖의 친척들을 만났다.

남아프리카에서 사티아그라하를 하는 동안 나는 내 옷차림을 계약 노동자들과 잘 어울리도록 바꿨고, 영국에 있을 때도 집 안에서는 그 옷차림을 그대로 유지했다. 뭄바이에 상륙할 때는 카티아와르 복장을 하느라 모두 인도 천으로 만든 셔츠, 도티, 웃저고리에다 흰 스카프 차림을 했다. 그러나 뭄바이에서부터 3등 여행을 하게 되니 스카프와 웃저고리가 너무 거추장스러운 것 같아 벗어버리고 10안나 가량의 캐시미어 모자를 하나 사서 썼다. 그런 차림을 하고 나니 영락없는 가난뱅이였다.

그때 전염병이 유행하고 있었으므로 비람감(Viramgam)인지 와드완(Wadhwan)인지 어디였는지는 잊었지만, 3등 승객들은 검역을 받아야 했다. 나는 미열이 좀 있었다. 검역관이 내 체온이 높은 것을 알자 라지코트 의무관에 신고하라고 하면서 이름을 적었다.

아마 누군가가 내가 와드완을 통과한다는 것을 통지했던 모양이었다. 공공사업가로 이름난 재봉사 모틸랄(Motilal)이 역에 나와서 나를 맞아주었다. 그는 비람감 세관에 대해 말하면서 그 때문에 기차 승객들이 당해야 하는 고통에 대해 이야기해주었다. 나는 열이 있어서 말을 할 마음이 없었으므로 간단히 묻는 것으로 대화를 끝내려고 이렇게 말했다.

"감옥 갈 각오가 되어 있어요?"

나는 모틸랄을, 생각도 해보지 않고 말부터 하는 성급한 청년으로 알고 있었다. 그런데 모틸랄은 그렇지 않았다. 그는 아주 침착한 태도로 대답했다.

"저희들은 정말 감옥으로 가겠습니다. 다만 선생님이 우리를 지도해 주시기만 한다면 말입니다. 우리는 카티아와르 사람이기 때문에 선생님을 모실 우선권이 있습니다. 물론 지금 선생님을 붙잡으려는 것은 아닙니다. 그러나 돌아오실 때는 여기에 들르신다고 약속해주십시오. 선생님께서 저희 젊은이들이 하는 사업과 그 정신을 보신다면 기뻐하실 줄 믿습니다. 그리고 선생님께서 저희를 불러주시기만 한다면 저희들은 곧 응한다는 것을 믿어주시기 바랍니다."

모틸랄은 나를 사로잡아버렸다. 그의 동료들은 그를 이렇게 칭찬했다.

"이 친구는 한낱 재봉사에 불과합니다만, 그 계통에서는 최고이기 때문에 한 달에 15루피는 문제없이 법니다. 그는 그 돈이면 살아갑니다. 그것은 하루 한 시간만 일하면 되는 것이고, 남는 시간은 다 공공사업에 바칩니다. 그는 교육받은 우리가 낯을 들 수 없게 만들며 우리 모두를 지도해주고 있습니다."

그후에 나는 모틸랄과 아주 친밀하게 지냈고, 그 칭찬이 과장이 아닌 것을 알게 됐다. 그는 그 무렵 새로 시작된 아슈람에 매달 며칠씩을 꼭꼭 와서 지내면서 아이들에게 재봉기술을 가르쳐주었고, 또 손수 아슈람의 재봉일을 하기도 했다. 그는 내게 매일같이 비람감 이야기와 승객들이 당하는 고통에 대해 이야기했고, 자기는 그것을 더 이상 참을 수 없다고 했다. 그러나 그는 한창 젊은 나이에 갑작스런 병으로 요절했다. 그를 잃음으로써 와드완의 씨올의 생활은 타격을 받았다.

라지코트에 도착하자, 이튿날 아침 나는 의무관에게 신고했다. 거기서는 나를 몰라보지 않았다. 의사는 미안해하며 검역관의 일을 노여워했다. 그러나 검역관은 자기 의무를 다한 것이므로 그럴 필요는 없는 일이었다. 그는 내가 누군지를 몰랐고, 또 설령 알았다 하더라도 달리 어떻게 할 수가 없었을 것이다. 의무관은 내가 그에게로 다시 가지 않도록 하려 했고, 반대로 내게 검역관을 보내도록 주장했다.

그런 경우에 공중 위생을 위하여 3등 여객을 검역하는 것은 필요한 일이다. 만일 유명 인사들이 3등으로 여행하려 한다면 자기들의 지위가 어떻든 자진해서 가난한 사람들이 지켜야 하는 법을 스스로 지키겠다고 해야 하고, 관리들도 차별대우를 해서는 안 될 것이다. 내가 경험한 바에 의하면 관리들은 3등 승객을 같은 동포로 보지 않고, 양떼나 다름 없는 것으로 알았다. 그들을 보고 말할 때는 업신여기는 태도 그 자체였다. 대답이고 이유고 애당초 들어주려고조차 하지 않았다. 3등 승객은 관리들의 하인이라도 되는 것처럼 그들에게 복종해야 하며, 관리들은 그들을 때리고 공갈로 금품을 빼앗아도 아무 벌도 받지 않았다. 그리고 차표를 내주더라도 가능한 한 까다롭게 한 뒤에 내주었다. 이따금 차를 놓치게 하는 일까지 있었다. 이 모든 것은 다 내 눈으로 본 것들이다. 이것을 고치려면, 교육을 받고 넉넉히 사는 사람들이 자진해서 가난한 사람의 신분이 되어서 3등차를 타고 가난한 사람들에게는 허락되지 않는 오락 시설을 이용하기를 거절하며, 피할 수 있는 불편, 무례, 불법에 대해 싸우지 않고는 절대로 될 수 없다.

카티아와르의 어느 지방에 가도 바람감 세관의 까다로움에 대한 비난을 들을 수 있었다. 나는 그래서 즉시 윌링던경의 제의를 이용하기로 작정했다. 나는 그 문제에 관한 자료를 가능한 한 모두 수집해서 읽은 다음, 그 불평들은 충분한 근거가 있다는 확신을 얻었다. 그래서 뭄

494

바이 당국과 교섭을 시작했다. 나는 윌링던경의 개인 비서도 방문했고, 그분을 직접 찾아뵙기도 했다. 그는 동정은 표시했으나 책임을 델리에 떠다넘기는 것이었다. "그것이 만일 우리 권한에 속하는 것이라면 우리는 벌써 오래 전에 그 경비소를 철거했을 것입니다. 인도 정부와 교섭해보십시오"하고 비서는 말했다.

나는 인도 정부로 서류를 보냈다. 그러나 대답이라고는 접수했다는 통지서밖에 받지 못했다. 그후 쳄스퍼드경을 만났을 때에야 비로소 시정이 되었다. 내가 그 사실을 그의 앞에서 밝혔을 때 그는 놀라는 표정을 지었다. 그는 그런 사실을 전혀 모르고 있었다. 그는 내 말을 참을성 있게 듣고 난 다음 즉시 전화로 비람감에 관한 공문을 조회하였다. 그러고는 그 책임자들이 해명이나 변호를 하지 못한다면 그 세관 경비소를 철거시키겠다고 약속했다. 이 회견이 있은 지 며칠 후 나는 신문에서 비람감 세관 경비소가 철거됐다는 기사를 읽었다.

나는 이 사건을 인도에서의 사티아그라하의 내림(來臨)으로 알았다. 그 이유는 내가 뭄바이 당국과 회담하고 있는 동안 비서는, 내가 카티아와르의 바가스라(Bagasra)에서 했던 연설 중 사티아그라하에 대해 언급한 데 대하여 반대하는 말을 했기 때문이다.

"이것은 협박 아니오? 그러나 강력한 정부가 그런 협박에 굴복하리라고 믿으세요?"하고 그는 물었다.

그래서 나는 대답했다. "협박이 아닙니다. 씨올들을 교육해가는 것입니다. 씨올에게 불평을 합법적으로 해결해가는 모든 방법을 보여주는 것이 내 의무입니다. 자기가 자기를 차지하고 싶어하는 국민은 자유에 이르는 모든 수단과 방법을 알아야 합니다. 보편적으로 최후의 해결책은 그 안에 폭력이 들어 있는 법입니다. 그러나 사티아그라하는 그와는 반대로 절대로 비폭력의 무기입니다. 그 실천은 어떻게 하며 그 한계는 어디 있는지를 설명하는 것이 내 의무라고 생각합니다. 영국 정부가 강력한 정부임에는 의심이 없습니다."

그 총명한 비서는 의아한 듯이 고개를 갸웃거리며 말했다.
"어디 두고 봅시다."

산티니케탄

나는 라지코트에서 산티니케탄으로 갔다. 선생과 학생이 과분할 정
도로 반갑게 맞아주었다. 환영회는 소박함과 사랑으로 아름답게 어우
러졌다. 내가 카카사헤브 칼렐카르(Kakasaheb Kalelkar)를 처음으로
만난 것은 여기서였다.

나는 그때 칼렐카르를 왜 카카사헤브라고 부르는지 몰랐다. 나중
에 들으니, 내가 영국에 있을 때 같이 있었고 또한 친한 친구이며, 바
로다(Baroda) 주에서 '강가나드 비달라야'(Ganganath Vidyalaya)라
는 학교를 운영하는 케샤브라오 데슈판데(Keshavrao Deshpande)
씨가 비달라야를 가족적 분위기가 들게 할 목적으로 선생들에게 가
족 칭호를 붙여주었는데, 그때 거기서 선생으로 있었던 칼렐카르 씨는
카카(Kaka), 즉 삼촌이라 불리고 파드케(Padke) 씨는 마마(Mama),
즉 외삼촌이라 불리고, 하리하르 샤르마(Harihar Sharma) 씨는 안나
(Anna), 즉 형님이라는 이름을 받고, 다른 사람들도 그와 비슷한 이름
들을 받아서 그렇게 됐다는 것이다.

카카의 친구 아난다난드 스와미(Anandanand Swami)와 마마의 친
구 파트와르단 압파(Patwardhan Appa)도 후에 그 가족에 들어갔으
므로, 시간이 흐름에 따라 이들 모두가 하나씩 하나씩 내 협력자가 되
었다. 데슈판데 자신은 보통 사헤브(Saheb)라 불렀다. 비달라야가 폐
교되었을 때 이들 가족도 분산되고 말았지만, 그들의 정신적 유대나
그 가명들은 없어지지 않고 그대로 있었다.

카카사헤브는 다른 여러 학교를 경험하기 위해 나가 있었는데, 내가 산티니케탄에 갔을 때 마침 거기 있었다. 같은 가족 단체에 속해 있었던 친타만 샤스트리(Chintaman Shastri)도 거기 있었는데, 둘 다 산스크리트 가르치는 것을 돕고 있었다.

피닉스 가족은 산티니케탄 안의 여기저기에 배정 받게 되었고 마간랄 간디가 그 대표가 됐는데 그는 피닉스 아슈람의 모든 규칙을 철저히 지키도록 살피는 것을 자기 직책으로 생각했다. 그는 사랑과 지식과 인내로 온 산티니케탄 안에 향기를 발하고 있음을 나는 알았다.

앤드루스도 거기 있었고 피어슨도 있었다. 벵골 선생들 중에서 우리와 아주 친하게 지내게 된 사람들도 있었는데, 그중에는 야가다난드바부(Jagadanandbabu), 네팔바부(Nepalbabu), 산토슈바부(Santoshbabu), 카시티모한바부(Kashitimohanbabu), 나겐바부(Nagenbabu), 샤라드바부(Sharadbabu), 칼리바부(Kalibabu) 등이 있었다.

나는 언제나 그랬듯이, 곧 그 선생들과 학생들과 한데 섞였고, 그들을 이끌어 자립생활에 관해 토론했다. 나는 그 선생들에게 그들과 학생들이 만일 돈을 주고 요리인을 고용하는 걸 폐지하고 자기네 음식을 손수 만들어 먹는다면, 선생들은 학생들의 신체적 또는 도덕적 건강이라는 견지에서 부엌을 감독할 수 있을 것이고, 그리고 학생들에게는 그것이 자립생활의 실제 교육이 될 수 있으리라는 말을 해주었다. 한두 사람은 머리를 내저었고, 더러는 매우 좋다고 찬성도 했다. 아이들은 그저 호기심에 본능적으로 그랬는지 모르지만 대찬성이었다. 그래서 우리는 실험을 시작했다. 내가 시인을 청해서 그것에 대한 의견을 물었더니, 그는 선생들이 좋다고만 한다면 자기는 상관하지 않는다고 했다. 아이들을 보고 그는 "그 실험 속에 스와라지(Swaraji: 자치)의 열쇠가 들어 있어" 하고 말했다.

피어슨은 이 실험을 성공시키기 위해 몸이 닳도록 일했다. 그는 열성적으로 자기 몸을 내던졌다. 한쪽에서는 채소를 다듬고, 또 한쪽에서는 쌀을 씻는 식이었다. 나겐바부와 그밖의 몇몇은 부엌과 그 주변의 위생 청소를 맡았다. 그들이 손에 삽을 들고 일하는 모습을 보는 것은 참 신나는 일이었다.

그렇지만 125명의 학생과 선생들이 육체노동을 하는 것을 오리가 물에서 놀듯 하리라고 기대하는 것은 너무나 지나친 생각이었다. 매일같이 토론이 벌어졌다. 더러는 일찍부터 피곤한 표정을 지었다. 그러나 피어슨은 지칠 사람이 아니었다. 부엌 안에서나 혹은 밖에서나 그는 언제나 웃는 낯으로 일하고 있었다. 그는 큰 그릇을 손수 맡아 씻었다. 학생들의 한 떼는 그릇 씻는 사람들 앞에서 그 일의 지루함을 잊게 해주려고 시타르(sitar)를 타주었다. 모두가 제 일을 열심히 해나가서 산티니케탄은 꿀벌통같이 바빴다.

이러한 변화는 한번 시작만 되면 발전하는 법이다. 피닉스 단체의 부엌은 그 운영을 자치로 했을 뿐 아니라, 그 안에서 마련되는 음식도 아주 간소한 것이었다. 양념은 피했고 쌀, 나무콩, 채소, 심지어 밀가루까지 단번에 증기솥에 넣고 익혔다. 그리고 산티니케탄 아이들도 벵골 사람들의 부엌을 개량할 목적으로 이와 같은 식의 부엌을 시작했다. 선생 한두 사람과 학생 몇이서 그 부엌을 운영해갔다. 그러나 그 실험은 얼마 후에 중단해버렸다. 나는 그 유명한 학교가 짤막한 기간 동안만 실험했다고 해서 어떤 손실이 있었다고는 생각하지 않으며, 거기서 얻은 경험 중에서 더러는 그 선생들에게 분명히 도움이 됐으리라고 생각한다.

나는 한동안 산티니케탄에 머물 생각이었는데, 운명은 그것을 원하지 않았다. 그곳에 간 지 한 주일도 못 되어서 푸나로부터 고칼레가 죽었다는 전보를 받았다. 산티니케탄은 온통 슬픔에 빠졌다. 모든 가족들이 내게로 몰려와서 조의를 표했다. 이 국가적인 손실을 슬퍼하기 위해 아슈람 안에 있는 사원에서는 특별 모임을 열어 엄숙한 식을 거행했다. 그날 나는 아내와 마간랄을 데리고 푸나를 향해 떠났다. 그외는 모두 산티니케탄에 머물러 있었다.

앤드루스는 나를 따라 부르드완까지 왔다. 그는 나에게 "인도에서 사티아그라하를 할 때가 오리라고 믿습니까?" 하고 물었다.

나는 대답하기를, "그것은 말하기 어렵습니다. 1년 동안은 나는 아무것도 할 수 없습니다. 왜냐하면 고칼레는 내게, 경험을 얻기 위해 인도 각지를 여행할 것이며, 그 견습 기간이 지날 때까지는 공공 문제에 대하여 의견을 발표하지 말라고 당부했습니다. 그 1년이 지나간 후에도 나는 의견을 말하거나 표명하려고 서두르지는 않을 작정입니다. 그러고 보면 5, 6년 내에 사티아그라하의 기회가 오리라고는 생각되지 않습니다" 했다.

이와 관련하여 하나 말해둘 것은, 고칼레는 늘 나의 『힌두 스와라지』, 즉 『인도 자치』에다 발표한 이론들에 대하여 비웃으면서 "앞으로 당신이 1년만 인도에 머물러 있으면 당신의 견해는 자동적으로 수정될 것이오" 하곤 했다.

3등 승객의 비애

부르드완에 오자마자 우리는 차표를 하나 손에 넣는 것조차 3등 승객이 겪지 않으면 안 되는 고통에 정면으로 직면했다. "3등표는 그렇게 일찍 내주지 않아요" 하는 소리를 듣고, 나는 역장을 찾아갔다. 그것도 쉬운 일이 아니었지만, 어떤 사람이 친절하게도 역장이 어디 있는지 알려주었다. 그래서 우리의 어려움을 설명했다. 그도 꼭 같은 대답이었다. 개찰구의 창이 열리자 나는 곧 표를 사려고 들어갔다. 그러나 도저히 거기까지 갈 수 없었다. 힘이 곧 정의였다. 남은 생각지 않고 앞으로만 뚫고 나오는 승객들로 인해서 자꾸 밀려나기만 했다. 그래서 나는 표를 사려는 사람들의 첫 줄의 맨 마지막에 서게 됐다.

기차가 도착했다. 차칸에 오르는 것도 또 하나의 난관이었다. 이미 기차 안에 들어간 승객과 오르려는 승객 사이에 욕설이 마구 오고가며 서로서로 떠밀어댔다. 우리는 플랫폼을 달려 오르내렸으나 어디를 가도 "여기 자리 없어요" 하는 대답뿐이었다. 나는 역무원한테 갔다. 그는 "어디든지 뚫고 들어갈 수 있는 데로 들어가세요, 그렇지 않으면 다음 차를 타세요"라고 했다.

"그러나 긴급한 일이 있습니다" 하고 나는 공손하게 대답했지만, 그는 들을 여유조차 없었다. 나는 당황했다. 마간랄에게 어디로든지 들어갈 수 있는 데로 들어가라고 한 다음 나는 아내와 같이 중간 칸으로 들어갔다. 차장이 우리가 타는 것을 보았다. 아산솔(Asansol)에 닿자 그가 들어오더니 초과요금을 받으려고 했다. 나는 그를 보고 말했다.

"우리에게 좌석을 마련해주는 것이 당신 의무 아니오? 우리는 자리를 찾다가 못 얻어서 여기 앉은 것이오. 어디든 3등 좌석을 마련해준다면 우리는 고맙게 알고 그쪽으로 갈 것이오."

"승강이할 것 없어요. 자리는 마련해 드리지 못합니다. 초과요금을 내시든지, 그렇지 않으면 나가세요" 하고 차장은 말했다.

나는 어떻게 해서든지 푸나에 가야 했으므로 그 차장과 싸울 수가 없었다. 그래서 그가 요구하는 대로 푸나까지의 초과요금을 냈다.

이튿날 아침, 기차가 모갈사라이(Mogalsarai)에 닿자 마간랄이 3등 칸에 자리를 하나 얻었으므로 나는 그쪽으로 옮겨갔다. 나는 검표원을 보고 그 사실을 말한 다음 내가 모갈사라이에서 3등칸으로 옮겼다는 증명서를 써달라고 요구했다. 그는 못해주겠다고 했다. 그래서 나는 철도국에 초과요금의 반환을 청구했다. 그랬더니 이런 내용의 대답이 왔다. "증명서 없이 초과요금을 반환하는 것은 통례가 아니지만, 귀하의 경우에는 특별히 예외로 해드리겠습니다. 그러나 부르드완에서 모갈사라이까지의 초과요금을 다 반환해드릴 수는 없습니다."

이 일이 있은 이후 내가 경험한 3등칸 여행 이야기를 다 하자면 충분히 책 한 권이 될 것이다. 그러나 여기서는 간간이 조금씩 소개해야겠다. 내 육체의 나약으로 인해 3등칸 여행을 중지하지 않을 수 없게 된 것은 언제나 크게 유감스럽게 여겨왔고, 앞으로도 그럴 것이다.

3등칸 승객의 비애가 철도당국의 오만한 태도 때문인 것은 다시 말할 필요도 없다. 그러나 승객 자신들의 무례함과 불결함, 이기심과 무지함에도 책임이 있다. 기막힌 것은 그들은 그렇게 옳지 않게, 더럽게, 제 욕심대로 하면서도, 자기네가 그런 짓을 하고 있는 줄을 모르고 있다는 것이다. 그들은 자기들이 하는 모든 일을 지극히 당연한 것으로 믿고 있었다. 이 모든 것은 거슬러 올라간다면, 이른바 우리 '교육받은 자'들이 그들에 대해 무관심했기 때문이라는 데 이르고 말 것이다.

칼얀(Kalyan)에 도착하니 우리는 완전히 녹초가 됐다. 마간랄과 나는 역에서 물을 좀 얻어 목욕을 했다. 내가 아내의 목욕 준비를 하고 있을 때 '인도 심부름꾼의 모임'의 카울(kaul) 씨가 우리를 알아보고 올라왔다. 그도 푸나로 가고 있었다. 그는 내 아내를 2등 목욕실로 안내하겠다고 청했다. 나는 그 정중한 호의가 망설여졌다. 내 아내는 2등 목욕실에 들어갈 권리가 없다는 것을 잘 알고 있었다. 그러나 나는 결국 그 부당함에 대해 눈감아버리고 말았다. 그것은 진리를 섬기는 자의 할 일이 아님을 알고 있었다. 그런데 내 아내가 그 목욕실에 가고 싶어한 것이 아니라 아내에 대한 남편의 사랑이 진리에 대한 사랑을 눌러버렸던 것이다. '진리의 얼굴이 마야[4]의 황금 너울에 가렸도다.' 『우파니샤드』의 말씀이다.

입회 신청

푸나에 도착하여 슈다라 제식(祭式)을 치른 뒤, 우리는 모임의 장래와 내가 모임에 가입할 것이냐 안 할 것이냐 하는 문제에 대해 토의를 했다. 가입에 관한 문제는 매우 미묘하다는 것이 점점 알려졌다. 고칼레가 살아 있는 동안은 나는 입회 신청을 할 필요가 없었다. 그가 원하는 대로 복종하면 그만이었다. 그것이야말로 내가 원하는 자리였다. 파란만장한 인도의 공적 생애로 출발하려 할 때, 나는 튼튼한 사공이 필요했다. 나는 그것이 고칼레임을 발견했고, 그가 지켜주는 가운데서 나는 걱정이 없었다. 이제 그는 갔다. 나는 내 재주껏 해야 한다. 그래서 모임에 가입을 청하는 것이 내 의무라고 생각했다. 그렇게 하는 것이 고칼레의 영혼을 기쁘게 할 것이라고 생각했다. 그래서 주저없이 확신을 가지고 입회 신청을 시작했다.

이때 대다수의 회원들이 푸나에 와 있었다. 나는 간청을 시작했고, 나에 대한 그들의 우려를 없애버리는 데 힘썼다. 그러나 알고 보니 그들은 두 파로 갈려 있었다. 한 파는 내게 우호적이었으나 다른 한 파는 강력히 반대했다. 그들이 나를 사랑하는 마음에서는 어느 편이나 서로 지지 않으려고 했겠지만, 그러나 모임에 대한 그들의 충성심이 아마 나에 대한 사랑보다 강했을 것이다. 어쨌거나 약하지는 않았을 것이다. 그렇기 때문에 모든 토의는 처음부터 감정은 조금도 없었고, 엄밀하게 원칙 문제에만 국한되었다. 나의 가입을 반대하는 측은 여러 가지 중대한 문제에서 내가 자신들과 정반대의 견해를 갖고 있다고 보았고, 그렇기 때문에 그 모임 본래의 목표를 위태롭게 만들기 쉽다고

---

4) 마야(maya): 본래는 요술, 또는 환상이라는 뜻의 산스크리트 말인데 후에는 인도 철학에서 브라만을 현상계(現象界)에 나타내는 힘에 대한 명사로 쓰이게 된다.

생각했다. 그것은 물론 그들로서는 견딜 수 없는 일이었을 것이다.

오랜 토의 끝에 최종 결정은 훗날로 미루고 모임은 해산했다.

집으로 돌아왔을 때, 나는 상당히 흥분해 있었다. 다수결로 입회 허락을 얻는 것이 과연 옳은 일일까? 그것이 고칼레에 대한 나의 충성심에 맞는 일일까? 나의 입회 문제에 대하여 그와 같이 회원간에 날카로운 대립이 있다면, 입회 신청을 철회하여 나를 반대하는 사람들을 난처한 입장에 빠지지 않게 하는 것이 나로서는 가장 옳은 길이라는 것을 분명히 깨달았다. 또 그렇게 하는 것이 모임과 고칼레에 대해 충성을 다하는 길이라고도 생각되었다. 내 마음속 결정은 번개같이 내려졌고, 나는 즉시 샤스트리에게 편지를 써서 후에 열기로 한 모임은 필요 없다고 말했다. 내 신청에 반대했던 사람들은 내 결정을 무척 감사히 생각했다. 그로 인해 그들은 거북한 입장에서 벗어나게 됐고, 우리는 더 가까운 우정으로 맺어지게 되었다. 입회 신청의 철회로 나는 참된 의미에서 그 모임의 회원이 되었다.

경험에 의해서 나는 내가 공식적으로 회원이 되지 않은 것이 잘된 일이었고, 나의 가입을 반대했던 사람들이 옳았다는 것을 알게 되었다. 그리고 역시 경험에 의해서 원칙에 대한 우리의 견해 사이에는 거리가 멀었다는 것도 알게 되었다. 그러나 거리가 있다는 것을 알게 됐다고 해서 우리 사이가 멀어졌거나 서로 감정이 상했다는 말은 아니다. 우리는 여전히 형제처럼 우애를 지켰고, 푸나에 있는 모임의 집은 언제나 내게 하나의 순례 장소가 되었다.

내가 공식적으로 회원이 되지 않은 것은 사실이지만 정신적으로는 언제나 회원이었다. 정신적 관계가 육체적 관계보다도 훨씬 더 귀한 것이다. 정신적인 것을 떠난 육체적 관계는 영혼 없는 몸뚱이일 뿐이다.

쿰바 멜라

　그 다음 나는 의사 메타를 만나러 랑군으로 갔는데, 도중에 칼리카타에 들러 바부 부펜드라나트 바수(Babu Bhupendranath Basu)의 댁에 손님으로 묵었다. 여기서 나는 벵골 최고의 환대를 받았다. 당시나는 철저한 과일식주의자였는데, 그래서 칼리카타에서 얻을 수 있는 갖가지 종류의 과일이란 과일은 다 준비를 해놓았다. 부인들은 온갖과일과 견과의 껍질을 벗기느라고 온밤을 새웠다. 있는 정성을 다해생과일들을 인도식으로 요리했다. 여러 가지 맛있는 요리를 나와 동행한 사람들(그중에는 내 아들 람다스도 끼어 있었다)을 위해 준비했다. 이 분에 넘치는 대접이 한없이 고맙기도 했지만, 두세 손님을 위해 온집안이 분주할 것을 생각하니 도무지 견딜 수 없었다. 그러나 그와 같은 난처한 대접을 피할 길도 없었다.

　랑군으로 가는 배에 나는 3등 승객으로 탔다. 바수 씨 댁에선 지나친 대접에 어쩔 줄 몰랐다면, 이 배에서는 3등 승객이 받아야 할 최소한의 편의조차 없는 푸대접을 당해야 했다. 명색이 목욕탕이란 것은 말할 수 없이 더러웠고, 변소는 냄새가 코를 찌르는 구멍이었다. 볼일을 보려면 오줌 똥 사이를 요리조리 골라 디디거나 건너뛰어야 했다.

　이것은 사람으로서는 도저히 참을 수 없었다. 1등 항해사를 찾아갔으나 소용없는 일이었다. 만일 그 냄새와 더러움으로도 그 풍경을 묘사하기가 미흡하다면, 승객들의 그 지각없는 행동을 들어야 하겠다. 앉은 자리에서 그냥 침을 뱉고, 먹고 남은 음식 부스러기와 담배꽁초, 씹고 난 구장(蒟醬) 잎사귀로 주위를 더럽혔다. 그저 쉴새없이 떠들어대고, 저마다 되도록 많은 자리를 차지하려 했다. 짐보따리가 사람보다도 자리를 더 차지했다. 이렇게 우리는 이틀 동안이나 시달림을 당해야 했다.

랑군에 도착하자 나는 곧 기선회사 출장소장에게 편지를 보내 이 모든 사실을 알렸다. 그 편지 덕택으로, 그리고 의사 메타가 이 일에 대해 수고한 결과로, 돌아올 때에는 3등이라도 견딜 만했다.

랑군에서도 나의 과일식이 주인에게 가외의 수고를 끼치게 하였다. 그러나 메타의 집은 내 집이나 다름없었기 때문에 너무 낭비적인 메뉴를 어느 정도 줄일 수가 있었다. 그렇지만 내가 먹을 수 있는 음식의 가짓수를 제한하지 않았기 때문에 미각과 시각은 들어오는 여러 음식을 막아내지 못하도록 방해를 해버렸다. 식사도 일정한 때가 없었다. 나 개인으로는 저녁 식사를 해지기 전에 하길 원했지만, 보통 8시나 9시 전에는 할 수 없었다.

이해, 1915년은 하르드와르(Hardwar)에서 12년 만에 한 번씩 서는 쿰바(Kumbha) 영시(令市)의 해였다. 나는 별로 그 시장을 구경하고픈 생각은 없었으나, 자기의 구루쿨에서 살고 있는 마하트마 문시람지(Mahatma Munshiramji)는 꼭 만나고 싶었다. 고칼레의 모임에서는 이 쿰바에 대규모 봉사대를 지원하고 있었다. 판디트 흐리다야나드 쿤즈루(Pandit Hridayanath Kunzru)가 대장이었고, 의사 데브가 의무관이었다. 나는 피닉스 단체로부터 와서 도와달라는 요청을 받았고, 그래서 마간랄 간디가 이미 나보다 앞서서 가 있었으므로 랑군에서 돌아오자 그 일행과 합류했다.

칼리카타에서 하르드와르로 가는 길은 특히 힘이 들었다. 어떤 때는 차칸에 등불도 없었다. 사하란푸르(Saharanpur)에서부터는 짐이나 가축을 싣는 화차칸에 처박혔다. 거기는 지붕도 없었다. 그래서 대낮에는 머리 위로 태양이 이글거리고 밑에서는 철판에 불이 일어 우리는 온몸이 구워지는 듯했다. 이런 여행 따위로 목이 타 죽을 지경이 돼도 정통적인 힌두교도라면, 비록 거기 물이 있더라도 그것이 이슬람교도의 물이라면 결코 마시지 않는다. 힌두교도의 물을 얻을 수 있을 때까지 참는다. 그런데 주의할 것은, 그 힌두교도도 병이 나서 의사가 술이나 고기즙을 처방해주거나 이슬람교도 혹은 기독교도의 조제사가 그들에게 물을 주면 그때는 주저하지도 묻지도 않는다.

우리가 산티니케탄에 머물면서 알게 된 것은, 청소부 일을 하는 것이야말로 인도에서 특별히 해야 할 일이라는 것이었다. 그런데 하르드와르에서는 지원 봉사대를 위해 다르마샬라(dharmashala) 안에 천막을 쳐놓고, 의사 데브가 시켜서 변소로 사용하기 위해 구멍들을 파게 했다. 그는 그 일을 하기 위해 돈을 주고 청소부를 고용해야 했다. 여기에 피닉스 가족을 위한 일감이 있었다. 우리는 분뇨를 흙으로 덮고 그것을 처분하는 일을 맡아하겠다고 제의했다. 의사 데브는 우리의 제의를 기꺼이 받아들였다. 그 제의는 물론 내가 한 것이지만, 실제로 그것을 집행할 사람은 마간랄 간디였다.

내가 주로 하는 일은 천막 안에 앉아서 나를 찾아오는 수많은 순례자에게 '다르샨'5)을 주며 종교적 또는 그외 여러 가지 토론을 하는 일이었다. 그러니 내 시간이라고는 1분도 없는 듯했다. 심지어는 그 '다르샨'을 구하는 자들이 내 목욕 '가트'(ghat)에까지 따라왔고, 밥 먹을 때에도 나를 혼자 두지 않았다. 이처럼 나는 나의 보잘것없는 남아프리카에서의 봉사가 전 인도에 걸쳐 얼마나 깊은 인상을 주었는가를 하르드와르에서 깨달았다.

그러나 이것은 부러워할 만한 자리가 아니었다. 나는 이러지도 못하는 상황에 빠졌다는 느낌이 들었다. 아무도 나를 알아보지 못하는 곳

5) 다르샨(darshan): 산스크리트의 '본다'에서 나온 말. 어떤 신이나 인물이나 물체를 봄으로 인해서 오는 감격, 축복받았다는 느낌, 그런 것을 가리켜 다르샨이라 한다. 그래서 구루들이 자기 신도나 제자에게, 임금이 자기 신하에게 특별한 시기를 정해 다르샨을 주는 일이 많다. '다르샤나'라고도 한다.

에서는 나는 이 땅의 수백만 사람이 당해야 하는 고통 — 예를 든다면 철도 여행에서의 — 을 겪어야 했지만, 내 소문을 듣고 찾아오는 사람들에 둘러싸였을 때는 나는 그들의 다르샨 추구의 열광에 희생물이 되어야 했다. 이들 중 어느 것이 더 가련한 상태일까, 나는 결정할 수 없을 때가 많다. 그러나 적어도 이것만은 안다. 즉 이 '다르샨발라'(darshanvala: 다르샨 추구자)의 맹목적인 사랑은 나를 종종 화나게 했고, 가슴 아프게 한 일은 그보다 더 많았다. 이에 반하여 여행이 괴로울 때도 많았지만, 늘 내 의기를 돋워주었을 뿐 한 번도 화나게 한 적은 없었다.

그 당시 나는 마음껏 쏘다녀도 좋을 만큼 튼튼했고, 다행히 거리에 나서면 떠들썩하게 할 만큼 유명하지도 않았다. 그렇게 돌아다니는 동안 나는 순례자들의 경건함보다는 정신 빠지고 위선적이고 제멋대로인 꼴을 더 많이 보았다. 거기 강림한 성인의 무리는 인생의 좋은 것들만을 향락하기 위해 태어난 듯이 보였다.

여기서 나는 다섯 개의 발을 가진 암소 한 마리를 보았다. 나는 놀랐으나, 곧 아는 사람들이 내가 속은 것을 깨우쳐주었다. 다섯 발 가진 그 가련한 암소는 간악한 놈들의 탐욕의 희생물이었다. 즉 그 다섯 발이란 다른 것이 아니고 살아 있는 송아지에게서 한쪽 발을 잘라다가 그 암소 어깨에 접을 붙였다는 것이다. 이 잔악한 행위의 결과는 무지한 사람들에게서 돈을 뜯어내는 데 이용되었다. 힌두교도치고 다섯 발 가진 암소에 마음이 끌리지 않을 사람은 없을 것이고, 또 그런 기이한 암소를 보고 사랑을 쏟지 않을 사람도 없을 것이다.

장날이 다가왔다. 내게는 정말 명절 같은 기분이었다. 나는 순례의 기분으로 하르드와르에 가지는 않았다. 경건함을 찾아서 순례의 장소에 드나들 생각을 해본 일은 없었다. 그렇지만 170만 명이나 그곳에 왔다고 보도된 그 많은 사람들이 다 위선자나 단순한 구경꾼들일 수만은 없을 것이다. 그 속에서는 공덕을 얻고 자기 정화를 이루기 위해서 온 사람도 수없이 많으리라는 것을 의심하지 않았다. 이런 종류의 신앙이 어느 정도로 영혼을 고무시키느냐 하는 문제는 불가능까지는 아니더라도 말하기 매우 어려운 일이다.

그렇기 때문에 나는 깊은 생각에 잠겨 온밤을 지새웠다. 사방으로 에워싸인 그 위선의 한복판 속에도 경건한 영혼들이 있다. 그들은 자기의 창조주 앞에 설 때에 아무 죄도 없을 것이다. 만일 하르드와르를 찾는 그 일 자체가 죄라면 나는 거기에 대해 공공연히 항의하고 쿰바 날에 하르드와르를 떠나지 않으면 안 된다. 만일 하르드와르와 쿰바 영시에 순례하는 것이 죄가 아니라면 나는 그곳을 휩쓸고 있는 불의를 보상하고 나 자신을 정화하기 위해 나 자신 위에 자기 부정의 행위를 명령하지 않으면 안 된다. 이것은 나에게 완전히 자연스러운 일이었다.

나의 생애는 훈련의 결심, 그 토대 위에 세워진 것이다. 나는 칼리카타와 랑군에서 나 때문에 내 주인들이 불필요한 수고를 해야 했던 일을 생각해보았다. 그들은 지나치게 낭비하면서까지 나를 대접했다. 그래서 나는 일상 식사 때 나오는 음식의 가짓수를 제한했고, 마지막 식사를 해가 지기 전에 하기로 했다. 내가 만일 이러한 제한을 나 자신에게 하지 않는다면 내 장래의 주인들에게 상당한 불편을 끼칠 것이고, 나 자신이 봉사에 종사하기보다는 오히려 그들을 나에게 봉사하도록 만들고 말 것이라는 확신이 들었다. 그래서 나는 인도에 있는 동안 24시간 안에 다섯 종류 이상은 먹지 않으며, 어두워진 후에는 절대 아무것도 먹지 않기로 맹세했다. 그러나 나는 빠져나갈 구멍을 남겨놓아서는 안 된다고 생각했다. 나는 병을 앓는 동안에는 어떤 일이 일어날 수 있을 것인가를 혼자 속으로 면밀히 생각해보았다. 혹시 약을 다섯 종류 속에 넣지나 않았나, 또 어떤 특별한 종류는 먹을 수 있도록 예외를 두지는 않았나 하고, 나중에 가서 나는 어떠한 경우에도 절대로 예외가 있어서는 안 된다고 결심했다.

그 맹세를 세운 지 이제 30년이 되었다. 그것 때문에 지독한 시련을 겪었다. 그러나 그것이 또한 나의 방패가 됐다는 것을 증명할 수 있다. 그리고 그 때문에 내 수명은 몇 해 연장됐고, 여러 가지 병에 걸리지 않을 수 있었다고 생각한다.

라크슈만 줄라

구루쿨에 도착하여 건장한 체격의 마하트마 문시람지를 만나니 살 것만 같았다. 나는 대번에 구루쿨의 평화와, 하르드와르의 혼잡과 소란스러움 사이의 놀라운 대조를 느꼈다.

마하트마는 나를 사랑으로 감싸주었다. 그 브라마차리는 털끝만큼의 해이함도 없었다. 내가 아차랴 라마데브지(Acharya Ramadevji)를 처음으로 소개받은 것은 여기서였는데, 나는 즉시 그가 분명 어떤 힘과 능력을 지닌 사람이란 것을 알 수 있었다. 우리는 여러 가지 점에서 견해가 서로 달랐지만, 그럼에도 불구하고 우리의 지면(知面)은 곧 우정으로 무르익었다. 나는 아차랴 라마데브지와 그밖의 여러 교수들과 함께 구루쿨에 직업훈련을 시도해볼 필요가 있다는 데 대해 긴 토론을 했다. 떠나야 할 시간이 왔을 때 그곳을 떠나는 것이 안타깝게 느껴졌다.

나는 전부터 라크슈만 줄라(갠지스강 위에 가설된 조교(吊橋))에 대한 놀라운 소문을 듣고 있었다. 그 다리는 흐리시케슈에서 좀 떨어진 곳에 있는데, 여러 친구들이 그 다리에 가보지도 않고 하드바를 떠나서는 안 된다고 나를 졸랐다. 나는 그 순례를 걸어서 하고 싶었다. 그래서 두 여정에 걸쳐 그것을 해냈다.

흐리시케슈에서 여러 힌두교 고행자들이 나를 찾아왔다. 그중 한 사람은 특별히 나의 마음을 끌었다. 피닉스 가족들이 거기 있었는데, 그것에 대해 그 스와미는 여러 가지 질문을 했다.

우리는 종교에 대한 토론도 했는데, 그는 내가 종교적인 문제들에 대해 심하게 더듬고 있다는 것을 알았다. 나는 갠지스강에 들어가 목욕하고 올라온 길이므로 맨머리에 내의도 안 입고 있었는데, 그것을 그가 보았다. 그는 내 머리에 '시카'(shika: 머리칼 타래)도 없고 목에 성사(聖絲)[6]도 걸지 않은 것을 보고 불쾌하게 생각해서 말했다.

"힌두교인이시면서 성사도 시카도 없이 다니시는 것을 보니 섭섭합니다. 그 두 가지는 힌두교 신앙이 밖으로 나타나는 표적이므로 모든 힌두교도는 그것을 가지고 있어야 합니다."

그런데 내가 그 두 가지를 치워버린 데는 이유가 있다. 내가 열 살이었던 개구장이 시절, 브라만 아이들이 성사에 열쇠를 한 줌씩 꿰어 매달고 쩔렁거리며 노는 것을 보고 부러워서 나도 그렇게 할 수 있었으면 했다. 목에 성사를 거는 습관이 그 당시 카티아와르의 '바이샤' 가정에서는 그리 흔치 않았다. 그런데 그때 막 위의 세 바르나(varna: 계급)는 그것을 의무적으로 하도록 하자는 운동이 일어나기 시작했다. 그 결과 간디 씨족 중 몇몇 집안이 성사를 걸기로 했다. 우리들 두세 소년들에게 '라마라크샤'[7]를 가르쳐주던 브라만 선생이 있었는데, 그가 우리 목에다 성사를 걸어주었다. 나는 열쇠 묶음을 구할 기회는 없었지만 하나 구해서 가지고 놀기 시작했다. 후에 그 실이 낡아버렸을

---

6) 성사(sacred thread): 브라만, 크샤트리아, 바이샤 등 세 계급의 사람들은 일정한 종교적 훈련을 치르고 나면 정신적으로 새로 난 사람이라 하여 정중한 의식을 치른다. 성사 수여식이 그것이다. 그때 구루가 그애의 목에 실을 걸어주어 일생 벗지 않고 두르고 다니게 한다. 그것은 배꼽줄의 상징이다.
7) 라마라크샤(Ramaraksha): 라마 신의 보호를 빌기 위해서 외는 경전의 구절.

때 많이 아쉬워했는지는 기억이 없지만 새것을 하려고 하지 않았다는 기억은 있다.

내가 성장함에 따라 인도에서도 그랬고 남아프리카에서도 그랬고, 내게 그것을 다시 차게 하려는 선의의 노력들이 여러 번 있었지만 다 실패했다. 나의 이론은 만일 수드라들이 그것을 걸어서는 안 된다면 다른 바르나들은 무슨 권리로 걸겠는가 하는 것이었다. 그리고 내게 아무 필요도 없는 습관을 그대로 따라야만 할 어떤 정당한 이유도 인정할 수 없었다. 나는 성사 그 자체는 반대하지 않았다. 그러나 그것을 걸어야 하는 이유를 몰랐다.

하나의 바이슈나바 신자로서 나는 칸디(kanthi)를 목에 둘렀고 시카는 꼭 길러야 한다고 어른들은 생각했다. 그러나 영국으로 떠나기 전날 저녁, 나는 시카를 잘라버렸다. 그러지 않았다가는 터번을 벗었을 때 웃음거리가 되고, 영국 사람 눈에 야만인으로 보일 것이라고 생각했기 때문이었다. 사실 이 비겁한 생각 때문에 나는 남아프리카에 있을 때까지도 신앙심에서 시카를 기르고 있는 내 사촌 츠하간랄 간디(Chhaganlal Gandhi)의 그것을 깎아주었다. 그것이 그가 공공활동을 하는 데 방해가 될까 두려워서, 나는 그에게 원망 들을 각오를 하고 그것을 깎아주었다. 그래서 나는 그 스와미에게 모든 걸 깨끗이 털어놓고 이렇게 말했다.

"나는 성사를 걸지 않을 것입니다. 이루 헤아릴 수 없는 힌두교도들이 그것 없이 다니면서도 훌륭하게 힌두교도로서 살아갈 수 있는데, 꼭 걸어야 할 이유가 있습니까. 그뿐 아니라, 성사는 정신적으로 거듭 난 상징으로 걸어야 합니다. 그러려면 그것을 두르는 자신이 보다 높고 순결한 생활을 하자는 진지한 노력이 있어야만 합니다. 그런데 현실의 힌두교나 인도의 상태로 볼 때, 힌두교도들은 과연 그러한 상징을 담고 있는 것을 두를 자격이 있다고 할 수 있을까 의문입니다. 그 자격은 힌두교가 불가촉천민제도를 깨끗이 청산하고, 우월함과 열등함의 모든 차별을 철폐하고, 힌두교 안에 날뛰고 있는 많은 사악함과 허식을 벗어버린 후에야 얻을 수 있을 것입니다. 그렇기 때문에 나는 성사를 둘러야 한다는 그 생각에 반대합니다. 그러나 시카에 대한 당신의 제의는 확실히 생각해볼 필요가 있다고 봅니다. 나는 한때 그것을 기르고 있었지만 그릇된 수치심에 버렸습니다. 그래서 다시 기를까 하고 생각합니다. 나는 그 문제를 우리 동지들과 토론할 작정입니다."

그 스와미는 성사에 대한 내 입장을 이해하지 못했다. 그래서 내게는 두를 수 없다는 바로 그 이유가 그에게는 둘러야 하는 이유로 보이는 듯했다. 내 생각은 오늘날도 흐리시케슈에서 했던 그대로 변함이 없다. 서로 다른 가지가지의 종교가 있는 한, 각 종교는 겉으로 나타내는 서로 다른 어떤 상징이 필요할 것이다. 그러나 그 상징이 하나의 물령(物靈) 숭배로 돼버리고 제 종교가 다른 종교보다 우월하다는 것을 증명하는 수단이 되어버린다면, 그것은 어떻게 해서든지 없애버려야 한다. 성사가 내 눈에는 조금도 힌두교를 향상시키는 것으로 보이지 않는다. 그러므로 그것에 대해 나는 무관심하다. 시카에 대하여는 비겁함이 그것을 잘라버렸던 이유이기 때문에 친구들과 토론한 후 나는 다시 기르기로 했다.

라크슈만 줄라에 돌아오자 나는 흐리시케슈와 라크슈만 줄라의 자연 풍경에 매혹되었다. 그래서 우리 조상들의 자연미에 대한 감각과 자연의 아름다운 현시(顯示)에다 종교적 의미를 부여하는 통찰력에 대해 숭모하는 마음으로 머리를 숙였다. 그러나 사람들이 이 아름다운 장소를 사용하는 방법은 결코 마음에 들지 않았다. 하르드와르에서와 마찬가지로 여기 흐리시케슈에서도 사람들은 길바닥을 더럽혔다. 그들은 서슴없이 갠지스의 거룩한 물까지 더럽히고 있었다. 사람들이 생리적인 일을 볼 때, 조금만 신경쓰면 사람 눈에 띄지 않는 곳에서 할 수 있는데도 그저 길바닥이나 강가도 가리지 않는 것을 볼 때 정말 답답했다.

라크슈만 줄라란 별것 아니고, 갠지스강 위에 강철 밧줄을 달아맨 다리였다. 원래는 아주 훌륭한 다리였는데, 어떤 박애심 많은 마르와디(Marwadi) 사람이 그것을 부숴버리고 강철로 하자는 생각에 막대한 돈을 들여 만들고 그 열쇠를 정부에 맡겨버렸다는 것이다! 나는 그 밧줄 다리는 본 일이 없으니 뭐라 할 말은 없지만, 그 강철 다리는 주위 환경에 도무지 어울리지 않았고 오히려 아름다움을 완전히 손상시키는 것이었다. 순례자들을 위한 이 다리의 열쇠를 정부에 넘겨주었다는 것은 그 당시 정부에 충성했던 나로서도 도저히 용서할 수 없는 일이었다.

다리 건너에 있는 '스바르그아슈람'(Svargashram)은 아주 보기 흉한 곳이었다. 허술한 양철판의 헛간들을 몇 채 늘어놓은 것뿐이었다. 알고보니 그것은 사다카(sadhaka: 수도 지원생)들을 위해 지은 것이라는데, 그때는 사람이 별로 사는 것 같지도 않았고, 본관 건물에 사는 사람들은 인상이 별로 좋아 뵈지 않았다. 그렇지만 하드바에서 얻은 경험은 측량할 수 없을 만큼 가치가 있었다. 그것은 내가 어디에 살며, 내가 할 일이 무엇인가를 판단하는 데 적지않은 도움이 되었다.

아슈람의 창립

쿰바 영시에 순례를 한 것은 내가 하르드와르에 두번째 갔을 때의 일이었다. 사티아그라하 아슈람이 창립된 것은 1915년 5월 25일이었다. 슈라다난드지는 내가 하르드와르에 주저앉기를 바랐다. 칼리카타의 몇몇 친구는 바이댜나다담(Vaidyanathadham)을 권했다. 또 다른 사람들은 라지코트를 택하라고 강력히 주장했다. 그러나 내가 우연히 아메다바드에 갔을 때 여러 친구들이 나더러 거기에 정착하라고 조르면서, 자진해서 아슈람의 경비를 모금했을 뿐만 아니라 우리가 거처할 집까지도 마련해주었다.

나는 아메다바드 편이 더 좋았다. 나는 구자라트 사람이니 구자라트 말을 통해서 우리 나라에 대해 최대한 봉사를 할 수 있고, 아메다바드는 옛날 베틀 길쌈의 중심지였으므로 농가의 수공 방적공업을 부활시키는 데 가장 적합한 지역일 것 같았고, 또 게다가 여기가 구자라트의 수도이므로 부유층으로부터 재정적 원조를 얻는 데 다른 어디보다도 쉬울 것 같았다.

아메다바드 친구들과 토론한 문제들 중에는 물론 불가촉천민제도가 포함돼 있었다. 나는 그들에게 만일 불가촉천민의 지원자가 있을 경우 다른 점에서 문제만 없다면 대번에 그들을 받아줄 것이라고 분명히 말해주었다.

"선생님의 조건에 만족할 만한 불가촉천민이 어디 있겠습니까?" 하고 어떤 바이슈나바 친구가 자신만만하게 말했다. 나는 결국 아메다바드에 아슈람을 세우기로 결정했다.

숙소에 관해서는 아메다바드의 변호사 지반랄 데사이(Jivanlal Desai) 씨가 주된 조력자였다. 그는 자기의 코치라브(Kochrab) 방갈로(주위에 베란다가 붙어 있는 목조 단층집)를 빌려주겠다고 해서 우리는 그렇게 하기로 했다.

가장 먼저 결정해야 할 문제가 아슈람의 이름이었다. 친구들과 의논했더니, 그들이 내놓는 이름 가운데 '세바슈람'(Sevashram: 봉사의 집), '타포반'(Tapovan: 극기의 집) 하는 것들이 있었다. '세바슈람'이라는 이름이 좋았지만 봉사의 방법을 강조하는 뜻이 있지 않았다. '타포반'은 너무 내놓고 내세우는 듯이 보였다. 왜냐하면 타파스(tapas)

가 중요하기는 하지만 우리는 감히 타파스빈(tapasvin: 극기의 사람)이라고 내세울 수는 없다. 우리의 신조는 진리에 헌신함이요, 우리의 할 일은 진리를 찾고 주장하는 일이다. 나는 내가 남아프리카에서 시험해보았던 방법을 인도에 잘 알려주고, 그것을 가능한 한 인도에서 시도해보고 싶었다. 그래서 내 동지들과 나는 우리의 목적과 봉사의 방법을 다 나타내는 말로 '사티아그라하 아슈람'이라는 이름을 골라냈다.

아슈람을 운영하기 위해서는 규칙과 준수사항을 규정하는 법전이 필요했다. 그래서 초안을 만들어놓고 친구들을 청하여 거기에 대한 의견을 말해달라고 했다. 받아들인 여러 의견 중에서도 구루다스 바네르지(Gurudas Banerji)경의 것은 지금도 기억에 남는다. 그는 그 규칙들은 그런대로 좋으나 준수사항으로 겸손을 추가하면 좋겠다고 했다. 요즘 젊은 세대는 아쉽게도 겸손이 너무 부족하다고 생각하기 때문이라고 했다.

나도 그것을 알기는 했지만, 그것이 하나의 맹세 조건이 되면 겸손은 이미 겸손이 안 될까 염려스러웠다. 겸손이 속에 품고 있는 참뜻은 자기 말살이다. 자기 말살은 곧 모크샤(Moksha: 구원)이다. 그러니 그 자체만으로는 지킬 조건이 못 되는 동시에 그것을 달성하기 위해서는 지켜야 할 다른 계율들이 있을 것이다. 만일 모크샤를 향해 정진하는 사람이 겸손, 즉 무사(無私)한 마음이 없다면, 그것은 이미 모크샤를 갈망하는 마음, 곧 봉사하고자 하는 마음이 없는 것이다. 겸손 없는 봉사는 이기주의요, 자기중심주의다. 그때 우리 가족 중에는 열세 명의 타밀 사람이 있었는데 그중 다섯은 남아프리카에서부터 나를 따라온 아이들이요, 나머지는 우리 나라 여러 곳에서 온 사람들이었다. 우리는 남자와 여자를 합해 스물다섯 명이었다. 이것이 시작 당시의 아슈람의 모습이었다. 밥은 모두 공동취사장에서 먹었고, 한가족으로 살려고 애썼다.

모루 위에

아슈람이 시작된 지 불과 몇 달 안 되어서 미처 예기치도 못했던 시험을 치르게 됐다. 암리틀랄 다카르(Amritlal Thakkar)로부터 다음과 같은 내용의 편지를 받았다.

"한 겸손하고 정직한 불가촉천민의 가족이 당신 아슈람에 들어가기를 원합니다. 받아주실 수 있겠습니까?"

내 마음은 몹시 동요되었다. 다른 사람도 아니고 바로 다카르 바파민 한 사람의 소개로 불가촉천민 가족이 그렇게 빨리 아슈람에 들어오기를 희망하리라고는 전혀 기대하지 못했던 일이다. 나는 편지를 동지들에게 보였다. 그들은 그것을 환영했다.

나는 암리틀랄 다카르에게 편지를 써 그 가족의 모든 사람이 아슈람 규칙 밑에서 살아갈 각오만 되어 있다면 우리는 받아들일 마음이 있다고 했다.

그 가족은 두다바이(Dudabhai)와 그의 아내 다니벤(Danibehn), 그리고 딸 라크슈미(Lakshmi), 그때 겨우 아장아장 걷던 어린애, 이렇게 넷이었다. 두다바이는 뭄바이에서 교사로 있었다. 그들은 모두 규칙을 잘 지키겠다고 해서 받아들였다.

그런데 그들을 받아들인 것 때문에 이 아슈람을 돕고 있던 친구들 사이에 동요가 일어났다. 맨 처음 문제는 우물의 사용 때문에 일어났다. 그 방갈로 주인은 우물의 관리권 일부분을 가지고 있었다. 물 푸는 사람이 우리 두레박에서 떨어지는 물방울이 자기를 더럽힌다고 항의했다. 그래서 그는 우리에게 욕설을 퍼붓고 두다바이를 괴롭히기 시작했다. 나는 모든 사람에게 그 행패를 참고 어떤 일이 있어도 계속 물을 길어오라고 했다. 우리가 자기 행패에 아무 대꾸도 하지 않는 것을 보자 그 사람은 부끄러워져서 우리에게 성가시게 굴기를 그쳤다. 그러나 모든 재정 원조는 다 끊겨버렸다. 앞서 아슈람의 규칙을 불가촉천민이 따를 수 있겠냐고 질문했던 그 친구는 그와 같은 경우가 생기리라고는 생각지도 못했던 것이다.

재정 원조가 중단되는 것과 함께 사회적으로 배척하려는 모의가 있다는 소문이 돌았다. 우리는 이 모든 것을 참고 견딜 준비를 하고 있었다. 나는 동지들에게 우리가 아무리 배척당하고 일반 편의 시설 사용을 금지당하더라도 아메다바드를 떠나서는 안 된다고 말했다. 우리는 차라리 불가촉천민 구역으로 가서 거기 머물면서 육체 노동을 해서 얻을 수 있는 것으로 살아가야 한다고 했다.

일은 점점 다급해져서, 하루는 마간랄 간디가 나에게 이렇게 알려주기에 이르렀다.

"자금은 다 떨어지고, 다음 날 살아나갈 게 아무것도 없습니다."

나는 조용히 말하기를, "그럼 불가촉천민 구역으로 가지" 했다.

이와 같은 시련을 당한 것은 이번이 처음은 아니다. 그런 경우에는 언제나 하나님이 그 마지막 순간에 도움을 주시곤 했다. 어느 날 아침, 마간랄이 우리 재정이 곤경에 빠졌다는 경고를 준 지 며칠 되지 않아서 아이들 중 하나가 오더니, 셰드 한 분이 차 안에서 기다리면서 나를 만나고 싶다고 한다고 말했다. 나는 그를 만나러 나갔다.

"나는 이 아슈람을 좀 도와드리고 싶습니다. 받아주시겠습니까?" 하고 그는 말했다.

"받고말고요, 솔직히 고백합니다마는 나는 지금 내 재주로는 어떻게 할 수 없는 지경에 부딪혔습니다"라고 나는 대답했다.

"내일 이 시간에 다시 오겠습니다. 그때 계시겠습니까?"라고 그는 말했다.

"네, 있겠습니다"하고 나는 대답했다.

그는 이튿날 바로 약속한 그 시간에 다시 왔다. 그 차가 오더니 경적을 울렸다. 아이들이 그 소식을 전해왔다. 그 셰드는 들어오지는 않았고, 내가 만나러 나갔더니 그는 내 손에 1만 3,000루피나 되는 지폐를 쥐어주고는 그냥 가버렸다.

나는 이런 원조를 기대하지도 않았다. 더구나 주는 방법이 얼마나 이상한가? 그 신사는 전에 한 번도 아슈람에 온 일이 없었다. 내가 기억하는 바로는 정말 한 번도 없었다. 와보지도 않았고, 묻는 것도 없었고, 그저 돈만을 주고 가버렸다! 이것은 특별한 경험이었다. 그 원조로 불가촉천민 구역으로 탈출하는 일은 연기되었고, 이제 한 해는 걱정 없다고 우리는 생각했다.

이렇게 외부에서 폭풍이 일어났던 것처럼, 아슈람 자체 내에서도 폭풍이 일어났다. 남아프리카에서도 불가촉천민 친구들이 우리 집에 오곤 했고, 함께 살고 같이 먹기도 했다. 그러나 내 아내나 또 그밖의 여자들은 이 친구들을 아슈람에 들이는 것을 과히 좋아하지 않는 듯했다. 그들이 다니벤을 싫어하기까지는 아니하더라도, 냉랭하게 대한다는 것을 쉽게 알아챌 수 있었다. 재정적 곤란은 내게 걱정을 일으키지 않았지만, 이 내부의 폭풍은 도저히 견딜 수 없었다. 다니벤은 평범한 여자였다. 두다바이는 교육은 조금 받았을 뿐이지만 이해심이 아주 많은 사람이었다. 나는 그의 참는 성격이 참 좋았다. 간혹 가다가는 불끈 화를 내는 일도 있었으나 대체로 잘 참았고, 그래서 나는 좋은 인상을 받았다. 나는 그에게 소소한 모욕은 참고 넘겨버리라고 타일러주곤 했다. 그는 그렇게 하겠다고 약속할 뿐 아니라, 자기 아내도 그렇게 하도록 만들었다.

이 가족을 받아들인 것이 아슈람에 값진 교훈을 얻는 결과를 가져왔다. 설립 당초부터 우리는 불가촉천민제도를 묵인할 수 없다는 것을 공언했다. 이리하여 아슈람을 돕고자 하는 사람들은 처음부터 미리 경계를 하게 됐고, 그래서 이 방면으로 아슈람의 일은 상당히 간단하게 되었다. 매일같이 늘어가는 아슈람의 경비를 담당하는 사람들은 대부분이 진짜 정통적인 힌두교인들이라는 이 사실은 불가촉천민제도가 그 기반에서부터 흔들리고 있다는 분명한 증거였다. 그밖에도 이것에 대한 증거가 많이 있었지만, 진실한 힌두교인들이 불가촉천민들과 함께 밥까지 먹는 이 아슈람을 원조하기를 꺼리지 않는다는 것은 결코 작은 증거가 아니었다.

이 제목에 관련되는 상당히 많은 사실들, 즉 중심되는 문제 때문에 일어나는 여러 가지 미묘하고 난처한 문제들과 우리가 어떻게 대결했으며, 예기치 못했던 난제들을 어떻게 극복했던가 하는 얘기, 또 그밖에 여러 가지 진리실험에 관한 서술을 하는 데 적지않게 관련성을 가지는 사실들을 그냥 넘겨버려야 하는 것은 참으로 유감스러운 일이다. 앞으로 써나갈 글도 이와 같은 약점을 면치 못할 것이다. 세부적인 중요한 사실들은 생략하지 않을 수 없다. 왜냐하면 이 얘기의 대부분의 인물은 아직도 생존해 있고, 그들이 관계됐던 사건을 다루는 데서 본인들의 허락 없이 그 이름을 사용하는 것은 옳지 않은 일이기 때문이다. 그렇다고 그들의 동의를 얻거나, 그들이 관련된 장을 정정하기 위해 번번이 그들을 만난다는 것도 사실상 거의 불가능한 일이다. 그뿐 아니라 그런 방식을 취하는 것은 자서전의 한계를 넘는 일이다. 그러므로 나머지 이야기는, 진리 탐구자에게 매우 귀중한 것이라고 생각은 되지만 부득이 생략하는 수밖에 없다고 생각한다. 그러나 비록 그렇다 하더라도 하나님이 허락하신다면, 이 이야기를 비협력운동의 부분에까지 계속할 수 있었으면 하는 것이 내 소원이고 희망이다.

계약 이민의 폐지

우리는 잠시 창설 당시부터 내외적으로 폭풍을 겪어야 했던 아슈람을 떠나서 내 주의를 끌었던 한 가지 사실을 간단히 살펴보기로 하자.

계약 노동자들이란 5년 또는 그보다 짧은 햇수의 계약 아래 노동을 하기 위해 인도에서 이주해온 사람들이었다. 나탈로 오는 계약 이민들에 대하여는 1914년 스뫼츠-간디 협정에 의하여 3파운드의 세금이 폐지되었지만, 인도에서 오는 일반 이민에 대하여는 아직도 취해야 할 조처가 필요했다.

1916년 3월에 판디트 마단 모한 말라비야지(Pandit Madan Mohan Malaviyaji)는 대영제국 하원에서 연기계약(年期契約) 법령 폐지를 위한 결의안을 제출했다. 그 안을 받은 후 하딩(Hardinge)경은 자기는 "영국 정부가 적당한 시기에 그 법령을 폐지하겠다는 약속을 받았다"고 발표했다. 그러나 나는 인도가 그런 모호한 보장에 만족해서는 안되고, 그보다도 즉시 폐지를 요구하는 시위운동을 하지 않으면 안 된다고 생각했다. 인도가 이날까지 이 법령을 참아온 것은 순전히 무관심 때문이었지만, 그러나 이제 인도 민중이 그것을 바로잡기 위해 성공적으로 시위운동을 벌일 수 있는 시기가 왔다고 믿었다. 나는 몇몇 지도자들을 만나기도 해보고, 신문에 글을 쓰기도 하여 여론 역시 단연코 즉시 철폐를 요구하는 편이라는 것을 알았다. 이것이 사티아그라하에 들어맞는 문제가 될 수 있을까? 나는 확실히 될 수 있다는 데는 의심이 없었다. 그러나 그 실천 방안을 알 수 없었다.

한편 총독은 그 '적기(適期) 폐지'의 의미를 비밀로 하지는 않았는데, 그것은 그가 말한 그대로 "대안이 제출될 수 있는 적당한 시기 내로"라는 말이었다.

그래서 1917년 2월에 판디트 말라비야지는 그 법령의 즉시 폐지를 위한 법안을 제출할 수 있도록 허가해주기를 요청했다. 쳄스퍼드 (Chelmsford)경은 거절했다. 바로 이때가 전 인도 시위운동을 위해 내가 각지를 순회한 때였다.

나는 시위를 시작하기 전에 총독을 정식으로 방문하는 것이 옳다고 생각했다. 그래서 회견을 신청했다. 그는 즉시로 승낙해주었다. 지금은 존 머피(John Maffey)경인 머피 씨가 그의 개인 비서였다. 나는 그와 친숙해졌다. 나는 쳄스퍼드경과 아주 만족할 만한 회담을 했다. 그는 아주 확실하게는 아니지만, 도움이 돼주겠다고 약속했다.

나는 뭄바이에서 순회여행을 시작했다. 제한기르 페티트 씨가 제국 시민협의회(Imperial Citizenship Association)의 후원으로 열리는 집회의 소집에 착수했다. 그 집회에 상정될 결의안을 작성하기 위해 우선 협의회의 집행위원회가 소집됐다. 의사 스탠리 리드(Stanley Reed), 지금은 경이 된 랄루바이 사말다스(Lallubhai Samaldas) 씨, 나타라얀 (Natarajan) 씨와 페티트 씨가 위원회에 참석했다. 토론의 중심은 정부에 그 법안 폐지를 요청할 기한을 정하는 데 있었다. 세 가지 안이 나왔다. 즉 폐지를 '가능한 한 속히', '7월 31일까지', '즉시 폐지'의 세 가지였다. 나는 지정된 날짜를 찬성했다. 그래야 정부가 한정된 기한 내에 우리 요청에 응하지 않는 경우 그때 우리가 어떻게 할까를 결정할 수 있기 때문이었다.

랄루바이 씨는 '즉시 폐지'를 찬성했다. 그는 말하기를, 즉시라는 것이 7월 31일이라는 것보다 더 가깝기 때문이라고 했다. 나는 설명하기를, 민중들은 즉시라는 말을 이해하지 못하므로 우리가 만일 민중이 무엇을 하도록 하려 한다면 더 명확히 말해야 한다, 사람마다 그 '즉시'란 말을 제 나름대로 해석하여 정부는 이렇게, 민중은 저렇게 해석한다, 7월 31일이라는 것은 오해의 염려가 전혀 없다, 만일 그때까지 아무 조처가 없다면 그때 우리는 다른 방법을 쓸 수 있지 않느냐고 했다. 의사 리드는 이 주장이 논리가 있다고 인정했고, 마침내는 랄루바이 씨도 찬성했다. 우리는 법령의 폐지가 선포되어야 할 최후의 날짜로 7월 31일을 채택했다. 그리하여 그것이 집회에서 통과됐고, 전 인도의 집회가 그 결의에 따랐다.

자이지 페티트(Jaiji Petit) 부인은 총독에게 보내는 부인 대표단 조직에 전력을 기울였다. 그 대표단 가운데 뭄바이에서 온 타타(Tata) 여사와 딜샤드 베감(Dilshad Begam)을 기억한다. 그 대표단은 큰 효과를 냈다. 총독은 아주 고무적인 대답을 주었다.

나는 카라치(Karachi), 칼리카타, 그외 여러 곳을 방문했다. 가는 곳마다 훌륭한 모임이 열렸고 그 열성도 끝이 없었다. 나는 시위에 나서기 시작할 때 그런 것을 조금도 기대하지 못했다. 그 당시 나는 대개 혼자서 여행했고, 놀라운 경험도 많이 했다. 범죄수사국원들이 언제나 나를 뒤따랐다. 그러나 나는 감추는 것이 아무것도 없었기 때문에, 그들이 내게 귀찮게 한 적도, 내가 그들을 괴롭힌 적도 없었다. 다행히 그때 나는 아직 마하트마의 낙인이 찍히지 않은 때였다. 그래도 나를 아는 곳에서는 군중들이 그 이름을 부르짖는 일이 많았다.

언젠가 형사들이 매 정거장마다 나를 괴롭혔다. 차표를 보자고 하고, 그 번호를 적기도 했다. 나는 물론 그들이 묻는 질문에 고분고분 대답해주었다. 같이 탄 승객들은 나를 성인이나 고행자로 생각하고 있었다. 그들은 내가 정거장마다 괴롭힘 당하는 것을 보자 격분해서 형사에게 욕설을 퍼부었다. "왜 그 불쌍한 성인을 까닭도 없이 괴롭혀요?" 하고 항의를 하고는, 나를 보고 "표 보여주지 마세요, 그놈들 악당들이에요" 하고 말했다.

나는 그들에게 조용히 말했다. "차표를 보여주는 것이 어려운 일은 아니지요. 그들은 제 책임을 다하고 있는 것입니다." 승객들은 속이 풀리지 않아서 점점 더 동정하는 태도를 보였고, 이와 같이 죄없는 사람을 학대하는 데 강력히 반대했다.

그렇지만 형사는 아무것도 아니었다. 정말 괴로운 것은 3등칸 여행이었다. 가장 쓰라린 경험은 라호르(Lahore)와 델리 사이에서였다. 나는 카라치에서 라호르를 경유해서 칼리카타로 가고 있었는데, 라호르에서 바꿔타야 했다. 기차 안에 도무지 자리를 잡을 수가 없었다. 사람이 꽉 차 있어 들어가는 사람은 완력을 쓰지 않을 수 없었고, 문이 잠긴 경우에도 창문으로 기어들어가는 사람들도 많았다. 나는 강연 날짜까지 칼리카타에 도착하여야 하는데, 만일 이 차를 놓친다면 도저히 시간 내에 가 닿을 수가 없었다. 나는 들어가는 걸 거의 단념해버렸다. 아무도 나를 받아주려고 하지 않았다. 그러자 짐꾼 하나가 내 곤경을 보고 말하기를, "12안나만 주세요, 그러면 제가 좌석을 구해드리겠습니다" 했다. "그럽시다, 12안나 드리지요." 젊은이는 이칸 저칸으로 옮겨다니며 승객들에게 간청했지만 아무도 들으려 하지 않았다. 기차가 움직이기 시작하자 승객 한 사람이 말하기를, "여기 자리는 없소. 그러나 당신은 그이를 밀어넣을 수 있잖아. 그이는 서서 가면 되지." "그러시렵니까?" 젊은 짐꾼은 물었다. 나는 두말없이 동의했고, 그는 내 몸을 창문으로 밀어넣었다. 그렇게 해서 나는 차 안에 들어갔고 짐꾼은 12안나를 벌었다.

그날 밤은 정말 시련이었다. 다른 승객들은 그럭저럭 다 앉을 수 있었고, 나는 위층 침대의 쇠사슬을 붙들고 두 시간을 서 있었다. 그런데 어떤 승객들은 줄곧 내게 시비를 걸곤 했다. "왜 앉지 않아요?" 하고 그들은 물었다. 나는 앉으려 해도 자리가 없다는 것을 설명해보려 했지만, 그들은 발을 쭉 펴고 누워 있으면서도 내가 서 있는 것을 참지 못했다. 그들은 끊임없이 내게 시비를 걸었고, 나는 끝까지 온순한 말로 대답하기를 그치지 않았다. 그것이 마침내 그들을 누그러뜨렸다. 그중 어떤 사람이 내 이름을 묻기에 말했더니 부끄러웠던지 사과하고 자리를 내주었다. 이렇게 해서 그날 밤의 인내는 보상 받았다. 나는 죽을 듯이 피곤했고, 머리도 핑핑 돌았다. 이렇듯 하나님은 가장 필요한 때에 도움을 보내주셨다.

나는 그럭저럭 델리에 도착했고, 거기서 다시 칼리카타로 갔다. 칼리카타 대회의 회장인 카심바자르의 마하라지가 내 주인이 됐다. 카라치에서와 마찬가지로 여기서도 나에 대한 환호의 열성이 끝이 없었다. 대회에는 몇 사람의 영국인들도 참석했다.

마침내 7월 31일이 되기 전, 정부는 인도에서 나가는 계약 이민은 중지되었다고 발표했다.

내가 이 제도에 항의하는 첫 진정서를 작성한 때가 1894년이었는데, 나는 그때부터 헌터(W.W. Hunter)경이 '반노예 제도'라고 늘 부르곤 했던 이 제도가 언젠가는 반드시 없어질 것이라고 생각했다.

1894년에 시작된 시위운동을 도와준 사람은 많았지만, 그 결말이 빨리 오도록 만든 것은 잠재적으로는 사티아그라하였다는 것을 말하지 않을 수 없다. 그 시위운동과 거기 참가했던 사람들에 관한 더 자세한 이야기는 나의 『남아프리카에서의 사티아그라하의 역사』를 참고해 주기를 바란다.

인디고의 얼룩

참파란(Champaran)은 자나카(Janaka)왕의 영토다. 거기는 망고숲이 많았지만 1817년까지는 그에 못지않게 인디고 농원이 많았다. 참파란 주민들은 법령에 의하여 강제적으로 자기 토지의 20분의 3을 지주를 위해 인디고를 재배하기로 되어 있었다. 이 제도를 팅카디아(Tinkathia) 제도라고 불렀다. 20카다(Katha: 1에어커)마다 3카다의 인디고를 심어야 했기 때문이다.

그 당시 나는 참파란이라는 이름조차 몰랐고, 어디에 있는지는 더욱 몰랐다. 인디고 농원에 대하여는 전혀 문외한이었다. 인디고 짐짝을 본 일은 있었지만 그것이 참파란에서 농민 수천 명의 고역에 의해 재배되고 제작되는 줄은 미처 몰랐다.

라지쿠마르 슈클라(Rajkumar Shukla)는 그 고통받는 농민의 한 사람이었는데, 그는 자기와 똑같이 고통당하고 있는 수천 농민에게서 이 인디고의 얼룩을 말끔히 씻어버리자는 결의에 불타고 있었다.

이 사람이 1916년, 내가 국민의회에 참석차 러크나우(Lucknow)에 갔을 때에 나를 붙잡고 매달렸다. "바킬 바부(Vakil Babu)가 우리들이 당하는 억울한 사정을 다 말씀드릴 것입니다" 하면서 그는 나에게 참파란으로 가자고 졸랐다. 바킬 바부란 다른 사람이 아니고 브라지키쇼레 프라사드(Brajkishore Prasad)를 가리키는 말인데, 그는 참파란에서 나의 존경하는 협력자가 된 사람으로 비하르 민중 활동의 중추적 역할을 했다. 라지쿠마르 슈클라는 그를 내 텐트로 데리고 왔다. 그는 검은 알파카 악칸(achkan)과 바지를 입고 있었다. 브라지키쇼레 바부는 그때 내게 별다른 인상을 남기지 못했다. 나는 그를 단순한 농민을 이용해 먹는 하나의 바킬(vakil, 지방변호사)이거니 했다. 그로부터 참파란에 관한 이야기를 들은 다음 나는 언제나 그랬듯이, "그 실정을 내 눈으로 보기 전엔 아무 의견도 말할 수 없습니다. 의회에 결의안을 제출해보십시오. 그러나 지금은 제게 아무 말씀도 하지 말아주십시오"라고만 했다. 라지쿠마르 슈클라는 물론 의회에서 어떤 도움이 있기를 바랐다. 바부 브라지키쇼레 프라사드는 참파란 주민들에 대한 동정을 표시하면서 결의안을 제출했고, 그것은 만장일치로 통과되었다.

라지쿠마르 슈클라는 기뻐했으나, 결코 만족해하지는 않았다. 그는 내가 직접 참파란에 와서 그곳 소작인들의 참상을 눈으로 보아주기를 바랐다. 나는 내가 계획하고 있는 여행에 참파란을 포함할 것이고, 하루 이틀 머물겠다고 말해주었다. "하루면 족할 것입니다." 그는 말했다. "그러면 모든 것을 알게 되실 것입니다."

러크나우에서 나는 콘포르(Cownpore)로 갔다. 라지쿠마르 슈클라는 거기까지 따라왔다. "참파란은 여기서 아주 가깝습니다. 하루만 시간을 내십시오" 하고 그는 간청했다. 나는 "미안합니다, 이번만은 용서하시기 바랍니다. 하지만 꼭 갈 것을 약속합니다" 하고 언질을 주었다.

나는 아슈람으로 돌아왔다. 가는 곳마다 나타나는 라지쿠마르는 거기도 왔다. 그는 "자, 이제는 날짜를 정해주세요" 했다. 나는 "그럼, 내가 이러이러한 날 칼리카타에 가 있을 것이니 거기서 나를 데리고 가시오" 했으나 나는 내가 어디를 가야 하는지, 무엇을 할 것인지, 무엇을 볼 것인지를 몰랐다.

내가 칼리카타의 부펜 바부에게 가기 전에 벌써 라지쿠마르 슈클라는 거기 가서 자리를 잡고 있었다. 그리하여 이 무지하면서도 순진한, 그러면서도 단호한 농민은 나를 사로잡아버렸다.

이리하여 1917년 초에 우리는 두 시골뜨기 친구의 행색으로 칼리카타를 떠나 참파란을 향하였다. 나는 어느 차를 타야 하는지도 몰랐다. 그가 태워주는 대로 타고, 그와 동행하여 아침에 파트나(Patna)에 도착했다. 이것이 나의 첫번째 파트나 방문이었다. 들어가 묵을 만큼 친한 친구나 아는 이도 없었다. 라지쿠마르 슈클라는 소박한 농민이기는 하지만 파트나에서는 좀 세력이 있는 사람일 것이라고 내 나름으로 생각했는데, 여행하는 동안 그를 좀더 알게 됐고 파트나에 도착했을 때는 그에 대한 나의 환상이 완전히 사라지고 말았다. 그는 온전히 아무것도 모르는 사람이었다. 그가 자기 친구로 알고 있던 변호사들은 전혀 그런 사람들이 아니었다. 라지쿠마르는 그들의 심부름꾼 노릇을 하고 있었다. 그러한 농사꾼 사건 의뢰인들과 변호사들 사이에는 홍수 때의 갠지스강만큼이나 넓은 간격이 있었다.

라지쿠마르 슈클라는 나를 파트나에 있는 라젠드라 바부의 집으로 데리고 갔다. 그러나 라젠드라 바부는 그때 푸리(Puri)인가 어딘가를 가고 없었다. 방갈로에는 하인들이 한두 명 있었지만 우리를 본 체 만 체했다. 나는 먹을 것을 조금 가지고 있었다. 내가 대추를 원한다고 했더니 내 친구는 시장에 가서 그것을 사주었다.

비하르에서는 불가촉천민제도가 심했다. 하인들이 물을 긷는 동안 나는 우물에서 물을 길어서는 안 된다. 그랬다가는 내가 그들을 더럽히게 된다. 그들은 내가 어떤 계급에 속하는지를 모르기 때문이다. 라지쿠마르는 내게 대문 안쪽에 있는 변소를 가리켜주었는데, 하인들은 재빨리 바깥 변소로 가라 했다. 나는 이런 일에는 이미 익숙했기 때문에 놀랄 것도 없었고 화도 나지 않았다. 하인들은 자기들 의무를 다하고 있는 것이었다. 그들은 라젠드라 바부는 자기들이 그렇게 하기를 원한다고 생각하고 있었다. 이 재미있는 경험들로 인해 나는 라지쿠마르 슈클라를 더 잘 알게 되었지만, 주의를 좀더 하게 되었다. 나는 이제 라지쿠마르 슈클라는 나를 안내할 수 없다는 것과 고삐를 스스로 내 손에 쥐어야 한다는 것을 알았다.

친절한 비하르 사람

나는 런던에 있었을 때 마울라나 마자룰 하크(Maulana Mazharul Haq)를 알았다. 그는 그때 변호사 공부를 하고 있었다. 그런 다음 1915년 봄에 이 의회에서 또 그를 만났는데, 그때 그는 이슬람교도 연맹 회장으로 있었다. 그는 우의를 새롭게 다지면서 나더러 언제든지 파트나에 오는 일이 있거든 자기 집에 와서 묵으라고 해주었다. 나는 이 생각이 떠올라 편지를 써 내가 온 목적을 말했다. 그는 즉시 차를 타고 와서 자기 집으로 가자고 간청했다. 나는 감사하다는 인사를 한 다음 그에게 내 목적지로 가는 첫 차가 있는지 안내해달라고 했다. 나같이 전혀 생소한 사람에게는 철도 안내자는 있으나마나 했다. 그는 라지쿠마르 슈클라와 의논한 다음 우선 무자파르푸르(Muzaffarpur) 로 가라고 했다. 마침 그날 저녁에 그리로 가는 차가 있었다. 그는 자기 차로 거기까지 나를 전송해주었다.

크리팔라니(Kripalani) 교장이 그때 무자파르푸르에 있었다. 나는 그를 하이데라바드(Hyderabad)에 갔을 때부터 알고 있었다. 의사 초이드람(Choithram)은 그의 큰 희생과, 간소한 살림에 대한 얘기와, 그리고 크리팔라니 교수가 마련해준 자금으로 운영하고 있는 그의 아슈람에 관해서 이야기를 해주었다. 그는 무자파르푸르 국립대학에 지금까지 교수로 있었는데, 내가 거기 갔을 때 막 사임을 했다. 내가 도착을 알리는 전보를 쳤더니 기차 도착이 한밤중인데도 많은 학생들을 데리고 역까지 마중을 나왔다. 그는 자기 방이 없고, 말카니(Malkani) 교수와 같이 지내고 있었으므로 사실상 나는 말카니 교수의 손님이 됐다. 그 당시 국립대학 교수가 나 같은 사람을 재운다는 것은 특별한 일이었다.

크리팔라니 교수는 비하르, 특히 티르후트 지역의 절망적인 상태에 대해서 말해주면서 내 임무가 어렵다고 했다. 그는 비하르 사람들과 아주 가까이 접촉하고 있었고, 그들에게 내가 비하르에 온 사명에 대해서 이미 말을 해두었다.

아침이 되자 조그만 변호사 단체 사람들이 나를 찾아왔다. 나는 그중에 있었던 람나브미 프라사드(Ramnavmi Prasad)를 아직도 기억하고 있다. 그의 진지한 모습이 특히 인상적이었다.

그는 말했다. "선생님께서 그 일을 위해서라면 여기(말카니 교수가 있는 곳을 의미한다) 계셔서는 안 됩니다. 선생님은 우리 중 누구 한 사람에게 와 계셔야 합니다. 여기서는 가야 바부(Gaya Babu)가 가장 잘 알려진 변호사입니다. 저는 그를 대신해서 선생님을 모시러 왔습니다. 솔직히 말씀드리지만, 우리는 정부를 두려워하고 있습니다. 그렇지만 할 수 있는 데까지 도와드리겠습니다. 라지쿠마르 슈클라가 드린 말씀은 대개 사실입니다. 오늘 저희들의 지도자들이 여기 계시지 않아 죄송합니다. 그렇지만 제가 두 곳 다 전보를 쳤습니다. 바부 브라지키쇼레 프라사드와 바부 라젠드라 프라사드에게입니다. 머지 않아 다들 오실 겁니다. 틀림없이 선생님이 알고자 하시는 모든 것을 보고드릴 것이고, 상당한 도움이 되리라 생각합니다. 그럼 가야 바부의 댁으로 가십시다."

가야 바부에게 폐가 되지 않을까 망설이기도 했지만 이런 요구를 도저히 거절할 수는 없었다. 그러나 그가 아주 마음을 놓도록 해주었으므로 나는 그를 따라갔다. 그 집 사람들은 사랑을 듬뿍 베풀어주었다.

이제 브라지키쇼레 바부도 다르방가(Darbhanga)에서 돌아왔고, 라젠드라 바부도 푸리에서 돌아왔다. 브라지키쇼레 바부는 내가 러크나우에서 만났던 바부 브라지키쇼레 프라사드가 아니었다. 이번에는 그 비하르 사람 특유의 겸손함과 검소함, 선량함과 놀라운 신앙이 내게 깊은 인상을 남겼다. 비하르 변호사들이 놀랄 정도로 그를 존경하는 것은 당연한 일이었다.

얼마 되지 않아서 나는 내가 이 부류의 친구들과 일생의 우의로 연결되고 있음을 느꼈다. 브라지키쇼레 바부는 나에게 그 사건의 진상을 설명해주었다. 그는 언제나 가난한 소작농들의 사건을 맡아 다루고 있었다. 내가 갔을 때는 그러한 두 사건이 계류중에 있었다. 그런 사건에서 승소했을 때 그는 자기가 그 불쌍한 사람들을 위해 조금이라도 한 일이 있다고 스스로를 위로하곤 했다. 그러나 이 가난한 농민들에게서 변호료를 받지 않는 것은 아니었다. 변호사들은 자기네가 만일 변호료를 안 받는다면 가정을 꾸려갈 수 없고, 그렇게 되면 가난한 사람들을 위해 효과적인 도움을 줄 수 없다는 신념으로 일하고 있었다. 벵골과 비하르에서 그들이 청구하는 변호료 액수와 고등법원 변호사의 변호료 기준을 보고 나는 어안이 벙벙했다.

"우리는 모모 씨에게 그가 청구하는 대로 1만 루피를 주었습니다" 하고 누가 말해주는 것을 들었다. 어떤 사건이라도 네 단위 이하짜리는 없다는 것이다.

친구들은 나의 친절한 충고에 귀를 기울였고, 또 나를 오해하지도 않았다.

나는 이렇게 말했다. "이 사건들을 검토해보고 우리는 법정에 가기를 그만두어야겠다는 결론을 얻었습니다. 그런 사건들을 가지고 법정에 가는 것은 조금도 유익하지 않습니다. 농민들이 그렇게 억압을 당하고 겁에 질려 있는 이상 법정은 아무 소용이 없습니다. 그들을 정말 구원하는 길은 공포에서 벗어나게 해주는 일입니다. 우리는 비하르에서 팅카디아를 내쫓지 못하는 이상 가만히 앉아 있을 수 없습니다. 나는 한 이틀이면 이곳을 떠날 수 있겠거니 생각했습니다. 그러나 이제 알고 보니 2년도 더 걸리겠습니다. 나는 필요하다면 그만한 기간이라도 있기로 작정했습니다. 그러나 여러분의 조력이 있어야겠습니다."

브라지키쇼레 바부는 흔히 볼 수 없는 침착한 사람이란 것을 나는 알았다. 그는 조용히 말했다. "우리가 도와드릴 수 있는 데까지는 하겠습니다. 그러나 어떤 도움이 필요한지 말씀해주시기 바랍니다."

그래서 우리는 자정이 넘도록 앉아서 이야기했다.

나는 그들에게 말했다. "여러분의 법률 지식은 제게는 별로 소용이 없습니다. 사무 보조나 통역을 해주셨으면 좋겠습니다. 투옥을 당할는지도 모르겠습니다. 그러나 나는 여러분이 그런 모험까지도 하시기를 바라지만, 그것은 여러분이 스스로 그렇게 할 수 있다는 자신이 있을 때에만 가능합니다. 여러분이 언제까지일지도 모르는 기간을 자기 직업을 내버리고 서기 일을 한다는 것도 과히 쉬운 일이 아닙니다. 나는 힌디어 지방 사투리를 알아들을 수 없고 카이디 말, 우르두 말로 쓴 서류를 읽을 수 없습니다. 그것을 여러분이 번역해주셔야 합니다. 또 우리는 이 일에 대해 보수를 드릴 만한 여유가 없습니다. 이것은 모두 사랑으로 해야 하며, 봉사의 정신에서 해야 합니다."

브라지키쇼레 바부는 이 말을 즉시 알아들었고, 그리고 이번에는 반대로 나에게 질문했다. 자기 동료들에 대해서도 차례차례 그렇게 했다. 그는 지금까지 내가 한 모든 말의 의미를, 즉 봉사는 얼마 동안이나 해야 하는지, 또 몇 사람이나 필요하며 교대로 해도 되는지, 그런 것들을 확인했다. 그런 다음 그는 그 변호사들에게 어느 정도로 희생할 의지가 있는가를 물었다.

드디어 그들은 다음과 같은 확답을 해주었다. "우리 중 이만한 수의 사람은 선생님이 원하시는 대로 무엇이든 다 하겠습니다. 우리 중 더러는 선생님이 머무는 기간 동안 선생님과 같이 있을 것입니다. 우리가 감옥에 갈 수도 있다는 말은 우리에게는 생소하지만, 그렇게 각오할 수 있도록 힘써 보겠습니다."

아힘사와의 대면

내 목표는 참파란 농민들의 실태를 조사하고 농장주들에 대한 그들의 불평을 알아내자는 데 있었다. 이 목적을 위해서는 수천 명의 리오트(ryot: 소작 농민)를 만나야 했다. 그러나 이 조사를 시작하기 전에 이 사건에 관련된 농장주들 입장을 아는 것과 이 지방의 장관을 만나보는 것이 아주 요긴한 일이라고 생각했다. 그래 회견을 요청하자 양쪽으로부터 다 약속을 얻었다.

농장주 조합 간사는 내가 외부 사람이므로 농장주와 소작인 사이에 개입할 필요가 없다는 것과, 그러나 만일 어떤 진정을 제출할 것이 있으면 반드시 서면으로 신청해야 한다는 것을 명백히 말해주었다. 나는 공손한 태도로 나 자신은 외부 사람이라고 생각지 않으며, 소작인들이 원한다면 얼마든지 그들의 상태를 조사할 권리가 있다는 것을 말했다. 그리고 지방 장관을 찾아갔더니, 그는 나를 위협하면서 즉시 티르후트를 떠나라고 했다.

나는 협력자들에게 모든 것을 이야기한 다음 그들을 보고, 정부는 내가 조사를 진행하지 못하도록 막으려는 눈치여서 어쩌면 나는 예상했던 것보다도 빨리 감옥에 가야 할지 모른다고 말했다. 그래서 나는 체포된다면 모티하리(Motihari)나, 가능하다면 베티아(Bettia)에서 당하는 것이 가장 좋으니 될 수 있는 한 빨리 그 지방으로 가야 한다고 말했다.

참파란은 티르후트 행정 구역 가운데 작은 구역이고, 모티하리는 그 중심부다. 라지쿠마르 슈클라의 집은 베티아 근처에 있었는데, 그 인근에 있는 코디스(Kothis)에 속하는 소작인들은 그 구역 내에서도 가장 가난한 사람들이었다. 라지쿠마르 슈클라는 내가 그들을 찾아가주기를 바랐고, 나도 또한 그렇게 하고 싶었다.

그래서 그날 나는 내 협력자들과 함께 모티하리로 떠났다. 바부 고라크 프라사드(Babu Gorakh Prasad)가 우리를 자기 집에 묵게 해주어서 그 집은 여관같이 되었다. 그러나 그 집 하나로는 도저히 우리 전부를 수용할 수 없었다. 바로 그날 우리는 모티하리에서 8킬로미터쯤 떨어진 곳에서 소작인 하나가 몹시 학대 받고 있다는 소리를 들었다. 나는 바부 다라니다르 프라사드(Babu Daranidhar Prasad)와 함께 다음 날 아침 그를 찾아가보기로 결정했다.

그때 우리는 코끼리를 타고 그곳을 향해 떠났다. 그런데 참파란에서는 코끼리가 구자라트의 마차만큼이나 흔했다. 우리가 반이나 갔을까

말까했을 때 경찰국장이 보낸 심부름꾼이 우리를 뒤따라와서, 경찰국장이 안부를 묻더라고 전했다. 나는 그가 무슨 뜻으로 그렇게 하는지 알았다. 다라니다르 바부를 남겨두고 나는 본래의 목적지로 가기 위해 그 심부름꾼이 타고 온 택시에 올랐다. 그러자 그는 내게 참파란을 떠나라는 통지서를 주고 내가 가는 곳으로 데리고 갔다. 그가 내게 이 통지를 받았다는 확인서를 써달라고 했을 때, 나는 그것에 응할 수 없으며 조사를 끝낼 때까지는 참파란을 떠날 수 없다는 내용의 글을 써주었다. 그러자 나는 즉시 떠나라는 명령에 대해 불복종했다는 이유로 이튿날 재판을 받으라는 소환장을 받았다. 그날 나는 밤을 새워 바부 브라지키쇼레 프라사드에게 필요한 지시를 썼다.

소환장을 받았다는 소식이 들판의 불처럼 번져나갔다. 모티하리에는 전에 없는 광경이 벌어졌다는 말이 들렸다. 고라크 바부의 집과 법원에는 사람들이 꽉 들어찼다. 다행히 나는 전날 밤에 할 일을 다 해놓았으므로 군중들을 수습할 수 있었다. 내 협력자들은 최대의 협력을 해주었다. 내가 어디를 가든지 군중들이 따랐으므로 그들은 군중을 통제하기에 눈코 뜰 새 없었다.

나와 관리들(세금 징수관, 치안판사, 경찰국장) 사이에 일종의 우정이 싹텄다. 나는 그 통지서를 받지 않을 수도 있었다. 그러나 나는 그것을 다 받았다. 그리고 관리들에 대한 나의 행동은 옳았다. 그러므로 그들은 내가 개인적으로 자기네에게 악감정을 가지는 것이 아니고, 다만 그들이 하는 명령에 비폭력으로 저항하자는 것뿐이라는 것을 알게 되었다. 이와 같이 그들은 안심하게 됐으므로 나를 괴롭히기보다는, 기꺼이 나와 나의 협조자들을 도와 군중을 수습했다. 그렇지만 그것은 그들의 권위가 흔들리고 있다는 것을 눈으로 보여주는 시위운동이었다. 그 순간 군중들은 처벌의 두려움을 완전히 잊어버리고 자기네의 새 친구가 나타내는 사랑의 힘에 순종하고 있었다.

참파란에서는 아무도 나를 아는 사람이 없었다는 것을 잊어서는 안 된다. 농민들은 다 무지한 사람들이었다. 참파란은 갠지스강 상류 북단에 있는 곳으로서, 바로 히말라야의 발 아래인 네팔의 접경 지역에 있어 인도의 다른 지방과는 완전히 떨어져 있는 곳이다. 의회는 그 지방에는 알려지지도 않았다. 그 이름을 들은 사람들조차도 참가하기를 꺼렸고, 그 이름을 부르기조차 두려워하는 사람도 있었다. 그런데 그 의회와 그 의원들이 이 지방에 들어왔다. 의회의 이름으로는 아니지만, 훨씬 더 참된 의미에서이다.

협력자들과 의논한 끝에 나는 어떤 일도 의회의 이름으로는 하지 않기로 했다. 우리가 원하는 것은 일이지 이름이 아니다. 실체지 그림자가 아니다. 왜냐하면 국민의회란 이름은 정부와 그 조종자, 즉 농장주들에게는 호랑이 앞에 화약 냄새 같은 것이었다. 그들에게 국민의회란 변호사들이 하는 입씨름의 별명이요, 합법적인 뒷거래를 통한 법으로부터의 도피이며, 폭탄과 무정부적인 범죄와, 책략과 위선의 별명이다. 우리는 이들을 다 환상에서 깨어나도록 해야 한다. 그렇기 때문에 우리는 국민의회라는 이름을 쓰지 않기로, 농민들에게 의회라는 조직체를 설명해주지 않기로 결정했다. 그들이 의회란 단어를 아는 것보다는 그 정신을 이해하고 따라오기만 하면 그만이라고 우리는 생각했다.

그렇기 때문에 공개적으로나 비밀리에나 우리의 앞길을 준비하기 위해 국민의회에서 조사단을 파견하는 일을 하지는 않았다. 라지쿠마르 슈클라는 수천 명의 농민을 움직일 능력은 없었다. 참파란 바깥의 세상은 그들에게는 알려지지도 않았다. 그런데도 그들은 나를 낯익은 친구인 것처럼 받아주었다. 이것은 과장이 아니요, 글자 그대로 참이다. 내가 그 농민들을 만나는 것은 하나님과 아힘사, 그리고 진리와 얼굴을 마주 대하는 것이었다.

대체 내게 무슨 자격이 있어서 이러한 일을 할 수 있을까 곰곰 생각
해볼 때 내게는 아무것도 없다. 다만 씨올에 대한 나의 사랑이 있을 뿐
이다. 그리고 아힘사에 대한 확고한 신앙 외에 아무것도 없었다. 참파
란의 그날은 나의 생애에서 잊을 수 없는 일이 일어났고, 그 농민들이
나 내게 축복의 날이었다.

법률대로라면 나는 그날 재판을 받아야 했지만, 진실대로 말하자면
정부가 재판을 받아야 했다. 지방 장관은 나를 잡으려고 쳤던 그물로
정부를 잡았을 뿐이다.

소송의 취하

재판이 시작됐다. 정부의 변호인과 치안관, 또 그밖의 여러 관리들
은 조바심이 생겼다. 그들은 어쩔 줄을 몰랐다. 정부 변호인은 치안관
에게 압력을 넣어 재판을 연기하라고 했다. 그러나 나는 말을 가로막
고 나서서, 참파란을 떠나라는 명령을 받고도 떠나지 않은 것은 명백
한 죄로 인정하고 싶으니 재판을 연기하지 말라고 요청했다. 그리고
다음과 같은 간단한 진술서를 읽었다.

본인은, 법원의 허락 아래 Cr.P.C.144호에 의하여 발표된 명령에 대
해 외견상 불복종으로 보이는 매우 중대한 행동을 취하게 된 이유를
간략하게 진술하고자 합니다. 본인의 소견으로는 이것은 지방 행정부
와 본인 사이의 견해 차이라고 봅니다. 본인이 이 지방에 온 것은 인도
주의적이고 민족주의적인 입장에서 봉사를 하자는 동기에서입니다.

본인은 인디고 농장주들로부터 부당한 대우를 받고 있다고 주장
하는 농민들이 도움을 청하여 이곳에 온 것입니다. 그러나 본인은
문제를 검토하지 않고는 이들을 도와줄 수가 없었습니다. 그래서 가

능하다면 행정부와 농장주들의 협력을 얻어 이 문제를 검토하려고 온 것입니다. 다른 동기는 없습니다. 어느 점으로 보나 본인이 온 것이 공공의 안녕을 방해하고 생명을 해치는 원인이 될 수 있다고는 생각할 수 없습니다. 본인은 그와 같은 문제에 상당한 경험을 가지고 있습니다.

그렇지만 행정부는 다른 견해를 가지고 있었습니다. 본인은 행정부의 곤란함을 충분히 인정하고 있으며, 또 그들은 자기네가 받은 보고에 의해서만 행동할 수 있다는 것도 인정합니다. 본인은 한 명의 선량한 시민으로서 먼저 제게 내려진 명령에 복종하자는 충동을 느꼈습니다. 그러나 도움을 청한 그들에 대한 의무감을 손상시키지 않고는 그렇게 할 수 없었습니다. 그들 곁에 머물러 있지 않고는 지금 곧 그들을 도울 수는 없다고 생각합니다. 그러므로 본인이 자진하여 물러설 수는 없습니다. 이러한 서로 상반되는 의무 사이에서 본인을 그들로부터 떠나게 만드는 책임은 행정부에게 돌리는 수밖에 없었습니다.

본인은 인도의 공공생활에서 본인이 서 있는 것과 같은 그런 위치에 서 있는 사람이라면 하나의 본보기를 남기는 데 최대한 주의해야 한다는 것을 알고 있습니다. 우리가 살고 있는 이 복잡한 현실에서는 자중하면서 안전을 택하는 것이 유일한 길이라면 본인이 처한 상황 아래서는 하기로 결정한 것을 그대로 행하는 것, 다시 말하면, 불복종에 대한 처벌을 항의없이 받아들이는 것이 저의 확고부동한 신념입니다.

본인이 감히 이러한 진술을 하는 것은 내려진 명령을 무시할 정도로 준법 정신이 부족해서도, 내려질 벌을 경감시켜 보자는 의도에서도 아니다. 다만 우리 인간 존재의 보다 더 높은 법, 즉 양심의 명령을 따르기 위해서라는 것을 말씀드리기 위해서입니다.

이제 신문을 연기할 이유는 없다. 그러나 치안관이나 정부 변호인은 모두 불안에 빠졌으므로 치안관은 판결을 연기해버렸다. 그 사이에 나는 총독과 파트나 친구들에게, 그리고 판디트 마단 모한 말라비야지 등 그밖의 사람들에게 자세한 사항을 전보로 알렸다.

내가 재판정에 나타나 선고 받기 전에 치안관은 부총독이 내 소송을 취하하라고 명령했다는 통지를 서면으로 보내왔고, 또 세금 징수관은 서신으로 나에게 계획된 조사를 자유로이 계속할 수 있다고 하면서, 도움이 필요하다면 무엇이든지 관리들에게 요청하라고 말했다. 우리 중 아무도 이렇게 빨리 기쁜 결과가 오리라고는 생각도 못했다.

나는 세금 징수원 헤이콕(Heycock) 씨를 방문했다. 그는 정의를 실천하려는 아주 선량한 사람으로 보였다. 그는 어떤 서류든지 보고 싶으면 신청하라고 했고, 만나고 싶으면 언제든 와도 좋다고 했다.

이렇게 해서 이 지방은 비폭력 불복종의 직접적이고 실제적인 교육의 제1과를 배운 셈이다. 이 사건은 지방 신문에서도 자유로이 논평되었다. 그래서 나의 조사는 의외로 널리 알려지게 되었다.

내 조사에서는 정부가 중립을 지켜주는 것이 필요했다. 그러나 신문 기자나 논설의 지지는 필요치 않았다. 사실 참파란의 정세는 매우 미묘하고 어려운 것이어서 너무 강력한 논평이나 지나치게 치우친 보도는 내가 지지하려는 주장을 쉽게 무너뜨릴 염려가 있었다. 그래서 나는 주요 신문들의 발행인에게 편지를 보내, 보도할 필요가 있고 꼭 알아두어야 할 만한 것은 내가 보내줄 테니 수고스럽게 기자를 보내지 말아달라고 요구했다.

나는 나의 체류를 묵인해두는 정부의 태도가 참파란의 농장주들을 불쾌하게 만든다는 것을 알았다. 그리고 드러내놓고 말은 안 하지만 관리들까지도, 그것을 결코 좋아하지는 않는다는 것도 알았다. 그렇기 때문에 정확치 못하거나 그릇된 보도는 곧 그들을 더욱더 자극하여,

내가 아니라 저 불쌍하고 겁에 질린 농민에게 화풀이해 사건의 진상을 밝히려는 나의 조사를 결정적으로 방해할 염려가 있었다. 이런 주의를 미리 했는데도 농장주들은 내게 아주 악독한 허위 선동을 일으키고 있었다. 신문에는 나와 내 협력자들에 대한 가지가지의 허위보도가 나돌았다. 그러나 나의 극도의 조심스러움과 지극히 사소한 데까지 철저히 진실을 강조하는 점이 그들의 칼끝을 돌리게 만들었다.

농장주들은 브라지키쇼레 바부를 중상모략하기 위해 갖은 수단을 다 썼지만 그럴수록 그에 대한 씨올들의 존경심은 점점 더 높아만 갔다. 그러한 미묘한 상황에서 다른 주에서 지도자들을 초청해오는 것은 잘하는 일이 아니라고 생각했다. 판디트 말라비야지는 자기가 필요하거든 언제나 말하라고 약속한 일이 있었지만, 나는 그렇게 하지 않았다. 그렇게 해서 나는 투쟁이 정치적 양상을 띠는 것을 막았다. 그렇지만 나는 지도자들과 주요 신문에 그때그때의 상황을 보고했다. 보도를 위해서가 아니라 단지 그들이 알도록 하기 위해서다. 목적은 정치적인 것이 된다고 하더라도 그 원인이 비정치적일 경우는 거기에 정치적 양상을 띠게만 하면 일을 망가뜨려 버리고, 끝까지 비정치적인 한계를 넘지 않도록 주의하면 일은 성공한다는 것을 알았다. 참파란 투쟁은 어떤 분야에서나 씨올의 사심 없는 봉사는 결국 나라를 정치적으로 돕는 일이 된다는 하나의 증거였다.

농민들의 진술

참파란의 조사를 충분히 하려면, 참파란 농민의 역사를, 그 시대만이라도 다 말하는 것이 되고 말 것이다. 그러나 그것은 이 책에서 할 말은 아니다. 참파란 문제는 진리와 아힘사에 대한 대담한 실험 가운데 하나였다. 그리고 나는 그러한 견지에서 내 마음속에 일어났던 것

중에서 말할 가치가 있다고 생각되는 것만을 매주 발표하고 있다. 더 자세한 것을 알고 싶은 독자는 라젠드라 프라사드 씨의 힌디어 판 『참 파란 사티아그라하의 역사』[8]를 보아야 할 것이다. 그런데 그 영어판 이 인쇄중에 있다는 말을 들었다.

이제 이 장의 본래 제목으로 돌아온다. 고라크 바부의 집에서는, 가 련한 고라크 바부에게 그 집을 통째 비워달라 하지 않는 한 조사를 해 나갈 수가 없었다. 그런데 모티하리 사람들은 아직 우리에게 집을 빌 려줄 만큼 그 두려움을 벗어버리지 못했다. 그렇지만 브라지키쇼레 바부가 재주 있게 집 하나를 빌렸다. 그래서 우리는 그곳으로 이사를 갔다.

돈이 없이는 도저히 일을 진행할 수가 없었다. 이러한 일을 위해 일 반인들에게 모금한 예는 지금까지 한 번도 없었다. 브라지키쇼레와 그 의 친구들은 대개 변호사들이었는데, 돈이 있어야 할 경우는 그들 자 신이 내거나 그렇지 않으면 친구들에게서 거둬서 내든지 했다. 그들이 나 또 그들 정도 부류의 사람들이 돈을 잘 내는데 어떻게 민중보고 돈 을 내라고 할 수 있을까? 이것이 그들의 이론인 것 같았다. 나는 참파 란 농민들로부터는 아무것도 받지 않기로 결심했다. 그렇게 하면 오해 를 받게만 된다. 나는 또 이 조사를 진행하기 위해 전국적으로 모금을 하지는 않기로 결정했다. 왜냐하면 그렇게 하면 전 인도적이요, 또 정 치적인 색채를 띠기 쉽기 때문이다. 뭄바이 친구들이 1만 5,000루피를 보내왔지만 나는 넙죽 받지는 않았다.

나는 가능한 한 브라지키쇼레 바부의 도움을 얻어서 참파란 밖에 사 는 부유층 비하르 사람들에게서 얻어내기로 하고 만일 돈이 더 필요 한 경우에는 랑군의 내 친구 의사 메타에게 말해보기로 결정했다. 의

8) 나바지반 출판사에서 발행했음.

사 메타는 내가 필요하다고만 하면 얼마든지 보내주겠다고 쾌히 승낙했다. 이렇게 해서 우리는 자금문제에 관한 걱정은 모두 벗어버렸다. 우리는 참파란의 빈곤에 맞추어 최대한 절약하기로 결심했기 때문에 많은 자금이 드는 일은 없었다. 사실 큰돈이 필요없다는 것은 나중에 알았다. 우리는 모두 3,000루피 이상 쓰지 않은 것으로 알고 있으며, 기억하기로는 오히려 모은 돈에서 몇백 루피를 남겼다.

내 동료들의 기이한 생활방식은 처음에는 끊임없는 농담거리가 됐는데, 값은 그들이 치러야 하는 것이었다. 변호사마다 하인과 요리사를 두고 있었고, 그렇기 때문에 각각 부엌이 따로 있고, 저녁밥을 자정이나 돼서야 먹는 일이 종종 있었다. 자기네 비용은 자기네가 냈지만, 그들의 불규칙한 생활이 늘 내 마음에 거슬렸다. 그러나 우리는 서로 친한 친구 사이니 오해할 걱정은 없었고, 그들은 나의 조롱을 선의로 받아주었다. 결국 하인들을 내보내고 부엌을 하나로 합하고, 일정 시간을 꼭꼭 지키기로 합의를 보았다. 모든 사람이 다 채식은 아니었는데, 두 군데에 부엌을 두는 것은 비용이 많이 들기 때문에 공동으로 부엌을 하나만 두기로 결정했다. 간소한 식사를 강조할 필요도 있다고 생각되었다.

이러한 조치로 비용도 많이 줄었고 시간과 정력도 많이 절약됐다. 그리고 이 두 가지는 절실히 필요한 것들이었다. 많은 농민들이 진술을 하기 위해 왔고, 그들을 따라온 동료들도 많았기 때문에 집 안과 뜰이 사람들로 넘쳤다. 내 동료들은 다르샨을 찾는 무리들에게서 나를 구해주려고 애썼지만 소용이 없는 때가 많았다. 그래서 나는 시간을 정해놓고 나타나야만 했다. 진술을 기록하기 위해서 최소한 5에서 7명의 지원자가 필요했고, 그렇게 해서도 자기 진술을 하지 못하고 저녁때 되돌아가는 사람들이 있었다. 그 진술이 다 필요한 것은 아니었다. 중복되는 것이 많았기 때문이다. 그러나 그렇게 하지 않고는 그들의 마음이 풀리지 않았다. 그리고 나는 그 점에서 그들의 심정을 충분히 이해할 수 있었다.

진술을 기록하는 사람은 일정한 규칙을 지켜야 했다. 농민들은 한 사람 한 사람 세밀히 반대 심문을 받아야 했고, 신문에 충분히 대답하지 못하는 사람은 모두 제외해버렸다. 이렇게 하자니 많은 시간이 들었다. 그러나 이렇게 진행된 진술들은 반박의 여지가 없었다.

이 진술이 기록될 때는 언제나 범죄수사국의 관리 한 사람이 임석하곤 했다. 우리는 그를 거부할 수 있었다. 그러나 처음부터 범죄수사국 관리의 임석을 상관하지 않았을 뿐 아니라 그들을 정중하게 대했고, 그들에게 주어도 될 만한 정보는 다 주기로 결정했다. 그렇게 한다고 손해될 것은 절대로 없었다. 도리어 범죄수사국 관리 앞에서 진술을 기록한다는 그 사실이 농민들을 더욱더 두려움 없이 만들었다. 한편으로는 농민들 마음속에서 범죄수사국 관리에 대한 지나친 공포심을 없애는 대신, 다른 면에서는 그들의 임석으로 자연스럽게 과장하는 것을 억제하도록 만들었다. 범죄수사국 관리가 하는 일은 사람을 옭아넣는 것이기 때문에 농민들은 필연적으로 조심하게 됐다.

나는 농장주들의 심기를 건드리지 않고 친절함으로 그들을 굴복시키고 싶었으므로, 진술에서 몹시 혹평을 받는 농장주들에게는 반드시 편지도 보내고 만나기도 했다. 나는 또 농장주 조합에도 찾아가서 소작인들의 불평을 알려주고 그들의 견해를 들어보기도 했다. 농장주들 중 더러는 나를 미워했고, 더러는 냉랭했고, 아주 소수의 사람은 공손히 대해주었다.

동료들

브라지키쇼레 바부와 라젠드라 바부는 비할 데 없이 잘 맞는 짝이었다. 그들의 헌신이 아니었더라면 나는 한발짝도 나아갈 수 없었을 것이다. 그들의 제자, 혹은 동료——샴부 바부(Shambhu Babu), 아누그라하 바부(Anugraha Babu), 다라니 바부(Dharani Babu), 람나브미 바부(Ramnavmi Babu), 그리고 그밖의 변호사들——는 언제나 우리와 같이 있었다. 빈댜 바부(Vindhya Babu)와 자나크다리 바부(Janakdhari Babu)도 이따금 와서 도와주었다. 이들은 다 비하르 사람들이다. 그들이 주로 하는 일은 농민들의 진술을 기록하는 것이었다.

크리팔라니 교수는 우리와 운명을 같이하지 않을 수 없었다. 그는 신두 사람이었지만 비하르에서 태어난 사람보다 더 비하르인다웠다. 제가 난 곳이 아니면서, 가서 살기로 택한 지방에 잘 동화되어 사는 노동자를 나는 몇 사람밖에 보지 못했는데, 크리팔라니는 그 몇 사람 중의 한 명이었다. 그는 누가 보아도 다른 주 사람으로 볼 수가 없었다. 그는 내 문지기 감독이었다. 그때 그는 다르샨을 찾는 사람들에게서 나를 구해주는 것을 생활의 목적으로 삼고 있었다. 그는 때로는 그 능숙한 유머의 힘으로, 때로는 비폭력 위협으로 군중들을 막아냈다. 밤이 되면 그의 본업인 교사로 돌아가 역사적인 학문과 관찰력을 가지고 동료들을 즐겁게 했고, 겁 많은 방문자가 있으면 용기를 불어넣어 주었다.

마울라나 마자룰 하크는 내가 필요할 때는 언제나 도움을 청할 수 있는 고정적인 협력자 명단에 그 이름이 올라 있었는데, 매달 한두 번씩은 반드시 들르곤 했다. 그 당시 그의 호화롭고 사치스러운 생활은 오늘날 간소한 그의 생활과는 현저한 대조를 이루었다. 그의 상류사회 풍의 습관 때문에 모르는 사람이 보면 다른 인상을 받겠지만, 우리와는 아주 잘 어울려 살았기 때문에 우리는 그를 우리들 중의 한 사람으로 느꼈다.

내가 비하르를 더 잘 알게 됨에 따라 영구적인 성격의 사업은 적당한 촌락의 형성과 교육 없이는 불가능하다는 것을 확신하게 되었다. 농민들의 무지는 비참한 상태였다. 그들은 아이들을 그냥 쏘다니게 내버려두었고, 그렇지 않으면 하루에 동전 한두 푼을 벌기 위해 아침부터 밤까지 인디고 농장에서 일을 시켰다. 그 당시 장정 한 명의 노임은 하루 10파이스를 넘지 못했고 여자는 6파이스, 아이들은 3파이스였다. 하루에 4안나를 벌 수 있는 사람이면 최고의 행운아라고 했다.

나는 동료들과 의논하여 여섯 부락에 초등학교를 열기로 결정했다. 우리가 부락민들과 한 약속 가운데 하나는 그들이 교사들의 식사와 숙소를 책임지는 대신 그외의 모든 비용은 우리가 맡는다는 것이었다. 부락민들은 수중에 돈은 거의 없었지만 먹을 것은 넉넉히 마련할 수가 있었다. 실제로 그들은 벌써부터 곡식이나 그밖의 날것들은 어려움 없이 바치려는 뜻을 보였다.

선생을 어디서 구하느냐가 큰 문제였다. 박봉이나 무보수로 일을 하겠다는 그 지방 선생을 구하기는 어려웠다. 내 생각으로는 절대로 아이들을 평범한 교사에게 맡겨두고 싶지는 않았다. 학문적 자격보다는 그들의 도덕적 바탕이 더 중요한 것이다.

그래서 나는 대중들에게 호소하여, 자원하여 선생으로 나와달라고 했다. 즉시 반응이 나타났다. 강가다라오 데슈판데(Gangadharrao Deshpande) 씨가 바바사헤브 소만(Babasaheb Soman)과 푼달리크(Pundalik)를 보냈다. 슈리마티 아반티카바이 고칼레(Shrimati Avantikabai Gokhale) 부인이 푸나에서 왔다. 나는 아슈람에다 초탈랄(Chhotalal), 마하데브 데사이(Mahadev Desai), 그리고 내 아들 데브다스(Devdas)를 보내라는 소식을 보냈다. 이 무렵에 마하데브 데사이와 나라하리 파리크(Narahari Parikh)가 아내들을 데리고 나와 운명을 같이하고 있었다. 카스투르바이도 역시 그 일을 위해 왔다.

이것은 대대적인 파견단이었다. 슈리마티 아난디바이는 교육을 충분히 받았지만 슈리마티 두르가 데사이(Shrimati Durga Desai)와 슈리마티 마니벤 파리크(Shrimati Manibehn Parikh)는 빈약한 구자라트어 지식밖에 없었고, 그리고 카스투르바이는 그것조차도 없었다. 이 여자들이 어떻게 아이들에게 힌디어를 가르칠 수 있을 것인가?

나는 그들에게, 문법이나 읽기, 쓰기, 셈하기를 가르치는 것을 바라는 것이 아니라 청결과 예법을 가르쳐주기를 바란다고 설명했다. 나는 이어서 글자에 관해서도 구자라트어와 힌디어, 마라트어 사이에는 생각하는 것처럼 그렇게 큰 차이가 없다는 것, 그리고 초급 학년에서는 어쨌거나 알파벳과 숫자의 초보를 가르치는 것은 그리 어려운 일이 아니라는 것을 설명했다. 그 결과 부인들이 담당한 학습이 가장 성공적이었다. 그 경험은 그들에게 자기가 하는 일에 자신과 흥미를 불어넣었다. 아반티카바이가 맡은 곳은 모범 학교가 되었다. 그는 자기가 하는 일에 심혼을 기울여 탁월한 천성을 그곳에 썼다. 이 부인들을 통해서 우리는 어느 정도 마을의 여자들에게 좋은 영향을 줄 수 있었다.

그러나 나는 초등교육을 하는 것으로 그치고 싶지 않았다. 마을들은 아주 비위생적이었다. 골목길에는 쓰레기가 가득 찼고, 샘물은 진창과 배설물에 둘러싸여 있었으며, 뜰은 견딜 수 없을 만큼 지저분했다. 어른들에게 청결을 가르쳐주는 것이 절실히 필요했다. 그들은 가지가지의 피부병에 걸려 있었다. 그래서 위생 사업을 될 수 있는 한 많이 하여 생활의 구석구석까지 침투시키기로 했다.

이 일에는 의사가 필요했다. 나는 '인도 심부름꾼의 모임'에 요구해서 의사 데브를 좀 보내달라고 했다. 우리는 절친한 친구 사이였다. 그는 기꺼이 6개월간의 봉사를 해주었다. 선생들은——남자 선생도 여자 선생도——그의 밑에서 일하기로 했다.

그들은 농장주나 정치에 대한 불평에 관여해선 안 된다는 특별 지시를 받았다. 누구나 불평이 있는 사람은 내게 말하도록 했다. 또한 아무도 자기 일이 아닌 일은 하지 말도록 했다. 친구들은 이 지시를 놀랄 만큼 성실히 지켰다. 내 기억으로는 단 한 사람도 위반한 사람은 없었다.

촌락의 위생사업

될 수 있는 대로 우리는 각 학교를 남자 한 사람 여자 한 사람에게 맡겼다. 이 자원자들은 질병 치료와 위생을 돌보아야 했다. 여성계엔 그 부인들을 통해서 접근하기로 했다.

병 치료는 아주 간단한 것이었다. 아주까리 기름, 키니네, 유황 연고가 자원 교사들에게 배부된 약품의 전부였다. 환자의 혀에 백태가 끼거나 변비가 생기면 아주까리 기름을 주었고, 열이 있을 경우는 먼저 아주까리 기름을 쓴 후 키니네를 주었고, 부스럼이 났거나 가려울 때는 깨끗이 씻은 다음 유황 연고를 발랐다. 어떤 약도 환자가 집에 가지고 가지는 못하게 했다. 병이 생겼을 때는 의사 데브에게 문의했다. 데브는 매주 날짜를 정해놓고 각 지역을 돌아보았다.

상당수의 사람이 이 간단한 치료의 도움을 받았다. 유행병은 별로 없었고, 있다 해도 간단한 치료로 잘 들었기 때문에 전문적 치료가 필요치 않았다는 것을 상기한다면 이러한 식의 사업이 이상하게 생각되지 않을 것이다. 위생사업은 어려운 일이었다. 주민들은 어떤 일도 스스로 하려 하지 않았다. 들에서 일하는 사람까지도 제 집 청소는 하려 들지 않았다. 그러나 데브는 쉽게 실망하는 사람이 아니었다. 그와 자원자들은 마을을 이상적으로 깨끗이 하기 위해 전심전력했다. 그들은 길과 뜰을 쓸었고, 우물을 치우고 근처의 웅덩이들을 메우고, 마을 사람들에게 그들 사이에서도 자원자가 나오도록 친절하게 권유했다. 어떤 마을에서는 마을 사람들로 하여금 부끄러워서 스스로 일을 하게 만들었고, 또 어떤 데서는 얼마나 열심이었던지 내 차가 이곳저곳을 다닐 수 있게 길을 내기까지 했다. 이런 흐뭇한 경험도 있었지만, 그중 에는 주민들의 냉담함으로 인해 쓰라린 경험도 있었다. 어떤 마을에서 는 아주 노골적으로 이런 일이 싫다고 했던 것을 기억한다.

이때까지 여러 모임에서 한 이야기지만 그 경험담을 여기서 또 한 번 하는 것도 괜찮을 것이다. 비티하르바(Bhitiharva)라는 조그만 마 을이 있었는데, 거기도 우리 학교가 있었다. 내가 우연히 그 이웃 마을 에 있는 더 작은 마을에 갔던 일이 있었는데, 여자 몇이 아주 더러운 옷을 입고 있었다. 그래서 나는 내 아내를 시켜서 왜 빨래를 해서 입지 않느냐고 물었다. 그중 한 여자가 아내를 움막으로 끌고 들어가더니 이렇게 말하는 것이었다.

"보세요, 다른 옷을 넣어둘 옷장도 상자 하나도 없잖아요. 입고 있는 이 사리(sari), 이것이 내가 가지고 있는 단 한 벌의 옷입니다. 어떻게 빨래를 하겠어요? 마하트마지보고 말씀하셔서 다른 사리 하나만 갖게 해주세요. 그러면 약속하겠습니다, 날마다 목욕하고 깨끗하게 옷을 입 겠다고요."

이 움막만이 그런 게 아니다. 인도 마을의 어디서나 볼 수 있는 하나 의 단면이다. 인도의 이루 헤아릴 수 없이 많은 사람들이 가구도 없이, 갈아입을 옷도 없이, 부끄러운 데를 가리기 위해 다만 누더기를 걸치 고 살고 있다.

경험담 하나만 더 쓰겠다. 참파란에는 대나무와 풀이 없는 곳은 없 다. 비티하르바에 세운 헛간 학교도 그 재료로 세운 것이었다. 어떤 사 람이(아마 이웃 농장 주인집 사람 중 누군가였을 것이다) 어느 날 밤 그 학교에 불을 놓았다. 또다시 대나무와 풀로 헛간을 지을 수는 없을 것 같았다. 그 학교는 소만 씨와 카스투르바이가 맡고 있었다. 소만 씨는 튼튼한 집을 짓기로 결정했다. 그런데 고맙게도 그의 감동적인 수고 덕분에 많은 사람들이 협력하여 곧 벽돌집 한 채가 세워졌다. 이제는 건물이 불에 탈 염려가 없었다.

그와 같이 자원해서 봉사하는 사람들이 학교를 경영하고 위생사업을 하고 병 치료를 함으로써 촌락민의 신뢰와 존경을 얻게 되어, 그들에게 좋은 영향력을 미칠 수 있었다. 그러나 이러한 건설적인 사업을 영구적인 발판 위에 세우자는 내 희망은 결실을 보지 못하고 말았다는 고백을 하지 않을 수 없는 것은 슬픈 일이다. 자원자들은 일정한 기간만 와 있는 것이었고, 또 다른 사람들을 외부에서 구할 수도 없었으며, 비하르에서 영구적인 무보수 일꾼을 구할 수도 없었다. 참파란에서 내 일이 끝나자마자, 그 동안 외부에서 준비되고 일어났던 일들이 나를 끌어갔다. 그러나 참파란에서 불과 몇 달밖에 안 되는 동안에 한 일은 깊은 뿌리를 내렸기 때문에 그 영향이 여러 가지 형태로 나타나는 것을 오늘날도 볼 수 있다.

통치자가 선량할 때

한편 앞장에서 말해왔던 것과 같은 사회 봉사 사업이 진행되고 있는 동안, 다른 한편에서는 농민들이 털어놓는 불평들이 신속히 기록되고 있었다. 이러한 진술이 수천 건이나 수집되었고, 그것은 즉시 효과를 내지 않을 수 없었다. 진술하러 오는 농민들의 수가 끊임없이 늘어감에 따라 농장주들의 분노는 커져갔고, 그들은 내 조사를 방해하기 위해 전력을 다했다.

하루는 비하르 당국으로부터 다음과 같은 편지를 받았다.

"당신의 조사는 너무 오래 끌었습니다. 이제 그것을 끝내고 비하르를 떠나지 않으시렵니까?"

편지는 공손한 말로 씌어 있기는 했지만 그 의미하는 바는 분명했다.

나는 답장에서 이 조사는 오래 끌지 않을 수 없으며, 농민들을 구제하는 일이 열매를 맺지 못하는 한, 또 맺기 전까지 비하르를 떠날 생각이 없다고 했다. 나는 정부가 농민의 불만을 참된 것으로 인정하고 그것을 고쳐주든지, 그렇지 않으면 농민들이 정부의 조사를 위해 명백한 사례를 진술을 통해 만들어주었다는 것을 인정하고 즉시 그에 대한 조사를 시작하든지 할 수 있으므로, 내 조사를 끝나게 하는 것은 정부에게 달려 있다는 것을 지적했다.

부지사 에드워드 게이트경은 나에게 자기를 만나달라고 하고는, 조사위원회를 구성할 터이니 위원회의 일원이 돼달라고 청했다. 나는 다른 위원들의 이름을 확인하고 나서 동료들과 의논한 다음, 다음과 같은 조건 아래 위원이 될 것을 승낙했다. 즉 조사가 진행되는 동안 나는 동료들과 자유로이 협의할 수 있어야 할 것, 또 정부는 내가 그 위원회의 위원이지만 농민들의 대리인 역할은 계속한다는 것을 인정할 것, 그리고 또 조사의 결과가 내게 만족스럽지 못할 경우 나는 농민들이 취할 행동에 대해 자유로이 지도하고 조언할 수 있을 것.

에드워드 게이트경은 이 모든 조건을 타당한 것으로 받아들이고 조사위원회의 구성을 발표했다. 위원장으로는 프랭크 슬라이(Frank Sly)경이 임명되었다.

이 위원회는 농민들에게 유리한 사실을 파악했고, 위원회가 불법이라고 인정한 부당 징수금에 대해서는 농장주들이 상환할 것과, '팅카디아'는 법에 의하여 폐지되어야 한다는 것을 권고했다.

에드워드 게이트경은 이 위원회가 전원 일치의 보고를 내고 위원회의 권고에 따라 농지법안을 통과하게 하는 일에 큰 역할을 했다. 그가 확고한 태도를 취하지 않았더라면, 그리고 그의 모든 재주를 이 문제에 유효하게 쓰지 않았더라면, 보고는 전원 일치가 되지 못했을 것이고 농지법도 통과되지 못했을 것이다. 농장주들은 그 탁월한 힘에 굴복하고 말았다. 그러나 그들은 위원회의 보고에도 불구하고 그 법안에 대해 줄기차게 반대했다. 그러나 에드워드 게이트경은 끝까지 확고한 태도를 견지하고 위원회의 권고를 충실히 이행했다.

거의 한 세기를 존속해왔던 '팅카디아' 제도는 이렇게 해서 폐지되었고, 이에 따라 농장주들의 라지(raj: 왕국)는 종말을 고했다. 줄곧 압제 아래 놓였던 농민들은 이제 어느 정도 자기들의 자리를 되찾았고 인디고에 더럽게 든 물은 빠지지 않는다는 미신은 타파되고 말았다. 나는 그 건설 사업을 몇 해 더 계속하고, 학교를 좀더 세우고, 마을 속에 좀더 힘있게 침투해 들어가고 싶었다. 이제 기반은 잡혔다. 그러나 하나님께서는 전에도 종종 그랬듯이, 내 계획이 완전히 실현되는 것을 허락하시지 않았다. 운명은 또 나를 몰아 다른 곳에서 일을 시작하게 하였다.

노동자와 접촉하다

내가 조사위원회에서 일을 끝내지 못하고 있을 때, 모한랄 판댜(Mohanlal Pandya) 씨와 샨카를랄 파리크(Shankarlal Parikh) 씨로부터 편지가 한 장 왔는데, 케다(Kheda) 주에 흉년이 들어서 소작료를 낼 수 없는 사람들이 있으니 그것을 지도해달라고 했다. 나는 그 지방을 조사해보지 않고는 조언할 마음도, 능력도, 용기도 나지 않았다.

같은 때에 슈리마티 아나수야바이(Shrimati Anasuyabai)로부터 아메다바드의 노동 상태에 관해 쓴 편지가 한 장 왔다. 임금이 낮았다. 그래서 노동자들은 오래 전부터 임금을 올리려는 운동을 벌여왔다. 나는 할 수 있다면 그들을 지도해주고 싶었다. 그러나 비록 이런 비교적 작은 일일지라도 이렇게 먼 거리에서는 지휘할 자신이 없었다. 그래서 나는 허락이 되는 대로 곧 아메다바드로 갔다. 나는 이 두 가지 문제를 빨리 끝내고 이미 착수된 건설 사업을 감독하러 참파란으로 돌아올 수 있기를 바랐다. 그러나 일은 내가 바랐던 대로 빨리 진행되지 않았다. 나는 참파란으로 돌아올 수가 없었고, 따라서 학교는 하나씩 하나씩 문을 닫았다. 내 동료와 나는 많은 공중 누각을 세웠는데 그것이 당분간은 다 사라져버리고 말았다.

그중 하나는 참파란에서, 농촌 위생 사업과 교육 사업 외에 암소 보호운동을 하자는 것이었다. 여러 번 여행을 하는 동안 나는 암소 보호와 힌디어 선전이 마르와디(Marwadi) 사람들 사이에서 비상한 관심거리가 되고 있는 것을 알았다. 내가 베티아에 있을 때 마르와디의 한 친구가 나를 자기 다르마샬라에 재워주었다. 그곳의 다른 마르와디 사람들은 나로 하여금 그들의 고샬랴(goshala: 낙농장)에 흥미를 갖도록 했다. 암소 보호에 대한 나의 생각은 그때 이미 확고했고, 그 의견은 지금과 같았다. 내 생각으로는, 암소 보호에는 사육, 외양간의 개량, 거세한 소의 인간적인 사역(使役), 모범 낙농자의 발굴 같은 것들이 포함된다. 마르와디 친구들은 이 사업에 전적으로 협력해주마고 약속했다. 그러나 내가 참파란에 자리를 잡을 수 없게 됐으므로 이 계획은 실천되지 못했다.

베티아에 있는 고샬랴는 지금도 거기 있지만, 모범 낙농장이 되지는 못했다. 참파란의 거세한 소들은 지금도 힘에 겨운 일을 하고 있으며, 그리고 이른바 힌두교도라는 것들은 아직도 이 불쌍한 동물을 잔혹하게 부리면서 제 종교를 생각하지 않고 있다. 이 사업들이 실현되지 못한 채 남아 있는 것은 나에게는 항상 유감이다. 언제나 참파란에 가서 마르와디와 비하르 친구들의 점잖은 나무람을 들을 때면 무거운 한숨과 함께 내버리고 만 그 계획들을 다시 생각해보곤 한다.

교육 사업은 그럭저럭 아직도 여러 곳에서 계속되고 있다. 그런데 암소 보호운동만은 확고히 뿌리내리지 못했기 때문에 지향했던 방향으로 발전하지 못하고 있다.

케다 농민들의 문제가 아직도 토의되고 있을 때에 나는 이미 아메다바드의 방직공들의 문제에 손을 대고 있었다. 나는 그 당시 몹시 난처한 입장에 놓여 있었다. 여직공들의 주장은 아주 완강했다. 슈리마티 아나수야바이는 공장주들을 대표하여 싸움을 지도하고 있는 자기 오빠 암발랄 사라바이(Ambalal Sarabhai)와 맞서 싸워야 했다. 나는 그들과 다 아는 사이였다. 그렇기 때문에 그들과 싸우기가 더욱 곤란했다. 나는 그들과 회담을 하고 분쟁을 중재하자고 주장했으나 그들은 중재의 원칙을 인정하지 않았다. 그래서 나는 직공들에게 파업을 계속하라고 조언할 수밖에 없었다. 그렇게 하기 전에 나는 그들 및 그들의 지도자들과 긴밀한 접촉을 하고, 성공적인 파업의 조건을 설명해주었다.

첫째, 결코 폭력을 사용하지 말 것.

둘째, 결코 파업 방해자들을 괴롭히지 말 것.

셋째, 결코 동정금에 의존하지 말 것.

넷째, 파업이 아무리 오래 계속되더라도 결코 흔들리지 말고, 파업하는 동안 정직한 노동으로 생계를 유지할 것.

파업지도자들은 그 조건들을 이해하고 받아들였고, 직공들은 전체 모임에서 자기들의 요구 조건이 받아들여지든지, 공장주들이 이 분쟁을 중재에 붙이는 데 동의하든지 하기 전에는 일을 다시 계속하지 않겠다고 맹세했다.

내가 발라브바이 파텔(Vallabhbhai Patel) 씨와 샨카를랄 반케르(Shankarlal Banker) 씨를 가깝게 알게 된 것은 이 파업기간 동안이었다. 슈리마티 아나수야바이는 그전부터 잘 알고 있었다. 우리는 매일 사바르마티(Sabarmati) 제방 나무 그늘 아래에서 파업자들과 모임을 가졌다. 모임에 참석하는 사람은 수천 명씩이나 되었는데, 나는 그 자리에서 연설을 통하여 그들에게 맹세와 평화, 그리고 자중(自重)을 지켜야 하는 의무감을 일깨워주었다. 그들은 매일 '에크 테크'(Ek Tek: 맹세를 지키자)라고 쓴 기를 들고 평화로이 시가행진을 했다.

파업은 21일 동안 계속됐다. 그 동안 나는 수시로 공장주를 만나 직공들에게 정당한 대우를 해주라고 간청했다. 그들의 대답은 늘 이랬다. "우리도 우리 맹세가 있습니다. 우리와 노동자의 관계는 어버이와 자식의 관계입니다. 우리가 어떻게 제3자의 개입을 묵인할 수 있겠습니까? 어찌 중재의 여지가 있겠습니까?"

아슈람을 잠깐 들여다보다

노동쟁의의 경과를 더 말하기 전에 아슈람을 잠깐 들여다볼 필요가 있다. 참파란에 가 있는 동안 마음은 한시도 아슈람을 떠나본 적이 없었고, 이따금 왔다가곤 했다.

그때 아슈람은 아메다바드 가까이에 있는 조그만 마을 코치라브에 있었다. 그런데 이 마을에 어느 날 전염병이 발생했다. 나는 아슈람 아이들이 무사하기가 어려우리라는 것을 알았다. 주위가 온통 비위생적이었기 때문에, 아슈람 울타리 안에서 아무리 주의 깊게 청결을 유지한다 하더라도 그 영향을 안 받고 지나가기는 불가능했다. 우리는 그 당시 코치라브 사람들에게 그런 규칙들을 지키게 할 능력도, 그 마을을 청결하게 해줄 능력도 없었다.

우리의 이상은, 아슈람이 도시에서도 마을에서도 안전하게 떨어져 있으면서 두 곳과 다 왕래할 만한 거리에 있었으면 하는 것이었다. 그래서 우리는 장차 우리 소유의 땅에 자리를 잡기로 결심했다.

전염병은 우리에게 코치라브를 떠나라는 명백한 암시라고 느꼈다. 아메다바드에서 장사를 하고 있는 푼자바이 히라찬드(Punjabhai Hirachand)가 아슈람과 아주 가깝게 지내고 있어 여러 가지 면에서 우리를 도와주고 있었다. 그는 아메다바드의 물정에 아주 밝아 자진해서 우리에게 적당한 땅을 구해주마고 했다. 나는 그와 함께 코치라브의 남북을 두루 돌아다녔다. 그러고 나서 그에게 북쪽으로 5, 6킬로미터 되는 지점에 땅을 좀 구해보라고 말했다. 그는 운 좋게 지금의 이 지대를 발견했다. 이곳은 사바르마티 중앙형무소 근처에 있다는 것이 특히 매력적이었다. 사티아그라하를 하는 사람에게는 감옥 가는 것이 당연한 운명이라고 생각했기 때문에 나는 그 위치가 좋았다. 그리고 형무소 자리로 선정된 곳은 대개 주위 환경이 청결하다는 것을 알고 있었다.

8일 만에 매매가 성립되었다. 그 땅에는 집도 나무도 없었다. 그러나 그 위치가 강 언덕 위쪽이었고 고적하다는 것이 무엇보다 좋은 점이었다.

우리는 영구적인 집을 지을 때까지는 천막에서 살기로 하고 함석 광을 부엌으로 썼다.

아슈람은 서서히 커갔다. 이제 우리는 남녀 아이들을 합해서 40명이 넘는 사람들이 한솥밥을 먹고 지냈다. 모든 이사 계획은 내가 세운 것이고, 실행은 언제나 그렇듯이 마간랄에게 맡겼다.

영국인 살림살이가 마련될 때까지는 어려움이 막심했다. 6킬로미터나 떨어진 시내에서 식량을 가져와야 하는 불편함과 장마, 그리고 황폐했던 땅에 들끓는 뱀 등등. 그런 형편 속에서 어린아이들을 데리고 산다는 것은 여간한 모험이 아니었다. 규칙으로는 뱀을 죽이지 못하게 되어 있었으나, 솔직히 우리 중에 그 파충류에 대한 무서움을 떨쳐버린 사람은 하나도 없었고 지금도 없다.

독이 있는 파충류를 죽이지 말라는 규칙은 피닉스, 톨스토이 농장, 그리고 사바르마티에 이르기까지 거의 그대로 실행이 되었다. 우리 모두는 이런 황무지에서 살아야 했다. 그런데도 뱀에 물려 목숨을 잃은 일은 없었다. 나는 신앙의 눈으로 그러한 하나의 작은 예에서도 자비로운 하나님의 손길을 본다. 이렇게 말한다고 해서 하나님은 누구를 특별히 봐줄 수 없다느니, 인간의 사소한 일에까지 참견할 틈이 없다느니 하면서 무턱대고 항의해서는 안 된다. 나는 그를 표현할 수 있는, 나의 한결같은 체험을 그려낼 수 있는 그 어떤 말도 모른다. 인간의 말은 하나님의 길을 불완전하게밖엔 그려낼 수가 없다. 그것은 그려낼 수도, 풀어 읽을 수도 없다는 사실을 잘 안다. 그렇지만 이 불완전한 인간이 감히 그것을 묘사해보려 해도 자신의 불분명한 그 말보다 더 좋은 매개 수단을 갖지 못했다. 또 불살생을 꽤 성실히 지켰는데 25년 동안 아무런 해를 입지 않은 것은 단지 우연한 일이 아니라 하나님의 은혜라고 믿을 때, 이것을 두고 누가 만일 미신이라 하더라도 나는 그 미신을 붙들고 놓지 않을 것이다.

아메다바드에서 방직공들의 파업이 계속되는 동안 아슈람의 직조(織組) 헛간의 토대가 놓였다. 그 당시 아슈람의 주된 활동은 직조였다. 물레질은 아직 할 능력이 없었다.

파업과 단식

방직공들은 처음 두 주일은 대단한 용기와 자제력을 발휘했고, 매일 대집회를 열었다. 그럴 때마다 나는 그들에게 맹세를 다시 일깨웠고, 그러면 그들은 또 나를 향해, 차라리 죽을지언정 자기네가 한 약속을 어기지는 않겠다고 큰 소리로 외치는 것이었다.

그러나 그들은 마침내 맥이 빠지기 시작했다. 마치 사람이 신체적 약점이 있으면 성을 잘 내는 것으로 표현이 되듯이, 파업이 차차 약해지는 듯이 보이기 시작하자 파업 방해자에 대한 그들의 태도가 위협적으로 돼갔다. 그래서 나는 그들 편에서 난폭한 행동이라도 나오지 않을까 두려웠다. 매일 갖는 모임에 나오는 사람 수도 점점 줄었고, 출석한 사람들도 낙담과 절망의 빛이 역력했다. 결국 파업자들이 동요하기 시작했다는 소식이 들어왔다. 내 마음은 말할 수 없이 괴로웠다. 이 경우에 나의 의무는 무엇일까. 나는 골똘히 생각하기 시작했다. 나는 남아프리카에서 굉장히 큰 파업을 경험한 일이 있었지만, 지금 여기서 직면한 것은 상황이 다르다. 방직공들은 내가 해주는 말을 듣고 맹세했다. 그들은 날마다 내 앞에서 그것을 외웠는데 이제 와서 그들이 그것을 배반할지도 모른다니, 그 생각조차 내게는 상상도 못할 일이었다. 이 감정 뒤에 숨은 것은 자존심인가, 아니면 노동자에 대한 사랑이며 진리에 대한 열정인가? 누가 이것을 말할 수 있을까?

어느 날 아침 방직공들 모임에서, 아직도 나아갈 길을 분명히 알지 못하여 방황하는 나에게 한 줄기 빛이 지나갔다. 누가 시킨 것도 아닌데 나도 모르는 사이에 저절로 내 입에서 나온 말이었다. "파업자들이 한데 뭉쳐서 해결이 날 때까지 파업을 계속하든지, 그렇지 않으면 한 사람도 남김없이 다 공장을 떠나든지 할 때까지 나는 아무 음식도 입에 대지 않겠습니다." 나는 사람들을 향해 선언했다.

직공들에게는 청천벽력과 같은 말이었다. 아나수야벤의 두 뺨에선 눈물이 줄줄 흘러내리기 시작했다. 노동자들은 부르짖었다. "아닙니다, 저희가 단식하겠습니다. 선생님이 단식하신다는 건 말도 안 됩니다. 우리의 잘못을 용서해주십시오. 이제 우리는 끝까지 맹세를 지키겠습니다."

나는 대답했다. "당신들은 단식할 필요가 없습니다. 끝까지 충실히 맹세를 지키기만 하면 됩니다. 아시다시피 우리는 자금이 없습니다.

그러나 우리는 사회의 동정을 받으면서 파업을 계속하고 싶지는 않습니다. 그렇기 때문에 무엇이든 다른 노동을 해서 죽지 않을 만큼이라도 생계를 유지해야 합니다. 그래서 파업이 아무리 오래 계속된다 하더라도 생계를 유지해야 합니다. 끄떡없이 견뎌나가도록 해야 합니다. 내 단식에 대해 말한다면, 파업이 해결되어야만 나는 단식을 그만둘 것입니다."

이러는 동안 발라브바이는 파업자들에게 시청 산하기관에 일자리를 얻어주려고 힘써보았으나 가망이 없었다. 마간랄 간디는 우리 아슈람 직조학교 기초공사를 모래로 메워야 하므로 거기에 여러 사람을 쓸 수 있지 않겠느냐고 말했다. 노동자들은 그 제안을 환영했다. 아나수야벤은 바구니를 머리에 이고 선두에 섰다. 곧 강바닥 구덩이로부터 머리에 모래 바구니를 인 직공들이 장사진을 이루며 나오는 것이 보이기 시작했다. 참 볼 만한 광경이었다. 직공들은 새로운 힘이 솟는 것 같았다. 그러나 그 사람들에게 임금을 주는 것이 큰일이었다.

나의 단식에 중대한 결점이 있음을 면치 못했다. 내가 이미 앞장에서 말했듯이 나는 공장주들과 아주 친밀한 사이였다. 그러므로 내 단식은 그들의 결정에 영향을 미치지 않을 수 없었다. 그러나 사티아그라하 지지자 한 사람으로서 공장주들에게 반대하여 단식을 해서는 안 되고, 그들이 오직 공장 직공들의 파업에 의해서만 마음이 움직이도록 나는 그들을 건드리지 말고 놔두어야 한다는 것을 알았다. 내가 단식하게 된 건 공장주들의 잘못 때문이 아니고 노동자들의 잘못 때문이었다. 그 잘못에는 나 역시 그들의 대표자로서 같이 책임이 있다고 생각했다. 공장주들에 대해서는 다만 권고할 수 있을 뿐이었다. 그들에게 단식으로 맞선다면 그것은 강요가 돼버린다. 그러나 내 단식이 필연적으로 그들에게 압력을 가하게 되리라는 것을 알면서도, 그리고 실제로 그렇게 되었는데도 나는 단식하지 않을 수 없었다. 단식할 의무가 있다는 것은 내게 분명했다.

나는 공장주들을 안심시키기 위해 힘썼다. 그래서 그들에게 "여러분의 입장에서 물러날 필요는 조금도 없습니다" 하고 말했다. 그러나 그들은 내 말을 냉담하게 받아들였고, 심지어는 날카롭고 묘한 말로 비꼬기도 했다. 사실 충분히 그럴 만도 했다.

파업자에 대해 뻣뻣한 태도를 지닌 공장주들의 배후에 있는 주요 인물은 셰드 암발랄(Sheth Ambalal)이었다. 그의 단호한 의지와 확고한 진실성은 놀랄 정도였고, 내 마음을 사로잡았다. 그와 맞서보는 것은 유쾌한 일이었다. 그러나 내 단식으로 인해, 그가 돌보아주고 있는 공장주들에게 긴장감을 조성한 것을 생각할 때 나는 가슴이 아팠다. 그리고 그의 아내 사를라데비(Sarladevi)는 친구처럼 따뜻한 애정으로 나를 생각해주고 있었는데, 나의 단식 때문에 그녀가 괴로워하는 것을 보고 나는 도저히 견딜 수가 없었다.

단식 첫날에는 아나수야벤과 그밖의 여러 친구와 노동자들이 나와 함께 단식을 해주었다. 그러나 간신히 그들을 말려서 더 이상 계속하지 않도록 했다.

그렇게 한 결과는 사방에 선의의 분위기가 조성되었다는 사실이다. 공장주들도 이에 감동되어 해결방법을 찾기 시작했다. 아나수야벤의 집이 토의장소가 됐다. 아난드샨카르 드루바(Anandshankar Druva)가 둘 사이에 나서게 되어 결국 그가 중재자로 지명이 됐다. 그리하여 내가 단식을 시작한 지 사흘 만에 파업은 중지되었다. 공장주들은 그 것을 축하하는 의미로 직공들에게 과자를 나누어주었다. 그리하여 파업을 시작한 지 21일 만에 해결을 보았다.

화해를 축하하기 위한 모임에는 공장주들과 지사도 참석했다. 이 자리에서 지사는 직공들에게 "여러분들은 언제나 간디 씨가 하라는 대로 해야 합니다"라고 훈화했다. 그러나 이 일이 있은 바로 후 나는 이들과 다시 싸움을 해야 했다. 그러나 사정은 달라졌고, 사정에 따라 그들도 달라졌다. 그는 그때 케다의 파티다르(Patidar) 사람들을 보고 내 조언을 듣지 말라고 경고하기 시작했다.

여기서 한 가지 더 재미있고 기막힌 일을 이야기하지 않고는 이 장을 끝낼 수 없다. 그것은 과자를 나누어주는 일과 관련해서 생긴 일이다. 공장주들이 굉장히 많은 양의 과자를 주문했는데, 그것을 수천 명이나 되는 노동자들에게 나누어주는 것이 문제였다. 우리가 맹세했던 바로 그 나무 밑에서 나누어주는 것이 가장 편할 것이라고 결정했 다. 더군다나 그들을 다른 어느 장소에다 모두 모아놓기는 극히 어려울 것이라는 생각에서 그렇게 한 것이었다.

만 21일 동안이나 엄격한 규칙을 지킨 사람들이니 과자가 분배되는 동안 질서정연히 서서 기다리는 것쯤은 어렵지 않을 것이고, 서로 먼저 받겠다고 아우성을 치는 일도 없을 것이라고, 나는 의심의 여지 없이 그렇게 믿었다. 그러나 정작 그 시간이 되니 갖은 수단을 다해 분배를 하려 해도 허사였다. 또다시 하고 또다시 해봐도, 분배가 시작된 지 2, 3분도 못 돼 줄이 흐트러지고 혼란이 발생했다. 방직공 지도자들이 질서를 잡아보려고 온갖 노력을 다했으나 허사였다. 나중에는 밀고 덮치고 하는 혼란이 너무나 심해 상당히 많은 분량의 과자가 발에 밟혀 못 먹게 되었다. 밖에서 분배하려던 생각은 포기해버렸다. 간신히 남은 과자를 미르자푸르(Mirzapur)에 있는 셰드 암발랄의 방갈로로 옮겼다. 다음 날 과자는 이 방갈로 안에서 순조롭게 분배되었다.

이 일의 희극적인 면은 설명할 필요도 없지만, 그 한심스러운 면은 말할 만했다. 후에 조사한 바에 의하면 아메다바드의 거지떼들이 '에크 테크' 나무 아래서 과자를 나누어준다는 사실을 미리 알고 과자를 얻어먹겠다고 들이닥치는 바람에 그 혼란과 무질서가 일어났다는 것이다.

우리 나라는 너무 혹독한 가난과 기근 속에 빠져 있었기 때문에 해마다 점점 더 많은 사람을 거지로 만든다. 먹을 것을 얻기 위해 필사적으로 경쟁을 벌이는 그들은 체면도 자존심도 돌아볼 줄 모른다. 그런데 우리 자선가들은 그들에게 일거리를 주어 제 손으로 밥을 벌어 먹도록 할 생각은 않고 동냥만 주고 있다.

케다 사티아그라하

그러나 내게는 숨돌릴 틈도 없었다. 아메다바드 방직공들의 파업이 끝나자마자 다시 케다 사티아그라하 투쟁에 뛰어들지 않으면 안 됐다. 케다 지방의 넓은 지역이 곡식의 흉작으로 인하여 기근 상태에 빠지게 됐으므로 케다의 파티다르 사람들이 그해의 수익세를 면제받는 문제를 고려하고 있었다.

암리틀랄 다카르(Amritlal Thakkar) 씨는 내가 경작자들에게 명확한 조언을 하기 전에 이미 그 형편을 조사하여 보고했다. 또 개인적으로 지사와 만나 그 문제를 토의하고 있었다. 모한랄 판댜 씨와 샨카를랄 파리크 씨도 투쟁에 가담하여 비탈바이 파텔(Vitalbhai Patel) 씨와 고쿨다스 카한다스 파레크(Gokuldas Kahandas Parekh)경을 통하여 뭄바이 하원에서 시위운동을 개시했다. 이 일로 총독에게 면회를 청한 사람은 한 명이 아니었다.

나는 그 당시 구자라트 사바의 회장이었다. 사바는 정부에 탄원서와 전보를 보냈고, 지사의 모욕과 협박을 끈기 있게 감수했다. 이때의 관리들 행동은 지금도 믿을 수 없을 정도로 우스꽝스럽고 체면을 잃은 것이었다.

경작자들의 요구는 청천백일같이 분명한 것이었고, 수락을 주장하는 것도 아주 온건한 말로 했다. 토지수입 세법에 의하면 수확고가 4

안나 또는 그 이하일 경우에 경작자는 그해의 수익세 전액 면제를 주장할 수 있었다. 관청 보고에 의하면 수확은 4안나가 넘는다고 했다. 그러나 정부는 귀를 기울이려고 하지도 않았고, 씨올들의 중재 요구를 대역죄나 되는 듯 생각하고 있었다. 결국 모든 탄원과 애원이 실패로 돌아갔을 때, 나는 협력자들과 의논한 후 파티다르 사람들에게 사티아그라하에 의해서 행동하라고 말해주었다.

이 투쟁에서 케다의 자원자들 외에 나의 주요 동지들은 발라브바이 파텔, 샨카를랄 반케르, 슈리마티 아나수야벤, 인둘랄 야즈니크, 마하데브 데사이, 그리고 그외 사람들이었다. 발라브바이 파텔 씨는 이 투쟁에 참가하기 위해 번창하는 사업을 한때 중지하지 않으면 안 되었는데, 결국 다시 하지는 못했다.

우리는 우리의 본부를 나디아드 아슈람(Nadiad Ashram)에 두기로 했다. 우리 모두를 수용할 만한 장소가 달리 없었다. 사티아그라하 참가자들은 다음과 같은 선서에 서명했다.

우리는 촌락의 곡물 수확고가 4안나 이하임을 알고 있었으므로 정부에 대해 수익세의 징수를 이듬해까지 보류해줄 것을 요청했다. 그러나 정부는 우리의 호소를 들어주지 않았다. 그러므로 우리는 자발적으로 금년 수익세의 전액 또는 잔여액을 정부에 납부하지 않을 것을 엄숙히 선서한다. 우리는 정부가 취하는 어떠한 법적 조치라도 상관하지 않을 것이고, 우리의 납세 거부로 인하여 생기는 어떠한 결과라도 기꺼이 받을 것이다. 우리는 토지를 몰수당할지언정, 자진 납부함으로써 우리의 주장이 옳지 못함을 인정하는 것으로 만들거나 우리의 자존심을 손상시키지는 않을 것이다.

그러나 정부가 이 지방 전역에 걸쳐 제2기분 세금을 보류하는 데 동의한다면, 우리 중 지불 능력이 있는 자는 전액 혹은 잔액을 납부할 것이다. 납부할 수 있는 사람들이 납부를 보류하고 있는 이유는, 그들이 만일 납부해 버린다면 농민들은 겁을 먹고 무리하게 세금을 납부하기 위하여 가재도구를 팔거나 빚을 내게 되며 그 결과 곤란한 지경에 이르기 때문이다. 이러한 사정으로 우리는 세금을 납부할 여유가 있는 사람들이라도 가난한 사람들을 위하여 납부를 보류할 의무가 있다고 생각하는 것이다.

이 투쟁을 가지고 여러 장을 쓸 수는 없다. 그러므로 이것과 관련된 재미있는 회고담은 제쳐놓을 수밖에 없다. 이 중대한 투쟁에 관하여 충분히, 또 깊이 살펴보고자 하는 사람은 케다의 카드랄에 있는 샹카를랄 파리크 씨가 쓴, 완전하고 정확한 『케다 사티아그라하』를 읽기 바란다.

양파도둑

참파란은 인도의 한 모퉁이에 위치하고 있다. 신문들이 참파란 운동에 대해 침묵을 지키고 있었기 때문에 외부로부터의 방문객을 끌어들이지 못했다. 그런데 케다의 운동은 그렇지 않았다. 그 일은 신문을 통해 날마다 보도되었다.

구자라트 사람들은 그 투쟁에 깊은 관심이 있었고 그것이 그들에게는 처음 당하는 시험이었다. 그들은 그 투쟁을 성공시키기 위해 재산을 쏟아넣을 각오도 되어 있었다. 사티아그라하는 돈만으로는 안 된다는 것을 그들이 알기란 쉬운 일이 아니었다. 그것에는 돈이 필요 없었다. 내가 사양을 하는데도 불구하고 뭄바이 상인들은 필요 이상의 돈을 보내주어서 운동이 끝날 무렵에는 오히려 돈이 남았다.

한편 사티아그라하에 참가하는 사람들은 간소한 생활이라는 새로운 공부를 해야 했다. 그들이 그것을 충분히 받아들였다고는 할 수 없지만, 그래도 그들의 생활방식은 상당히 달라졌다.

파티다르 농민들에게도 그 싸움은 전혀 생소한 것이었다. 그래서 우리는 이 촌락 저 촌락 찾아다니며 사티아그라하의 원리를 설명해야 했다.

중요한 일은 관리들은 납세자들의 세금으로 살아가기 때문에 그들은 씨올의 주인이 아니라 공복이라는 것을 농민들에게 깨닫게 함으로써, 관리들에 대한 공포심을 없애주는 일이었다. 그러나 담대함과 겸손함을 동시에 가져야 한다는 것을 깨닫게 하기는 거의 불가능한 듯했다. 그러나 일단 관리를 두려워하지 않게 될 때 자기네가 받은 모욕을 되돌려 갚겠다는 복수심을 어떻게 막을 수 있을까? 그들이 만일 불온한 태도를 취하기만 한다면 사티아그라하는 우유에 독약이 떨어진 것처럼 끝장나고 만다. 나는 후에 가서야 그들이 온건한 저항에 대해 기대했던 것보다 훨씬 더 모르고 있었다는 것을 알았다. 경험에 의하면 온건함은 사티아그라하에서 가장 어려운 것이다. 여기서 온건함이란 다만 말을 공손히 하는 외양적인 것이 아니라, 속으로도 공손히 하고 저쪽에 대해 선을 행하는 것을 말하는 것이다. 이것은 사티아그라하를 하는 사람의 모든 행동에 나타나야 한다.

첫 단계에서는 사람들이 상당히 용감하게 했는데도 정부는 강경한 행동을 취할 기색을 보이지 않았다. 그러나 씨올들의 확고한 태도가 변화의 기색을 보이지 않자 정부는 움직이기 시작했다. 집달리들이 주민들의 가축을 팔고, 무엇이나 움직일 수 있는 물건이면 손을 댔다. 벌금 통지서가 나오고 베지 않은 곡식을 압류하기도 했다. 이제 사람들은 맥이 빠졌다. 그래서 어떤 사람은 세금을 바치기도 하고 어떤 사람은 집달리가 가면 살림을 끌어내어 세금으로 압류해가도록 하기도 했다. 그러나 반면에 어떤 일이 있더라도 버텨보겠다는 사람도 있었다.

이런 일들이 일어나고 있을 때 샨카를랄 파리크 씨의 소작인인 한 사람이 자기 땅에 대한 세금을 바쳐버렸다. 이것이 말썽을 일으켰다. 샨카를랄 파리크 씨는 수익세를 바친 그 토지를 즉시 자선의 목적을 위해 기부해버림으로써 소작인의 잘못을 보상했다. 그렇게 함으로써 그는 자기의 면목을 세우는 동시에 좋은 모범을 보였다.

겁먹은 사람들에게 용기를 주기 위하여 나는 씨올들에게, 모한랄 판댜 씨 지휘 아래, 부당하게 압류됐다고 생각되는 밭에서 양파를 뽑아버리라고 말해주었다. 나는 이것을 시민적 불복종이라고 생각지는 않고, 또 설령 그렇다 하더라도 밭에 있는 농작물을 압류하는 것은, 법으로는 합당할지 몰라도 도덕적으로는 옳지 않은 일이며 약탈과 다를 것이 없다고 생각했다. 따라서 압류당한 것이라도 그 양파를 뽑아버리는 것이 주민의 의무라고 했다. 이것은 씨올들에게 벌금이나 투옥을 자초하는 행위였다. 그러한 불복종은 벌금이나 투옥의 결과를 가져오게 마련이다. 모한랄 판댜 씨는 이것을 아주 마음에 들어 했다. 그는 사티아그라하의 원리에 부합되는 일을 하면서 누구 하나 투옥되는 일도 없이 이 운동이 끝난다는 것을 좋게 여기지 않았다. 그래서 그는 밭에서 양파 뽑는 일에 자진해서 나섰다. 또 거기에는 6, 7명이 가담했다.

정부로서 그것을 그냥 둘 수는 없었다. 모한랄 씨와 그의 동료들이 체포되자 씨올들 사이에는 분노의 기운이 피어올랐다. 투옥을 두려워하지 않게 되면 압력을 받을수록 씨올은 기운이 나는 법이다. 심리하는 날 군중은 법정을 둘러쌌다. 판댜와 그의 동료는 유죄로 인정이 되고 단기간의 금고형을 받았다. 내 생각에는 그 판결은 잘못이었다. 왜냐하면 그 양파 뽑은 행동이 형법상 절도는 될 수 없기 때문이다. 그러나 법정을 피하는 것이 방침이었으므로 공소는 제기하지 않았다.

군중의 행렬이 이 '죄수들'을 감옥까지 호송했다. 그래서 그날 모한랄 판댜 씨는 주민들로부터 영예의 '둥글리 초오'(양파도둑)라는 칭호를 받았고, 오늘까지도 그 칭호를 가지고 있다.

케다 사티아그라하의 종말은 다음 장으로 넘긴다.

케다 사티아그라하의 종말

운동에 예기치 못했던 종말이 왔다. 주민들은 분명 지쳐 있었다. 그러니 그 굽히지 않는 파들을 파국으로 몰아넣는 것을 망설이지 않을 수 없었다. 나는 어떻게 하면 사티아그라하를 하는 사람에게 받아들여질 만하면서도 그럴듯하게 싸움을 끝낼 수 있을까 하는 방법을 찾고 있었다. 그런 것이 정말 기대하지도 않았던 때에 나타났다.

나디아드 탈루카(Nadiad Taluka)의 맘라트다르(Mamlatdar)가 내게 만일 파티다르의 부유층이 돈을 지불한다면 가난한 사람들이 유예를 받을 수 있지 않느냐는 말을 해왔다. 내가 그 내용의 서면 보증을 요청했더니 지체없이 왔다. 그러나 맘라트다르는 자기의 탈루카(Taluka)에만 책임을 질 수 있을 뿐이기 때문에, 전지역에 대해서 보증을 할 수 있는 사람은 오직 세금 징수원뿐이므로 그에게 맘라트다르의 보증이 전지역에 해당되는가를 물었다. 그는 맘라트다르의 편지에 씌어진 조건으로 세금 유예의 명령이 선포되었다고 대답했다. 나는 그것을 모르고 있었지만, 그것이 사실이라면 주민들의 맹세는 이루어진 것이다. 기억하겠지만 맹세는 그와 같은 내용을 목표로 했던 것이었다. 그래서 우리는 그 명령에 만족했다.

그렇지만 나는 결코 마음이 흡족치 못했다. 어떠한 사티아그라하 운동에서도 반드시 그것으로서 종결이 되어야만 한다는 그런 다짐이 없었기 때문이다. 세금 징수원은 아무 협정도 맺은 것이 없는 듯이 일을 진행했다. 빈민들은 유예를 받기로 되어 있었지만 실제로 혜택을 입은 사람은 하나도 없었다. 누가 빈민이냐를 결정할 권리는 주민에게 있지만 그들은 그것을 행사하지 못했다. 그것을 행사할 힘을 그들이 갖지 못한 것이 나는 슬펐다. 그렇기 때문에 그 종말을 사티아그라하의 승리라고 축하는 했지만, 감격하지 않았다. 완전한 승리의 알맹이는 없었기 때문이다.

사티아그라하 운동의 마지막이 의미 있는 것으로 기록이 되려면, 거기에 참가했던 사람들을 그것을 시작할 때보다 더 강하고 생기 있게 만들어놓아야만 했다.

그러나 그 운동의 간접적인 결과가 없지는 않다. 그것을 우리는 오늘날 볼 수 있고, 그 이점을 우리가 거두고 있다. 케다 사티아그라하는 구자라트 농민 사이에 각성이 일어나기 시작한 것을, 그들에게 참의미의 정치 교육이 시작된 것을 의미하는 것이다.

베전트(Besant) 박사의 눈부신 자치 시위운동이 확실히 농민을 감동시키기는 했지만, 교육받은 활동가들을 농민의 실생활과 접촉하게 만든 것은 케다 투쟁이었다. 그들은 농민과 손잡기를 배웠다. 그들은 거기에서 자기 활동의 진정한 터전을 발견했고, 그 희생정신의 역량도 증가했다. 발라브바이가 이 운동 중에 스스로 깨달은 것만도 작은 성공이라고 할 수 없다. 우리는 그 영향력이 얼마나 큰지 지난해의 수재 구조사업과 올해의 바르돌리(Bardoli) 사티아그라하에서도 잘 알 수 있다. 구자라트 사람들의 생활은 새로운 힘과 생기로 넘쳤다. 파티다르의 농민들은 자기 힘의 놀라움을 자각했다. 씨을의 구원은 씨을 자신들에 달렸다는 것과 어느만큼 고난 당하고 희생할 수 있느냐 하는 그 역량에 달렸다는 교훈을 가슴 깊이 새겼다. 케다 투쟁을 통하여 사티아그라하는 구자라트 땅에 뿌리내렸다.

그렇기 때문에 사티아그라하의 결과로써 나는 비록 감격을 못 얻었다 하더라도 케다 농민들은 즐거워했다. 그들은 스스로의 노력에 해당하는 만큼 무엇인가를 성취했다는 것과, 자기네의 불만을 개선하는 참되고도 실패 없는 길을 발견했다는 것을 잘 알게 되었다. 그것을 알았으면 기뻐해 마땅하다. 그렇지만 케다 농민들은 사티아그라하의 깊은 속뜻을 충분히 이해하지는 못했다. 그래서 이제 다음 장에서 보겠지만 톡톡히 그 대가를 치러야 했다.

하나가 되려는 열망

케다 투쟁이 시작됐을 때 유럽에서는 아직 치열한 전쟁이 계속되고 있었다. 이제 위기는 닥쳐왔고, 총독은 델리에서 열리는 전쟁회의에 각계각층의 지도자들을 초청했다. 나도 참석하라는 권유를 받았다. 나는 이미 총독 쳄스퍼드경과 나 사이에 친밀한 교분이 있다는 말을 했다.

나는 델리로 갔다. 그러나 그 회의에 참석하기를 거부하는 몇 가지 이유가 있었다. 그중 하나는 그 초청 대상 중에서 알리(Ali) 형제 같은 지도자들이 제외되었다는 것이다. 그들은 당시 감옥에 갇혀 있었다. 나는 그들에 관해 종종 듣기는 했지만 만나본 것은 한두 번밖에 되지 않았다. 모든 사람이 그들의 봉사정신과 용기를 높이 칭찬하고 있었다. 나는 그때 하킴 사헤브(Hakim Saheb)와 가까이서 접촉은 못했지만 루드라(Rudra) 교장과 디나반두 앤드루스(Dinabandhu Andrews)가 그를 칭찬하는 말을 자주 들었다. 나는 슈아이브 쿠레시(Shuaib Qureshi)와 크와자(Khwaja) 씨를 칼리카타 이슬람교연맹에서 만난 일이 있었다. 또한 안사리(Ansari), 압두르 라만(Abdur Rahman) 두 의사와도 알게 되었다. 나는 선량한 이슬람교도와 사귀기를 원해왔고, 특히 가장 순수하고 애국적인 대표자들을 통해 이슬람교인의 심정을 이해했으면 하고 간절히 원해왔다. 그렇기 때문에 어디든 그들이 가자고만 한다면 기꺼이 갔다.

나는 일찍이 남아프리카에 있을 때부터 힌두교도와 이슬람교도 사이에는 진정한 우정이 없다는 것을 알고 있었다. 나는 그 둘이 하나로 뭉치는 것을 방해하는 장애물을 보기만 하면 놓치지 않고 없애려고 노력했다. 그러나 그때에도 아첨을 해가며 누구를 달래거나 또는 내 자존심을 버리면서까지 그렇게 한다는 것은 내 천성에 맞지 않았다. 그러나 남아프리카에서의 경험 결과 나는 내 아힘사가 가장 쓰라린 시련을 당하게 되고, 그 시험을 가장 광범위하게 해야만 하는 것은 힌두·이슬람교 연합문제가 될 것이라고 확신했다. 그 확신은 지금도 변함없다. 나는 생애의 매순간마다 하나님이 나를 시련의 무대에 올려놓으신다는 것을 깨달았다.

그러한 확신을 가지고 남아프리카에 돌아왔을 때 나는 우연히 그 형제들과 만났다. 그런데 가깝게 지내기도 전에 우리는 헤어졌다. 마울라나 마호메드 알리(Maulana Mahomed Ali)는 베툴(Betul)에서도 츠힌드와다(Chhindwada)에서도 언제나 그의 형무소 관리가 허락만 하면 내게 긴 편지를 보내곤 했다. 나는 그 형제들의 면회 신청을 했으나 소용이 없었다.

내가 칼리카타의 이슬람교연맹에 출석해달라는 초청을 이슬람교도 친구들로부터 받은 것은 이 알리 형제들이 투옥된 후였다. 연설을 해달라고 요청받았기 때문에 나는 그들에게 알리 형제들을 석방시키는 것이 이슬람교도들의 의무라고 말했다. 그런지 얼마 안되어 그 친구들은 나를 알리가르(Aligarh)에 있는 이슬람교 대학으로 안내하였다. 거기서 나는 조국에 봉사하기 위해 파키르[9]가 되겠다는 젊은이들의 초

---

9) 파키르(Fakir): 아랍 말로 가난한 사람이라는 뜻. 사방으로 탁발을 다니는 이슬람교 승려. 일반인들에게 성자 대접을 받는다. 이슬람교가 인도에 들어온 후 힌두교의 출가승도 이렇게 부르게 되었다.

청을 받았다.

　그 다음 나는 그 형제들의 석방을 위해 정부와의 접촉을 시작했다. 그 관계로 킬라파트(Khilafat)에 대한 그 형제들의 견해와 활동을 연구했다. 나는 이슬람교도 친구들과도 토론했다. 내가 정말 이슬람교도들의 참된 친구라면 그 형제들의 석방과 킬라파트 문제의 정당한 해결을 위해 가능한 한 모든 활동을 해야겠다고 생각했다. 그들의 요구에 비도덕적인 점이 하나도 없다면 그 문제의 핵심에 파고드는 것은 내 할 일이다. 종교 문제에서는 신앙은 각기 다른 것이고, 각자의 신앙은 그 사람에게는 최고의 것이다. 만일 모든 사람이 모든 문제에서 신앙이 일치한다면 세계에 종교는 오직 하나뿐일 것이다.

　시간이 감에 따라, 이슬람교도들이 킬라파트에 관해 요구하는 것은 나의 도덕률에도 위배되지 않을 뿐 아니라, 영국 총리도 이슬람교도의 요구가 정당하다는 것을 인정했음을 알았다. 그렇기 때문에 총리의 약속을 제대로 실현하기 위하여 내가 할 수 있는 일이면 무엇이든 해야 된다고 생각했다. 총리의 약속은 의심할 여지 없이 분명한 말로 되어 있기 때문에 문제가 되는 이슬람교도들의 요구를 조사하는 것은 오로지 내 양심을 만족시키기 위해 필요했다.

　친구들과 평론가들은 킬라파트 문제에 대한 나의 태도를 비난했다. 그렇지만 나는 그것을 수정할 이유도, 이슬람교도와 협력하는 것을 후회할 이유도 없다고 생각했다. 만일 같은 문제가 또 일어난다 해도 역시 같은 태도를 취할 것이다. 그렇기 때문에 내가 델리로 갈 때 나는 총독에게 이슬람교도의 일을 진언하리라고 간절히 원했다. 킬라파트 문제가 그때는 후에 나타난 것 같은 양상을 띠고 있었다.

　그런데 델리에 도착하자 내가 회의에 참석하는 데 또 하나의 난제가 생겼다. 디나반두 앤드루스는 내가 전쟁회의에 참석하는 것이 도덕적으로 옳으냐 그르냐 하는 문제를 제기했다. 그는 영국과 이탈리아 사이의 비밀조약 문제에 대해 영국 신문계에서 논란이 많다는 것을 내게 말해주었다. 영국이 만일 유럽의 다른 국가와 비밀조약을 맺었다면 내가 어떻게 그 회의에 참석할 수 있겠느냐고 그는 물었다. 나는 그 조약에 대해 모르고 있었다. 디나반두 앤드루스의 말이면 내게는 충분했다. 그래서 나는 쳄스퍼드경에게 편지를 써서 내가 회의 출석을 망설인다는 뜻을 밝혔다. 그는 그 문제에 대해 자기와 토론하자며 나를 초청했다. 나는 그와 또 그의 개인 비서 머피(Maffey) 씨와 장시간 토론했다. 그 결과 나는 참석하는 데에 동의했다. 총독의 설명 요지는 이런 것이었다.

"당신도 총독이 영국 내각에서 하는 일을 다 알고 있다고 믿지는 않을 겁니다. 나는, 또 다른 누구도, 영국 정부는 절대 잘못이 없다고 주장하지는 않습니다. 그러나 이때까지 제국은 대체로 선량한 일을 하려는 국가였다는 것을 만일 인정하신다면, 또 인도가 영국과 관계를 맺음으로 해서 대체로 혜택을 입었다는 것을 인정하신다면, 당신은 제국이 이렇게 어려움에 처한 경우에 인도의 모든 시민이 제국을 돕는 것이 그 의무라는 것을 인정하시지 않겠습니까? 나도 영국 신문들이 비밀조약에 관해 언급한 것을 읽었습니다. 분명히 말하지만, 나도 그 이상은 모릅니다. 그리고 당신도 신문에 허위 보도가 많다는 것을 잘 알고 계시겠지요. 그런데 신문 보도만을 믿고 이런 위기에 그래 제국 돕기를 거절하시겠습니까? 전쟁이 끝이 난 다음에는 어떤 도덕적인 문제를 제기하셔도 좋고 우리를 향해 하시고 싶은 대로 도전하셔도 좋습니다마는, 지금은 그러실 수 없습니다."

그 주장은 새로운 것은 아니었다. 그러나 그 양상과 시기로 인해 내게는 새로운 것처럼 들렸다. 그래서 나는 회의에 참석하는 데에 동의했다. 이슬람교도 문제에 관해서는 총독에게 편지를 쓰기로 했다.

모병운동

그래서 나는 회의에 참석하게 되었다. 총독은 내가 모병 결의안에 찬성해주기를 간절히 바랐다. 나는 북인도 힌디어로 발언하는 것을 허락해달라고 청했다. 총독은 나의 요청을 승낙했으나 영어로도 해주기를 청했다. 나는 연설할 생각은 아니었고, 다만 한마디로 이렇게 말했다. "저는 제 책임을 충분히 인식하며, 이 결의안을 지지해주실 것을 바랍니다."

많은 사람들이 내가 힌디어로 한 데 대해 감사하다고 했다. 그들은 말하기를, 이러한 모임에서 힌디어로 말한 것은, 처음 있는 일이라고 했다. 그 감사와, 총독이 주관하는 모임에서 힌디어로 말한 것이 내가 처음이라는 것을 알게 된 것은 내 민족적 자존심을 손상시켰다. 나는 쥐구멍에라도 들어가고 싶었다. 그 나라에서, 그 나라 일을 위해 의논하는 모임에서 그 나라 말이 금기로 돼 있다는 것은, 또 나 같은 떠돌이 한 사람이 거기서 말했다 해서 그것을 감사하게 여긴다는 것은, 대체 무슨 비극인가! 이런 따위의 일이 있다는 것은 우리가 얼마나 형편없는 지경에까지 떨어졌느냐는 것을 말해주는 것이었다.

그 회의에서 내가 뱉은 그 한마디는 나를 위해서는 상당히 의미 있는 말이었다. 나는 그 회의도, 내가 지지했던 그 결의안도 결코 잊을 수 없다. 내가 델리에 있는 동안 마쳐야 할 일이 하나 더 남아 있었다. 총독에게 편지를 써야 했다. 그것이 내게는 쉬운 일이 아니었다. 나는 정부를 위해서도 국민들을 위해서도 내가 어떻게, 그리고 왜 그 회의에 참석했는지를 설명하는 것과, 또 국민이 정부에 대해 기대하는 것이 무엇인지를 명확히 설명하는 것이 나의 의무라고 생각했다.

그 편지에서 나는 그 회의에 로카만야 틸라크와 알리 형제 같은 분들이 제외된 것은 유감이라고 지적했고, 전쟁으로 인해서 조성된 이

상황에서 국민의 최소한의 정치적 요구는 동시에 이슬람교도의 요구이기도 하다는 것을 언명했다. 나는 총독에게 이 편지를 공개하도록 허락해달라고 청했고, 그는 승낙했다.

편지를 시믈라로 보내야 했다. 회의가 끝나자 그가 곧 그리로 갔기 때문이었다. 그 편지는 내게 매우 중대한 의미를 지닌 것이었으므로 우편으로 보내면 너무 늦을까 걱정스러웠다. 되도록 속히 전해야겠는데, 그렇다고 만나는 사람 아무나를 통해 보내고 싶지는 않았다. 누군가 성실한 사람으로 몸소 그것을 가지고 총독 관저로 가서 직접 건네줄 사람이 있어야 했다. 디나반두 앤드루스와 루드라 교장은 저 선량한 케임브리지 선교단의 아일랜드 목사 한 분을 천거했다. 그는 만일 자기도 그 편지를 보아도 된다면, 또 보아서 자기 마음에도 든다면 편지를 기꺼이 가지고 가겠다고 했다. 나는 그 편지가 조금도 개인적인 것이 아니니 보아도 관계없다고 말했다. 그는 그 편지를 읽고 좋다고 하면서 그것을 전하기를 쾌히 승낙했다. 2층 차비를 주었더니, 자기는 중간차로도 잘 다니노라고 하며 받지 않았다. 그리고는 밤차인데도 불구하고 그것을 타고 갔다. 그의 검소하고 정직하고 솔직한 태도가 내 마음을 사로잡았다. 그렇게 해서 그 편지는 내가 바랐던 대로 신실한 사람의 손에 의해 목적했던 대로 전달됐다.

내가 해야 하는 또 하나의 일은 신병을 모집하는 일이었다. 케다를 제외하고 그 일을 시작할 데가 또 있을까? 또한 내 협력자들을 빼놓고 누구를 보고 먼저 신병이 되라고 할 수 있을까? 그래서 나는 나디아드에 가자마자 발라브바이와 그밖의 친구들과 회의했다. 그중에 몇은 그 제의를 쉽게 받아들이지 못했다. 찬성하는 사람도 그것이 성공할 수 있을까 의심했다. 내가 정부와 호소를 해보려는 이 사람들과의 사이에는 호감이라고는 눈곱만큼도 없었다. 그들이 정부 관리에게서 겪은 쓰라린 경험은 아직도 기억에 생생했다.

그런데도 그들은 일을 시작해보자는 편이었다. 일을 시작하자마자 나는 눈이 번쩍 뜨였다. 나의 낙관은 심한 타격을 받은 것이다. 수익세 투쟁 때는 사람들이 솔선해서 달구지를 무료로 쓰도록 내주었고 한 사람이 필요하면 둘씩 자원자가 나왔는데, 이젠 달구지를 샀을 주고 얻으려고 해도 얻기가 힘들 뿐 아니라 자원자는 말도 안되는 소리였다. 하지만 우리는 낙심하지 않았다. 달구지를 쓰지 않고 걸어서 다니기로 작정했다. 우리는 매일같이 32킬로미터 정도를 걸어다녀야 했다. 달구지 하나도 안 내놓는데 밥을 먹여주려니 하는 기대는 생각할 수도 없었다. 밥을 달라고 할 처지도 아니었다. 그래서 자원자는 저마다 손가방에 먹을 것을 가지고 다니기로 했다. 여름이었으므로 침대나 이불은 필요치 않았다.

우리는 가는 곳마다 집회를 열었다. 사람들이 오기는 했으나 신병지원은 하나 아니면 겨우 둘쯤이었다. "선생님은 아힘사의 신봉자이시면서 어떻게 우리보고 무기를 들라 하시니까?" "정부가 인도를 위해 무엇을 했다고 우리가 정부에 협력을 해야 합니까?" 이런 것이 우리에게 던지는 질문들이었다.

그렇지만 끈기 있게 일한 결과 상당수의 사람을 등록시킬 수 있었고, 제1진을 보내놓으면 정규적인 지원을 받을 수 있을 것이라는 희망도 갖게 되었다. 나는 신병들을 어디에 수용할 것이냐 하는 데 대해 이미 지사와 의논을 시작했다.

각 지방의 지사들은 델리의 사례에 따라 회의를 열고 있었다. 그런 회의가 구자라트에서도 열렸다. 동료들과 나는 거기에 초청 받았다. 가기는 했지만, 거기는 델리보다도 더 내가 설 자리가 없었다. 나는 그러한 노예적 굴종의 분위기 속에서 불쾌감을 느꼈다. 견디다 못해 나는 말을 좀 했다. 관리들이 듣기 좋아하는 소리를 할 수는 없었고 한두 마디 쓴 소리만을 했다.

나는 신병 등록을 권유하는 전단을 주민들에게 돌리곤 했다. 그중의 한 가지가 지사를 불쾌하게 했다. "영국이 인도 통치에서 저지른 비행이 많다고 하지만 그중에서도 전국민에게서 무기를 빼앗아버린 법령은 가장 악랄한 것으로, 훗날의 역사는 이를 비판할 것이다. 우리가 만일 무기 몰수령 철폐를 바라고 무기의 사용법 배우기를 원한다면, 여기 절호의 기회가 있다. 이제 만일 중간 계급이 자원하고 일어나 이 위기에 정부를 돕는다면 무기 휴대 금지령은 철폐되고 말 것이다." 이 말에 대해 지사는 언급하기를, 우리 사이에 견해의 차이는 있지만 그래도 자기는 내가 델리 회의에 참석했던 것을 감사히 생각한다고 했다. 나는 내 입장을 되도록 공손한 말로 설명했다.

위에서 말한 총독에게 보낸 편지는 다음과 같다.

각하께서도 아시다시피, 저는 심사 숙고한 후 이달(4월) 26일자 편지에서 말씀드린 이유로 인하여 회의에 참석할 수 없다는 말씀을 전해드리지 않을 수 없습니다. 그러나 감사하옵게도 회견을 베풀어 주심을 받고 난 후 마음을 돌려 참석하기로 한 것은, 다른 이유는 그만두고라도 진실로 각하에 대한 저의 무한한 존경 때문입니다. 제가 불참하려 했던 가장 큰 이유는, 제가 가장 강력한 여론의 지도자들로 생각했던 로카만야 틸라크, 베전트 부인, 그리고 알리 형제 같은 분들이 그 회의에 초대되지 않은 점이었습니다. 저는 그것을 큰 실책이라 보고 있으며, 드리기 어려운 말씀이지만 앞으로 있을 주 회의에 그들을 초청하여 정부를 도울 수 있는 기회를 주신다면 앞서의 실책을 돌이킬 수 있으리라 믿습니다.

감히 말씀드립니다. 어떤 정부라도, 비록 견해는 근본적으로 다르다 할지라도 그들같이 대중의 의견을 대표하는 지도자를 무시할 수는 없으리라고 믿습니다. 그러나 회의의 각 위원회에서 각 단체가 자유로이 의견을 발표할 수 있게 해주셨던 것은 퍽 다행한 일이었다고 생각됩니다. 저는 영광스럽게도 소속되었던 위원회나 본회의에서 고의로 의견 발표를 삼갔습니다. 제가 회의의 목적에 가장 크게 기여하는 길은 다만 회의에 제출된 결의안을 지지하는 데 있다고 느꼈기 때문입니다. 또 조금도 주저함 없이 그대로 하였습니다. 제가 바라는 것은 정부가 받아들여주시기만 한다면, 제가 말씀드린 것을 속히 실천에 옮기는 것입니다. 거기에 대한 진언은 별지로 동봉해 드립니다.

제가 생각하옵기에, 가까운 장래에 해외 자치령들이 누리는 것과 똑같이 되기를 열망하는 저희로서는, 제국이 위기에 처해 있는 이때 제국을 위해 자발적으로 확고한 지지를 보내는 것은 당연한 일입니다. 또 저희 목표가 속히 달성된다고 믿는 기대에서 나온 것 또한 명백한 사실입니다. 그러므로 의무의 수행에 따라 권리의 부여는 자동적으로 오는 것이기 때문에, 각하께서 연설에서 조속한 개혁을 말씀하셨을 때 국민이 그것을 국민의회연맹 방안의 주요한 여러 원칙의 구체화를 의미하는 것으로 믿는 것은 당연한 일입니다. 제 생각에도 이번 회의에 참석한 많은 사람이 정부에 대해 성심껏 협조를 하게 된 것은 이러한 믿음 때문인 것으로 확신합니다.

제가 만일 동포들의 발걸음을 돌이키게 할 수 있었다면, 전쟁이 계속되는 동안 국민의회의 모든 결의안을 취소하게 하고, '자치'니 '책임정부'니 하는 말을 못하게 했을 것입니다. 저는 이 위급 존망의 시기에 인도가 제국을 위하여 희생하기를 원합니다. 바로 이렇게 함으로써 인도는 제국의 가장 귀중한 일원이 될 것이고, 인종 차별은 과거의 일이 될 줄로 압니다. 그러나 실제 인도의 모든 지식인들은 보다 비효과적인 길을 취하기로 결정했습니다.

그리고 이제 이 인도의 지식인들이 대중들에게 영향을 미치지 못한다고 말할 수는 없습니다. 저는 남아프리카에서 인도로 돌아온 이후 언제나 농민들과 매우 긴밀한 접촉을 해왔습니다. 그러므로 저는 각하께, 자치를 원하는 생각이 광범위하게 그들 속에 침투했다는 것을 확신시켜 드리고 싶습니다. 저는 국민의회의 지난 회의에 참석했으며, 영국령 인도에 완전한 책임 정부를 허용할 것을 법조문화해야 한다는 결의안에 동의하였습니다. 물론 저는 이것이 매우 위험한 일임을 잘 압니다. 그러나 가능한 한 가장 가까운 시일 내에 자치가 실현된다는 확실한 전망 외엔 아무것도 인도 국민을 만족시킬 수 없다는 것을 확신합니다.

인도 안에는 이 목적을 위해서는 어떠한 희생도 아끼지 않겠다고 생각하는 사람들이 많습니다. 그들은 상당히 깨어 있는 사람들입니다. 그리고 제국 안에서 최종의 지위에 올라가기를 원하는 만큼 그 제국을 위해서도 마찬가지의 희생을 바칠 각오가 되어 있어야 한다는 것도 잘 알고 있습니다.

제국을 멸망의 위기에서 구하기 위해 우리는 혼신의 노력을 쏟음으로써 우리의 목적지로 더 빨리 갈 수 있을 것입니다. 이러한 기본적 진리를 시인하지 않는 것은 민족적 자살 행위입니다. 우리는 우리가 제국을 구하기 위해 봉사하면, 바로 그 행동으로 인해 우리의 자치를 확보한다는 것을 알아야 할 것입니다. 그러므로 우리가 제국의 방위를 위해 장정들을 바칠 수 있는 데까지 바쳐야 하는 것은 분명한 일이지만, 재정적 보조에 관하여는 똑같이 말할 수 없습니다. 제가 농민들과 가깝게 접촉함으로써 얻은 확신은, 인도는 이미 그 능력 이상의 값을 영국 재무부에 바쳐왔다는 것입니다. 이것은 다만 대다수 동포들의 여론을 대표하는 것뿐입니다.

이 회의는 저뿐 아니라 많은 우리 국민들에게 우리 공동의 대의 명분을 위해 생명을 바치는 결정적인 한 걸음입니다. 그러나 우리

입장은 특수합니다. 우리는 지금 구성원의 자리에 있지 못합니다. 우리가 생명을 바치려는 것은 보다 나은 앞날을 희망하기 때문입니다. 그 희망이 무엇인가를 제가 각하께 명백히, 그리고 솔직히 말씀드리지 않는다면 저는 각하와 제 나라에 대해 거짓을 행하는 것입니다. 그 희망이 반드시 달성된다는 것은 아닙니다. 그러나 희망을 잃는다는 것은 미혹을 초래하는 일이란 것을 아셔야 합니다.

빼놓아서는 안 될 것이 하나 있습니다. 각하께선 내부의 싸움은 그만두자고 하셨습니다. 그 호소가 만일 관리들의 전횡과 비행을 참고 견디라는 것을 뜻한다면 저는 그 호소에 응할 힘이 없습니다. 저는 조직적인 전횡에는 최후까지 저항하겠습니다. 그런 호소는 관리들에게 하셔야 합니다. 사람 하나라도 학대하지 말도록, 여론에 대하여도 전과는 달리 그것을 듣고 존중하도록 말입니다.

참파란에서 해묵은 전횡에 항거해 싸우는 동안 저는 영국 정의의 궁극적 권위를 나타내 보여주었습니다. 케다에서 정부를 저주하고 있던 주민은, 이제 힘은 정부에 있는 것이 아니라 씨올이 그들 스스로 내세우는 진리를 위해 고통받을 각오를 할 때 그 자체가 곧 힘이란 것을 깨닫고 있습니다. 그러므로 케다 주민은 고통을 잊고 있으며, 정부는 국민을 위한 정부라고 생각하고 있습니다. 그 이유는 불법이 있다고 느껴져 반항할 때 그 정부는 질서 있고 점잖은 이런 불복종에 대해 관용의 자세를 갖기 때문입니다.

이와 같이 참파란과 케다의 사건은 전쟁에 대하여 제가 한 직접적이고 명백한, 그리고 특별한 공헌입니다. 제게 그러한 활동을 중지하라고 하신다면 그것은 저의 생을 중지하라는 말씀입니다. 제가 쓰고 있는 혼의 힘, 바꾸어 말해서 사랑의 힘을 널리 일반화하여 쓸 수 있다면 저는 전세계의 악에라도 능히 대항하는 인도를 보여드릴 수 있습니다. 그러므로 저는 때를 가리지 않고 제 생활에서 고통을 달게 받는다는 이 영원한 법칙을 나타내려고 제 자신을 훈련시키고 있습니다. 그리고 누구나 이것을 받으려는 사람 앞에 제시하고 제가 혹시 다른 활동에 참여하는 일이 있더라도 그 동기는 이 법칙의 우월성을 증명하기 위해서입니다.

끝으로 바라옵건대 각하께서 내각으로 하여금 이슬람교국들에게 명확한 확신을 주도록 요청해주시는 일입니다. 이슬람교도는 모두 그 문제에 깊은 관심을 가지고 있다는 것을 각하께서도 잘 아시리라 믿습니다. 한 사람의 힌두교도로서 저 또한 거기에 무관심할 수 없습니다. 그들의 고통은 우리의 고통입니다. 이슬람교국들의 권익과 성지에 대한 그들의 감정에 대해 신중한 고려를 하는 것과, 인도인의 자치 요구에 대한 각하의 정당하고 적절한 처사에 제국의 안전은 달려 있습니다. 제가 이 글을 쓰는 것은 영국 국민을 사랑하기 때문이요, 인도인 각각의 마음속에 영국 국민에 대한 충성심을 불러일으키기 위해서입니다.

죽음의 문턱

모병운동을 하는 동안 내 건강은 아주 나빠졌다. 그 당시 내가 먹은 음식은 주로 땅콩과 버터, 레몬이었다. 나는 버터를 너무 많이 먹으면 건강을 해칠 우려가 있다는 것을 알고 있으면서도 그렇게 하고 있었다. 그 때문에 가벼운 이질에 걸렸다. 그러나 대수롭게 여기지 않고 평소와 마찬가지로 아슈람으로 갔다. 그 시절 나는 약을 별로 먹지 않았다. 한 끼만 거르면 나을 것으로 생각하고 다음 날 아침을 안 먹었더니 확실히 좀 나은 듯했다. 그렇지만 완전히 나으려면 단식을 더 계속해야 하고, 과일즙 외에는 아무것도 먹어서는 안 된다고 생각했다.

그날은 무슨 명일이었는데, 미리 카스투르바이에게 점심에는 아무것도 먹지 않아야 한다고 말했는데도 그녀가 유혹하는 바람에 나는 그만 넘어갔다. 내가 우유나 우유제품은 먹지 않기로 맹세했으므로 그는 나를 위해 특별히 기(ghi: 버터 기름) 대신 식물성 기름을 넣어서 만든 먹음직한 밀죽을 마련해놓았다. 또한 나를 위해 아껴두었던 멍도 한 사발 있었다. 그것들은 다 내가 좋아하는 음식이었다. 그래서 탈이 나지 않을 정도로, 내 입맛도 채우고 카스투르바이도 섭섭해하지 않을 만큼 먹으리라 생각하고 곧 먹기 시작했다. 그런데 마귀란 놈은 틈을 노리며 기다리고 있었다. 나는 조금은커녕 양껏 먹었다. 죽음의 사자를 오라고 부른 셈이었다. 한 시간도 못 되어 이질은 급성으로 변했다.

그날 저녁에 나는 나디아드로 가야 했다. 그리고 겨우 사바르마티역에 도착했다. 10펄롱(1펄롱은 1/5킬로미터)도 못 되는 거리였다. 발라브바이 씨를 아메다바드에서 만났는데, 그는 내가 불편해하는 것을 알았지만 나는 되도록 견디기 어렵다는 기색을 보이지 않으려고 했다. 우리는 밤 10시쯤 돼서 나디아드에 도착했다. 우리 본부가 있는 힌두아나드아슈람(Anathashram)은 역에서 불과 800미터밖에 안 되는데 그것이 16킬로미터나 되는 듯했다. 이럭저럭 본부까지 가기는 했으나 배는 점점 더 뒤틀리기 시작했다. 화장실은 멀리 있었기 때문에 가지 않기로 하고 옆방에다 요강을 하나 가져다놓으라고 했다. 차마 그런 말을 하기가 부끄러웠지만 별수가 없었다. 풀찬드(Fulchand) 씨가 곧 요강 하나를 구해왔다.

모든 친구들이 큰 걱정에 빠졌다. 모두들 가엾어하며 지켜보고 있었지만 나의 고통을 덜어주지는 못했다. 게다가 내 고집 때문에 어떻게 하지를 못했다. 나는 일체 약을 거절했다. 차라리 약을 안 쓰면서 내 어리석음에 대한 벌을 받고 싶었다. 그래서 모두들 어쩔 줄을 모르고 지켜보고만 있었다. 아마 24시간 동안에 30, 40번은 뒤를 봤을 것이다.

나는 단식하고 처음엔 과즙조차도 안 들었다. 식욕이 싹 달아났다. 이때까지 내 체력은 강철이라고 생각하고 있었는데, 이제는 한줌의 흙에 불과한 것 같았다. 모든 저항력이 빠져나갔다. 카누가(Kanuga) 의사가 와서 약을 마시라고 했지만 나는 거절했다. 주사를 한 대 놓자 고 했지만 그것도 거절했다. 그 당시 주사에 대한 나의 무지는 참으로 가소로울 지경이었다. 주사란 일종의 유정(乳精)일 것이라고 믿고 있 었다. 후에 나는 그 의사가 놓자고 한 주사가 식물성이란 것을 알았지 만 때는 이미 늦었다. 뒤는 계속 나왔고 나는 아주 탈진해버렸다. 탈 진이 되자 고열이 났다. 친구들은 더욱 불안해져서 다른 의사들을 불 러왔다. 그러나 의사의 말을 듣지 않는 환자를 의사인들 어떻게 하겠 는가?

셰드 암발랄이 착한 아내와 같이 나디아드로 왔다. 그들은 내 동료 들과 의논하여 매우 조심해가며 나를 아메다바드의 그의 미르자푸르 방갈로로 옮겼다. 내가 병을 앓는 동안에 받은 것보다 더한 사랑과 봉 사는 아무도 받아보지 못했을 것이다. 그런데 미열이 좀체 내리지 않 고 계속됐으며 내 몸은 나날이 여위어가기만 했다. 나는 병이 오래 갈 것 같았고 아마도 죽고 말 것같이 느껴졌다. 셰드 암발랄의 지붕 밑에 있으면서 지극한 사랑과 간호를 다 받으면서도 마음이 초조해지기 시 작한 나는, 그를 보고 아슈람으로 옮겨달라고 졸랐다. 그는 내 성화에 견딜 수가 없었다.

내가 그와 같이 아슈람의 병석에서 뒹굴고 있을 때 발라브바이 씨 는 독일이 완전히 패전했다는 것과, 지사가 포병은 이미 필요 없게 됐 다는 소식을 보내왔다고 전해주었다. 모병 때문에 걱정할 필요가 없게 됐다는 말을 들으니 살 것만 같았다.

나는 이제는 물 치료법을 시작했다. 그랬더니 좀 낫기는 했으나 몸 을 추스르는 것이 큰일이었다. 가지가지 약을 권하는 사람이 주위에

끊일 새가 없었지만 나는 그 어느 것도 들을 마음이 없었다. 두세 사람이 우유 맹세에서 벗어나는 방법으로 고깃국을 권했고, 그 권고를 뒷받침하기 위해 아유르베다의 말을 인용하기까지 했다. 그중 한 사람은 계란을 먹어야 한다고 강력히 주장했다. 그러나 그 모든 사람들에 대해 내 대답은 오직 하나—싫다는 것뿐이었다.

내게 음식 문제는 경전에 의해 결정될 문제가 아니었다. 그것은 이미 외부적으로 교리의 지도에 따른 것이 아닌 어떤 원리들에 따라 걸어온 내 일생의 진로와 서로 얽혀 있는 문제였다. 나는 그 원리들을 버리면서까지 살 생각은 없었다. 내가 아내와 자식들과 친구들에 대해서 매정하게 강조해왔던 원리를 나 자신을 위해 어떻게 누그러뜨릴 수가 있을까?

내 생애 처음으로 오래 끌고 지루했던 이 병은 내 원칙을 자세히 검토하고 시험해보는 특별한 기회가 되었다. 어느 날 밤 나는 절망에 빠져버렸다. 죽음의 문턱에 왔다는 느낌이 들었다. 아는 카누가 의사를 데리고 왔다. 의사는 내 맥을 짚어보더니 "맥이 아주 좋습니다. 이제 걱정 없습니다. 너무 지친 데서 오는 신경쇠약일 뿐입니다" 하고 말했다. 그래도 나는 도무지 확신이 서지 않았다. 그날 밤 나는 한숨도 못 잤다.

아침에 깨어보니 죽지는 않았다. 그러나 마지막이 가까웠다는 생각을 떨쳐버릴 수 없었다. 그래서 깨어 있는 동안은 내내 아슈람 식구들을 시켜서 『기타』를 외라고 하고 그것을 듣는 데 마음을 쏟았다. 나 자신이 읽을 수는 없었고, 말하고 싶지도 않았다. 조금만 말해도 뇌에 긴장이 왔다. 나는 일찍이 살기 위해 살자는 생각은 해본 일이 없기 때문에 이제 도무지 살맛이 없어졌다. 그처럼 무기력한 상태에 빠져서, 아무것도 하는 것 없이 친구들과 동료들의 봉사를 받아가며 몸이 점점 여위어가는 것을 보자니 그 고통은 말로 할 수 없었다.

그와 같이 죽음을 기다리고 누워 있던 어느 날 타발카르(Tavalkar) 의사가 이상한 사람을 하나 데리고 왔다. 그는 마하라슈트라[10]에서 온 사람이었다. 이름이 알려진 사람은 아니었지만, 그를 보는 순간 나는 그도 나와 마찬가지로 괴팍한 사람이라는 것을 알았다. 그는 자기의 치료방법을 내게 실시해보려고 온 것이었다. 그는 그랜드 외과대학 과정을 거의 마치고 학위만 남겨둔 사람이었다. 후에 나는 그가 브라모 사마지(Brahmo Samaj) 회원임을 알았다. 그의 이름은 켈카르(Kelkar)인데, 아주 독립적이며 완고한 성격의 소유자였다. 그는 얼음치료를 장담하면서 내게 그것을 해보자고 했다. 우리는 그에게 '얼음의사'의 칭호를 붙여주었다. 그는 자격 있는 의사들이 찾아내지 못한 방법을 찾아냈노라고 확신하고 있었다. 그에게도 내게도 좀 섭섭한 일이지만, 그는 나를 자기 이론에 따르게 만들지 못했다. 나는 그의 이론의 어떤 것은 믿었지만 너무 속단하고 있다고 생각하였다.

그러나 이론이야 어찌 됐든 나는 그 치료법을 실시하도록 허락했다. 나는 외부 치료는 어떻게 하거나 상관하지 않았다. 그 치료법은 전신에 얼음을 가져다 붙이는 것이었다. 그 치료가 내 몸에 효과를 냈다는 그의 주장을 보증할 수는 없었지만 그것은 확실히 내게 새 희망과 힘을 불어넣어주었고, 그러한 마음은 자연히 몸에 영향을 주게 되었다. 그후 나는 식욕이 나기 시작했고, 5분에서 10분 동안 가벼운 산책을 하기 시작했다. 그는 이제 식사 습관을 고치자고 제의했다. 그는 말했다. "나는 분명히 말하지만, 선생께서 날계란을 들기만 하신다면 틀림없이 원기도 더 생기고 속히 힘을 얻으실 수 있습니다. 계란은 우유와 마찬가지로 무해합니다. 계란이라고 다 유정란이 아니라는 것을 아십니까? 시장에 나가면 무정란도 있습니다." 그러나 나는 무정란조차도

10) 마하라슈트라(Maharashtra): 인도 서부, 구자라트와 인접해 있는 주.

먹을 생각이 없었다. 차차 병이 나으니 공공 활동에 관심을 가질 수 있었다.

롤래트 법안과 나의 딜레마

친구들과 의사들이 마데란(matheran)으로 전지 요양을 가면 빨리 회복될 것이라고 해서 그곳으로 갔다. 그런데 마데란의 물이 너무 세어서 도저히 있을 수가 없었다. 앓고 난 이질 때문에 항문이 아주 민감해졌고 게다가 터지기까지 해서 대변을 볼 때는 그 고통을 견딜 수가 없었다. 그래서 먹는다는 건 생각만 해도 무서웠다. 한 주일도 채 되지 못해 나는 마데란에서 도망나오고 말았다. 샨카를랄 반케르가 스스로 나의 건강 보호자로 있었는데, 그는 의사 달랄한테 상의해보자고 나를 졸랐다. 그래서 의사를 불러왔는데, 즉석에서 결단을 내리는 그의 재능이 내 마음에 들었다.

"우유를 안 드신다면 저는 선생님의 몸을 회복시켜 드릴 수가 없습니다. 만일 우유를 드시고 아울러 철분과 합비제(合砒劑) 주사를 맞으신다면 체력이 회복될 것을 보증하겠습니다" 하고 그는 말했다.

나는 대답했다. "주사는 맞겠습니다. 그러나 우유는 문제가 다릅니다. 그것은 안 마시기로 맹세를 했습니다."

"정확하게 맹세를 어떻게 하신 것입니까?" 그는 물었다.

나는 그 내력을 죽 설명하고 그 이면에 있는 이유를 말해주었다. 즉 젖소나 물소가 푸카(Phooka)를 당한다는 말을 듣고 나서부터 우유 마실 생각이 아주 없어졌다고 말했다. 그뿐 아니라 나는 언제나 우유는 사람의 자연적인 음식물이 아니라고 생각하며, 그렇기 때문에 그것을 아주 금했다고 말했다. 카스투르바이가 내 옆에 있으면서 이 대화를 다 듣고 있었다. 그러다가 중간에 나서서 말했다.

"그렇지만 산양유야 반대할 것 없잖아요?"

의사도 그 말에 동조를 해서, "산양유만 드신다면 됩니다" 했다.

나는 결국 굽히고 말았다. 사티아그라하 투쟁을 다시 시작하자는 강렬한 의욕이 내 속에 살자는 열망을 불러일으켜서, 그 맹세를 글자로만 지키는 것으로 만족하고 그 정신은 포기하기로 했다. 왜냐하면 내가 맹세를 할 때는 비록 암소와 암물소 젖만을 생각했지만, 거기엔 의당 모든 동물의 젖이 다 포함되어 있는 것이기 때문이다. 또한 내가 우유는 인간의 자연적인 음식물이 아니라고 주장하고 있는 이상, 내가 우유를 먹는다는 것은 도저히 옳다고 인정할 수 없었다. 이러한 모든 것을 다 알고 있으면서 나는 산양유를 먹기로 동의했다. 살고자 하는 의지가 진리에 대한 열의보다 강했다. 그래서 진리의 헌신자가 사티아그라하 투쟁의 열의 때문에 자기의 거룩한 이상을 한번 양보해버렸다. 이 행동의 기억은 지금도 가슴에 맺혀 있어서 내 마음을 후회로 가득 채우고, 나는 늘 산양유를 언제나 그만두나 그 생각만 하고 있다. 그러면서도 나는 유혹 중에서도 가장 기묘한 열의, 즉 봉사하자는 열의 때문에 지금도 그것을 놓지 못하고 있다.

나의 식이요법의 시험은 아힘사 탐구의 한 부분으로서 중요성을 가지고 있다. 그것은 내게 원기 회복도 되고 기쁨도 된다. 그러나 나의 산양유 섭취는, 오늘날 내게 음식 아힘사의 견지에서라기보다도 진리의 입장에서 고통이 된다. 그것은 맹세를 어긴 것이나 다름없기 때문이다. 나는 진리의 이상을 아힘사의 이상보다 더 잘 알고 있다고 생각되므로, 경험에 비추어볼 때 만일 진리를 놓쳐버린다면 아힘사의 수수께끼를 도저히 풀 수 없을 것이다. 진리의 이상은, 한번 세워진 맹세는 정신으로나 글자로나 충분히 지켜져야 할 것을 요구한다. 지금 현재, 나는 내 맹세의 외형만을 지킴으로써 그 맹세의 목숨인 정신을 죽여버렸다. 내 마음이 아픈 것은 그 때문이다. 그런데 이것을 잘 아는데도 나는 곧장 갈 길을 못 찾고 있다. 바꾸어 말한다면 바른 길로 곧장 나아갈 용기가 나에게는 없는 것이다. 근본적으로 말한다면 두 가지는 동일한 하나다. 왜냐하면 의심은 결국 믿음이 없거나 또는 약한 데서 오는 것이기 때문이다. 그렇기 때문에 밤이나 낮이나 내 기도는, "주여, 내게 믿음을 주시옵소서"였다.

산양유를 먹기 시작한 후 의사는 곧 내 항문의 터진 데를 성공적으로 수술했다. 병이 회복되자 살자는 욕망은 다시 일어났다. 더구나 하나님이 나를 위해 할 일을 마련해놓으셨기 때문이었다.

내가 막 몸이 회복되기 시작하는구나 하고 느끼게 되었을 무렵, 우연히 신문에서 롤래트 위원회의 보고문을 읽었다. 그것이 그때 막 발표되었을 때였다. 그 건의안을 보고 나는 깜짝 놀랐다. 샨카를랄 반케르와 우마르 소바니(Umar Sobani)가 와서 이 사건에 대해 신속한 행동을 취해야 하지 않겠느냐는 의견을 내놨다. 한 달쯤 지나서 나는 아메다바드에 갔다. 나는 내가 걱정하는 바를 발라브바이에게 말했다. 그는 매일같이 나를 보러 오곤 했다. "뭔가 해야겠는데" 하고 내가 말했더니 그는 "하지만 이 상태에서 무엇을 할 수 있겠어요?" 하고 반문했다. 나는 대답하기를 "다만 몇 사람이라도 있어서 반대하는 서약에 서명해야겠고, 만약 이것을 무시하고 그 건의가 법안으로 통과됐을 때는 우리는 곧 사티아그라하를 해야 합니다. 내가 이렇게 누워 있지만 않다면 혼자서라도 싸움을 시작하겠는데, 그러면 다른 사람들도 따라올 것입니다. 그러나 지금의 이 무력한 상태로는 도저히 그 일을 해낼 것 같지 않습니다" 했다.

이렇게 이야기한 결과 나와 접촉이 있던 몇몇이 모임을 하기로 결정했다. 내가 보기에 롤래트 위원회의 건의안은 그 위원회의 보고서가 내놓는 증거로는 전혀 뒷받침이 되지 않는 것이었고, 자존심이 있는 국민이라면 도저히 묵인하고 지나칠 수 없는 것이었다.

발의됐던 그 회의는 마침내 아슈람에서 열렸다. 초청된 사람은 스무 명도 못 되었다. 내가 기억하기로 참석했던 사람들 중에는 발라브바이 외에 슈리마티 사로지니 나이두, 호르니만(Horniman), 우마르 소바니, 샨카를랄 반케르, 그리고 슈리마티 아나수야벤이 있었다. 사티아그라하 서약이 이 모임에서 기초되었고, 기억대로라면 참석했던 사람 전부가 거기에 서명했다. 그때는 내가 내는 잡지는 하나도 없었고 일간신문을 통해서 내 의견을 이따금 발표하곤 했으므로, 그때도 그 예에 따라서 했다. 샨카를랄 반케르는 아주 진지하게 시위를 시작했고, 나는 처음으로 그가 일을 조직하며 이끌어나가는 데 놀랄 만한 역량을 가지고 있다고 생각했다.

기존의 어떤 단체도 사티아그라하와 같이 전혀 생소한 무기를 써주기를 기대하는 것은 쓸데없는 일이라고 생각했다. 그래서 내 권고에 따라 사티아그라하 사바(Satyagraha Sabha)라는 별개 단체가 하나 설립되었다. 그 주요 회원을 뭄바이에서 데리고 왔기 때문에 본부를 그곳에 두기로 했다. 서약을 지망하는 수많은 사람들이 그 사티아그라하 서약했고, 회보가 발간되고, 곳곳에서 대중 집회가 열렸다. 즉 케다 투쟁의 낯익은 모습이 하나하나 재현되었다.

나는 사티아그라하 사바의 회장이 됐다. 얼마 안 가서 나와 사바를 구성하고 있는 지식인들 사이에 의견이 합치되는 경우가 많지 않다는 것을 알았다. 사바에서는 구자라트 말을 사용해야 한다는 내 고집과 그 외에 괴상하게만 보이는 나의 일하는 방식 일부가 그들을 적잖이 걱정시켰고 당황케 만들기도 했다. 그런데 고맙게도 그들 대부분은 나의 괴벽을 너그럽게 참아주었다. 그러나 바로 출범 당시부터 사바는 오래가지 못하리라는 것이 내 눈에는 보였다. 내가 진리와 아힘사를 강조하는 것이 벌써부터 일부 회원들의 비위를 거스르기 시작했다. 그렇지만 초기에는 우리의 새로운 활동이 순조롭게 진행되었고, 그 운동은 신속히 번져 나갔다.

그 놀랍던 광경

이와 같이 한편에서 롤래트 위원회 보고서를 반대하는 시위운동이 확대되어 강렬해지고 있는 동안 다른 한편에서는 정부가 점점 더 확고한 태도로 건의안을 실시하려고 롤래트 법안을 발표해버렸다. 나는 내 일생에 단 한 번 인도 입법회의에 참석해본 일이 있었는데, 그것은 이 법안을 심의할 때였다. 샤스트리지(Shastriji)는 아주 감동적인 발언을 했는데, 그는 그 발언에서 정부에 대해 엄중한 경고를 내렸다. 총독은 샤스트리지가 불같은 열변을 퍼붓고 있는 동안 주문에 걸린 사람처럼 그에게서 눈도 떼지 않고 듣고 앉아 있었다. 그 순간 나는 총독도 감동이 안 되고는 못 배길 거라고 생각되었다. 그 말은 너무나도 진실했고 너무나도 감동적이었다.

그러나 정말로 잠들지 않은 사람을 깨울 수는 없는 일이다. 자는 척하고 있는 사람인 경우라면 아무리 깨우려 애를 써도 소용이 없다. 그것이 바로 정부의 태도다. 그들은 다만 어떻게 하면 입법화라는 형식을 통과하나 그것만 생각하고 있었다. 그 결과는 이미 정해져 있는 것이었다. 그렇기 때문에 샤스트리지의 엄숙한 경고는 정부에게는 완전히 소 귀에 경 읽기였다.

그러한 경우에 내 말은 다만 빈 들에 외치는 소리일 뿐이었다. 나는 총독에게 열심히 간청했다. 사신(私信)으로도, 또 공한으로도 그에게 정부의 처사는 나로 하여금 사티아그라하를 할 수밖에 없게 만든다는 것을 분명히 말했다. 그러나 다 허사였다.

법안은 아직 법령으로 공포되지는 않았다. 나는 아주 허약한 상태였으나 마드라스에서 오라는 초청을 받았을 때 위험을 무릅쓰고 긴 여행을 하기로 결정했다. 나는 그때 집회에서 큰 목소리를 낼 수도 없었다. 아직 서서 말할 수조차 없는 상태였다. 일어서서 장시간 말하려면 전신이 떨리고 맥박이 콩 튀듯 했다.

나는 남쪽에서는 언제나 마음이 편했다. 남아프리카에서 일했던 덕택에 타밀 사람들이나 텔루구 사람들에게는 무슨 특권이라도 가진 것처럼 느꼈다. 또 그 선량한 남쪽 사람들은 한 번도 내 믿음을 저버린 일이 없었다. 초청장은 돌아간 카스투리 랑가 이옌가르(Kasturi Ranga Iyengar) 씨의 서명으로 왔지만 초청한 사람은, 실제 라자고팔라차리 (Rajagopalachari)였다. 이렇게 하여 우리는 처음으로 직접 만나서 알게 되었다.

라자고팔라차리는 그때 살렘(Salem)을 떠나 거기에 온 지 얼마 안된 때였다. 그는 돌아간 이옌가르 같은 친구들의 간청으로 마드라스에 정착하여 변호사업을 하며 공공사업에 더 활발한 역할을 담당하기 위해 간 것이다. 이것은 우리가 수일 동안 함께 지낸 후에야 안 사실이었다. 왜냐하면 우리가 머물던 그 방갈로가 이옌가르의 것이기 때문에 나는 우리가 그의 손님인 줄로만 알고 있었다. 그런데 마하데브 데사이가 그렇지 않다는 것을 내게 알려주었다. 그는 곧 라자고팔라차리와 아주 가까운 친구가 됐는데, 라자고팔라차리는 수줍음이 많아서 언제나 배후에만 서곤 했다. 그것에 대해 어느 날 마하데브가 내게 주의를 주면서, "선생님, 이분을 먼저 길러주셔야 합니다" 하고 말했다.

그래서 나는 그렇게 했다. 우리는 날마다 투쟁 방안에 대해 토론했다. 그러나 나는 그때 공개 집회밖에 다른 안은 생각하지 못했다. 만일 그 법안이 통과되어서 법률로 확정된다면 그때 정치적 불복종을 어떻게 행할 것이냐 하는 데 대해 도무지 막막했다. 정부가 그럴 만한 기회를 우리에게 주어야 그것을 행할 수 있다. 그렇게 할 수 없을 경우에 우리는 다른 법에 대해 시민적인 불복종을 행할 수 있을까? 만일 그렇다 한다면 어디에다 한계선을 그어야 할까? 이런 것과 이 비슷한 문제들이 우리 토론의 주제였다.

이옌가르 씨는 아주 끝장을 내기 위해 소수 지도자 회의를 소집했다. 거기서 두드러진 역할을 했던 사람들 중에는 비자야라가바차리(Vijayaraghavachari) 씨가 있었다. 그는 이런 제안을 했다. 즉 사티아그라하에 대하여, 세세한 설명을 곁들인 아주 포괄적인 입문서를 하나 쓰라는 것이었다. 나는 내 힘으로는 그것을 쓸 수가 없다고 생각됐다. 그래서 그대로 그에게 고백했다.

이러한 생각들이 서로 오가고 있을 때에 롤래트 법안이 법령으로 공포되었다는 소식이 왔다. 그날 밤 나는 그 문제를 생각하다가 잠이 들었다. 날이 밝아올 무렵 평소보다 조금 일찍 잠이 깼다. 아직도 몽롱한 가운데 갑자기 하나의 생각이 떠올랐다. 마치 꿈인 것 같았다. 그날 아침 일찍 나는 라자고팔라차리에게 모든 것을 이야기했다.

"간밤의 꿈에 나는 전국적으로 하르탈[11]을 지킬 것을 호소해야겠다는 생각이 들었습니다. 사티아그라하는 자기 정화 과정입니다. 그런데 우리가 하는 일은 하나의 성전(聖戰)입니다. 그렇기 때문에 이것을 자기 정화의 행동으로 시작하는 것이 옳은 일이라고 생각됩니다. 그러므로 그날은 전 인도의 씨울들이 일을 쉬고 하루를 단식과 기도로 지내야 합니다. 이슬람교도들은 하루 이상은 단식하지 않을 것입니다. 그렇기 때문에 단식 기간은 24시간이어야 합니다. 모든 주가 우리의 호소에 호응해줄 것인지는 모르겠습니다. 그러나 뭄바이, 마드라스, 비하르, 신드만은 거의 확실하다고 느껴집니다. 이 주들이 하르

---

11) 하르탈(hartal): hat(상점)라는 말과 tala(잠그다)라는 말이 합해서 된 말. 휴업, 파업.

탈을 충실히 지킨다면 그것만으로 우리가 만족할 만한 충분한 이유가 됩니다."

라자고팔라차리는 내 제의를 곧 받아들였다. 후에 다른 친구들에게 이야기했을 때 그들도 다 환영했다. 나는 간단한 호소문을 썼다. 그 하르탈의 날을 처음에는 1919년 3월 30일로 정했다. 그랬다가 후에 4월 6일로 변경했다. 따라서 사람들이 하르탈에 대한 설명을 들을 시간이 짧았다. 일을 곧 시작해야 하므로 긴 설명을 해줄 시간이 없었다. 그런데도 일이 이렇게 될 줄을 누가 알았겠는가? 그날은 전 인도가 이 끝에서 저 끝까지, 도시도 촌락도, 완전한 하르탈을 지켰다. 그것은 정말 놀라운 광경이었다.

잊을 수 없는 그 주간(1)

남아프리카의 짧은 여행 후 나는 뭄바이로 왔다. 4월 4일이었다고 생각한다. 샨카를랄 방커 씨가 내게 전보를 보내 4월 6일의 기념식에 참석해달라고 했기 때문이었다.

그러나 델리에서는 그 하르탈을 이미 3월 30일에 지켰다. 거기서는 스와미 슈라다난드지와 하킴 아즈말 칸 사헤브(Hakim Ajmal Khan Saheb)의 말은 법이었다. 하르탈을 4월 6일로 연기한다는 전보가 너무 늦게 델리에 도착했다. 델리는 일찍이 그런 하르탈을 본 일이 없었다. 힌두교도와 이슬람교도는 하나같이 연합했다. 스와미 슈라다난드지가 줌마 마스지드(Jumma Masjid)에서 연설을 해달라는 초청을 받고 가서 연설했다.

이 모든 것이 당국으로서는 도저히 견딜 수 없는 일이었다. 경찰은 하르탈 행진이 철도역으로 가는 것을 막기 위해 발포하여 많은 사상자를 냈다. 그리하여 델리에 탄압 통치가 시작되었다. 슈라다난드지는 나를 급히 델리로 오라고 불렀다. 나는 곧 회답 전보를 보내 뭄바이에서의 4월 6일 기념식이 끝나고 즉시 가겠다고 했다.

델리에서 발생한 이야기가 라호르(Lahore)와 암리차르(Amritsar)에서도 되풀이되었다. 암리차르에서 의사 사탸팔(Satyapal)과 키츨루(Kitchlu)가 내게 급히 오라는 소식을 보내왔다. 나는 그때 그들과는 전혀 모르는 사이였지만, 델리에 들른 후에 가겠다는 회답을 보냈다.

6일 아침 뭄바이 시민들은 수천 명씩 떼를 지어 초파티(Chowpati)로 가서 해수욕을 한 다음 행렬을 지어 다쿠르드바르(Thakurdvar)로 갔다. 행렬에는 군데군데 여자와 아이들도 섞여 있었고 이슬람교도들이 무척 많이 참가했다. 다쿠르드바르에서 그 행렬 속에 있던 우리 중 몇은 이슬람교도 친구들한테 끌려 부근의 한 이슬람교 사원으로 갔다. 거기서 나이두 부인과 나는 권유에 따라 연설했다. 비달다스 제라자니(Vithaldas Jerajani) 씨는 그 자리에서 당장 스와데시(Swadeshi)와 힌두·이슬람교 연합 선서를 민중들에게 시키자고 제의했으나 나는 선서란 그렇게 급작스럽고 경솔하게 해서는 안 된다는 이유를 들어 반대하고, 우리는 민중들이 이미 한 것으로 만족해야 한다고 했다. 또한 맹세는 한번 하면 절대로 깨뜨려서는 안 되며, 그렇기 때문에 스와데시 선서의 속뜻을 명확히 이해하여야 하고, 힌두교·이슬람교 연합 선서에 수반되는 중대한 책임을 관계한 모든 사람들이 충분히 깨닫고 있어야 한다고 설명했다. 최후로 나는, 맹세할 마음이 있는 사람들은 다음 날 아침 그 목적으로 다시 모여야 한다고 말해주었다.

말할 필요도 없이 뭄바이의 하르탈은 완전한 성공이었다. 시민 불복종을 행할 준비가 충분히 되었다. 거기 관련해서 두서너 가지 일이 의논되어 다음과 같이 결정되었다. 즉 시민 불복종은 대중에 의하여 쉽게 불복종을 할 수 있는 법률에 대해서만 행한다는 것이었다. 소금세에 대한 평이 지독히 나빠서 얼마 전에도 그 철폐운동이 일어났다. 그래서 나는 씨올들에게 소금세에 상관 말고 각자 자기 집에서 바닷물로 소금을 만들도록 제의했다. 또 다른 제의는 판매 금지된 책을 파는 것에 관한 것이었다.

내 책 가운데 『힌두 스와라지』(Hindu Swaraji)와 『사르보다야』(Sarvodaya: 러스킨의 『이 나중 온 자에게도』를 구자라트 말로 번역한 것)가 이미 판매 금지가 되어 있었는데, 그것이 이 목적에 안성맞춤이었다. 그것들을 공개적으로 인쇄, 판매하는 것이 가장 쉬운 정치적 불복종의 길이었다. 그래서 그 책들을 상당 부수 인쇄하여 단식이 끝나는 날 저녁에 열기로 된 대집회가 끝날 때 팔 준비를 갖추어놓았다.

6일 저녁이 되자 많은 지원자들이 이 판금 도서를 대중들에게 팔기 위해 가지고 나갔다. 슈리마티 사로지니 데비(Shrimati Sarojini Devi)와 나는 모두 차로 나갔다. 그 책들은 삽시간에 다 팔렸다. 판매의 수익금은 시민의 불복종 투쟁을 전개해 나가는 데 필요한 자금으로 쓰기로 했다. 두 권 모두 권당 4안나에 인쇄했는데, 내게서 구입한 사람 중에서 그 가격만 내고 산 사람은 없었던 것으로 기억된다. 상당히 많은 사람들이 주머니에 있던 돈을 털어 그 책을 사갔다. 한 권 값을 내는 데 5루피, 10루피짜리 지폐가 번쩍번쩍 날아 들어왔고, 한 번은 한 권을 50루피에 판 일도 있었다. 이 판금된 책을 사게 됨으로 해서 체포되고 투옥될 수도 있다는 것을 반드시 설명해주었는데도, 그때만은 사람들이 감옥 가는 것이 무섭다는 생각을 다 잊고 있었다.

후에 안 일이지만 정부는 편의상 정부가 판금 조치한 책은 팔린 일이 없는 것으로 보기로 했으며, 그래서 우리가 판 책은 판매 금지 도서 안에 들어가지 않았다. 정부는 재판한 책을 판금됐던 책의 개정판으로 간주했다. 그래서 그것을 파는 것은 그 법에 저촉되지 않았다. 이 소식을 듣고 모두들 실망했다.

다음 날 아침 스와데시와 힌두교 · 이슬람교 연합의 선서식을 거행하기 위해 다른 모임이 열렸다. 비달다스 제라자니는 처음으로, 번쩍거리는 것이 모두 금은 아니란 것을 알았다. 사람이 불과 몇 명밖에 오지 않았다. 나는 그때 출석했던 사람 중에 자매들이 몇 분 있었던 것을 특별히 기억한다. 남자 참석자도 얼마 되지 않았다. 나는 미리 선서문을 기초해두었다가 가지고 갔다. 맹세하기 전에 나는 그 의미를 자세히 설명했다. 참석자가 적었다고 해서 그것을 조금도 섭섭히 여기지도 이상하게 여기지도 않았다. 대중의 태도에는 아주 두드러진 두 가지 차이가 있다는 것, 즉 흥분되는 일은 굉장히 좋아하고, 조용하고 건설적인 것은 좋아하지 않는다는 것을 잘 알고 있었기 때문이다. 그 차이는 지금도 다름이 없다.

그러나 이 문제는 따로 쓰기로 하고, 하던 이야기로 돌아간다면, 7일 밤 나는 델리와 암리차르를 향해 떠났다. 8일 마두라(Mathura)에 도착하자 처음으로 들려온 풍설은, 내가 체포당하리라는 것이었다. 마두라 다음 역에서 아차랴 기드바니(Acharya Gidvani)가 와서 내가 체포될 것이라는 결정적인 소식을 전하고는 필요한 것이 있으면 시중을 들겠다고 했다. 나는 그에게 고맙다고 하고, 필요하면 틀림없이 그렇게 하겠다고 말했다.

기차가 팔왈(Palwal) 역에 도착하기 전에 문서로 된 명령이 전달되었다. 내용은 나로 인해서 질서가 파괴될 수도 있으므로 펀자브 지방에 들어오는 것을 금지한다는 것이었다. 나는 경찰로부터 차에서 내리라는 요구를 받았다. 나는 "간곡한 요청으로 가는 것이고 불안을 일으키기 위해서가 아니라 불안을 가라앉히려고 가는 것이므로 필히 펀자브까지 가야 합니다. 그러므로 대단히 미안하지만 나는 이 명령에 복종할 수 없습니다" 하고 내리기를 거절했다.

마침내 기차는 팔왈에 도착했다. 마하데브가 같이 있었는데, 나는 그를 보고 델리로 가서 스와미 슈라다난드지에게 일어난 모든 일을 전하고 씨올들이 평온을 지켜줄 것을 부탁하더라는 말을 하라고 했다. 나는 내가 왜 그 명령에 복종치 않고 불복종에 대한 벌을 받기로 결정했으며, 왜 우리가 어떠한 형벌이 내려진다 하더라도 완전히 평온을 지키고 있기만 하면 승리는 틀림없이 우리 편으로 오는지, 그것을 설명해주어야 했다.

팔왈 역에서 나는 기차에서 끌려 내려가 경찰에 억류당했다. 조금 후에 델리발 기차가 왔다. 나는 3등칸에 태워졌고 경찰의 감시가 따랐다. 마두라에 도착하자 나는 경찰 바라크(막사)로 끌려 들어갔다. 그러나 누구도 나를 어떻게 하려는 것인지, 또 다음엔 어디로 호송되는지를 말해 주지 않았다. 다음 날 새벽 4시 나는 뭄바이로 가는 짐칸에 실렸다. 그리고 정오에 다시 사와이 마도푸르(Sawai Madhopur)에서 내려졌고 그때 라호르에서 오는 우편차로 온 경감 보링(Bowring) 씨가 나를 인계받았다. 나는 그와 함께 1등칸에 태워졌다. 그래서 보통 죄수에서 이제 '신사 죄수'가 되었다. 그 경관은 마이클 오드와이어(Michael O'Dwyr)경에 대한 장황한 찬사를 늘어놓기 시작했다.

마이클경은 개인적으로는 내게 아무런 반감도 없다는 것이다. 단지 내가 펀자브에 가면 질서가 교란될까봐 염려하는 것뿐이라는 것이다. 결국 그는 내게 자진해서 뭄바이로 돌아가고 펀자브 경계선을 넘지 않는다는 데 동의해달라고 요구했다. 나는 그 명령에는 따를 수 없고 자진해서 돌아갈 생각도 없다고 대답했다. 그 경관도 어쩔 도리가 없다는 것을 알자 내게 법으로 처리할 수밖에 없다고 했다. "도대체 당신은 나를 어떻게 할 작정이시오?" 하고 내가 묻자 그는 자기 자신도 모르며 다만 앞으로의 명령을 기다릴 뿐이라고 대답했다. 그는 "현재로서는 선생님을 뭄바이로 호송할 뿐입니다" 하고 말했다.

우리는 수라트(Surat)에 도착했다. 여기서 나는 또 다른 경관에게

인계되었다. 뭄바이에 도착하자 그는 내게 "이제는 자유입니다" 하고
는 덧붙여서 "그렇지만 마린 라인스(Marine Lines)에서 내리시는 것
이 좋을 겁니다. 선생님을 위해 제가 거기서 차를 세워드리겠습니다.
아마 콜라바(Colaba)에는 많은 군중들이 있을 것 같습니다" 하고 말
했다. 내가 하라는 대로 잘 하겠다고 말하자 그는 좋아하면서 감사하
다고 인사했다. 그래서 나는 마린 라인스에서 내렸다. 마침 친구의 차
가 지나가다가 나를 태워서 레바산카르 자베리의 집에 내려주었다. 그
친구는, 내가 체포되었다는 소식이 씨올들을 격분시켜서 지금 폭발할
지경에 이르렀다고 말했다. 그는 "피두니(Pydhuni) 근처에서는 언제
터져나올지 모릅니다. 치안관과 경찰은 벌써 거기 가 있습니다" 하고
덧붙였다.

목적지에 도착하자마자 우마르 소바니와 아나수야벤이 와서 어서
차를 달려 피두니로 가자고 했다. "사람들이 이제는 극도로 흥분되어
있습니다. 우리는 그들을 달랠 수가 없습니다. 선생님이 가보시는 것
이 유일한 길입니다" 하고 그들은 말했다.

나는 차에 올랐다. 피두니 가까이 가니, 굉장히 많은 군중이 모여 있
었다. 그들은 나를 보자 기뻐서 어쩔 줄 몰라했다. 즉시 행렬이 이루어
졌고 반데 마타람(Vande mataram), 알라호 아크바르(Alaho akbar)의
외치는 소리가 하늘을 뒤흔들었다. 피두니에서 우리는 기마 경찰대를
보았다. 벽돌 조각이 비오듯 쏟아져 내렸다. 나는 군중들을 보고 진정
하라고 간청했지만, 벽돌 조각의 소나기를 모면할 것 같지 않았다. 행
렬이 압두르 라만 가로부터 밀려나와 크로포드(Crawford) 시장을 향
해 나아가려고 할 때 기마 경찰대 중의 하나와 맞부딪친 것을 알게 되
었다. 그 경찰대는 행렬이 요새 쪽으로 나가는 것을 제지하기 위해 온
것이었다. 군중은 빽빽이 몰려 있었고 거의 경찰의 저지선을 돌파할 형
세였다. 그런 넓은 광장에서 내 목소리는 도저히 들릴 수가 없었다.

바로 그때 기마 경찰대의 지휘자가 군중을 흩어지게 하라는 명령을 내렸다. 기마대는 즉시 가는 곳마다 창대를 휘두르며 군중에게 달려들었다. 그 순간 나는 맞았다는 느낌이 들었다. 그러나 그것은 잘못 생각한 것이었다. 창이 날아갈 때 차에 스쳤을 뿐이었다. 군중 대열은 곧 흩어지고 극도의 혼란에 빠져 순식간에 무질서하게 되어버렸다. 어떤 사람은 발에 짓밟혔고, 어떤 사람은 마구 채였다. 이렇게 사람이 온통 뒤범벅이 되어 말들이 지나갈 수조차 없었고, 사람이 흩어지려 해도 나갈 구멍도 없었다. 이제 창대들은 무차별적으로 군중 속을 달려나갔다. 그들은 자기네가 무엇을 하고 있는지조차 모르는 것같이 보였다. 참으로 처참한 광경이었다. 기마병이나 군중들이나 한데 미쳐 돌아갔다.

그렇게 해서 군중은 흩어졌고, 전진은 저지되었다. 우리 차는 나가게 해주어 빠져나갔다. 나는 차를 지사 사무실 앞에 세우게 하고 내려서 경찰의 처사에 대해 항의하려고 했다.

잊을 수 없는 그 주간(2)

그래서 나는 지사 그리피스(Griffith) 씨의 사무실로 갔다. 사무실로 올라가는 층계 맨 위에서 아래까지 무장한 군인들이 서 있었다. 전투에 돌입하기라도 하려는 것 같았다. 베란다가 온통 떠들썩하였다. 사무실에 들어서니 보링 씨가 그리피스 씨와 같이 앉아 있었다.

나는 지사에게 내가 목격한 장면을 설명했다. 그는 간단히 대답했다. "나는 행렬이 요새로 가는 것을 원치 않습니다. 거기 가면 분란은 피치 못할 것이기 때문입니다. 권고를 했지만 군중이 듣지 않았기 때문에 부득이 기마대에게 군중 속으로 들어가라고 명령했습니다."

"그렇지만" 하고 나는 말했다. "그러면 결과가 어떻게 되리라는 것을 아시지 않습니까? 말이 사람을 짓밟을 것 아닙니까? 기마대를 보낼 필요는 없었다고 생각합니다."

"당신은 그것을 모릅니다. 당신이 군중을 가르친 결과가 어떤지는 우리 경찰관들이 당신보다 더 잘 압니다. 우리가 만일 과감한 조치를 취하지 않았다면 사태는 걷잡을 수 없이 됐을 것입니다. 당신께 말합니다마는, 군중은 당신 힘으로는 도저히 어떻게 할 수 없게 됐을 것입니다. 법에 대한 불복종이라면 그들은 무조건 좋아했을 것입니다. 질서를 유지해야 한다는 것을 그들은 이해하지 못합니다. 당신의 의도는 나도 잘 압니다. 그러나 군중은 그것을 이해하지 못합니다. 그들은 본능대로 행동하고 말 것입니다" 하고 그리피스 씨는 말했다.

"그 점이 저의 의견과 다른 점입니다" 하고 나는 대답했다. "씨올의 천성은 사나운 것이 아니라 순한 것입니다."

이와 같이 우리는 장시간 논쟁했다. 나중에 그리피스 씨는 이렇게 말했다.

"그렇지만 생각해봅시다. 당신의 가르침이 씨올 속에 먹혀들지 않았다면 어떻게 하시겠습니까?"

"정말 그렇다는 걸 확인하게 된다면 시민의 불복종을 중지하겠습니다."

"무슨 말씀입니까? 당신은 보링 씨에게 석방되기만 한다면 펀자브로 가겠다고 하지 않았습니까?"

"그렇습니다, 다음 열차로 가려고 했습니다. 그러나 지금은 문제가 다릅니다."

"당신이 가만히 참고 계신다면 차차 확신이 생길 것입니다. 아메다바드에서 무슨 일이 일어나고 있는지 아십니까? 또 암리차르에선 무슨 일이 있었는지 아십니까? 어디를 가나 군중들은 미쳐 날뜁니다. 나는 아직 사실 전모는 모릅니다. 전선이 몇 군데서 끊어졌습니다. 나는 이 모든 소동의 책임은 당신한테 있다고 봅니다."

"어디서나 그런 사실이 있다는 것을 알게 된다면 분명히 서슴지 않고 책임지겠습니다. 그러나 아메다바드에서 정말 그런 일이 있었다면 참으로 마음 아픈 일이고 놀랍습니다. 암리차르에 대해서는 대답을 드릴 수 없습니다. 나는 거기에 간 일도 없고 아는 사람도 없습니다. 그런데 펀자브에 대해서는 제가 그곳에 가는 것을 펀자브 정부가 막지만 않았다면 그곳 질서를 유지하는 데 제가 적잖이 도움이 됐을 줄로 확신합니다. 저를 방해했기 때문에 공연히 씨올들을 자극했습니다."

논쟁을 하고 또 했다. 그러나 도저히 합의에 이를 수가 없었다. 나는 그에게 초파티에서 집회를 열어 씨올들에게 평온을 지키고 조용히 있으라는 말을 할 수 있었으면 좋겠다는 말을 하고 떠나왔다. 집회는 초파티 모래밭에서 열렸고 나는 비폭력에 따르는 의무와 사티아그라하의 한계에 대해 길게 설명했다. 그리고 "사티아그라하는 순전히 진실된 사람의 무기입니다. 사티아그라하를 하는 사람은 비폭력을 맹세한 사람입니다. 그렇기 때문에 씨올들이 이것을 사상으로, 말로, 행동으로 지키지 않는 한 나는 대중 사티아그라하를 할 수 없습니다" 하고 말했다.

아나수야벤도 아메다바드에서 폭동이 일어났다는 소식을 들었다. 어떤 사람이 그도 체포됐다는 소문을 퍼뜨렸다. 방직공들은 그 소문을 듣고 미친 듯이 되어 파업을 하고 난폭한 행동을 했다. 그 때문에 수위 한 사람이 죽었다.

나는 아메다바드로 갔다. 나디아드 역 부근의 철도 레일을 걷어치우려 했으며 정부 관리 한 사람이 비람감에서 살해되었고, 또한 아메다바드에는 계엄령이 선포됐다는 소문이 들렸다. 그들은 난폭한 행동을 제멋대로 했고 이제 이자를 합해서 그 값을 톡톡히 치르고 있는 것이었다.

경관 한 사람이 역에서 기다리고 있다가 나를 지사 플래트 씨한테 데리고 갔다. 그를 보니 노기가 등등해 있었다. 나는 그에게 공손한 말로 난동에 대해 유감의 뜻을 표했다. 그리고 계엄령은 불필요하다는 것과 나는 질서를 회복하는 데 주저 없이 협력할 생각이라는 것을 말했다. 나는 사바르마티 아슈람 운동장에서 공개 집회를 열도록 허락해 줄 것을 청했다. 그 제의가 그의 마음을 움직여서 집회를 했는데, 아마 4월 13일 일요일이었다고 생각된다. 그리고 계엄령은 그날인가 그 이튿날인가 해제되었다. 그 집회에서 나는 씨올들에게 그들의 잘못에 대한 자책감을 일깨워주도록 힘썼고, 나 자신은 3일간 속죄의 단식을 선언한 다음 씨올들에겐 하룻 동안 같은 의미로 단식하라고 호소했다. 그리고 폭력을 쓴 사람은 죄를 자백하라고 권고했다.

내 의무는 대낮같이 분명했다. 그들 속에서 내가 상당한 날을 보냈고 그들을 위해 봉사했으며, 그들에게서 더 좋은 일을 기대했던 그 노동자들이 그 폭동에 동조했다는 것을 알았을 때 나는 도무지 견딜 수가 없었다. 나도 그들과 같이 죄지은 자라고 생각했다.

나는 씨올들에게 죄를 자백하라고 권하는 동시에 정부에 대하여는 그 죄를 용서해줄 것을 제언했다. 그러나 내 말은 두 곳에서 다 받아들여지지 않았다.

라만바이(Ramanbhai)경과 그외의 아메다바드 시민들이 내게 와서 사티아그라하를 중지해달라고 호소했다. 그 호소는 하지 않아도 좋았다. 왜냐하면 나는 이미 씨올들이 평화를 지켜야 한다는 것을 깨닫지 못하는 한 사티아그라하는 중지하기로 결심했기 때문이다. 그 친구들은 만족한 마음으로 돌아갔다.

그러나 이 결정을 좋게 여기지 않은 사람들도 있었다. 그들은 내가 만일 어디서나 평화를 기대하고 그것을 사티아그라하 실시의 선행 조건으로 생각한다면, 대중 사티아그라하는 불가능하다고 생각했다. 그들과 의견의 일치를 보지 못한 것은 섭섭한 일이었다. 내가 그들 가운데서 같이 일했고 비폭력과 고통을 스스로 감수할 준비가 되어 있는 사람들로 기대했던 그들이 비폭력을 못 지킨다면 사티아그라하는 정말로 불가능했다. 씨올을 이끌어서 사티아그라하를 하려는 사람은 씨올을 그들에게 기대되는 일정한 비폭력의 한계 안에 붙들어둘 수가 있어야 한다는 것이 나의 확고부동한 의견이었다. 그 의견은 지금도 마찬가지다.

히말라야적 오산

아메다바드의 집회가 끝난 바로 직후 나는 나디아드로 갔다. 후에는 널리 유행이 된 말이지만 내가 '히말라야적 오산'이란 표현을 처음으로 쓴 것은 여기서였다. 아메다바드에 있을 때도 내 잘못을 어렴풋이 느끼기 시작했지만, 나디아드에 와서 사태의 진상을 내 눈으로 보고 케다 지방에서 많은 사람들이 체포됐다는 소식을 듣고 나니, 문득 내가 큰 잘못을 저질렀다는 생각이 들었다. 지금 생각해봐도 그렇지만, 케다 지방과 그외 지방의 씨올들을 불러일으켜 시민의 불복종에 나서게 한 것은 시기상조였다는 생각이 들었다. 공개 집회에서 연설하면서 내 잘못을 고백했을 때 적잖이 조소를 받았다. 그러나 나는 그 고백을 조금도 후회하지 않는다. 왜냐하면 나는 언제나 사람은 자기 잘못은 돋보기로 보고, 남의 잘못은 그와 반대로 보아야 둘을 정당하게 비교하여 평가할 수 있는 자리에 설 수 있다고 여기기 때문이다. 뿐만 아니라 사티아그라하를 하는 사람이 되려면 이 법칙을 충실히, 양심적으로 지켜야 한다고 믿는다.

그러면 히말라야적 오산이란 무엇인가를 알아보자. 누구나 시민의 불복종을 실천할 수 있는 자격을 가지려면, 먼저 국가의 모든 법을 자진해서 존중하여 지키지 않으면 안 된다. 대체로 사람들은 법을 어겼을 때 받을 벌이 무섭기 때문에 그 법을 지킨다. 도덕률에 관계되지 않는 법인 경우에 특히 그렇다. 예를 든다면, 정직하고 점잖은 사람이라면 도둑질하지 말라는 법이 있거나 말거나 갑자기 남의 물건을 훔치는 일은 없을 것이다. 그런데 그 사람은, 어두워진 후엔 자전거에 헤드라이트를 켜야 한다는 규칙을 지키지 못한 데 대해서는 아무 가책을 느끼지 않는다. 사실 그 점에 좀더 주의하라고 친절히 일러주는 말조차 잘 받아들일지 의문이다. 그러나 그는 이런 종류의 의무적인 규칙도 그것을 지키지 않았을 때에 당할 고소의 번거로움을 피하기 위해서는 지킬 것이다.

그러나 그렇게 마지못해 하는 복종은 사티아그라하를 하는 데 필요한, 자발적인 순종은 아니다. 사티아그라하를 하는 사람은 사회의 모든 법을 이지적으로, 또한 자기의 자유 의지로, 그렇게 하는 것이 신성한 자기 의무라고 생각하기 때문에 지킨다. 이와 같이 사회의 모든 법을 성실히 지키고 난 후에야 사람은 누구나 어떤 특정한 법은 선하고 옳으며, 어떤 것은 부당하고 사악한 것이라고 능히 판단할 수 있게 되는 것이다. 오직 그런 다음에야 어떤 특정한 법에 대해 명확한 조건 아래서 시민의 불복종을 할 수 있는 권리가 그에게 부여된다.

내 잘못은 이러한 필요한 한계들을 잘 알지 못한 데 있었다. 나는 씨올들이 이러한 자격을 스스로 갖추기 전에 시민의 불복종에 나서라고 했던 것이다. 그런데 그 잘못이 내가 보기엔 히말라야같이 큰 것이었다. 케다 지방에 들어서자마자 케다 사티아그라하 투쟁의 지나간 기억들이 내 마음속에 떠올랐고, 그렇게 분명한 것들을 내가 왜 인식하지 못했던가 의아스러웠다. 씨올들이 시민의 불복종을 할 수 있는 자격을 얻으려면 그것이 속에 품고 있는 의미를 충분히 이해하고 난 다음이라야 된다는 것을 나는 깨달았다. 그렇기 때문에 대중적 규모로 시민의 불복종을 다시 행하려면 먼저 사티아그라하의 엄격한 모든 조건을 철저히 이해하는, 잘 훈련되고 순결한 심정을 가진 사람의 무리가 이루어져야 한다. 그들이 씨올들에게 이 모든 조건을 설명해주고 불철주야로 경계해야만 바른 길에서 벗어나지 않게 될 것이다.

이 생각들로 가슴이 채워진 채 나는 뭄바이에 도착해서, 거기 있던 사티아그라하 사바를 통하여 사티아그라하 자원자 단체를 조직하고, 그들의 도움을 얻어서 씨올들에게 사티아그라하의 의미와 그 의의를 가르치기 시작했다. 이것은 주로 그 문제를 다룬 교육적 인쇄물의 간행에 의하여 행해졌다.

그러나 일이 진행되고 있는 동안 나는 씨올들을 사티아그라하의 평화적인 면에 흥미를 갖게 만들기란 어려운 일임을 알게 됐다. 자원자의 수도 많지 않았다. 게다가 실제로 등록한 사람들도 조직적인 훈련이라고 할 만한 것은 받지 못했다. 그리고 날이 감에 따라 새로 오는 사람이 점차로 늘기는커녕 줄어들었다. 나는 시민 불복종의 훈련은 내가 기대했던 것처럼 빠르게 진행되지는 않는다는 것을 깨달았다.

『나바지반』과 『영 인디아』

이와 같이 한편에서는 비폭력의 보호를 위한 운동이 느리기는 하지만 꾸준히 계속되고 있는 때에, 다른 한편에서는 정부가 불법적인 압박정책에 박차를 가하여 펀자브 지방에서 그 본색을 노골적으로 드러내고 있었다. 지도자들이 투옥되고 계엄령이, 다른 말로 하면 무법이 선포되고 특별재판소가 설치되었다. 이들 재판소라는 것은 사법재판소가 아니라 독재자의 독단적인 의사를 수행하기 위한 기구였다. 판결은 증거의 뒷받침도 없이 악랄하게, 정의를 어겨가면서 언도됐다. 암리차르에서는 무죄한 남녀가 강제로 벌레처럼 엎드려 기어다니는 수모를 당했다. 인도와 세계의 이목을 가장 크게 끌었던 것이 잘리안왈라 바흐(Jalianwala Bagh)의 비극이라고 하지만, 내가 보기에는 이 포학함 앞에서는 그것도 무의미하게 퇴색되어버렸다.

나는 결과를 생각할 것 없이 즉시 펀자브로 가라는 압력을 받았다. 그래서 총독에게 편지도 보내고 전보도 쳐서 그곳으로 갈 수 있도록 허락해달라고 했지만 소용이 없었다. 내가 만일 허가 없이 간다면 펀자브 경계선을 넘지 못할 것이고, 이곳에 남아 있으면서 시민의 불복종으로 어떤 만족을 얻는가를 맛보게 될 것이다. 그래서 나는 궁지에 몰렸다.

주위의 정세로는 명령을 어기고 펀자브 경계선을 넘는다는 것은, 내 판단으로 보아 시민의 불복종에 들 수가 없었다. 왜냐하면 내 주위에는 내가 원하는 평화의 분위기도 없었고, 펀자브 안에서 자행되는 횡포와 분노의 감정을 더욱 격화시킬 것이기 때문이다. 그렇기 때문에 내게 시민의 불복종은, 설령 행할 수 있다 하더라도 그 불길을 더 부채질해주는 것밖에 되지 않았다. 그래서 나는, 친구들의 권고가 있기는 했지만 펀자브로 가지 않기로 결정했다. 이것은 쓸개물을 마시는 듯한 일이었다. 펀자브로부터 매일 쏟아져 들어오는 것은 탄압의 소식뿐이었다. 그러나 나는 맥없이 앉아 이를 갈 수밖에 다른 도리가 없었다.

바로 그때 호르니만(Horniman) 씨가 당국에 의해 납치되어 행방불명됐다. 『더 뭄바이 크로니클』지를 그만큼 유력한 신문으로 만든 것은 그였다. 정부의 이러한 행동은 마치 오물에 둘러싸인 것같이 아직도 그 냄새가 코를 찌른다. 나는 호르니만 씨가 절대로 무법 상태를 원하는 사람이 아닌 것을 안다. 그는 내가 사티아그라하 위원회의 허락 없이 펀자브 정부의 입국 금지령을 어기는 것에 찬성하지 않았고, 시민의 불복종을 중지하는 결정에 전적으로 찬성했다. 그는 내가 이러한 결정을 발표하기 전에 권유하는 글을 보내기도 했다. 뭄바이가 아메다바드에서 멀리 떨어져 있기 때문에 나는 그 편지를 발표가 끝난 후에야 받았다. 때문에 돌연한 그의 추방은 놀랍고도 가슴 아픈 일이었다.

이러한 사태의 결과 『더 뭄바이 크로니클』지의 이사들은 나에게 그 신문의 운영 책임을 맡아달라고 교섭해왔다. 보렐비(Borelvi) 씨가 이미 간부직에 있었기 때문에 내가 해야 할 일은 별로 없었지만, 나의 성격상 그 직책은 더 부담이 되지 않을 수 없었다.

그런데 정부가, 말하자면 나를 구해준 셈이었다. 정부의 명령으로 이 신문은 발행 정지를 당했기 때문이다.

이 신문을 경영하고 있었던 친구들, 즉 우마르 소바니와 샨카를랄 반케르 씨는 그 당시 『영 인디아』에도 손을 대고 있었다. 그들은 『더 뭄바이 크로니클』이 발행 정지가 됐으니 이제 나더러 『영 인디아』의 발행인직을 맡으면 어떻겠느냐는 제안을 했다. 전자의 발행 금지로 인해 생긴 공백을 메우기 위해 주간 『영 인디아』를 주 2회로 변경시키자는 것이었다. 그것은 나도 역시 동감이었다. 나는 어떻게 해서든지 일반에게 사티아그라하의 속뜻을 상세히 설명하고 싶었고, 또 이 노력을 통해 적어도 펀자브 사건의 진상을 밝힐 수 있었다. 왜냐하면 내 글 뒤에는 언제나 사티아그라하가 잠재해 있었고, 정부도 그것을 알고 있었기 때문이다. 그래서 나는 그 친구들의 제의를 흔쾌히 받아들였다.

하지만 일반 씨올들에게 어떻게 영어로 사티아그라하를 훈련시킬 수 있을까? 나의 주된 활동 분야는 구자라트에 있다. 인둘랄 자즈니크(Indulal Jajnik) 씨가 그때 소바니와 반케르 그룹에 함께 있었다. 그는 구자라트에 월간지 『나바지반』(Navajivan)을 맡고 있었다. 그 『나바지반』의 자금을 다 친구들이 대고 있었다. 그들은 그 월간지를 내게 마음대로 할 수 있게 맡기고, 그리고 인둘랄은 계속 그 일을 봐주기로 했으며, 월간을 주간으로 변경했다.

그러는 동안 『더 뭄바이 크로니클』이 복간되었다. 『영 인디아』는 그래서 본래대로 주간으로 환원되었다. 두 개의 주간 신문을 각각 다른 곳에서 낸다는 것은 내게는 매우 불편한 일이고 경비도 더 들었다. 『나바지반』은 이미 아메다바드에서 내고 있었으므로 『영 인디아』도 그쪽으로 옮기자고 제의했고 그렇게 됐다.

그렇게 변경하는 데는 다른 이유도 있었다. 나는 이미 『인디언 오피니언』으로 얻은 경험에서 잡지는 인쇄시설이 있어야 한다는 것을 알고 있었다. 그뿐 아니라 그 당시에 시행하고 있는 출판법은 너무 까다로웠기 때문에, 내가 내 의견을 거리낌없이 발표한다면 영리를 위해 일하고 있는 인쇄소들이 인쇄해주기를 꺼릴 수가 있었다. 그래서 자가 소유의 인쇄기를 가질 필요성이 더욱 분명해졌다. 그런데 아메다바드라야 쉽게 그렇게 될 수가 있었으므로 『영 인디아』도 그곳으로 가져가야 했던 것이다.

이제 나는 이 두 잡지를 통해 독서층 씨올에게 사티아그라하에 대한 교육을 마음껏 하기 시작했다. 둘 다 상당히 널리 유포되어 한때는 발행부수가 각각 4만부 가까이 올라갔다. 『나바지반』은 비약적으로 증가하는 데 반해 『영 인디아』는 서서히 올라갔다. 내가 투옥된 후에는 두 잡지의 발행부수가 뚝 떨어져서 지금은 8,000부 선을 유지하고 있다. 시작 당시부터 나는 이 잡지들에 광고를 싣는 것은 반대했다. 그러나 그 때문에 손해봤다고는 생각하지 않는다. 도리어 그 때문에 잡지가 독립을 유지해가는 데 적잖이 도움이 됐다고 나는 믿는다.

부수적으로 이 두 잡지는 내 마음의 평안을 유지해가는 데 어느 정도 도움이 됐다. 시민의 불복종을 직접 행할 수 없는 때에 그것들로 인해 자유로이 내 생각을 발표할 수 있었고, 또 씨올들이 용기를 낼 수 있게 해주었기 때문이다. 그리하여 이 두 잡지는 이 시련의 시기에 씨올들에게 좋은 봉사를 했고 계엄령의 횡포를 약화시키는 데 작게나마 도움이 됐다고 생각한다.

펀자브에서

미카엘 오드와이어경은 펀자브에서 일어난 모든 일은 내게 그 책임이 있다고 했고, 일부 성난 펀자브 청년들도 계엄령의 책임은 내게 있다고 했다. 그들은 주장하기를 만일 내가 시민의 불복종을 중단하지 않았다면 잘리안왈라 바흐의 학살은 없었을 것이라고 했고, 심지어는 내가 펀자브에 오기만 하면 죽여버리겠다고 위협한 사람들도 있었다.

그러나 내 입장은 극히 정당했고 문제될 것이 없기 때문에, 누구나 지성을 가진 사람이라면 오해의 여지가 없다고 나는 생각했다.

나는 펀자브에 가고 싶어 견딜 수가 없었다. 전에 거기 갔던 일이 없었고, 또 그렇기 때문에 더욱 모든 것을 내 눈으로 확인하고 싶었다. 나를 펀자브로 오라고 초청해주었던 의사 샤타팔, 의사 키츨루, 그리고 판디트 람바지 두트 초다리(Pandit Rambhaji Dutt Chowdhari)는 그때 감옥에 있었다. 그러나 정부는 그들이나 그외의 수감자들을 더 이상 가두어둘 수 없다고 나는 확신했다. 내가 뭄바이에 있을 때는 언제나 많은 펀자브 사람들이 나를 찾아주었다. 그럴 때에 한마디 격려의 말을 하면 그것이 그들에게는 위로가 되곤 했다. 그때의 나의 자신 있는 태도는 다른 사람에게도 전해지곤 했다. 그러나 나의 펀자브행은 자꾸만 연기되었다. 내가 허가를 신청할 때마다 총독은 "아직도 안 됩니다"라고만 했다. 그래서 그 일은 질질 끌어왔다.

그러는 동안에 계엄령 아래서 펀자브 정부의 만행을 조사하기 위한 헌터 위원회가 구성되었음이 알려졌다. 앤드루스 씨는 그때 이미 거기에 가 있었다. 그의 편지가 알려준 그곳 형편을 읽을 때마다 가슴이 찢어지는 듯했다. 나는 계엄령 때의 만행은 신문이 보도했던 것보다도 실제로는 더 참혹했다는 인상을 받았다. 그는 어서 와서 자기와 같이 일하자고 간청했다. 동시에 말라비야지가 전보를 보내 즉시 펀자브로 오라고 했다. 나는 다시 한 번 총독에게 전보를 쳐서 지금 펀자브에 가도 좋으냐고 물었다. 그는 회답 전보를 통해서 갈 수는 있으나 어떤 날이 지난 후에 가라고 전했다. 지금 정확히는 기억하지 못하나, 10월 17일이었다고 생각한다.

내가 라호르에 도착했을 때 목격한 광경은 평생 잊을 수 없는 것이다. 철도역은 이 끝에서 저 끝까지 온통 와글거리는 사람들의 무리였다. 모든 시민들이 오래 떠나 있던 그리운 친척이나 만나려는 듯 온통 몰려나와 기뻐 어쩔 줄을 몰라했다. 나는 판디트 람바지 두트의 방갈로에 묵게 되었고, 나를 대접하는 수고는 슈리마티 사랄라 데비(Shrimati Sarala Devi)의 어깨에 지워졌다. 정말 그건 짐이었다. 그때도 벌써, 지금처럼 내가 묵는 곳은 큰 여관이나 다름없었다.

펀자브의 중요한 지도자들은 다 감옥에 가 있었으므로 판디트 말라비야지, 판디트 모틸랄지, 그리고 스와미 슈라다난드지가 그 자리를 적당히 지키고 있는 것을 알았다. 말라비야지와 슈라다난드지는 전부터 매우 가깝게 알고 있었지만 모틸랄지를 개인적으로 가깝게 만나게 된 것은 그때가 처음이었다. 이들 지도자나, 또 그밖에 투옥의 특권을 면할 수 있었던 지방 지도자들은 모두 나를 마음놓고 지낼 수 있게 해주었기 때문에 낯선 곳에 왔다는 느낌이 조금도 들지 않았다.

어떻게 해서 우리가 앞장서서 헌터 위원회에 증거를 제시해주지 말 것을 만장일치로 결정했던가는 지금은 하나의 역사적 사실이 되었다. 왜 그렇게 결정했느냐 하는 이유는 그때 이미 발표했기 때문에 여기서 되풀이할 필요는 없다. 다만 이것만은 말해둔다. 이만큼 시간이 지난 지금 와서 생각해보아도 그때 우리가 그 위원회를 배척하기로 결정했던 것은 절대로 정당한 일이요 잘한 일이었다.

헌터 위원회를 배척하기로 결정한 논리적 결과로 민간 조사위원회를 조직하기로 결정하고, 국민의회를 대신하여 조사를 병행해나가기로 했다. 판디트 모틸랄 네루(Pandit Motilal Nehru), 데슈반두 다스 (Deshbandhu C. R. Das), 압바스 탸브지(Abbas Tyebji), 자야카르 (M. R. Jayakar), 그리고 내가 이 위원으로 지명됐는데, 그것은 사실상 판디트 말라비야지에 의해서 된 것이었다. 우리는 조사할 목적으로 각 지역으로 흩어졌다. 이 위원회 업무의 조직책임을 내가 맡게 됐고 가장 넓은 지역의 조사 또한 내가 하게 됐으므로, 나는 펀자브와 펀자브 촌락들의 씨올들을 가까이에서 접촉, 관찰할 수 있는 기회를 얻게 되었다.

조사를 진행하는 동안 나는 또한 펀자브 부인들과도 알게 되었다. 그들은 마치 몇 해 동안 같이 지냈던 친구들 같았다. 내가 가는 곳마다 떼지어 몰려와서 내 앞에다 자기네의 실 꾸러미를 한 더미씩 쌓아놓았다. 이렇게 조사해가는 동안 나는 펀자브가 대규모의 카디업 고장이 될 수 있다는 사실을 깨달았다.

씨올들에게 가해진 만행을 점점 더 조사해감에 따라 나는 상상조차 못했던 정부의 폭정과 관리들의 전횡에 관한 이야기를 듣게 됐고, 그것을 들으니 가슴이 미어지는 듯했다. 지금까지도 놀라지 않을 수 없는 것은, 대전 때 영국 정부에 가장 많은 군인을 보냈던 이 주가 그 짐승 같은 폭행을 고스란히 당해야 했다는 사실이다.

이 위원회의 보고서 초안을 잡는 일도 내가 맡았다. 펀자브 주민들에게 가해진 만행이 어떤 것이었는가를 알고 싶은 분에게 이 보고서를 자세히 읽어보라고 권하고 싶다. 이 보고서에 대해 내가 여기서 말하고 싶은 것은 다만 이것뿐이다. 즉 거기엔 의식적으로 가장한 곳은 한 군데도 없다는 것과, 그 안에서 한 말은 다 증거로 뒷받침이 되어 있다는 것이다. 뿐만 아니라 발표된 증거는 위원회가 가지고 있는 것들 가운데 극히 작은 부분에 지나지 않는다. 보고서에는 그 진술의 확실성에 대하여 털끝만큼이라도 의심되는 점은 단 하나도 허락되지 않았다. 오로지 진실을, 진실만을 밝히기 위하여 만들어진 이 보고서는 영국 정부가 어느 정도로 불법을 자행할 수 있었는가, 권력을 유지하기 위하여 얼마나 비인도적이고 야만적인 행위도 감행할 수 있었던가를 알 수 있게 해줄 것이다. 내가 아는 한 거기에 기록한 것 중 사실이 아니라고 반증된 것은 단 하나도 없다.

킬라파트 대 암소 보호

이제 이 펀자브의 암흑사건에서 잠시 떠나야겠다.

국민의회가 펀자브의 이 다이어리즘[12]을 막 시작했을 때 나는 킬라파트 문제를 토의하기 위해 델리에서 개최되는 힌두·이슬람 연합회의에 참석해달라는 초청 편지를 받았다. 그 서명자 중에는 하키 아즈말 칸 사헤브와 아사프 알리(Asaf Ali)가 있었다. 스와미 슈라다난드지도 참석한다는 것이었고, 내 기억이 옳다면 그는 회의의 부회장이 될 예정이었다. 내가 기억하기로 그 회의는 그해 11월에 열렸다. 그 회의는 킬라파트의 배신행위에서 일어난 사태에 관해, 그리고 평화 축하식에 힌두교도와 이슬람교도가 참가할 것이냐 하는 데 관해 논의하기 위한 것이었다.

초청 편지는 다른 몇 가지 이야기를 하는 가운데 킬라파트 문제뿐 아니라 암소 보호 문제도 그 회의에서 토론될 것이라면서, 그렇기 때문에 이 회의는 암소 문제 해결의 절호의 기회가 될 것이라고 했다. 내게는 이 암소 문제를 언급한 것이 좋게 생각되지 않았다. 그래서 초청

---

12) 다이어리즘(Dyerism): 다이어가 잘리안왈라 광장에서 군중들에게 사격한 것을 말함. 육군 중장 다이어(Harry Dyer)는 1919년에 줄룬두르(Jullundur)의 여단장으로 있었고, 잘리안왈라에서 비무장 인도인 시위대에 사격을 가해 379명을 죽였다.

에 대한 회답을 하는 가운데 나는, 될 수 있는 한 참석할 것은 약속하지만 두 문제를 한데 섞거나 또는 흥정을 하는 마음으로 다루어서는 안 된다는 것, 각각 제 진정한 가치에 따를 것이며 서로 분리해서 다뤄야 할 것이라고 말했다.

나는 그러한 생각을 가슴속에 가득 안고 회의에 갔다. 그 모임은 그 후에 개최된 모임같이 수만 명이 모이는 장관은 이루지 못했으나, 잘된 모임이었다. 나는 위에서 말한 그 문제를 그 회의에 참석했던 슈라다난드지와 의논했다. 그는 내 뜻을 좋게 여기고 회의 때 그 문제를 제의할 것을 내게 맡겼다. 나는 마찬가지로 하킴 사헤브와도 토론했다.

회의에 가서 나는 킬라파트 문제가 내가 믿고 있듯이 정말 정당하고 합법적인 문제라면, 그리고 영국 정부가 중대한 불법을 자행한 것이 정말 사실이라면, 힌두교도는 마땅히 이슬람교도들과 같이 일어나 킬라파트의 잘못을 시정할 것을 요구하여야 한다고 강력히 주장했다. 이 문제와 관련해서 소의 도살 문제를 들고 나오거나 또는 이 기회를 이슬람교도와의 타협 기회로 삼는 것은 잘못이며, 마찬가지로 이슬람교도가 소의 도살을 중지하는 것은 마치 힌두교도가 이 킬라파트 문제를 지지한 대가로 하기나 하는 것처럼 약속하는 것도 잘못이라고 말했다.

그러나 이슬람교도들이 만일 자기네의 자유 의사로 힌두교도의 종교적 입장을 생각하고 그들을 이웃으로, 한나라의 동포로 생각하는 의무감에서 소의 도살을 그만둔다면 그것은 별문제이다. 뿐만 아니라 그것은 아주 장한 일이며, 큰 명예가 되는 일이다. 그러한 독립적 태도를 취하는 것이 그들의 의무요, 그들의 위신을 높이는 것이다. 나는 이 점을 강조했다. 그러나 이슬람교도가 만일 소의 살육 중지를 자기 이웃에 대한 의무로 알고 한다면, 그들은 그것을 힌두교도가 킬라파트 문제에서 도와주었거나 말았거나 그런 건 생각지 않고 해야 할 것이다. 그래서 나는 주장했다. "그렇기 때문에 두 문제는 서로 독립적이어야 하며, 이 회의는 킬라파트 문제에 관해서만 토의해야 합니다." 이러한 나의 주장은 참석자들의 찬성을 얻었고, 그 결과 소의 보호 문제는 여기서 토론되지 않았다.

그러나 내가 이렇게 경고했는데도 마울라나 압둘 바리 사헤브 (Maulana Abdul Bari Saheb)는 "힌두교도들이 우리를 돕건 말건 우리는 그들의 동포이므로 그들의 감정을 생각하여 소의 도살을 중지하여야 합니다" 하고 말했다. 그래서 한때는 그들이 정말 그 문제에 끝을 낸 듯이 보였다.

일부에서는 펀자브 문제를 킬라파트 부정 문제에 추가하자는 제안이 있었다. 나는 거기에 반대했다. 나는 펀자브 문제는 지역 문제이기 때문에 평화 축하식에 참석하느냐 안 하느냐 하는 문제와 연결시킬 수는 없다고 말했다. 우리가 만일 지역적인 문제를 평화조약에서 직접적으로 일어나는 킬라파트 문제와 혼동해버리면 무분별한 과오를 범하는 게 된다. 내 주장은 쉽게 납득이 됐다.

마울라나 하스라트 모하니(Maulana Hasrat Mohani)가 이 모임에 와 있었다. 나는 그를 전부터 알고 있었지만 그가 굉장한 투사라는 것은 여기서 비로소 알았다. 우리는 회의 시작부터 서로 의견을 달리했고, 몇 가지 문제에서는 끝까지 달랐다.

이 회의에서 통과된 여러 가지 결의안 중 하나는 힌두교도와 이슬람교도에게 스와데시에 맹세하고 거기에 따라 외국 상품을 배척할 것을 호소하자는 것이었다. 카디는 아직 제자리를 잡지 못한 때였다. 하스라트는 그 결의안에 찬성하지 않았다. 그가 목적하는 것은 킬라파트 문제에서 정의가 거부당할 경우, 대영제국에 대해 보복을 하자는 것이었다. 그렇기 때문에 그는 가능하다면 영국 상품만을 배척하자는 대안을 내놨다. 나는 지금은 상식화되어 있는 여러 가지 논증을 들어가면서 그 대안은 실행력도 없을 뿐 아니라 명분도 서지 않는다는 이유로 반대했다. 또한 회의에 앞서 비폭력에 대한 나의 견해를 밝혔다.

나는 내 주장이 청중에게 깊은 인상을 준 것을 알았다. 나보다 앞서 하스라트 모하니가 연설을 했을 때 우레 같은 갈채를 받았기 때문에 내 연설은 황야에서 외치는 소리가 되지 않을까 염려했다. 내가 감히 용기를 내어 말한 것은 다만, 회의에서 내 견해를 피력하지 않는 것은 직무 유기라고 생각했기 때문이었다. 그런데 내가 놀란 것도 무리가 아닌 것은 의원들이 내 말에 비상한 관심을 가지고 귀를 기울이고 있었고, 내 말이 방청객의 전폭적인 지지를 불러일으켰기 때문이다. 그리고 뒤를 이어 올라오는 연사마다 내 견해를 지지하는 연설을 해주었다. 지도자들은 영국 상품의 배척은 그 목적을 달성하지 못할 뿐 아니라, 설령 채택이 된다 하더라도 자기네들을 웃음거리로 만드리라는 것을 알게 됐다. 그 회의에 참석한 사람 중에 영국 제품을 무엇이든 간에 하나도 가지고 있지 않은 사람은 한 사람도 없었다. 그렇기 때문에 출석자의 대부분이, 투표자 자신도 실행할 수 없는 것을 채택한다면 돌아올 건 손해밖에 없다는 것을 깨달았다.

"단순히 외국 천을 배척하는 것만으로는 만족할 수 없습니다. 우리 수요를 충족할 만큼 스와데시 천을 생산하지 못하는 한, 그리하여 외국 천에 대하여 효과적인 배척을 하지 못하는 한, 그 배척이 얼마나 오래 계속될지 누가 압니까? 우리는 영국에 즉각적인 영향을 줄 수 있는 무엇이 필요합니다. 외국 천을 배척하시려면 하십시오. 우리는 상관하지 않습니다. 그러나 그것보다 빠르고 효과가 있는 무엇을 제시해주십시오" 하고 마울라나 하스라트 모하니는 말했다.

그 말을 듣고 있는 동안 나는 상품의 배척보다는 뭔가 새로운, 그 이상의 것이 필요하다고 느꼈다. 내 생각에도 외국 천의 즉각적인 배척은 분명 그때는 불가능하다고 생각됐다. 그때는 우리가 원한다 하더라도 수요를 충족할 만한 카디를 생산할 수 있으리라고는 생각되지 않았다. 그것은 후에 가서야 알게 되었다. 한편 나는 그때 벌써 우리가 방직공장에만 의존해 외국 천을 배척하는 데 성공적인 결과를 바라다가는 반드시 실패한다는 것을 알고 있었다. 마울라나가 발언을 끝냈을 때 나는 여전히 딜레마에 빠져 있었다.

나는 힌디어나 우르두어를 잘하지 못한다는 약점이 있었다. 특히 북방 이슬람교도들뿐인 청중 앞에서 논쟁적인 말을 하는 것은 이것이 처음이었다. 칼리카타 이슬람교 연맹에서 우르두어로 말해본 적은 있으나 단 몇 분에 불과한 것이었고, 그나마도 청중의 감정에 호소하는 것이었다. 그런데 여기서는 적의를 가진 것은 아니지만 비판적인 청중을 대하고 있었고, 그들에게 내 견해를 설명하고 이해시켜야 했다. 그러나 나는 모든 수줍은 생각을 뿌리쳤다. 나는 여기서 실수 없고 유창하게 델리 이슬람교도의 우르두 말을 하자는 것이 아니었다. 내가 주워댈 수 있는 서투른 힌디어로 내 견해를 밝히면 그만이다. 그 점에서는 성공을 했다. 이 집회는 힌두 우르두 말이 인도의 공통 혼합어가 될 수 있다는 것을 증명해주었다. 내가 만일 영어로 말했다면 청중들에게 그렇게 감명 주지는 못했을 것이고, 마울라나는 반대 발언을 하라는 도전을 받았다고 느끼지는 않았을 것이다. 그러나 그가 반대 발언을 했더라도 나는 거기에 효과적으로 대응할 수 있었을 것이다.

새로운 생각에 대해서는 적당한 힌디어나 우르두어를 집어낼 수가 없었다. 그 때문에 좀 고심했다. 마침내 나는 그것을 '비협조'란 말로 표현했다. 그 말을 이 모임에서는 내가 처음으로 썼다. 마울라나가 발언하고 있는 동안 나는 정부와 협력하는 것이 한두 가지가 아닌 상황에서 그가 정부에 대해 효과적인 저항을 한다는 것은 무력에 호소하는 것이 불가능하거나 바람직하지 않은 공연한 수고라는 생각이 들었다. 그러므로 정부에 대한 유일하게 참된 저항은 정부와의 협력을 중지하는 것이라고 생각했다. 그렇게 해서 나는 '비협조'란 말에 도달했던 것이다. 그때는 아직 그 말이 포함하고 있는 여러 가지 의미를 분명히 알지 못했다. 나는 다만 이렇게 말했다.

"이슬람교도들은 매우 중대한 결의안을 채택했습니다. 만일 평화 조건이 그들에게 불리하다면(그런 일은 없으리라 믿습니다마는), 정부와의 협력을 일체 중지해야 합니다. 그와 같이 협력을 중지하는 것은 빼앗을 수 없는 씨올의 권리입니다. 우리는 정부가 내린 칭호도 사용해서는 안 되며, 관청에 종사하는 것도 계속해서는 안 됩니다. 정부가 킬라파트 같은 대의를 배반한다면 우리는 비협조를 단행하지 않을 수 없습니다. 그러므로 정부가 배신할 경우 비협조를 행할 이유가 성립되는 것입니다."

그러나 '비협조'란 말이 일반적으로 쓰이게 된 건 몇 개월 후였다. 그때도 당분간 회의 중에는 그 말이 쓰이지 않았다. 한 달 후 암리차르에서 개회된 국민의회에서 협력 결의안에 지지했을 때, 나는 사실 배신 행위는 결코 일어나지 않으리라 생각했기 때문이었다.

암리차르 국민의회

펀자브 정부는 계엄 아래서 극히 희박한 증거를 가지고 감옥에 처넣은 수백 명의 펀자브인들을 계속 감금해둘 수는 없었다. 이러한 악질적인 불법에 대해 사방에서 들고 일어났기 때문이었다. 대부분의 죄수는 국민의회가 열리기 전에 석방되었다. 랄라 하르키샨랄(Lala Harkishanlal)과 그밖의 지도자들은 의회가 진행되고 있는 동안 모두 석방되었다. 알리 형제도 석방되는 대로 곧장 그곳으로 왔다. 씨올들의 기쁨은 한이 없었다. 번창하던 변호사업을 내던지고 펀자브를 본거지로 봉사활동을 해왔던 판디트 모틸랄 네루가 국민의회의 의장이었고, 스와미 슈라다난드지가 환영위원회의 위원장이었다.

그때까지 국민의회 연례 회기 동안 나의 역할이란 힌디어로 강연함으로써 힌디어를 국어로 조성하자는 주장과, 그 강연을 통하여 해외에 있는 인도인의 사정을 알리는 데만 국한되었다. 이 해에도 그 이상의 요청은 있으리라 생각하지 않았다. 그러나 그전에도 여러 번 그런 일이 있었던 것처럼 갑자기 중대한 책임이 내게 떨어졌다.

마침 그때 국왕의 새로운 개혁안이 발표되었다. 그것은 내게도 전적으로 만족스러운 것이 못 됐고, 모든 사람에게도 불만족스러운 것이었다. 그러나 그때 내 생각에는, 그 개혁안에 결함은 있었지만 그래도 받아들일 수 있다고 생각되었다. 나는 국왕의 발표와 그 발표문에서 신하[13]경의 손길을 느꼈고, 그것이 일루(一縷)의 희망을 주었다. 그러나 로카만야와 데샤반두 치타란잔 다스(Deshabandhu Chittaranjan Das) 같은 강경파들은 머리를 흔들었다. 판디트 말라비야지는 중립적이었다.

판디트 말라비야지는 나를 자기방에 묵게 해주었다. 힌두 대학 개교 기념식 때 나는 그의 소박한 생활 태도를 잠깐 엿보았던 일이 있었는데, 이번은 그와 한방에 지내면서 그의 일상 생활의 세세한 점까지 보고 내 마음은 기쁨과 놀라움으로 가득 찼다. 그의 방은 마치 빈민들의 무료 숙박소 같았다. 이쪽에서 저쪽으로 거의 한발짝도 움직일 수가 없었다. 사람들이 그 정도로 꽉 차 있었다. 우연히 들르는 방문객도 언제나 받아들였고, 그들은 있고 싶을 때까지 얼마든지 묵을 수 있었다. 이 복잡한 방 한구석에 내 차르파이[14]가 아주 당당히 놓여 있었다.

---

13) 신하(Sinha): 인도인으로서 영국 귀족이었던 사람.
14) 차르파이(charpai): 인도인들이 사용하는 간편한 침대.

그러나 말라비야지의 생활 방식의 묘사로 이 장을 채울 수는 없고, 본 제목으로 돌아가야겠다.

나는 매일 말라비야지와 토론할 수 있었다. 그는 손위 형님같이 친절한 태도로 각 당파의 갖가지 견해를 내게 설명해주었다. 나는 개혁안에 대한 결의안 심의에 참가하는 것이 불가피하다는 걸 알았다. 나는 펀자브 만행에 관한 보고서 작성 책임을 맡고 있었기 때문에, 이 일과 관련된 모든 미해결 문제들에 관심을 기울이지 않을 수 없다고 생각했다. 그 문제로 정부와 협상할 것도 있었다. 또 마찬가지로 킬라파트 문제도 있었다. 한 걸음 더 나아가 나는 그때 몬타구(Montagu) 씨가 배신하거나 인도 문제를 내버려두지는 않을 거라고 믿고 있었다. 알리 형제를 비롯하여 다른 여러 사람들이 석방된 것도 나에게는 좋은 징조로 생각되었다. 정세가 그랬기 때문에 나는 개혁안을 거부하지 말고 받아들이는 결의안 채택이 옳다고 생각했다.

반면에 데샤반두 치타란잔 다스는 그 개혁안이 아주 부당하고 불만족스러운 것이므로 마땅히 거부해야 한다는 확고한 견해를 가지고 있었다. 로카만야는 다소 중립적이었으나, 어느 것이나 데샤반두가 찬성하는 결의안에 자기도 동조하겠다고 했다.

이처럼 능숙하고 갖은 풍파를 겪고 모든 국민으로부터 존경받고 있는 지도자들과 견해를 달리하지 않으면 안 된다고 생각하니 견딜 수가 없었다. 그러나 한편 양심의 소리는 분명했다. 나는 국민의회를 떠나보려고 했다. 그래서 판디트 말라비야지와 모틸랄지에게 남은 회기 동안은 내가 의회에 참석하지 않는 것이 전체를 위해서 이익이 될 것이라고 말했다. 그렇게 하면 내가 존경하는 이 지도자들과 의견을 달리한다는 것을 드러내지 않게 될 것 아니냐는 의사도 밝혔다.

그러나 이 두 원로는 내 제안에 찬성하지 않았다. 내 제의의 소식이 랄라 하르키샨랄의 귀에도 들어갔다. "그것은 당치도 않은 말이오. 그렇게 하면 편자브 사람들의 감정을 크게 해칠 것이오" 하고 그는 말했다. 나는 그 문제를 로카만야, 데샤반두, 그리고 진나(Jinna) 씨와도 토론했으나 타개책이 나오지 않았다. 마지막에 나는 말라비야지에게 내 고민을 털어놓으며 말했다. "타협할 가능성은 없습니다. 그런데 내가 만일 결의안에 동의한다면 틀림없이 가부를 묻게 될 것이고 표결에 붙이게 될 것입니다. 그런데 표결을 위한 대책을 마련할 수 있을 것 같지 않습니다. 지금까지는 국민의회 개회 동안 표결은 거수로써 실시해왔는데 그 결과는 늘 대의원과 방청객을 구별할 수 없는 것이었습니다. 그렇다고 이 엄청난 모임에서 전혀 표를 셀 수도 없습니다. 그러므로 결국 내가 가부를 묻고 싶다 해도 그 대책을 세울 수 없고, 또 그렇게 할 아무런 의미도 없습니다."

그러나 랄라 하르키샨랄은 일을 타개하기 위해 필요한 조치를 취하기 시작했다. 그는 말했다. "표결이 있는 날에는 방청객을 국민의회 회의실에 들이지 않기로 하지요. 그리고 표를 세는 문제는 내가 맡지요. 그렇지만 당신이 참석을 안 해서는 안 됩니다."

나는 항복했다. 내 결의안을 작성해서 떨리는 마음으로 동의에 착수했다. 판디트 말라비야지 씨와 진나 씨가 그것을 지지하기로 했다. 비록 우리의 견해 차이에 어떤 감정적인 불쾌감은 없었고 우리의 발언도 냉철한 이론 외엔 아무것도 없었지만, 사람들은 견해의 차이가 있다는 바로 그 사실 때문에 견딜 수 없어한다는 것을 나는 알았다. 그들은 섭섭해했다. 그들은 만장일치를 원했다.

발언이 계속되는 동안에도 견해의 차이를 조정해보려는 노력이 연단에서 계속되었고, 그 때문에 지도자들 간에 쪽지가 왔다갔다했다. 말라비야지는 그 단절 사이에 다리를 놓으려고 갖은 방법을 썼다. 그러자 제람다스가 그의 수정안을 내게 보이면서 그 특유의 은근한 태도로 대의원들이 찬반 양파로 분열되어야 하는 궁지에서 벗어나게 하자고 간곡히 말했다. 그의 수정안은 마음에 들었다. 말라비야지의 눈은 벌써 일루의 희망을 갖고 조목조목 검토하고 있었다. 나는 그에게, 제람다스의 수정안은 양쪽에서 다 받아들일 수 있을 것 같다고 말했다. 그 다음으로 그것을 본 로카만야는 "C. R. 다스만 반대하지 않는다면 나도 찬성하겠습니다" 하고 말했다. 데샤반두도 마침내 태도가 누그러져서 확인을 얻으려고 베핀 찬드라 팔(Bepin Chandra Pal) 씨를 건너다보았다.

말라비야지는 희망에 넘쳤다. 그는 수정안이 쓰인 종이를 빼앗아 데샤반두가 확정적인 대답을 입 밖에 내기도 전에 외쳤다. "의원 여러분, 기뻐하십시오. 타협이 이루어졌습니다." 그 뒤에 일어난 반향은 이루 형언할 수 없을 정도였다. 회의장은 박수 소리로 떠나갈 듯했고, 우울해하던 방청객들의 얼굴은 기쁨으로 빛났다.

수정안의 본문 이야기를 할 필요는 없을 것이다. 여기서 내가 목적하는 것은 다만 이 결의안이, 이 글에서 다루고 있는 내 실험의 일부로서 어떻게 다루어졌는가를 말하려는 것뿐이다.

이 타협은 나의 책임을 한층 더 늘려 주었다.

국민의회에 입회하다

내가 암리차르 국민의회의 의사(議事)에 참가했던 사실은 내가 의회 정치에 발을 들여놓은 것으로 여겨야 할 것이다. 이전에 내가 회의에 참석한 것은 아마 나의 의회에 대한 충성을 해마다 새롭게 한다는 것 외에 다른 것은 없었다. 그때마다 단순히 내 사적인 일 외에 각별히 내가 할 만한 일은 없었고, 나 또한 원치도 않았다.

암리차르의 경험을 통해서 한두 가지 내게 적합하기도 하고 또 국민의회를 위해서도 유익한 것이 될 듯한 게 있음을 알았다. 로카만야나 데샤반두나, 판디트 모틸랄지나, 그밖의 지도자들이 편자브 조사에서의 내 역할을 만족스럽게 여기고 있다는 것을 이미 알 수 있었다. 그들은 그들의 비공식 회합에 나를 초청하곤 했는데, 거기서는 위원회를 위한 결의안들이 논의되곤 했다. 그 모임에는 그 지도자들에게 특별한 신임을 얻거나 그들에게 필요한 사람들만이 초청되었다. 참관자들도 이따금씩 이 회합에 참석하는 일이 있었다.

다가오는 해에는, 내 관심을 끌고 또 어느 정도 내 자질에 맞는 두 가지의 일이 있었다. 그중 하나는 잘리안왈라 바흐 학살사건의 기념이었다. 의회는 대단한 열의로 그것을 위한 결의안을 통과시킨 일이 있다. 이것을 위해 약 5라크(lakh: 1라크는 10만 루피)의 건립금을 모아야 했다. 나는 그 위임자의 한 사람으로 뽑혔다. 판티트 말라비야지는 공공의 목적을 위한 구걸에서는 거지들의 왕초라는 명망을 갖고 있었다. 그러나 그 점에서는 나도 뒤지지 않는다고 자인했다.

내가 그런 방면에 소질이 있다는 것은 남아프리카에 있을 때에 알았다. 나는 말라비야지가 인도 부유층에서 당당히 기부금을 모금해내는 것 같은, 비길 데 없는 마력은 없었다. 그러나 라자들이나 마하라지들에게 접근해서 잘리안왈라 바흐의 기념비 기금을 모금하는 것은 문제가 안 된다고 생각했다. 그래서 내가 기대했던 것처럼 모금의 주된 책임은 내게로 돌아왔다. 뭄바이의 마음 넓은 시민들이 아낌없이 기부했다. 그래서 현재 은행에는 상당한 액수의 기념비 기금이 예치되어 있다. 그런데 지금 나라가 당면하고 있는 문제는 힌두교도, 이슬람교도, 시크교도가 피를 한데 섞어서 성화(聖化)해놓은 이 땅에 어떤 종류의 기념비를 세우느냐 하는 것이다. 이 세 종교 단체는 우의와 사랑의 줄로 한데 뭉치지는 못하고 어느 모로 보나 서로 싸우고만 있으므로, 국민은 그 기념비 기금을 어떻게 사용할지를 모르고 있다.

국민의회가 이용할 수 있는 나의 또 다른 소질은 기초자(起草者)로서의 그것이다. 국민의회의 지도자들은 내가 압축적인 표현력을 가지고 있다는 것을 알았다. 나는 그것을 오랜 시일 변호사업을 하는 동안에 배웠던 것이다. 당시에 쓰고 있던 국민의회의 헌장은 고칼레의 유산이었다. 그는 의회 운영의 토대가 되는 몇 개의 규칙도 짜놓았다. 그 규칙들을 짜게 된 재미있는 이야기를 고칼레의 입을 통해 직접 들었다.

그러나 그 규칙은 갈수록 늘어나는 의회 사무에는 이미 맞지 않다고 모두 느끼고 있었다. 그 문제는 해가 갈수록 더 절실해졌다. 의회는 그 당시 회의와 회기 사이, 또는 1년 동안에 언제 일어날지 모르는 돌발적인 사건을 다룰 수 있는 아무런 기구도 갖추지 못했다. 현행 규정에는 세 사람의 간사를 둔다고 했으나 실상은 그중 한 사람만이 직무를 보는 간사이고, 그나마도 상임이 아니었다. 어떻게 그가 혼자서 국민의회의 직무를 수행하며, 또한 장래 일을 생각하고, 지난 연도에 국민의회가 진 채무를 금년 동안에 변제할 수가 있을까? 그렇기 때문에 그해 동안에 누구나 이 문제가 무엇보다도 시급하다는 것을 느꼈다. 국민의회는 공공 사무를 토의하기에는 너무도 비대한 기구였다. 그래서 현재의 무질서한 상태를 개선할 필요가 있다고 누구나 느끼게 되었다.

나는 한 가지 조건 아래 규약의 기초에 착수했다. 국민들의 가장 큰 지지를 받고 있는 지도자는 로카만야와 데샤반두란 것을 알았다. 그래서 그들을 국민의 대표로 의회 규약 기초위원회에 참가하게 해달라고 요청했다. 그러나 그들이 규약 기초에 참가할 시간이 없을 것이 분명했으므로 그들이 신임하는 사람 두 명을 지명하여 규약 기초위원회에 나와 같이 일하게 해주도록 제의하고 위원수는 3명으로 제한한다고 말했다. 로카만야와 데샤반두는 이 제안을 수락하고 그들의 대리인으로 각각 켈카르(Kelkar) 씨와 센(I. B. Sen) 씨를 천거했다.

이 규약 기초위원회는 한 번도 모이지는 못했으나 서로 편지로 상의

할 수 있었다. 그래서 끝에 가서는 만장일치의 보고서를 제출했다. 나는 이 규약을 어느 정도 자랑스럽게 생각한다. 우리가 이 규약을 충분히 실행할 수 있다면 그것을 실천하는 결과로써 스와라지도 획득하게 될 것이라고 본다. 이 직책을 맡음으로써 나는 사실 의회 정치에 발을 들여놓았다고 말할 수 있다.

카디의 탄생

내가 1908년 『힌두 스와라지』에서 갈수록 심각해지는 인도의 빈곤을 구제하는 만능약으로 손베틀과 물레를 말했을 당시, 나는 그것을 한 번도 본 기억이 없었다. 그 책에서 나는 인도 씨올을 갉아먹는 이 가난에서 건져주는 것이 있다면 그것은 동시에 스와라지도 이룩해줄 수 있다는 의미에서 그것을 말했다.

1915년, 내가 남아프리카에서 돌아왔을 때도 나는 물레를 실제로 보지는 못했다. 사바르마티에 사티아그라하 아슈람을 세울 때 우리는 손베틀 몇 대를 들여놓았다. 그러나 막상 들여놓고 보니 난관에 봉착하게 되었다. 우리들 모두가 학식을 가지고 하는 직업이나 사업을 하던 사람이었지 기술자는 하나도 없었다. 베틀을 가지고 일을 하기 전에 우선 우리에게 베짜기를 가르쳐줄 직조 기술자가 하나 필요했다. 마침내 파란푸르에서 한 사람을 구해왔으나 그는 자기 기술을 전부 가르쳐주지 않았다. 그러나 마간랄 간디는 쉽사리 포기하는 사람이 아니었다. 본래 기계에는 타고난 재주가 있는 사람이라 그는 오래지 않아 그 기술을 완전히 습득했다. 그래서 하나씩 둘씩 아슈람 안에 직조공이 늘어갔다.

당초 우리 목적은 순전히 우리 손으로 만들어낸 천으로 옷을 지어 입도록 하자는 것이었다. 그래서 우리는 즉시 방직공장의 제품 사용을 중지했다. 그리고 아슈람 가족들은 모두 인도 무명실로만 짠 본목으로 옷을 지어 입기로 작정했다. 이렇게 함으로써 우리는 수많은 경험을 얻었다. 베 짜는 사람들과의 직접 접촉을 통해서 우리는 그들의 생활 상태와 생산 한도와, 실 공급에서의 불리한 조건, 그리고 속임수에 넘어가는 그들의 양상, 그래서 결국은 끊임없이 빚만 자꾸 늘어간다는 사실을 알게 되었다.

우리는 우리에게 필요한 천을 즉시 짜낼 수 없는 상태였다. 그렇기 때문에 그 대신 길쌈하는 사람에게서 우리 천을 사야 했다. 그러나 인도 방사공장(紡絲工場) 제품으로 된 천은 포목가게에서도 쉽게 구할 수가 없었고, 직접 직조자에게서도 살 수가 없었다. 직조자에게서 나오는 고운 천은 다 외국 방사로 짠 것이었다. 인도 방적공장에서는 가는 실은 안 뽑기 때문이었다. 오늘날까지도 인도 방적공장에서는 최고 단위 번수의 실은 못 나오고 고단위 번수 방사도 생산량이 극히 한정되어 있다. 무한히 노력한 끝에, 우리 아슈람의 생산품을 전부 매수한다는 조건이라면 스와데시 방사로 옷감을 짜주겠다는 직공을 몇 사람 찾아낼 수가 있었다.

이와 같이 인도 방적공장 제품으로 된 옷감으로 옷을 해 입고 또 친구들에게도 선전함으로써 우리는 자원해서 인도 방적공장의 외교원이 된 셈이었다. 그 대신 그렇게 함으로써 우리들은 방적공장과 접촉을 하게 됐고, 공장의 운영 실태와 애로 사항을 알게 되었다. 그 공장들 목표는 그들의 제품으로 더 많은 옷감을 짜내도록 하는 것이었고, 베틀 직공들과 판매 관계를 맺고 있는 것은 자원하진 않았으나 불가피한 일이며, 그러므로 그 관계는 잠정적이라는 것을 알았다. 우리는 우리가 직접 생산한 실로 옷감을 짜내고 싶었다. 그렇게 할 수 있기 전에는 언제까지나 공장에 의존해야 된다는 것은 분명한 일이었다. 우리가 인도 방적공장의 외교원 노릇만 계속해서는 나라에 봉사할 수 있으리라고 생각되지 않았다.

또다시 끝없는 난관에 부딪혔다. 우리는 물레를 구할 수 없었고 물레질을 가르쳐줄 사람도 구할 수 없었다. 아슈람에서는 바퀴를 몇 개 이용하여 베틀 실통에 실을 감곤 했다. 그러나 그것을 물레로 쓸 수 있다는 생각은 하지 못했다. 한번은 칼리다스 자베리(Kalidas Jhaveri)가 우리에게 실을 어떻게 뽑아내는가를 가르쳐줄 수 있는 여자를 발견했다고 말했다. 우리는 아슈람의 한 식구로서 새로운 것을 잘 배우는, 재질 있는 사람으로 알려진 한 사람을 그녀에게 보냈다. 그러나 그도 실 잣는 비결은 알아내지 못하고 돌아왔다.

그렇게 해서 세월은 가고, 날이 갈수록 내 조바심은 더해만 갔다. 아슈람에 들를 때마다 손으로 실 잣는 데 관한 지식을 가졌음직한 사람에게 기회를 놓치지 않고 달라붙어서 그 기술에 관한 것을 물었다. 그러나 그 기술은 여자에게만 한한 것이고 또 거의 사라져버렸기 때문에, 설령 어느 외진 벽촌에 혹시 베틀 물레질꾼이 아직 살아 있다 하더라도 같은 여자라야만 찾아낼 수 있을 것이다.

1917년, 나는 구자라트의 친구들에 의해 브로츠 교육회의(Broach Educational Conference)의 의장으로 지명됐다. 내가 저 유명한 강가벤 마줌다르(Gangaben Majmudar) 부인을 발견한 것은 여기서였다. 그녀는 과부였으나 그 기업 정신은 대단하였다. 보통 하는 말로 한다면 그녀는 교육은 많이 받지 못했지만 그 용기와 상식 면에서는 교육받은 일반 여자의 수준을 훨씬 넘는 사람이었다. 그녀는 이미 불가촉천민의 저주를 벗어버린 지 오래였고, 압박받는 계급 체제 아래서 자유 자재로 다니면서 봉사하고 있었다. 그는 자기 재산은 있었으나 쓰는 데가 적었다. 잘 단련된 몸을 가지고 있었고, 어디나 동행자 없이 잘 다녔으며, 말을 잘 탔다. 나는 그녀를 고드라 회의에서 더 가까이 알게 되었다. 그녀에게 차르카(charkha: 물레)를 못 찾아 안타까워한다는 이야기를 털어놓았더니, 그녀는 열심히 구해보마고 약속함으로써 내 짐을 덜어주었다.

마침내 찾아내다

구자라트 지방을 헤매다닌 끝에 강가벤은 바로다(Baroda) 주 비자푸르(Vijapur)에서 물레를 찾아냈다. 거기는 상당수 사람들이 집에 물레가 있었으나 벌써 오래 전부터 소용없는 폐물로 헛간 속에 처박아두었다. 그들은 강가벤을 보고 누가 솜고치를 끊임없이 대주고, 또 자기네가 뽑은 실을 사주기만 한다면 곧 물레질을 시작할 수 있다고 했다. 강가벤은 그 기쁜 소식을 내게 전해주었다. 그러나 솜고치를 대주는 것이 어려운 일임을 알았다. 그 말을 고 우마르 소바니에게 했더니 그는 곧 자기 공장에서 필요한 만큼의 솜고치를 보내주마고 약속함으로써 그 문제는 곧 풀렸다. 나는 우마르에게서 받은 솜고치를 강가벤한테 보냈다. 그랬더니 얼마 안 되어 실이 쏟아져 들어왔는데, 미처 그것을 당해낼 수 없을 정도였다.

우마르 소바니 씨의 아량은 대단했지만, 그러나 무한정으로 그것을 이용할 수는 없었다. 나는 계속해서 솜고치를 받기가 미안했다. 그뿐 아니라 공장의 솜고치를 쓰는 것은 근본적으로 잘못이라고 생각됐다. 만일 공장의 솜고치를 쓴다면 공장의 실은 왜 못 쓸까? 옛날에는 분명히 솜고치를 대주는 공장이 없지 않았는가? 그럼 그들은 자기네 솜고치를 만들었나?

이런 생각을 하면서 나는 강가벤에게 고치를 대줄 수 있는 솜틀꾼을 찾아보라고 했다. 그는 자신 있게 그 일을 맡았다. 그는 솜을 틀겠다는 솜틀꾼을 하나 고용했다. 그는 많은 돈은 아니지만 한 달에 35루피를 달라고 했다. 나는 그때 어떠한 금액이라도 많다고는 생각지 않았다.

강가벤은 젊은이들 몇을 훈련시켜 틀어놓은 솜으로 고치를 만들게 했다. 나는 뭄바이에다가 솜을 보내라고 했다. 야슈반트프라사드 데사이(Yashvantprasad Desai) 씨는 곧 응해주었다. 강가벤의 사업은 이렇게 해서 의외로 번창했다. 그는 직조공을 찾아내 비자푸르에서 뽑아낸 실로 천을 짜게 했다. 그래서 비자푸르의 카디는 얼마 안 가서 곧 명성을 얻게 되었다.

비자푸르에서 이렇게 발전되고 있는 동안 아슈람에서는 물레가 급속도로 기반을 잡고 있었다. 마간랄 간디는 기계에 대한 놀라운 재주를 발휘하여 바퀴의 기술적인 부분을 많이 개선했고, 바퀴와 그 부속품들을 아슈람에서 만들기 시작했다. 아슈람에서 맨 처음으로 짜낸 카디는 1야드에 17안나가 먹혔다. 나는 서슴지 않고 친구들에게 이 거친 카디를 그 값에 사라고 했고, 그들은 기꺼이 사주었다.

나는 뭄바이에서 병으로 누웠다. 그러나 그곳 물레를 찾아내는 일은 충분히 할 정도였다. 마침내 실 잣는 사람 둘을 만났다. 그들은 실 1시어(seer)에 1루피를 내라고 했다. 즉 28톨라(tola), 또는 거의 4분의 3파운드였다. 나는 그때 카디의 경제를 몰랐다. 손으로 자아낸 실을 사려면 값이 비싸리라는 생각을 안 했다. 그런데 바자푸르에서 낸 값과 여기서 낸 값을 비교해보고 나는 속은 줄 알았다. 물레질꾼들은 가격을 더 내리려 하지 않았다. 그때 나는 그들을 해고할 수밖에 없었다. 그렇지만 그들은 자기 할 일은 한 셈이었다. 그들은 슈리마티스 아반티카바이, 라미바이 캄다르, 샨카를랄 반케르의 홀어머니, 그리고 슈리마티 바수마티벤에게 실 잣기를 가르쳐주었다.

이제 물레가 내 방에서 윙윙 즐겁게 소리를 내기 시작했다. 그리고 과장 없이, 이 물레질 소리가 내 건강이 회복되는 데 적잖이 한몫을 했다. 그 효과는 육체적이라기보다는 심리적인 것이었으리라. 그러나 이것은 사람의 신체적인 면이 얼마나 강하게 심리에 작용하는가를 보여줄 뿐이다. 나도 물레에 손을 대보았으나 그때는 그리 많이 하진 않았다.

뭄바이에서 다시 전과 같이 손으로 자은 실의 공급을 받아야 한다는 문제가 생겼다. 솜틀꾼 하나가 활을 퉁기면서 날마다 레바샨카르 씨의 집 앞을 지나가곤 했다. 나는 그가 매트리스의 속을 채울 솜을 틀고 있음을 알았다. 그는 고치 만들 솜을 틀어주마고 동의는 했으나 값을 많이 요구했다. 그러나 나는 요구대로 주었다. 그렇게 해서 자은 실을 바이슈나바들에게 보내서, 그것으로 파비트라 에카다시에 쓸 화환을 만들게 했다. 시브지 씨는 뭄바이에서 물레질반을 하나 시작했다. 이 모든 실험은 비용이 상당히 들었다. 그러나 카디에 신념으로 애국하는 친구들, 조국을 사랑하는 사람들이 기꺼이 그 비용을 대주었다. 나의 보잘것없는 의견으로는 그렇게 소비한 돈은 낭비가 아니었다. 이것은 많은 경험을 쌓게 해주었고, 물레 발전의 가능성을 보여주었다.

이제 내 옷은 순전히 카디로만 만들자는 생각이 거세게 일어났다. 내 도티는 아직도 인도 방직공장 천으로 만든 것이었다. 아슈람과 바자푸르에서 짠 굵은 카디는 폭이 30인치밖에 되지 않았다. 나는 강가벤에게 편지를 보내 45인치 폭의 카디 도티를 한 달 내에 보내주지 않으면 굵은 것으로 짧은 카디 도티를 만들겠다고 했다. 그 최후 통첩이 그에게 충격을 주었다. 그러나 그는 그 요구를 능히 당해냈다. 한 달 안에 45인치 폭의 카디 도티 한 벌을 만들어 보냈다. 그래서 난처한 입장에 빠질 뻔했던 나를 구해주었다.

바로 그때쯤 해서 라크슈미다스 씨가 그의 아내 강가벤과 함께 직조공 람지 씨를 데리고 라디에서 아슈람으로 와서 카디 도티를 아슈람에서 짜내게 했다. 카디를 퍼뜨리는 과정에서 이 부부가 한 역할은 결코 적은 것이 아니었다. 그들은 구자라트와 그밖의 여러 사람들에게 손으로 자은 실로 베 짜는 기술을 가르쳐주었다. 강가벤이 베틀에 앉은 모습을 보면 감탄할 만했다. 학식은 없으나 침착한 그가 베틀 위에서 열심히 일할 때면 거기 몰두해 있는 그의 주의를 다른 데로 끌게할 수가 없었고, 그가 사랑하는 베틀에서 눈을 떼게 하는 것은 더욱 어려운 일이었다.

교훈적인 대화

그 당시 카디 운동이라 불렸던 스와데시 운동은 그 시작에서부터 공장주들의 많은 비난을 불러일으켰다. 우마르 소바니는 자신이 아주 유능한 공장주면서도 나를 자기의 지식과 경험으로 도와주었을 뿐 아니라, 늘 다른 공장주들의 의견과 만남을 가질 수 있도록 해주었다. 그중 한 사람으로부터 나온 주장은 내게 깊은 감명을 주었다. 그는 나에게 자기를 한 번 만나줄 것을 요구했다. 그래서 내가 승낙을 했더니 소바니 씨가 회견을 주선해주었다. 그 공장주는 이렇게 말문을 열었다.

"전에도 스와데시 운동이 있었던 것을 아시지요?"

"예, 압니다." 나는 대답했다.

"아시겠지만 분열[15] 시기에는 우리 공장주들이 스와데시 운동을 이용할 대로 이용해 먹었습니다. 그것이 절정에 도달했을 때 우리는 천값을 올렸습니다. 또 그보다 더 나쁜 짓도 했지요."

"그렇습니다, 저도 그것에 대해 좀 들은 것이 있습니다. 아주 불쾌했습니다."

"선생님이 불쾌하셨다는 건 이해하겠습니다. 그러나 저는 그 이유를

---

15) 여기서는 종교의 차이가 정치성을 띠게 된 경우, 즉 이슬람교도와 힌두교도의 불화를 뜻한다.

모르겠습니다. 우리가 사업을 경영하는 것은 박애심에서 하는 것은 아닙니다. 이익을 위해 하지요. 우리는 주주들을 만족시켜야 합니다. 물가는 수요의 지배를 받습니다. 벵골 사람들은 자기네의 운동이 스와데시 천의 수요를 자극해 필연적으로 그 값이 오르게 한다는 것을 알았어야 했습니다."

나는 그의 말을 가로막았다. "벵골 사람들은 저처럼 천성이 남을 잘 믿습니다. 그들은 믿었습니다. 아주 완전히 믿었지요. 그래서 공장주들이 그렇게까지 완전히 이기적이리라고는 생각지 않았던 것입니다. 자기네 조국이 이렇게 어려운 때 배신 행위를 하고, 심지어는 외국 천을 스와데시 천이라고 속여서 팔 만큼 비애국적인 줄은 몰랐던 것입니다."

"선생님이 남을 잘 믿으시는 것은 저도 잘 압니다" 하고 그는 대답했다. "그렇기에 이렇게 수고스럽게 오시게 한 것입니다. 그래서 어리석은 벵골 사람들처럼 속지 마시라는 말씀 드리고자 한 것입니다."

그렇게 말한 공장주는 자기 옆에 서 있던 사원을 불러 공장에서 제조되고 있는 물건의 견본을 가져오라고 했다. 그것을 가리키면서, "이 천을 보세요. 이것은 우리 공장에서 나오는 최신 상품입니다. 그 수요는 광범위합니다. 이것은 누더기에서 만들어내는 것이라 자연히 값이 쌉니다. 우리는 이것을 저 북쪽 히말라야 골짜기까지 보냅니다. 실제 전국 각지에 우리 외교원이 파견되어 있습니다. 선생님의 목소리나 선생님의 대리자들이 가본 일도 없는 데까지 말입니다. 그렇기에 우리에겐 더 이상 외교원이 필요없다는 것을 알아야 합니다.

그뿐만 아니라, 인도의 옷감 생산이 필요량에 훨씬 미치지 못하고 있다는 것을 아셔야 합니다. 따라서 스와데시의 문제는 대체로 생산 문제 하나에 귀착하고 맙니다. 우리가 우리 생산량을 넉넉할 정도로 올리고 필요한 만큼 질을 개선하는 날이 오면 외국 제품의 수입은 자동적으로 끊어질 것입니다. 그렇기에 제가 드리고 싶은 충고는 운동을 현재의 노선으로 하지 마시고, 새 공장을 더 세우는 쪽으로 관심을 돌리시라는 것입니다. 우리에게 필요한 것은 물품의 수요를 늘리기 위한 선전이 아니라 더 많은 생산입니다."

"그러시다면 제가 하는 일을 틀림없이 축복해주시리라 믿습니다. 저는 이미 바로 그 일을 하고 있으니까요" 하고 나는 말했다.

"어떻게 그렇게 하실 수 있어요?" 그는 좀 의아해하는 듯이 물었다. "새 공장의 건설을 생각하고 계시는 겁니까? 그러시다면 정말 축하할 일입니다."

"꼭 그것대로는 아닙니다. 하지만 저는 물레를 부활시키는 일을 하고 있습니다" 하고 나는 설명했다.

"그게 뭡니까?" 그는 더욱더 갈피를 못 잡으며 물었다. 나는 그에게 물레에 관한 모든 이야기와, 오래 두고 그것을 찾았다는 이야기를 했다. 그러고는 덧붙여서, "저는 완전히 동감입니다. 제가 실제로 공장의 외교원이 될 필요는 없습니다. 그것은 이 나라에 좋은 일이 되기보다는 해가 됩니다. 우리 공장은 앞으로도 오랫동안 고객이 부족하지는 않을 것입니다. 제 할 일은 수공 직물 생산을 조직화하고, 그렇게 해서 생산된 카디를 처분하는 방법을 찾아내야 하는 것이고, 그렇기 때문에 지금 그 일을 하고 있습니다.

그러므로 저는 카디 생산에 전력하고 있습니다. 저는 이러한 형태의 스와데시를 꼭 하고야 말 것입니다. 왜냐하면 이렇게 함으로써 나는 반 굶주린, 반 실직 상태에 있는 인도 여성들에게 일거리를 줄 수 있기 때문입니다. 내 생각은 그녀들로 하여금 실을 잣게 해서, 인도 사람들이 그것으로 짜낸 카디를 입게 하자는 것입니다. 이 운동이 어느 만큼 성공이 될지는 모르겠습니다. 지금 시작 단계니까요. 그렇지만 저는 굳게 믿습니다. 어쨌거나 해는 되지 않을 것입니다. 그렇기는커녕, 생산량이 아무리 적더라도 인도의 옷감 생산에 보탬이 될 만큼은 실제로 이익이 될 것입니다. 때문에 내가 하는 운동은 당신이 말씀하신 것같이 폐단은 없다는 것을 아시기 바랍니다."

그는 대답했다. "선생님이 운동을 벌이시는 목적이 생산의 증가에 있다면 저는 조금도 이의 없습니다. 이 동력 기계의 시대에 물레가 과연 발전될 수 있을까 하는 것은 별개의 문제입니다. 그렇지만 제 개인적으로는 모든 일에 성공이 있으시기를 빕니다."

밀물처럼

카디의 그후의 발전에 대해서는 더 이상 여기서 말하지 않으려 한다. 나의 여러 가지 활동이 공중의 눈앞에 다 나타나 있는 때에 그 역사를 또 쓰는 것은 이 글 영역 밖의 일이다. 그리고 그렇게 하는 목적이 내 활동의 역사를 제목으로 한 논문을 쓰기 위한 것만이라면 나는 그럴 생각이 없다. 내가 이 글을 쓰는 목적은 다만 어떤 일들이 어떻게, 말하자면 자연발생적으로 내가 진리의 실험을 하는 과정에 나타났던가 하는 것을 기록해보자는 데 있다.

그러면 비협조운동의 이야기로 돌아가자. 알리 형제에 의해 시작된 킬라파트의 강력한 시위운동이 한창 진행되고 있을 때 나는 마울라나 압둘 바리(Maulana Abdul Bari)와 그밖의 다른 울레마[16]들과 그 문제, 특히 이슬람교도들이 어느 정도까지 비폭력의 규칙을 지킬 수 있는가 하는 문제에 대해서 길게 토론했다. 나중에 가서 그들은 모두, 이슬람교 당국은 신도들이 비폭력을 하나의 정책으로 삼는 것을 막지 않을 것이고, 그 정책을 지키기로 맹세한 이상은 자기네들도 그것을

---

16) 울레마(Ulema): 이슬람교의 학자, 또는 신학자.

충실히 실행할 것이라는 데 동의했다.

드디어 킬라파트 회의에서 비협조 결의안이 동의되고, 오랜 토의 끝에 통과가 됐다. 나는 언젠가 알라하바드에서 열렸던 위원회에서 그 문제로 밤새 토론했던 일을 지금도 생생히 기억하고 있다. 처음에 하킴 사헤브는 비폭력, 비협조가 실천될 수 있을까 하는 데 대해 아주 회의적이었다. 그러나 후에 가서 그 의심이 없어지자 그는 마음과 혼을 다 바쳐 그 운동에 크게 공헌했다.

그 얼마 후에 개최되었던 구자라트 정치 회의에서 나는 비협조 결의안에 동의했다. 반대측에서 일으킨 서막적인 도전은 주의회가 국민의회에 앞서서 결의안을 채택하는 것은 불법이라는 것이었다. 거기 대해서 나는, 그 제한은 뒤로 물러서는 운동의 경우에나 적용할 수 있으며 앞으로 전진하는 운동에서 하부 기관이 그렇게 하는 것은 합법적일 뿐 아니라, 용기와 자신만 있다면 반드시 그렇게 하는 것이 마땅한 의무라고 말했다. 그리고 또 주장했다. 스스로 책임질 각오로 하기만 한다면 상부 기관의 위신을 높이려는 일에 반드시 허가를 얻을 필요는 없다고 했다.

논쟁은 날카로우면서도 '정정당당'한 분위기 속에서 진행되었으므로 제안에 대한 토의는 실력대로 됐다고 해야 할 것이다. 표결 결과 그 결의안은 압도적으로 통과되었다. 이 결의안이 성공적으로 통과된 데는 발라브바이 씨와 압바스 탸브지 씨의 인격적 영향이 적지 않았다. 압바스 씨는 의장이었는데, 그가 내 편으로 기울어진 것이 결정적인 역할을 했다.

전 인도 국민의회 위원회는 이 문제를 토의하기 위해 1920년 9월 칼리카타에서 국민의회 특별회의를 열기로 했다. 이 회의를 위한 준비가 대규모로 진행됐다. 랄라 라지파트 라이(Lala Lajpat Rai)가 의장으로 선출되었다. 국민의회와 킬라파트 요인들이 뭄바이에서 칼리카타로 달려왔다. 칼리카타에는 대의원과 방청객으로 엄청난 사람들이 모였다.

나는 마울라나 샤우카트 알리(Maulana Shaukat Ali)의 요청에 따라 비협조 결의안의 초안을 기차 안에서 작성했다. 이때까지 나는 초안을 작성할 때마다 비폭력이란 단어를 피해왔다. 그러나 연설에서는 제한하지 않고 이 단어를 썼다. 그 제목에 대한 나의 문구는 아직 형성 중에 있었다. 순전히 이슬람교도뿐인 청중에게 내가 생각하는 것을 이해시키려면 비폭력이라는 의미에 해당하는 산스크리트만 가지고는 될 수 없다는 것을 알았다. 그래서 마울라나 아불 칼람 아자드(Maulana Abul Kalam Azad)보고 거기에 해당하는 다른 단어를 알려달라고 했다. 그는 '바만'(Baaman)이라는 단어를 제시했다. 역시 마찬가지로 비협조에 대해서는 타르크 이 마발라트(tark-i-mavalat)라는 글귀를 내놨다.

그와 같이 내가 아직도 비협조에 대해 힌디어, 구자라트어, 우르두어의 적당한 단어를 생각하고 있을 때 이 중대한 국민의회에 제출할 비협조 결의안을 작성하라는 요청을 받게 되었다. 본래의 초안에는 '비협조'란 말을 쓰지 않고 빼놓았는데, 나와 같은 차칸에 타고 있던 마울라나 샤우카트 알리에게 그 초안을 줄 때 그 말이 빠진 것을 알리지 않고 주었다. 밤에 가서야 그 실수가 생각났다. 아침에 마하데브를 보내 원고가 인쇄소로 넘어가기 전에 빠진 곳을 고치라고 말했다. 그러나 그 초안은 빠진 글자를 써넣기 전에 이미 인쇄된 듯했다. 그날 저녁, 의사위원회가 열릴 예정이었다. 그래서 나는 틀린 곳을 인쇄된 곳에서 교정해야 했다. 후에 알고 보니 내가 만일 초안을 미리 준비해놓지 않았더라면 큰 곤란을 당할 뻔했다.

그렇지만 내 곤란은 실로 가엾을 지경이었다. 나는 정말 캄캄했다. 누가 결의안을 지지해줄 것인지, 누가 반대할 것인지 도무지 몰랐다.

랄라지가 어떤 태도를 보일지도 전혀 몰랐다. 나는 다만 칼리카타에서 투쟁하려고 집결한 노련한 투사들의 당당한 진용을 보았을 뿐이었다. 그중에는 의사 베전트, 판디트 말라비야지, 비자야라가바차리, 판디트 모틸랄지, 데샤반두 같은 이들이 있었다.

내 결의안에서는 비협조란 다만 펀자브나 킬라파트의 만행을 시정하는 목적을 위해서만 요구하는 것으로 되어 있었다. 그런데 그것이 비자야라가바차리에게는 시원치 않았다. "만일 비협조를 선언해야 한다면 어째서 특정한 비행에 대해서만 합니까? 스와라지가 없는 것이 우리 나라가 받고 있는 가장 큰 비행입니다. 비협조를 감행한다면 바로 그것에 대해서 해야합니다" 하고 그는 주장했다. 판디트 모틸랄지도 스와라지를 요구하는 조건이 그 결의안에 포함되어야 한다고 했다. 나는 곧 그 제안을 받아들여서 스와라지를 요구하는 조건을 내 결의안에 넣었다. 그것은 진지하고 철저하고, 어느 정도는 치열한 토론 끝에 통과되었다.

이 동의에 맨 먼저 찬성한 사람은 모틸랄지였다. 그 결의안에 관하여 그와 벌였던 그 토론을 나는 지금도 기억하고 있다. 그는 문구를 더러 시정하자고 했고, 나는 그대로 따랐다. 그는 데샤반두를 찬성하도록 설득하는 일을 맡았다. 데샤반두의 심중은 이쪽으로 기울어졌으나 그는 국민이 능히 그 계획을 실천할 역량이 있을까 의심했다. 그와 랄라지가 이것을 전적으로 받아들인 것은 나그푸르 국민의회에서였다.

이 특별 회기 때 나는 로카만야가 가슴에 사무치도록 그리웠다. 지금까지도 변함없이 내가 확신하는 것은, 그가 만일 그때 생존해 있었다면 내게 축복해주었으리라는 것이다. 그러나 설령 그렇지 않고 그가 그 운동을 반대했다 하더라도, 나는 오히려 그의 반대를 나의 특권이자 나에 대한 교육으로 알았을 것이다. 우리에겐 언제나 서로 다른 점이 있었다. 그러나 그것이 서로의 마음을 아프게 한 일은 없었다. 그는 언제나 나로 하여금 우리 사이는 가장 거리감 없는 사이라는 것을 믿게 해주었다.

내가 이 글을 쓰고 있는 이 순간에도 그가 운명할 때의 여러 가지 사정이 눈앞에 선하다. 자정쯤이었다. 나와 같이 일하고 있던 파트와르단이 전화로 그의 죽음을 알려주었다. 나는 그때 동료들과 같이 앉아 있었다. 나도 모르게 탄식의 부르짖음이 내 입에서 저절로 터져나왔다. "내가 가장 믿던 담이 무너졌구나!"

그때 비협조운동은 한창때였고, 나는 그의 격려와 고무를 열성적으로 바랐다. 비협조의 마지막 단계에 갔을 때 그의 태도는 어떨까 하는 것이 언제나 나의 생각거리였는데 이제 다 쓸데없는 일이 됐다. 그러나 이것만은 확실하다—그의 죽음으로 인해 생긴 깊은 공허감이 칼리카타에 와 있는 모든 가슴을 무겁게 누르고 있었다는 것 말이다. 조국의 역사적 위기를 당하여 모든 사람이 그의 충성된 말을 들을 수 없음을 아쉽게 여기고 있다.

나그푸르에서

칼리카타 특별회의에서 채택된 결의안은 나그푸르 연례회의에서 비준을 받도록 되어 있었다. 거기에서도 칼리카타에서처럼 대의원과 방청객이 크게 붐볐다. 그때까지도 국민의회 대의원의 수는 제한이 없었다. 그 결과 내가 기억하는 대로라면, 이때 대의원의 수는 1,500명이나 됐다. 랄라지는 동맹 휴교에 대한 문구를 약간 수정하자고 역설했고 나는 그것을 받아들였다. 마찬가지로 데슈반두의 권고에 의해서도 약간 수정이 되었다. 그 다음 결의안은 만장일치로 통과되었다.

국민의회법 개정에 관한 결의안도 이 회의에서 토의하기로 되어 있었다. 분과위원회의 기초안은 칼리카타 회의 때 제출되었다. 그랬기 때문에 이 문제에 대한 토의는 충분했었다. 이것이 최종적으로 다루어질 나그루프 회의에서는 C. 비자야라가바차리아르가 의장이었다. 의사위원회는 이 초안에 단 한 가지 중요한 수정만을 하고 통과시켰다. 내 초안에서 대의원 수를 1,500명으로 정했다고 생각된다. 그런데 의사위원회는 그 대신 6,000이라는 숫자를 집어넣었다. 내 생각으로는 이러한 증거는 경솔한 판단의 결과였다.

이 수년 동안의 경험은 내 견해를 확인해줄 뿐이다. 대의원의 수가 많은 것이 일을 잘해나가는 데 도움이 되는 것으로, 또는 민주주의의 원칙을 보장해주는 것으로 생각하는 것은 어느 모로 보나 심한 착각이라고 생각한다. 국민의 이익을 위해 열의를 가진 넓은 도량에 충성스런 마음을 가진 1,500명의 대의원은 되는 대로 뽑은 무책임한 6,000명보다는 언제나 더 나은 민주주의의 보호자가 될 수 있을 것이다. 민주주의를 수호하기 위해서 씨올은 강한 독립심, 자존심, 단결심이 있어야 하고, 대표를 뽑을 때에는 선하고 진실한 사람만을 뽑도록 주장할 줄을 알아야 한다. 그런데 의사위원회처럼 수의 관념에만 잡혀 있으면 아마 6,000이상으로도 늘리고 싶을 것이다. 그러므로 6,000은 일종의 타협에서 나온 숫자이다.

국민의회의 목표에 관한 문제는 열띤 토론을 일으킨 의제였다. 내가 제출한 국민의회법에는 국민의회의 목표는 가능하다면 영제국 안에서 또 필요하다면 그밖에서 스와라지를 달성하는 데 있었다. 국민의회 안의 한 정당이 스와라지의 목표를 영제국 안에서만으로 제한할 것을 원했다. 그 관점은 판디트 말라비야지와 진나 씨에 의해 발표되었다. 그러나 그들은 많은 표를 얻지 못했다. 또 기초 법안은 그 달성의 수단이 평화적이요 합법적이어야 한다고 규정했다. 이 조건도 역시 수단에는 제한이 없어야 한다는 이의에 부딪혔다. 그러나 의회는 교육적이고 솔직한 토의 끝에 원안대로 채택했다. 내 생각으로는 국민이 만일 이 법을 정직하게 또 열심히 지켰다면 씨올 교육의 힘 있는 기구가 됐을 것이고, 그것을 실천하는 과정 자체가 우리에게 스와라지를 가져다주었을 것이라고 믿는다.

힌두·이슬람 연합, 불가촉천민제도의 철폐, 그리고 카디에 관한 결의안들도 이 회의에서 통과되었다. 그리하여 그로부터 국민의회의 힌두 대표들은 힌두교에서 불가촉천민 제도를 철폐하는 것을 자기들의 책임으로 여기게 됐고, 카디를 통하여 인도의 '올짜들'과 활발한 관계를 맺게 되었다. 킬라파트를 위해 비협조를 채택하게 된 것은 국민의회가 힌두·이슬람 연합을 위해서 취한 큰 실제적 시도라고 해야 할 것이다.

안녕히

이제 이 글을 끝맺을 때가 왔다.

이제부터 내 생활은 세상이 모르는 것은 아무것도 없을 만큼 공적인 것이 됐다. 그뿐 아니라 1921년 이후로는 국민의회의 지도자들과 아주 가깝게 관계했으므로, 그 이후의 내 생활은 어떤 일화 하나라도 그들과의 관계를 언급하지 않고는 말할 수 없게 되었다. 왜냐하면 슈라다난드지, 데슈반두, 하킴 사헤브, 그리고 랄라지는 오늘날 이미 우리와 같이 있지 않지만, 다행히 노련한 국민의회 지도자들은 아직도 우리와 함께 생존하면서 일하고 있기 때문이다.

내가 위에서 말한 대변혁 이후의 국민의회 역사는 아직도 형성 과정에 있다. 그리고 지나간 7년 동안의 나의 중요한 실험들은 모두 국민의회를 통해서 행해진 것이었다. 그렇기 때문에 만일 내 실험을 계속 써나간다면 지도자들과의 관계를 말하지 않을 수 없을 것이다. 나는 그렇게 하고 싶지 않다. 어쨌거나 예의상으로도 현재는 쓰고 싶지 않다. 그리고 끝으로 현재의 나의 실험에 대하여는 아직도 결정적 결론을 얻었다고 할 수 없다. 그러므로 이 이야기는 여기서 끝맺는 것이 분명한 내 의무 같다. 사실 본능적으로 내 펜이 더 써 나가기를 거부하고 있다.

독자들을 떠나는 것이 섭섭지 않은 것은 아니다. 나는 내 실험을 존중한다. 그것을 다 정당하게 다루었는지는 모르겠다. 내가 말할 수 있는 것은, 이야기를 성실히 하기 위해서 수고를 아끼지 않았다는 것이다. 내게 나타내 보였던 그대로의 진리를, 내가 거기 도달했던 실정 그대로의 진리를 기록하자는 것이 나의 끊임없는 노력이었다. 그렇게 하는 것이 내게 말할 수 없는 마음의 평안을 가져다주었다. 그 이유는, 이 글이 망설이고 있는 사람들에게 진리와 아힘사에 대한 믿음을 안겨줄 수 있었으면 하는 것이 내가 언제나 갖는 희망이었기 때문이다.

내 경험은 내게 진리 외에 다른 신은 없다는 확신을 주었다. 그리고 이 글이 한 페이지 한 페이지마다 독자에게 진리를 실현하는 단 하나의 길은 아힘사라고 선언하고 있지 않다면, 이 글을 쓰는 데 기울였던 노력은 다 헛된 것이었다고 나는 생각한다. 또 설령 여기에 대한 나의 노력이 보람 없는 것이 되어버린다 할지라도 독자들은 그 잘못이 전달 방법에 있을 뿐이지 그 큰 원리 자체에 있는 것은 아니라는 것을 알아야 할 것이다.

한마디로, 내가 아무리 진지하게 아힘사의 실천을 위해 지금까지 노력해왔다 하더라도 그것은 아직도 불완전하고 불충분한 것이다. 그러므로 내가 잠깐 볼 수 있었던 잠시 동안의 진리의 광선으로는 형언할 수 없는 진리의 광채를 도저히 짐작도 할 수 없다. 그것은 우리가 날마다 우리 눈으로 보는 저 태양 빛의 광휘보다 가늘고 희미한 빛뿐이다. 그러나 내 모든 실험의 결과로 이것만은 말할 수 있다. 즉 진리의 완전한 모습은 '아힘사'의 완전한 실현이 있은 후에야 나타난다.

두루 계시고 속속들이 꿰뚫어보고 계시는 진리의 영(靈)을 얼굴과 얼굴을 맞대고 보려면 가장 보잘것없는 미물도 내 몸처럼 사랑할 수 있어야 한다. 그리고 그것을 향해 애타게 올라가는 사람은 생활의 어떠한 면도 등한히 할 수는 없다. 그것이 나의 진리에 대한 헌신이 나를 정치로 끌고 들어간 이유다. 그러므로 나는 털끝만큼도 주저함 없이, 그러면서도 겸손한 마음으로 말할 수 있다. 종교가 정치와는 상관이 없다고 하는 사람들은 종교의 의미가 무엇인지 알지 못함을.

생명 가진 모든 것을 평등하게 대하는 것은 자기 정화 없이는 불가능하다. 자기 정화가 없으면서 아힘사의 법칙을 지킨다는 것은 허망한 꿈일 뿐이다. 혼이 정결하지 못한 사람은 하나님을 실현할 수 없다. 그러므로 자기 정화는 생활의 모든 행동의 정화를 뜻하지 않으면 안 된다. 그리고 정화란 잘 옮겨가는 것이기 때문에, 자기 정화는 필연적으로 자기의 환경 정화에까지 가고야 만다.

그러나 자기 정화의 길은 좁고 험하다. 완전한 정화에 이르려면 생각으로나, 말로나, 행동으로나 절대적으로 정욕을 버려야 한다. 사랑과 미움, 친밀함과 소원(疏遠)함의 대립이 이어지는 세속의 흐름을 초월해야 한다. 나는 내가 끊임없이 쉬지 않고 노력은 하면서도 아직도 내 속에 그 세 겹의 정결이 되어 있지 못함을 안다. 세상의 칭찬이 내게 달갑지 않은 것은 이 때문이다. 그뿐만 아니라 가슴을 찌르는 때가 많다. 교활한 정욕을 정복하기란 내가 보기에는, 무력을 가지고 세계를 정복하는 것보다 더 어렵다.

인도에 돌아온 후에도 언제나 내 속에 보이지 않게 정욕이 잠재해 있는 것을 경험하곤 한다. 그것을 알게 될 때 낙심은 하지 않지만 부끄러움을 느낀다. 경험과 실험은 나를 붙들어 버티게 해주고 기쁨을 준다. 그러나 아직도 지나가야 하는 험난한 길이 내 앞에 있음을 안다.

나는 나를 무(無)에까지 내리지 않으면 안 된다. 사람이 스스로 자기를 피조물 중의 맨끝에 세우지 않는 한 구원은 있을 수 없다. 아힘사는 겸허의 궁극점이다.

어쨌거나 당분간은 독자와 이별해야 하는 이 마당에 나는 독자에게 내가 진리의 신 앞에, 마음과 말과 행동에 아힘사의 은총을 베풀어 주시기를 비는 이 기도에 같이 참여해주기를 바란다.

간디 연보

1869 10월 2일, 모한다스 카람찬드 간디, 구자라트 주 포르반다르(카티아와르)에서 출생.

1877 영국령 인도 제국 성립.

1882 13세 때 카스투르바이 마칸지와 결혼.

1885 인도 국민의회 제1차 대회.

1888 9월 4일, 법학을 공부하기 위해 영국 유학길에 오름. 『바가바드 기타』와 『성경』을 읽음.

1891 런던 이너 템플 법학원을 수료함으로써 변호사 자격을 취득하고 인도로 귀향. 뭄바이와 라지코트에서 법률사무소 개업. 유럽의 복장과 생활양식을 즐김.

1893 남아프리카로 향함. 인도 이주민들의 정치적 지도자로 부상.

1894 나탈 인도인 의회를 설립. 인도인 선거권 박탈 법안에 대한 반대투쟁 개시.

1895 인도인 인두세 반대투쟁 개시.

1896 가족을 데리러 일시 귀국.

1897 1월 13일, 남아프리카로 돌아감. 나탈의 인도인 선거권 투쟁 승리.

1899 보어 전쟁에서 영국인을 위해 인도인 위생병 부대를 만들어 종군.

1901 인도로 귀국해 국내 각지를 여행하고 칼리카타 국민의회 대회에 참석.

1902 12월, 남아프리카 인도인 단체의 요청으로 다시 남아프리카로 감.

1903 요하네스버그에서 법률사무소 개업. 러스킨의 『이 나중 온 자에게도』를 읽고 크게 감명받음.

1904 피닉스 정착촌 설립. 주간신문 『인디언 오피니언』 창간.

1905 벵골 분할 반대투쟁 개시.

1906 남아프리카 정부의 인종 차별적인 입법에 대항해 수동적 저항을 조직
화하면서 비폭력 투쟁을 실시. 수차례에 걸쳐 투옥(~1914).

1906 줄루 반란 때 위생병 부대에서 봉사. 브라마차리아 맹세를 함. 9월 11
일, 아시아인법에 반대해서 최초의 사티아그라하 투쟁 시작. 영국에 가
서 식민지 장관에게 호소함.

1907 국민의회가 온건파와 과격파로 갈라섬.

1908 1월, 징역 2개월의 수감(1월 30일 석방). 8월 16일 트란스발의 총리 스
뫼츠의 위약에 대해 사티아그라하 재개. 소로의 『시민 불복종』을 읽음.

1909 7월 10일, 아시아인법 문제로 런던에 감. 11월, 남아프리카로 돌아옴.
첫번째 저서 『힌드 스와라지』(인도의 자치) 발행. 몰리-민토개혁법 발
포. 1910년 11월 20일, 톨스토이가 사망할 때까지 그와 서신을 교환함.

1910 요하네스버그 교외에 톨스토이 농장을 만들고 이상적 공산주의식 공
동체 실험을 함. 번창하는 변호사 일을 포기하고 이 농장으로 이주.

1912 모든 개인 재산을 포기하는 맹세를 함.

1913 3월 14일, 케이프 식민지의 결혼방식 문제로 재류 인도 부인들이 반대
운동을 벌임. 인도인 탄광노동자도 파업. 사티아그라하를 호소. 11월 6
일, 트란스발을 향해 국경을 넘음.

1914 6월 30일, 남아프리카에서 사티아그라하 투쟁에 승리. 7월 14일, 남아
프리카를 떠나 영국에 들름. 제1차 세계대전 발발.

1915 1월 9일, 22년 만에 귀국. 타고르로부터 마하트마로서 환영을 받음. 5
월 20일, 아메다바드에서 사바르마티 아슈람을 건립. 의복과 생활 양
식을 부득이한 것만 제외하고 인도식으로 바꿈.

1917 비하르 지역 참파란에서 인디고 재배자들을 위해서 인도에서 최초로
사티아그라하 운동을 벌임.

1918 2월, 아메다바드에서 섬유노동자 파업 지도. 3월, 케다 지구 소작쟁의
지도. 몬터규-쳄스퍼드 개혁안 발표. 제1차 세계대전 종결.

1919 재판 없이도 투옥할 수 있는 롤래트 법안에 반대해서 총파업을 벌임.
암리차르에서 대학살 사건 발생. 10월부터 영어판 『영 인디아』와 구자
라트어판 『나바지반』 두 주간신문을 통해 공공 활동 개시.

1920 회장으로 피선되어 의회를 이끎. 남아프리카에서 전개했던 방법으로
영국의 지배에 대해 비폭력 투쟁 실시. 인도 가정에서 물레 사용을 촉
진하여 영국 직물을 배척(홈 스핀 사상). 비협조 운동을 벌임. 칼리프

복권 운동에서 이슬람교도와 협력함(~1934).

1921 9월, 허리에 감는 천을 옷으로 선택. 이 옷이 스와라지와 스와데시의 상징이 됨.

1922 2월, 구자라트 지역 바르돌리에서 세금 파업이 일어남. 차우리 차우라에서 경찰을 공격하는 사건을 계기로 일체의 시민 불복종 운동을 중단하고 단식에 돌입. 3월 18일, 아메다바드에서 선동죄로 6년형의 선고를 받고 예라브다 감옥에 투옥.

1924 병으로 조기 석방됨. 칼리프 복권 운동이 와해됨. 힌두교와 이슬람교 사이에 긴장 상태가 고조됨. 두 종교 사이의 화해를 위해 21일 동안 단식.

1925 벨가움에서 의회 모임. '전인도 직조인 연합' 창립. 『나바지반』에 주기적으로 실리는 자서전 『나의 진리실험 이야기』를 집필하기 시작.

1928 2월 전정당위원회를 결성하여 『네루 보고』 작성. 11월, 네루, 찬드라 보세 등 독립연맹 결성. 12월, 칼리카타 국민의회 대회에서 1년 이내의 완전독립 요구. 저서 『남아프리카에서의 사티아그라하』가 아메다바드의 나바지반 출판사에서 간행됨.

1929 네루, 의장으로서 라호르에서 열린 국민의회 대회를 주재함.

1930 3월 12일부터 4월 6일까지 78명의 지지자와 함께 아메다바드에서 단디에 이르는 400킬로미터의 '소금 행진'을 감행. 5월 4일, 체포되어 1931년 1월 26일까지 복역.

1931 3월 5일, 어원-간디 협정 체결. 자가 수요를 위한 소금 생산은 허락되어 시민 불복종 운동 중단. 9월 12일, 제2차 원탁회의에 참가하기 위해 런던에 도착. 12월 28일, 아무런 성과 없이 빈손으로 귀국. 자와할랄 네루와 가파르 칸 투옥.

1932 1월 4일, 발라브바이 파텔과 함께 예라브다 감옥에 투옥. 힌두교인과 불가촉천민을 분리시킨 선거에 반대하며 '죽을 때까지' 한다는 각오로 단식에 돌입. 9월 26일, 단식한 지 6일 후에 영국의 동의 아래 힌두교인과 불가촉천민 사이에 이른바 예라브다 협정이 체결되어 단식을 끝냄.

1933 『영 인디아』를 『하리잔』으로 바꿈(1942년에는 10개의 인도어로 발행). 불가촉천민(하리잔: 신의 자식들)을 위한 캠페인 돌입. 11월, 하리잔 운동을 위해 10개월간 전국 순회. 12월, 인도공산당 결성.

1934 5월, 시민 불복종 운동 완전 정지. 국민의회의 지도부 자리를 사직. '건설적 프로그램' 운동에 전념.

1935 관직 없이 민중 운동 건립에 전념(~1939).

1936 인도 중부에 있는 와르다 근교의 세바그람이 그의 운동 본부가 됨.

1937 2월, 주의회 선거에서 의회당이 승리. 11개 지방 중 9개 지역에서 인도 인이 장관을 차지.

1938 국가계획위원회 설치. 간디와 국민의회 의장 보세와 대립.

1939 제2차 세계대전 발발. 히틀러에게 서신을 보냄.

1940 6월, 간디, 국민의회에서 물러났다가 8월에 다시 복귀. 참전 반대와 개 인적 불복종 운동 전개. 군비 계획을 반대하는 성명을 발표.

1941 1월, 찬드라 보세 인도 탈출. 12월, 간디, 국민의회에서 물러남.

1942 버마(미얀마)에 일본군 침입. 스태퍼드 크립스경의 사절단 거부. 인도 의 완전한 독립을 요구. 8월 8일, '영국 철수 결의문' 채택. 8월 9일, 다 른 의회 지도부와 함께 체포됨. 대규모 봉기 발생.

1943 영국 통치로부터 인도의 자유를 얻기 위해 찬드라 보세는 일본과 연합 하여 '인도 국민군' 창설.

1944 푸나에 감금되어 있는 동안 아내 카스투르바이 사망. 5월 6일, 건강 때 문에 석방. 진나가 주도하는 이슬람 동맹과의 화해 노력 실패.

1945 제2차 세계대전 끝남.

1946 웨이벌경의 주재 아래 심라 회담 성과 없이 종결. 힌두교도와 이슬람교 도 사이의 화해가 이루어지지 못함. 진나는 인도의 양분(兩分)을 요구. 8월 16일, 칼리카타에서 유혈 사태가 발생하여 벵골과 비하르로 확산.

1947 6월 3일, 영국 총리 클레멘트 애틀리가 파키스탄과 인도의 분리를 발 표. 국민의회와 이슬람 동맹이 이에 동의. 간디는 이를 '정신적 비극'이 라고 칭함. 8월 15일, 두 국가는 분할 독립을 획득. 9월 1일, 칼리카타 에서 이슬람교와 힌두교의 화해를 위해 단식.

1948 1월 20일, 뉴델리에서 간디를 노리는 폭탄 테러 발생. 1월 30일, 힌두 교 광신자인 나투람 고드세에 의해 뉴델리에서 암살당함.

옮긴이 **함석헌**(1901~89)은 평안북도 용천에서 태어나 동경고등사범학교를 졸업하고
모교인 오산학교에서 역사와 수신을 가르치면서 동인지『성서조선』에 「성서적 입장에서 본
조선역사」를 연재했다. 1958년『사상계』에 「생각하는 백성이라야 산다」를 써서 당시 사회에
커다란 반향을 일으켜 사상가이자 사회운동의 지도자로 널리 알려지게 되었다.
1979년과 1985년 두 차례에 걸쳐 노벨평화상 후보로 추천되었다.
지은 책으로는『뜻으로 본 한국역사』,『생각하는 백성이라야 산다』,『씨올의 옛글풀이』,
『수평선 너머』(시집)가 있고 옮긴 책으로는『바가바드 기타』,『퀘이커 300년』,
『예언자』,『사람의 아들 예수ㅣ날마다 한 생각』,『간디자서전』등이 있다.
이 모든 책들은 한길사의 '함석헌저작집'(전 30권)에 총망라되어 있다.

간디자서전

나의 진리실험 이야기

지은이 · M.K. 간디
옮긴이 · 함석헌
펴낸이 · 김언호
펴낸곳 · (주)도서출판 한길사

등록 · 1976년 12월 24일 제6-15호
주소 · 10881 경기도 파주시 광인사길 37
            www.hangilsa.co.kr
            E-mail: hangilsa@hangilsa.co.kr
전화 · 031-955-2000~3
팩스 · 031-955-2005

제1판 제 1쇄 1983년 12월 10일
제2판 제 1쇄 1993년 8월 30일
제2판 제17쇄 2001년 12월 20일
제3판 제 1쇄 2002년 3월 15일
제3판 제33쇄 2022년 3월 30일

값 20,000원
ISBN 978-89-356-3091-2 03340